제 11 판

공법기록형 공법소송실무

정 형 근

정독
DEEP READING

머리말

2026년을 앞두고 새로운 책「공법기록형 공법소송실무」제11판을 출간하게 된 것을 기쁘게 생각한다. 우리나라 최초로 헌법재판과 행정소송·행정심판 기록을 만들어 저서로 출간한 본서가 지난 10년 동안 변호사시험의 공법기록형 과목에 대한 모범이 되었다. 본서에 나온 문제형식이 변호사시험에 그대로 반영되고 있다.

이번 개정판에서는 공무원과 교원의 징계처분 등에 대한 불복제도에 관하여 소상하게 기술하였다. 먼저, 공무원의 징계처분과 그에 관하여 불복을 할 때 소청심사위원회에 소청심사를 청구하여야 함을 명확히 하였다. 징계처분의 위법성을 다툴 때는 징계처분 과정에서의 절차상 흠이 있는지를 확인해야 한다. 해당 징계위원회가 적법하게 구성되었는지, 징계요구를 할 때 첨부해야 할 서류들이 제출되었는지, 징계요구와 징계위원회 과정에서 징계혐의자의 권리가 보장되었는지, 징계처분사유서를 교부하였는지 등에 관한 쟁점이 절차상 흠의 대표적인 유형으로 문제된다. 그리고 징계처분의 실체적 흠 역시 주요한 쟁점인데, 재량권의 일탈·남용사유의 유무가 거론되고 있다. 둘째로, 교육공무원의 징계처분과 불복 사례도 많이 있고, 이와 관련된 고유한 판례도 축적되어 있다. 마지막으로, 사립학교 교원의 징계처분과 불복제도에 관해서는 유념해야 할 점이 많다. 사립학교 교원에 대한 징계처분 절차가 소상하게 법령에 규정되어 있으므로, 이를 준수한 가운데 징계처분이 이뤄졌는지를 확인해야 한다. 아울러 징계처분에 대한 불복으로 교원소청심사위원회에 소청심사를 청구할 수 있으며, 이에 관한 결정이 최초의 행정처분 성격을 갖게 되는 점을 강조하였다.

어려운 환경 속에서도 본서가 새롭게 출간될 수 있도록 배려해주신 도서출판 정독 김중용 대표님, 심성보 이사님과 관계자 여러분에게 감사의 인사를 드린다. 늘 기쁜 마음으로 연구를 하고 저서를 낼 수 있게 된 원동력은 가족들의 사랑 덕분임을 고백한다. 새해에도 본서를 통해서 공법소송실무를 익히고 법조인의 길을 걷고자 하는 독자들과 실무가들에게 큰 행운이 함께하기를 기원한다.

2026. 1. 12.

저자 **정형근** 씀

차 례

일러두기

1. 이 책에 기재된 원고와 피고 등 사건 당사자의 인적사항(성명, 주소, 주민등록번호, 등록기준지, 주소 등)이나 소송대리인의 이름(변호사의 성명과 법무법인과 법률사무소의 명칭과 그 주소 등 연락처), 대부분의 행정청 명칭이나 그 주소 및 직무수행 관련 공무원의 직급이나 성명, 부동산의 지번이나 지목 등은 설명의 편의를 위하여 교육적인 차원에서 가공한 것이며, 사건의 실제적인 당사자나 이해관계인이 아니다.

2. 이 책의 모의기록은 작성요강부터 [참고자료(관계법령)]까지이다. 기록의 [해답]은 그 다음 면에 배치하였고, 그 해답에 관한 구체적인 설명은 [쟁점해설]에 있다. 그 기록과 관련된 판결이 있을 때는 기록 다음에 비치하였다.

1

공법기록형 공법소송실무

행정소송법 기본이론

01

Contents

목　차

Ⅰ. 원 고

1. 법률상 이익을 가진 처분의 상대방

▣ 행정소송법

제12조(원고적격) 취소소송은 처분등의 취소를 구할 법률상 이익이 있는 자가 제기할 수 있다. 처분등의 효과가 기간의 경과, 처분등의 집행 그 밖의 사유로 인하여 소멸된 뒤에도 그 처분등의 취소로 인하여 회복되는 법률상 이익이 있는 자의 경우에는 또한 같다.

판 례 **행정처분에 대한 취소소송에서 원고적격 유무의 판단 기준이 되는 법률상 이익의 의미**

행정처분에 대한 취소소송에서의 원고적격이 있는지 여부는 당해 처분의 상대방인지 여부에 따라 결정되는 것이 아니라 그 취소를 구할 법률상의 이익이 있는지 여부에 따라 결정되는 것이고, 여기서 말하는 법률상 이익이라 함은 당해 처분의 근거 법률에 의하여 보호되는 직접적이고 구체적인 이익이 있는 경우를 가리키며, 간접적이거나 사실적·경제적 이해관계를 가지는 데 불과한 경우는 포함되지 아니한다(대법원 2001. 9. 28. 선고 99두8565 판결【문화재지정처분취소등】).

판 례 **행정처분에 대한 집행정지신청을 구하기 위한 요건으로서 '법률상 이익'의 의미 및 해당 처분의 근거 법규 및 관련 법규에 의하여 보호되는 법률상 이익의 범위**

[1] 행정처분에 대한 집행정지신청을 구함에 있어서도 이를 구할 법률상 이익이 있어야 하는바, 이 경우 법률상 이익이란 그 행정처분으로 인하여 발생하거나 확대되는 손해가 해당 처분의 근거 법규 및 관련 법규에 의하여 보호받는 직접적이고 구체적인 이익과 관련된 것을 말하고 단지 간접적이거나 사실적·경제적 이해관계를 가지는 데 불과한 경우는 여기에 포함되지 않는다. 그리고 해당 처분의 근거 법규 및 관련 법규에 의하여 보호되는 법률상 이익은 해당 처분의 근거 법규의 명문 규정에 의하여 보호받는 법률상 이익, 해당 처분의 근거 법규에 의하여 보호되지는 아니하나 해당 처분의 행정목적을 달성하기 위한 일련의 단계적인 관련 처분들의 근거 법규에 의하여 명시적으로 보호받는 법률상 이익, 해당 처분의 근거 법규 또는 관련 법규에서 명시적으로 당해 이익을 보호하는 명문의 규정이 없더라도 근거 법규 및 관련 법규의 합리적 해석상 그 법규에서 행정청을 제약하는 이유가 순수한 공익의 보호만이 아닌 개별적·직접적·구체적 이익을 보호하는 취지가 포함되어 있다고 해석되는 경우까지를 말한다.

[2] **보건복지부장관이** 2024. 2. 6. 의과대학 입학정원 확대방안에 관하여 2025학년도부터 2,000명 증원할 것이라고 발표(**이하 '증원발표'라 한다**)한 후 **교육부장관이 의과대학을 보유한 각 대학**

의 장으로부터 의대정원 증원 신청을 받아 2024. 3. 20. 2025학년도 전체 의대정원을 2,000명 증원하여 각 대학별로 배정(이하 '증원배정'이라 한다)하자, 의과대학 교수, 전공의, 의과대학에 재학 중인 학생, 의과대학에 입학하기를 희망하는 수험생들이 보건복지부장관의 증원발표 및 교육부장관의 증원배정에 대한 효력정지 및 집행정지신청을 한 사안에서, 보건복지부장관의 증원발표는 행정청의 내부적인 의사결정을 대외적으로 공표한 것에 그칠 뿐 국민의 권리 의무에 영향을 미친다고 볼 수 없고 각 의과대학별 정원 증원이라는 구체적인 법적 효과는 교육부장관의 증원배정에 따라 비로소 발생한 것이므로 교육부장관의 증원배정은 항고소송의 대상이 되는 처분으로 볼 여지가 큰 반면, 보건복지부장관의 증원발표는 항고소송의 대상이 되는 처분으로 보기 어려우므로 증원발표의 효력정지를 구하는 신청은 부적법하여 각하되어야 하고, 교육부장관의 증원배정 처분의 근거가 된 고등교육법령 및 대학설립·운영 규정(대통령령)은 의과대학의 학생정원 증원의 한계를 규정함으로써 의과대학에 재학 중인 학생들이 적절하게 교육받을 권리를 개별적·직접적·구체적으로 보호하고 있다고 볼 여지가 충분하므로 의대 재학 중인 신청인들은 증원배정 처분 중 자신이 재학 중인 의과대학에 대한 부분의 집행정지를 구할 법률상 이익이 있지만, 의과대학 교수, 전공의 또는 수험생 지위에 있는 나머지 신청인들에 대하여는 증원배정 처분의 집행정지를 구할 법률상 이익이 인정되지 않으며, 증원배정 처분이 집행됨으로 인해 **의대 재학 중인 신청인들이 입을 수 있는 손해에 비하여 증원배정의 집행이 정지됨으로써 공공복리에 중대한 영향이 발생할 우려가 크다는 이유로, 증원배정에 대한 집행정지는 허용되지 않는다**고 한 사례(대법원 2024. 6. 19.자 2024무689 결정【집행정지】).

판 례 구 사립학교법 제53조의2 제 2 항의 규정에 의하여 기간을 정하여 임용된 사립학교 교원이 임용기간 만료 전에 직위해제 또는 면직 처분을 받은 후 그 임용기간이 만료된 경우, 위 직위해제 또는 면직 처분의 무효확인을 구할 소의 이익이 있는지 여부(소극)

[다수의견] 구 사립학교법(1990. 4. 7. 법률 제4226호로 개정되기 전의 것) 제53조의2 제 2 항의 규정에 의하여 기간을 정하여 임용된 사립학교 교원이 임용기간 만료 이전에 해임·면직·파면 등의 불이익 처분을 받은 후 그 임용기간이 만료된 때에는 그 불이익 처분이 무효라고 하더라도 **학교법인의 정관이나 대학교원의 인사규정상 임용기간이 만료되는 교원에 대한 재임용 의무를 부여하는 근거규정이 없다면 임용기간의 만료로 당연히 교원의 신분을 상실한다고 할 것이고**, 따라서 임용기간 만료 전에 행해진 직위해제 또는 면직 처분이 무효라고 하더라도 교원의 신분을 회복할 수 없는 것으로서 그 무효확인청구는 과거의 법률관계의 확인청구에 지나지 않는다고 할 것이며, 한편 과거의 법률관계라 할지라도 현재의 권리 또는 법률상 지위에 영향을 미치고 있고 현재의 권리 또는 법률상 지위에 대한 위험이나 불안을 제거하기 위하여 그 법률관계에 관한 확인판결을 받는 것이 유효 적절한 수단이라고 인정될 때에는 그 법률관계의 확인소송은 즉시확정의 이익이 있다고 보아야 할 것이고, 또 이렇게 보는 것이 확인소송의 분쟁해결 기능과 분쟁예방 기능에도 합치하는 것이라 할 것이지만, **직위해제 또는 면직된 경우에는 징계에 의하여 파면 또는 해임된 경우와는 달리 공직이나 교원으로 임용되는 데에**

있어서 법령상의 아무런 제약이 없을 뿐만 아니라, 현행 사립학교법과 같이 교원의 임기 만료 시에 교원인사위원회의 심의를 거쳐 당해 교원에 대한 재임용 여부를 결정하도록 하는 의무 규정도 없었던 구 사립학교법 관계하에서 임기가 만료된 사립학교 교원에 대하여는 위와 같은 전력이 있으면 공직 또는 교원으로 임용되는 데에 있어서 그러한 전력이 없는 사람보다 사실상 불이익한 장애사유로 작용한다 할지라도 그것만으로는 법률상의 이익이 침해되었다고는 볼 수 없으므로 그 무효확인을 구할 이익이 없다.

[반대의견] 구 사립학교법(1990. 4. 7. 법률 제4226호로 개정되기 전의 것) 제53조의2 제 2 항의 규정에 의하여 기간을 정하여 임용된 교원이 임용기간 만료 이전에 해임·면직·파면 등의 불이익처분을 받은 후 그 임용기간이 만료된 때에는 그 불이익처분이 무효라고 하더라도 학교법인의 정관이나 대학교원의 인사규정상 임용기간이 만료되는 교원에 대한 재임용의무를 부여하는 근거규정이 없다면 임용기간의 만료로 당연히 교원의 신분을 상실한다는 점은 다수의견이 지적하는 바와 같고, 따라서 임용기간 만료 전에 행해진 직위해제 및 면직 처분의 무효확인청구는 교원 신분의 회복이라는 측면에서는 과거의 법률관계의 확인청구에 불과하여 더 이상 확인의 이익이 없게 되었다고 할 수 있으나, 다수의견도 시인하고 있듯이 과거의 법률관계라 할지라도 현재의 권리 또는 법률상 지위에 영향을 미치고 있고 현재의 권리 또는 법률상 지위에 대한 위험이나 불안을 제거하기 위하여 그 법률관계에 관한 확인판결을 받는 것이 유효적절한 수단이라고 인정될 때에는 그 법률관계의 확인소송은 즉시 확정의 이익이 있다고 보아야 할 것인데, **직위해제 및 면직 처분의 존속은 임용기간이 만료된 교원이 누릴 수 있는 재임용에 관한 절차적인 권리를 침해하는 것일 뿐만 아니라, 그의 사회적인 명예를 손상하고 나아가 그가 교원으로 다시 임용되는 데 있어서도 불이익한 장애사유로 작용하여 그의 인격적 이익에 관한 권리나 교원으로 임용될 수 있는 법률상의 지위에도 현실적으로 영향을 미치고**, 위와 같은 권리 또는 법률상의 지위에 대한 위험이나 불안은 위 직위해제 및 면직 처분에 대하여 무효확인을 받음으로써만 근본적으로 제거될 수 있으므로 그 무효확인청구는 이 점에서 즉시 확정의 이익이 있다(대법원 2000. 5. 18. 선고 95재다199 전원합의체 판결【직위해제및면직무효확인청구】).

판 례 **효력기간이 경과한 행정처분의 취소를 구할 법률상 이익 유무(한정 소극)**

행정처분에 그 효력기간이 정하여져 있는 경우, 그 처분의 효력 또는 집행이 정지된 바 없다면 위 기간의 경과로 그 행정처분의 효력은 상실되므로 그 기간 경과 후에는 그 처분이 외형상 잔존함으로 인하여 어떠한 법률상 이익이 침해되고 있다고 볼 만한 별다른 사정이 없는 한 그 처분의 취소를 구할 법률상의 이익이 없다(대법원 1995. 10. 17. 선고 94누14148 전원합의체 판결 참조).

구 농수산물유통및가격안정에관한법률(2000. 1. 28. 법률 제6223호로 전문 개정되기 전의 것) 제12조 제 1 항, 제 3 항, 제17조 제 1 항 등 관련 규정들에 의하여, 시장은 도지사의 허가를 얻어 지방도매시장을 개설하고, 그 지방도매시장을 운영하기 위하여 유효기간을 3년 이상 10년 미만으로 하는 도매시장법인을 지정하여야 하는바, 기록 중의 자료들에 의하니, 피고가 1995.

6. 26. 피고보조참가인을 안산시 농수산물 도매시장의 도매시장법인으로 지정하고 1998. 12. 31. 피고보조참가인에게 그 지정유효기간을 1999. 1. 1.부터 2001. 12. 31.까지로 한 도매시장법인 지정서를 교부하였으므로 2001. 12. 31. 3년의 지정 유효기간이 만료되었음을 알 수 있다.

위와 같이 **지정유효기간이 만료되어 그 처분이 외형상 잔존함으로 인하여 어떠한 법률상의 이익이 침해되고 있다고 볼 만한 별다른 사정이 인정되지 아니하는 이 사건에서는 그 처분의 취소를 구할 법률상의 이익이 없다고 할 것**이므로 결과적으로 이 사건 처분의 취소를 구하는 이 사건 소는 부적법하게 되었다고 할 것이다.

결국, 원심판결은 그대로 유지될 수 없으므로 이를 파기될 수밖에 없는바, 이 법원이 직접 판결하기로 하여 **이 사건 소를 각하하며**, 소송총비용을 원고의 부담으로 하기로 관여 대법관들의 의견이 일치되어 주문에 쓴 바와 같이 판결한다(대법원 2002. 7. 26. 선고 2000두7254 판결【도매법인지정처분취소】).

2. 처분의 직접 상대방이 아닌 제 3 자: 법률상 이익이 있는 자

행정처분의 직접 상대방이 아닌 제 3 자라고 하더라도 당해 행정처분으로 인하여 **법률상 보호되는 이익을 침해당한 경우**에는 취소소송을 제기하여 그 당부의 판단을 받을 자격이 있다(대법원 2010. 5. 13. 선고 2009두19168 판결).

판 례 행정처분의 직접 상대방이 아닌 제 3 자가 행정처분의 무효확인을 구할 수 있는 요건으로서 '법률상 보호되는 이익'의 의미

행정처분의 직접 상대방이 아닌 제 3 자라 하더라도 당해 행정처분으로 인하여 법률상 보호되는 이익을 침해당한 경우에는 그 처분의 무효확인을 구하는 행정소송을 제기하여 그 당부의 판단을 받을 자격이 있다 할 것이며, 여기에서 말하는 법률상 보호되는 이익이라 함은 당해 처분의 근거 법규 및 관련 법규에 의하여 보호되는 개별적·직접적·구체적 이익이 있는 경우를 말하고, 공익보호의 결과로 국민 일반이 공통적으로 가지는 일반적·간접적·추상적 이익이 생기는 경우에는 법률상 보호되는 이익이 있다고 할 수 없다(대법원 2006. 3. 16. 선고 2006두330 전원합의체 판결【정부조치계획취소등】).

(1) 경업자소송(경쟁자소송)

경쟁관계에 있는 영업자 사이에 특정인에게 주어지는 수익적 행위가 상대방에게 법률상 불이익을 초래하는 경우에 그 상대방이 자기의 법률상 이익의 침해를 이유로 다투는 소송을 말한다.

판 례 **기존의 업자가 경업자에 대한 면허나 인·허가 등 수익적 행정처분의 취소를 구할 원고적격이 있는 경우**

일반적으로 면허나 인·허가 등의 수익적 행정처분의 근거가 되는 법률이 해당 업자들 사이의 과당경쟁으로 인한 경영의 불합리를 방지하는 것도 그 목적으로 하고 있는 경우, 다른 업자에 대한 면허나 인·허가 등의 수익적 행정처분에 대하여 이미 같은 종류의 면허나 인·허가 등의 수익적 행정처분을 받아 영업을 하고 있는 기존의 업자는 경업자에 대하여 이루어진 면허나 인·허가 등 행정처분의 상대방이 아니라 하더라도 당해 행정처분의 취소를 구할 원고적격이 있다(대법원 2006. 7. 28. 선고 2004두6716 판결【분뇨등관련영업허가처분취소】).

판 례 **노선연장인가 처분에 대하여 당해 노선에 관한 기존의 자동차 운송사업자가 그 취소를 구할 소의 이익이 있는지 여부**

행정소송에서 소송의 원고는 행정처분에 의하여 직접 권리를 침해당한 자임을 보통으로 하나 **직접 권리의 침해를 받은 자가 아닐지라도 소송을 제기할 법률상의 이익을 가진 자는 그 행정처분의 효력을 다툴 수 있다고 해석되는 바**, … 따라서 이러한 기존업자의 이익은 단순한 사실상의 이익이 아니고, 법에 의하여 보호되는 이익이라고 해석된다. 원심이, 당해 노선에 관한 기존업자인 원고에게 본건 행정처분의 취소를 구할 법률상의 이익이 있다고 판단한 것은 정당하고, 이에 반사적 이익과 법률적 이익에 관한 법리오해의 위법이 있다할 수 없다(대법원 1974. 4. 9. 선고 73누173 판결【행정처분취소】).

(2) 경원자소송

경원자소송은 동종업종 또는 유사한 업종에 종사하는 자의 인·허가 등의 신청에 대하여 일부 업자에 대하여만 인·허가 등의 수익적 처분을 하는 경우에 인·허가 등을 받지 못한 자가 상대방에게 행한 처분의 취소를 구하는 소송을 말한다.

판 례 **제 3 자가 경업자나 경원자(경원자)에 대한 면허나 인·허가 등 수익적 행정처분의 취소를 구할 당사자 적격이 있는 경우**

면허나 인·허가 등의 수익적 행정처분의 근거가 되는 법률이 해당 업자들 사이의 과당경쟁으로 인한 경영의 불합리를 방지하는 것도 그 목적으로 하고 있는 경우 다른 업자에 대한 면허나 인·허가 등의 수익적 행정처분에 대하여 미리 같은 종류의 면허나 인·허가 등의 수익적 행정처분을 받아 영업을 하고 있는 기존의 업자나, 면허나 인·허가 등의 수익적 행정처분을 신청한 수인이 서로 경쟁관계에 있어서 일방에 대한 면허나 인·허가 등의 행정처분이 타방에 대한 불면허·불인가·불허가 등으로 귀결될 수밖에 없는 경우[**이른바 경원관계(경원관계)에 있는 경우로서 동일 대상지역에 대한 공유수면매립면허나 도로점용허가 혹은 일정지역에 있어**

서의 영업허가 등에 관하여 거리제한규정이나 업소개수제한규정 등이 있는 경우를 그 예로 들 수 있다.]에 면허나 인·허가 등의 행정처분을 받지 못한 사람 등은 비록 경업자나 경원자에 대하여 이루어진 면허나 인·허가 등 행정처분의 상대방이 아니라 하더라도 당해 행정처분의 취소를 구할 당사자적격이 있다(대법원 1999. 10. 12. 선고 99두6026 판결【자동차운송사업면허신청서반려처분의취소】).

판 례 제 3 자에게 경원자(경원자)에 대한 수익적 행정처분의 취소를 구할 당사자 적격이 있는 경우[1)]

인, 허가 등의 수익적 행정처분을 신청한 수인이 서로 경쟁관계에 있어서 일방에 대한 허가 등의 처분이 타방에 대한 불허가 등으로 귀결될 수밖에 없는 때 허가 등의 처분을 받지 못한 자는 비록 경원자에 대하여 이루어진 허가 등 처분의 상대방이 아니라 하더라도 당해 처분의 취소를 구할 원고 적격이 있다고 할 것이고, 다만 명백한 법적 장애로 인하여 원고 자신의 신청이 인용될 가능성이 처음부터 배제되어 있는 경우에는 당해 처분의 취소를 구할 정당한 이익이 없다고 할 것이다(대법원 1992. 5. 8. 선고 91누13274 판결; 대법원 1999. 10. 12. 선고 99두6026 판결 등 참조).

원심은 원고를 포함하여 법학전문대학원 설치인가 신청을 한 41개 대학들은 2,000명이라는 총 입학정원을 두고 그 설치인가 여부 및 개별 입학정원의 배정에 관하여 서로 경쟁관계에 있고 이 사건 각 처분이 취소될 경우 원고의 신청이 인용될 가능성도 배제할 수 없으므로, 원고가 이 사건 각 처분의 상대방이 아니라도 그 처분의 취소 등을 구할 당사자적격이 있다고 판단하였다. 위 법리에 비추어 보면, 이러한 원심의 판단은 정당하고 거기에 상고이유 주장과 같은 원고 적격에 관한 법리오해 등의 위법이 없다(대법원 2009. 12. 10. 선고 2009두8359 판결【예비인가처분취소】).

(3) 인인소송

특정인에 대한 수익적 처분이 인근 주민에게는 결과적으로 불이익이 되는 경우에는 당해 시설의 이웃사람(인근 주민)이 다투는 소송을 말한다.

판 례 주거지역내의 도시계획법 19조 1항과 개정전 건축법 32조 1항 소정 제한면적을 초과한 연탄공장건축허가 처분으로 불이익을 받고 있는 제 3 거주자는 당해행정처분의 취소를 소구할 법률상 자격이 있는지 여부

주거지역안에서는 도시계획법 19조 1항과 개정전 건축법 32조 1항에 의하여 공익상 부득이 하

1) [청구취지] 주위적으로, 피고가 2008. 9. 2. 전남대학교, 전북대학교, 제주대학교, 학교법인 원광대학교에 대하여 한 법학전문대학원 설치인가처분은 무효임을 확인한다. 예비적으로, 위 설치인가처분을 취소한다.

다고 인정될 경우를 제외하고는 거주의 안녕과 건전한 생활환경의 보호를 해치는 모든 건축이 금지되고 있을뿐 아니라 주거지역내에 거주하는 사람이 받는 위와 같은 보호이익은 법률에 의하여 보호되는 이익이라고 할 것이므로 주거지역내에 위 법조 소정 제한면적을 초과한 연탄공장 건축허가처분으로 불이익을 받고 있는 제3거주자는 비록 당해 행정처분의 상대자가 아니라 하더라도 그 행정처분으로 말미암아 위와 같은 법률에 의하여 보호되는 이익을 침해받고 있다면 당해행정 처분의 취소를 소구하여 그 당부의 판단을 받을 법률상의 자격이 있다(대법원 1975. 5. 13. 선고 73누96,97 판결【건축허가처분취소】).

(4) 환경소송

쾌적한 생활환경에서 살아갈 권리가 있는 국민이나 특정지역 주민들이 환경행정청의 행정작용으로 인한 생활환경의 파괴로부터 그 환경을 보호하기 위하여 인정되는 소송을 말한다.

판 례 행정처분의 직접 상대방이 아닌 자로서 그 처분에 의하여 환경상 침해를 받으리라고 예상되는 영향권 범위 내의 주민 및 그 영향권 밖의 주민이 처분의 취소를 구할 원고적격을 인정받기 위한 요건

행정처분의 직접 상대방이 아닌 자로서 그 처분에 의하여 자신의 환경상 이익이 침해받거나 침해받을 우려가 있다는 이유로 취소소송을 제기하는 제3자는, 자신의 환경상 이익이 그 처분의 근거 법규 또는 관련 법규에 의하여 개별적·직접적·구체적으로 보호되는 이익, 즉 법률상 보호되는 이익임을 입증하여야 원고적격이 인정되고, 다만 그 행정처분의 근거 법규 또는 관련 법규에 그 처분으로써 이루어지는 행위 등 사업으로 인하여 환경상 침해를 받으리라고 예상되는 영향권의 범위가 구체적으로 규정되어 있는 경우에는, **그 영향권 내의 주민들에 대하여는** 당해 처분으로 인하여 직접적이고 중대한 환경피해를 입으리라고 예상할 수 있고, 이와 같은 환경상의 이익은 주민 개개인에 대하여 개별적으로 보호되는 직접적·구체적 이익으로서 그들에 대하여는 특단의 사정이 없는 한 환경상 이익에 대한 침해 또는 침해 우려가 있는 것으로 사실상 추정되어 법률상 보호되는 이익으로 인정됨으로써 원고적격이 인정되며, **그 영향권 밖의 주민들은** 당해 처분으로 인하여 그 처분 전과 비교하여 **수인한도를 넘는 환경피해를 받거나 받을 우려가 있다는 자신의 환경상 이익에 대한 침해 또는 침해 우려가 있음을 증명**하여야만 법률상 보호되는 이익으로 인정되어 원고적격이 인정된다(대법원 2006. 12. 22. 선고 2006두14001 판결【공장설립승인처분취소】).

(5) 기타(영업자지위승계신고 수리처분 관련)

판 례 행정청이 구 식품위생법상의 영업자지위승계신고 수리처분을 하는 경우, 종전의 영업자가 행정절차법 제 2 조 제 4 호 소정의 '당사자'에 해당하는지 여부(적극) 및 수리처분시 종전의 영업자에게 행정절차법 소정의 행정절차를 실시하여야 하는지 여부(적극)

행정절차법 제21조 제 1 항, 제22조 제 3 항 및 제 2 조 제 4 호의 각 규정에 의하면, 행정청이 당사자에게 의무를 과하거나 권익을 제한하는 처분을 함에 있어서는 당사자 등에게 처분의 사전통지를 하고 의견제출의 기회를 주어야 하며, 여기서 당사자라 함은 행정청의 처분에 대하여 직접 그 상대가 되는 자를 의미한다 할 것이고, 한편 위 식품위생법 제25조 제 2 항, 제 3 항의 각 규정에 의하면, 지방세법에 의한 압류재산 매각절차에 따라 영업시설의 전부를 인수함으로써 그 영업자의 지위를 승계한 자가 관계 행정청에 이를 신고하여 행정청이 이를 수리하는 경우에는 종전의 영업자에 대한 영업허가 등은 그 효력을 잃는다 할 것인데, 위 규정들을 종합하면 위 행정청이 식품위생법 규정에 의하여 **영업자지위승계신고를 수리하는 처분은 종전의 영업자의 권익을 제한하는 처분이라 할 것이고 따라서 종전의 영업자는 그 처분에 대하여 직접 그 상대가 되는 자에 해당한다고 봄이 상당하다.**

따라서 이 사건의 경우, 피고로서는 이 사건 처분을 함에 있어서 위 행정절차법 규정 소정의 당사자에 해당하는 원고에 대하여 위 규정 소정의 행정절차를 실시하고 이 사건 처분을 하였어야 했다.

그럼에도 불구하고, 원심이 피고가 이 사건 처분을 함에 있어서 원고는 위 행정절차법 규정 소정의 당사자에 해당하지 않고 따라서 피고가 위 규정 소정의 행정절차를 실시하지 않고 이 사건 처분을 하였다 하여 위법한 것이라 할 수 없다고 판단한 것은, 위 식품위생법 소정의 영업자지위승계신고수리 또는 행정절차법 규정 소정의 당사자 등에 관한 법리를 오해하여 판결결과에 영향을 미친 위법이 있다 할 것이고(한편, 원심이 들고 있는 갑 제 4 호증의 1 내지 3, 갑 제 8 호증의 1 내지 11의 각 기재만으로는 피고가 위와 같은 행정절차를 거쳤음을 인정하기에 부족하다), 따라서 이를 지적하는 상고이유의 주장은 정당하다(대법원 2003. 2. 14. 선고 2001두7015 판결【유흥주점영업자지위승계수리처분취소】).

판 례 액화석유가스의안전및사업관리법 제 7 조 제 2 항에 의한 액화석유가스충전사업 지위승계신고 수리행위가 행정처분에 해당하는지 여부(적극)

액화석유가스의안전및사업관리법 제 7 조 제 2 항에 의한 사업양수에 의한 지위승계신고를 수리하는 허가관청의 행위는 단순히 양도, 양수자 사이에 발생한 사법상의 사업양도의 법률효과에 의하여 양수자가 사업을 승계하였다는 사실의 신고를 접수하는 행위에 그치는 것이 아니라 실질에 있어서 양도자의 사업허가를 취소함과 아울러 양수자에게 적법히 사업을 할 수 있는 법규상 권리를 설정하여 주는 행위로서 사업허가자의 변경이라는 법률효과를 발생시키는 행위이므로 허가관청이 법 제 7 조 제 2 항에 의한 사업양수에 의한 지위승계신고를 수리하는 행위는 행정처분에 해당한다(대법원 1993. 6. 8. 선고 91누11544 판결【건축허가무효확인등】).

판 례 **사업의 양도행위가 무효라고 주장하는 양도자가 양도·양수행위의 무효를 구함이 없이 사업양도·양수에 따른 허가관청의 지위승계 신고수리처분의 무효확인을 구할 법률상 이익이 있는지 여부(적극)**

사업양도·양수에 따른 허가관청의 지위승계신고의 수리는 적법한 사업의 양도·양수가 있었음을 전제로 하는 것이므로 그 수리대상인 사업양도·양수가 존재하지 아니하거나 무효인 때에는 수리를 하였다 하더라도 그 수리는 유효한 대상이 없는 것으로서 당연히 무효라 할 것이고, 사업의 양도행위가 무효라고 주장하는 양도자는 민사쟁송으로 양도·양수행위의 무효를 구함이 없이 막바로 허가관청을 상대로 하여 행정소송으로 위 신고수리처분의 무효확인을 구할 법률상 이익이 있다고 할 것이다(대법원 2005. 12. 23. 선고 2005두3554 판결【채석허가수허가자변경신고수리처분취소】).

3. 소장에 원고 표기방법

원고 김 경 화
서울 동대문구 경희대로 28

소송대리인 법무법인 서초
담당변호사 김길동, 홍길순
서울 서초구 서초대로 123
TEL 123－4567, FAX 123－5678

원고 김 경 화
서울 동대문구 경희대로 28

소송대리인 변호사 박 승 소
서울 서초구 서초대로 345
TEL 320－4321 FAX 320－5678

Ⅱ. 피 고

▣ 행정소송법

제13조(피고적격) ① 취소소송은 **다른 법률에 특별한 규정이 없는 한** 그 처분등을 행한 행정청을 피고로 한다. 다만, 처분등이 있은 뒤에 그 처분등에 관계되는 권한이 다른 행정청에 승계된 때에는 이를 승계한 행정청을 피고로 한다.

② 제 1 항의 규정에 의한 행정청이 없게 된 때에는 그 처분등에 관한 사무가 귀속되는 국가 또는 공공단체를 피고로 한다.

1. 다른 법률에 특별한 규정으로 피고를 특정한 경우

▣ 감사원법

제40조(재심의의 효력) ② 감사원의 재심의 판결에 대하여는 **감사원**을 당사자로 하여 행정소송을 제기할 수 있다. 다만, 그 효력을 정지하는 가처분결정은 할 수 없다.

▣ 관세법

제119조(불복의 신청) ⑥ 제 1 항 제 2 호의 심사청구를 거친 처분에 대한 행정소송은 「행정소송법」 제18조 제 2 항·제 3 항 및 같은 법 제20조에도 불구하고 그 심사청구에 대한 결정을 통지받은 날부터 90일 내에 **처분청**을 당사자로 하여 제기하여야 한다.

▣ 경찰공무원법

제34조(행정소송의 피고) 징계처분, 휴직처분, 면직처분, 그 밖에 의사에 반하는 불리한 처분에 대한 행정소송은 **경찰청장** 또는 **해양경찰청장**을 피고로 한다. 다만, 제 7 조 제 3 항 및 제 4 항에 따라 임용권을 위임한 경우에는 그 **위임을 받은 자**를 피고로 한다.

▣ 공익사업을 위한 토지 등의 취득 및 보상에 관한 법률

제85조(행정소송의 제기) ① 사업시행자, 토지소유자 또는 관계인은 제34조에 따른 재결에 불복할 때에는 재결서를 받은 날부터 90일 이내에, 이의신청을 거쳤을 때에는 이의신청에 대한 재결서를 받은 날부터 60일 이내에 각각 행정소송을 제기할 수 있다. 이 경우 사업시행자는 행정소송을 제기하기 전에 제84조에 따라 늘어난 보상금을 공탁하여야 하며, 보상금을 받을 자는 공탁된 보상금을 소송이 종결될 때까지 수령할 수 없다.

② 제1항에 따라 제기하려는 행정소송이 보상금의 증감(增減)에 관한 소송인 경우 그 소송을 제기하는 자가 토지소유자 또는 관계인일 때에는 **사업시행자**를, 사업시행자일 때에는 **토지소유자** 또는 **관계인**을 각각 피고로 한다.

▣ 국가공무원법

제16조(행정소송과의 관계) ① 제75조에 따른 처분, 그 밖에 본인의 의사에 반한 불리한 처분이나 부작위(不作爲)에 관한 행정소송은 소청심사위원회의 심사·결정을 거치지 아니하면 제기할 수 없다.

② 제1항에 따른 행정소송을 제기할 때에는 대통령의 처분 또는 부작위의 경우에는 **소속 장관**(대통령령으로 정하는 기관의 장을 포함한다. 이하 같다)을, 중앙선거관리위원회위원장의 처분 또는 부작위의 경우에는 **중앙선거관리위원회사무총장**을 각각 피고로 한다.

▣ 법원조직법

제70조(행정소송의 피고) 대법원장이 한 처분에 대한 행정소송의 피고는 **법원행정처장**으로 한다.

▣ 해양사고의 조사 및 심판에 관한 법률

제75조(피고) 제74조 제1항의 소송에서는 **중앙심판원장**을 피고로 한다.

▣ 환경오염피해 배상책임 및 구제에 관한 법률

제33조(재심사청구에 대한 심리·재결) ② 제1항에 따른 재결에 대하여는 재결서를 받은 날부터 60일 이내에 **환경부**를 당사자로 하여 행정소송을 제기할 수 있다.

2. 피고적격

(1) 취소소송: 처분등을 행한 행정청

▣ 행정소송법

제13조(피고적격) ① 취소소송은 다른 법률에 특별한 규정이 없는 한 그 처분등을 행한 행정청을 피고로 한다. 다만, 처분등이 있은 뒤에 그 처분등에 관계되는 권한이 다른 행정청에 승계된 때에는 이를 승계한 행정청을 피고로 한다.

② 제1항의 규정에 의한 행정청이 없게 된 때에는 그 처분등에 관한 사무가 귀속되는

국가 또는 공공단체를 피고로 한다.

판 례 항고소송의 피고적격

항고소송은 원칙적으로 소송의 대상인 **행정처분 등을 외부적으로 그의 명의로 행한 행정청을 피고로 하여야 하는 것**으로서, 그 행정처분을 하게 된 연유가 상급행정청이나 타행정청의 지시나 통보에 의한 것이라 하여 다르지 않으며, 권한의 위임이나 위탁을 받아 수임행정청이 정당한 권한에 기하여 수임행정청 명의로 한 처분에 대하여는 말할 것도 없고, 내부위임이나 대리권을 수여받은 데 불과하여 원행정청 명의나 대리관계를 밝히지 아니하고는 그의 명의로 처분 등을 할 권한이 없는 행정청이 권한 없이 그의 명의로 한 처분에 대하여도 처분명의자인 행정청이 피고가 되어야 한다(대법원 1994. 6. 14. 선고 94누1197 판결【농지조성비등부과처분취소】).

판 례 상급행정청으로부터 내부위임을 받은 데 불과한 하급행정청이 권한없이 한 행정처분에 대한 행정소송의 피고적격(=하급행정청)

행정처분의 취소 또는 무효확인을 구하는 행정소송은 다른 법률에 특별한 규정이 없는 한 그 처분을 행한 행정청을 피고로 하여야 하며, 행정처분을 행할 적법한 권한 있는 상급행정청으로부터 내부위임을 받은데 불과한 **하급행정청이 권한 없이 행정처분을 한 경우에도 실제로 그 처분을 행한 하급행정청을 피고로 하여야 할 것**이지 그 처분을 행할 적법한 권한 있는 상급행정청을 피고로 할 것이 아니므로 부산직할시장의 산하기관인 부산직할시 금강공원 관리사업소장이 한 공단사용료 부과처분에 대하여 가사 위 사업소장이 부산직할시로부터 단순히 내부위임만을 받은 경우라 하더라도 이의 취소를 구하는 소송은 위 **금강공원 관리사업소장을 피고**로 하여야 한다(대법원 1991. 2. 22. 선고 판결【공원사용료부과처분취소】).

(2) 무효등 확인소송: 처분등을 행한 행정청[2)]

판 례 영등포구 양서출장소장이 한 동장파면처분 무효확인소송의 피고적격을 잘못 인정한 사례

영등포구청장을 양서출장소장이 한 동장파면처분의 무효확인소송에서 원고는 예비적청구로서 피고를 양서출장소장으로 하였음에도 불구하고 당사자가 청구하지도 않는 영등포구청장을 피고로 하여 잘못 판단한 위법이 있다(대법원 1978. 10. 31. 선고 78누189 판결【파면처분취소】).

2) 행정소송법 제38조(준용규정) ① 제 9 조, 제10조, 제13조 내지 제17조, 제19조, 제22조 내지 제26조, 제29조 내지 제31조 및 제33조의 규정은 무효등 확인소송의 경우에 준용한다.

(3) 부작위위법확인소송: 부작위를 한 행정청[3)]

판 례 갑의 아버지가 전립선암 진단을 받고 을 병원 등에서 치료를 받다가 사망하였는데, 갑이 을 병원 임상심의위원회에 자신의 아버지가 전립선암 환자대상의 임상연구에서 임상대상자였는지 여부에 관한 사실관계를 확인하여 줄 것을 신청하였으나, 을 병원 임상심의위원회가 위 신청에 대하여 문서를 통한 명시적인 회신을 하지 않자 갑이 자신의 정보공개청구에 대한 을 병원 임상심의위원회의 부작위가 위법하다는 확인을 구하는 소송을 제기한 사안에서, 을 병원 임상심의위원회의 부작위는 생명윤리 및 안전에 관한 법률, 생명윤리 및 안전에 관한 법률 시행규칙이 정하는 응답의무를 이행하지 않은 것으로서 위법하다 한 사례

항고소송은 다른 법률에 특별한 규정이 없는 한 그 처분 등을 행한 행정청을 피고로 하고, 부작위위법확인소송에서는 국민으로부터 일정한 행위를 하여 줄 것을 신청받은 행정청이 피고가 된다(행정소송법 제13조 제 1 항, 제38조 제 1 항). 여기에서의 행정청에는 법령에 의하여 행정권한의 위임 또는 위탁을 받은 행정기관, 공공단체 및 그 기관 또는 사인도 포함된다(행정소송법 제 2 조 제 2 항)(서울행정법원 2019. 11. 22. 선고 2017구합73181 판결【임상시험대상자여부에대한정보공개부작위위법확인】).

(4) 당사자소송: 국가·공공단체 그 밖의 권리주체

▣ 행정소송법

제39조(피고적격) 당사자소송은 국가·공공단체 그 밖의 권리주체를 피고로 한다.

판 례 납세의무부존재확인의 소의 성격(=당사자소송) 및 피고적격(=국가·공공단체 등 권리주체)

납세의무부존재확인의 소는 공법상의 법률관계 그 자체를 다투는 소송으로서 당사자소송이라 할 것이므로 행정소송법 제 3 조 제 2 호, 제39조에 의하여 그 법률관계의 한쪽 당사자인 국가·공공단체 그 밖의 권리주체가 피고적격을 가진다(대법원 2000. 9. 8. 선고 99두2765 판결【취득세등부과처분취소】).

판 례 사인을 피고로 하는 당사자소송이 허용되는지 여부(적극)

토지 소유자 등이 사업시행자의 일시 사용에 대하여 정당한 사유 없이 동의를 거부하는 경우, **사업시행자는 해당 토지의 소유자 등을 상대로 동의의 의사표시를 구하는 소를 제기할 수 있다.** 이와 같은 토지의 일시 사용에 대한 동의의 의사표시를 할 의무는 국토계획법에서 특별히

3) **행정소송법 제38조(준용규정)** ② 제 9 조, 제10조, 제13조 내지 제19조, 제20조, 제25조 내지 제27조, 제29조 내지 제31조, 제33조 및 제34조의 규정은 부작위위법확인소송의 경우에 준용한다

인정한 공법상의 의무이므로, 그 의무의 존부를 다투는 소송은 '공법상의 법률관계에 관한 소송으로서 그 법률관계의 한쪽 당사자를 피고로 하는 소송', 즉 행정소송법 제3조 제2호에서 규정한 당사자소송이라고 보아야 한다.
행정소송법 제39조는, "당사자소송은 국가·공공단체 그 밖의 권리주체를 피고로 한다."라고 규정하고 있다. 이것은 **당사자소송의 경우 항고소송과 달리 '행정청'이 아닌 '권리주체'에게 피고적격이 있음을 규정하는 것일 뿐, 피고적격이 인정되는 권리주체를 행정주체로 한정한다는 취지가 아니므로**, 이 규정을 들어 사인을 피고로 하는 당사자소송을 제기할 수 없다고 볼 것은 아니다(대법원 2019. 9. 9. 선고 2016다262550 판결【토지사용동의의사표시】).

3. 행정처분에 따른 피고의 지정[4)]

(1) 처분행정청이 피고로 되는 경우

서울특별시장, 법무부장관

(2) 보통지방행정기관이 피고로 되는 경우

서울특별시 서초구청장, 충주시장, 강원도 고성군수, 영암군 미암면장

(3) 특별지방행정기관이 피고로 되는 경우

예산세무서장, 동해경찰서장, 서울북부보훈지청장, 용인교육청 교육장

(4) 공·사법인이 피고로 되는 경우

대한주택공사
사장 ○○○

(5) 합의제 기관이 피고로 되는 경우

중앙노동위원회위원장, 중앙토지수용위원회

(6) 의회가 피고로 되는 경우

대전광역시 대덕구의회 의장 ○○○

4. 소장에 피고 표기방법

처분청이 서울특별시 소재 '강남구청장'인 경우에는 '서울특별시'를 기재하여 소재를

4) https://help.scourt.go.kr/nm/min_7/min_7_4/index.html

밝힌 다음에 '서울특별시 강남구청장'이라고 한다. 만약 서울 동대문구 소재 회기1동장이 처분을 하였더라면, '서울특별시 동대문구 회기1동장'이라 표기한다. 당사자가 국가, 지방자치단체일 때에는 대표자의 자격과 성명만을 표시하고, 당사자나 대표자의 주소는 표시하지 않는다.

5. 피고경정

▣ 행정소송법

제14조(피고경정) ① 원고가 피고를 잘못 지정한 때에는 법원은 원고의 신청에 의하여 결정으로써 피고의 경정을 허가할 수 있다.

② 법원은 제1항의 규정에 의한 결정의 정본을 새로운 피고에게 송달하여야 한다.

③ 제1항의 규정에 의한 신청을 각하하는 결정에 대하여는 즉시항고할 수 있다.

④ 제1항의 규정에 의한 결정이 있은 때에는 새로운 피고에 대한 소송은 처음에 소를 제기한 때에 제기된 것으로 본다.

⑤ 제1항의 규정에 의한 결정이 있은 때에는 종전의 피고에 대한 소송은 취하된 것으로 본다.

⑥ 취소소송이 제기된 후에 제13조 제1항 단서 또는 제13조 제2항에 해당하는 사유가 생긴 때에는 법원은 당사자의 신청 또는 직권에 의하여 피고를 경정한다. 이 경우에는 제4항 및 제5항의 규정을 준용한다.

▣ 행정소송규칙

제6조(피고경정) 법 제14조 제1항에 따른 피고경정은 사실심 변론을 종결할 때까지 할 수 있다.[5)]

판례 조세소송에서 피고 지정이 잘못된 경우, 법원이 석명권을 행사하여 피고를 경정하게 하지 않고 바로 소를 각하한 것이 위법하다고 한 사례

원심은, 원고가 전주시 완산구청장으로부터 이 사건 주민세부과처분을 받았으면 그 부과처분의 취소를 구하는 소송은 그 **처분청인 전주시 완산구청장을 상대로 제기하여야** 하는데도 피고

5) 제1심 변론 종결할 때까지 피고경정을 할 수 있는 민사소송과 달리(「민사소송법」 제260조 제1항), 「행정소송법」 제14조 제1항에 따른 피고경정은 사실심 변론을 종결할 때까지 할 수 있다는 대법원 판례의 법리를 명문화함(제6조).

적격이 없는 **전주시장을 피고로** 한 이 사건 소는 부적법하다고 하여 이를 각하하였다.
그런데 원고가 피고를 잘못 지정하였다면 원심으로서는 당연히 석명권을 행사하여 원고로 하여금 피고를 처분청인 전주시 완산구청장으로 경정하게 하여 소송을 진행케 하였어야 할 것임에도 불구하고(대법원 1985. 11. 12. 선고 85누621 판결; 대법원 1997. 2. 28. 선고 96누1757 판결 등 참조), 이러한 조치를 취하지 아니한 채 피고의 지정이 잘못되었다는 이유로 피고 전주시장에 대한 이 사건 소를 각하한 원심판결에는 심리를 다하지 아니하여 판결 결과에 영향을 미친 위법이 있다고 할 것이다. 이 점을 지적하는 원고의 상고이유 주장은 이유 있다(대법원 2004. 7. 8. 선고 2002두7852 판결【주민세부과처분취소】).

판 례 행정소송법상의 당사자소송에 있어서 피고의 지정이 잘못된 경우, 법원이 석명권을 행사하여 피고를 경정하게 하지 않고 바로 소를 각하할 수 있는지 여부(소극)

행정소송법 소정의 당사자소송에 있어서 원고가 피고를 잘못 지정한 때에는 법원은 원고의 신청에 의하여 결정으로서 피고의 경정을 허가할 수 있는 것이므로(행정소송법 제44조 제 1 항, 제14조), 원고가 피고를 잘못 지정한 것으로 보이는 경우 법원으로서는 마땅히 석명권을 행사하여 원고로 하여금 정당한 피고로 경정하게 하여 소송을 진행케 하여야 할 것이지, 그러한 조치를 취하지 아니한 채 피고의 지정이 잘못되었다는 이유로 막바로 소를 각하할 것은 아니다(대법원 1985. 11. 12. 선고 85누621 판결; 대법원 2004. 7. 8. 선고 2002두7852 판결 등 참조).
기록과 관계 법령에 의하면, 개정 특조법 제 2 조는 개정 하천법 부칙 제 2 조와 달리 손실보상 의무자를 관리청이 아닌 시·도지사로 명시하고 있으므로, 원고가 개정 특조법 제 2 조를 근거로 손실보상금청구권의 확인을 구하는 이 사건에서 **대전광역시를 피고로 삼았어야 함에도 불구하고** 손실보상 의무자도 아닌 **대한민국을 상대로 소를 제기한 사실**을 알 수 있는바, 위 법리에 비추어 보면, 원고가 확인을 구하는 손실보상금청구권은 공법상의 권리로서 그 소송절차는 행정소송법상 당사자소송절차에 의하여야 할 것인데, 당사자소송에서는 민사소송과 달리 사실심 변론종결시까지 피고의 동의 없이 피고의 경정이 가능하므로, 원고가 피고를 잘못 지정하였다면 원심으로서는 당연히 석명권을 행사하여 원고로 하여금 피고를 대전광역시로 경정하게 하여 소송을 진행하였어야 할 것이다(대법원 2006. 11. 9. 선고 2006다23503 판결【소유권확인】).

6. 피고 및 소송대리인 기재례

피 고 서울특별시 동대문구청장

소송대리인 법무법인 강호
담당변호사 김기록, 최내용, 이증명

Ⅲ. 사건의 표시

1. 소장과 준비서면의 기재사항인 '사건의 표시'

(1) 행정소송에 관하여 이 법에 특별한 규정이 없는 사항에 대하여는 법원조직법과 민사소송법 및 민사집행법의 규정을 준용한다(행정소송법 8②). 사건의 표시는 처분의 취소를 구하는 소의 명칭인데, 행정소송법에는 이에 관한 특별한 규정이 없기 때문에 민사소송법이 준용된다.

(2) 민사소송의 소장에는 당사자와 법정대리인, 청구의 취지와 원인을 적어야 하며, 소장에는 준비서면에 관한 규정을 준용한다(민사소송법 249②). 준비서면에는 다음 각호의 사항을 적고, 당사자 또는 대리인이 기명날인 또는 서명한다(민사소송법 274①).

1. 당사자의 성명·명칭 또는 상호와 주소
2. 대리인의 성명과 주소
3. 사건의 표시
4. 공격 또는 방어의 방법
5. 상대방의 청구와 공격 또는 방어의 방법에 대한 진술
6. 덧붙인 서류의 표시
7. 작성한 날짜
8. 법원의 표시

2. 행정소송에서 사건의 표시

대법원은 손해배상 사건에 대한 사건명 표시의 구분[재판예규 제1594호, 시행 2016. 9. 1.], 특허법원의 사건명 표시[재판예규 제1009호, 시행 2005. 7. 1.]와 같은 규정을 두고 있지만, 행정사건에서의 사건명 표시에 관하여는 별도의 예규를 마련하지 않고 있다. 따라서 해당 처분의 명칭을 사건명으로 표시하면 된다. 예컨대 '영업정지처분취소 청구의 소'라고 하면 된다. 처분이 복수인 경우에는 주된 사건을 표시하는 것이 좋다. 과거에는 모든 처분에 대하여 '행정처분취소의 소'라고도 기재한 사례도 발견되지만, 특정한 처분 이름을 기재함이 타당하다.

소 장
원고
피고
영업정지처분취소 청구의 소
청구취지
청구원인

3. 행정심판청구에서 사건의 표시 문제

행정심판법은 사건의 표시를 하도록 명시하지 않고 있다. 심판청구는 서면으로 하여야 한다(행정심판법 28①). 처분에 대한 심판청구의 경우에는 심판청구서에 다음 각 호의 사항이 포함되어야 한다(행정심판법 28②).

1. 청구인의 이름과 주소 또는 사무소(주소 또는 사무소 외의 장소에서 송달받기를 원하면 송달장소를 추가로 적어야 한다)
2. 피청구인과 위원회
3. 심판청구의 대상이 되는 처분의 내용
4. 처분이 있음을 알게 된 날
5. 심판청구의 취지와 이유
6. 피청구인의 행정심판 고지 유무와 그 내용

실무상 행정심판청구서에 기재할 "처분 내용 또는 부작위 내용"에 사건을 표시하게 된다(예: 2023. 12. 1. 일반음식점 영업정지처분).

Ⅳ. 취소소송의 대상: 처분등과 재결

▣ 행정소송법

제 2 조(정의) ① 이 법에서 사용하는 용어의 정의는 다음과 같다.

1. "처분등"이라 함은 행정청이 행하는 구체적 사실에 관한 법집행으로서의 공권력의 행사 또는 그 거부와 그 밖에 이에 준하는 행정작용(이하 "處分"이라 한다) 및 행정심판에 대한 재결을 말한다.

제19조(취소소송의 대상) 취소소송은 처분등을 대상으로 한다. 다만, 재결취소소송의 경우에는 재결 자체에 고유한 위법이 있음을 이유로 하는 경우에 한한다.

▣ 행정심판법

제 2 조(정의) 이 법에서 사용하는 용어의 뜻은 다음과 같다.

1. "처분"이란 행정청이 행하는 구체적 사실에 관한 법집행으로서의 공권력의 행사 또는 그 거부, 그 밖에 이에 준하는 행정작용을 말한다.
2. "부작위"란 행정청이 당사자의 신청에 대하여 상당한 기간 내에 일정한 처분을 하여야 할 법률상 의무가 있는데도 처분을 하지 아니하는 것을 말한다.
3. "재결(裁決)"이란 행정심판의 청구에 대하여 제 6 조에 따른 행정심판위원회가 행하는 판단을 말한다.[6)]

1. 처분등

항고소송[7)]의 대상이 되는 행정처분은 행정청의 공법상의 행위로서 특정사항에 대하여 법규에 의한 권리의 설정 또는 의무의 부담을 명하며, 기타 법률상의 효과를 발생케 하는 등의 국민의 권리의무에 직접 관계가 있는 행위를 말한다.

---

6) 2008. 2. 29. 개정된 행정심판법은 행정심판에 대한 재결을 기존의 "당해 행정청의 직근 상급행정기관" 또는 "당해 행정청" 등에서 "행정심판위원회"이 관장하도록 하였다.
제 5 조(행정심판위원회의 설치) ① 행정청의 처분 또는 부작위에 대한 행정심판의 청구(이하 "심판청구"라 한다)를 심리·재결하기 위하여 제 2 항부터 제 4 항까지의 규정에 따르는 외에는 해당 행정청의 직근 상급행정기관 소속으로 행정심판위원회를 둔다. <개정 2008. 2. 29>

7) **행정소송법 제 4 조(항고소송)** 항고소송은 다음과 같이 구분한다.
1. 취소소송: 행정청의 위법한 처분등을 취소 또는 변경하는 소송
2. 무효등 확인소송: 행정청의 처분등의 효력 유무 또는 존재여부를 확인하는 소송
3. 부작위위법확인소송: 행정청의 부작위가 위법하다는 것을 확인하는 소송

행정처분의 취소소송에 있어 판단의 대상이 되는 하자는 처분의 위법 여부이다. 즉, 행정처분의 취소소송은 행정청의 위법한 처분 등을 취소 또는 변경하는 소송이므로 법원은 그 처분의 위법여부를 가려서 판단하면 되는 것이고, 그 처분의 부당여부까지 판단할 필요는 없다(대법원 1988. 12. 13. 선고 88누7880 판결【도시계획사업시행허가처분등취소】).

판 례 행정소송의 대상이 되는 행정처분의 의미

행정소송의 대상이 되는 행정처분은, 행정청 또는 그 소속기관이나 법령에 의하여 행정권한의 위임 또는 위탁을 받은 공공기관이 국민의 권리의무에 관계되는 사항에 관하여 공권력을 발동하여 행하는 공법상의 행위를 말하며, 그것이 상대방의 권리를 제한하는 행위라 하더라도 행정청 또는 그 소속기관이나 권한을 위임받은 공공기관의 행위가 아닌 한 이를 행정처분이라고 할 수 없다(대법원 2014. 12. 24. 선고 2010두6700 판결【부정당업자제재처분등】).

판 례 행정청의 행위가 항고소송의 대상이 되는지 여부의 판단 기준

행정청의 어떤 행위가 항고소송의 대상이 될 수 있는지의 문제는 추상적·일반적으로 결정할 수 없고, 구체적인 경우 행정처분은 행정청이 공권력의 주체로서 행하는 구체적 사실에 관한 법집행으로서 국민의 권리의무에 직접적으로 영향을 미치는 행위라는 점을 염두에 두고, 관련 법령의 내용과 취지, 그 행위의 주체·내용·형식·절차, 그 행위와 상대방 등 이해관계인이 입는 불이익과의 실질적 견련성, 그리고 **법치행정의 원리와 당해 행위에 관련한 행정청 및 이해관계인의 태도 등을 참작**하여 개별적으로 결정하여야 한다(대법원 2010. 11. 18. 선고 2008두167 전원합의체 판결【건축신고불허(또는반려)처분취소】).[8)]

---

8) **[행정청의 건축신고 반려행위 또는 수리거부행위가 항고소송의 대상이 되는지 여부(적극)]**
구 건축법(2008. 3. 21. 법률 제8974호로 전부 개정되기 전의 것) 관련 규정의 내용 및 취지에 의하면, 행정청은 건축신고로써 건축허가가 의제되는 건축물의 경우에도 그 신고 없이 건축이 개시될 경우 건축주 등에 대하여 공사 중지·철거·사용금지 등의 시정명령을 할 수 있고(제69조 제 1 항), 그 시정명령을 받고 이행하지 않은 건축물에 대하여는 당해 건축물을 사용하여 행할 다른 법령에 의한 영업 기타 행위의 허가를 하지 않도록 요청할 수 있으며(제69조 제 2 항), 그 요청을 받은 자는 특별한 이유가 없는 한 이에 응하여야 하고(제69조 제 3 항), 나아가 행정청은 그 시정명령의 이행을 하지 아니한 건축주 등에 대하여는 이행강제금을 부과할 수 있으며(제69조의2 제 1 항 제 1 호), 또한 건축신고를 하지 않은 자는 200만원 이하의 벌금에 처해질 수 있다(제80조 제 1 호, 제 9 조). 이와 같이 건축주 등은 신고제하에서도 건축신고가 반려될 경우 당해 건축물의 건축을 개시하면 시정명령, 이행강제금, 벌금의 대상이 되거나 당해 건축물을 사용하여 행할 행위의 허가가 거부될 우려가 있어 불안정한 지위에 놓이게 된다. 따라서 건축신고 반려행위가 이루어진 단계에서 당사자로 하여금 반려행위의 적법성을 다투어 그 법적 불안을 해소한 다음 건축행위에 나아가도록 함으로써 장차 있을지도 모르는 위험에서 미리 벗어날 수 있도록 길을 열어 주고, **위법한 건축물의 양산과 그 철거를 둘러싼 분쟁을 조기에 근본적으로 해결할 수 있게 하는 것이 법치행정의 원리에 부합한다. 그러므로 건축신고 반려행위는 항고소송의 대상이 된다고 보는 것이 옳다**(대법원 2010. 11. 18. 선고 2008두167 전원합의체 판결【건축신고불허(또는반려)처분취소】).

2. 재 결

(1) 재결 자체에 고유한 위법

행정심판에 대한 재결에 대하여 그 재결 자체에 고유한 위법이 있을 때 취소 및 무효확인 등의 소송을 제기할 수 있다. 여기서 재결 자체에 고유한 위법이란 '원처분에는 없고 재결에만 있는' 재결청의 권한 또는 구성의 위법, 재결의 절차나 형식의 위법, 내용의 위법 등을 뜻하고, 그중 내용의 위법에는 위법·부당하게 인용재결을 한 경우가 해당한다(대법원 1997. 9. 12. 96누14661).[9]

1) 재결의 주체에 관한 위법

행정심판의 주체가 아닌 기관이 재결을 하거나, 행정심판위원회의 구성에 흠결이 있는 경우를 말한다. 행정심판을 청구하려는 자는 심판청구서를 작성하여 피청구인이나 행정심판위원회에 제출하여야 한다(행정심판법 23). 심판청구를 하려는 자는 심판청구서를 그 처분을 하였거나 하였어야 할 세무서장이나 조세심판원장에게 제출하여야 한다(국세기본법 69). 그런데 행정심판청구서를 접수한 피청구인(처분청)이 재결을 하였다면, 이는 주체에 관한 위법에 해당된다. 행정심판위원회의 심리·의결에 제척·기피·회피 사유가 있는 위원이 참여하거나(행정심판법 10), 국가공무원법상 소청심사위원회 및 토지보상법상 토지수용위원회의 결격사유가 있는 위원이 심리와 의결에 관여하는 경우도 재결 주체에 관한 위법이라 할 수 있다.[10][11] 중앙행정심판위원회의 회의는 총 9명으로 구성하며, 중앙행정심판위원회 및 소위원회는 각각 구성원 과반수의 출석과 출석위원 과반수의 찬성으로 의결한다. 이처럼 위원회의 구성에 관한 법정 사항을 위반한 가운데 재

---

9) 정형근, "행정소송법상 재결 자체에 고유한 위법", 법률신문 2023. 11. 12.자.

10) **국가공무원법 제10조의2(소청심사위원회위원의 결격사유)** ① 다음 각 호의 어느 하나에 해당하는 자는 소청심사위원회의 위원이 될 수 없다.
1. 제33조 각 호의 어느 하나에 해당하는 자
2. 「정당법」에 따른 정당의 당원
3. 「공직선거법」에 따라 실시하는 선거에 후보자로 등록한 자
② 소청심사위원회위원이 제 1 항 각 호의 어느 하나에 해당하게 된 때에는 당연히 퇴직한다.

11) **공익사업을 위한 토지 등의 취득 및 보상에 관한 법률 제54조(위원의 결격사유)** ① 다음 각 호의 어느 하나에 해당하는 사람은 토지수용위원회의 위원이 될 수 없다.
1. 피성년후견인, 피한정후견인 또는 파산선고를 받고 복권되지 아니한 사람
2. 금고 이상의 실형을 선고받고 그 집행이 끝나거나(집행이 끝난 것으로 보는 경우를 포함한다) 집행이 면제된 날부터 2년이 지나지 아니한 사람
3. 금고 이상의 형의 집행유예를 선고받고 그 유예기간 중에 있는 사람
4. 벌금형을 선고받고 2년이 지나지 아니한 사람
② 위원이 제 1 항 각 호의 어느 하나에 해당하게 되면 당연히 퇴직한다.

결이 이뤄졌다면 이 역시 위법하다.

2) **재결의 절차에 관한 위법**

재결도 준사법작용이라 심리절차의 적법성이 중요하다. 행정심판의 심리는 구술심리나 서면심리로 한다. 다만, 당사자가 구술심리를 신청한 경우에는 서면심리만으로 결정할 수 있다고 인정되는 경우 외에는 구술심리를 하여야 한다. 위원회는 구술심리 신청을 받으면 그 허가 여부를 결정하여 신청인에게 알려야 한다(행정심판법 40). 행정심판위원회가 청구인의 구술심리 신청에 대하여 정당한 사유없이 불허하거나, 허가여부 결정을 통지하지 아니하면 위법하게 된다. 소청심사위원회가 소청 사건을 심사할 때에는 소청인 또는 대리인에게 진술 기회를 주어야 하고, 그 진술 기회를 주지 아니한 결정은 무효로 한다(국가공무원법 13). 소청제기기간의 경과와 소청 관할 위반 등 소청의 제기가 부적법한 때에는 위원회는 특별한 사정이 있는 경우를 제외하고는 당사자를 출석시키지 아니하고 각하결정을 할 수 있다. 위원회는 당사자를 출석시키지 아니하고 각하 결정을 하는 때에는 소청인에게 서면에 의한 진술 기회를 주어야 한다(소청절차규정 7의2). 만약 소청심사위원회가 소청인에게 진술 기회를 주지 않고 본안판단을 하거나 각하결정을 하면 그 재결은 위법하다.

3) **재결의 내용에 관한 위법**

행정심판은 모든 처분을 대상으로 하는 것은 아니다. 대통령의 처분 또는 부작위에 대하여는 다른 법률에서 행정심판을 청구할 수 있도록 정한 경우 외에는 행정심판을 청구할 수 없다. 따라서 대통령의 처분에 대해서 재결을 하면, 그 재결은 위법하다. 소청심사위원회의 결정은 그 이유를 구체적으로 밝힌 결정서로 하여야 한다(국가공무원법 14). 다만, 재결의 이유 기재가 부적절해도 재결의 주문이 올바르면 위법하지 않다. 위원회는 징계 또는 소청의 원인이 된 사실 이외의 사실에 대하여 심사하지 못한다(소청절차규정 14). 위원회는 심판청구의 대상이 되는 처분보다 청구인에게 불리한 재결을 하지 못한다. 그리고 행정심판위원회가 항고소송 대상이 아닌 당사자소송 등에 해당하는 사항도 재결할 수 없다. 이를 위반한 재결은 모두 위법하게 된다.

4) **재결의 형식에 관한 위법**

재결서는 방식과 기재사항이 법정되어 있어 이를 누락하면 위법한 재결이 된다. 행정심판법, 소청에 관한 국가공무원법과 소청절차규정 및 토지보상법과 국세기본법이 정한 행정심판에서는 재결은 서면(문서)로 하고 주문과 이유 등에 관한 기재사항을 상세하고 정하고 있다. 행정심판법 제46조 제 3 항은 "재결서에 적는 이유에는 주문 내용이 정당하다는 것을 인정할 수 있는 정도의 판단을 표시하여야 한다."고 하는데, 이를 위반하면 재결의 형식은 물론 내용에 관한 위법사유에도 해당된다.

판 례 행정소송법 제19조 소정의 '재결 자체에 고유한 위법'의 의미 및 적법한 행정심판청구를 각하한 재결은 재결 자체에 고유한 위법이 있는 경우에 해당하는지 여부(적극)

행정소송법 제19조에 의하면 행정심판에 대한 재결에 대하여도 그 재결 자체에 고유한 위법이 있음을 이유로 하는 경우에는 항고소송을 제기하여 그 취소를 구할 수 있고, 여기에서 말하는 '재결 자체에 고유한 위법'이란 그 재결자체에 주체, 절차, 형식 또는 내용상의 위법이 있는 경우를 의미하는데, 행정심판청구가 부적법하지 않음에도 각하한 재결은 심판청구인의 실체심리를 받을 권리를 박탈한 것으로서 원처분에 없는 고유한 하자가 있는 경우에 해당하고, 따라서 위 재결은 취소소송의 대상이 된다(대법원 2001. 7. 27. 선고 99두2970 판결【용화집단시설지구기본설계변경승인처분취소】).

판 례 행정소송법 제19조 소정의 '재결 자체에 고유한 위법'의 의미

원심판결 이유에 의하면 원심은, 이 사건 소는 이 사건 재결이유가 근거가 없는 것이거나 재량권을 벗어난 것임을 주장하면서 이 사건 재결을 취소하여 달라는 것으로서, 이 사건 재결에 고유한 위법이 있음을 이유로 하는 것이 아니므로 부적법하다는 이유로 이를 각하하였다.

그러나 행정소송법 제19조에서 말하는 '재결 자체에 고유한 위법'이란 원처분에는 없고 재결에만 있는 재결청의 권한 또는 구성의 위법, 재결의 절차나 형식의 위법, 내용의 위법 등을 뜻하고, 그 중 내용의 위법에는 위법·부당하게 인용재결을 한 경우가 해당한다 할 것인바, **이 사건 재결취소소송의 청구원인은 원고의 이 사건 공장설립변경신고를 수리한 소외 사천시장 명의의 이 사건 원처분에는 아무런 하자가 없음에도 불구하고, 원처분의 상대방이 아닌 제 3 자로서 청구인 적격이 없는 피고보조참가인 1이 심판 청구기간을 도과하여 원처분에 대한 심판청구를 제기하자 재결청인 피고가 이를 받아들여 원처분을 취소하는 내용의 이 사건 재결을 한 것은 위법하다는 것이므로 이는 재결 자체에 고유한 위법이 있음을 이유로 하는 경우에 해당한다 할 것**이고, 따라서 이와 반대의 전제에서 한 원심의 판단은 이 점에서 위법을 면할 수 없다.

또한 행정처분의 상대방이 아닌 제 3 자는 일반적으로 처분이 있는 것을 바로 알 수 있는 처지에 있지 아니하므로 처분이 있은 날로부터 180일이 경과하더라도 특별한 사유가 없는 한 구 행정심판법(1995. 12. 6. 법률 제5000호로 개정되기 전의 것) 제18조 제 3 항 단서 소정의 정당한 사유가 있는 것으로 보아 심판청구가 가능하다고 할 것이나, 그 제 3 자가 어떤 경위로든 행정처분이 있음을 알았거나 쉽게 알 수 있는 등 행정심판법 제18조 제 1 항 소정의 심판청구기간 내에 심판청구가 가능하였다는 사정이 있는 경우에는 그 때로부터 60일 이내에 행정심판을 청구하여야 하는 것인데(대법원 1996. 9. 6. 선고 95누16233 판결 참조), 기록에 의하면 소외 사천시장의 이 사건 원처분일은 1995. 1. 9.이고, 원처분에 대한 심판청구인 소외인 스스로가 1995. 1. 23. 원처분이 있음을 알았다고 자인하고 있으며(갑 제7호증), 소외인은 그 때로부터 60일이 훨씬 지났음이 역수상 명백한 1995. 6. 13.에 이르러 비로소 원처분의 취소를 구하는 행정심판을 제기하였으므로 이는 행정심판법 제18조 제1항 소정의 행정심판 청구기간을 도과한 것으로서 부적법하다고 할 것이고, 따라서 이를 간과하고 한 피고의 이 사건 재결은 그 자체에 고유한 위법이 있는 것이라고 할 것이다.

결국 원심판결에는 재결취소의 소에 관한 법리오해 등의 위법이 있다고 할 것이고, 이러한 위법은 판결 결과에 영향을 미쳤음이 분명하므로 이 점을 지적하는 상고이유의 주장은 이유 있다. 그러므로 나머지 상고이유에 관한 판단을 생략한 채 원심판결을 파기하고 사건을 원심법원에 환송하기로 관여 법관들의 의견이 일치되어 주문과 같이 판결한다(대법원 1997. 9. 12. 선고 96누14661 판결【공장설립변경신고수리취소처분취소】)[12]

판 례 대법원 1997. 12. 23. 선고 96누10911 판결【체육시설사업계획승인취소처분취소】

[1] 제3자효를 수반하는 행정행위에 대하여 제3자가 행정심판을 제기하여 그 처분이 취소되는 재결이 있자 그 원처분의 상대방이 위 재결에 대한 취소소송을 제기한 경우, 위 소송이 재결에 고유한 하자를 주장하는 것이 되는지 여부(적극)

이른바 복효적 행정행위, 특히 제3자효를 수반하는 행정행위에 대한 행정심판청구에 있어서 **그 청구를 인용하는 내용의 재결로 인하여 비로소 권리이익을 침해받게 되는 자는 그 인용재결에 대하여 다툴 필요가 있고**, 그 인용재결은 원처분과 내용을 달리하는 것이므로 그 인용재결의 취소를 구하는 것은 원처분에는 없는 재결에 고유한 하자를 주장하는 셈이어서 당연히 항고소송의 대상이 된다.[13]

[2] 인용재결청 스스로가 직접 당해 사업계획승인처분을 취소하는 형성적 재결을 한 경우, 그 재결 외에 그에 따른 별도의 처분이 없기 때문에 재결 자체를 쟁송의 대상으로 할 수 있다고 본 사례

당해 재결과 같이 그 인용재결청인 문화체육부장관 스스로가 직접 당해 사업계획승인처분을 취소하는 형성적 재결을 한 경우에는 그 재결 외에 그에 따른 행정청의 별도의 처분이 있지 않기 때문에 재결 자체를 쟁송의 대상으로 할 수밖에 없다고 본 사례.

[3] 인용재결의 당부를 그 심판대상으로 하고 있는 인용재결의 취소를 구하는 당해 소송의 심리·판단의 범위

인용재결의 취소를 구하는 당해 소송은 그 인용재결의 당부를 그 심판대상으로 하고 있고, 그 점을 가리기 위하여는 행정심판청구인들의 심판청구원인 사유에 대한 재결청의 판단에 관하여도 그 당부를 심리·판단하여야 할 것이므로, 원심으로서는 재결청이 원처분의 취소 근거로

12) 행정심판위원회의 재결이 행정심판 청구인(처분의 제3자)이 청구기간을 도과하여 부적법함에도 이를 간과하고 적법한 행정심판으로 보고 처분을 취소하는 인용재결을 한 결과 불이익을 당하게 된 원처분의 직접 상대방이 법원에 재결 자체에 고유한 위법이 있음을 주장하면서 제소하여 승소한 사건이다.

내세운 판단사유의 당부뿐만 아니라 재결청이 심판청구인의 심판청구원인 사유를 배척한 판단 부분이 정당한가도 심리·판단하여야 한다.

판 례 대법원 1998. 4. 24. 선고 97누17131 판결【의약품제조품목허가취소처분취소】

[1] 형성적 재결의 효력

행정심판법 제32조 제3항에 의하면 재결청은 취소심판의 청구가 이유 있다고 인정할 때에는 처분을 취소·변경하거나 처분청에게 취소·변경할 것을 명한다고 규정하고 있으므로, 행정심판 재결의 내용이 처분청에게 처분의 취소를 명하는 것이 아니라 **재결청이 스스로 처분을 취소하는 것일 때에는 그 재결의 형성력에 의하여 당해 처분은 별도의 행정처분을 기다릴 것 없이 당연히 취소되어 소멸**되는 것이다.

[2] 원처분에 대한 형성적 취소재결이 확정된 후 처분청이 다시 원처분을 취소한 경우, 위 처분이 항고소송의 대상이 되는 처분인지 여부(소극)

당해 의약품제조품목허가처분취소재결은 보건복지부장관이 재결청의 지위에서 스스로 제약회사에 대한 위 의약품제조품목허가처분을 취소한 이른바 형성재결임이 명백하므로, 위 회사에 대한 의약품제조품목허가처분은 당해 취소재결에 의하여 당연히 취소·소멸되었고, 그 이후에 다시 위 허가처분을 취소한 당해 처분은 당해 취소재결의 당사자가 아니어서 그 **재결이 있었음을 모르고 있는 위 회사에게 위 허가처분이 취소·소멸되었음을 확인하여 알려주는 의미의 사실 또는 관념의 통지에 불과할 뿐** 위 허가처분을 취소·소멸시키는 새로운 형성적 행위가 아니므로 항고소송의 대상이 되는 처분이라고 할 수 없다.

[3] 원처분의 상대방이 아닌 제3자가 행정심판을 청구하여 재결청이 원처분을 취소하는 형성재결을 한 경우, 위 원처분의 상대방이 할 수 있는 불복방법 및 위 재결의 취소를 구하는 것이 원처분에 없는 재결 고유의 하자를 주장하는 것인지 여부(적극)

당해 사안에서와 같이 원처분의 상대방이 아닌 **제3자가 행정심판을 청구하여 재결청이 원처분을 취소하는 형성재결을 한 경우에 그 원처분의 상대방은 그 재결에 대하여 항고소송을 제기할 수밖에 없고**, 이 경우 재결은 원처분과 내용을 달리 하는 것이어서 재결의 취소를 구하는 것은 원처분에 없는 재결 고유의 위법을 주장하는 것이 된다.

[4] 제약회사가 보건복지부장관의 형성재결과 처분성이 결여된 취소처분 중 어느 쪽을 당해 소의 대상으로 삼은 것인지 여부가 불분명함에도 적절한 석명권을 행사하지 아니한 원심을 파기한 사례

---

13) 행정청이 골프장 사업계획승인을 얻은 자의 사업시설 착공계획서를 수리한 것에 대하여 **인근 주민들이 그 수리처분의 취소를 구하는 행정심판을 청구하자 재결청이 그 청구를 인용하여 수리처분을 취소하는 형성적 재결을 한 경우**, 그 수리처분 취소 심판청구는 행정심판의 대상이 되지 아니하여 **부적법 각하하여야 함에도 위 재결은 그 청구를 인용하여 수리처분을 취소하였으므로 재결 자체에 고유한 하자가 있다**고 본 사례(대법원 2001. 5. 29. 선고 99두10292 판결【재결취소】).

제약회사가 보건복지부장관의 형성재결과 처분성이 결여된 취소처분 중 어느 쪽을 당해 소의 대상으로 삼은 것인지 여부가 불분명한 경우, 위 회사에게 석명을 구하여 위 회사가 그 취소를 구하는 위 장관의 행위가 어느 것인지를 확정한 후 심리를 하였어야 할 것인데도 이와 같은 조치를 취하지 아니한 원심판결에는 석명권을 불행사한 위법이 있다고 하여 파기한 사례.

⑵ 재결의 구분

▣ 행정심판법

제43조(재결의 구분) ① 위원회는 심판청구가 적법하지 아니하면 그 심판청구를 각하(却下)한다.

② 위원회는 심판청구가 이유가 없다고 인정하면 그 심판청구를 기각(棄却)한다.

③ 위원회는 취소심판의 청구가 이유가 있다고 인정하면 처분을 취소 또는 다른 처분으로 변경하거나 처분을 다른 처분으로 변경할 것을 피청구인에게 명한다.

④ 위원회는 무효등확인심판의 청구가 이유가 있다고 인정하면 처분의 효력 유무 또는 처분의 존재 여부를 확인한다.

⑤ 위원회는 의무이행심판의 청구가 이유가 있다고 인정하면 지체 없이 신청에 따른 처분을 하거나 처분을 할 것을 피청구인에게 명한다.

▣ 국가공무원법

제14조(소청심사위원회의 결정) ⑥ 소청심사위원회의 결정은 다음과 같이 구분한다.

1. 심사 청구가 이 법이나 다른 법률에 적합하지 아니한 것이면 그 청구를 각하(却下)한다.
2. 심사 청구가 이유 없다고 인정되면 그 청구를 기각(棄却)한다.
3. 처분의 취소 또는 변경을 구하는 심사 청구가 이유 있다고 인정되면 처분을 취소 또는 변경하거나 처분 행정청에 취소 또는 변경할 것을 명한다.
4. 처분의 효력 유무 또는 존재 여부에 대한 확인을 구하는 심사 청구가 이유 있다고 인정되면 처분의 효력 유무 또는 존재 여부를 확인한다.
5. 위법 또는 부당한 거부처분이나 부작위에 대하여 의무 이행을 구하는 심사 청구가 이유 있다고 인정되면 지체 없이 청구에 따른 처분을 하거나 이를 할 것을 명한다.

1) **처분을 취소하는 재결**

○ 피소청인이 소청인에게 한 해임처분은 이를 취소한다.

○ 피소청인이 2019. 12. 5. 소청인에게 한 견책처분은 이를 취소한다.

2) **처분을 변경하는 재결**[14)]

○ 피소청인은 소청인에 대한 정직 3월 처분을 감봉 3월로 변경한다.[15)]

○ 피소청인이 소청인에게 한 해임처분은 이를 강등으로 변경한다.

○ 피소청인이 소청인에게 한 견책처분은 이를 불문경고로 변경한다.

판 례 형성적 재결의 효력

행정심판법 제32조 제3항에 의하면 재결청은 취소심판의 청구가 이유 있다고 인정되는 때에는 처분을 취소 또는 변경하거나 처분청에게 취소 또는 변경할 것을 명한다고 규정하고 있으므로, 행정심판에 있어서 재결청의 **재결 내용이 처분청의 취소를 명하는 것이 아니라 처분청의 처분을 스스로 취소하는 것일 때에는 그 재결의 형성력이 발생하여 당해 행정처분은 별도의 행정처분을 기다릴 것 없이 당연히 취소되어 소멸**되는 것이다(대법원 1997. 5. 30. 선고 96누14678 판결【공장설립변경신고수리취소처분취소】).

판 례 원처분에 대한 형성적 취소재결이 확정된 후 처분청이 다시 원처분을 취소한 경우, 위 처분이 항고소송의 대상이 되는 처분인지 여부(소극)

당해 의약품제조품목허가처분취소재결은 보건복지부장관이 재결청의 지위에서 스스로 제약회사에 대한 위 의약품제조품목허가처분을 취소한 이른바 형성재결임이 명백하므로, 위 회사에 대한 의약품제조품목허가처분은 당해 취소재결에 의하여 당연히 취소·소멸되었고, 그 이후에 다시 위 허가처분을 취소한 당해 처분은 당해 취소재결의 당사자가 아니어서 그 재결이 있었음을 모르고 있는 **위 회사에게 위 허가처분이 취소·소멸되었음을 확인하여 알려주는 의미의 사실 또는 관념의 통지에 불과할 뿐** 위 허가처분을 취소·소멸시키는 새로운 형성적 행위가 아니므로 항고소송의 대상이 되는 처분이라고 할 수 없다(대법원 1998. 4. 24. 선고 97누17131 판결【의약품제조품목허가취소처분취소】).

---

14) 원래의 처분보다 가벼운 처분으로 변경된 경우에도 피소청인은 불복할 수 있다. 취소 및 변경재결이 있으면 처분청은 별도의 (재)처분을 하지 않더라도 원처분은 재결내용처럼 처분이 취소 또는 변경되는 효과가 발생한다(형성력).

15) 만약 감봉 3월 재결에 대하여도 불복을 한 경우에 청구취지는 "피고가 (원래의 처분일자) 원고에게 한 감봉 3월 처분을 취소한다."라고 해야 한다. 이때 제소기간 기산일은 재결서 정본 송달일 다음날부터이다. 이는 원처분주의에 따른 것이고, 재결주의를 따르는 경우에는 재결일이 처분일자가 되며, 피고 역시 재결청이 된다(예: 변호사 징계처분에 대한 이의신청을 심리하는 법무부징계위원회의 재결).

3) **처분 행정청에 취소 또는 변경할 것을 명령하는 재결**

○ 피소청인은 소청인에 대하여 한 정직 3월을 감봉 3월로 변경하라.

○ 피청구인은 2002. 12. 26. 원고에 대하여 한 3월의 영업정지처분을 2월의 영업정지에 갈음하는 과징금부과처분으로 변경하라.

판 례 재결에 따른 처분청의 취소처분이 위법한 경우 이를 항고소송으로 다툴 수 있는지 여부

행정심판법 제37조 제1항의 규정에 의하면 재결은 피청구인인 행정청을 기속하는 효력을 가지므로 **재결청이 취소심판청구가 이유 있다고 인정하여 처분청에게 처분을 취소할 것을 명(령)하면 처분청으로서는 그 재결에 따라 처분을 취소하여야 하는 것**이지만, 그렇다고 하여 그 **재결에 따른 취소처분이 위법할 경우에 이를 항고소송으로 다툴 수 없는 것은 아니다**(대법원 1993. 8. 24. 선고 92누17723 판결【액화석유가스용기충전업변경허가취소처분취소】).

4) **거부처분 또는 부작위에 대하여 처분을 할 것을 명령하는 재결**

○ 피소청인은 소청인의 ○○ 서기 근속승진 소급 임용 절차를 이행하라.

(3) 재결 자체에 고유한 위법을 이유로 제소한 경우 유의할 점

재결 자체에 고유한 위법을 이유로 하는 재결취소소송은 재결청인 행정심판위원회를 피고로 하여야 한다. 재결취소소송에서 주장하는 위법성은 원처분에 존재하는 것이 아닌 재결 자체에 고유한 위법의 경우로 한정된다는 점을 유의해야 한다. 따라서 처분이 가혹하여 비례의 원칙을 위반한 재량권의 일탈·남용에 해당된다는 등과 같이 원처분에 있는 위법성을 주장해서는 안된다. 재결 자체에 고유한 위법이 있더라도 반드시 그 재결을 소송 대상으로 할 필요는 없다. 원고는 원처분 또는 재결 중에서 유리한 것을 선택하여 제소하면 된다. 재결 자체에 고유한 위법이 있는 각종 재결의 종류에 따라서 고려할 점이 있다.

판 례 소청결정이 재량권남용 또는 일탈로서 위법하다는 주장이 소청결정 취소사유가 되는지 여부

항고소송은 원칙적으로 당해 처분을 대상으로 하나, 당해 처분에 대한 재결 자체에 고유한 주체, 절차, 형식 또는 내용상의 위법이 있는 경우에 한하여 그 재결을 대상으로 할 수 있다고 해석되므로, 징계혐의자에 대한 감봉 1월의 징계처분을 견책으로 변경한 소청결정 중 그를 견책에 처한 조치는 재량권의 남용 또는 일탈로서 위법하다는 사유는 소청결정 자체에 고유한 위법을 주장하는 것으로 볼 수 없어 소청결정의 취소사유가 될 수 없다(대법원 1993. 8. 24. 선고 93누5673 판결【소청결정취소】).

판 례 대법원 1994. 1. 25. 선고 93누16901 판결【투전기영업허가거부처분취소】

[1] 재결취소소송에 있어 재결 자체에 고유한 위법이 없는 경우 법원이 취할 조치

행정소송법 제19조는 취소소송은 행정청의 원처분을 대상으로 하되(원처분주의), 다만 "재결 자체에 고유한 위법이 있음을 이유로 하는 경우"에 한하여 행정심판의 재결도 취소소송의 대상으로 삼을 수 있도록 규정하고 있으므로 재결취소소송의 경우 재결 자체에 고유한 위법이 있는지 여부를 심리할 것이고, **재결 자체에 고유한 위법이 없는 경우에는 원처분의 당부와는 상관없이 당해 재결취소소송은 이를 기각**하여야 한다.

[2] 행정심판청구에 대한 재결에 대하여 전심절차를 거칠 필요가 있는지 여부

행정심판법 제39조가 심판청구에 대한 재결에 대하여 다시 심판청구를 제기할 수 없도록 규정하고 있으므로, 이 재결에 대하여는 바로 취소소송을 제기할 수 있다.[16)]

(4) 재결에 대한 불복(처분시, 대상처분, 제소기간 등)

1) **전부 인용재결**

행정심판위원회가 처분을 전부 취소하는 인용재결을 하면 피청구인은 그 재결에 기속되어 불복할 수 없다. 행정심판 청구인은 원하는 결과를 얻었기에 불복하지 않는다.

만약 이 재결로 자신의 법률상 이익을 침해받게 되는 제 3 자는 '재결에 고유한 위법'을 주장하면서 그 재결의 취소(원처분은 처분의 직접 상대방에게 유리한 수익적 처분이었음)를 구하는 행정소송을 제기할 수 있다. 이른바 복효적 행정행위, 특히 제 3 자효를 수반하는 행정행위에 대한 행정심판청구에 있어서 그 청구를 인용하는 내용의 재결로 인하여 비로소 권리이익을 침해받게 되는 자(예컨대, 제 3 자가 행정심판청구인인 경우의 **행정처분 상대방** 또는 행정처분 상대방이 행정심판청구인인 경우의 **제 3 자**)는 재결의 당사자가 아니라고 하더라도 그 인용재결의 취소를 구하는 소를 제기할 수 있다(대법원 1995. 6. 13. 선고 94누15592 판결【어업면허취소처분에대한취소재결처분취소】).

이때 제 3 자는 인용재결의 취소를 구하는 행정소송을 제기함에 있어서 제소기간을

16) 재결에 대한 행정소송을 제기함에 있어서는 따로이 행정심판을 거칠 필요가 없으므로, **원심이 이 사건 소송이 행정심판법 제1, 4항에 따른 적법한 기간내에 재결을 거친 바 없다는 이유로 부적법하다고 판단한 것은 행정소송의 전심절차에 관한 법리를 오해한 위법**이 있다 할 것이고, 설사 이 사건 처분에 대하여 행정심판을 거쳐야 한다고 하더라도 피고는 위와 같이 재결을 함에 있어 같은 법 제42조 제 1 항에 따른 심판청구기간을 고지하지 아니한 것이므로 같은법 제18조 제 3 항, 제 6 항의 규정에 따라 원고는 위 재결이 있는 때로부터 180일 이내에 행정심판을 제기하면 된다고 할 것인데, 원심이 이점에 관하여는 살펴보지 아니하고 위와 같은 판단을 한 것은 심리를 미진한 것이라고 할 것이다(대법원 1994. 1. 25. 선고 93누16901 판결【투전기영업허가거부처분취소】).

언제부터 기산할 것인지 문제된다. 이는 처분의 직접 상대방이 아닌 제 3 자의 제소기간 문제이기도 하다. 제 3 자는 원처분이든, 인용재결이든 그 통지를 받을 지위에 있지 않기 때문에 처분(재결)이 있음을 안 날부터 90일 이내에 제소하여야 한다는 규정이 적용되지 않는다. 제 3 자가 어떤 경위로든 행정처분이 있음을 알았거나 쉽게 알 수 있는 등으로 행정소송의 제기가 가능하였다고 볼 수 있는 사정이 있는 때는 그때부터 90일 이내에 소를 제기하여야 한다.

2) 일부 취소·변경재결 및 일부 인용 명령재결

㈎ 개별법률의 규정

▣ 행정심판법

제43조(재결의 구분) ③ (행정심판)위원회는 취소심판의 청구가 이유가 있다고 인정하면 처분을 취소 또는 다른 처분으로 변경하거나 처분을 다른 처분으로 변경할 것을 피청구인에게 명한다.

⑤ 위원회는 의무이행심판의 청구가 이유가 있다고 인정하면 지체 없이 신청에 따른 처분을 하거나 처분을 할 것을 피청구인에게 명한다.

▣ 국가공무원법

제14조(소청심사위원회의 결정) ⑥ 소청심사위원회의 결정은 다음과 같이 구분한다.

3. 처분의 취소 또는 변경을 구하는 심사 청구가 이유 있다고 인정되면 처분을 취소 또는 변경하거나 처분 행정청에 취소 또는 변경할 것을 명한다.
5. 위법 또는 부당한 거부처분이나 부작위에 대하여 의무 이행을 구하는 심사 청구가 이유 있다고 인정되면 지체 없이 청구에 따른 처분을 하거나 이를 할 것을 명한다.

▣ 국세기본법

제65조(결정) ① 심사청구에 대한 결정은 다음 각 호의 규정에 따라 하여야 한다.

3. 심사청구가 이유 있다고 인정될 때에는 그 청구의 대상이 된 처분의 취소·경정 결정을 하거나 필요한 처분의 결정을 한다. 다만, 취소·경정 또는 필요한 처분을 하기 위하여 사실관계 확인 등 추가적으로 조사가 필요한 경우에는 처분청으로 하여금 이를 재조사하여 그 결과에 따라 취소·경정하거나 필요한 처분을 하도록 하는 재조사 결정을 할 수 있다.

제80조의2(심사청구에 관한 규정의 준용) 심판청구에 관하여는 제61조 제3항·제4항, 제63조, **제65조**(제1항 제1호가목 중 심사청구와 심판청구를 같은 날 제기한 경우는 제외한다) 및 제65조의2를 준용한다. 이 경우 제63조 제1항 중 "20일 이내의 기간"은 "상당한 기간"으로 본다.

(나) 일부 취소·변경재결

처분을 일부 취소하는 변경재결을 한 때(정직처분을 감봉처분으로 변경한다)는 그 재결의 형성력에 의하여 해당 처분은 별도의 행정처분을 기다릴 것 없이 당연히 취소 또는 변경된다. 만약 행정청이 재결 후에 원처분의 일부를 취소 또는 변경하여 당사자에게 통지하더라도 이는 새로운 처분을 한 것이 아니다.[17)]

처분의 상대방이 일부취소·변경된 처분에 대하여 불복할 때는 ① 원처분청을 피고로 하여, ② 원처분 일시에, ③ 일부취소·변경된 처분을 대상으로, ④ 재결서 정본을 송달받은 날부터 90일 이내에 행정소송을 제기하여야 한다.

만약 재결에 고유한 위법이 있는 경우에는 ① 행정심판위원회를 피고로 하여, ② 재결일시에, ③ 일부취소·변경된 처분을 대상으로, ④ 재결서 정본을 송달받은 날부터 90일 이내에 행정소송을 제기하여야 한다.

3) 일부 인용 명령재결

행정심판위원회에서 처분의 일부를 직접 취소 또는 변경하지 아니하고 처분청에 대하여 일부 취소나 변경을 명령할 수 있다(정직 1월을 감봉 1월로 변경하라). 재결의 내용이 처분청에게 취소를 명령하는 것이라면, 그 재결은 형성력이 발생하지 않는다. 즉, 행정심판에 있어서 재결청의 재결 내용이 '처분청의 취소를 명하는 것이 아니라' **처분청의 처분을 스스로 취소하는 것일 때에는 그 재결의 형성력이 발생하여 당해 행정처분은 별도의 행정처분을 기다릴 것 없이 당연히 취소되어 소멸**되는 것이다(대법원 1997. 5. 30. 선고 96누14678 판결【공장설립변경신고수리취소처분취소】). 따라서 이때는 처분청이 명령재결 취지

---

17) **원처분에 대한 형성적 취소재결이 확정된 후 처분청이 다시 원처분을 취소한 경우, 위 처분이 항고소송의 대상이 되는 처분인지 여부(소극)**
당해 **의약품제조품목허가처분취소재결**은 보건복지부장관이 재결청의 지위에서 스스로 제약회사에 대한 위 의약품제조품목허가처분을 취소한 이른바 형성재결임이 명백하므로, 위 회사에 대한 의약품제조품목허가처분은 당해 취소재결에 의하여 당연히 취소·소멸되었고, 그 이후에 **다시 위 허가처분을 취소한 당해 처분은 당해 취소재결의 당사자가 아니어서 그 재결이 있었음을 모르고 있는 위 회사에게 위 허가처분이 취소·소멸되었음을 확인하여 알려주는 의미의 사실 또는 관념의 통지에 불과할 뿐** 위 허가처분을 취소·소멸시키는 새로운 형성적 행위가 아니므로 항고소송의 대상이 되는 처분이라고 할 수 없다(대법원 1998. 4. 24. 선고 97누17131 판결【의약품제조품목허가취소처분취소】).

대로 새로운 처분을 하여야 한다. 처분청이 명령재결대로 새로운 처분을 할 때 비로소 그 재결이 실현되는 것이다. 국세기본법은 명령결정(재결)이 있으면 그 결정의 취지에 따라 즉시 필요한 처분을 하도록 명시하고 있다.

▣ 국세기본법

제80조(결정의 효력) ① 제80조의2에서 준용하는 제65조에 따른 결정은 관계 행정청을 기속(羈束)한다.

② **심판청구에 대한 결정이 있으면 해당 행정청은 결정의 취지에 따라 즉시 필요한 처분을 하여야 한다.**

만약 처분청이 명령재결에 따라 새로운 처분을 하지 않으면(기속력에 불복) 원처분은 변경되지 않는다. 청구인은 이때 처분청에 명령재결대로 처분을 해줄 것을 신청할 수 있고, 처분청이 그래도 불복하면 행정심판법 제50조(위원회의 직접 처분), 제50조의2(위원회의 간접강제)에 의한 직접 처분 또는 간접강제를 신청할 수 있다. 행정심판법은 처분청이 재결의 기속력에 위반할 경우를 대비하여 위와 같은 조치를 할 수 있도록 한다. 처분청이 명령재결 취지에 따른 재처분을 할 경우에 그에 대해서도 불복을 하려고 할 때 처분일시의 특정, 항고소송의 대상, 제소기간 기산일과 관련하여 문제가 생긴다.

(가) 처분변경명령 재결 관련 판결

행정청이 식품위생법령에 따라 영업자에게 행정제재처분을 한 후 행정심판위원회가 원처분을 영업자에게 유리하게 변경하는 명령처분을 한 경우, 취소소송의 대상 및 제소기간에 관한 판결이 있다.

판 례 대법원 2007. 4. 27. 선고 2004두9302 판결【식품위생법위반과징금부과처분취소】

【판시사항】 행정청이 식품위생법령에 따라 영업자에게 행정제재처분을 한 후 당초 처분을 영업자에게 유리하게 변경하는 처분을 한 경우, 취소소송의 대상 및 제소기간 판단 기준이 되는 처분(=당초 처분)

상고이유를 판단한다.

행정청이 식품위생법령에 기하여 영업자에 대하여 행정제재처분을 한 후 그 처분을 영업자에게 유리하게 변경하는 처분을 한 경우(이하 처음의 처분을 '당초처분', 나중의 처분을 '변경처분'이라 한다), 변경처분에 의하여 당초처분은 소멸하는 것이 아니고 당초부터 유리하게 변경된 내용의 처분으로 존재하는 것이므로, 변경처분에 의하여 유리하게 변경된 내용의 행정제

<u>재가 위법하다 하여 그 취소를 구하는 경우 그 취소소송의 대상은 변경된 내용의 당초처분이지 변경처분은 아니고, 제소기간의 준수 여부도 변경처분이 아닌 변경된 내용의 당초처분을 기준으로 판단하여야 한다.</u>

원심이 확정한 사실관계 및 기록에 의하면, **피고는 2002. 12. 26. 원고에 대하여 3월의 영업정지처분이라는 이 사건 당초처분**을 하였고, 이에 대하여 원고가 행정심판청구를 하자 재결청은 2003. 3. 6. "피고가 2002. 12. 26. 원고에 대하여 한 **3월의 영업정지처분을 2월의 영업정지에 갈음하는 과징금부과처분으로 변경하라"는 일부기각(일부인용)의 이행재결**을 하였으며, 2003. 3. 10. 그 재결서 정본이 원고에게 도달한 사실, **피고는 위 재결취지에 따라 2003. 3. 13.**(원심은 2003. 3. 12.이라고 하고 있으나 이는 착오로 보인다) **"3월의 영업정지처분을 과징금 560만원으로 변경한다"는 취지의 이 사건 후속 변경처분**을 함으로써 이 사건 당초처분을 원고에게 유리하게 변경하는 처분을 하였으며, **원고는 2003. 6. 12. 이 사건 소를 제기하면서 청구취지로써 2003. 3. 13.자 과징금부과처분의 취소를 구하고 있음**을 알 수 있다.

앞서 본 법리에 비추어 보면, 이 사건 후속 변경처분에 의하여 유리하게 변경된 내용의 행정제재인 과징금부과가 위법하다 하여 그 취소를 구하는 이 사건 소송에 있어서 위 청구취지는 이 사건 후속 변경처분에 의하여 당초부터 유리하게 변경되어 존속하는 2002. 12. 26.자 과징금부과처분의 취소를 구하고 있는 것으로 보아야 할 것이고, 일부기각(일부인용)의 이행재결에 따른 후속 변경처분에 의하여 변경된 내용의 당초처분의 취소를 구하는 이 사건 소 또한 행정심판재결서 정본을 송달받은 날로부터 90일 이내 제기되어야 하는데 원고가 위 재결서의 정본을 송달받은 날로부터 90일이 경과하여 이 사건 소를 제기하였다는 이유로 이 사건 소가 부적법하다고 판단한 원심판결은 정당하고, 상고이유는 받아들일 수 없다.

그러므로 상고를 기각하기로 하여, 관여 대법관의 일치된 의견으로 주문과 같이 판결한다.

위 판결(대법원 2007. 4. 27. 선고 2004두9302 판결)은 재결 후 재처분 통지를 받고서 90일 이내에 행정소송을 제기한 것에 대하여 ① 제소기간은 재결서 정본을 송달받은 날로부터 90일 이내 제기되어야 하고, ② 처분시는 원처분을 하였던 날, ③ 항고소송의 대상은 변경된 후속처분이 된다고 한다(후속 변경처분에 의하여 당초부터 유리하게 변경되어 존속하는 2002. 12. 26.자 과징금부과처분).

㈏ 처분변경재결과 처분변경명령재결을 구별하지 않는 판결

위 판결은 재결청이 2003. 3. 6. "피고가 2002. 12. 26. 원고에 대하여 한 3월의 영업정지처분을 2월의 영업정지에 갈음하는 과징금부과처분으로 변경하라"는 일부기각(일부인용)의 이행재결을 한 것을 '명령재결'이 아닌 '변경처분'으로 보고 있다. 재결의 형성력이 발생하는 '일부 취소·변경재결'과 형성력이 발생하지 않는 '변경명령재결'을 구별하지 않고 있다.

그러나 처분청은 영업정지처분을 과징금부과처분으로 변경하라(명령재결)는 재결의 취지에 따라 과징금 560만원 부과처분을 하였고, 원고는 과징금 560만원 부과처분을 안 날부터 90일 이내에 그 취소를 구하는 소를 제기하였다. 그럼에도 법원은 재결서 정본을 송달받은 날부터 90일 이내에 제기되지 않은 부적법한 소라고 각하판결을 하였다.

㈐ 명령재결에 따른 재처분이 없는 상태에서 불복할 경우 문제점

원고가 재결서 정본을 송달받은 때는 명령재결에 따른 재처분이 없는 상태라서 항고소송의 대상도 특정할 수 없는 상태이다. 만약 원고가 재결대로 "**피고가 2002. 12. 26. 원고에 대하여 한 3월의 영업정지처분을 2월의 영업정지에 갈음하는 과징금부과처분으로 변경하라**"라고 청구취지를 기재하여 소장을 제출하였다면, 행정소송법상 의무이행소송을 제기한 것에 해당되어 부적법하다. 물론 나중에 해당 재판 진행 중에 처분청이 "과징금 560만원 부과"처분을 한다면, 처분변경을 이유로 청구취지를 변경할 수 있다.

그러나 재판 종결시까지 처분청이 재결 취지에 따라 재처분을 하지 않는다면, 원고의 소는 각하될 수밖에 없다. 따라서 위 판결은 재결청의 재결을 형성력이 발생하는 변경재결로 오해하고, 제소기간도 재결서 정본 송달일로 본 것은 납득하기 어렵다. 이 판결에 대하여 재판받을 권리 등을 침해하여 국민의 법 감정에도 부합되지 않는 판결이라는 비판이 있다.[18)]

㈑ 소 결

따라서 행정소송의 제소기간 중 행정처분이 있음을 안 날은 형성력이 발생하는 '처분변경' 재결은 재결서 정본을 송달 받은 날부터 90일 이내가 되고, '처분변경명령' 재결은 재처분이 있음을 안 날부터 90일 이내라고 해야 한다. 항고소송의 대상 역시 처분변경 재결은 '변경된 원처분'이라 할 것이고, 처분변경명령 재결은 나중에 있게 되는 '재처분'이라고 함이 타당하다. 위 판결의 사안에서 원고는 재처분(과징금 560만원 부과처분)을 안 날부터 90일 이내에 제소하여야 하고, 소의 대상도 과징금 560만원 부과처분이라고 할 것이다.

판례 중에는 명령재결 후에 이루어진 재처분을 다투는 사례가 많다. 즉, "원심은, 원고들이 판시 각 토지에 대한 피고의 당초 개별토지가격 결정처분에 대하여 행정심판 청구를 하여, 재결청인 경기도지사가 **당초 개별토지가격 결정처분을 취소하고 적정한**

18) 류광해, "행정심판 재결과 항고소송 제소기간의 기산점", 서울법학 제22권 제 1 호(2014. 5), 152면 이하.

가격으로 하향조정하라는 취지의 재결을 하였음에도, 피고는 위 재결에 따라 위 각 토지에 대한 개별토지가격을 다시 결정함에 있어 그 중 판시 **제1, 3, 4, 5토지에 대한 개별토지가격을 당초 처분과 동일한 액수로 결정하는 이 사건 처분을 한 사실**을 확정하고서, 판시 제1, 3, 4, 5토지에 대한 이 사건 처분은 경기도지사의 위 재결에 위배되는 것이어서 위법하다고 판단하였는바, 기록과 관계 법령에 비추어 살펴보면 원심의 이와 같은 조치는 옳다(대법원 1997. 3. 14. 선고 95누18482 판결【개별공시지가결정처분취소】).

Ⅴ. 청구취지

1. 개 념

청구취지란 원고가 어떤 내용과 종류의 판결을 구하는지를 밝히는 판결신청이며, 소의 결론부분이다. 원고가 승소하면 청구취지가 판결 '주문'에 기재된다.

2. 청구취지 기재방법

(1) 민사소송

1) 이행의 소

피고는 원고에게 돈 1억원을 지급하라.

2) 확인의 소

서울 동대문구 경희대로 12 소재 건물이 원고의 소유임을 확인한다.

3) 형성의 소

원고와 피고는 이혼한다.

(2) 행정소송에서 취소소송의 법적 성격(= 형성소송)

취소소송에서 취소·변경 판결이 있으면 위법한 처분으로 형성되어 있는 법률관계가 소멸되거나 변경되는 힘을 가지기 때문에 취소소송은 형성소송이다(통설·판례). 처분 등을 취소하는 확정판결은 제3자에 대하여도 효력이 있다(행정소송법 29①). 취소소송의 소송물은 원고가 가진 실체법상의 행정행위의 형성권(취소권)이라고 할 수 있다.

판 례 **행정처분취소 확정판결의 형성력 발생에 행정처분 취소통지 등을 요하는지 여부(소극)**

행정처분을 취소한다는 확정판결이 있으면 그 취소판결의 형성력에 의하여 당해 행정처분의 취소나 취소통지 등의 별도의 절차를 요하지 아니하고 당연히 취소의 효과가 발생한다. 따라서 이 사건 보상대상 토지에 관한 종전의 1987. 4. 1.자 이의재결이 위법하다 하여 이를 **취소하는 확정판결이 있었음에도 동 재결의 취소절차를 취하지 아니하고 한 이 사건 이의재결이 위법하다는 논지는 이유없다**(대법원 1991. 10. 11. 선고 90누5443 판결【토지수용재결처분취소】).

⑶ 청구취지 기재례 (1개의 처분, 복수의 처분)

청 구 취 지

1. 피고가 2023. 8. 18. 원고에게 한 영업정지처분을 취소한다.
2. 소송비용은 피고가 부담한다.

라는 판결을 구합니다.

청 구 취 지

[변호사시험 제12회]

1. 피고가 원고에게 한
   가. 2022. 4. 20. 직위해제처분,
   나. 2022. 6. 13. 감봉 3월 처분을

   모두 취소한다.
2. 소송비용은 피고가 부담한다.

라는 판결을 구합니다.

[관련청구의 객관적 병합]

행정소송법 제10조(관련청구소송의 이송 및 병합)

① 취소소송과 다음 각호의 1에 해당하는 소송(이하 "關聯請求訴訟"이라 한다)이 각각 다른 법원에 계속되고 있는 경우에 관련청구소송이 계속된 법원이 상당하다고 인정하는 때에는 당사자의 신청 또는 직권에 의하여 이를 취소소송이 계속된 법원으로 이송할 수 있다.

1. 당해 처분등과 관련되는 손해배상·부당이득반환·원상회복등 청구소송
   ▣ 행정소송에 민사상의 관련청구(손해배상 등)을 병합 예외적으로 허용됨
   ▣ 토지수용재결의 취소 또는 무효확인청구와 손실보상금 증액청구를 병합
2. 당해 처분등과 관련되는 취소소송

② 취소소송에는 사실심의 변론종결시까지 관련청구소송을 병합하거나 피고 외의 자를 상대로 한 관련청구소송을 취소소송이 계속된 법원에 병합하여 제기할 수 있다.

민사소송법 제253조(소의 객관적 병합)

여러 개의 청구는 같은 종류의 소송절차에 따르는 경우에만 하나의 소로 제기할 수 있다.

청 구 취 지

[변호사시험 제9회]

1. 원고에게 한
   가. 피고 서울서초구선거관리위원회가 2019. 3. 29. 인터넷홈페이지 게시판 폐쇄요청처분,
   나. 피고 중앙선거관리위원회가 2019. 4. 8. 공직선거법위반자 인적사항등 공개대상 결정처분,
   다. 피고 서울특별시장이 2019. 4. 15. 신문 발행정지(6개월) 처분을
   모두 취소한다.
2. 소송비용은 피고들이 부담한다.
   라는 판결을 구합니다.

[관련청구의 주관적 병합]

행정소송법 제10조(관련청구소송의 이송 및 병합)

② 취소소송에는 사실심의 변론종결시까지 관련청구소송을 병합하거나 피고외의 자를 상대로 한 관련청구소송을 취소소송이 계속된 법원에 병합하여 제기할 수 있다.

행정소송법 제15조(공동소송)

수인의 청구 또는 **수인에 대한 청구가 처분등의 취소청구와 관련되는 청구인 경우에 한하여** 그 수인은 공동소송인이 될 수 있다.

※ 행정소송법 제10조 제 2 항이나 제15조 규정은 **민사소송에서는 허용되지 않는 서로 다른 절차에 의한 소송의 병합을 행정소송에서 가능하게 하는 특별규정**으로 보고, 민사소송법에 의한 청구의 병합요건이 충족되는 한 이를 허용하여야 한다(법원행정처, 법원실무제요 행정 264면).

※ 각 청구에 관하여 수소법원에 관할이 있어야 한다.

⑷ 청구취지 기재시 유의사항

취소소송은 형성의 소이므로 이행의 소에서와 같이 "취소하라"로 표시하여서는 아니된다. 행정소송법상 행정청으로 하여금 일정한 행정처분을 하도록 명하는 이른바 **이행판결을 구하는 소송은 허용되지 않는다**(대법원 1989. 5. 23. 선고 88누8135 판결【가건물철거대집행계고처분청구】).[19]

현행 행정소송법상 **의무이행소송이나 의무확인소송은 인정되지 않으며**, 행정심판법이 의무이행심판청구를 할 수 있도록 규정하고 있다고 하여 행정소송에서 의무이행청구를 할 수 있는 근거가 되지 못한다(대법원 1992. 2. 11. 선고 91누4126 판결【보존문서정정등】).[20]

만약 당사자의 신청에 대한 행정청의 위법 또는 부당한 거부처분이나 부작위에 대하여 일정한 처분을 하도록 하기 위해서는 의무이행행정심판을 청구해야 한다(행정심판법 5(3)).

⑸ 청구취지 정정·변경

상고심은 법률심이므로 사실에 관한 주장을 전제로 하는 당사자의 추가 또는 변경이나 청구취지 및 청구원인의 정정신청은 허용되지 않는다(대법원 1991. 10. 8. 선고 89누7801 판결【토지수용재결처분취소】).

---

19) 원심이 피고에 대하여 이 사건 가설점포건물의 철거 등 시정을 명하고 이에 따른 대집행절차를 이행하라는 내용의 이행판결을 구하는 원고의 주위적 청구를 부적법하다고 판단한 것은 정당하고 거기에 지적하는 바와 같은 법리 오해의 위법이 없다(대법원 1989. 5. 23. 선고 88누8135 판결【가건물철거대집행계고처분청구】).

20) 행정심판법 제 3 조에 의하면 행정청의 위법 또는 부당한 거부처분이나 부작위에 대하여 의무이행 심판청구를 할 수 있으나 행정소송법 제 4 조에서는 행정심판법상의 의무이행심판청구에 대응하여 부작위위법확인소송만을 규정하고 있으므로 행정청의 부작위에 대한 의무이행소송은 현행법상 허용되지 않는다(대법원 1989. 9. 12. 선고 87누868 판결【어업권말소등록무효확인등】).

3. "처분일"의 법적 의미(위법성 판단의 기준시)

항고소송에 있어서 행정처분의 위법 여부를 판단하는 기준 시점은 판결시가 아니라 처분시이다. 행정처분이 있을 때의 법령과 사실상태를 기준으로 하여 위법 여부를 판단할 것이며 처분 후 법령의 개폐나 사실상태의 변동에 영향을 받지 않는다.

(1) 행정처분의 위법 여부 판단의 기준시점(= 처분시)

행정소송에서 행정처분의 위법 여부는 **행정처분이 행하여졌을 때의 법령과 사실상태를 기준**으로 하여 판단하여야 하고, 처분 후 법령의 개폐나 사실상태의 변동에 의하여 영향을 받지는 않는다(대법원 2007. 5. 11. 선고 2007두1811 판결【공사중지명령처분취소】).

(2) 부작위위법확인 소송 위법판단 기준시(= 판결시)

부작위위법확인의 소는 행정청이 국민의 법규상 또는 조리상의 권리에 기한 신청에 대하여 상당한 기간내에 그 신청을 인용하는 적극적 처분 또는 각하하거나 기각하는 등의 소극적 처분을 하여야 할 법률상의 응답의무가 있음에도 불구하고 이를 하지 아니하는 경우, **판결(사실심의 구두변론 종결)시를 기준으로 그 부작위의 위법을 확인**함으로써 행정청의 응답을 신속하게 하여 부작위 내지 무응답이라고 하는 소극적인 위법상태를 제거하는 것을 목적으로 하는 것이고, 나아가 당해 판결의 구속력에 의하여 행정청에게 처분 등을 하게 하고 다시 당해 처분 등에 대하여 불복이 있는 때에는 그 처분 등을 다투게 함으로써 최종적으로는 국민의 권리이익을 보호하려는 제도이므로, 소제기의 전후를 통하여 판결시까지 행정청이 그 신청에 대하여 적극 또는 소극의 처분을 함으로써 부작위상태가 해소된 때에는 소의 이익을 상실하게 되어 당해 소는 각하를 면할 수가 없는 것이다(대법원 1990. 9. 25. 선고 89누4758 판결【교원임용의무불이행위법확인등】).

(3) 처분통지서에 처분일 기재례 (시행 2019. 7. 22.)][변호사시험 제1회]

천 안 시

우 1577-3900 / 충남 천안시 서북구 번영로 156 전화 041-234-2644 전송 041-234-2647
처리과 환경위생과 과장 박병훈 계장 이을식 담당 홍민원

문서번호 환경위생 19-788
시행일자 2019. 7. 22.
받　　음 박미숙(상호: 재미노래연습장) 귀하
제　　목 노래연습장 등록취소처분 통지

---

1. 항상 시정발전에 협조하여 주시는 귀하께 감사드립니다.

2. 귀하께서는 음악산업진흥에 관한 법률 제22조(노래연습장업자의 준수사항 등) 제 1 항 제 2 호 및 동법 시행령 제 9 조(노래연습장업자의 준수사항)의 규정에 의하여 당해 영업장소에 출입시간 외에 청소년을 출입하게 하여서는 아니됨에도 불구하고 2019. 6. 23. 이를 위반하였으므로, 동법 제23조(영업의 승계 등), 제27조(등록취소 등) 제 1 항 제 5 호 및 동법 시행규칙 제15조(행정처분의 기준 등) [별표 2]의 규정에 의하여 붙임과 같이 행정처분하오니 양지하시기 바랍니다.

3. 만약 이 처분에 불복이 있는 경우 처분이 있음을 안 날로부터 90일 이내에 행정심판법에 의한 행정심판 또는 행정소송법에 의한 행정소송을 제기할 수 있음을 알려드립니다.

붙임: 행정처분서(재미노래연습장)

천 안 시 장 [천안시장의인]

[변시 제7회 처분통지서: 처분일 확인]

제112-2584호

운전면허(□정지·■취소) 처분 결정통지서

② 성 명	왕재수	② 생년월일	1986. 9. 24.
③ 주 소	서울시 서초구 서초중앙로 6길 33, 3동 101호(서초동, 헤리티지캐릭터빌)		
④ 면허번호	서울 19-06-826550-14(1종보통)		
⑤ 행정처분 결정내용	취소처분	취소일자 2017년 8월 21일	
⑥ 사 유	2017. 5. 21. 22:00경 교통단속임무를 수행하는 경찰공무원을 폭행하고(도로교통법 제93조 제 1 항 제14호), 차량으로 공동위험행위를 함(도로교통법 제93조 제 1 항 제 5 호, 제 46조 제 1 항).		

「도로교통법」 제93조에 따라 위와 같이 운전면허 행정처분(취소)이 결정되어 통지하오니, 2017년 8월 7일까지 서울특별시지방경찰청 교통관리계로 운전면허증을 반납하시기 바랍니다.

2017년 7월 31일

서울특별시지방경찰청장[21)] 서울특별시지방경찰청장인

※ 이의신청방법 안내

1. 위 운전면허 행정처분에 이의가 있는 사람은 처분 결정통지를 받은 날부터 60일 이내에 별지 제 87호 서식의 이의신청서에 처분결정통지서를 첨부하여 서울특별시지방결찰청에 이의를 신청할 수 있습니다.
2. 위 이의신청에 관계없이 「행정심판법」에 따라 행정처분이 있음을 안 날부터 90일(위 이의신청을 한 경우에는 이의신청 결과를 통보 받은 날부터 90일) 이내에 서울특별시지방경찰청을 정유하여 행정심판을 청구하거나, 행정심판 포털(www.simpan.go.kr)을 통하여 온라인으로 청구할 수 있습니다.
3. 다만, 위 운전면허 행정처분에 대한 행정소송은 행정심판의 재결을 거치지 아니하면 제기 할 수 없습니다.[22)]

---

21) 2020. 1. 12. 개정된 도로교통법은 지방경찰청장을 '시·도경찰청장'으로 변경한 바 있다. 따라서 서울특별시지방경찰청장은 **서울특별시경찰청장**으로 변경되었다.

22) 필요적 전치를 요하는 처분 중 처분의 취소소송과 부작위위법확인소송의 제기시에는 반드시 행정심판을 거쳐야 하나, **무효확인소송의 제기에는** 제18조(행정심판과의 관계)를 준용하지 않기 때문에 행정심

강원도 속초교육지원청

수 신 박갑동
제 목 학교환경위생정화구역내 금지행위 및 시설해제신청에 대한 회신

---

1. 귀하의 2016. 6. 20.자 학교환경위생정화구역내 금지행위 및 시설해제신청 관련입니다.

2. 우리 청은 속초시 영랑로2길 3 외설악의료관광호텔에 대한 학교환경위생정화구역내 금지행위 및 시설해제신청에 대하여, 「학교보건법」 제 5 조 제 1 항, 제 6 조 제 1 항 제13호 등의 규정에 의하여 속초시 학교환경위생정화위원회의 심의를 거쳐 붙임과 같이 회신합니다.

붙임: 학교환경위생정화구역내 금지행위 및 시설해제신청 결과통보서 1부.[23] 끝.

강 원 도 속 초 교 육 지 원 청
교 육 장

강원도속초
교육지원청
교육장인

기안	주무관 김소이	검토	사무관 박권	전결	운영관리과장 조상숙
시행	운영관리과-20161178 (2016. 7. 4.)			공개구분	(생략)
주소	(생략)			전화번호	(생략)

판을 거칠 필요가 없다.

23) '붙임' 서류가 처분의 내용이 기재된 통지서임

학교환경위생정화구역내 금지행위 및 시설해제신청 결과통보서

예정행위 및 시설	업종 의료관광호텔업		명칭(상호) 외설악의료관광호텔	
	소재지 속초시 영랑로2길 3			
	위치 속초시 영랑로2길 3		면적(㎡) 7,500	
학교환경위생정화구역 해당 학교 및 거리	학교명	영랑중학교		
	출입문(M)	120		
	경계선(M)	120		
신청인	성명 박갑동		생년월일 1965. **. **.	
	주소 속초시 영랑로2길 1, 3동 701호		전화번호 010－****－****	
결과 및 해제조건	결 과	해제[√], 금지[ ]		
		[근거] 예정행위 및 시설은 영랑중학교에 재학 중인 청소년기 학생들의 학습과 학교보건위생에 나쁜 영향을 주지 아니한다고 판단됨		
	해제조건	신청인은 2016. 8. 3.까지 강원도 속초교육지원청에 속초교육지원청 공무원휴양시설 건립기금 10억 원을 납부할 것		

신청결과에 이의가 있는 경우에는 「행정심판법」 제27조 및 「행정소송법」 제20조에 따라 처분이 있음을 안 날부터 90일 이내에 행정심판 또는 행정소송을 청구할 수 있음을 알려드립니다.

2016년 7월 4일

강원도 속초교육지원청 교육장 (인)

강원도속초
교육지원청
교육장인

(4) 처분일을 우체국 집배원의 송달 사실 확인날짜와 혼동금지

우체국 집배원이 송달 사실을 확인하기 위하여 서명날인을 하면서 기재한 날짜는 처분일이 아니므로 이를 혼동하여서는 아니 된다.

위와 같이 송달하였다. 2023. 8. 16. 우체국 집배원 고배달 (인)

(5) 우편송달보고서의 송달연월일(행정심판 청구일 또는 행정소송 제소일 기산)

아래 우편송달보고서는 의뢰인이 소지할 수 없으므로, 변호사는 의뢰인에게 처분통지서를 언제 송달받았는지를 정확하게 확인한 후에 행정심판 청구일 또는 행정소송 제소일을 기산하여야 한다.

<table>
<tr><td colspan="2">우편송달보고서</td></tr>
<tr><td colspan="2">증서 2020년 제102호 2020년 1월 5일 발송</td></tr>
<tr><td colspan="2">송달서류 학교환경위생정화구역내 금지행위 및 시설해제신청에 대한 회신 1부
발송자 강원도 속초교육지원청 교육장
송달받을 자 박갑동 귀하
속초시 영랑로2길 1, 3동 701호(영랑동, 대관령아파트)</td></tr>
<tr><td colspan="2">영수인 박 갑 동 (서명)</td></tr>
<tr><td colspan="2">영수인 서명날인 불능</td></tr>
<tr><td>(1)</td><td>송달받을 자 본인에게 교부하였다.</td></tr>
<tr><td rowspan="4">2</td><td>송달받을 자가 부재 중이므로 사리를 잘 아는 다음 사람에게 교부하였다.</td></tr>
<tr><td>사무원</td></tr>
<tr><td>피용자</td></tr>
<tr><td>동거자</td></tr>
<tr><td rowspan="5">3</td><td>다음 사람이 정당한 사유 없이 송달받기를 거부하므로, 그 장소에 서류를 두었다.</td></tr>
<tr><td>송달받을 자</td></tr>
<tr><td>사무원</td></tr>
<tr><td>피용자</td></tr>
<tr><td>동거자</td></tr>
<tr><td colspan="2">송달연월일 2020. 1. 6. 10시 50분</td></tr>
<tr><td colspan="2">송달장소 속초시 영랑로길 1, 3동 701호 (영랑동, 대관령아파트)</td></tr>
<tr><td colspan="2">위와 같이 송달하였다.

2020. 1. 7.

우체국 집배원 고배달 (고배달)</td></tr>
</table>

<table>
<tr><td colspan="2" align="center">우편송달보고서</td></tr>
<tr><td colspan="2">증서 2011년 제387호   2011년 9월 13일 발송</td></tr>
<tr><td colspan="2">1. 송달서류 노래연습장 등록취소처분 통지 및 행정처분서 1부(환경위생 11－788)
발송자 천안시장
송달받을 자 박미숙 귀하
천안시 동남구 안서동 369</td></tr>
<tr><td colspan="2">영수인 박미숙의 모 윤숙자 (서명)</td></tr>
<tr><td colspan="2">영수인 서명날인 불능</td></tr>
<tr><td>1</td><td>송달받을 자 본인에게 교부하였다.</td></tr>
<tr><td rowspan="4">2 (X)</td><td>송달받을 자가 부재 중이므로 사리를 잘 아는 다음 사람에게 교부하였다.</td></tr>
<tr><td>사무원</td></tr>
<tr><td>피용자</td></tr>
<tr><td>동거자</td></tr>
<tr><td rowspan="5">3 (X)</td><td>다음 사람이 정당한 사유 없이 송달받기를 거부하므로, 그 장소에 서류를 두었다.</td></tr>
<tr><td>송달받을 자</td></tr>
<tr><td>사무원</td></tr>
<tr><td>피용자</td></tr>
<tr><td>동거자</td></tr>
<tr><td colspan="2">송달연월일 2011. 9. 16. 16시 40분</td></tr>
<tr><td colspan="2">송달장소 천안시 동남구 안서동 369</td></tr>
<tr><td colspan="2">위와 같이 송달하였다.
2011. 9. 19.
우체국 집배원 고배달 ㉐</td></tr>
</table>

우편송달보고서

증서 2014년 제402호 2014년 5월 9일 발송

송달서류	소청심사결정문 1부
발송자	소청심사위원회
송달받을 자	홍길동 귀하 서울시 용산구 한강대로 67길 10 벽진아파트 101동 2309호

영수인 홍우식(서명)

영수인 서명날인 불능

1.	송달받을 자 본인에게 교부하였다.
2.	송달받을 자가 부재 중이므로 사리를 잘 아는 다음 사람에게 교부하였다.
	사무원
	피용자
	동거자 홍우식(홍길동의 자)[24]
3.	다음 사람이 정당한 사유 없이 송달받기를 거부하므로, 그 장소에 서류를 두었다.
	송달받을 자
	사무원
	피용자
	동거자

송달연월일 2014. 5. 14. 17시 20분

송달장소 서울시 용산구 한강대로 67길 10 벽진아파트 101동 2309호

위와 같이 송달하였다.

2014. 5. 14.

우체국 집배원 김배달 ㊞

---

24) 의뢰인은 2014. 4. 25. 소청심사위원회에 소청을 청구하였고, 5. 9. 소청심사위원회에 참석하여 자신의 의견을 진술한 결과, 정직 3월로 변경된 결정을 받았다. **이 결정서를 5. 14. 의뢰인의 아들(용산과학고 2학년 재학중)이 대신 받았으며**(당시 의뢰인은 출장 중이었음), 의뢰인은 이틀 후인 5. 16. 저녁에 집에 돌아와 이 사실을 알게 되었다.

(6) 처분통지서를 송달받은 자가 동거인인 경우

우편송달보고서에 처분통지서를 수령한 사람이 본인이 아니라 '중학교 1년생'이라고 기재된 경우에는 처분통지서의 수령능력을 언급하라는 의미이다. 판례는 **보충송달 수령자의 수송달능력에 대한 판단 기준을 아래와 같이 제시하고 있다.**

송달받을 사람의 동거인에게 송달할 서류가 교부되고 그 동거인이 **사리를 분별할 지능이 있는 이상 송달받을 사람이 그 서류의 내용을 실제로 알지 못한 경우에도 송달의 효력은 있다** 할 것인바, 이 경우 사리를 분별할 지능이 있다고 하려면, 사법제도 일반이나 소송행위의 효력까지 이해할 수 있는 능력이 있어야 한다고 할 수는 없을 것이지만 적어도 송달의 취지를 이해하고 그가 영수한 서류를 송달받을 사람에게 교부하는 것을 기대할 수 있는 정도의 능력은 있어야 한다고 보아야 한다(대법원 2005. 12. 5.자 2005마1039 결정【이의신청각하결정】).

판 례 이행권고결정을 수령한 약 8세 3개월인 초등학교 2학년 남자어린이의 수송달능력을 부정한 사례

약 8세 3개월인 초등학교 2학년 남자어린이에게 이행권고결정등본을 보충송달한 경우, 남자어린이의 연령, 교육정도, 이행권고결정등본이 가지는 소송법적 의미와 중요성 등에 비추어 볼 때, 그 소송서류를 송달하는 집행관이 남자어린이에게 송달하는 서류의 중요성을 주지시키고 부모에게 이를 교부할 것을 당부하는 등 필요한 조치를 취하였다는 등의 특별한 사정이 없는 한, 그 정도 연령의 어린이의 대부분이 이를 송달받을 사람에게 교부할 것으로 기대할 수는 없다고 보이므로 **이행권고결정등본 등을 수령한 남자어린이에게 소송서류의 영수와 관련한 사리를 분별할 지능이 있다고 보기 어렵다**고 한 사례(대법원 2005. 12. 5.자 2005마1039 결정【이의신청각하결정】).

(7) 처분 송달 관련 제소기간 기재례

㈎ 취소소송은 처분 등이 있음을 안 날부터 90일 이내에 제기하여야 한다. 다만, 다른법률에 당해 처분에 대한 행정심판의 재결을 거치지 아니하면 취소소송을 제기할 수없다는 규정이 있는 때에는 재결서의 정본을 송달받은 날부터 기산합니다(행정소송법 20①).

㈏ 송달받을 사람의 동거인에게 송달할 서류가 교부되고 그 동거인이 사리를 분별할 지능이 있는 이상 송달받을 사람이 그 서류의 내용을 실제로 알지 못한 경우에도 송달의 효력은 있습니다. 이 경우 사리를 분별할 지능이 있다고 하려면, 사법제도 일반이

나 소송행위의 효력까지 이해할 수 있는 능력이 있어야 한다고 할 수는 없을 것이지만 적어도 송달의 취지를 이해하고 그가 영수한 서류를 송달받을 사람에게 교부하는 것을 기대할 수 있는 정도의 능력은 있어야 합니다(대법원 2005.12.5. 2005마1039).

(다) 피고가 2014. 5. 14. 원고의 주소지로 송달한 이 사건 소청심사위원회 결정문은 원고의 동거인인 원고의 아들 홍우식이 같은 날 송달받았습니다(갑 제 6 호증). 그리고 홍우식은 1997년생으로(갑 제 7 호증) 고등학교 2학년에 재학 중인 자로서, 위 결정문 송달의 의미를 이해하고 그가 영수한 서류를 원고에게 교부하는 것을 기대할 수 있는 정도의 능력은 있다고 할 것입니다. 따라서 원고가 2014. 5. 14. 다음날(15일)부터 기산하여 제소기간 마지막 날에 해당하는 2014. 8. 12. 제소한 이 사건 청구는 제소기간을 준수하여 적법합니다.

Ⅵ. 처분통지서의 양식과 내용

■ 행정 효율과 협업 촉진에 관한 규정 시행규칙 [별지 제1호서식] 〈개정 2016. 7. 11.〉

행 정 기 관 명

수신
(경유)
제목

발신명의 [직인]

기안자 직위(직급) 서명 검토자 직위(직급) 서명 결재권자 직위(직급) 서명
협조자
시행 처리과명-연도별 일련번호(시행일) 접수 처리과명-연도별 일련번호(접수일)
우 도로명주소 / 홈페이지 주소
전화번호( ) 팩스번호( ) / 공무원의 전자우편주소 / 공개 구분

210㎜×297㎜(백상지 80g/㎡)

비고(이 난은 서식에 포함하지 아니한다)
- 문서를 작성할 때 "행정기관명", "발신명", "기안자", "검토자", "결재권자", "직위(직급) 서명", "처리과명-연도별 일련번호(시행일)", "도로명주소", "홈페이지 주소", "공무원의 전자우편주소", "공개 구분"의 용어는 표시하지 아니하고 그 내용을 적는다.

천 안 시

우 1577-3900 / 충남 천안시 서북구 번영로 156 전화 041-234-2644 전송 041-234-2647
처리과 환경위생과 과장 박병훈 계장 이을식 담당 홍민원

문서번호 환경위생 19-788

시행일자 2019. 7. 22. **[처분시]**

받 음 박미숙(상호: 재미노래연습장) 귀하 **[원고]**

제 목 노래연습장 등록취소처분 통지 [사건의 표시]

---

1. 항상 시정발전에 협조하여 주시는 귀하께 감사드립니다.
2. **[처분근거와 이유]** 귀하께서는 음악산업진흥에 관한 법률 제22조(노래연습장업자의 준수사항 등) 제 1 항 제 2 호 및 동법 시행령 제 9 조(노래연습장업자의 준수사항)의 규정에 의하여 당해 영업장소에 출입시간 외에 청소년을 출입하게 하여서는 아니됨에도 불구하고 2019. 6. 23. 이를 위반하였으므로, 동법 제23조(영업의 승계 등), 제27조(등록취소 등) 제 1 항 제 5 호 및 동법 시행규칙 제15조(행정처분의 기준 등) [별표 2]의 규정에 의하여 붙임과 같이 행정처분하오니 양지하시기 바랍니다.
3. **[불복고지]**[25] 만약 이 처분에 불복이 있는 경우 처분이 있음을 안 날로부터 90일 이내에 행정심판법에 의한 행정심판 또는 행정소송법에 의한 행정소송을 제기할 수 있음을 알려드립니다.[26]

붙임: 행정처분서(재미노래연습장)

천 안 시 장 천안시장의인

[피고]

---

25) **행정심판법 제27조(심판청구의 기간)** ① 행정심판은 처분이 있음을 알게 된 날부터 90일 이내에 청구하여야 한다.

행정처분서			
영업소의 소재지	천안시 서북구 번영로 156		
영업소의 명칭	재미노래연습장		
영업자의 성명	박미숙	주민등록번호	******－*******
위 반 사 항	노래연습장에 출입시간 외에 청소년을 출입시킨 행위 (4차 위반)		
행정처분 내역	노래연습장 등록취소		
지시(안내)사항			

귀 업소는 위 위반사항으로 적발되어 음악산업진흥에 관한 법률 제27조 제 1 항 제 5 호, 제22조 제 1 항 제 4 호, 제23조, 동법 시행령 제 9 조 제 1 호, 동법 시행규칙 제15조 [별표 2]에 의하여 위와 같이 행정처분합니다.

2019년 7월 22일

천 안 시 장 천안시장의인

---

② 청구인이 천재지변, 전쟁, 사변(事變), 그 밖의 불가항력으로 인하여 제 1 항에서 정한 기간에 심판청구를 할 수 없었을 때에는 그 사유가 소멸한 날부터 14일 이내에 행정심판을 청구할 수 있다. 다만, 국외에서 행정심판을 청구하는 경우에는 그 기간을 30일로 한다.
③ 행정심판은 처분이 있었던 날부터 180일이 지나면 청구하지 못한다. 다만, 정당한 사유가 있는 경우에는 그러하지 아니하다.
④ 제 1 항과 제 2 항의 기간은 불변기간(不變期間)으로 한다.
⑤ **행정청이 심판청구 기간을 제 1 항에 규정된 기간보다 긴 기간으로 잘못 알린 경우** 그 잘못 알린 기간에 심판청구가 있으면 그 행정심판은 제 1 항에 규정된 기간에 청구된 것으로 본다.
⑥ **행정청이 심판청구 기간을 알리지 아니한 경우**에는 제 3 항에 규정된 기간에 심판청구를 할 수 있다.
⑦ 제 1 항부터 제 6 항까지의 규정은 무효등확인심판청구와 부작위에 대한 의무이행심판청구에는 적용하지 아니한다.

26) 1998년부터 임의적 행정심판전치주의로 변경되었지만, 개별법률에서 필요적 전치주의를 채택한 경우가 있다.

■ 행정심판법 시행규칙 [별지 제30호서식] 〈개정 2012.9.20〉

행정심판 청구서〈예시〉

접수번호	접수일	

청구인	성명	
	주소	
	주민등록번호(외국인등록번호)	
	전화번호	
[ ] 대표자 [ ] 관리인 [ ] 선정대표자 [ ] 대리인	성명	
	주소	
	주민등록번호(외국인등록번호)	
	전화번호	
피청구인		
소관 행정심판위원회	[■] 중앙행정심판위원회 [ ] ○○시·도행정심판위원회 [ ] 기타	

처분 내용 또는 부작위 내용	피청구인이 ○○○○. ○○. ○○. 청구인에게 한 0000처분(예시)
처분이 있음을 안 날	○○○○. ○○. ○○.
청구 취지 및 청구 이유	별지로 작성
처분청의 불복절차 고지 유무	유 또는 무(예시)
처분청의 불복절차 고지 내용	이 사건 처분이 있음을 안 날부터 90일 이내에 행정심판 또는 행정소송을 제기할 수 있습니다.(예시)
증거 서류	별지로 작성

「행정심판법」 제28조 및 같은 법 시행령 제20조에 따라 위와 같이 행정심판을 청구합니다.

년 월 일

청구인 (서명 또는 인)

○○행정심판위원회 귀중

첨부서류	1. 대표자, 관리인, 선정대표자 또는 대리인의 자격을 소명하는 서류(대표자, 관리인,선정대표자 또는 대리인을 선임하는 경우에만 제출합니다.) 2. 주장을 뒷받침하는 증거서류나 증거물	수수료 없음

처리 절차						
청구서 작성	➜	접수	➜	재결	➜	송달
청구인		○○행정심판위원회		○○행정심판위원회		

210mm×297mm[백상지 80g/㎡]

청 구 취 지

피청구인이 ○○○○. ○○. ○○. 청구인에게 한 ○○처분을 취소한다.

청 구 이 유[27)]

1. 사건개요

청구인이 ○○○○. ○○. ○○. …를 했다는 이유로 피청구인이 ○○○○. ○○. ○○. 청구인에게 ○○처분(이하 ‘이 사건 처분’이라 한다)을 하였다.

2. 사건발생 경위

청구인이 이 사건 당시 …한 이유로 …했는데, 피청구인은 …라는 이유로 청구인에게 이 사건 처분을 하였다.

3. 이 사건 처분의 위법·부당성

가. 「○○○○법률」에 따르면 피청구인은 …하여야 하나, 피청구인은 이 사건 당시 …하였다.

나. 청구인에게는 …라는 사정이 있어 …했던 것인데, 피청구인은 이를 전혀 고려하지 않고 …하였다.

다. 따라서 피청구인이 청구인에게 한 이 사건 처분은 위법·부당하다.

4. 결론

따라서 이 사건 처분은 취소되어야 한다.

증 거 서 류

갑 제 1 호증 ○○○○○
갑 제 2 호증 ○○○○○
갑 제 3 호증 ○○○○○

---

27) 소장에는 “청구원인”이라고 기재함.
행정심판법 제28조(심판청구의 방식) 제 2 항 제 5 호 심판청구의 취지와 이유

행정심판 청구서

<table>
<tr><th>접수번호</th><th>접수일</th><th></th></tr>
</table>

<table>
<tr><td rowspan="4">청구인</td><td>성명</td></tr>
<tr><td>주소 (우편물 송달 받을 도로명 주소 기재)</td></tr>
<tr><td>주민등록번호(외국인등록번호)</td></tr>
<tr><td>전화번호 (전화번호 또는 핸드폰 번호 반드시 기재)</td></tr>
<tr><td rowspan="4">[ ] 대표자
[ ] 관리인
[ ] 선정대표자
[ ] 대리인</td><td>성명
[행정심판법 제18조]
1. 청구인의 배우자, 청구인 또는 배우자의 사촌 이내의 혈족
2. 청구인이 법인이거나 제14조에 따른 청구인 능력이 있는 법인이 아닌 사단 또는 재단인 경우 그 소속 임직원
3. 변호사 등</td></tr>
<tr><td>주소</td></tr>
<tr><td>주민등록번호(외국인등록번호)</td></tr>
<tr><td>전화번호</td></tr>
<tr><td>피청구인</td><td>○○시장 / ○○군수 (처분을 한 처분청)</td></tr>
<tr><td>소관
행정심판위원회</td><td>[ ] 중앙행정심판위원회 [√] 경기도행정심판위원회 [ ] 기타</td></tr>
</table>

<table>
<tr><td>처분 내용 또는
부작위 내용</td><td>- 201○년 ○월 ○일 일반음식점 영업정지처분
- 201○년 ○월 ○일 개발행위 불허가처분
- 201○년 ○월 ○일 이행강제금 부과처분 등 처분서 기재 내용 작성</td></tr>
<tr><td>처분이 있음을
안 날</td><td>(처분서 송달 받은 날 또는 처분이 있음을 안 날 기재)</td></tr>
<tr><td>청구 취지 및
청구 이유</td><td>별지로 작성
(행정심판 청구종류-취소심판/무효등확인심판/의무이행심판-에 맞게 작성)</td></tr>
<tr><td>처분청의
불복절차 고지
유무</td><td>유 또는 무</td></tr>
</table>

처분청의 불복절차 고지 내용	(고지한 경우 고지내용 기재)
증거 서류	(입증방법 기재 서류)

「행정심판법」 제28조 및 같은 법 시행령 제20조에 따라 위와 같이 행정심판을 청구합니다.

년 월 일

청구인 (서명 또는 인)

경기도행정심판위원회 귀중

첨부서류	1. 대표자, 관리인, 선정대표자 또는 대리인의 자격을 소명하는 서류(대표자, 관리인,선정대표자 또는 대리인을 선임하는 경우에만 제출합니다.) 2. 주장을 뒷받침하는 증거서류나 증거물	수수료 없음

처리 절차						
청구서 작성	➜	접수	➜	재결	➜	송달
청구인		경기도행정심판위원회		경기도행정심판위원회		

210mm×297mm[백상지 80g/㎡]

Ⅶ. 재판관할

1. 의 의

재판관할이란 어느 법원이 어떤 사건을 맡아서 처리하느냐에 관한 재판권의 분담 관계를 말한다. 취소소송·무효등 확인소송·부작위위법확인소송은 원칙적으로 피고(처분 행정청)의 소재지를 관할하는 행정법원이다. 따라서 행정처분통지서에 기재된 처분 행정청의 소재지를 관할하는 지방법원이 관할이 된다. 다만, 예외적으로 지방법원 지원이 행정소송의 관할이 되는 경우도 있다. 당사자소송은 피고의 소재지를 관할하는 행정법원이지만, 국가 또는 공공단체가 피고인 경우에는 관계행정청의 소재지를 피고의 주소지로 본다(행정소송법 40). 민중소송과 기관소송 역시 그 성질에 반하지 아니하는 한 취소소송에 관한 규정을 준용한다(행정소송법 46①).

2. 행정소송의 관할에 관한 법령

(1) 피고의 소재지를 관할하는 행정법원

▣ 행정소송법

제 9 조(재판관할) ① 취소소송의 제 1 심 관할법원은 **피고의 소재지를 관할하는 행정법원**으로 한다.

② 제 1 항에도 불구하고 다음 각 호의 어느 하나에 해당하는 피고에 대하여 취소소송을 제기하는 경우에는 **대법원소재지를 관할하는 행정법원**에 제기할 수 있다.[28)·29)]

1. 중앙행정기관, 중앙행정기관의 부속기관과 합의제행정기관 또는 그 장
2. 국가의 사무를 위임 또는 위탁받은 공공단체 또는 그 장

③ 토지의 수용 기타 부동산 또는 특정의 장소에 관계되는 처분등에 대한 취소소송은 그 부동산 또는 장소의 소재지를 관할하는 행정법원에 이를 제기할 수 있다.

---

28) 세종특별자치시에 소재하는 중앙행정기관에서 한 처분에 대해서는 '대전지방법원' 또는 대법원 소재지 '서울행정법원'에 제소할 수 있다.

29) 변호사시험은 특정 법원이 관할을 갖는 것으로 하고, 행정소송법 제 9 조 제 2 항에 의하여 복수의 관할을 갖도록 출제하지 않는 것이 원칙이다.

▣ 행정소송규칙

제 5 조(재판관할) ① 국가의 사무를 위임 또는 위탁받은 공공단체 또는 그 장에 대하여 그 지사나 지역본부 등 종된 사무소의 업무와 관련이 있는 소를 제기하는 경우에는 그 종된 사무소의 소재지를 관할하는 행정법원에 제기할 수 있다.[30)]

② 법 제 9 조 제 3 항의 '기타 부동산 또는 특정의 장소에 관계되는 처분등'이란 부동산에 관한 권리의 설정, 변경 등을 목적으로 하는 처분, 부동산에 관한 권리행사의 강제, 제한, 금지 등을 명령하거나 직접 실현하는 처분, 특정구역에서 일정한 행위를 할 수 있는 권리나 자유를 부여하는 처분, 특정구역을 정하여 일정한 행위의 제한·금지를 하는 처분 등을 말한다.

(2) 주소를 기준으로 하는 보통재판적

▣ 민사소송법

제 2 조(보통재판적) 소(訴)는 피고의 보통재판적(普通裁判籍)이 있는 곳의 법원이 관할한다.

제 3 조(사람의 보통재판적) 사람의 보통재판적은 그의 주소에 따라 정한다. 다만, 대한민국에 주소가 없거나 주소를 알 수 없는 경우에는 거소에 따라 정하고, 거소가 일정하지 아니하거나 거소도 알 수 없으면 마지막 주소에 따라 정한다.

제 5 조(법인 등의 보통재판적) ① 법인, 그 밖의 사단 또는 재단의 보통재판적은 이들의 **주된 사무소 또는 영업소가 있는 곳에 따라 정하고**, 사무소와 영업소가 없는 경우에는 주된 업무담당자의 주소에 따라 정한다.

▣ 가사소송법

제13조(관할) ① 가사소송은 이 법에 특별한 규정이 있는 경우를 제외하고는 피고의 보통재판적(普通裁判籍)이 있는 곳의 가정법원이 관할한다.

② 당사자 또는 관계인의 주소, 거소(居所) 또는 마지막 주소에 따라 관할이 정하여지는 경우에 **그 주소, 거소 또는 마지막 주소가 국내에 없거나 이를 알 수 없을 때에는 대법원이 있는 곳의 가정법원이 관할**한다.

---

30) 대법원 판례의 취지에 따라, 피고 행정청 소재지뿐 아니라 지역본부 등 공공단체의 종된 사무소 소재지나 관련 부동산 소재지의 행정법원에도 소를 제기할 수 있음을 명확히 하고, 「행정소송법」 제 9 조 제 3 항의 '기타 부동산 또는 특정의 장소에 관계되는 처분등'의 의미를 명확히 함으로써, 국민이 재판청구권 행사에 편리한 법원을 선택할 수 있는 기회를 더욱 넓히고자 함(제 5 조).

③ 가정법원은 소송의 전부 또는 일부에 대하여 관할권이 없음을 인정한 경우에는 결정(決定)으로 관할법원에 이송하여야 한다.

④ 가정법원은 그 관할에 속하는 가사소송사건에 관하여 현저한 손해 또는 지연을 피하기 위하여 필요한 경우에는 직권으로 또는 당사자의 신청에 의하여 다른 관할가정법원에 이송할 수 있다.

⑤ 이송결정과 이송신청의 기각결정에 대하여는 즉시항고를 할 수 있다.

(3) 행정법원의 심판권

▣ 법원조직법

제40조의4(심판권) 행정법원은 「행정소송법」에서 정한 행정사건과 다른 법률에 따라 행정법원의 권한에 속하는 사건을 제 1 심으로 심판한다.

제28조(심판권) 고등법원은 다음의 사건을 심판한다. 다만, 제28조의4 제 2 호에 따라 특허법원의 권한에 속하는 사건은 제외한다.

1. 지방법원 합의부, 가정법원 합의부, 회생법원 합의부 또는 행**정법원의 제 1 심 판결·심판·결정·명령에 대한 항소 또는 항고사건**
2. 지방법원단독판사, 가정법원단독판사의 제 1 심 판결·심판·결정·명령에 대한 항소 또는 항고사건으로서 형사사건을 제외한 사건 중 대법원규칙으로 정하는 사건
3. 다른 법률에 따라 고등법원의 권한에 속하는 사건

판 례 원고가 고의나 중대한 과실 없이 행정소송으로 제기하여야 할 사건을 민사소송으로 잘못 제기하고 단독판사가 제 1 심판결을 선고한 경우, 그에 대한 항소사건이 고등법원의 전속관할인지 여부(적극)

(갑이 육군 부사관으로 전역하면서 국가에 퇴직수당을 청구하였는데, 퇴직수당의 결정에 관하여 국방부장관의 위임을 받은 국군재정관리단장은 갑이 군인복지기금에서 대부받은 민간주택임대자금의 상환지연이자를 퇴직수당에서 공제하여 지급하였고, 이에 갑이 국가를 상대로 공제된 퇴직수당의 지급을 구한 사안) 이 사건 소는 국방부장관 등이 구체적인 급여수급액을 확인·결정함에 따라 공법상 권리가 된 퇴직수당 중 일부금의 지급을 청구하는 것으로, 그 법률관계의 한쪽 당사자를 피고로 하는 소송이므로 행정소송법상 당사자소송에 해당한다(대법원 2021. 12. 16. 선고 2019두45944 판결 등 참조). 행정사건 제 1 심판결에 대한 항소사건은 고등법원이 심판해야 하고(법원조직법 제28조 제 1 호), 원고가 고의나 중대한 과실 없이 행정소송으

로 제기하여야 할 사건을 민사소송으로 잘못 제기하고 **단독판사가 제 1 심판결을 선고한 경우에도 그에 대한 항소사건은 고등법원의 전속관할이다**(대법원 2016. 10. 13. 선고 2016다221658 판결 참조). **지방법원 합의부로서 행정사건 제 1 심판결에 대한 항소사건을 심판한 원심은 전속관할을 위반**한 잘못이 있다(대법원 2022. 1. 27. 선고 2021다219161 판결【부당이득금반환】).

(4) 행정법원의 관할구역과 그 예외

▣ 각급 법원의 설치와 관할구역에 관한 법률

[별표 6] 〈개정 2004.1.20〉

행정법원의 관할구역

고등법원	행정법원	관할구역
서울	서울	서울특별시

[별표 9] 〈신설 2005.3.24〉

행정사건을 심판하는 춘천지방법원 및 춘천지방법원 강릉지원의 관할구역

명칭	관할구역
춘천지방법원	춘천지방법원의 관할구역 중 강릉시·동해시·삼척시·속초시·양양군·고성군을 제외한 지역
춘천지방법원 강릉지원	강릉시·동해시·삼척시·속초시·양양군·고성군

※ **강릉지원·속초지원의 관할 차이:** 행정소송은 속초지원 관할 사건도 강릉지원이 담당한다. 따라서 속초시장이 한 행정처분의 취소를 구하는 소송을 제기할 때 관할은 '춘천지방법원 강릉지원'이 된다.

(5) 행정법원이 설치되지 않는 지역의 행정사건의 관할

▣ 법원조직법

부 칙 〈법률 제4765호, 1994. 7. 27.〉

제 2 조(행정사건에 관한 경과조치) 부칙 제 1 조 제 1 항 단서의 규정에 의한 행정법원에 관한 사항의 시행 당시 **행정법원이 설치되지 않은 지역에 있어서의 행정법원의 권한에 속하는 사건은 행정법원이 설치될 때까지 해당 지방법원본원 및 춘천지방법원 강릉지원이 관할**한다.

(6) 서울고등법원의 전속관할

▣ 독점규제 및 공정거래에 관한 법률

제99조(소의 제기) ① 이 법에 따른 처분에 대하여 불복의 소를 제기하려는 자는 처분의 통지를 받은 날 또는 이의신청에 대한 재결서의 정본을 송달받은 날부터 30일 이내에 이를 제기하여야 한다.

② 제 1 항의 기간은 불변기간으로 한다.

제100조(불복의 소의 전속관할) 제99조에 따른 불복의 소는 **서울고등법원을 전속관할**로 한다.

▣ 약관의 규제에 관한 법률

제30조의2(「독점규제 및 공정거래에 관한 법률」의 준용) ① 이 법에 따른 공정거래위원회의 심의·의결에 관하여는 「독점규제 및 공정거래에 관한 법률」 제64조부터 제68조까지의 규정을 준용한다. <개정 2020. 12. 29.>

② **이 법에 따른 공정거래위원회의 처분에 대한 이의신청, 소송 제기 및 불복 소송의 전속관할(專屬管轄)에 대하여는** 「독점규제 및 공정거래에 관한 법률」 제96조부터 제98조까지, 제98조의2, 제98조의3 및 **제99조부터 제101조까지를 준용**한다.

▣ 보안관찰법

제23조(행정소송) 이 법에 의한 법무부장관의 결정을 받은 자가 그 결정에 이의가 있을 때에는 행정소송법이 정하는 바에 따라 그 결정이 집행된 날부터 60일 이내에 **서울고등법원에 소를 제기**할 수 있다. 다만, 제11조의 규정에 의한 면제결정신청에 대한 기각

결정을 받은 자가 그 결정에 이의가 있을 때에는 그 결정이 있는 날부터 60일 이내에 서울고등법원에 소를 제기할 수 있다.

(7) 특허법원·대법원 2심급 구조

▣ 법원조직법

제14조(심판권) 대법원은 다음 각 호의 사건을 종심(終審)으로 심판한다.

1. 고등법원 또는 항소법원·**특허법원의 판결**에 대한 상고사건
2. 항고법원·고등법원 또는 항소법원·특허법원의 결정·명령에 대한 재항고사건
3. 다른 법률에 따라 대법원의 권한에 속하는 사건

제28조의4(심판권) 특허법원은 다음의 사건을 심판한다.

1. 「특허법」 제186조 제1항, 「실용신안법」 제33조, 「디자인보호법」 제166조 제1항 및 「상표법」 제162조에서 정하는 제1심사건
2. 「민사소송법」 제24조 제2항 및 제3항에 따른 사건의 항소사건
3. 다른 법률에 따라 특허법원의 권한에 속하는 사건

(8) 토지관할의 법적 성질

행정소송법 제9조나 제40조에 항고소송이나 당사자소송의 토지관할에 관하여 이를 전속관할로 하는 명문의 규정이 없는 이상 **이들 소송의 토지관할을 전속관할이라 할 수 없다**(대법원 1994. 1. 25. 선고 93누18655 판결【토지수용재결처분취소】).

토지관할은 전속관할이 아닌 임의관할이다. 관할의 결정에 대하여 민사소송법상의 합의관할, 응소관할, 관련재판적, 관할위반 또는 재량에 의한 이송 등의 규정이 준용될 수 있다. 다만, 행정법원의 역할은 지방법원 본원 및 춘천지방법원 강릉지원에서만 가능하기 때문에 다른 지방법원 지원은 행정사건을 재판할 수 없으며, 합의관할 등이 생길 여지도 없다.

> **판 례** 도시 및 주거환경정비법상의 주택재건축정비사업조합을 상대로 관리처분계획안에 대한 총회결의의 무효확인을 구하는 소를 민사소송으로 제기한 사안에서, 그 소는 행정소송법상 당사자소송에 해당하므로 행정법원의 전속관할에 속한다고 한 사례[31]

---

31) **행정소송규칙**[시행 2023. 8. 31.] [대법원규칙 제3108호, 2023. 8. 31., 제정]

이 사건 소는 도시정비법상의 재건축조합인 피고를 상대로 관리처분계획안에 대한 총회결의의 무효확인을 구하는 소로서 관리처분계획에 대한 인가·고시 전인 2005. 3. 11. 제기되었음을 알 수 있으므로, 위에서 본 바와 같이 이는 행정소송법상의 당사자소송에 해당하고, 따라서 **이 사건의 제 1 심 전속관할법원은 서울행정법원**이라 할 것이다.

그럼에도 **제 1 심과 원심은 이 사건 소가 서울중앙지방법원에 제기됨으로써 전속관할을 위반하였음을 간과**한 채 본안판단으로 나아갔으니, 이러한 제 1 심과 원심의 판단에는 행정소송법상 당사자소송에 관한 법리를 오해하여 전속관할에 관한 규정을 위반한 위법이 있다(대법원 2009. 9. 17. 선고 2007다2428 전원합의체 판결【총회결의무효확인】).

(9) 관할의 구체적 예시: 지방법원 본원과 지방법원 지원인 경우

행정처분의 취소를 구하는 소송의 처분청이 충남 천안시장이라고 하면 “대전지방법원 천안지원”이 아닌 “대전지방법원”이 된다. 또한 경기도 성남시장이 내린 처분에 대하여 불복하여 행정소송을 제기하려는 경우에는 ‘수원지방법원 성남지원’이 아니라 ‘수원지방법원’에 소장을 제출해야 한다.

만약 처분행정청이 강릉시장이라면 “춘천지방법원”이 아니라 “춘천지방법원 강릉지원”이 관할이 된다. 「각급 법원의 설치와 관할구역에 관한 법률」 제 4 조(관할구역) 제 7

제19조(당사자소송의 대상) 당사자소송은 다음 각 호의 소송을 포함한다.

1. **다음 각 목의 손실보상금에 관한 소송**
   가. 「공익사업을 위한 토지 등의 취득 및 보상에 관한 법률」 제78조 제 1 항 및 제 6 항에 따른 이주정착금, 주거이전비 등에 관한 소송
   나. 「공익사업을 위한 토지 등의 취득 및 보상에 관한 법률」 제85조 제 2 항에 따른 보상금의 증감(增減)에 관한 소송
   다. 「하천편입토지 보상 등에 관한 특별조치법」 제 2 조에 따른 보상금에 관한 소송
2. **그 존부 또는 범위가 구체적으로 확정된 공법상 법률관계 그 자체에 관한 다음 각 목의 소송**
   가. 납세의무 존부의 확인
   나. 「부가가치세법」 제59조에 따른 환급청구
   다. 「석탄산업법」 제39조의3 제 1 항 및 같은 법 시행령 제41조 제 4 항 제 5 호에 따른 재해위로금 지급청구
   라. 「5·18민주화운동 관련자 보상 등에 관한 법률」 제 5 조, 제 6 조 및 제 7 조에 따른 관련자 또는 유족의 보상금 등 지급청구
   마. 공무원의 보수·퇴직금·연금 등 지급청구
   바. 공법상 신분·지위의 확인
3. **처분에 이르는 절차적 요건의 존부나 효력 유무에 관한 다음 각 목의 소송**
   가. 「도시 및 주거환경정비법」 제35조 제 5 항에 따른 인가 이전 조합설립변경에 대한 총회결의의 효력 등을 다투는 소송
   나. 「도시 및 주거환경정비법」 제50조 제 1 항에 따른 인가 이전 사업시행계획에 대한 총회결의의 효력 등을 다투는 소송
   다. 「도시 및 주거환경정비법」 제74조 제 1 항에 따른 인가 이전 관리처분계획에 대한 총회결의의 효력 등을 다투는 소송
4. **공법상 계약에 따른 권리·의무의 확인 또는 이행청구 소송**

조는 행정사건을 심판하는 춘천지방법원 및 춘천지방법원 강릉지원의 관할구역에 관하여 [별표 9]에 규정하고 있다.[32)]

3. 관할 위반에 따른 이송

(1) 이송 관련 법령

▣ 행정소송법

제 7 조(사건의 이송) 민사소송법 제34조 제 1 항의 규정은 원고의 **고의 또는 중대한 과실 없이** 행정소송이 심급을 달리하는 법원에 잘못 제기된 경우에도 적용한다.

(가) 원고가 관할이 없음을 알면서도 편의를 도모할 목적 등으로 관할이 없는 법원에 제소한 경우에는 고의 또는 중대한 과실에 해당되어 그 소는 각하될 수 있다.

(나) 사건의 이송은 법원 사이의 사건의 이전이라서 동일한 법원 내부에서 담당 재판부를 변경하는 것은 사건의 이송에 해당하지 않고 사무분담의 문제라고 할 수 있다. 행정법원이 설치되지 않은 지방법원 본원에서는 민사사건, 형사사건은 물론 행정사건도 담당한다. 민사사건을 담당하는 재판부에서 행정사건을 담당하는 재판부로 사건을 재배당을 하는 경우에는 사무분담을 다시 하는 경우이고 사건의 이송에 해당되지 않는다.

▣ 민사소송법

제34조(관할위반 또는 재량에 따른 이송) ① **법원은 소송의 전부 또는 일부에 대하여 관할권이 없다고 인정하는 경우에는 결정으로 이를 관할법원에 이송한다.**

② 지방법원 단독판사는 소송에 대하여 관할권이 있는 경우라도 상당하다고 인정하면 직권 또는 당사자의 신청에 따른 결정으로 소송의 전부 또는 일부를 같은 지방법원 합의부에 이송할 수 있다.

③ 지방법원 합의부는 소송에 대하여 관할권이 없는 경우라도 상당하다고 인정하면 직권으로 또는 당사자의 신청에 따라 소송의 전부 또는 일부를 스스로 심리·재판할 수 있다.

④ 전속관할이 정하여진 소에 대하여는 제 2 항 및 제 3 항의 규정을 적용하지 아니한다.

---

32) ■ 각급 법원의 설치와 관할구역에 관한 법률 [별표 9] <신설 2005. 3. 24>

(2) 관할 위반에 대한 법원의 처리

판 례 원고가 고의 또는 중대한 과실 없이 행정소송으로 제기하여야 할 사건을 민사소송으로 잘못 제기하였으나 행정소송으로서의 소송요건을 결하고 있음이 명백한 경우, 수소법원이 취하여야 할 조치(=각하)

원고가 고의 또는 중대한 과실 없이 행정소송으로 제기하여야 할 사건을 민사소송으로 잘못 제기한 경우, 수소법원으로서는 만약 그 행정소송에 대한 관할도 동시에 가지고 있다면 이를 행정소송으로 심리·판단하여야 하고, 그 **행정소송에 대한 관할을 가지고 있지 아니하다면 관할법원에 이송**하여야 한다. 다만 해당 소송이 이미 행정소송으로서의 **전심절차 및 제소기간을 도과하였거나 행정소송의 대상이 되는 처분 등이 존재하지도 아니한 상태에 있는 등 행정소송으로서의 소송요건을 결하고 있음이 명백**하여 행정소송으로 제기되었더라도 어차피 부적법하게 되는 경우에는 이송할 것이 아니라 각하하여야 한다(대법원 2020. 10. 15. 선고 2020다222382 판결【우선협상대상자지정취소로인한손해배상】).

판 례 행정사건을 민사사건으로 오해하여 민사소송을 제기한 경우, 수소법원이 취하여야 할 조치

행정소송법 제7조는 원고의 고의 또는 중대한 과실 없이 행정소송이 심급을 달리하는 법원에 잘못 제기된 경우에 민사소송법 제31조 제1항을 적용하여 이를 관할 법원에 이송하도록 규정하고 있을 뿐 아니라, **관할 위반의 소를 부적법하다고 하여 각하하는 것보다 관할 법원에 이송하는 것이 당사자의 권리구제나 소송경제의 측면에서 바람직하다고 할 것이므로**, 원고가 고의 또는 중대한 과실 없이 행정소송으로 제기하여야 할 사건을 민사소송으로 잘못 제기한 경우, **수소법원으로서는 만약 그 행정소송에 대한 관할도 동시에 가지고 있다면 이를 행정소송으로 심리·판단하여야 하고, 그 행정소송에 대한 관할을 가지고 있지 아니하다면** 당해 소송이 이미 행정소송으로서의 <u>전심절차 및 제소기간을 도과하였거나 행정소송의 대상이 되는 처분 등이 존재하지도 아니한 상태에 있는 등 행정소송으로서의 소송요건을 결하고 있음이 명백하여 행정소송으로 제기되었더라도 어차피 부적법하게 되는 경우</u>가 아닌 이상 이를 부적법한 소라고 하여 각하할 것이 아니라 관할 법원에 이송하여야 할 것이다.

그럼에도 불구하고 원심은 원고가 공법상의 당사자소송에 해당하는 이 사건 지원금 지급청구의 소를 민사소송으로 제기하였으니 부적법하다고 하여 민사소송으로서의 본안 판단을 한 제1심판결을 취소하고 이 사건 소를 각하하였으니, 원심판결에는 행정소송법 제7조 소정의 이송에 관한 법리를 오해한 위법이 있다 할 것이다. 이 점을 지적하는 상고이유의 주장은 이유 있다(대법원 1997. 5. 30. 95다28960【석탄가격안정지원금의지급】).

4. 관할법원의 표기

소장의 맨 마지막 부분에 관할을 기재한 다음에 '귀중'이라고 표시한다. 예컨대 천안시장이 피고라면 "**대전지방법원 귀중**"이라고 한다. 준비서면을 제출할 때도 재판을 하는 법원을 반드시 기재한 다음에 특정 재판부의 명칭을 기재한다(예: 제○○부).

Ⅷ. 치분의 방식

1. 의 의

행정처분서에는 그 처분을 한 공무원들의 직급과 성명이 기재되어 있다. 예컨대 "처리과 환경위생과 과장 박병훈, 계장 이을식, 담당 홍민원" 이런 형식으로 기재되어 있다. 이는 행정절차법 제24조(처분의 방식) 제3항에서 "처분을 하는 문서에는 그 처분 행정청과 담당자의 소속·성명 및 연락처(전화번호, 팩스번호, 전자우편주소 등을 말한다)를 적어야 한다."고 규정하고 있기 때문이다. 이렇게 처분에 관여한 공무원의 성명을 명시하도록 하는 것을 행정실명제라고 한다.

2. 처분의 방식(문서·서면)

행정청이 처분을 할 때에는 다른 법령등에 특별한 규정이 있는 경우를 제외하고는 문서로 하여야 한다. 당사자등의 동의 등이 있을 때는 전자문서로 할 수 있다. 법령에 특별한 규정이 있을 때는 구두로 처분을 할 수도 있지만, 이런 규정이 없을 때에 문서로 하지 않고, 말(구술)로 한 때에는 원칙적으로 그 처분은 무효에 해당된다. 처분 행정청이 문서로 하지 않고 말로 처분내용을 고지한 경우는 흔하지 않지만 전혀 없는 것이 아니다.

3. 처분방식에 관한 개별법령

▣ 행정절차법

제24조(처분의 방식) ① **행정청이 처분을 할 때에는 다른 법령등에 특별한 규정이 있는 경우를 제외하고는 문서로 하여야 하며, 전자문서로 하는 경우에는 당사자등의 동의가 있어야 한다.** 다만, 신속히 처리할 필요가 있거나 사안이 경미한 경우에는 말 또는 그 밖의 방법으로 할 수 있다. 이 경우 당사자가 요청하면 지체 없이 처분에 관한 문서를 주어야 한다.

② **처분을 하는 문서에는 그 처분 행정청과 담당자의 소속·성명 및 연락처(전화번호, 팩스번호, 전자우편주소 등을 말한다)를 적어야 한다.**

▣ 행정심판법

제46조(재결의 방식) ① 재결은 서면으로 한다.

② 제 1 항에 따른 재결서에는 다음 각 호의 사항이 포함되어야 한다.

1. 사건번호와 사건명
2. 당사자·대표자 또는 대리인의 이름과 주소
3. 주문
4. 청구의 취지
5. 이유
6. 재결한 날짜

③ 재결서에 적는 이유에는 주문 내용이 정당하다는 것을 인정할 수 있는 정도의 판단을 표시하여야 한다.

▣ 공익사업을 위한 토지 등의 취득 및 보상에 관한 법률

제34조(재결) ① **토지수용위원회의 재결은 서면으로 한다.**

② 제 1 항에 따른 재결서에는 주문 및 그 이유와 재결일을 적고, 위원장 및 회의에 참석한 위원이 기명날인한 후 그 정본(正本)을 사업시행자, 토지소유자 및 관계인에게 송달하여야 한다.

▣ 국가공무원법

제75조(처분사유 설명서의 교부) ① 공무원에 대하여 징계처분등을 할 때나 강임·휴직·

직위해제 또는 면직처분을 할 때에는 **그 처분권자 또는 처분제청권자는 처분사유를 적은 설명서를 교부(交付)하여야 한다.** 다만, 본인의 원(願)에 따른 강임·휴직 또는 면직처분은 그러하지 아니하다.

제14조(소청심사위원회의 결정) ⑤ **소청심사위원회의 결정은 다음과 같이 구분한다.**

1. 심사 청구가 이 법이나 다른 법률에 적합하지 아니한 것이면 그 청구를 **각하**(却下) **한다.**
2. 심사 청구가 이유 없다고 인정되면 그 청구를 **기각**(棄却)**한다.**
3. 처분의 취소 또는 변경을 구하는 심사 청구가 이유 있다고 인정되면 처분을 취소 또는 변경하거나 처분 행정청에 **취소 또는 변경할 것을 명한다.**
4. 처분의 효력 유무 또는 존재 여부에 대한 확인을 구하는 심사 청구가 이유 있다고 인정되면 처분의 **효력 유무 또는 존재 여부를 확인한다.**
5. 위법 또는 부당한 거부처분이나 부작위에 대하여 의무 이행을 구하는 심사 청구가 이유 있다고 인정되면 지체 없이 청구에 따른 **처분을 하거나 이를 할 것을 명한다.**

⑧ **소청심사위원회의 결정은 그 이유를 구체적으로 밝힌 결정서로 하여야 한다.**

▣ 출입국관리법

제102조(통고처분) ① 지방출입국·외국인관서의 장은 출입국사범에 대한 조사 결과 범죄의 확증을 얻었을 때에는 **그 이유를 명확하게 적어 서면으로** 벌금에 상당하는 금액(이하 "범칙금"이라 한다)을 지정한 곳에 낼 것을 통고할 수 있다.

▣ 도로교통법 시행규칙[시행 2023. 7. 4.] [행정안전부령 제415호, 2023. 7. 4., 일부개정] 전체 조문보기

제93조(운전면허의 정지·취소처분 절차) ① 시·도경찰청장 또는 경찰서장이 법 제93조에 따라 **운전면허의 취소 또는 정지처분을 하려는 때에는 다음 각 호의 구분에 따른 사전통지서를 그 대상자에게 발송 또는 발급하여야 한다.** 다만, 그 대상자의 주소 등을 통상적인 방법으로 확인할 수 없거나 발송이 불가능한 경우에는 운전면허대장에 기재된 그 대상자의 주소지를 관할하는 경찰관서의 게시판에 14일간 이를 공고함으로써 통지를 대신할 수 있다. <개정 2010. 12. 31., 2020. 2. 28., 2020. 12. 31.>

1. 법 제93조 제1항(같은 항 제20호는 제외한다)부터 제3항까지에 해당하는 경우: 별지 제81호서식의 운전면허 정지·취소처분 사전통지서

2. 법 제93조 제 1 항 제20호에 해당하는 경우: 별지 제81호의2서식의 운전면허 취소처분 사전통지서

② 제 1 항에 따라 통지를 받은 처분의 상대방 또는 그 대리인은 지정된 일시에 출석하거나 서면으로 이의를 제기할 수 있다. 이 경우 지정된 기일까지 이의를 제기하지 아니한 때에는 이의가 없는 것으로 본다.

③ **시·도경찰청장 또는 경찰서장은 법 제93조에 따라 운전면허의 정지 또는 취소처분을 결정한 때에는 다음 각 호의 구분에 따른 결정통지서를 그 처분의 대상자에게 발송 또는 발급하여야 한다.** 다만, 그 처분의 대상자가 소재불명으로 통지를 할 수 없는 때에는 운전면허대장에 기재된 그 대상자의 주소지를 관할하는 **경찰관서의 게시판에 14일간 이를 공고함으로써 통지를 대신할 수 있다.** <개정 2010. 12. 31., 2020. 2. 28., 2020. 12. 31.>

1. 법 제93조 제 1 항(같은 항 제20호는 제외한다)부터 제 3 항까지에 해당하는 경우: 별지 제82호서식의 운전면허 정지·취소처분 결정통지서
2. 법 제93조 제 1 항 제20호에 해당하는 경우: 별지 제82호의2서식의 운전면허 취소처분 결정통지서

4. 처분방식에 위반한 사례 판례

판 례 **행정처분의 처분 방식에 관한 행정절차법 제24조 제 1 항을 위반한 처분이 무효인지 여부(적극)**

행정절차에 관한 일반법인 행정절차법은 제24조 제 1 항에서 "행정청이 처분을 할 때에는 다른 법령 등에 특별한 규정이 있는 경우를 제외하고는 문서로 하여야 하며, 전자문서로 하는 경우에는 당사자 등의 동의가 있어야 한다. 다만 신속히 처리할 필요가 있거나 사안이 경미한 경우에는 말 또는 그 밖의 방법으로 할 수 있다."라고 정하고 있다. 이 규정은 처분내용의 명확성을 확보하고 처분의 존부에 관한 다툼을 방지하여 처분상대방의 권익을 보호하기 위한 것이므로, 이를 위반한 처분은 하자가 중대·명백하여 무효이다(대법원 2019. 7. 11. 선고 2017두38874 판결【사증발급거부처분취소】).[33]

33) 위 1. 가. (4)에서 보았듯이 피고(주로스엔젤레스총영사관 총영사)는 2015. 9. 2. **원고의 아버지에게 전화로 처분 결과를 통보하고** 그 무렵 여권과 사증발급 신청서를 반환하였을 뿐이고 원고에게 처분이유를 기재한 사증발급 거부처분서를 작성해 주지 않았다. 원고의 재외동포(F-4) 체류자격 사증발급 신청에 대하여 피고가 6일 만에 한 사증발급 거부처분이 문서에 의한 처분 방식의 예외로 행정절차법 제24조 제 1 항 단서에서 정한 '신속히 처리할 필요가 있거나 사안이 경미한 경우'에 해당한다고 볼 수도

판 례 **집합건물 중 일부 구분건물의 소유자인 피고인이 관할 소방서장으로부터 소방시설 불량사항에 관한 시정보완명령을 받고도 따르지 아니하였다는 내용으로 기소된 사안에서, 담당 소방공무원이 행정처분인 위 명령을 구술로 고지한 것은 당연 무효이므로 명령 위반을 이유로 행정형벌을 부과할 수 없는데도, 위 명령이 유효함을 전제로 유죄를 인정한 원심판결에는 법리오해의 위법이 있다고 한 사례**

집합건물 중 일부 구분건물의 소유자인 피고인이 관할 소방서장으로부터 소방시설 불량사항에 관한 시정보완명령을 받고도 따르지 아니하였다는 내용으로 기소된 사안에서, **담당 소방공무원이 행정처분인 위 명령을 구술로 고지한 것은 행정절차법 제24조를 위반한 것으로 하자가 중대하고 명백하여 당연 무효이고**, 무효인 명령에 따른 의무위반이 생기지 아니하는 이상 피고인에게 명령 위반을 이유로 소방시설 설치유지 및 안전관리에 관한 법률 제48조의2 제 1 호에 따른 행정형벌을 부과할 수 없는데도, 이와 달리 위 명령이 유효함을 전제로 유죄를 인정한 원심판결에는 행정처분의 무효와 행정형벌의 부과에 관한 법리오해의 위법이 있다고 한 사례(대법원 2011. 11. 10. 선고 2011도11109 판결【소방시설설치유지및안전관리에관한법률위반】).[34]

없다. 따라서 피고의 사증발급 거부처분에는 행정절차법 제24조 제 1 항을 위반한 하자가 있다(대법원 2019. 7. 11. 선고 2017두38874 판결【사증발급거부처분취소】).

※ 1. 가. (4) 원고는 2015. 8. 27. 피고에게 재외동포(F－4) 체류자격의 사증발급을 신청하였다. 피고는 2015. 9. 2. 원고의 아버지 소외인에게 전화로 '원고가 입국규제대상자에 해당하여 사증발급이 불허되었다. 자세한 이유는 법무부에 문의하기 바란다.'고 통보하였고, 그 무렵 여권과 사증발급 신청서를 반환하였을 뿐, 처분이유를 기재한 사증발급 거부처분서를 작성해 주지는 않았다(이하 '이 사건 사증발급 거부처분'이라 한다).

34) 원심판결 이유와 기록에 의하면, 시흥소방서장은 2010. 4. 1. 경기도 시흥시 대야동 (지번 생략) 소재 ○○빌딩(이하 '이 사건 집합건물'이라 한다)의 소방시설 불량사항에 관하여 소방시설 설치유지 및 안전관리에 관한 법률 제 9 조에 의거하여 이 사건 집합건물의 방화관리자와 각 소유자들은 2010. 4. 22.까지 해당 소방시설 불량사항을 시정보완하라는 명령서를 이 사건 집합건물의 방화관리자인 공소외 1에게 송부한 사실, 위 시정보완명령 내용 중 피고인에 대하여 조치를 명한 사항은 피고인이 이 사건 집합건물 중 1층 102호와 4층 401호에 있는 각 구분건물의 소유자로서 위 각 구분건물의 자동화재탐지설비 미설치에 대한 정비를 해야 한다는 내용인 사실, 시흥소방서장은 피고인에게 위 시정보완명령서를 송부하지 아니하고, **시흥소방서의 담당 소방공무원 공소외 2, 공소외 3이 2010. 4. 10.경 피고인을 방문하여 구두로 위 시정보완명령의 내용을 고지한 사실을 알 수 있다.**

따라서 시흥소방서의 담당 소방공무원이 피고인에게 행정처분인 위 **시정보완명령을 구두로 고지한 것은 행정절차법 제24조에 위반한 것으로 그 하자가 중대하고 명백하여 위 시정보완명령은 당연 무효**라고 할 것이고, 무효인 위 시정보완명령에 따른 피고인의 의무위반이 생기지 아니하는 이상 피고인에게 위 시정보완명령에 위반하였음을 이유로 소방시설 설치유치 및 안전관리에 관리에 관한 법률 제48조의2 제 1 호에 따른 행정형벌을 부과할 수 없다.

그럼에도 **원심은 이와 다른 전제에 서서 위 시정보완명령이 유효함을 전제로 피고인에 대한 이 사건 공소사실을 유죄로 판단하였는바**, 원심판결에는 행정처분의 무효와 행정형벌의 부과에 관한 법리를 오해하여 판결 결과에 영향을 미친 위법이 있다. 이를 지적하는 취지의 상고이유의 주장은 이유 있다.
그러므로 나머지 상고이유에 대한 판단을 생략한 채 원심판결을 파기하고 사건을 원심법원으로 환송하기로 하여, 관여 대법관의 일치된 의견으로 주문과 같이 판결한다(대법원 2011. 11. 10. 선고 2011도11109 판결【소방시설설치유지및안전관리에관한법률위반】).

판 례 **행정청이 문서에 의하여 처분을 하였으나 그 처분서의 문언만으로는 행정처분의 내용이 불분명한 경우, 처분 경위나 처분 이후의 상대방의 태도 등을 고려하여 처분서의 문언과 달리 그 처분의 내용을 해석할 수 있는지 여부(적극)**

행정절차법 제24조 제1항에서 행정청이 처분을 하는 때에는 다른 법령 등에 특별한 규정이 있는 경우를 제외하고는 **문서로 하도록 규정한 것은 처분 내용의 명확성을 확보하고 처분의 존부나 내용에 관한 다툼을 방지하기 위한 것인바**, 이와 같은 행정절차법의 규정 취지를 감안해 보면, 행정청이 문서에 의하여 처분을 한 경우 원칙적으로 그 처분서의 문언에 따라 어떤 처분을 하였는지 확정하여야 하나, **그 처분서의 문언만으로는 행정청이 어떤 처분을 하였는지 불분명하다는 등 특별한 사정이 있는 때에는 처분 경위나 처분 이후의 상대방의 태도 등 다른 사정을 고려하여 처분서의 문언과 달리 그 처분의 내용을 해석**할 수도 있다.

원심판결의 이유와 기록에 의하여 알 수 있는 다음과 같은 사정, 즉 원고들에 대한 이 사건 산지전용허가에 있어 그 허가증의 산지전용목적란에는 그 목적이 '창고부지조성'으로 기재되어 있으나 그 허가증에 기재된 허가조건에는 산지전용의 목적사업인 '건축물 건축'이 이행되지 아니할 경우 산지전용허가가 취소될 수 있다고 되어 있고 그 허가증의 교부통지서에는 산지전용허가의 목적이 '창고'로 기재되어 있는 등 이 사건 산지전용허가의 처분서라고 할 수 있는 산지전용허가증과 그 교부통지서의 문언만으로는 산지전용의 목적사업이 '창고부지조성'인지 '창고건축'인지 분명하지 아니한 점, 한편 원고들은 이 사건 산지전용허가의 신청 단계에서 피고의 보완요구에 따라 제출한 창고활용계획서의 내용에 창고의 건축 및 사용에 관한 사업계획을 포함시켰던 점, 또한 원고들은 공사기간 부족을 사유로 이 사건 산지전용허가의 산지전용기간에 대한 연장허가를 신청하면서 그 연장을 구하는 산지전용기간 내에 창고의 건축공사를 완료하겠다는 내용의 사업추진계획서를 제출하였고, 이에 대하여 피고는 산지전용의 목적을 '창고조성'으로 기재한 산지전용기간연장허가증을 발급하였던 점 등을 앞서 본 법리에 비추어 보면, 이 사건 산지전용허가의 목적사업을 창고부지조성이 아니라 창고건축으로 본 원심의 판단은 수긍이 가고, 그 판단에 상고이유의 주장과 같은 채증법칙 위배, 심리미진, 산지전용기간의 연장허가에 관한 법리를 오해한 위법이 없다(대법원 2010. 2. 11. 2009두18035【복구설계승인신청불승인처분취소】).

판 례 **음주운전을 단속한 경찰관 명의로 행한 운전면허정지처분의 효력(무효)**

운전면허정지처분의 경우 면허관청으로 하여금 일정한 서식의 통지서에 의하여 처분집행일 7일 전까지 발송하도록 한 도로교통법시행규칙 제53조 제2항의 규정은 단순한 훈시규정이 아니라 법규적 효력을 가지는 규정인바, 적법하게 성립한 운전면허정지처분이 위 규정에 위반되는 방식으로 통지 또는 송달되었다고 하더라도 그 자체로 당연히 무효로 되는 것이 아니라, **면허정지사실을 구두로 알리는 것과 같이 그 하자가 중대하고 객관적으로 명백한 경우에는 그 효력이 없으나**, 여타의 경우에는 법규의 목적·의미·기능 등을 구체적 사안 자체의 특수성과 함께 합리적으로 고찰하여 하자의 중대·명백 여부를 판단하고 그에 따라 효력 유무를 결정하여야 한다.

기록에 의하여 살펴보면, 1996. 2. 28. 21:59경 **원고를 음주운전으로 적발한 단속 경찰관은 그 자리에서 자신 명의로 운전면허행정처분통지서라는 표제가 붙은 서면(을 제 7 호증)을 작성하였는데**, 그 서면에는 처분대상자인 원고의 인적사항·운전면허번호·처분사유및 처분내용(운전면허정지 100일) 등이 기재되어 있고, 그 통지내용란에는 '임시운전면허증의 발급을 희망하지 않는 경우에는 아래 청원서란에 기명날인하시면 단속일로부터 면허정지처분 100일이 집행되고, 임시운전면허증의 발급을 희망할 경우에는 단속일로부터 2일 내에 단속지 경찰서 교통관리계에 신청하되 임시운전면허증의 유효기간 20일이 경과한 다음날부터 면허정지처분 100일이 집행된다'는 취지가 기재되어 있으며, 그 밑의 청원서란 및 수령일시란에는 각각 원고의 기명무인이 있는 사실, 원고는 단속당한 다음날 노량진경찰서에 출두하여 유효기간이 1996. 2. 29.부터 같은 해 3. 19.까지로 된 피고 명의의 임시운전증명서(을 제 8 호증)를 발급받았으며 그 때 담당경찰관이 원고에게 임시운전증명서의 유효기간이 만료되는 다음날부터 100일간의 운전면허정지처분이 집행된다고 구두로 알려 준 사실을 인정할 수 있는바, 사실관계가 이와 같다면, 운전면허에 대한 정지처분권한은 경찰청장으로부터 경찰서장에게 권한위임된 것이므로 **원고가 음주운전으로 적발될 당시 단속 경찰관으로서는 관할 경찰서장의 명의로 운전면허정지처분을 대행처리할 수 있을지는 몰라도 자신의 명의로 이를 할 수 없다 할 것이므로**, 단속경찰관이 자신의 명의로 운전면허행정처분통지서를 작성·교부하여 행한 운전면허정지처분(원심은 이를 피고가 운전면허정지처분의 통지서를 교부한 것으로 인정하였다)은 **비록 그 처분의 내용·사유·근거등이 기재된 서면을 교부하는 방식으로 행하여졌다고 하더라도 권한 없는 자에 의하여 행하여진 점에서 무효의 처분이라고 할 것**이고, 그 다음날 담당경찰관이 원고에게 임시운전증명서를 교부하면서 운전면허정지처분의 내용을 구두로 알려주었다고 할지라도 그 역시 하자가 중대·명백하여 운전면허정지처분으로서의 효력이 발생하지 아니하였다고 할 것이므로, 1996. 6. 9. 15:10경에 한 원고의 운전은 면허정지기간 중의 운전에 해당하지 않는다. 그럼에도 불구하고 원심은 적발 당일 교부된 운전면허행정처분통지서로 운전면허정지처분이 원고에게 적법하게 통지되었음을 전제로 원고가 운전면허정지기간 중에 운전을 한 것으로 보아 이 사건 처분이 적법하다고 판단하였으므로 원심판결에는 채증법칙 위배로 인한 사실오인 내지 도로교통법시행령 제53조 제 1 항, 같은법시행규칙 제53조 제 2 항에 관한 법리를 오해한 위법이 있다고 할 것이고, 이 점을 지적한 상고논지는 이유 있다(대법원 1997. 5. 16. 97누2313【자동차운전면허취소처분취소】).

Ⅸ. 처분근거와 이유 제시

1. 의 의

(1) 행정청이 처분을 할 때는 해당 당사자에게 처분의 근거와 이유를 기재하여야 한다. 처분의 근거는 처분을 할 수 있도록 규정해 놓은 법령을 말한다.

⑵ 처분의 이유도 기재해야 한다. 처분의 이유는 어떤 법령을 위반하였는지 구체적인 사실을 기재해야 된다. 처분의 이유는 처분의 원인이 되는 사실이라고도 할 수 있다.

⑶ 예컨대, 처분통지서에 " 귀하께서는 음악산업진흥에 관한 법률 제22조(노래연습장업자의 준수사항 등) 제 1 항 제 4 호 및 동법 시행령 제 9 조(노래연습장업자의 준수사항) 제 1 호의 규정에 의하여 당해 영업장소에 출입시간 외에 청소년을 출입하게 하여서는 아니됨에도 불구하고 ○○○○(년). 8. 20. 이를 위반하였으므로, 동법 제23조(영업의 승계 등), 제27조(등록취소 등) 제 1 항 제 5 호 및 동법 시행규칙 제15조(행정처분의 기준 등) [별표 2]의 규정에 의하여 붙임과 같이 행정처분하오니 양지하시기 바랍니다."라는 기재는 "노래연습장에 출입시간 외에 청소년을 출입시킨 행위"라는 처분근거와 처분이유를 함께 기재한 것에 해당된다.

2. 처분근거와 이유제시에 관한 법령

▣ 행정절차법

제23조(처분의 이유 제시) ① 행정청은 처분을 할 때에는 다음 각 호의 어느 하나에 해당하는 경우를 제외하고는 당사자에게 그 **근거와 이유를 제시하여야 한다.**

1. 신청 내용을 모두 그대로 인정하는 처분인 경우
2. 단순·반복적인 처분 또는 경미한 처분으로서 당사자가 그 이유를 명백히 알 수 있는 경우
3. 긴급히 처분을 할 필요가 있는 경우

② 행정청은 제 1 항 제 2 호 및 제 3 호의 경우에 처분 후 당사자가 요청하는 경우에는 그 근거와 이유를 제시하여야 한다.

▣ 행정절차법 시행령

제14조의2(처분의 이유제시) 행정청은 법 제23조의 규정에 의하여 처분의 이유를 제시하는 경우에는 **처분의 원인이 되는 사실과 근거가 되는 법령** 또는 자치법규의 내용을 구체적으로 명시하여야 한다.

▣ 행정절차법

제21조(처분의 사전 통지) ① 행정청은 당사자에게 의무를 부과하거나 권익을 제한하는 처분을 하는 경우에는 미리 다음 각 호의 사항을 당사자등에게 통지하여야 한다.

1. 처분의 제목
2. 당사자의 성명 또는 명칭과 주소
3. **처분하려는 원인이 되는 사실과 처분의 내용 및 법적 근거**
4. 제 3 호에 대하여 의견을 제출할 수 있다는 뜻과 의견을 제출하지 아니하는 경우의 처리방법
5. 의견제출기관의 명칭과 주소
6. 의견제출기한
7. 그 밖에 필요한 사항

3. 처분 이유제시 기재례

3. 이 사건 처분의 위법성

가. 처분 절차상의 위법성

이 사건 처분에는 적법한 사전통지 및 처분의 이유제시가 되지 아니한 절차상의 위법이 있습니다.

(1) 이 사건 처분사전통지서와 처분통지서에는 단지 "출자자대출 181억 원, 동일인대출한도초과취급 42억 원"이라고만 기재되어 있을 뿐, 어느 대출이 출자자대출 및 동일인한도초과대출에 해당하는지 특정되어 있지 아니하는 등 각 대출의 구체적인 내역이 기재되어 있지 않습니다.

(2) 피고는 동일인 대출한도의 금액과 그 계산방법 및 근거에 대하여 밝히지 아니하였습니다.

(3) 이 사건 처분사전통지서 및 처분통지서에 처분사유로 "법령을 위반하는 등" 또는 "적출되는 등"을 기재하면서도 처분사유가 된 "등"의 의미를 구체적으로 밝히지 아니하였습니다.

(서울고등법원 2008. 1. 30. 2007누15881【인가취소및해산통보처분취소】 참조).

4. 처분의 근거와 이유가 구체적으로 명시되어 있지 않은 처분이라도 절차상 위법하지 않은 경우

판 례 **행정절차법 제23조 제 1 항의 규정 취지 및 처분서에 처분의 근거와 이유가 구체적으로 명시되어 있지 않은 처분이라도 절차상 위법하지 않은 경우**

행정절차법 제23조 제 1 항은 행정청이 처분을 하는 때에는 당사자에게 그 근거와 이유를 제

시하도록 규정하고 있고, 이는 행정청의 자의적 결정을 배제하고 당사자로 하여금 행정구제절차에서 적절히 대처할 수 있도록 하는 데 그 취지가 있다. 따라서 처분서에 기재된 내용과 관계 법령 및 당해 처분에 이르기까지의 전체적인 과정 등을 종합적으로 고려하여, 처분 당시 당사자가 어떠한 근거와 이유로 처분이 이루어진 것인지를 충분히 알 수 있어서 그에 불복하여 행정구제절차로 나아가는 데에 별다른 지장이 없었던 것으로 인정되는 경우에는 처분서에 처분의 근거와 이유가 구체적으로 명시되어 있지 않았다 하더라도 그로 말미암아 그 처분이 위법한 것으로 된다고 할 수는 없다(대법원 2009. 12. 10. 선고 2007두20348 판결 참조).

원심판결 이유에 의하면, 원심은 채택 증거들을 종합하여 그 판시와 같은 사실을 인정한 다음, ① 이 사건 처분서에 행정처분의 기준이 되는 근거 법령을 분명히 제시하고 있고, ② 그 처분 사유를 '이 사건 사업 감리 시 전자도로지도의 오프라인 편집기능 등이 부실하게 개발된 것을 알면서도 적정하게 개발된 것으로 사실과 다르게 이 사건 확인보고서를 작성한 것'이라고 밝혔으며, ③ 전자도로지도의 오프라인 편집기능은 노드·링크 작업 중 노드·링크 편집과 관련된 것이므로 위와 같은 내용만으로 원고는 자신이 수행한 여러 감리 중 어떠한 부분이 어떠한 사유로 문제 되었는지 충분히 알 수 있다고 판단될 뿐 아니라, 이 사건 처분에 이르는 과정에서 원고가 조사받은 내용 등을 종합하여 볼 때 이 사건 처분 당시 원고가 어떠한 근거와 이유로 처분이 이루어진 것인지를 충분히 알 수 있었으므로, 이 사건 처분에 행정절차법 제23조 제 1 항의 규정을 위반한 절차상 위법이 없다고 판단하였다. 앞서 본 법리에 비추어 보면 이러한 원심판단 역시 정당하다. 거기에 상고이유로 주장하는 바와 같은 이 사건 처분의 절차상 하자에 관한 법리 등을 오해한 위법이 있다 할 수 없다(대법원 2013. 11. 14. 선고 2011두18571 판결【업무정지처분취소】).

5. 처분이유 제시의무 관련 판례

판 례 **주류도매업면허의 취소처분에 그 대상이 된 위반사실을 특정하지 아니하여 위법하다고 본 사례**

면허의 취소처분에는 그 근거가 되는 법령이나 취소권 유보의 부관 등을 명시하여야 함은 물론 처분을 받은 자가 어떠한 위반사실에 대하여 당해 처분이 있었는지를 알 수 있을 정도로 사실을 적시할 것을 요하며, 이와 같은 취소처분의 근거와 위반사실의 적시를 빠뜨린 하자는 피처분자가 처분 당시 그 취지를 알고 있었다거나 그후 알게 되었다 하여도 치유될 수 없다고 할 것인바, 세무서장인 피고가 주류도매업자인 원고에 대하여 한 이 사건 일반주류도매업 면허취소통지에 "**상기 주류도매장은 무면허 주류판매업자에게 주류를 판매하여 주세법 제11조 및 국세법사무처리규정 제26조에 의거 지정조건위반으로 주류판매면허를 취소합니다**"라고만 되어 있어서 원고의 영업기간과 거래상대방 등에 비추어 **원고가 어떠한 거래행위로 인하여 이 사건 처분을 받았는지 알 수 없게 되어 있다면** 이 사건 면허취소처분은 위법하다(대법원 1990. 9. 11. 선고 90누1786 판결【일반주류도매업면허취소처분취소】).

판 례 **사립학교법 제20조의2 제 2 항에 의한 임원취임승인취소처분의 처분서에 기재할 처분사유의 기재 정도**

이 사건 임원취임승인취소처분의 처분서에는 '귀 법인 및 △△대학에 대한 우리 부 종합감사 결과 귀 법인에서 사립학교법 등 관계 법령을 위배하고 법인 및 대학관련 업무를 부당하게 처리한 사실이 확인되었으므로 사립학교법 제20조의2 규정에 의거 임원취임승인을 취소한다.' 면서 '감사결과 위법·부당사항으로 지적된 사항' 12가지를 해당 위반 법조와 함께 열거하고, 그 세부내용은 1999. 12. 16. 통보한 감사결과처분서를 참조토록 하고 있으며, '이사(감사) 공동사항'으로 이사에 대하여는 '위 부당행위와 관련한 이사회 심의·의결 등 이사직무 소홀'을, 감사에 대하여는 '사립학교법 제19조 제 3 항에 규정된 감사직무 미이행'을 덧붙였고, 1999. 12. 16.자 감사결과처분서(기록 66면)에는 위법·부당사항 29건에 대한 세부내용이 46매로 구체적으로 적시되어 첨부되어 있음을 알 수 있다.

사립학교법 제20조의2 제 2 항은 "제 1 항의 규정에 의한 취임승인의 취소는 관할청이 당해 학교법인에게 그 사유를 들어 시정을 요구한 날로부터 15일이 경과하여도 이에 응하지 아니한 경우에 한한다."고 규정하고 있으므로, 피고로서는 위와 같이 임원들의 위법·부당사항을 적시하는 것 외에 그에 대한 시정요구를 학교법인이 위 기간 내에 응하지 아니하였다는 점까지를 처분서에 기재하였어야 함이 마땅하다.

그러나 처분서에 '사립학교법 제20조의2 규정에 의거 임원취임승인을 취소함'이라고 기재되어 있고, 같은 조 제 2 항은 같은 조 제 1 항의 사유를 들어 시정을 요구한 날로부터 15일이 경과하여도 이에 응하지 아니한 경우에 한하여 임원취임승인을 취소한다고 규정하고 있으므로, 원고들로서는 사립학교법 제20조의2의 규정 적시만으로도 '시정요구 불응' 사실을 알 수 있었다고 보이는 데다가(위 대법원 1985. 7. 10. 선고 82누551 판결 참조), 이러한 기재와 함께 처분서에 사립학교법 제20조의2 제 1 항 소정의 임원취임승인취소사유가 위와 같이 구체적으로 적시되어 있었다면, 이 정도의 이유제시로써 이 사건 임원취임승인취소처분의 처분사유, 즉 '임원취임승인취소사유의 존재와 그에 대한 시정요구 불이행'은 충분히 특정되었다고 봄이 상당하고, 따라서 위와 같은 피고의 이유제시에 처분을 취소케 할 만한 하자가 있다고 보기는 어렵다(대법원 2002. 2. 5. 선고 2001두7138 판결【취임승인취소처분등취소】).

판 례 **대법원 2017. 8. 29. 선고 2016두44186 판결【산업단지개발계획변경신청거부처분취소】**
행정청이 문서로 처분을 한 경우, 어떤 처분을 하였는지는 문언에 따라 확정하여야 하는지 여부(원칙적 적극) 및 처분서의 문언만으로도 행정청이 어떤 처분을 하였는지 분명한 경우, 다른 사정을 고려하여 처분서의 문언과 달리 다른 처분까지 포함되어 있는 것으로 해석할 수 있는지 여부(소극)

가. 행정처분의 해석

(1) 행정청이 문서에 의하여 처분을 한 경우 처분서의 문언이 불분명하다는 등의 특별한 사정이 없는 한, 문언에 따라 어떤 처분을 하였는지를 확정하여야 한다. 처분서의 문언만으로도

행정청이 어떤 처분을 하였는지가 분명한데도 처분 경위나 처분 이후의 상대방의 태도 등 다른 사정을 고려하여 처분서의 문언과는 달리 다른 처분까지 포함되어 있는 것으로 확대해석해서는 안 된다(대법원 2016. 10. 13. 선고 2016두42449 판결 등 참조).

(2) 원심판결 이유에 의하면, 피고는 2015. 4. 10. "**이 사건 산업단지개발계획상 토지이용계획에는 이 사건 사업부지가 녹지용지로 되어 있어 폐기물매립장 입지가 불가하며, 녹지용지를 폐기물처리시설용지로 개발계획 변경하는 것도 불가합니다.**"라는 이유(이하 '이 사건 처분사유'라 한다)로 이 사건 신청을 거부하는 내용의 이 사건 처분을 하였음을 알 수 있다.

(3) 원심이 이와 달리 이 사건 처분사유를 '이 사건 신청을 받아들일 경우 구 산업입지의 개발에 관한 통합지침(국토교통부 2015. 9. 8. 고시 2015-650호로 개정되기 전의 것)에서 정하고 있는 녹지비율이 감소하여 그 비율의 유지에 부정적인 영향이 있다.'고 판단한 것은 잘못이다.

나. 행정처분의 근거와 이유 제시

(1) 행정청은 처분을 하는 때에는 원칙적으로 당사자에게 그 근거와 이유를 제시하여야 한다(행정절차법 제23조 제1항). **당사자가 신청하는 허가 등을 거부하는 처분을 하면서 당사자가 그 근거를 알 수 있을 정도로 이유를 제시한 경우에는 처분의 근거와 이유를 구체적으로 명시하지 않았더라도 그로 말미암아 그 처분이 위법하다고 볼 수는 없다**(대법원 2002. 5. 17. 선고 2000두8912 판결 참조). 이때 '이유를 제시한 경우'는 처분서에 기재된 내용과 관계 법령 및 당해 처분에 이르기까지의 전체적인 과정 등을 종합적으로 고려하여, 처분 당시 당사자가 어떠한 근거와 이유로 처분이 이루어진 것인지를 충분히 알 수 있어서 그에 불복하여 행정구제절차로 나아가는 데 별다른 지장이 없었다고 인정되는 경우를 뜻한다(대법원 2009. 12. 10. 선고 2007두20362 판결 참조).

(2) 기존 산업단지개발계획의 변경을 구하는 이 사건 신청에 대해 피고가 거부처분을 하면서 이유를 제시하였다고 하려면, **신청을 인용하는 것이 법령 위반이라거나 종전 계획을 변경할 사정변경이 인정되지 않는다는 등 거부의 실질적인 이유를 당사자가 알 수 있도록 했어야 한다.**

(3) 앞에서 보았듯이 **이 사건 처분서는 아무런 실질적인 내용 없이 단순히 신청을 불허한다는 결과만을 통보한 것이다.** 기록에 나타나 있는 이 사건 처분에 이르기까지 전체적인 과정 등을 살펴보더라도 원고가 이 사건 신청이 거부된 정확한 이유를 알았거나 또는 알 수 있었다는 정황을 확인할 수 없다. 그리하여 원고가 이 사건 소송에서 처분사유를 잘못 확정하여 주장하였고 법원도 원심에 이르기까지 잘못 확정된 처분사유를 바탕으로 심리를 진행하게 되었다는 점에서 원고가 처분에 불복하여 행정구제절차로 나아가는 데에도 지장이 있었다고 볼 수 있다. 사정이 이러하다면 이 사건 처분은 근거와 이유를 제시하지 않은 것으로서 위법하다고 보아야 한다.

원심판결이 그 이유에서 행정처분의 해석과 처분의 근거와 이유 제시에 관한 법리를 오해한 잘못이 있지만, 이 사건 처분이 위법하다고 보아 원고의 청구를 받아들인 것은 결과적으로 정당하다. 원심의 이러한 잘못이 판결 결과에 영향을 미친 것은 아니다.

6. 처분사유의 추가·변경

▣ 행정소송규칙

제 9 조(처분사유의 추가·변경) 행정청은 사실심 변론을 종결할 때까지 당초의 처분사유와 기본적 사실관계가 동일한 범위 내에서 처분사유를 추가 또는 변경할 수 있다.

제13조(피해자의 의견 청취) ① 법원은 필요하다고 인정하는 경우에는 해당 처분의 처분시유와 관련하여 다음 각 호에 해당하는 사람(이하 '피해자'라 한다)으로부터 그 처분에 관한 의견을 기재한 서면을 제출받는 등의 방법으로 피해자의 의견을 청취할 수 있다.[35] ＜개정 2024. 2. 22.＞

1. 「성폭력방지 및 피해자보호 등에 관한 법률」 제 2 조 제 3 호의 성폭력피해자
2. 「양성평등기본법」 제 3 조 제 2 호의 성희롱으로 인하여 피해를 입은 사람
3. 「학교폭력예방 및 대책에 관한 법률」 제 2 조 제 4 호의 피해학생 또는 그 보호자

② 당사자와 소송관계인은 제 1 항에 따라 청취한 피해자의 의견을 이용하여 피해자의 명예 또는 생활의 평온을 해치는 행위를 하여서는 아니 된다.

③ 제 1 항에 따라 청취한 의견은 처분사유의 인정을 위한 증거로 할 수 없다.

7. 처분의 이유제시가 되지 아니한 처분통지서 사례: 절차상의 위법

아래 "서면사과명령서"라는 처분통지서에는 처분이유와 법적 근거가 제시되어 있지 않다.

처분의 불복절차에 대한 고지도 없다.

---

35) 징계처분 사건의 성희롱 피해자·성폭력 피해자, 학교폭력 사건의 피해학생 및 그 보호자는 행정소송의 당사자가 아니지만 해당 처분사유와 밀접한 연관성이 있으므로, 피해자들이 증인신문에 의하지 않고서도 소송절차에서 피해의 정도, 처분에 대한 의견, 그 밖에 해당 사건에 관한 의견을 구술·서면으로 자유롭게 진술할 수 있는 근거를 마련함으로써, 피해자의 절차 참여 기회를 확대하고 법원의 적정한 심리를 도모하고자 함(제13조).

서면사과명령서

인적사항	성 명	김동식 (金棟植) (1999. 4. 5.생)
	학년 / 반	2학년 3반
	보 호 자	김갑동, 이순희
	주 소	서울 서초구 잠원로 25

위 김동식 학생은 피해학생인 2학년 3반 조민우에게 3일 이내에 서면으로 사과할 것을 명합니다.

2013. 6. 21.

대한중학교장 대한중 학교장 인

Ⅹ. 행정처분에 대한 불복절차를 별도로 정한 경우

1. 행정소송 이외의 다른 불복절차

행정소송법 제 2 조 소정의 행정처분이라고 하더라도 그 처분의 근거 법률에서 행정소송 이외의 다른 절차에 의하여 불복할 것을 예정하고 있는 처분은 항고소송의 대상이 될 수 없다(대법원 2000. 3. 28. 선고 99두11264 판결).

2. 검사의 불기소처분에 대한 불복

(1) 검사의 공소에 대한 취소소송

형사소송법에 의하면 검사가 공소를 제기한 사건은 기본적으로 법원의 심리대상이 되고 피의자 및 피고인은 수사의 적법성 및 공소사실에 대하여 형사소송절차를 통하여 불복할 수 있는 절차와 방법이 따로 마련되어 있으므로 검사의 공소제기가 적법절차에 의하여 정당하게 이루어진 것이냐의 여부에 관계없이 검사의 공소에 대하여는 형사소송절차에 의하여서만 이를 다툴 수 있고 행정소송의 방법으로 공소의 취소를 구할 수는 없다(대법원 2000. 3. 28. 선고 99두11264 판결【공소내용취소】)

(2) 검사의 불기소결정과 그 불복결정이 행정소송법상 처분인지 여부

검사의 불기소처분에 대하여는 검찰청법에 의한 항고와 재항고 및 형사소송법에 의한 준기소절차에 의해서만 불복할 수 있는 것이므로 검사의 불기소처분이나 그에 대한 항고 또는 재항고결정에 대하여는 행정소송을 제기할 수 없다(대법원 1989. 10. 10. 선고 89누2271 판결【불기소처분무효확인등】).

검사의 불기소결정에 대하여는 검찰청법에 규정된 항고 및 재항고절차나 형사소송법에 규정된 재정신청절차에 의하여 그 당부를 다툴 수 있는 것인 바, 위와 같은 형벌권의 발동에 관한 쟁송절차인 재항고절차에서 검찰총장이 한 재항고각하결정은 행정소송의 대상이 되는 처분이라고 볼 수 없다(대법원 1990. 1. 23. 선고 89누3014 판결【불기소처분위법무효확인】).

(3) 검사의 기소유예처분에 대한 불복

검사는 형법 제51조의 사항을 참작하여 공소를 제기하지 아니할 수 있다(형사소송법

247). 군검사 역시 「형법」 제51조 각 호의 사항을 참작하여 공소를 제기하지 아니하는 것이 상당하다고 인정할 때에는 불기소 처분을 할 수 있다(군사법원법 285).

「검찰사건사무규칙」 제115(불기소결정) 제 3 항은 "피의사실이 인정되나 「형법」 제51조 각 호의 사항을 참작하여 소추할 필요가 없는 경우"에는 기소유예 결정을 하도록 한다. 형사피의자로 입건되었던 자가 기소유예처분을 받았을 때 스스로 무고(無辜)함을 주장하여 헌법소원심판을 청구할 수 있음은 헌법재판소가 이미 확립하고 있는 판례이다(헌법재판소 1989. 10. 27. 선고 89헌마56 결정; 1992. 6. 26. 선고 92헌마7 결정).[36)]

판 례 행정소송법상 거부처분 취소소송의 대상인 '거부처분'과 부작위위법확인소송의 대상인 '부작위'의 의미/검사의 불기소결정에 대하여 행정소송법상 항고소송을 제기할 수 있는지 여부(소극)

행정소송법상 거부처분 취소소송의 대상인 '거부처분'이란 '행정청이 행하는 구체적 사실에 관한 법집행으로서의 공권력의 행사 또는 이에 준하는 행정작용', 즉 적극적 처분의 발급을 구하는 신청에 대하여 그에 따른 행위를 하지 않았다고 거부하는 행위를 말하고, 부작위위법확인소송의 대상인 '부작위'란 '행정청이 당사자의 신청에 대하여 상당한 기간 내에 일정한 처분을 하여야 할 법률상 의무가 있음에도 불구하고 이를 하지 아니하는 것'을 말한다(제 2 조 제 1 항 제 1 호, 제 2 호). 여기에서 **'처분'이란 행정소송법상 항고소송의 대상이 되는 처분을 의미하는 것**으로서, 행정소송법 제 2 조의 처분의 개념 정의에는 해당한다고 하더라도 그 **처분의 근거 법률에서 행정소송 이외의 다른 절차에 의하여 불복할 것을 예정하고 있는 처분은 항고소송의 대상이 될 수 없다.** 검사의 불기소결정에 대해서는 검찰청법에 의한 항고와 재항고, 형사소송법에 의한 재정신청에 의해서만 불복할 수 있는 것이므로, 이에 대해서는 행정소송법상 항고소송을 제기할 수 없다(대법원 2018. 9. 28. 선고 2017두47465 판결【부작위위법확인】).[37)]

---

36) **형사피의자로 입건되었던 자는 검찰청에 진정서나 탄원서를 제출하거나 수사재기를 신청함으로써 자신의 억울함을 호소할 수도 있겠으나**, 그것은 검사의 직권발동을 촉구하는 하나의 방법일 뿐 검사가 그에 따라 의무적으로 어떠한 조처를 해야 하는 것도 아니어서 그것은 헌법재판소법 제68조 제 1 항 단서 소정의 구제절차에 해당하는 것이라고 할 수 없으며, **위와 같은 사건은 법률상 구제절차가 없는 경우에 해당한다고 할 것**이므로 헌법재판소에 직접 제소하는 것이 가능하며, 그 기간은 헌법재판소법 제69조 제 1 항 본문에 따라 그 사유인 기소유예처분이 있음을 안 날로부터 60일(현행 90일) 이내에, 그 사유가 있은 날로부터 180일(**현행 1년**) 이내에 청구하면 될 것이다. 따라서 이 사건 헌법소원심판청구는 법정청구기간내에 제기된 것이라고 할 것이다.(중략)

따라서 이 사건 피청구인의 기소유예처분은 청구인에 대한 불리한 처분을 함에 있어서 청구인에 대하여 청문의 기회를 보장하지 않은 경우에 해당하는 것으로서 현저한 수사미진에서 기인하는 중대한 이유불비의 하자가 있어 그 처분은 처분에 이르기까지의 과정에서 적법절차를 위배한 **자의적인 검찰권의 행사라고 할 것**이고, 그로 말미암아 다른 형사사건과 차별없는 공정하고 성실한 수사를 해줄 것을 요구하고 있는 **청구인의 평등권이 침해**되었음은 물론 아울러 헌법 제27조 제 1 항 소정의 **법관에 의한 재판을 받을 권리마저도 침해**된 것임이 명백하다고 할 것이다(헌재 1992. 11. 12. 91헌마146 기소유예처분에 대한 헌법소원).

37) 피고(검사) 불기소결정문 이유에 의하면 원고의 고소사건 전체를 종결하려는 의사가 있었음이 분명하고, 피고가 2015. 9. 22. 원고의 고소사건 전체에 대하여 불기소결정을 하고 원고에게 고소사건 처분결

판 례 군검찰관(현행 군검사)의 불기소처분에 대한 헌법소원의 적법 여부

가. 이 사건 헌법소원의 적법성에 관하여 본다.

헌법 제111조 제 1 항 제 5 호에서는 법률이 정하는 헌법소원에 관한 심판은 헌법재판소가 관장하고 있으며, 헌법재판소법 제68조 제 1 항 본문에서는 "공권력의 행사 또는 불행사로 인하여 헌법상 보장된 기본권을 침해받은 자는 법원의 재판을 제외하고는 헌법재판소에 헌법소원 심판을 청구할 수 있다"라고 규정하고 있다.

따라서 군검찰관의 기소유예처분이 위 조항에 규정된 공권력의 행사에 포함되는 것이 명백한 이상 이로 인하여 기본권의 침해가 있는 경우에는 헌법소원 심판의 대상으로 할 수 있다 할 것인 바, 원래 검찰관이 하는 기소유예처분이란 공소제기함에 충분한 혐의가 있고 소송조건도 구비되었음에도 불구하고 검찰관이 제반사항을 고려하여 공소를 제기하지 않는다는 내용의 처분인 것으로 범죄혐의가 없음이 명백한 사안을 놓고 자의적이고 타협적으로 기소유예처분을 했다면 헌법이 금하고 있는 차별적인 공권력의 행사가 되어 그 처분을 받은 자는 헌법 제11조 소정의 평등권의 침해를 이유로 당연히 소원 적격을 갖게 된다고 할 것이다. 나아가 검찰관이 명백한 혐의무 불기소처분을 하여야 할 사안인데도 경솔하게 범죄의 충분한 혐의가 있다고 보아 기소유예처분을 하면 차라리 공소제기되어 헌법 제27조 소정의 재판을 받을 권리의 행사에 의하여 무죄판결을 받아 완전히 범죄의 혐의를 벗고 그 혐의 사실에 대해서는 수사당국으로 하여금 앞으로 재론 못하게 하는 길만 막아버리는 결과가 되어 공소를 제기한 것보다 더 불리할 수 있으며, 더 나아가 보면 공소제기에 충분한 혐의가 있다고 인정한 기소유예처분이 유죄판결에 준하는 취급을 받아 법률적, 사실적 측면에서 사회생활에 유형, 무형의 불이익과 불편을 주는 것이 실상이라면 어느모로 보아도 혐의없고 무고함에 의심없는 사안에 대해 군검찰관이 자의로 기소유예처분에 이른 것은 **헌법 제10조 소정의 행복추구권을 침해**한 것으로 봄이 상당할 것이다(헌재 1989. 10. 27. 89헌마56 군검찰관의 공소권행사에 관한 헌법소원).

3. 형 집행에 관한 검사의 처분

형사소송법 제489조는 재판의 집행을 받은 자 또는 그 법정대리인이나 배우자는 집행에 관한 검사의 처분이 부당함을 이유로 재판을 선고한 법원에 이의신청을 할 수

과를 통지한 이상, 단순히 대표적 죄명인 명예훼손죄만을 기재하였다는 사정만으로 형사소송법 제258조 제 1 항의 처분결과 통지의무를 이행하지 않았다고 볼 수 없다. 따라서 이 사건 소 중 **주위적 청구는 행정소송법상 부작위위법확인소송의 대상이 아닌 것에 대하여 제기된 것이어서 부적법**하고, 예비적 청구는 **행정소송법상 '처분 등'에 해당하지 않는 조치의 취소를 구하는 것이어서 역시 부적법**하다.

그럼에도 원심은 이와 달리, 피고가 원고의 고소사건 중 명예훼손죄를 제외한 나머지 부분에 대하여 처분결과 통지를 누락한 부작위가 본안판단의 대상이 된다고 보아 이를 위법하다고 판단하여 원고의 주위적 청구를 인용하였다. 이러한 원심판단에는 행정절차법상 처분 및 부작위위법확인소송의 적법성 등에 관한 법리를 오해하여 판결에 영향을 미친 위법이 있고, 이를 지적하는 취지의 상고이유 주장은 이유 있다(대법원 2018. 9. 28. 선고 2017두47465 판결【부작위위법확인】).

있다고 규정하여, 검사의 형 집행에 대한 불복절차를 마련하고 있다. 따라서 검사의 형 집행에 대하여 형사소송법 제489조에 규정된 절차가 아니라 항고소송을 통하여 다투는 이 사건 소는 부적법하여 허용되지 않는다(대법원 2009. 4. 24.자 2009모312 결정).

4. 농지법상 이행강제금 부과처분에 대한 불복

(1) 시장(구를 두지 아니한 시의 시장을 말한다. 이하 이 조에서 같다)·군수 또는 구청장은 다음 각 호[38]의 어느 하나에 해당하는 자에게 해당 농지의 「감정평가 및 감정평가사에 관한 법률」에 따른 감정평가법인등이 감정평가한 감정가격 또는 「부동산 가격공시에 관한 법률」 제10조에 따른 개별공시지가(해당 토지의 개별공시지가가 없는 경우에는 같은 법 제 8 조에 따른 표준지공시지가를 기준으로 산정한 금액을 말한다) 중 더 높은 가액의 **100분의 25에 해당하는 이행강제금을 부과한다**(농지법 63①).

(2) 제 1 항에 따른 이행강제금 부과처분에 불복하는 자는 그 처분을 고지받은 날부터 30일 이내에 시장·군수 또는 구청장에게 **이의를 제기할 수 있다**(농지법 63⑥). 제 1 항에 따른 이행강제금 부과처분을 받은 자가 제 6 항에 따른 이의를 제기하면 시장·군수 또는 구청장은 지체 없이 관할 법원에 그 사실을 통보하여야 하며, 그 통보를 받은 관할 **법원은 「비송사건절차법」에 따른 과태료 재판에 준하여 재판**을 한다(농지법 63⑦).

(3) 따라서 농지법 제62조(현행 제63조) 제 1 항에 따른 이행강제금 부과처분에 불복하는 경우에는 비송사건절차법에 따른 재판절차가 적용되어야 하고, 행정소송법상 항고소송의 대상은 될 수 없다. 농지법 제62조 제 6 항, 제 7 항이 위와 같이 **이행강제금 부과처분에 대한 불복절차를 분명하게 규정하고 있으므로, 이와 다른 불복절차를 허용할 수는 없다.** 이 사건 소 중 이행강제금 부과처분에 대한 주위적 취소청구와 예비적 무효확인청구 부분이 **부적법하다는 원심의 판단은 위와 같은 법리에 기초한 것으로서 정당**하다(대법원 2019. 4. 11. 선고 2018두42955 판결【기타이행강제금부과처분취소】).

(4) 설령 관할청이 이행강제금 부과처분을 하면서 재결청에 행정심판을 청구하거나

38) 1. 제11조 제 1 항(제12조 제 2 항에 따른 경우를 포함한다)에 따라 처분명령을 받은 후 제11조 제 2 항에 따라 매수를 청구하여 협의 중인 경우 등 대통령령으로 정하는 정당한 사유 없이 지정기간까지 그 처분명령을 이행하지 아니한 자
2. 제42조에 따른 원상회복 명령을 받은 후 그 기간 내에 원상회복 명령을 이행하지 아니하여 시장·군수·구청장이 그 원상회복 명령의 이행에 필요한 상당한 기간을 정하였음에도 그 기한까지 원상회복을 아니한 자

관할 행정법원에 행정소송을 할 수 있다고 잘못 안내하거나 관할 행정심판위원회가 각하재결이 아닌 기각재결을 하면서 관할 법원에 행정소송을 할 수 있다고 잘못 안내하였다고 하더라도, 그러한 잘못된 안내로 행정법원의 항고소송 재판관할이 생긴다고 볼 수도 없다(대법원 2019. 4. 11. 선고 2018두42955 판결【기타이행강제금부과처분취소】).

5. 옥외광고물등관리법 제20조 제 1 항에 의한 과태료부과처분에 대한 불복

(1) 옥외광고물등관리법 제20조 제1, 3, 4항 등의 규정에 의하면,[39] 옥외광고물등관리법에 의하여 부과된 과태료처분의 당부는 최종적으로 비송사건절차법에 의한 절차에 의하여만 판단되어야 한다고 보아야 할 것이므로, 위와 같은 과태료처분은 행정소송의 대상이 되는 행정처분이라고 볼 수 없다(대법원 1993. 11. 23. 선고 93누16833 판결【과태료부과처분취소】).

(2) **행정청의 과태료 부과에 불복하는 당사자는 제17조 제 1 항에 따른 과태료 부과 통지를 받은 날부터 60일 이내에 해당 행정청에 서면으로 이의제기**를 할 수 있다(질서위반행위규제법 20①). 제 1 항에 따른 이의제기가 있는 경우에는 행정청의 과태료 부과처분은 그 효력을 상실한다(질서위반행위규제법 20②). ① 제20조 제 1 항에 따른 이의제기를 받은 행정청은 이의제기를 받은 날부터 14일 이내에 이에 대한 의견 및 증빙서류를 첨부하여 관할 법원에 통보하여야 한다(질서위반행위규제법 21①).

6. 가족관계등록법상 등록사건에 관한 시·읍·면의 장의 처분

가족관계등록법 제109조 제 1 항은 등록사건에 관하여 이해관계인은 시·읍·면의 장

---

39) **옥외광고물 등의 관리와 옥외광고산업 진흥에 관한 법률 (약칭: 옥외광고물법) 제20조(과태료)** ① 다음 각 호의 어느 하나에 해당하는 자에게는 500만원 이하의 과태료를 부과한다.
1. 제 3 조 또는 제 3 조의2를 위반하여 입간판·현수막·벽보 및 전단을 표시하거나 설치한 자
1의2. 제 5 조 제 2 항 제 3 호를 위반하여 금지광고물을 제작·표시한 자
1의3. 제10조의4를 위반하여 손해배상 책임보험에 가입하지 아니한 자
2. 제11조 제 1 항 단서를 위반하여 변경등록을 하지 아니한 자
3. 삭제 <2016. 1. 6.>
4. 삭제 <2016. 1. 6.>
5. 제16조를 위반하여 광고물에 허가 또는 신고번호 등의 표시를 하지 아니하거나 거짓으로 표시한 자
② 제12조 제 2 항을 위반하여 교육을 이수하지 아니한 자에게는 100만원 이하의 과태료를 부과한다.
③ 제 1 항과 제 2 항에 따른 과태료는 대통령령으로 정하는 바에 따라 시장등 또는 시·도지사가 부과·징수한다.

의 위법 또는 부당한 처분에 대하여 관할 가정법원에 불복의 신청을 할 수 있다고 규정하고 있고, 제111조 제 1 항은 가정법원은 신청이 이유 없는 때에는 각하하고 이유 있는 때에는 시·읍·면의 장에게 상당한 처분을 명하여야 한다고 규정하고 있다. 이는 시·읍·면의 장의 등록사건에 관한 위법 또는 부당한 처분에 대하여는 일반적인 행정청의 처분과 같이 행정소송의 대상으로 하는 것보다 등록사무를 감독하고 있는 관할 가정법원의 심판대상으로 하는 것이 그 분쟁을 보다 신속·적정하게 해결할 수 있다고 인정하여 위와 같이 그에 관한 특별불복절차를 규정하고 있는 것이라 해석된다. 따라서 등록사건에 관한 시·읍·면의 장의 위법 또는 부당한 처분에 대한 불복방법으로는 위 가족관계등록법의 규정에 따른 불복신청만이 허용될 뿐 행정소송의 제기는 허용되지 아니하는 것으로 봄이 타당하다(서울행정법원 2018. 5. 17. 선고 2017구합85771 판결【이혼신고불수리처분취소청구의 소】).

XI. 임의적·필수적 행정심판전치주의

1. 임의적 행정심판전치주의

행정소송법(1994. 7. 27. 법률 제4770호로 개정되어 부칙 제 1 조에 의하여 1998. 3. 1.자로 시행된 법률) 제18조 제 1 항의 규정에 의하면,[40] 위 법률이 시행된 이후에는 원칙적으로 단지 행정심판을 제기할 수 있다는 근거 규정만이 있는 처분에 대하여는 행정심판을 제기하지 아니하고도 취소소송을 제기할 수 있다(대법원 2001. 4. 24. 선고 99두10834 판결【개발부담금정산거부처분취소】).

판 례 1994. 7. 27. 법률 제4770호로 개정된 행정소송법 제18조 제 1 항의 규정이 시행된 이후에는 법령의 규정에서 단지 행정심판의 제기에 관한 근거 규정만을 두고 있는 처분에 있어서는 위 개정 조항에 따라 그에 대한 행정심판 절차가 당연히 임의적 절차로 전환되었는지 여부(적극)

행정소송법 제18조 제 1 항은 행정심판과 취소소송과의 관계에 관하여 규정하면서, 1994. 7. 27. 법률 제4770호로 개정되기 이전에는 법령의 규정에 의하여 당해 처분에 대한 행정심판을 제

40) **제18조(행정심판과의 관계)** ① 취소소송은 법령의 규정에 의하여 당해 처분에 대한 행정심판을 제기할 수 있는 경우에도 **이를 거치지 아니하고 제기할 수 있다**. 다만, **다른 법률에 당해 처분에 대한 행정심판의 재결을 거치지 아니하면 취소소송을 제기할 수 없다는 규정**이 있는 때에는 그러하지 아니하다. <개정 1994. 7. 27.>

기할 수 있는 경우에는 그에 대한 재결을 거치지 아니하면 취소소송을 제기할 수 없다고 규정하여 이른바 재결전치주의를 택하고 있었으나, 위 개정 후에는 그와 같은 행정심판의 제기에 관한 근거 규정이 있는 경우에도 달리 그 행정심판의 재결을 거치지 아니하면 취소소송을 제기할 수 없다는 규정을 두고 있지 아니하는 한 그러한 행정심판의 재결을 거치지 아니하고도 취소소송을 제기할 수 있는 것으로 규정함으로써 이른바 자유선택주의로 전환하였으므로, 위 개정 조항이 같은 법 부칙(1994. 7. 27) 제 1 조에 의하여 1998. 3. 1.자로 시행된 이후에는 법령의 규정에서 단지 행정심판의 제기에 관한 근거 규정만을 두고 있는 처분에 있어서는 위 개정 조항에 따라 그에 대한 행정심판 절차는 당연히 임의적 절차로 전환되었다(대법원 1999. 12. 20. 선고 99무42 결정【시정명령등효력정지】).

2. 필수적 행정심판전치주의

(1) 도로교통법상 처분

▣ 도로교통법

제142조(행정소송과의 관계) 이 법에 따른 처분으로서 해당 처분에 대한 행정소송은 행정심판의 재결(裁決)을 거치지 아니하면 제기할 수 없다.

주 문

1. 이 사건 소를 각하한다.
2. 소송비용은 원고가 부담한다.

청구취지

피고가 2014. 4. 22. 원고에 대하여 한 2014. 5. 19.자 자동차운전면허취소처분을 취소한다.

이 유

1. 처분의 경위

가. 원고는 2014. 4. 7. 20:00경 혈중알코올농도 0.144%의 술에 취한 상태로 부천시 원미구 B 앞 도로에서 C 포터 화물차량을 운전하였다.

나. 피고는 2014. 4. 22. 원고에 대하여 위와 같은 음주운전을 이유로 도로교통법 제93조 제 1 항 제 1 호를 적용하여 2014. 5. 19.자로 원고의 제 1 종 보통, 제 2 종 보통 자동차 운전면허(면허번호: D)를 취소하는 이 사건 처분을 하였다.

[인정근거] 을 제1 내지 6호증의 각 기재, 변론 전체의 취지

2. 이 사건 소의 적법 여부

가. 행정소송법 제18조 제 1 항은 취소소송은 법령의 규정에 의하여 당해 처분에 대한 행정심판을 제기할 수 있는 경우에도 이를 거치지 아니하고 제기할 수 있다. 다만, 다른 법률에 당해 처분에 대한 행정심판의 재결을 거치지 아니하면 취소소송을 제기할 수 없다는 규정이 있는 때에는 그러하지 아니하다고 규정하고 있고, 도로교통법 제142조는 이 법에 의한 처분으로서 해당 처분에 대한 행정소송은 행정심판의 재결을 거치지 아니하면 이를 제기할 수 없다고 규정하고 있으며, 행정심판법 제27조 제 1 항은 행정심판은 처분이 있음을 알게 된 날부터 90일 이내에 청구하여야 한다고 규정하고 있다.

따라서 도로교통법에 근거한 이 사건 처분의 취소를 구하는 이 사건 소가 적법하기 위해서는 원고가 이 사건 처분이 있음을 안 날로부터 90일 이내에 행정심판을 제기하였어야 한다. 한편, 행정심판청구가 기간도과 등으로 부적법한 경우에는 행정소송 역시 전치의 요건을 충족치 못한 것이 되어 부적법 각하를 면치 못한다(대법원 1991. 6. 25. 선고 90누8091 판결 참조).

나. 이 사건에 관하여 보건대, 을 제12호증을 포함하여 앞서 든 증거들과 변론 전체의 취지에 의하면, 피고는 2014. 5. 1. 등기우편으로 이 사건 처분의 통지서를 발송하였는데, 원고가 2014. 5. 7. 직접 위 통지서를 수령한 사실, 원고는 위 통지서를 송달받은 날부터 90일이 경과하였음이 역수상 분명한 2014. 8. 21. 중앙행정심판위원회에 이 사건 처분에 대한 행정심판청구를 제기한 사실, 중앙행정심판위원회는 2014. 9. 23. 원고의 행정심판청구에 대하여 기간도과로 인하여 심판청구요건을 갖추지 못한 부적법한 청구라는 이유로 각하 재결을 한 사실이 인정된다.

위 인정사실에 의하면, 이 사건 처분에 대한 행정심판은 처분서가 송달된 2014. 5. 7.부터 90일이 지난 후에 제기된 것으로서 부적법하고, 결국 이 사건 소도 적법한 행정심판재결의 존재라는 소송요건을 갖추지 못하였다.

3. 결론

그렇다면, 이 사건 소는 부적법하므로 이를 각하하기로 하여 주문과 같이 판결한다.

(2) 공무원에 대한 처분

▣ 국가공무원법

제16조(행정소송과의 관계) ① 제75조에 따른 처분, 그 밖에 본인의 의사에 반한 불리한 처분이나 부작위(不作爲)에 관한 행정소송은 소청심사위원회의 심사·결정을 거치지 아니하면 제기할 수 없다.

② 제 1 항에 따른 행정소송을 제기할 때에는 대통령의 처분 또는 부작위의 경우에는 **소속 장관**(대통령령으로 정하는 기관의 장을 포함한다. 이하 같다)을, 중앙선거관리위원회 위원장의 처분 또는 부작위의 경우에는 **중앙선거관리위원회사무총장**을 각각 피고로 한다.

▣ 지방공무원법

제20조의2(행정소송과의 관계) 제67조에 따른 처분, 그 밖에 본인의 의사에 반한 불리한 처분이나 부작위에 관한 행정소송은 심사위원회의 심사·결정을 거치지 아니하면 제기할 수 없다.

▣ 군인사법

제51조의2(행정소송과의 관계) 전역 또는 제적과 징계 및 휴직, 그 밖에 본인의 의사에 반한 불리한 처분에 관한 행정소송은 소청심사위원회나 제60조의2에 따른 항고심사위원회의 심사·결정을 거치지 아니하면 제기할 수 없다.

▣ 군무원인사법

제35조의2(행정소송과의 관계) 휴직·직위해제·강임·면직·징계, 그 밖에 군무원 본인의 의사에 반하는 불리한 처분에 관한 행정소송은 제35조에 따른 군무원인사소청심사위원회 또는 제43조에 따른 군무원항고심사위원회의 심사·결정을 거치지 아니하면 제기할 수 없다.

▣ 감사원법

제46조의2(행정소송과의 관계) 청구인은 제43조 및 제46조에 따른 심사청구 및 결정을 거친 행정기관의 장의 처분에 대하여는 해당 처분청을 당사자로 하여 해당 결정의 통지를 받은 날부터 90일 이내에 행정소송을 제기할 수 있다.

3. 보상심의위원회의 보상금 지급에 관한 결정이 행정심판인지 여부

판 례 광주민주화운동관련자보상심의위원회의 보상금지급신청에 대한 결정이 취소소송의 대상이 되는 행정처분인지 여부(소극)41)

광주민주화운동관련자보상등에관한법률 제15조 본문의 규정에서 말하는 광주민주화운동관련자보상심의위원회의 결정을 거치는 것은 **보상금 지급에 관한 소송을 제기하기 위한 전치요건에 불과하다**고 할 것이므로 위 보상심의위원회의 결정은 취소소송의 대상이 되는 행정처분이라고 할 수 없다(대법원 1992. 12. 24. 선고 92누3335 판결【보상금지급결정취소】).

▣ 5·18민주화운동 관련자 보상 등에 관한 법률

제15조[결정전치주의(決定前置主義)] ① 이 법에 따른 보상금등의 지급에 관한 소송은 보

41) 광주민주화운동관련자보상등에관한법률(이하 '광주보상법'이라 한다)은 광주민주화운동과 관련하여 사망하거나 행방불명된 자 또는 상이를 입은 자(이하 '관련자'라 한다)와 그 유족에게 국가가 명예를 회복시켜 주고 실질적인 보상을 함을 목적으로 하고(제1조), 관련자 및 그 유족에 대한 사실심사 기타 보상 등의 심의·결정을 위하여 **광주민주화운동관련자보상심의위원회(이하 보상심의위원회라 한다)를 두어 관련자 또는 그 유족에 해당하는지 여부의 심사·결정과 관련자 등에 대한 보상금 등의 심의·결정 및 지급 등의 기능을 수행**하도록 하며(제4조), 관련자 등에 대하여는 동법이 정하는 바에 따라 보상금, 의료지원금, 생활지원금 등을 지급하되(제5, 6, 7조), 관련자 등은 동법의 시행일로부터 30일 이내에 보상금 등의 지급신청을 하여야 하고(제8조), 보상심의위원회는 위 지급신청을 받은 날로부터 90일 내에 그 지급여부와 금액을 결정하여야 하며(제9조), **동법에 의한 보상금 등의 지급에 관한 소송은 보상금 등의 지급 또는 기각의 결정이 있는 경우에는 결정서 정본의 송달을 받은 날로부터 60일 이내에 제기하여야 하되 다만 지급신청이 있는 날로부터 90일을 경과한 때에는 위 결정이 없더라도 소송을 제기**할 수 있도록(제15조) 각 규정하고 있다.

위 각 규정에서 보는 바와 같이 광주보상법은 광주민주화운동과 관련하여 생명 또는 신체에 관하여 피해를 입은 자 등에 대한 보상원칙을 선언하고 그 보상의 대상과 범위를 정한 다음 보상금 등의 지급을 위한 절차로서 보상심의위원회를 설치하고 동 위원회가 관련자 등의 신청을 받아 보상 여부 및 지급금액을 심의결정한 후 이를 지급하도록 하고 있는바, 위 **보상금 등의 지급에 관한 소송은 위 결정을 받은 후에 제기함을 원칙으로 하고 있기는 하나** 신청 후 일정기간 내에 지급에 관한 결정을 하지 않는 경우에는 바로 소송을 제기할 수 있도록 하고 있는 점에 비추어 위 소송을 제기함에 있어 지급신청을 반드시 하여야 함은 별론으로 하고 **보상심의위원회의 보상에 관한 결정을 필수적 요건으로 하고 있다고 보여지지 아니하며**, 동 법률의 다른 조항을 살펴보아도 **보상심의위원회의 보상에 관한 결정에 불복하여 행정심판을 제기할 수 있다거나 동 결정에 불복하여 그 취소 등을 구하는 소송의 제기를 예상하고 있는 조항을 찾아 볼 수 없으니**, 위 **법률 제15조 본문의 규정에서 말하는 보상심의위원회의 결정을 거치는 것은 보상금 지급에 관한 소송을 제기하기 위한 전치요건에 불과**하다고 할 것이므로 **위 보상심의위원회의 결정은 항고소송의 대상이 되는 행정처분이라고 할 수 없다.**

그렇다면 위 법에 따라 보상금 등의 지급을 신청한 자는 보상심의위원회의 결정에 대하여 그 위법을 이유로 취소 등을 구하는 항고소송을 제기할 수는 없다고 할 것이므로 위 보상금지급에 관한 소송은 항고소송 이외의 소송형태가 될 수밖에 없다 할 것인바, 광주보상법에 의거하여 관련자 및 그 유족들이 갖게 되는 보상 등에 관한 권리는 헌법 제23조 제3항에 따른 재산권침해에 대한 손실보상청구나 국가배상법에 따른 손해배상청구와는 그 성질을 달리하는 것으로서 동법이 특별히 인정하고 있는 공법상의 권리라고 하여야 할 것이므로 그에 관한 소송은 행정소송법 제3조 제2호 소정의 당사자소송에 의하여야 할 것이다.

상심의위원회의 보상금등의 지급 또는 기각(棄却) 결정을 거친 후에만 제기할 수 있다. 다만, 보상금등의 지급 신청이 있었던 날부터 90일이 지났을 때에는 그러하지 아니하다.
② 제 1 항에 따른 소송의 제기는 결정서 정본(재심의결정서 정본을 포함한다)을 송달받은 날부터 60일 이내에 제기하여야 한다.

▣ 민주화운동 관련자 명예회복 및 보상 등에 관한 법률

제17조[결정전치주의(決定前置主義)] ① 이 법에 따른 보상금등의 지급에 관한 소송은 위원회의 보상금등의 지급 또는 기각 결정을 거친 후에만 제기할 수 있다. 다만, 보상금등의 지급 신청이 있었던 날부터 90일이 지났을 때에는 그러하지 아니하다.
② 제 1 항에 따른 소송의 제기는 결정서 정본(재심의결정서 정본을 포함한다)을 송달받은 날부터 60일 이내에 제기하여야 한다.

▣ 재일교포 북송저지 특수임무수행자 보상에 관한 법률

제13조(결정전치주의 등) ① 보상금등의 지급에 관한 소송은 위원회의 결정을 거친 후가 아니면 제기할 수 없다. 다만, 보상금등의 지급신청이 있는 날부터 5개월이 경과된 때에는 그러하지 아니하다.
② 제 1 항에 따른 소의 제기는 결정서 정본(재심의 결정서 정본을 포함한다)을 송달받은 날부터 60일 이내에 제기하여야 한다.

4. 공무원 및 교원의 징계처분 등에 대한 불복

(1) 공무원의 징계처분과 불복

1) 징계의 종류·소청심사위원회에 소청심사 청구

징계는 파면·해임·강등·정직·감봉·견책(譴責)으로 구분한다(국가공무원법 79). 공무원징계령[대통령령 제35617호, 2025. 6. 30., 일부개정]은 "중징계"란 파면, 해임, 강등 또는 정직을, "경징계"란 감봉 또는 견책으로 분류한다. 국가공무원법 제76조(심사청구와 후임자 보충 발령) 제 1 항은 "제75조에 따른 처분사유 설명서를 받은 공무원이 그 처분에 불복할 때에는 그 설명서를 받은 날부터, 공무원이 제75조에서 정한 처분 외에 본인의 의사에 반한 불리한 처분을 받았을 때에는 그 처분이 있은 것을 안 날부터 각각 **30일 이내에 소청심사위원회에 이에 대한 심사를 청구**할 수 있다. 이 경우 변호사를 대리인으로 선임할 수 있다."고 한다. 공무원이 징계처분에 불복할 때는 원칙적으로 인사혁신처에

설치된 “소청심사위원회”에 소청을 청구해야 한다(필수적 행정심판전치주의).

2) **징계처분의 절차상·실체적 하자**

공무원에 대한 징계사건은 절차상 하자, 실체적 하자로 구분하여 그 위법성 여부를 다투어야 한다. 징계절차와 관련하여 ① 해당 징계위원회가 적법하게 구성되었는지, ② 징계요구할 때 첨부해야 할 서류들이 제출되었는지, ③ 징계요구와 징계위원회 과정에서 징계혐의자의 권리가 보장되었는지, ④ 징계처분사유서를 교부하였는지 등에 관한 사항을 검토해야 한다. 절차상 하자 중에서 특히 징계요구권자가 관할 징계위원회에 징계를 요구할 때 반드시 첨부해야 하는 서류들이 첨부되어 있는지를 확인해야 한다. 대법원은 징계위원회의 심의과정에 반드시 제출되어야 하는 공적(功績) 사항이 제시되지 않은 상태에서 결정한 징계처분은 위법하다고 판시하였다.

판 례 대법원 2012. 6. 28. 선고 2011두20505 판결【징계처분취소】

[1] 징계위원회의 심의과정에 반드시 제출되어야 하는 공적(功績) 사항이 제시되지 않은 상태에서 결정한 징계처분이 위법한지 여부(적극)

공무원징계령 제7조 제6항 제3호에 의하면, 공무원에 대한 징계의결을 요구할 때는 징계사유의 증명에 필요한 관계 자료뿐 아니라 ‘감경대상 공적 유무’ 등이 기재된 확인서를 징계위원회에 함께 제출하여야 하고, 경찰 공무원 징계양정 등에 관한 규칙 제9조 제1항 제2호 및 [별표 10]에 의하면 경찰청장의 표창을 받은 공적은 징계양정에서 감경할 수 있는 사유의 하나로 규정되어 있다. 위와 같은 관계 법령의 규정 및 기록에 비추어 보면, 징계위원회의 심의과정에 반드시 제출되어야 하는 공적(공적) 사항이 제시되지 않은 상태에서 결정한 징계처분은 징계양정이 결과적으로 적정한지 그렇지 않은지와 상관없이 법령이 정한 징계절차를 지키지 않은 것으로서 위법하다.

[2] 경찰공무원인 갑이 관내 단란주점내에서 술에 취해 소란을 피우는 등 유흥업소 등 출입을 자제하라는 지시명령을 위반하고 경찰공무원으로서 품위유지의무를 위반하였다는 이유로 경찰서장이 징계위원회 징계 의결에 따라 갑에 대하여 견책처분을 한 사안에서, 징계처분이 위법하다고 본 원심판단을 정당하다고 한 사례

경찰공무원인 갑이 관내 단란주점내에서 술에 취해 소란을 피우는 등 유흥업소 등 출입을 자제하라는 지시명령을 위반하고 경찰공무원으로서 품위유지의무를 위반하였다는 이유로 경찰서장이 징계위원회 징계 의결에 따라 갑에 대하여 견책처분을 한 사안에서, 위 징계처분은 징계위원회 심의과정에서 반드시 제출되어야 하는 공적(공적) 사항인 경찰총장 표창을 받은 공적이 기재된 확인서가 제시되지 않은 상태에서 결정한 것이므로, 징계양정이 결과적으로 적정한지와 상관없이 법령이 정한 절차를 지키지 않은 것으로서 위법하고 이와 같은 취지의 원심판단은 정당하다고 한 사례.

▣ 공무원징계령

제 7 조(징계의결등의 요구) ① 법 제78조 제 1 항·제 4 항 및 제78조의2 제 1 항에 따라 5급이상공무원등(고위공무원단에 속하는 공무원을 포함한다)에 대해서는 소속 장관이, 6급이하공무원등에 대해서는 해당 공무원의 소속 기관의 장 또는 소속 상급기관의 장이 관할 징계위원회에 징계의결등을 요구하여야 한다. 다만, 겸임공무원에 대해서는 본직기관(本職機關)의 장이 징계의결등을 요구하여야 한다. <개정 2010. 6. 15., 2013. 12. 11.>

② 행정기관의 장은 제 1 항에 따른 징계의결등 요구권을 갖지 아니하는 공무원에 대해서 징계등 사유가 있다고 인정할 때에는 징계의결등 요구권을 갖는 행정기관의 장에게 그 징계등 사유를 증명할 수 있는 다음 각 호의 어느 하나에 해당하는 관계 자료를 첨부하여 통보하여야 한다. <개정 2010. 6. 15.>

1. 감사원에서 조사한 사건의 경우에는 공무원 징계처분 또는 징계부가금 부과처분 요구서, 혐의자·관련자에 대한 문답서 및 확인서 등 조사기록
2. 수사기관에서 수사한 사건의 경우에는 공무원 범죄처분 결과통보서, 공소장, 혐의자·관련자·관련증인에 대한 신문조서 및 진술서 등 수사기록
3. 그 밖에 다른 기관의 경우에는 징계등 혐의 사실통보서 및 혐의 사실을 증명할 수 있는 관계 자료

③ 제 2 항에 따라 징계등 사유를 통보받은 행정기관의 장은 타당한 이유가 없으면 1개월 이내에 관할 징계위원회에 징계의결등을 요구하여야 한다. <개정 2010. 6. 15.>

④ 제 3 항에 따라 징계의결등을 요구한 기관의 장은 제 2 항에 따라 징계등 사유를 통보한 행정기관의 장에게 해당 사건의 처리 결과를 통보하여야 한다. <개정 2010. 6. 15.>

⑤ 보통징계위원회가 설치된 행정기관의 장(중앙행정기관의 장은 제외한다)은 징계등 사건의 내용이 중대하거나 그 기관에 설치된 징계위원회에서는 공정한 의결을 못할 우려가 있다고 인정할 때에는 바로 위 상급행정기관에 설치된 보통징계위원회에 징계의결등을 요구할 수 있다. <개정 2010. 6. 15.>

⑥ **제 1 항·제 3 항 및 제 5 항에 따라 징계의결등을 요구할 때에는 징계등 사유에 대한 충분한 조사를 한 후에 그 증명에 필요한 다음 각 호의 관계 자료를 첨부하여 관할 징계위원회에 제출하여야 하고, 중징계 또는 경징계로 구분하여 요구하여야 한다.** 다

만, 「감사원법」 제32조 제 1 항 및 제10항에 따라 감사원장이 「국가공무원법」 제79조에서 정한 징계의 종류를 구체적으로 지정하여 징계요구를 한 경우에는 그러하지 아니하다. <개정 2010. 6. 15., 2015. 11. 18., 2019. 4. 16., 2023. 1. 3.>

1. 별지 제 1 호 서식의 공무원 징계의결등 요구서
2. 공무원 인사 및 성과 기록 출력물
3. 다음 각 목의 사항에 대해 총리령으로 정하는 확인서
   가. 비위행위 유형
   나. 징계등 혐의자의 공적(功績) 등에 관한 사항
   다. 그 밖에 인사혁신처장이 징계의결등 요구를 위해 필요하다고 인정하는 사항
4. 혐의 내용을 증명할 수 있는 공문서 등 관계 증거자료
5. 혐의 내용에 대한 조사기록 또는 수사기록
6. 관련자에 대한 조치사항 및 그에 대한 증거자료
7. 관계 법규, 지시문서 등의 발췌문
8. 징계등 사유가 다음 각 목의 어느 하나에 해당하는 경우에는 정신건강의학과의사, 심리학자, 사회복지학자 또는 그 밖의 관련 전문가가 작성한 별지 제 1 호의3서식의 전문가 의견서
   가. 「성폭력범죄의 처벌 등에 관한 특례법」 제 2 조에 따른 성폭력범죄
   나. 「양성평등기본법」 제 3 조 제 2 호에 따른 성희롱

⑦ 징계의결등 요구권자는 징계의결등을 요구하면서 동시에 제 6 항의 공무원 징계의결등 요구서 사본을 징계등 혐의자에게 송부하여야 한다. 다만, 징계등 혐의자가 그 수령을 거부하는 경우에는 그러하지 아니하다. <개정 2010. 6. 15.>

⑧ 징계의결등 요구권자는 징계등 혐의자가 공무원 징계의결등 요구서 사본의 수령을 거부하는 경우에는 관할 징계위원회에 그 사실을 증명하는 서류를 첨부하여 문서로 통보하여야 한다. <개정 2010. 6. 15.>

(2) 교육공무원의 징계처분과 불복

1) 교육공무원징계위원회 징계처분

「교육공무원법」에 따른 교육공무원의 징계는 「교육공무원 징계령」[대통령령 제33803호, 2023. 10. 10., 타법개정]에서 정하고 있다. 교육공무원(공립의 대학 및 전문대학, 국가교육위원회에 근무하는 교육공무원은 제외한다)의 징계 또는 「국가공무원법」 제78조의2나 「지방

공무원법」 제69조의2에 따른 징계부가금 부과(이하 이 장에서 "징계등"이라 한다) 사건을 심의·의결하기 위해 교육공무원징계위원회(이하 "징계위원회"라 한다)를 두되, 대학의장징계위원회·특별징계위원회와 일반징계위원회로 구분한다(교육공무원 징계령 2①). 「교육공무원 징계령」 제 6 조(징계등 의결의 요구), 제 8 조(징계등 혐의자의 출석), 제 9 조(심문과 진술권), 제13조(제척·기피 및 회피) 등의 규정이 준수되었는지를 확인해야 한다.

▣ 「교육공무원법」

제 2 조(정의) ① 이 법에서 "교육공무원"이란 다음 각 호의 어느 하나에 해당하는 사람을 말한다.

1. 교육기관에 근무하는 교원 및 조교
2. 교육행정기관에 근무하는 장학관 및 장학사
3. 교육기관, 교육행정기관 또는 교육연구기관에 근무하는 교육연구관 및 교육연구사

▣ 교육공무원 징계령

제 6 조(징계등 의결의 요구) ① 교육기관·교육행정기관 또는 교육연구기관(이하 이 조에서 "교육기관등"이라 한다)의 장은 징계등 의결의 요구 또는 징계등 의결 요구의 신청을 할 때에는 징계등 사유에 대한 충분한 조사를 한 후에 증명에 필요한 다음 각 호의 관계 자료를 관할 징계위원회에 제출하거나 상급기관의 장에게 보내어 관할 징계위원회에 제출하도록 해야 한다. 다만, 겸임기관의 장이 겸임공무원에 대해 징계등 의결의 요구 또는 징계등 의결 요구의 신청을 하는 경우에는 본직기관의 장을 거쳐야 한다.

1. 별지 제 1 호서식의 교육공무원 징계 의결 또는 징계부가금 부과 의결 요구(신청)서
2. 교육공무원인사기록카드 사본
3. 별지 제 2 호서식의 확인서
4. 혐의내용을 입증할 수 있는 공문서 등 관계 증거자료
5. 혐의내용에 대한 조사기록 또는 수사기록
6. 혐의관련자에 대한 조치사항 및 그에 대한 증거자료
7. 관계 법규·지시문서 등의 발췌문
8. 징계등 사유가 법 제52조 각 호의 어느 하나에 해당하는 경우에는 정신건강의학과 의사, 심리학자 등 같은 조 각 호의 행위 및 피해자 보호와 관련된 전문가가 작성한 별지 제 2 호의2서식의 성폭력 또는 성희롱 비위 사건에 대한 전문가 의견서. 다만, 법 제52조 각 호의 어느 하나에 해당하는 행위와 관련해 검찰·경찰 등 수사기관에

서 수사한 사건으로서 제 3 항 제 2 호에 따른 수사기록이 통보된 경우는 제외한다.

② 제 1 항에 따른 징계등 의결의 요구 또는 징계등 의결 요구의 신청을 할 때에는 중징계 또는 경징계로 구분해 요구 또는 신청해야 한다. 다만, 「감사원법」 제32조 제 1 항 및 제10항에 따라 감사원장이 「국가공무원법」 제79조 또는 「지방공무원법」 제70조에 따른 징계의 종류를 구체적으로 지정해 징계요구를 한 경우에는 그렇지 않다. <개정 2019. 2. 26.>

③ 교육기관등을 포함한 행정기관의 장은 징계등 의결의 요구권 또는 징계등 의결 요구의 신청권을 갖지 않는 교육공무원에 대해 징계등 사유가 있다고 인정할 때에는 그 교육공무원에 대해 징계등 의결의 요구권 또는 징계등 의결 요구의 신청권을 갖는 교육기관등의 장에게 다음 각 호의 구분에 따라 그 징계등 사유를 증명할 수 있는 관계 자료를 통보해야 한다. <신설 1998. 8. 11., 2019. 2. 26.>

1. 감사원에서 조사한 사건 : 공무원 징계등 처분 요구서, 혐의자·관련자에 대한 문답서 및 확인서 등 조사기록
2. 수사기관에서 수사한 사건 : 공무원범죄처분결과통보서, 공소장, 혐의자·관련자·관련증인에 대한 신문조서 및 진술서 등 수사기록
3. 그 밖의 다른 기관의 경우 : 징계등 혐의사실 통보서 및 혐의사실을 입증할 수 있는 자료

④ 제 3 항에 따라 징계등 사유를 통보받은 교육기관등의 장은 타당한 이유가 없으면 1개월 이내에 관할 징계위원회에 징계등 의결을 요구하거나 상급기관의 장에게 징계등 의결의 요구를 신청해야 한다. <신설 1998. 8. 11., 2019. 2. 26.>

⑤ 제 4 항에 따라 징계등 의결을 요구 또는 징계등 의결의 요구를 신청한 교육기관등의 장은 제 3 항에 따라 징계등 사유를 통보한 기관의 장에게 해당 사건의 처리결과를 통보해야 한다. <신설 1998. 8. 11., 2019. 2. 26.>

⑥ 일반징계위원회가 설치된 시·군·구 교육행정기관의 장은 징계등 사건의 내용이 중대하거나 해당 기관에 설치된 징계위원회에서는 공정한 의결을 하지 못할 우려가 있다고 인정할 때에는 시·도 교육행정기관에 설치된 일반징계위원회에 징계등 의결을 요구할 수 있다. <신설 1998. 8. 11., 2019. 2. 26.>

⑦ 징계등 의결 요구권자는 징계등 의결의 요구와 동시에 제 1 항 제 1 호의 교육공무원 징계 의결 또는 징계부가금 부과 의결 요구(신청)서 사본을 징계등 혐의자에게 송부해야 한다. 다만, 징계등 혐의자가 그 수령을 거부하는 경우에는 그렇지 않다. <개정 2019. 2. 26.>

⑧ 징계등 의결 요구권자는 징계등 협의자가 제 1 항 제 1 호의 교육공무원 징계 의결 또는 징계부가금 부과 의결 요구(신청)서 사본의 수령을 거부하는 경우에는 관할 징계위원회에 그 사실을 증명하는 서류를 첨부해 문서로 통보해야 한다. <개정 2019. 2. 26.>
⑨ 삭제 <2019. 2. 26.>

2) 교원소청심사위원회에 소청심사 청구

교육공무원이 징계처분에 불복할 때는 교육부에 설치된 "교원소청심사위원회"에 소청을 청구하여야 한다. 각급학교 교원의 징계처분과 그 밖에 그 의사에 반하는 불리한 처분(「교육공무원법」 제11조의4 제 4 항 및 「사립학교법」 제53조의2 제 6 항에 따른 교원에 대한 재임용 거부처분을 포함한다. 이하 같다)에 대한 소청심사(訴請審査)를 하기 위하여 교육부에 교원소청심사위원회(이하 "심사위원회"라 한다)를 둔다(교원의 지위 향상 및 교육활동 보호를 위한 특별법 7①).

교원이 징계처분과 그 밖에 그 의사에 반하는 불리한 처분에 대하여 불복할 때에는 그 처분이 있었던 것을 안 날부터 30일 이내에 심사위원회에 소청심사를 청구할 수 있다. 이 경우에 심사청구인은 변호사를 대리인으로 선임(選任)할 수 있다(교원의 지위 향상 및 교육활동 보호를 위한 특별법 9①).

3) 교원소청심사위원회 결정에 대한 행정소송(심판대상, 피고)

국·공립학교 교원에 대한 징계처분의 경우에는 원 징계처분 자체가 행정처분이므로 그에 대하여 위원회에 소청심사를 청구하고 위원회의 결정이 있은 후 그에 불복하는 행정소송이 제기되더라도 그 **심판대상은 교육감 등에 의한 원 징계처분**이 되는 것이 원칙이다. 다만 위원회의 심사절차에 위법사유가 있다는 등 **고유의 위법이 있는 경우에 한하여 위원회의 결정이 소송에서의 심판대상**이 된다. 따라서 그 행정소송의 피고도 위와 같은 예외적 경우가 아닌 한 원처분을 한 처분청이 되는 것이지 위원회가 되는 것이 아니다. 또한 법원에서도 위원회 결정의 당부가 아니라 원처분의 위법 여부가 판단대상이 되는 것이므로 **위원회 결정의 결론과 상관없이 원처분에 적법한 처분사유가 있는지, 그 징계양정이 적정한지가 판단대상**이 되고(다만 위원회에서 원처분의 징계양정을 변경한 경우에는 그 내용에 따라 원처분이 변경된 것으로 간주되어 그 변경된 처분이 심판대상이 된다), 거기에 위법사유가 있다고 인정되면 위원회의 결정이 아니라 원 징계처분을 취소하게 되고, 그에 따라 후속절차도 원 징계처분을 한 처분청이 판결의 기속력에 따라 징계를 하지 않거나 재징계를 하게 되는 구조로 운영된다(대법원 2013. 7. 25. 선고 2012두12297 판결

【해임처분취소결정취소】).

(3) 사립학교 교원의 징계처분과 불복

1) **사립학교 교원 임용권자의 징계의결 요구**

사립학교 교원의 임용권자는 소속 교원 중에 제61조 제 1 항의 징계 사유에 해당하는 사람이 있을 때에는 미리 충분한 조사를 한 후 해당 징계사건을 관할하는 교원징계위원회에 징계의결을 요구하여야 한다(사립학교법 64).

▣ 사립학교법 시행령

제25조(교원의 징계의결의 요구 등) 사립학교 교원의 임용권자가 법 제64조에 따라 징계의결을 요구하거나 법 제66조의2 제 3 항에 따라 징계의결 재심의를 요구할 때에는 징계의결 요구서 또는 징계의결 재심의 요구서에 다음 각 호의 서류를 첨부해야 한다. <개정 2021. 6. 22., 2022. 3. 22.>

1. 징계혐의자의 인적사항을 기재한 서류
2. 징계의 종류와 양을 기재한 서류
3. 징계사유서와 징계요구자의 의견서
4. 징계혐의사실을 입증하는 증거서류
5. 징계혐의자의 이력서
6. 근무성적표
7. 징계 사유가 「교육공무원법」 제52조 제 1 호부터 제 4 호까지의 행위 또는 「양성평등기본법」 제 3 조 제 2 호에 따른 성희롱에 해당하는 경우에는 정신건강의학과 의사, 심리학자 등 관련 전문가가 작성한 별지 서식의 전문가 의견서. 다만, 본문에 따른 징계 사유와 관련하여 검찰·경찰 등 수사기관에서 공소장, 혐의자·관련자·관련증인에 대한 신문조서 및 진술서 등 수사기록이 통보된 경우는 제외한다.

2) **교원징계위원회 징계의결**

사립학교 교원의 징계는 임용권자의 구분에 따라 학교법인·사립학교경영자 및 해당 학교에 교원징계위원회를 둔다. 학교법인 이사장이 교원 임용권자라고 하면, 학교법인에 설치한 교원징계위원회에서 징계사건을 심의·의결을 하여야 한다. 만약 학교법인이 아닌 해당 학교에 설치한 교원징계위원회에서 징계의결을 하면 위법하다.

사립학교 교원의 징계사건 및 제54조의3 제 6 항 각 호 외의 부분 단서에 따른 교원의 임명에 관한 사항을 심의·의결하기 위하여 그 임용권자의 구분에 따라 학교법인·사립학교경영자 및 해당 학교에 교원징계위원회를 둔다. 다만, 사립유치원 교원의 징계사건은 「교육공무원법」 제50조에 따라 설치되는 교육공무원 징계위원회에서 심의·의결한다(사립학교법 62①).

3) **교원 임용권자의 징계처분**

사립학교 교원의 임용권자가 징계의결 요구를 하고, 교원징계위원회의 징계의결 결과대로 징계처분을 한다.

사립학교 교원이 다음 각 호의 어느 하나에 해당할 때에는 해당 교원의 임용권자는 징계의결을 요구하여야 하고, 징계의결의 결과에 따라 징계처분을 하여야 한다(사립학교법 61①).

1. 이 법과 그 밖의 교육 관계 법령을 위반하여 교원의 본분에 어긋나는 행위를 하였을 때
2. 직무상의 의무를 위반하거나 직무를 게을리하였을 때
3. 직무 관련 여부에 상관없이 교원으로서의 품위를 손상하는 행위를 하였을 때

4) **사립학교 교원의 징계처분에 대한 불복**

(가) **징계무효확인을 위한 민사소송 청구**

학교법인 등의 사립학교 교원에 대한 인사권의 행사로서 징계 등 불리한 처분은 사법적 법률행위의 성격을 가진다(대법원 2014. 7. 24. 선고 2014도6377 판결). 따라서 교원은 민사소송으로 징계처분의 무효확인을 청구할 수 있다.

사립학교법에 의하여 학교법인이 그가 설치 경영하는 사립학교의 장을 징계한 경우에 교장인 원고가 징계처분무효확인의 소에서 무효확인을 구하는 것은 원고에 대한 「피고법인의 징계처분」인 것이지 피고법인 설치의 「교원징계위원회의 징계의결」이 아니다(대법원 1974. 5. 14. 선고 73다1517 판결【징계처분무효확인】).

(나) **교원소청심사위원회에 소청심사 청구**

사립학교 교원이 징계처분에 불복하는 경우에 민사소송을 청구하지 않고, 「교원의 지위 향상 및 교육활동 보호를 위한 특별법」이 정하는 바에 따라 교원소청심사위원회에 소청심사 청구를 할 수도 있다.

각급학교 교원의 징계처분과 그 밖에 그 의사에 반하는 불리한 처분(「교육공무원법」 제11조의4 제4항 및 「사립학교법」 제53조의2 제6항에 따른 교원에 대한 재임용 거부처분을 포

함한다. 이하 같다)에 대한 소청심사(訴請審査)를 하기 위하여 교육부에 교원소청심사위원회(이하 "심사위원회"라 한다)를 둔다(교원의 지위 향상 및 교육활동 보호를 위한 특별법 7①). 교원이 징계처분과 그 밖에 그 의사에 반하는 불리한 처분에 대하여 불복할 때에는 그 처분이 있었던 것을 안 날부터 30일 이내에 심사위원회에 소청심사를 청구할 수 있다. 이 경우에 심사청구인은 변호사를 대리인으로 선임(選任)할 수 있다(교원의 지위 향상 및 교육활동 보호를 위한 특별법 9①).

㈐ 교원소청심사위원회 결정 후 행정소송

교원소청심사위원회 결정이 내려진 경우에는, 그 결정은 행정심판의 재결이 아니라 원처분에 해당하여 행정처분으로 항고소송의 대상이 된다. 따라서 사립학교 교원의 소청사건을 심리·의결하는 교원소청심사위원회는 특별행정심판기관이 아니라 행정청에 해당된다. 교원소청심사위원회는 학교법인의 사립학교 교원에 대한 불이익처분과 관련한 절차적·실체적 요건 등을 모두 심사할 권한이 있다.

심사위원회의 결정에 대하여 교원, 「사립학교법」 제 2 조에 따른 학교법인 또는 사립학교 경영자 등 당사자는 그 결정서를 송달받은 날부터 90일 이내에 「행정소송법」으로 정하는 바에 따라 소송을 제기할 수 있다(교원의 지위 향상 및 교육활동 보호를 위한 특별법 10③). 만약 교원이 교원소청심사위원회 결정에 불복하여 행정소송을 제기한 경우 피고는 교원소청심사위원회가 된다. 학교법인은 이 행정소송에 피고보조참가인이 되어 징계처분이 적법하였다는 주장, 입증을 할 수 있다.

사립학교 교원에 대한 징계처분의 경우에는 학교법인 등의 징계처분은 행정처분성이 없는 것이고, 그에 대한 소청심사청구에 따라 (교원소청심사)위원회가 한 결정이 행정처분이고 교원이나 학교법인 등은 그 결정에 대하여 행정소송으로 다투는 구조가 되므로, 행정소송에서의 심판대상은 학교법인 등의 원 징계처분이 아니라 위원회의 결정이 되고, 따라서 피고도 행정청인 위원회가 되는 것이며, 법원이 위원회의 결정을 취소한 판결이 확정된다고 하더라도 위원회가 다시 그 소청심사청구사건을 재심사하게 될 뿐 학교법인 등이 곧바로 위 판결의 취지에 따라 재징계 등을 하여야 할 의무를 부담하는 것은 아니다(대법원 2013. 7. 25. 선고 2012두12297 판결【해임처분취소결정취소】).

XII. 당사자소송 일반론

1. 당사자소송

▣ 행정소송법

제39조(피고적격) 당사자소송은 국가·공공단체 그 밖의 권리주체를 피고로 한다.

제40조(재판관할) 제 9 조의 규정은 당사자소송의 경우에 준용한다. 다만, 국가 또는 공공단체가 피고인 경우에는 관계행정청의 소재지를 피고의 소재지로 본다.

제41조(제소기간) 당사자소송에 관하여 법령에 제소기간이 정하여져 있는 때에는 그 기간은 불변기간으로 한다.

제42조(소의 변경) 제21조의 규정은 당사자소송을 항고소송으로 변경하는 경우에 준용한다.

제43조(가집행선고의 제한) 국가를 상대로 하는 당사자소송의 경우에는 가집행선고를 할 수 없다.

[단순위헌, 2020헌가12, 2022. 2. 24., 행정소송법(1984. 12. 15. 법률 제3754호로 전부개정된 것) 제43조는 헌법에 위반된다.]

제44조(준용규정) ① 제14조 내지 제17조, 제22조, 제25조, 제26조, 제30조 제 1 항, 제32조 및 제33조의 규정은 당사자소송의 경우에 준용한다.

② 제10조의 규정은 당사자소송과 관련청구소송이 각각 다른 법원에 계속되고 있는 경우의 이송과 이들 소송의 병합의 경우에 준용한다.

2. 당사자소송의 대상

▣ 행정소송규칙

제19조(당사자소송의 대상) 당사자소송은 다음 각 호의 소송을 포함한다.

1. **다음 각 목의 손실보상금에 관한 소송**

   가. 「공익사업을 위한 토지 등의 취득 및 보상에 관한 법률」 제78조 제 1 항 및 제 6 항에 따른 이주정착금, 주거이전비 등에 관한 소송

나. 「공익사업을 위한 토지 등의 취득 및 보상에 관한 법률」 제85조 제 2 항에 따른 보상금의 증감(增減)에 관한 소송

다. 「하천편입토지 보상 등에 관한 특별조치법」 제 2 조에 따른 보상금에 관한 소송

2. 그 존부 또는 범위가 구체적으로 확정된 공법상 법률관계 그 자체에 관한 다음 각 목의 소송

가. 납세의무 존부의 확인

나. 「부가가치세법」 제59조에 따른 환급청구

다. 「석탄산업법」 제39조의3 제 1 항 및 같은 법 시행령 제41조 제 4 항 제 5 호에 따른 재해위로금 지급청구

라. 「5·18민주화운동 관련자 보상 등에 관한 법률」 제 5 조, 제 6 조 및 제 7 조에 따른 관련자 또는 유족의 보상금 등 지급청구

마. 공무원의 보수·퇴직금·연금 등 지급청구

바. 공법상 신분·지위의 확인

3. 처분에 이르는 절차적 요건의 존부나 효력 유무에 관한 다음 각 목의 소송

가. 「도시 및 주거환경정비법」 제35조 제 5 항에 따른 인가 이전 조합설립변경에 대한 총회결의의 효력 등을 다투는 소송

나. 「도시 및 주거환경정비법」 제50조 제 1 항에 따른 인가 이전 사업시행계획에 대한 총회결의의 효력 등을 다투는 소송

다. 「도시 및 주거환경정비법」 제74조 제 1 항에 따른 인가 이전 관리처분계획에 대한 총회결의의 효력 등을 다투는 소송

4. 공법상 계약에 따른 권리·의무의 확인 또는 이행청구 소송

3. 당사자소송 관련한 쟁점 검토

(1) 피고를 잘못 지정한 경우

판 례 대법원 2016. 10. 13. 선고 2016다221658 판결【보험료채무부존재확인】

[1] 고용·산재보험료 납부의무 부존재확인의 소의 법적 성질(=공법상 당사자소송)

고용보험 및 산업재해보상보험의 보험료징수 등에 관한 법률 제 4 조, 제16조의2, 제17조, 제19조, 제23조의 각 규정에 의하면, 사업주가 당연가입자가 되는 고용보험 및 산재보험에서 보험

료 납부의무 부존재확인의 소는 공법상의 법률관계 자체를 다투는 소송으로서 공법상 당사자소송이다.

[2] 고용·산재보험료 납부의무 부존재확인의 소는 근로복지공단을 피고로 하여 제기하여야 하는지 여부(적극) 및 행정소송법상 당사자소송에서 원고가 피고를 잘못 지정한 경우, 법원이 취하여야 할 조치

고용보험 및 산업재해보상보험의 보험료징수 등에 관한 법률 제4조는 고용보험법 및 산업재해보상보험법에 따른 보험사업에 관하여 이 법에서 정한 사항은 고용노동부장관으로부터 위탁을 받아 **근로복지공단**이 수행하되, 보험료의 체납관리 등의 징수업무는 **국민건강보험공단**이 고용노동부장관으로부터 위탁을 받아 수행한다고 규정하고 있다. 따라서 고용·산재보험료의 귀속주체, 즉 사업주가 각 보험료 납부의무를 부담하는 상대방은 근로복지공단이고, 국민건강보험공단은 단지 각 보험료의 징수업무를 수행하는 데에 불과하므로, **고용·산재보험료 납부의무 부존재확인의 소는 근로복지공단을 피고로 하여 제기하여야 한다.**

그리고 행정소송법상 당사자소송에서 원고가 피고를 잘못 지정한 때에는 법원은 원고의 신청에 의하여 결정으로써 피고의 경정을 허가할 수 있으므로(행정소송법 제44조 제1항, 제14조), 원고가 피고를 잘못 지정한 것으로 보이는 경우 법원으로서는 마땅히 석명권을 행사하여 원고로 하여금 정당한 피고로 경정하게 하여 소송을 진행하도록 하여야 한다.[42]

이러한 법리에 비추어 보면, 이 사건 보험료 납부의무의 부존재확인 청구의 피고는 그 보험료의 귀속주체인 근로복지공단이 되어야 하므로 제1심법원으로서는 마땅히 석명권을 행사하여 원고로 하여금 정당한 피고로 경정하도록 한 다음 소송을 진행하였어야 한다. 그럼에도 불구하고 원심이 제1심판결의 잘못을 바로잡지 아니한 것은 잘못이다.

판 례 대법원 2006. 11. 9. 선고 2006다23503 판결【소유권확인】

기록과 관계 법령에 의하면, 개정 특조법 제2조는 개정 하천법 부칙 제2조와 달리 손실보상 의무자를 관리청이 아닌 시·도지사로 명시하고 있으므로, 원고가 개정 특조법 제2조를 근거로 손실보상금청구권의 확인을 구하는 이 사건에서 **대전광역시를 피고로 삼았어야 함에도 불구하고** 손실보상 의무자도 아닌 **대한민국을 상대로 소를 제기**한 사실을 알 수 있는바, 위 법리에 비추어 보면, 원고가 확인을 구하는 손실보상금청구권은 공법상의 권리로서 그 소송절차는 행정소송법상 당사자소송절차에 의하여야 할 것인데, 당사자소송에서는 민사소송과 달리 사실심 변론종결시까지 피고의 동의 없이 피고의 경정이 가능하므로, 원고가 피고를 잘못 지정하였다면 원심으로서는 당연히 석명권을 행사하여 **원고로 하여금 피고를 대전광역시로 경정하게 하여 소송을 진행하였어야 할 것이다.**

그럼에도 불구하고, 원심은 이를 간과하고 위와 같은 조치를 취하지 아니한 채 피고의 지정이 잘못되어 확인의 이익이 없다는 이유만으로 이 사건 소를 각하하고 말았으니, 이러한 원심

42) 원고는 '국민건강보험공단'을 피고로 하여 제소하였다.

의 판단에는 개정 특조법 제 2 조 소정의 손실보상청구권의 법적 성질 및 그 소송절차, 행정소송법상 피고의 경정 등에 관한 법리를 오해한 위법이 있다고 할 것이다.

(2) 당사자소송을 항고소송으로 잘못 제기한 경우

판 례 대법원 1992. 12. 24. 선고 92누3335 판결【보상금지급결정취소】[43)]

가. 광주민주화운동관련자보상심의위원회의 보상금지급신청에 대한 결정이 취소소송의 대상이 되는 행정처분인지 여부(소극)

광주민주화운동관련자보상등에관한법률 제15조 본문의 규정에서 말하는 광주민주화운동관련

43) 광주민주화운동관련자보상등에관한법률(이하 '광주보상법'이라 한다)은 광주민주화운동과 관련하여 사망하거나 행방불명된 자 또는 상이를 입은 자(이하 '관련자'라 한다)와 그 유족에게 국가가 명예를 회복시켜 주고 실질적인 보상을 함을 목적으로 하고(제 1 조), 관련자 및 그 유족에 대한 사실심사 기타 보상 등의 심의·결정을 위하여 **광주민주화운동관련자보상심의위원회(이하 보상심의위원회라 한다)를 두어 관련자 또는 그 유족에 해당하는지 여부의 심사·결정과 관련자 등에 대한 보상금 등의 심의·결정 및 지급 등의 기능을 수행**하도록 하며(제 4 조), 관련자 등에 대하여는 동법이 정하는 바에 따라 보상금, 의료지원금, 생활지원금 등을 지급하되(제5, 6, 7조), 관련자 등은 동법의 시행일로부터 30일 이내에 보상금 등의 지급신청을 하여야 하고(제 8 조), 보상심의위원회는 위 지급신청을 받은 날로부터 90일 내에 그 지급여부와 금액을 결정하여야 하며(제 9 조), **동법에 의한 보상금 등의 지급에 관한 소송은 보상금 등의 지급 또는 기각의 결정이 있는 경우에는 결정서 정본의 송달을 받은 날로부터 60일 이내에 제기하여야 하되 다만 지급신청이 있는 날로부터 90일을 경과한 때에는 위 결정이 없더라도 소송을 제기**할 수 있도록(제15조) 각 규정하고 있다.

위 각 규정에서 보는 바와 같이 광주보상법은 광주민주화운동과 관련하여 생명 또는 신체에 관하여 피해를 입은 자 등에 대한 보상원칙을 선언하고 그 보상의 대상과 범위를 정한 다음 보상금 등의 지급을 위한 절차로서 보상심의위원회를 설치하고 동 위원회가 관련자 등의 신청을 받아 보상 여부 및 지급금액을 심의결정한 후 이를 지급하도록 하고 있는바, 위 **보상금 등의 지급에 관한 소송은 위 결정을 받은 후에 제기함을 원칙으로 하고 있기는 하나** 신청 후 일정기간 내에 지급에 관한 결정을 하지 않는 경우에는 바로 소송을 제기할 수 있도록 하고 있는 점에 비추어 위 소송을 제기함에 있어 지급신청을 반드시 하여야 함은 별론으로 하고 **보상심의위원회의 보상에 관한 결정을 필수적 요건으로 하고 있다고 보여지지 아니하며,** 동 법률의 다른 조항을 살펴보아도 **보상심의위원회의 보상에 관한 결정에 불복하여 행정심판을 제기할 수 있다거나 동 결정에 불복하여 그 취소 등을 구하는 소송의 제기를 예상하고 있는 조항을 찾아 볼 수 없으니,** 위 **<u>법률 제15조 본문의 규정에서 말하는 보상심의위원회의 결정을 거치는 것은 보상금 지급에 관한 소송을 제기하기 위한 전치요건에 불과</u>**하다고 할 것이므로 **위 보상심의위원회의 결정은 항고소송의 대상이 되는 행정처분이라고 할 수 없다.**

그렇다면 위 법에 따라 보상금 등의 지급을 신청한 자는 보상심의위원회의 결정에 대하여 그 위법을 이유로 취소 등을 구하는 항고소송을 제기할 수는 없다고 할 것이므로 위 보상금지급에 관한 소송은 항고소송 이외의 소송형태가 될 수밖에 없다 할 것인바, 광주보상법에 의거하여 관련자 및 그 유족들이 갖게 되는 보상 등에 관한 권리는 헌법 제23조 제 3 항에 따른 재산권침해에 대한 손실보상청구나 국가배상법에 따른 손해배상청구와는 그 성질을 달리하는 것으로서 동법이 특별히 인정하고 있는 공법상의 권리라고 하여야 할 것이므로 그에 관한 소송은 행정소송법 제 3 조 제 2 호 소정의 당사자소송에 의하여야 할 것이다.

자보상심의위원회의 결정을 거치는 것은 **보상금 지급에 관한 소송을 제기하기 위한 전치요건에 불과하다**고 할 것이므로 위 보상심의위원회의 결정은 취소소송의 대상이 되는 행정처분이라고 할 수 없다.

나. 같은 법에 의거하여 관련자 및 유족들이 갖게 되는 보상 등에 관한 권리 및 소송의 성격(=당사자소송)과 그 지급에 관한 법률관계의 주체(=대한민국)

같은 법에 의거하여 관련자 및 유족들이 갖게 되는 보상 등에 관한 권리는 헌법 제23조 제3항에 따른 재산권침해에 대한 손실보상청구나 국가배상법에 따른 손해배상청구와는 그 성질을 달리하는 것으로서 **법률이 특별히 인정하고 있는 공법상의 권리**라고 하여야 할 것이므로 **그에 관한 소송은 행정소송법 제3조 제2호 소정의 당사자소송**에 의하여야 할 것이며 **보상금 등의 지급에 관한 법률관계의 주체는 대한민국**이다.

다. 취소소송을 제기한 당사자가 국가 또는 공공단체에 대한 당사자소송을 행정소송법 제10조 제2항에 의하여 관련 청구로서 병합하였으나 위 취소소송이 부적법한 경우 법원은 소변경청구로 보아 청구의 기초에 변경이 없는 한 이를 허가하여야 하는지 여부(적극)

취소소송 등을 제기한 당사자가 당해 처분 등에 관계되는 사무가 귀속되는 국가 또는 공공단체에 대한 당사자소송을 행정소송법 제10조 제2항에 의하여 관련 청구로서 병합한 경우 위 취소소송 등이 부적법하다면 당사자는 위 당사자소송의 병합청구로서 같은 법 제21조 제1항에 의한 소변경을 할 의사를 아울러 가지고 있었다고 봄이 상당하고, 이러한 경우 법원은 청구의 기초에 변경이 없는 한 당초의 청구가 부적법하다는 이유로 병합된 청구까지 각하할 것이 아니라 병합청구 당시 유효한 소변경청구가 있었던 것으로 받아들여 이를 허가함이 타당하다.

라. 취소소송을 제기하였다가 당사자소송으로 소변경을 허용할 경우 당사자소송의 제소기간의 준수기준(=취소소송)

취소소송을 제기하였다가 나중에 당사자소송으로 변경하는 경우에는 행정소송법 제21조 제4항, 제14조 제4항에 따라 처음부터 당사자소송을 제기한 것으로 보아야 하므로 당초의 취소소송이 적법한 기간 내에 제기된 경우에는 당사자소송의 제소기간을 준수한 것으로 보아야 할 것이다.

판례 대법원 2016. 5. 24. 선고 2013두14863 판결【명예퇴직수당지급거부처분취소】

법관이 이미 수령한 명예퇴직수당액이 구 법관 및 법원공무원 명예퇴직수당 등 지급규칙 제4조 [별표 1]에서 정한 정당한 수당액에 미치지 못한다고 주장하며 차액의 지급을 신청한 것에 대하여 법원행정처장이 거부하는 의사를 표시한 경우, 위 의사표시를 행정처분으로 볼 수 있는지 여부(소극) / 명예퇴직한 법관이 미지급 명예퇴직수당액의 지급을 구하는 경우, 소송 형태(=행정소송법의 당사자소송)

원심판결 이유와 기록에 의하면, 원고는 1991. 3. 법관으로 임용되어 2010. 2. 28. 퇴직하면서 명예퇴직수당 지급대상자로 결정된 사실, 원고는 그 무렵 잔여 임기가 1년임을 전제로 산정된 명예퇴직수당액 20,703,600원을 수령한 사실, 원고는 2012. 1.경 명예퇴직수당규칙 제 3 조 제 5 항 본문이 무효여서 정당한 명예퇴직수당액이 153,360,000원이라고 주장하면서, 피고에게[44] 이미 수령한 금액과의 차액(이하 '이 사건 차액'이라 한다)에 대한 지급을 구하는 신청을 하였는데, 피고는 2012. 1. 17.경 이 사건 차액을 지급할 수 없다는 내용의 통지(이하 '이 사건 통지'라 한다)를 한 사실, 원고는 피고의 이 사건 통지가 행정처분임을 전제로 하여 그 취소를 구하는 이 사건 소를 제기한 사실 등을 알 수 있다.

이러한 사실관계를 앞에서 본 법리에 비추어 보면, **피고의 이 사건 통지는 행정처분이 아니므로 원고는 피고를 상대로 항고소송을 제기할 수 없고 국가를 상대로 이 사건 차액의 지급을 구하는 당사자소송을 제기하였어야 하며**, 다만 권리 구제나 소송경제의 측면에 비추어 원고로 하여금 당사자소송으로 소 변경을 할 수 있는 기회를 갖도록 함이 타당하므로 원심으로서는 이 사건을 항고소송에서 당사자소송으로 소 변경할 것인지에 대하여 석명권을 적절하게 행사함으로써 적법한 소송형태를 갖추도록 하였어야 한다.

라. 그럼에도 **원심은 위와 같은 절차를 취하지 아니하고 이 사건 소송이 항고소송으로서 적법함을 전제로 하여 본안에 관하여 판단**하였으므로, 이러한 원심의 판단에는 당사자소송 등에 관한 법리를 오해하여 필요한 심리 및 절차를 다하지 아니함으로써 판결에 영향을 미친 위법이 있다.

(3) 당사자소송을 민사소송으로 잘못 제기한 경우

판 례 대법원 2008. 7. 24. 선고 2007다25261 판결【방송수신료통합징수권한부존재확인】

수신료 부과행위의 법적 성질(=공권력 행사) 및 수신료 징수권한 여부를 다투는 소송의 성격(=공법상 당사자소송)

텔레비전방송수신료(이하 '수신료'라 한다)는 공영방송사업이라는 특정한 공익사업의 경비조달에 충당하기 위하여 텔레비전수상기를 소지한 특정 집단에 대하여 부과되는 특별부담금에 해당한다(헌법재판소 1999. 5. 27. 선고 98헌바70 결정; 헌법재판소 2008. 2. 28. 선고 2006헌바70 결정 등 참조). 한편, 피고 보조참가인은 자신이 지정하는 자에게 수신료의 징수업무를 위탁할 수 있고(방송법 제67조 제 2 항), 지정받은 자가 수신료를 징수하는 때에는 지정받은 자의 고유업무와 관련된 고지행위와 결합하여 이를 행할 수 있다(방송법 시행령 제43조 제 2 항). **원고들은, 피고가 원고들에 대하여 전기요금고지서에 수신료를 통합하여 고지·징수할 권한이 없음의 확인을 민사소송절차를 통하여 구하고 있다.**

그러나 수신료의 법적 성격, 피고 보조참가인의 수신료 강제징수권의 내용[구 방송법(2008. 2. 29. 법률 제8867호로 개정되기 전의 것) 제66조 제 3 항] 등에 비추어 보면 수신료 부과행위는 공권력의 행사에 해당하므로, 피고가 피고 보조참가인으로부터 수신료의 징수업무를 위탁받아 자신의 고유업무와 관련된 고지행위와 결합하여 수신료를 징수할 권한이 있는지 여부를 다투는 이 사건 쟁송은 민사소송이 아니라 공법상의 법률관계를 대상으로 하는 것으로서 행정소송법 제 3 조 제 2 호에 규정된 당사자소송에 의하여야 한다고 봄이 상당하다.

44) 법원행정처장.

그럼에도 원심은, 이 사건 소가 사법상 법률관계에 관한 민사소송에 해당한다는 이유로 본안에 들어가 판단한 제 1 심판결을 그대로 유지하고 말았으니, 원심의 이와 같은 판단에는 행정처분 또는 공법상 당사자소송에 관한 법리를 오해하여 전속관할에 관한 규정을 위반한 위법이 있다.[45)]

판 례 대법원 1997. 5. 30. 선고 95다28960 판결【석탄가격안정지원금의지급】

[1] 구 석탄산업법상이 석탄가격안정지원금 지급청구의 소의 성질(=공법상의 당사자소송)

석탄가격안정지원금은 석탄의 수요 감소와 열악한 사업환경 등으로 점차 경영이 어려워지고 있는 석탄광업의 안정 및 육성을 위하여 국가정책적 차원에서 지급하는 지원비의 성격을 갖는 것이고, 석탄광업자가 석탄산업합리화사업단에 대하여 가지는 이와 같은 지원금지급청구권은 석탄사업법령에 의하여 정책적으로 당연히 부여되는 공법상의 권리이므로, 석탄광업자가 석탄산업합리화사업단을 상대로 석탄산업법령 및 석탄가격안정지원금 지급요령에 의하여 지원금의 지급을 구하는 소송은 공법상의 법률관계에 관한 소송인 공법상의 당사자소송에 해당한다.

[2] 행정사건을 민사사건으로 오해하여 민사소송을 제기한 경우, 수소법원이 취하여야 할 조치

행정소송법 제 7 조는 원고의 고의 또는 중대한 과실 없이 행정소송이 심급을 달리하는 법원에 잘못 제기된 경우에 민사소송법 제31조 제 1 항을 적용하여 이를 관할 법원에 이송하도록 규정하고 있을 뿐 아니라, 관할 위반의 소를 부적법하다고 하여 각하하는 것보다 관할 법원에 이송하는 것이 당사자의 권리구제나 소송경제의 측면에서 바람직하다고 할 것이므로, 원고가 고의 또는 중대한 과실 없이 행정소송으로 제기하여야 할 사건을 민사소송으로 잘못 제기한 경우, 수소법원으로서는 만약 그 행정소송에 대한 관할도 동시에 가지고 있다면 이를 행정소송으로 심리·판단하여야 하고(대법원 1996. 2. 15. 선고 94다31235 판결 참조), 그 행정소송에 대한 관할을 가지고 있지 아니하다면 당해 소송이 이미 행정소송으로서의 전심절차 및 제소기간을 도과하였거나 행정소송의 대상이 되는 처분 등이 존재하지도 아니한 상태에 있는 등 행정소송으로서의 소송요건을 결하고 있음이 명백하여 **행정소송으로 제기되었더라도 어차피 부적법하게 되는 경우가 아닌 이상 이를 부적법한 소라고 하여 각하할 것이 아니라 관할 법원에 이송**하여야 할 것이다.

그럼에도 불구하고 원심은 **원고가 공법상의 당사자소송에 해당하는 이 사건 지원금 지급청구의 소를 민사소송으로 제기하였으니 부적법하다고 하여 민사소송으로서의 본안 판단을 한 제 1 심판결을 취소하고 이 사건 소를 각하**하였으니, 원심판결에는 행정소송법 제 7 조 소정의 **이송에 관한 법리를 오해한 위법**이 있다 할 것이다.

45) [주문] 원심판결을 파기하고, 제 1 심판결을 취소한다. 사건을 서울행정법원으로 이송한다.

판 례 대법원 2016. 10. 13. 선고 2016다221658 판결【보험료채무부존재확인】

고용산재보험료징수법 제 4 조, 제16조의2, 제17조, 제19조, 제23조의 각 규정에 의하면, 사업주가 당연가입자가 되는 고용보험 및 산재보험에서 보험료 납부의무 부존재확인의 소는 공법상의 법률관계 그 자체를 다투는 소송으로서 공법상 당사자소송이라 할 것이므로(대법원 2000. 9. 8. 선고 99두2765 판결 참조), 행정소송법 제 3 조 제 2 호, 제39조에 의하여 근로복지공단이 피고적격을 가진다.

그럼에도 불구하고 **제 1 심인 인천지방법원 단독판사가 이 사건 소를 부당이득반환을 구하는 이행의 소로서 민사소송으로만 보아 보험료 납부의무의 부존재확인을 구하는 부분에 대하여 판단을 누락**한 것은 잘못이다.

이 사건 소는 행정소송인 공법상 당사자소송과 행정소송법 제10조 제 2 항, 제44조 제 2 항에 규정된 관련청구소송으로서 부당이득반환을 구하는 민사소송이 병합하여 제기된 경우에 해당하므로, 인천지방법원 합의부는 항소심으로서 민사소송법 제34조 제 1 항, 법원조직법 제28조 제 1 호에 의하여 **이 사건을 관할법원인 서울고등법원에 이송**했어야 옳다. 따라서 원심판결에는 행정사건의 관할에 관한 법리를 오해하여 판결에 영향을 미친 잘못이 있다.

(4) 항고소송을 당사자소송으로 잘못 제기한 경우

판 례 대법원 2021. 12. 16. 선고 2019두45944 판결【보훈급여지급정지처분등무효확인】

구 군인연금법령상 급여를 받으려고 하는 사람이 관계 법령에 따라 국방부장관 등에게 급여지급을 청구하였으나 국방부장관 등이 이를 거부하거나 일부 금액만 인정하는 급여지급결정을 하는 경우, 그 결정을 대상으로 항고소송을 제기하는 등으로 구체적 권리를 인정받지 않은 상태에서 곧바로 국가를 상대로 한 당사자소송으로 급여의 지급을 소구할 수 있는지 여부(소극)

나. 원심판결 이유에 따르면 다음 사실을 알 수 있다.

원고의 아들인 소외인은 2013. 4. 15. 군에 입대하여, 2013. 8. 11. 부대 화장실에서 목을 맨 상태로 발견되었고, 같은 날 사망하였다.

원고는 피고를 상대로 국가배상을 청구하는 소를 제기하여 일부 인용 판결을 받았다(서울중앙지방법원 2016. 2. 17. 선고 2015가단5326535 판결, 쌍방이 항소하지 않아 그대로 확정되었다). 이에 따라 원고는 2016. 3. 16. 피고로부터 국가배상금을 받았다.

소외인은 당초 군인사법 제54조의2 제 1 항 제 3 호에서 정한 '일반사망자'로 분류되었으나, 국방부 중앙전공사망심사위원회는 2016. 7. 22. 소외인을 같은 항 제 2 호 (다)목의 '순직자(순직 Ⅲ형)'에 해당한다고 결정하였고, 육군참모총장은 2016. 8. 5. 경기남부보훈지청장(국방부장관으로부터 구 군인연금법상 사망보상금의 지급사무를 위탁받았다)에게 '원고가 구 군인연금법상 사망보상금 지급대상자에 해당하고 사망보상금 지급 시 공제사항을 해당기관에 확인할 것'을 통보하였다.

원고는 2016. 8. 11. 경기남부보훈지청장에게 구 군인연금법에 의한 사망보상금의 지급을 청구하였다. 경기남부보훈지청의 보상과장은 2016. 10. 18. '원고가 구 군인연금법상 사망보상금의 액수를 초과하는 국가배상금을 받았으므로 이를 공제하면 지급할 사망보상금이 없다.'는 내부 결재문건에 결재를 하였고, 원고에게 사망보상금이 지급되지 않았다. 이에 **원고는 당사자소송으로 피고를 상대로 사망보상금의 지급을 청구하는 이 사건 소를 제기하였다.**

다. 이러한 사실관계를 위에서 본 법리에 비추어 살펴본다.

원고로부터 사망보상금의 지급 청구를 받은 경기남부보훈지청장이 이에 대한 지급결정을 하지 않았으므로 구 군인연금법상 사망보상금에 대한 원고의 구체적인 권리가 발생했다고 보기 어렵다. 소외인이 '순직자'에 해당하고 원고가 사망보상금 지급대상자에 해당한다는 결정이 있었다고 하더라도 마찬가지이다.

경기남부보훈지청장은 원고에게 사망보상금을 지급하지 않겠다는 문건에 내부결재만 이루어진 상태에서 사망보상금을 지급하지 않았을 뿐, 그와 같은 행정의사를 공식적인 방법으로 외부에 표시하지 않았다. 따라서 원고의 사망보상금 지급 청구에 따른 경기남부보훈지청장의 거부처분이 존재한다고 보기도 어렵다.

이러한 상태에서 원고는 피고를 상대로 당사자소송으로 사망보상금의 지급을 구할 수 없다. 만일 사망보상금 지급 청구에 대한 명시적인 거부처분이 이루어지지 않았다면 원고가 경기남부보훈지청장을 상대로 원고의 사망보상금 지급 청구에 관한 부작위의 위법을 다투는 **부작위위법확인소송**을 제기했어야 하고, 이미 거부처분이 이루어졌다면 **거부처분 취소소송**을 제기했어야 한다. 원심으로서는 이 사건을 당사자소송에서 항고소송으로 소 변경을 할 것인지에 관해서 석명권을 행사하여 원고가 적법한 소송형태를 갖추도록 했어야 하고, 만일 원고가 부작위위법확인소송으로 소 변경을 한 후 경기남부보훈지청장이 거부처분을 한다면 다시 거부처분 취소소송으로 소 변경을 할 것인지에 관해서도 석명권을 행사해야 한다.

그런데도 원심은, 이 사건 소가 당사자소송으로서 적법함을 전제로 본안에 대해 판단하였다. 원심판결에는 행정소송법상 처분 개념, 항고소송과 당사자소송 등에 관한 법리를 오해하여 필요한 심리를 다하지 않아 판결에 영향을 미친 잘못이 있다.

2

공법기록형 공법소송실무

위헌법률심판제청신청 기본이론

02

Contents

목　　차

Ⅰ. 의 의

(1) 헌법상 위헌법률심판은 국회가 제정한 법률의 위헌 여부가 일반법원에서 재판의 전제가 되는 경우에 법원이 헌법재판소에 위헌심판을 제청하고 헌법재판소가 그 위헌 여부를 심사·판단하는 사후적·구체적인 규범통제제도이다(헌법 107①, 111①(1)).

(2) 법률에 대한 위헌제청권은 일반법원이 담당하며, 위헌결정권은 헌법재판소가 담당하는 구조이다. 따라서 법률이 헌법에 위반되는 여부가 재판의 전제가 되어 당해사건을 담당하는 법원이 직권 또는 당사자의 신청에 의하여 위헌제청결정을 하고(헌법재판소법 41①), 대법원을 거쳐(헌법재판소법 41⑤) 헌법재판소에 위헌제청결정서 정본을 송부하면 헌법재판소는 이를 접수하여 사건번호와 사건명을 부여함으로써 심판절차를 개시한다.[1)]

▣ 헌법

제107조 ① **법률이 헌법에 위반되는 여부가 재판의 전제가 된 경우에는 법원은 헌법재판소에 제청하여 그 심판에 의하여 재판한다.**

② 명령·규칙 또는 처분이 헌법이나 법률에 위반되는 여부가 재판의 전제가 된 경우에는 대법원은 이를 최종적으로 심사할 권한을 가진다.

③ 재판의 전심절차로서 행정심판을 할 수 있다. 행정심판의 절차는 법률로 정하되, 사법절차가 준용되어야 한다.

제111조 ① **헌법재판소는 다음 사항을 관장한다.**

1. **법원의 제청에 의한 법률의 위헌여부 심판**
2. 탄핵의 심판
3. 정당의 해산 심판
4. 국가기관 상호간, 국가기관과 지방자치단체간 및 지방자치단체 상호간의 권한쟁의에 관한 심판
5. 법률이 정하는 헌법소원에 관한 심판

1) 헌법재판소, 헌법재판실무제요 개정3판, 135면.

Ⅱ. 위헌법률심판 절차 개괄

1. 법원의 제청절차

(1) 직권 또는 당사자의 신청에 의한 법원의 위헌제청결정

(2) 위헌제청결정서의 대법원 송부(대법원 이외의 법원의 경우)

(3) 위헌제청결정서의 헌법재판소 송부

2. 헌법재판소의 심판절차와 종국결정

(1) 심판절차

1) 위헌제청결정서 접수

2) 사건번호·사건명 부여

3) 사건의 배당

4) 필요시 변론

5) 자료제출요구 등

(2) 종국결정

1) 각하

2) 합헌

3) 헌법불합치(한정합헌·한정위헌)

4) 위헌

Ⅲ. 위헌제청절차

1. 당사자의 위헌제청신청

일반법원의 재판계속 중 당해 사건에 적용될 특정의 법률 또는 법률조항이 헌법에 위반된다고 주장하는 당사자는 당해 사건을 담당하는 법원(군사법원 포함)에 위헌제청의 신청을 할 수 있다. 이 위헌제청신청서에는 인지를 첩부하지 않는다.

▣ 헌법재판소법

제41조(위헌 여부 심판의 제청) ① 법률이 헌법에 위반되는지 여부가 재판의 전제가 된 경우에는 당해 사건을 담당하는 법원(군사법원을 포함한다. 이하 같다)**은 직권 또는 당사자의 신청에 의한 결정으로 헌법재판소에 위헌 여부 심판을 제청한다.**

② 제 1 항의 당사자의 신청은 제43조 제 2 호부터 제 4 호까지의 사항을 적은 서면으로 한다.

③ 제 2 항의 신청서면의 심사에 관하여는「민사소송법」제254조를 준용한다.

④ 위헌 여부 심판의 제청에 관한 결정에 대하여는 항고할 수 없다.

⑤ 대법원 외의 법원이 제 1 항의 제청을 할 때에는 대법원을 거쳐야 한다.

제42조(재판의 정지 등) ① 법원이 법률의 위헌 여부 심판을 헌법재판소에 제청한 때에는 당해 소송사건의 재판은 헌법재판소의 위헌 여부의 결정이 있을 때까지 정지된다. 다만, 법원이 긴급하다고 인정하는 경우에는 종국재판 외의 소송절차를 진행할 수 있다.

② 제 1 항 본문에 따른 재판정지기간은「형사소송법」제92조 제 1 항·제 2 항 및「군사법원법」제132조 제 1 항·제 2 항의 구속기간과「민사소송법」제199조의 판결 선고기간에 산입하지 아니한다.

제43조(제청서의 기재사항) 법원이 법률의 위헌 여부 심판을 헌법재판소에 제청할 때에는 제청서에 다음 각 호의 사항을 적어야 한다.

1. 제청법원의 표시
2. 사건 및 당사자의 표시
3. 위헌이라고 해석되는 법률 또는 법률의 조항
4. 위헌이라고 해석되는 이유
5. 그 밖에 필요한 사항

2 법원의 위헌제청결정 및 헌법재판소에 송부

(1) 위헌제청신청을 받은 당해 법원은 위헌주장된 법률의 위헌 여부가 당해 소송의 **재판의 전제가 되고 또 합리적인 위헌의 의심이 있는 때**에 결정의 형식으로 위헌심판제청을 결정한다. 따라서 '단순한 의심'과 독일 연방헌법재판소의 판례가 요구하는 위헌에

대한 '확신' 사이의 중간적 입장을 취하고 있다.

판 례 **법원이 위헌심판제청을 할 경우 위헌에 대한 확신을 요하는지 여부**

헌법 제107조 제 1 항과 헌법재판소법 제41조(위헌여부심판의 제청), 제43조(제청서의 기재사항) 등의 각 규정의 취지는, 법원은 문제되는 법률조항이 담당법관 스스로의 법적 견해에 의하여 단순한 의심을 넘어선 합리적인 위헌의 의심이 있으면 위헌여부심판을 제청하라는 취지이다(헌재 1993. 12. 23. 93헌가2 형사소송법 제97조 제 3 항 위헌제청).

(2) 이밖에 당해 법원은 직권으로도 위헌심판제청을 결정할 수 있다. 대법원 이외의 법원이 위헌제청결정을 한 때에는 대법원을 거치도록 되어 있기 때문에 당해 법원은 위헌제청결정서 정본을 법원행정처장에게 법원장 또는 지원장 명의로 송부하게 된다.

(3) 이 경우 대법원은 각급법원의 위헌법률심판제청을 심사할 권한을 가지고 있지 않다. 법원행정처장은 이 위헌제청결정서 정본을 그대로 헌법재판소에 송부하게 되고 이로써 위헌법률심판의 제청이 이루어지게 된다.

3. 법원이 위헌제청신청을 기각한 경우

법원이 위헌제청신청을 기각한 때에는 그 신청을 한 당사자는 헌법재판소에 헌법소원심판을 청구할 수 있다. 이 경우 그 당사자는 당해 사건의 소송절차에서 동일한 사유를 이유로 다시 위헌여부심판의 제청을 신청을 할 수 없다(헌법재판소법 68②).

▣ 헌법재판소법

제68조(청구 사유) ① 공권력의 행사 또는 불행사(不行使)로 인하여 헌법상 보장된 기본권을 침해받은 자는 법원의 재판을 제외하고는 헌법재판소에 헌법소원심판을 청구할 수 있다. 다만, 다른 법률에 구제절차가 있는 경우에는 그 절차를 모두 거친 후에 청구할 수 있다.

② **제41조 제 1 항에 따른 법률의 위헌 여부 심판의 제청신청이 기각된 때에는 그 신청을 한 당사자는 헌법재판소에 헌법소원심판을 청구할 수 있다.** 이 경우 그 당사자는 당해 사건의 소송절차에서 동일한 사유를 이유로 다시 위헌 여부 심판의 제청을 신청할 수 없다.

4. 당해 사건의 재판 정지

(1) 법원이 법률의 위헌 여부 심판을 헌법재판소에 제청한 때에는 당해 소송사건의 재판은 헌법재판소의 위헌 여부의 결정이 있을 때까지 정지된다. 다만, 법원이 긴급하다고 인정하는 경우에는 종국재판 외의 소송절차를 진행할 수 있다(헌법재판소법 42①).

(2) 위 재판정지기간은 형사소송절차에서 구속기간, 민사소송절차에서 종국판결선고기간에 이를 산입하지 아니한다(헌법재판소법 42②).

(3) 제청결정이 있은 때에도 당사자의 소송종료를 초래하는 행위(소·항소·상고 등의 취하, 화해, 포기, 인낙 등), 위헌제청결정의 취소는 가능하다.

Ⅳ. 위헌법률심판제청의 적법요건

1. 제청권자 — 법원

대한민국 법원만이 법률의 위헌 여부에 대하여 헌법재판소에 위헌제청을 할 수 있다. 국내의 사설 중재재판소나 외국의 법원 등에게는 위헌제청을 할 권한이 없다. 당해 소송의 당사자는 당해 법원에 대하여 위헌제청의 신청을 할 수 있을 뿐이며, 직접 헌법재판소에 위헌심판을 청구할 수는 없다.

2. 위헌제청의 대상적격이 있는 법규범

(1) 형식적 의미의 법률

국회가 입법절차에 의거하여 의결을 거쳐 제정된 "형식적 의미의 법률"만이 법원의 위헌제청의 대상이 될 수 있는 법률에 해당한다. 제청대상 법률은 현재 시행중이거나 과거에 시행되었던 것이어야 하고, 제청 당시에 공포는 되었으나 시행되지 않은 법률은 위헌여부심판의 대상법률에서 제외된다.

(2) 헌법조항

헌법이나 헌법조항이 위헌법률심판의 대상이 되는지 문제된다. 부정적인 견해는 헌법과 헌법재판소법에 "법률"이라고 규정하고 있고, 헌법에 의하여 창설된 헌법재판소가 국민이 국민투표로 확정한 헌법규정을 심사할 수 없다고 한다. 헌법재판소 역시 헌법조항은 그 대상이 되지 않는다고 한다.

판 례 **헌법(憲法)의 개별규정이 헌법재판소법(憲法裁判所法) 제68조 제 2 항에 의한 헌법소원심판 대상이 되는지 여부**

헌법(憲法) 제111조 제 1 항 제 1 호, 제 5 호 및 헌법재판소법(憲法裁判所法) 제41조 제 1 항, 제68조 제 2 항은 위헌심사의 대상이 되는 규범을 '법률'로 명시하고 있으며, 여기서 '법률'이라고 함은 국회의 의결을 거쳐 제정된 이른바 형식적 의미의 법률을 의미하므로 **헌법의 개별규정 자체는 헌법소원에 의한 위헌심사의 대상이 아니다**(헌재 1996. 6. 13. 94헌바20).

(3) 법률과 동일한 효력을 지닌 법규범(조약)

형식적 의미의 법률은 아니지만, 그와 같은 효력이 있는 조약은 위헌제청의 대상이 될 수 있다.

판 례 **헌법의 개별규정이 헌법재판소법 제68조 제 2 항에 의한 헌법소원심판의 대상이 되는지 여부**

헌법 제111조 제 1 항 제 1 호 및 헌법재판소법 제41조 제 1 항은 위헌법률심판의 대상에 관하여, 헌법 제111조 제 1 항 제 5 호 및 헌법재판소법 제68조 제 2 항, 제41조 제 1 항은 헌법소원심판의 대상에 관하여 그것이 법률임을 명문으로 규정하고 있으며, 여기서 위헌심사의 대상이 되는 법률이 국회의 의결을 거친 이른바 형식적 의미의 법률을 의미하는 것에는 아무런 의문이 있을 수 없다. 따라서 **형식적 의미의 법률과 동일한 효력을 갖는 조약 등은 포함된다고 볼 것**이지만 헌법의 개별규정 자체는 그 대상이 아님이 명백하다(헌재 1995. 12. 28. 95헌바3 국가배상법 제 2 조 제 1 항 등 위헌소원).

(4) 대통령의 긴급재정경제명령과 긴급명령

헌법은 대통령이 발하는 긴급재정경제명령과 긴급명령을 규정하면서 법률의 효력을 부여하고 있다(제76조 제 1 항, 제 2 항). 이러한 대통령의 긴급입법은 위헌법률심판의 대상이 된다. 대법원과 헌법재판소는 서로 심사권을 주장하고 있기 때문에 권한쟁의 상태라고 할 수 있다.

대법원 **헌법재판소의 위헌심판대상인 '법률'의 의미 및 소위 유신헌법 제53조에 근거한 '대통령 긴급조치' 위헌 여부의 최종적 심사기관(= 대법원)**

헌법 제107조 제1항, 제111조 제1항 제1호의 규정에 의하면, 헌법재판소에 의한 위헌심사의 대상이 되는 '법률'이란 '국회의 의결을 거친 이른바 형식적 의미의 법률'을 의미하고, 위헌심사의 대상이 되는 규범이 형식적 의미의 법률이 아닌 때에는 그와 동일한 효력을 갖는 데에 국회의 승인이나 동의를 요하는 등 국회의 입법권 행사라고 평가할 수 있는 실질을 갖춘 것이어야 한다. 구 대한민국헌법(1980. 10. 27. 헌법 제9호로 전부 개정되기 전의 것, 이하 '유신헌법'이라 한다) 제53조 제3항은 대통령이 긴급조치를 한 때에는 지체 없이 국회에 통고하여야 한다고 규정하고 있을 뿐, 사전적으로는 물론이거니와 사후적으로도 긴급조치가 그 효력을 발생 또는 유지하는 데 국회의 동의 내지 승인 등을 얻도록 하는 규정을 두고 있지 아니하고, 실제로 국회에서 긴급조치를 승인하는 등의 조치가 취하여진 바도 없다. 따라서 **유신헌법에 근거한 긴급조치는 국회의 입법권 행사라는 실질을 전혀 가지지 못한 것으로서, 헌법재판소의 위헌심판대상이 되는 '법률'에 해당한다고 할 수 없고, 긴급조치의 위헌 여부에 대한 심사권은 최종적으로 대법원에 속한다**(대법원 2010. 12. 16. 선고 2010도5986 전원합의체 판결【대통령긴급조치위반·반공법위반】).[2]

헌법재판소 **유신헌법을 부정·반대·왜곡 또는 비방하거나, 유신헌법의 개정 또는 폐지를 주장·발의·제안 또는 청원하는 일체의 행위, 유언비어를 날조·유포하는 행위 등을 전면적으로 금지하고, 이를 위반하면 비상군법회의 등에서 재판하여 처벌하도록 하는 것을 주된 내용으로 한, 유신헌법 제53조에 근거하여 발령된 대통령긴급조치 제1호(1974. 1. 8. 대통령긴급조치 제1호로 제정되고, 1974. 8. 23. 대통령긴급조치 제5호로 해제된 것, 이하 '긴급조치 제1호'라 한다), 대통령긴급조치 제2호(1974. 1. 8. 대통령긴급조치 제2호로 제정된 것, 이하 '긴급조치 제2호'라 한다), '국가안전과 공공질서의 수호를 위한 대통령긴급조치'(1975. 5. 13. 대통령긴급조치 제9호로 제정되고, 1979. 12. 7. 대통령공고 제67호로 해제된 것, 이하 '긴급조치 제9호'라 한다. 이하 이들 모두를 지칭할 때는 '이 사건 긴급조치들'이라 한다)에 대한 위헌심사권한이 헌법재판소에 전속하는지 여부(적극)**

헌법 제107조 제1항, 제2항은 법원의 재판에 적용되는 규범의 위헌 여부를 심사할 때, **'법**

---

2) 구 대한민국헌법(1980. 10. 27. 헌법 제9호로 전부 개정되기 전의 것, 이하 '유신헌법'이라 한다) 제53조에 근거하여 발령된 대통령 긴급조치(이하 '긴급조치'라 한다) 제1호는 그 발동 요건을 갖추지 못한 채 목적상 한계를 벗어나 국민의 자유와 권리를 지나치게 제한함으로써 헌법상 보장된 국민의 기본권을 침해한 것이므로, 긴급조치 제1호가 해제 내지 실효되기 이전부터 유신헌법에 위배되어 위헌이고, 나아가 긴급조치 제1호에 의하여 침해된 각 기본권의 보장 규정을 두고 있는 현행 헌법에 비추어 보더라도 위헌이다. 결국 이 사건 재판의 전제가 된 긴급조치 제1호 제1항, 제3항, 제5항을 포함하여 긴급조치 제1호는 헌법에 위배되어 무효이다. 이와 달리 유신헌법 제53조에 근거를 둔 긴급조치 제1호가 합헌이라는 취지로 판시한 대법원 1975. 1. 28. 선고 74도3492 판결, 대법원 1975. 1. 28. 선고 74도3498 판결, 대법원 1975. 4. 8. 선고 74도3323 판결과 그 밖에 이 판결의 견해와 다른 대법원판결들은 모두 폐기한다(대법원 2010. 12. 16. 선고 2010도5986 전원합의체 판결【대통령긴급조치위반·반공법위반】).

률'의 위헌 여부는 헌법재판소가, 법률의 하위 규범인 '명령·규칙 또는 처분' 등의 위헌 또는 위법 여부는 대법원이 그 심사권한을 갖는 것으로 권한을 분배하고 있다. 이 조항에 규정된 '법률'인지 여부는 그 제정 형식이나 명칭이 아니라 규범의 효력을 기준으로 판단하여야 하고, **'법률'에는 국회의 의결을 거친 이른바 형식적 의미의 법률은 물론이고 그 밖에 조약 등 '형식적 의미의 법률과 동일한 효력'을 갖는 규범들도 모두 포함된다**. 따라서 **최소한 법률과 동일한 효력을 가지는 이 사건 긴급조치들의 위헌 여부 심사권한도 헌법재판소에 전속**한다(헌재 2013. 3. 21. 2010헌바132 등 구 헌법 제53조 등 위헌소원).[3)]

⑸ 명령, 규칙, 조례

명령·규칙은 위헌제청의 대상이 되지 않는다(헌법 107②). 따라서 대통령령(시행령), 총리령·부령(시행규칙), 명령이나 규칙 또는 대법원규칙 및 조례를 대상으로 한 헌법소원심판청구도 부적법하다.

다만, 법률과 시행령·규칙 등이 결합하여 전체로서 하나의 완결된 법적 효력을 발휘할 경우에는 법률의 위임에 의한 시행령·규칙 등 하위법규가 부수적으로 법률의 내용을 판단하는 자료가 될 수 있을 것이다(예: 정기간행물등록제 사건 헌재 1992. 6. 26. 90헌가23등).

⑹ 관습법

대법원은 관습법이 위헌법률심판의 대상이 아니라고 보아 관습법의 위헌 여부 및 효력에 관하여 헌법재판소에 제청함이 없이 스스로 판단해 왔다.

반면, 헌법재판소는 법률과 같은 효력을 가지는 관습법은 헌법재판소법 제68조 제2항 헌법소원의 대상이 된다고 하였다.

---

3) 가. 헌법을 개정하거나 다른 내용의 헌법을 모색하는 것은 주권자인 국민이 보유하는 가장 기본적인 권리로서, 가장 강력하게 보호되어야 할 권리 중의 권리에 해당하고, 집권세력의 정책과 도덕성, 혹은 정당성에 대하여 정치적인 반대의사를 표시하는 것은 헌법이 보장하는 정치적 자유의 가장 핵심적인 부분이다. 정부에 대한 비판 일체를 원천적으로 배제하고 이를 처벌하는 긴급조치 제1호, 제2호는 대한민국 헌법의 근본원리인 국민주권주의와 자유민주적 기본질서에 부합하지 아니하므로 기본권 제한에 있어서 준수하여야 할 목적의 정당성과 방법의 적절성이 인정되지 않는다. 긴급조치 제1호, 제2호는 국민의 유신헌법 반대운동을 통제하고 정치적 표현의 자유를 과도하게 침해하는 내용이어서 국가긴급권이 갖는 내재적 한계를 일탈한 것으로서, 이 점에서도 목적의 정당성이나 방법의 적절성을 갖추지 못하였다.

나. 긴급조치 제1호, 제2호는 국가긴급권의 발동이 필요한 상황과는 전혀 무관하게 헌법과 관련하여 자신의 견해를 단순하게 표명하는 모든 행위까지 처벌하고, 처벌의 대상이 되는 행위를 전혀 구체적으로 특정할 수 없으므로, 표현의 자유 제한의 한계를 일탈하여 국가형벌권을 자의적으로 행사하였고, 죄형법정주의의 명확성 원칙에 위배되며, 국민의 헌법개정권력의 행사와 관련한 참정권, 국민투표권, 영장주의 및 신체의 자유, 법관에 의한 재판을 받을 권리 등을 침해한다(헌재 2013. 3. 21. 2010헌바132등).

판 례 대법원 2003. 7. 24. 선고 2001다48781 전원합의체 판결【소유권이전등기등】

제정민법이 시행되기 전에 존재하던 '상속회복청구권은 상속이 개시된 날부터 20년이 경과하면 소멸한다.'는 관습에 관습법으로의 효력을 인정할 수 있는지 여부(소극)

[다수의견] 사회의 거듭된 관행으로 생성한 어떤 사회생활규범이 법적 규범으로 승인되기에 이르렀다고 하기 위하여는 그 사회생활규범은 헌법을 최상위 규범으로 하는 전체 법질서에 반하지 아니하는 것으로서 정당성과 합리성이 있다고 인정될 수 있는 것이어야 하고, 그렇지 아니한 사회생활규범은 비록 그것이 사회의 거듭된 관행으로 생성된 것이라고 할지라도 이를 법적 규범으로 삼아 관습법으로서의 효력을 인정할 수 없는바, 제정 민법이 시행되기 전에 존재하던 관습 중 "상속회복청구권은 상속이 개시된 날부터 20년이 경과하면 소멸한다."는 내용의 관습은 이를 적용하게 되면 20년의 경과 후에 상속권침해가 있을 때에는 침해행위와 동시에 진정상속인은 권리를 잃고 구제를 받을 수 없는 결과가 되므로 소유권은 원래 소멸시효의 적용을 받지 않는다는 권리의 속성에 반할 뿐 아니라 진정상속인으로 하여금 참칭상속인에 의한 재산권침해를 사실상 방어할 수 없게 만드는 결과로 되어 불합리하고, 헌법을 최상위 규범으로 하는 법질서 전체의 이념에도 부합하지 아니하여 정당성이 없으므로, **위 관습에 법적 규범인 관습법으로서의 효력을 인정할 수 없다.**

[반대의견] 법원으로서는 관습법이 다른 법령에 의하여 변경·폐지되거나 그와 모순·저촉되는 새로운 내용의 관습법이 확인되기 전까지는 이에 기속되어 이를 적용하여야 하고, 만일 관습법이 헌법에 위반된다면 그 이유로 이를 적용하지 아니할 수 있을 뿐이지 막연히 불합리하다거나 정당성이 없다는 등의 사유를 이유로 판례변경을 통하여 그 적용을 배제할 수는 없는바, 법원은 대법원 1981. 1. 27. 선고 80다1392 판결에 의해 "상속회복청구권은 상속이 개시된 날부터 20년이 경과하면 소멸한다."는 내용의 관습이 관습법으로 성립하여 존재하고 있음을 확인·선언한 이래 여러 차례에 걸쳐 이를 재확인하여 왔으며, 한편 민법 시행 전의 폐지된 조선민사령은 상속에 관한 사항은 관습에 의한다고 규정하였고, 민법은 부칙 제25조 제 1 항에서 "이 법 시행 전에 개시된 상속에 관하여는 이 법 시행일 후에도 구법의 규정을 적용한다."라고 규정하였으며, 1977. 12. 31. 법률 제3051호로 개정된 민법 부칙 제 5 항 및 1990. 1. 13. 법률 제4199호로 개정된 민법 부칙 제12조 제 1 항에서도 각각 같은 내용의 경과규정을 두고 있으므로, 위 관습법이 다른 법령에 의하여 변경·폐지되거나 그와 모순·저촉되는 새로운 내용의 관습법이 확인되지 아니한 이상 법원으로서는 민법 시행 전에 있어서의 상속에 관한 법률관계에 해당하는 상속회복청구에 대하여 위 관습법을 적용할 수밖에 없다.

[반대의견에 대한 보충의견] 관습법은 성문법률을 보충하는 효력을 가지는 것이기는 하지만 법률의 효력을 가지는 것이어서 그러한 관습법에 위헌적 요소가 있는 경우 우리의 성문법률 위헌심사제도 아래에서는 헌법재판소를 통한 위헌선언이 이루어질 길이 없고 법원에 의하여 위헌성이 판정되고 그의 적용이 배제되어야 할 터이므로 그렇게 되면 실질상 위헌법률선언과 같은 결과를 낳을 것인바, 그 경우에는 헌법상 법치주의 원칙에서 나온 법적 안정성 내지 신뢰보호원칙에 바탕을 둔 위헌결정의 불소급효원칙의 정신에 따라 그 선언이 있는 날 이후로만 그 관습법의 효력이 상실되도록 함이 상당하다.

판 례 헌재 2013. 2. 28. 2009헌바129 상속에 관한 구 관습법 부분 위헌소원
호주가 사망한 경우 딸에게 분재청구권을 인정하지 아니한 구 관습법(이하 '이 사건 관습법'이라 한다)이 헌법재판소법 제68조 제 2 항에 의한 헌법소원심판의 대상이 되는지 여부(적극)

법률과 동일한 효력을 갖는 조약 등을 위헌법률심판의 대상으로 삼는 것은 헌법을 최고규범으로 하는 법질서의 통일성과 법적 안정성을 확보할 수 있을 뿐만 아니라, 합헌적인 법률에 의한 재판을 가능하게 하여 궁극적으로는 국민의 기본권 보장에 기여할 수 있다. 그런데 이 사건 관습법은 민법 시행 이전에 상속을 규율하는 법률이 없는 상황에서 재산상속에 관하여 적용된 규범으로서 비록 형식적 의미의 법률은 아니지만 실질적으로는 법률과 같은 효력을 갖는 것이므로 위헌법률심판의 대상이 된다.

3. 재판의 전제성

법률에 대한 위헌제청이 적법하기 위해서는 법원에 계속중인 구체적인 사건에 적용할 법률이 헌법에 위반되는 여부가 재판의 전제로 되어야 한다. 이 재판의 전제성 요건은 위헌법률심판절차의 "구체적" 규범통제절차로서의 본질을 드러내 주는 요건으로 위헌법률심판절차를 "추상적 규범통제절차"와 구분해 주는 의미를 갖는다.[4)]

여기서 재판은 형식 여하와 본안에 관한 재판이거나 소송절차에 관한 것이나를 불문하며, 판결과 결정 그리고 명령이 모두 포함되고, 심급을 종결시키는 종국재판뿐만 아니라 중간재판(예: 증거채부결정, 보정명령)도 포함된다.[5)] 그리고 체포·구속·압수·수색영장·구속적부심사청구·보석허가에 관한 재판도 재판의 개념에 포함된다.

(1) 재판의 "전제성"

재판의 전제성이라 함은 원칙적으로 ① 구체적인 사건이 법원에 계속 중이어야 하고, ② 위헌 여부가 문제되는 법률이 당해 소송사건의 재판에 적용되는 것이어야 하며, ③ 그 법률이 헌법에 위반되는지의 여부에 따라 당해 사건을 담당하는 법원이 다른 내용의 재판을 하게 되는 경우를 말한다. **여기서 다른 내용의 재판을 하게 되는 경우라 함은** 원칙적으로 법원이 심리 중인 당해 사건의 재판의 결론이나 주문에 어떤 영향을 주는 경우뿐만 아니라 문제된 법률의 위헌 여부가 비록 재판의 주문자체에는 아무런 영향을 주지 않는다고 하더라도 재판의 결론을 이끌어 내는 이유를 달리하는 데 관련되어 있거나 또는 재판의 내용과 효력에 관한 법률적 의미가 달라지는 경우도 포함된다고 할 것이다(헌재 1992. 12. 24. 선고 92헌가8 결정; 1993. 5. 13. 선고 92헌가10, 91헌바7, 92헌바24, 50

4) 헌법재판소, 제 1 개정증보판 헌법재판실무제요, 111면.
5) 김하열, 제4판 헌법소송법, 303면.

(병합) 결정; 1990. 6. 25. 선고 89헌가98 내지 101(병합) 결정 등 참조).

(2) 재판의 전제성 소멸과 제청의 철회

재판의 전제성은 법률의 위헌여부심판제청시만 아니라 심판시에도 갖추어져야 함이 원칙이다(헌재 1993. 12. 23. 93헌가2). 따라서 위헌제청 이후에 당해 소송의 당사자가 당해 법원에 계속된 소송의 종료를 초래하는 소송행위(소·상소 등의 취하, 화해, 청구의 인낙 등)를 하였거나, 위헌제청 이후에 당해 소송 당사자가 사망하였거나, 문제된 법률이 개정·폐지되는 등으로 재판의 전제성이 사후적으로 소멸된 경우에는 제청법원은 위헌제청을 철회해야 하고, 철회에 따라 위헌법률심판절차는 재판 없이 종료된 것으로 처리된다.[6]

(3) 예외적인 헌법적 해명의 필요성

1) 헌법재판소는 당해 소송사건이 종료되어 재판의 전제성이 소멸된 경우이거나 또는 심판대상조항에 대한 헌법소원이 인용된다 하더라도 당해 소송사건에 영향을 미칠 수 없어 재판의 전제성이 없는 경우에도, 헌법적 해명이 필요한 긴요한 사안인 경우에는 예외적으로 본안판단을 하고 있다.

2) 일찌기 헌법재판소는 법률에 대한 헌법소원심판에 있어서 "침해행위가 이미 종료되어서 이를 취소할 여지가 없기 때문에 헌법소원이 주관적 권리구제에 별 도움이 안 되는 경우라도 그러한 **침해행위가 앞으로도 반복될 위험이 있거나 당해 분쟁의 해결이 헌법질서의 수호·유지를 위하여 긴요한 사항이어서 그 해명이 헌법적으로 중대한 의미를 지니고 있는 경우**에는 헌법소원의 이익을 인정하여야 할 것이다(헌재 1992. 4. 14. 선고 90헌마82 결정 등 참조)라고 판시하였다.

3) 이러한 법리는 구체적 규범통제로서의 법원의 제청에 의한 법률의 위헌여부심판절차에서도 존중되어야 할 것이다. 따라서 위헌여부심판이 제청된 법률조항에 의하여 침해된다는 기본권이 중요하여 동 법률조항의 위헌 여부의 해명이 헌법적으로 중요성이 있는데도 그 해명이 없거나, 동 법률조항으로 인한 기본권의 침해가 반복될 위험성이 있는데도 좀처럼 그 법률조항에 대한 위헌여부심판의 기회를 갖기 어려운 경우에는 설사 그 심리기간 중 그 후의 사태진행으로 당해 소송이 종료되었더라도 헌법재판소로서는 제청 당시 전제성이 인정되는 한 **예외적으로 객관적인 헌법질서의 수호·유지를 위하여 심판의 필요성을 인정**하여 적극적으로 그 위헌 여부에 대한 판단을 하는 것이 헌법재판소의 존재이유에도 부합하고 그 임무를 다하는 것이 될 것이다(헌재 1993. 12. 23. 93헌가2).

6) 김하열, 제4판 헌법소송법, 317면.

위헌법률심판제청신청서

사 건 ○○○○가합10 과징금부과처분취소

신청인 태양운수(주)

위 사건에 관하여 신청인은 아래와 같이 위헌법률심판제청을 신청합니다.

신 청 취 지

"교통안전공단법 제13조 제 2 항 제 1 호와 제 2 호, 제17조, 제18조, 제19조의 위헌여부에 대한 심판을 제청한다."라는 결정을 구합니다.

신 청 이 유

. . .

신청인 대리인

서울행정법원 귀중

[변시 7회 출제 양식]

위헌법률심판제청신청서

사　　건　[①]

신 청 인　(생략)

신 청 취 지

[②]

신 청 이 유

Ⅰ. 재판의 전제성

[③]

Ⅱ. 이 사건 조항의 위헌성

[④]

Ⅲ. 결 론 (생략)

2017. (생략)

신청인의 대리인 [⑤]

[⑥] 귀중

3

공법기록형 공법소송실무

헌법소원심판청구 기본이론

03

Contents

목　차

Ⅰ. 헌법소원심판의 종류와 청구서 기재사항

1. 헌법소원심판청구의 종류

헌법재판소법 제68조 제1항에 따른 헌법소원심판은 **주관적 권리구제의 헌법소원**으로서 개별적인 공권력의 행사 또는 불행사로 인하여 헌법상 보장된 기본권을 침해받은 자가 청구할 수 있음에 비하여, 헌법재판소법 제68조 제2항에 따른 헌법소원심판은 **구체적 규범통제의 헌법소원**으로서 헌법재판소법 제41조 제1항에 따른 법률의 위헌여부심판의 제청신청이 법원에 의하여 기각된 때에 그 신청을 한 당사자가 헌법재판소에 제청신청이 기각된 법률의 위헌 여부를 가리기 위하여 헌법소원심판을 청구하는 것으로 그 심판청구의 요건과 대상이 다르다(헌재 1994. 4. 28. 89헌마221).

2. 헌법소원심판청구서 기재사항

(1) 심판청구서의 제출

헌법소원심판청구는 청구서를 헌법재판소에 제출하는 방법으로 하는 것이 원칙이다.

▣ 헌법재판소법 제26조(심판청구의 방식)

① 헌법재판소에의 심판청구는 심판절차별로 정하여진 **청구서를 헌법재판소에 제출함으로써 한다**. 다만, 위헌법률심판에서는 법원의 제청서, 탄핵심판에서는 국회의 소추의결서(訴追議決書)의 정본(正本)으로 청구서를 갈음한다.

② 청구서에는 필요한 증거서류 또는 참고자료를 첨부할 수 있다.

▣ 헌법재판소 사건의 접수에 관한 규칙

제4조(사건의 접수) ① 법 제26조에 따른 심판청구서(법원의 위헌제청서 및 국회의 탄핵소추의결서를 포함한다. 이하 같다) 또는 제3조 제3항 또는 제4항에 따른 신청사건 또는 특별사건을 제기하는 신청서류(이하 "사건서류"라 한다)가 제출되면, 접수공무원은 이를 사건으로 접수하여야 한다. <개정 2022. 2. 23.>

② **제1항에 따른 사건서류는 방문, 우편 또는 「헌법재판소 심판절차에서의 전자문서 이용 등에 관한 규칙」 제2조 제1호에 따른 전자헌법재판시스템을 통하여 제출되어야 한다**. 다만, 다른 기관에 제출된 사건서류가 헌법재판소로 이송된 경우에는 본문에

따른 우편제출로 보지 아니한다. <신설 2022. 2. 23.>

③ 제1항에 따라 사건을 접수하면, 접수공무원은 사건서류에 별표의 접수인을 찍어 접수연월일과 번호를 기입하고, 접수공무원 확인인의 날인 및 접수방법을 표시한 후 표지를 붙여 사건기록을 편성한다. <개정 2022. 2. 23.>

④ 접수공무원은 사건서류 제출자의 요청이 있을 때에는 즉석에서 접수증을 교부하여야 한다. <개정 2022. 2.23.>

⑤ **사건기록을 편성한 때에는 사건번호·사건명·청구인 등 사건의 특정에 필요한 사항을 「헌법재판소 사무관리 규칙」 제3조 제12호에 따른 헌법재판정보시스템**(이하 "헌법재판정보시스템"이라 한다)**에 입력하여야 한다.** <개정 2022. 2. 23.>

(2) 심판청구서의 기재사항

1) **헌법재판소법 제68조 제1항에 의한 헌법소원(헌마 사건)**

▣ 헌법재판소법

제68조(청구 사유) ① 공권력의 행사 또는 불행사(不行使)로 인하여 헌법상 보장된 기본권을 침해받은 자는 법원의 재판을 제외하고는 헌법재판소에 헌법소원심판을 청구할 수 있다. 다만, 다른 법률에 구제절차가 있는 경우에는 그 절차를 모두 거친 후에 청구할 수 있다.

제71조(청구서의 기재사항) ① **제68조 제1항에 따른 헌법소원의 심판청구서**에는 다음 각 호의 사항을 적어야 한다.

1. 청구인 및 대리인의 표시
2. 침해된 권리
3. 침해의 원인이 되는 공권력의 행사 또는 불행사
4. 청구 이유
5. 그 밖에 필요한 사항

② 제68조 제2항에 따른 헌법소원의 심판청구서의 기재사항에 관하여는 제43조를 준용한다. 이 경우 제43조 제1호 중 "제청법원의 표시"는 "청구인 및 대리인의 표시"로 본다.

③ 헌법소원의 심판청구서에는 대리인의 선임을 증명하는 서류 또는 국선대리인 선임통지서를 첨부하여야 한다.

2) **헌법제판소법 제68조 제2항에 의한 헌법소원(헌바 사건)**

▣ 헌법재판소법

제68조(청구 사유) ② **제41조 제1항에 따른 법률의 위헌 여부 심판의 제청신청이 기각된 때에는 그 신청을 한 당사자는 헌법재판소에 헌법소원심판을 청구할 수 있다.** 이 경우 그 당사자는 당해 사건의 소송절차에서 동일한 사유를 이유로 다시 위헌 여부 심판의 제청을 신청할 수 없다.

제71조(청구서의 기재사항) ② **제68조 제2항에 따른 헌법소원의 심판청구서의 기재사항에 관하여는 제43조를 준용한다.** 이 경우 제43조 제1호 중 "제청법원의 표시"는 "청구인 및 대리인의 표시"로 본다.

제43조(제청서의 기재사항) 법원이 법률의 위헌 여부 심판을 헌법재판소에 제청할 때에는 제청서에 다음 각 호의 사항을 적어야 한다.

1. 제청법원의 표시
2. 사건 및 당사자의 표시
3. 위헌이라고 해석되는 법률 또는 법률의 조항
4. 위헌이라고 해석되는 이유
5. 그 밖에 필요한 사항

Ⅱ. 헌법재판소법 제68조 제1항에 의한 헌법소원 적법요건

1. 청구권자

헌법소원은 "**헌법상 보장된 기본권을 침해받은 자**"가 청구하는 것(헌법재판소법 68 ①)이므로 기본권의 주체가 되는 자, 즉 기본권능력이 있는 자가 청구인능력이 있다. 따라서 헌법소원을 청구할 수 있는 일반적 능력을 청구인능력 또는 소원능력이라고 한다.

반면, '청구인적격'은 특정 헌법소원에서 정당한 청구인으로 소송을 수행하고 본안판단을 받기에 적합한 자격을 말한다. 헌법소원에서 청구인적격은 기본권을 침해받은 자에게 인정되고, 이는 다시 기본권 관련성, 침해관련성, 자기관련성, 현재성, 직접성으로 나누어진다.

(1) 자연인

대한민국 국적을 가진 모든 자연인은 기본권의 주체가 되며, 대한민국 국적을 가진 모든 국민이 헌법소원을 청구할 수 있다. 자연인은 출생과 더불어 청구인능력을 가지며, 사망으로 상실한다.

아동이나 미성년자도 청구인능력이 있다. 이들은 원칙적으로 소송능력이 없으므로, 이들의 헌법소원 청구는 친권자 등의 법정대리인에 의해 수행된다.

[기재례]

청구인 김 갑 동
서울 동대문구 경희대로 12
미성년자이므로 법정대리인 친권자 부 김을수, 모 박모란

(2) 외국인

헌법의 기본권 규정은 '모든 국민은 …'이라고 시작하지만, 기본권의 성질에 따라 외국인도 일정한 범위 내에서 기본권의 주체가 된다는 것이 통설·판례이다. 외국인 또는 무국적의 자연인은 기본권의 성질에 따라 제한적으로만 헌법소원을 제기할 수 있다.[1)]

외국인 또는 무국적의 자연인은 자연권적 성질을 갖는 기본권들과 관련해서만 헌법소원을 제기할 수 있다고 보아야 한다.[2)]

[기재례]

청구인 예레나 나타샤
서울 서초구 서초중앙로 12 멋진아파트 100동 1002호

청구인 대리인

1) 헌법재판소, 제3개정판 헌법재판실무제요, 320면.
2) 헌법재판소, 제1개정증보판 헌법재판실무제요, 228면.

법무법인 서로
담당변호사 김홍화, 이승소
서울 서초구 서로중앙로 23 부유빌딩 212호

(3) 법 인

1) 기본권의 성질상 법인이 누릴 수 있는 것에 대해서는 법인의 기본권 주체성을 인정한다. 사법인이나 그 밖에 권리능력 없는 결사도 이들이 향유할 수 있는 기본권의 침해가 문제된 경우에는 헌법소원을 제기할 수 있다. 법인 아닌 사단·재단이라고 하더라도 대표자의 정함이 있고 독립된 사회적 조직체로서 활동하는 때에는 성질상 법인이 누릴 수 있는기본권을 침해당하게 되면 그의 이름으로 헌법소원심판을 청구할 수 있다(헌재 1991. 6. 3. 90헌마56).

2) 그러나 공권력의 행사자인 국가, 지방자치단체나 그 기관 또는 국가조직의 일부나 공법인은 기본권의 '수범자'로서 국민의 기본권을 보호 내지 실현해야 할 '책임'과 '의무'를 지니고 있을 뿐(헌재 1998. 3. 26. 96헌마345)이라서 헌법소원 청구인능력을 인정하지 않는다.[3)]

3) 다만, 대학은 연구와 교육을 자유롭게 하여 진리탐구와 지도적 인격의 도야(陶冶)라는 대학의 기능을 충분히 발휘할 수 있어야 하므로 국립대학이라 하더라도 학문의 자유 및 대학의 자치와 관련한 기본권 주체성은 인정된다고 하였으며(헌재 1992. 10. 1. 92헌마68등), 축협중앙회도 공법인으로서의 특성을 많이 가지고 있지만 그 존립목적 및 설립형식에서의 자주적 성격에 비추어 사법인성도 겸유한 특수한 법인으로서 결사의 자유 등에 있어 기본권의 주체가 된다(헌재 2000. 6. 1. 99헌마553).

한편, 공권력의 주체인 공직자가 국가기관의 지위에서 기본권 침해를 주장하는 경우에는 기본권주체성을 인정하기 어려우나, 그 외의 사적인 영역에 있어서는 기본권주

3) 지방자치단체가 기본권의 주체가 될 수 있는지 여부를 살펴보면, 기본권 보장규정인 헌법 제2장의 제목이 "국민의 권리와 의무"이고 그 제10조 내지 제39조에서 "모든 국민은 … 권리를 가진다"고 규정하고 있으므로 이러한 기본권의 보장에 관한 각 헌법규정의 해석상 국민만이 기본권의 주체라 할 것이고, 공권력의 행사자인 국가, 지방자치단체나 그 기관 또는 국가조직의 일부나 공법인은 기본권의 "수범자"이지 기본권의 주체가 아니고 오히려 국민의 기본권을 보호 내지 실현해야 할 '책임'과 '의무'를 지니고 있을 뿐이다(헌재 1994. 12. 29. 93헌마120, 판례집 6-2, 477, 480; 헌재 1995. 2. 23. 90헌마125, 판례집 7-1, 238, 242; 헌재 1995. 9. 28. 92헌마23 등, 판례집 7-2, 343, 351 참조).

체가 될 수 있다(헌재 2009. 3. 26. 2007헌마843).

2. 공권력의 행사 또는 불행사의 존재

(1) 헌법재판소법 제68조 제 1 항에 의하여 헌법소원의 대상이 되는 행위는 국가기관의 공권력작용에 속하여야 한다. 여기서 국가기관은 입법·행정·사법 등의 모든 기관을 포함한다. 공법상의 사단·재단 등의 공법인, 국립대학교(서울대학교 입시요강 사건)와 같은 영조물 등의 작용도 헌법소원의 대상이 된다.

(2) 공권력의 불행사에 대한 헌법소원은 **공권력의 주체에게 헌법에서 유래하는 작위의무가 특별히 구체적으로 규정**되어 이에 의거하여 기본권의 주체가 그 공권력의 행사를 청구할 수 있음에도 공권력의 주체가 그 의무를 해태하는 경우에 한하여 허용되는 것이다. **이러한 작위의무가 없는 공권력의 불행사에 대한 헌법소원은 부적법**한 것이 된다(헌재 1991. 9. 16. 89헌마163; 1994. 4. 28. 92헌마153 참조).

3. 기본권침해

(1) 헌법상 보장된 기본권

현행 헌법은 명시적으로 기본권의 개념을 규정하거나 범위를 한정하고 있지 않지만, 헌법상 보장된 기본권이란 '헌법이 직접 국민에게 부여한 주관적 공권, 즉 국민의 국가에 대한 헌법적 권리'라고 일반적으로 해석되고 있다. 이와 같은 기본권은 주로 국민의 권리와 의무에 관한 제2장에 포함되어 있지만, 거기에만 국한된 것은 아니다.

한편, 기본권과 구별되는 것으로 제도적 보장이 있는데, 제도적 보장은 헌법제정권자가 특히 중요하고도 가치가 있다고 인정되고 헌법적으로도 보장할 필요가 있다고 생각하는 국가제도를 헌법에 규정한 것으로, 주관적 권리가 아닌 객관적 법규범이라는 점에서 기본권과 구별된다(헌재 1997. 4. 24. 95헌바48). 따라서 제도적 보장에 내재되어 보호되는 주관적 공권으로서의 기본권 침해 주장은 별론으로 하고, 제도적 보장 그 자체의 침해를 주장하는 헌법소원심판청구는 인정되지 않는다.[4)]

(2) 기본권의 침해가능성

기본권 침해란 공권력주체가 기본권 규범에 의해서 보장된 기본권의 내용 내지 보

4) 헌법재판소, 헌법재판실무제요 제3개정판, 328~329면.

호영역에 대해 가하는 제한을 말한다. 따라서 기본권의 내용 내지 보호영역에 대해 가해지는 간섭·제약, 방해, 삭감, 박탈을 말한다. 자유의 제한, 의무의 부과, 권리 또는 법적 지위의 제약이 있을 때 기본권 침해가 발생한다. 그러므로 원칙적으로 기본권규범의 수범자가 아닌 사인(私人), 즉 기본권의 구속을 받지 아니하는 사인은 기본권적 보호법익에 대해서 사실상의 제약을 가할 수는 있으나, '침해'할 수는 없다.

헌법재판소법 제68조 제1항의 "헌법상 보장된 기본권을 침해를 받은 자"는 **"헌법상 보장된 기본권을 침해받았다고 주장하는 자"**로 해석하여야 하며, 헌법소원청구인은 자신의 기본권에 대한 공권력주체의 제한행위가 위헌적인 것임을 **어느 정도 구체적으로 주장하여야** 한다.

(3) 법적 관련성

헌법재판소는 확립된 판례를 통해서 헌법소원 청구인은 원칙적으로 **자신의 기본권**이, **현재** 그리고 **직접 침해**당한 경우라야 헌법소원을 제기할 수 있다고 한다. ① 자기관련성은 '**누가**' 불이익이나 피해를 당했을 때 청구인적격을 인정할 것인지 문제이며, ② 현재성은 권리보호이익과 함께 '**언제**' 청구인적격을 인정할 것인지의 문제이다. ③ 직접성은 '**언제**'의 관점과 보충성의 관점을 동시에 포함하고 있는 요건에 해당된다.

1) **자기관련성**

헌법재판소법 제68조 제1항의 '기본권을 침해받은 자'는 '기본권을 침해받은 자 자신'을 말하고, 자신의 기본권을 침해받은 자만이 헌법소원을 적법하게 청구할 수 있다는 의미에서 기본권 침해의 자기관련성이라 한다. 자기의 기본권을 침해받은 자가 이를 구제받기 위해서 헌법소원심판 절차를 이용할 수 있다는 것을 말한다.

헌법소원심판에 있어서는 원칙적으로 공권력의 행사 또는 불행사의 직접적인 상대방만이 자기관련성이 인정된다. 반면, 공권력 작용에 단지 간접적, 사실적 또는 경제적인 이해관계가 있을 뿐이거나 반사적 불이익을 받고 있는 것에 불과한 제3자의 경우에는 자기관련성이 인정되지 않는다.[5] 예컨대 세무대학 진학을 목표로 공부해 온 고등학생들의 경우 세무대학교폐지법률의 위헌 여부를 다툴 청구인적격(자기관련성)이 인정될 수 없다(헌재 2001. 2. 22. 99헌마613).

자기관련성은 공권력 작용의 상대방 또는 수신자에게만 인정되는 것이 원칙이다.

5) 학교법인이 운영하는 중·고등학교에 재학 중인 학생들은 학교법인에 대한 과세처분에 관하여 단지 간접적이고 사실적이며 경제적인 이해관계가 있는 자들일 뿐이므로, 자기관련성이 인정되지 않는다(헌재 1993. 7. 29. 89헌마123).

다만, 공권력 작용의 직접적인 상대방이 아닌 제 3 자라고 하더라도 공권력 작용이 그 제 3 자의 기본권을 직접적이고 법적으로 침해하고 있는 경우에는 예외적으로 그 제 3 자에게 자기관련성이 인정될 수 있다(헌재 1993. 3. 11. 91헌마233).

2) **현재성**

공권력 작용으로 인한 기본권 침해가 시간적 의미에서 '현재' 일어나고 있는 것을 말한다. 현재성은 침해관련성을 시간적 관점에서 파악하여 제한하는 요건이라 할 수 있다.[6] 장차 언젠가 권리(기본권) 침해를 받을 우려가 있다 하더라도 그러한 우려는 단순히 장래 잠재적으로 나타날 수 있는 것에 불과하여 권리(기본권) 침해의 현재성을 구비하였다고 볼 수 없다(헌재 1989. 7. 21. 89헌마12). 다만, 기본권 침해 자체는 장래에 발생하더라도 그 침해의 발생이 현재 확실히 예측된다면 기본권구제의 실효성을 위하여 침해의 현재성을 인정할 수 있다(헌재 2002. 7. 18. 2001헌마605).[7]

3) **직접성**

헌법재판소법 제68조 제 1 항에 따른 헌법소원은 공권력작용으로 인하여 직접적으로 기본권을 침해받은 자만이 청구할 수 있다. 이를 기본권 침해의 직접성 요건이라 한다. 직접성 요건은 법령에 대한 헌법소원에서 특히 중요한 의미를 가진다. 즉, 법령 자체가 헌법소원의 대상이 될 수 있으려면 **집행행위에 의하지 아니하고 법령 그 자체에 의하여** 자유의 제한, 의무의 부과, 권리 또는 법적 지위의 박탈이 생겨야 한다(헌재 1992. 11. 12. 91헌마192).

헌법소원심판청구와 관련하여 직접성이 요구되는 법령에는 형식적인 의미의 법률뿐만 아니라 조약, 명령·규칙, 헌법소원의 대상성이 인정되는 행정규칙, 조례 등이 모두 포함된다.[8] 그러나 일반적으로 '정의규정' 내지 '선언규정'은 그 자체로 청구인에 대한 자유의 제한, 의무의 부과, 권리 또는 법적 지위의 박탈을 가져오지 않으므로 기본권 침해의 직접성 요건을 충족하지 못한다.

구체적 집행행위가 존재하는 경우라도 예외적으로 직접성이 인정되는 경우가 있다. 즉, ① 집행행위가 존재하는 경우라도 그 집행행위를 대상으로 하는 구제절차가 없거나, 구제절차가 있다고 하더라도 권리구제의 기대가능성이 없고 다만 기본권 침해를 당한

6) 김하열, 헌법소송법 제 4 판, 513면.

7) 일본어를 선택과목에서 제외하고 있는 서울대학교 입시요강은 그 시행이 비록 장래로 예정되어 있다고 하더라도 앞으로 그대로 실시될 것이 예상되므로 기본권 침해의 현재성이 인정된다(헌재 1992. 10. 1. 92헌마68등).

8) 헌법재판소, 헌법재판실무제요 제 3 개정판, 348면.

청구인에게 불필요한 우회절차를 강요하는 것 밖에 되지 않는 경우(헌재 1997. 8. 21. 96헌마48),[9] ② 법규범이 집행행위를 예정하고 있더라도 법규범의 내용이 집행행위 이전에 이미 국민의 권리관계를 직접 변동시키거나 국민의 법적 지위를 결정적으로 정하는 것이어서 국민의 권리관계가 집행행위의 유무나 내용에 의하여 좌우될 수 없을 정도로 확정된 상태(헌재 1997. 7. 16. 97헌마38)가 있다.[10]

4) **보충성**

헌법소원은 다른 법률에 구제절차가 있는 경우에는 그 절차를 모두 거친 후에 청구할 수 있다(헌법재판소법 68①단서). 이를 헌법소원의 보충성이라고 한다. 여기서 '**다른 법률에 구제절차가 있는 경우**'란 주로 법원의 소송절차를 의미하므로, 법원의 소송절차를 모두 거쳐야 한다는 것이고, 법원을 통해서도 기본권 구제를 받지 못한 경우에 비로소 헌법소원을 청구할 수 있다는 것을 말한다.

'다른 법률에 의한 구제절차를 거친 후'란 다른 법률에 의한 구제절차를 '적법하게' 거친 경우를 말하므로(헌재 1994. 6. 30. 90헌마107), 과세처분의 취소를 구하는 행정소송을 제기하였다가 그 소송을 취하하였거나 취하간주된 경우에 그 과세처분의 취소를 구하는 헌법소원심판청구는 다른 법률에 의한 적법한 구제절차를 거쳤다고 볼 수 없어 부적법하다(헌재 1999. 9. 16. 98헌마265).

법령 자체에 의하여 직접 기본권을 침해받은 경우 그 법령 자체의 효력을 직접 다투는 것을 소송물로 하여 일반법원에 소송을 제기하는 길이 없으므로 구제절차가 있는 경우에 해당하지 아니하여 바로 헌법소원심판을 청구할 수 있다(헌재 1989. 3. 17. 88헌마1).

사전에 구제절차를 거칠 것을 기대하기가 곤란한 경우에는 보충성 원칙의 예외가 인정된다.

판 례 구제절차가 있다고 하더라도 권리구제의 기대가능성이 없고 기본권 침해를 당한 자에게 불필요한 우회절차를 강요하는 것밖에 되지 않는 경우이어서 보충성의 예외를 인정한 사례

이 사건 진압명령은 특정 일시의 특정 집회와 관련된 시위의 진압을 내용으로 하는 것으로서

9) 헌법재판소는 변호인 등의 공판정에서의 녹취허가신청에 대한 법원의 불허결정에 대하여는 직접적인 구제절차가 없다고 보아 그 근거규정인 형사소송규칙의 직접성을 인정하였다(헌재 1995. 12. 28. 91헌마114).

10) 의료인에게 하나의 의료기관만을 개설할 수 있도록 규정한 의료법 조항에 대해서는 집행행위 이전에 이미 의료인의 법적 지위를 정하고 있을 뿐만 아니라, '하나를 초과하는' 의료기관의 개설신고나 허가신청을 반려하거나 거부하도록 하여 행정청의 집행행위를 형식적인 것에 그치게 한다는 이유로(헌재 2007. 12. 27. 2004헌마1021) 기본권 침해의 직접성을 인정하였다.

이 사건 심판청구 당시에 이미 청구인 등에 의하여 그 실행이 완료된 것이다. 따라서 이 사건 **진압명령에 대한 행정소송은 소의 이익이 없다 하여 각하될 가능성이 매우 크므로** 이와 같은 경우에는 구제절차가 있다고 하더라도 권리구제의 기대가능성이 없고 다만 기본권 침해를 당한 자에게 불필요한 우회절차를 강요하는 것밖에 되지 않는 경우로서 헌법재판소법 **제68조 제1항 단서의 예외의 경우에 해당하여** 이 사건 진압명령에 대한 심판청구부분은 권리구제절차를 밟지 아니하였다고 하더라도 적법하다(헌재 1995. 12. 28. 91헌마80).

판 례 보충성의 원리의 예외로서 청구가 허용되는 경우

피청구인의 접견거부처분에 대해 법원에 준항고절차까지 밟아 이를 취소하는 결정이 었었음에도 **피청구인이 이를 무시한 채 재차 접견거부처분에 이르렀다면**, 이제 준항고절차에 의거하여서는 권리구제의 기득가능성(期得可能性)이 없는 경우로 되었다 할 것이고, 이와 같은 경우에는 오히려 **다른 법률에 의한 구제절차가 없는 경우**로서 보충성의 원리의 예외에 해당되어 청구가 허용된다(헌재 1991. 7. 8. 89헌마181).

4. 청구기간

▣ 헌법재판소법

제69조(청구기간) ① 제68조 제1항에 따른 헌법소원의 심판은 **그 사유가 있음을 안 날부터 90일 이내에**, 그 사유가 있는 날부터 1년 이내에 청구하여야 한다. 다만, 다른 법률에 따른 구제절차를 거친 헌법소원의 심판은 그 최종결정을 통지받은 날부터 30일 이내에 청구하여야 한다.

② **제68조 제2항에 따른 헌법소원심판은** 위헌 여부 심판의 제청신청을 기각하는 결정을 **통지받은 날부터 30일 이내**에 청구하여야 한다.

(1) 다른 법률에 의한 구제절차를 거친 경우

다른 법률에 의한 구제절차(불기소처분에 대하여 검찰청법상의 항고·재항고)를 거친 경우에는 헌법소원심판청구는 그 최종결정을 통지받은 날부터 30일 이내에 청구하여야 한다.

(2) 다른 법률에 의한 구제절차가 없는 경우

1) 다른 법률에 의한 구제절차가 없거나 보충성 요건에 대한 예외가 인정되어 다른 법률에 의한 구제절차를 거칠 필요가 없는 경우에는 그 사유가 있음을 **안 날부터 90일** 이내에, 그 사유가 **있은 날부터 1년** 이내에 청구하여야 한다(헌법재판소법 69①).

2) 여기서 그 사유가 '**있은 날**'이란 공권력의 행사에 의하여 기본권 침해가 발생한 날을 말한다. 예컨대 법률이 정한 요건을 **그 법률의 시행당시 이미 충족하여** 그 법률로 인하여 기본권을 침해받은 자는 법률이 **시행된 날**, 법률이 시행된 후 비로소 그 법률이 정한 요건을 충족하게 되어 기본권을 침해받게 된 자는 **법정요건을 충족하게 된 날**, 또는 기본권을 침해하는 권력적 사실행위가 실제로 행하여진 날 등을 말한다. 그 사유가 있음을 '**안 날**'은 적어도 공권력의 행사에 의한 기본권침해의 사실관계를 특정할 수 있을 정도로 현실적으로 인식하여 심판청구가 가능해진 경우를 뜻한다.

(3) 법령에 대한 헌법소원심판청구의 청구기간

1) 법령이 제정되면 입법자가 스스로 그 법령을 개폐하기 전, 또는 헌법재판소가 위헌성을 확인하기 전까지는 계속하여 효력을 갖는다. 헌법재판소법 제69조 제 1 항 본문의 청구기간을 법령에 대한 헌법소원에 문자 그대로 적용하면, 법령으로 인한 기본권침해를 그에 대한 헌법소원을 통하여 구제받을 수 있는 가능성은 현저히 축소되고, 결과적으로 헌법소원을 통한 기본권구제의 실효성이 현저하게 저하된다.

2) 그리하여 헌법재판소는 헌법소원의 청구기간을 해석을 통하여 ① 법령의 시행과 동시에 기본권을 침해받는 경우와 ② 법령이 시행된 지 비로소 기본권을 침해받게 된 경우로 나누어 기산함으로써, 결과적으로 법령에 대한 헌법소원의 청구기간을 확장하고 있다.

3) **법령의 시행과 동시에 기본권을 침해받게 되는 경우에는** 그 법령이 시행된 사실을 안 날부터 90일 이내에, 법령이 시행된 날부터 1년 이내에 헌법소원을 제기하여야 하고, **법령이 시행된 뒤에 비로소 그 법령에 해당하는 사유가 발생하여 기본권을 침해받게 된 경우에는** 그 사유가 발생하였음을 안 날부터 90일 이내에, 그 사유가 발생한 날부터 1년 이내에 헌법소원을 제기하여야 한다(헌재 2004. 4. 29. 2003헌마484; 헌재 2012. 6. 27. 2010헌마716).[11]

---

11) [판례] 법령에 대한 헌법소원심판에 있어서, 청구기간이 '법령에 해당하는 사유가 발생'하여 진행이 개시된 이후에 다시 '법령에 해당하는 사유가 발생'하면 새로이 청구기간의 진행이 개시되는지 여부(소극)
법령에 대한 헌법소원심판은 법령의 시행과 동시에 기본권의 침해를 받은 자는 그 법령이 시행된 사실을 안 날로부터 90일 이내에, 그 법령이 시행된 날로부터 1년 이내에 청구하여야 하고, 법령이 시행된 후에 비로소 그 법령에 해당하는 사유가 발생하여 기본권의 침해를 받게 된 경우에는 그 사유가 발생하였음을 안 날로부터 90일 이내에, 그 사유가 발생한 날로부터 1년 이내에 청구하여야 한다(헌법재판소법 제69조 제 1 항 참조). 여기서 청구기간 산정의 기산점이 되는 '법령에 해당하는 사유가 발생한

(4) 청구기간 계산의 원칙

1) 헌법재판소법 제40조 제1항은 헌법재판소의 심판절차에 관하여는 민사소송법에 관한 법령의 규정을 준용한다고 규정하고 있고, 민사소송법 제170조는 기간의 계산은 민법에 따른다고 규정하고 있다. 따라서 **청구기간의 계산에 있어 초일은 산입되지 않으며(민법 157)**, 기간 말일의 종료로 청구기간이 만료된다(민법 159). 또한 1년의 청구기간을 계산할 때에는 역(曆)에 의해 계산하고(민법 160), 청구기간의 말일이 토요일 또는 공휴일이면 청구기간은 그 익일로 만료한다(민법 161).

2) 청구기간은 도달주의에 따라 헌법재판소에 심판청구서가 접수된 날부터 기산한다. 청구취지의 변경이 있으면 변경 또는 추가된 청구서가 제출된 시점을 기준으로 판단한다.

(5) 국선대리인선임신청과 청구기간

1) 헌법소원심판을 청구하고자 하는 자가 변호사를 대리인으로 선임할 자력이 없어 헌법재판소에 국선대리인을 선임하여 줄 것을 신청하는 경우 헌법재판소법 제69조에 따른 청구기간은 국선대리인의 선임신청이 있는 날을 기준으로 정한다(법 제70조 제1항 후문, 헌재 1998. 7. 16. 96헌마268). 따라서 국선대리인이 청구기간을 도과하여 심판청구서를 제출하더라도 국선대리인선임신청이 청구기간 내에 이루어졌다면, 헌법재판소법 제70조 제1항 후문에 따라 적법한 청구로 받아들여진다(헌재 1997. 6. 26. 94헌마52).

2) 다만, 국선대리인선임신청을 하였더라도 헌법재판소가 국선대리인을 선정하지 아니한다는 결정을 한 때에는 위와 같은 기준을 따를 수 없고, 신청인이 선임신청을 한 날부터 그 결정통지를 받은 날까지의 기간을 법 제69조의 청구기간에 산입하지 아니하는 것으로 족하다(헌법재판소법 제70조 제4항).

날'이란 법령의 규율을 구체적이고 현실적으로 적용받게 된 최초의 날을 의미하는 것으로 보는 것이 상당하다. 즉, 일단 **'법령에 해당하는 사유가 발생'하면 그 때로부터 당해 법령에 대한 헌법소원의 청구기간의 진행이 개시되며, 그 이후에 새로이 '법령에 해당하는 사유가 발생' 한다고 하여서 일단 개시된 청구기간의 진행이 정지되고 새로운 청구기간의 진행이 개시된다고 볼 수는 없다.** 여기에서 더 나아가 '법령에 해당하는 사유가 발생'한 이후에 당해 법령의 규율을 적용받게 되는 사유가 발생하는 때마다 새로이 청구기간이 진행된다고 본다면 사실상 법령에 대한 헌법소원에 대하여는 청구기간의 제한이 적용되지 아니하는 것으로 보는 결과를 초래하게 될 것이고, 이는 법령소원의 경우에도 헌법재판소법 제69조 제1항의 청구기간요건이 적용되어야 함을 일관되게 판시하고 있는 우리 헌법재판소의 입장에 반한다.

▣ 헌법재판소법

제70조(국선대리인) ① 헌법소원심판을 청구하려는 자가 변호사를 대리인으로 선임할 자력(資力)이 없는 경우에는 헌법재판소에 국선대리인을 선임하여 줄 것을 신청할 수 있다. **이 경우 제69조에 따른 청구기간은 국선대리인의 선임신청이 있는 날을 기준으로 정한다.**

② 제1항에도 불구하고 헌법재판소가 공익상 필요하다고 인정할 때에는 국선대리인을 선임할 수 있다.

③ 헌법재판소는 제1항의 신청이 있는 경우 또는 제2항의 경우에는 헌법재판소규칙으로 정하는 바에 따라 변호사 중에서 국선대리인을 선정한다. 다만, 그 심판청구가 명백히 부적법하거나 이유 없는 경우 또는 권리의 남용이라고 인정되는 경우에는 국선대리인을 선정하지 아니할 수 있다.

④ 헌법재판소가 국선대리인을 선정하지 아니한다는 결정을 한 때에는 지체 없이 그 사실을 신청인에게 통지하여야 한다. **이 경우 신청인이 선임신청을 한 날부터 그 통지를 받은 날까지의 기간은 제69조의 청구기간에 산입하지 아니한다.**

⑤ 제3항에 따라 선정된 국선대리인은 선정된 날부터 60일 이내에 제71조에 규정된 사항을 적은 심판청구서를 헌법재판소에 제출하여야 한다.

⑥ 제3항에 따라 선정한 국선대리인에게는 헌법재판소규칙으로 정하는 바에 따라 국고에서 그 보수를 지급한다.

(6) 청구기간의 도과와 정당한 사유

헌법재판소법 제40조 제1항에 따라 행정소송법이 헌법소원심판에 준용되므로, 정당한 사유가 있는 경우 제소기간을 경과한 행정소송을 허용하는 행정소송법 제20조 제2항 단서가 헌법소원심판에도 준용되고, 따라서 '정당한 사유'가 있는 경우에는 청구기간의 도과에도 불구하고 헌법소원심판청구는 적법하다. 여기의 '정당한 사유'라 함은 청구기간경과의 원인 등 여러 가지 사정을 종합하여 지연된 심판청구를 허용하는 것이 사회통념상으로 보아 상당한 경우를 뜻한다(헌재 1993. 7. 29. 89헌마31).

5. 권리보호이익(소의 이익)

(1) 권리보호이익(소의 이익) 의의

헌법소원제도는 국민의 기본권 침해를 구제해 주는 제도이므로 그 제도의 목적상 권리보호의 이익이 있는 경우에 비로소 이를 제기할 수 있다. 즉 권리보호의 이익이 없는 헌법소원심판청구는 부적법하여 각하를 면할 수 없다(헌재 1997. 1. 16. 90헌마110등). 권리보호이익 내지 소의 이익은, 국가적·공익적 입장에서는 무익한 소송제도의 이용을 통제하는 원리이고, 당사자의 입장에서는 소송제도를 이용할 정당한 이익 또는 필요성을 말하는 것으로서 소송제도에 필연적으로 내재하는 요청이다.

판례 헌재 2001. 9. 27. 2001헌마152 헌법재판소법 제70조 등 위헌확인

[1] 헌법소원심판에 있어서 권리보호이익이라는 적법요건을 요구하고 있는 것이 헌법재판소법 제68조 제1항 소정의 '기본권의 침해를 받은'이라는 부분의 해석에서 직접 도출되는지 여부(소극)

권리보호이익 내지 소의 이익은, 국가적·공익적 입장에서는 무익한 소송제도의 이용을 통제하는 원리이고, 당사자의 입장에서는 소송제도를 이용할 정당한 이익 또는 필요성을 말하는 것으로, '이익 없으면 소 없다'라는 법언이 지적하듯이 소송제도에 필연적으로 내재하는 요청이다. 따라서 권리보호이익이라는 헌법소원심판의 적법요건은 헌법재판소법 제40조 제1항에 의하여 준용되는 민사소송법 내지 행정소송법 규정들에 대한 해석상 인정되는 일반적인 소송원리이지 헌법재판소법 제68조 제1항 소정의 '기본권의 침해를 받은'이라는 부분의 해석에서 직접 도출되는 것은 아니다.

[2] 헌법소원심판청구의 적법요건 중의 하나로 권리보호이익을 요구하는 것이 재판을 받을 권리를 침해하는지 여부(소극)

권리보호이익은 소송제도에 필연적으로 내재하는 요청으로 헌법소원제도의 목적상 필수적인 요건이라고 할 것이어서 이로 인하여 본안판단을 받지 못한다고 하여도 재판을 받을 권리의 본질적인 부분에 대한 침해가 있다고 보기 어렵다. 다만, 권리보호이익을 지나치게 좁게 인정하면 헌법재판소의 본안판단의 부담을 절감할 수는 있지만 반면에 재판을 받을 권리를 부당하게 박탈하는 결과에 이르게 될 것이므로 권리보호이익을 판단함에 있어 다른 분쟁의 해결수단, 행정적 구제·입법적 구제의 유무 등을 기준으로 신중히 판단하여야 할 것인바, 헌법재판소는 비록 권리보호이익이 없을 때에도 반복위험이나 헌법적 해명이 필요한 경우에는 본안판단을 할 수 있는 예외를 인정하고 있다. 따라서 헌법소원심판청구의 적법요건 중의 하나로 권리보호이익을 요구하는 것이 청구인의 재판을 받을 권리를 침해한다고 볼 수는 없다.

(2) 예외적으로 심판의 이익이 인정된 경우

헌법소원의 본질은 개인의 권리구제뿐만 아니라 헌법질서의 수호·유지도 겸하고 있으므로, 기본권 침해가 종료되어 주관적 권리구제에는 별 도움이 되지 않는다 하더라도 그러한 침해행위가 앞으로도 반복될 위험이 있거나 당해 분쟁의 해결이 헌법질서의 수호·유지를 위하여 긴요한 사항이어서 헌법적으로 그 해명이 중대한 의미를 지니고 있는 경우에는 심판청구의 이익을 인정할 수 있다(헌재 1997. 11. 27. 94헌마60; 헌재 2001. 7. 19. 2000헌마546; 헌재 2002. 7. 18. 2000헌마327; 헌재 2004. 12. 16. 2002헌마478).

(3) 헌법적 해명이 필요하다는 이유로 권리보호이익의 예외를 인정한 사례

헌법재판소는 미결수용자가 변호인과 접견할 때 수사관이 참여하여 대화내용을 듣거나 기록한 행위(헌재 1992. 1. 28. 91헌마111), 제1회 공판기일 개시 전 검사의 수사기록에 대한 열람·등사거부행위(헌재 1997. 11. 27. 94헌마60), 수형자의 서신에 대한 검열행위(헌재 1998. 8. 27. 96헌마398), 수용자가 구독하는 신문기사 일부를 삭제한 행위(헌재 1998. 10. 29. 98헌마4), 미결수용자에게 재소자용 수의를 입게 한 행위(헌재 1999. 5. 27. 97헌마137등), 차폐시설이 불충분한 유치장내 화장실을 사용하도록 강제한 행위(헌재 2001. 7. 19. 2000헌마546), 검사가 법원의 증인으로 채택된 수감자를 그 증언에 이르기까지 거의 매일 검사실로 소환하여 피고인측 변호인이 접근하는 것을 차단하고 검찰에서의 진술을 번복하는 증언을 하지 않도록 회유·압박한 행위(헌재 2001. 8. 30. 99헌마496), 현행범으로 체포된 청구인들을 경찰서 유치장에 수용하는 과정에서 반입금지물품 등의 소지·은닉 여부를 확인하기 위하여 실시한 정밀 신체수색 행위(헌재 2002. 7. 18. 2000헌마327), 경찰서장이 옥외집회신고서를 반려한 행위(헌재 2008. 5. 29. 2007헌마712), 법정 옆 구속피고인 대기실에서 피고인의 변호인접견신청을 불허한 행위(헌재 2009. 10. 29. 2007헌마992), 경찰청장이 경찰버스들로 서울광장을 둘러싸고 통행을 제지한 행위(헌재 2011. 6. 30. 2009헌마406), 구치소내에서 실시하는 종교의식 또는 행사에 미결수용자의 참석을 금지한 행위(헌재 2011. 12. 29. 2009헌마527), 출입국관리사무소장의 불법체류 외국인에 대한 강제퇴거명령 등의 집행행위(헌재 2012. 8. 23. 2008헌마430), 사법경찰관이 위험발생의 염려가 없음에도 불구하고 사건종결 전에 압수물을 폐기한 행위(헌재 2012. 12. 27. 2011헌마351), 사법경찰관이 피의자가 조사받는 모습 등을 촬영하도록 허용한 행위(헌재 2014. 3. 27. 2012헌마652), 구치소내 과밀수용행위(헌재 2016. 12. 29. 2013헌마142), 검찰수사관이 피의자신문에 참여한 변호인에게 피의자 후방에 착석하도록 요구한 행위(헌재 2017. 11. 30. 2016헌마503), 인천공항

송환대기실에 수용된 청구인의 변호인에 대한 접견신청 거부행위(헌재 2018. 5. 31. 2014헌마346), 집회·시위 현장에서 경찰의 촬영행위(헌재 2018. 8. 30. 2014헌마843) 등과 같은 권력적 사실행위와 관련하여 주관적 권리보호이익은 소멸되었지만 기본권 침해행위가 반복적으로 행하여질 것이 예상되고, 이에 대한 헌법적 해명이 필요하다는 등의 이유로 권리보호이익의 예외를 인정하였다.

헌재 2017. 11. 30. 2016헌마503 변호인 참여신청서 요구행위 등 위헌확인(피의자신문에 참여한 변호인에 대한 후방착석요구행위 등 위헌확인 사건)

검찰수사관인 피청구인이 피의자신문에 참여한 변호인인 청구인에게 피의자 후방에 앉으라고 요구한 행위(이하 '이 사건 후방착석요구행위'라 한다)가 변호인인 청구인의 변호권을 침해하는지 여부(적극)

나. 이 사건 후방착석요구행위의 기본권 침해 여부

(1) 변호인의 피의자신문 참여를 제한하는 공익으로는 변호인의 수사방해 등을 배제함으로써 실체적 진실을 발견하고 형사소추의 효율성을 달성하는 공익과, 수사기밀의 유출을 막아 공범 기타 사건관계인의 도주나 증거인멸을 방지하고 피해자나 참고인의 생명 및 신체의 안전을 보장하는 공익을 들 수 있다.

그러나 변호인이 피의자신문에 참여하는 이상 피의자 옆에 앉는다고 하여 피의자 뒤에 앉는 경우보다 일반적으로 수사를 방해할 가능성이 높아진다거나 수사기밀을 유출할 가능성이 높아진다고 단정할 수 없다. 더욱이 청구인은 변호인으로서 과거에 수사를 방해하거나 수사기밀을 유출한 사실이 없고, 달리 그 목적의 정당성과 수단의 적절성을 인정할 명백한 사정도 발견되지 아니한다.

(2) 이 사건 후방착석요구행위가 침해의 최소성 요건을 충족하고 있는지 살펴본다.

(가) 일반적으로 수사기관은 피의자신문에 앞서 참고인이나 전문가 등의 진술과 다양한 경로로 수집한 수사자료를 확보하고 있다. 이러한 수사기관으로부터 신문을 받는 피의자는 범죄의 혐의가 있는 수사의 대상으로서, 수사기밀이 유지될 수 있는 조사실 등에서 질문을 받고 그 진술의 진위에 대한 추궁을 받을 수 있어 심리적으로 위축될 수 있다.

그런데 수사기관이 피의자신문을 본격적으로 시작하기도 전에 변호인이 피의자 옆에 앉아 조언하려는 것을 거절하게 되면 변호인의 참여에 대해 비우호적인 분위기가 조성되고, 수사기관은 변호인이 피의자 바로 옆에 앉지 못하게 하려는 자신의 뜻을 관철함으로써 피의자와 변호인을 제압할 수 있다. 이처럼 위압적인 분위기가 형성된 가운데 피의자는 더욱 위축된 상태에서 피의자신문에 응하게 될 수 있다. 이와 같은 피의자의 심리상태 등을 고려하면, 피의자가 필요할 때마다 시야에서 벗어나 있는 변호인에게 적극적으로 조언과 상담을 요청하는 것은 기대하기 어렵게 된다고 할 수 있다.

한편 변호인은 피의자가 조언과 상담을 먼저 요청하지 않는 경우에도 자발적으로 부당한 신문방법에 대하여 이의를 제기하거나, 검사 또는 사법경찰관의 승인을 얻어 의견을 진술할 수 있으나(형사소송법 제243조의2 제 3 항 참조), 뒤에 앉아 있는 변호인으로서는 피의자의 상태를 즉각적으로 파악하는 데 한계가 있다. 또한, 수사기관이 피의자에게 서류 등을 제시하면서 신문하는 경우, 변호인은 서류 등의 내용을 정확하게 파악하여 이의를 제기하거나 의견을 진술하기도 어렵다. 변호인이 수사기관의 신문 내용을 청취하기만 할 경우, 숫자, 도표, 법조문 등으로 이루어진 복잡한 서류의 내용을 바탕으로 법률적 쟁점이 될 사항을 즉각적으로 파악하기는 쉽지 않기 때문이다(헌재 2013. 8. 29. 2011헌마122 참조).

따라서 이 사건 후방착석요구행위는 피의자의 요청이나 스스로의 판단에 따른 피의자에 대한 실질적인 조력을 내용으로 하는 변호인인 청구인의 피의자신문참여에 관한 권리를 과도하게 제한한다고 할 수 있다.

(나) 형사소송법 제243조의2 제 1 항은 검사 또는 사법경찰관은 피의자 또는 변호인등의 신청에 따라 변호인을 정당한 사유가 없는 한 피의자에 대한 신문에 참여하게 하여야 한다고 규정하고 있다. 즉 검사 또는 사법경찰관은 정당한 사유가 있는 경우에는 변호인에 대해 피의자신문참여를 제한할 수 있다. 검찰사건사무규칙 제 9 조의2 제 4 항 및 '검사의 사법경찰관리에 대한 수사지휘 및 사법경찰관리의 수사준칙에 관한 규정' 제21조 제 4 항은 변호인의 피의자신문 참여에 대한 제한을 가능하게 하는 정당한 사유로서 검사의 승인 없이 '부당하게' 신문에 개입하거나 모욕적인 언동 등을 행하는 경우, '부당하게' 이의를 제기하는 경우, 신문내용을 촬영·녹음하는 경우 등을 들고 있다.

피의자신문에 참여한 변호인은 피의자를 물리적으로 조력하는 것이 아니라 피의자에 대하여 조언을 하거나 수사기관에 이의를 제기하는 등 구두로 조력하는 것이고, 그 과정에서 변호인이 피의자신문을 방해할 정도로 개입하거나 수사기밀을 유출하는 것은 위법한 조력에 해당하는 것으로서 허용되지 아니한다(헌재 2004. 9. 23. 2000헌마138 참조). 따라서 수사기관이 정당한 사유가 있는 경우에는 변호인에 대해 피의자신문참여를 제한할 수 있도록 규정한 형사소송법 제243조의2 제 1 항은 입법의 한계를 벗어난 것이라고 할 수 없다.

그런데 앞서 본바와 같이 수사기관이 피의자신문 시 변호인에 대한 후방착석요구행위는 단순히 변호인의 직업수행방법을 제한하는 것이 아니라 변호인의 자유로운 피의자신문참여를 제한함으로써 피의자의 변호인으로부터 조력을 받을 권리와 표리의 관계에 있는 변호인의 변호권을 제한하는 것이다. 이러한 행위를 정당화하는 사유는 막연하게 변호인의 수사방해나 수사기밀의 유출에 대한 우려가 있다는 추상적인 가능성만으로는 부족하고 그러한 우려가 현실화될 구체적 가능성이 있어야 한다.

이 사건에서 청구인이 변호인으로서 과거에 수사를 방해하거나 수사기밀을 유출하는 등의 행위를 한 적이 없는 등 이러한 우려가 현실화될 구체적 가능성을 인정할 자료는 발견되지 아니한다. 그 밖에 다수의 피의자 및 참고인에 대한 수사나 조사실의 장소적 제약 등과 같이 이 사건 후방착석요구행위를 정당화할 그 외의 특별한 사정도 발견되지 아니한다.

따라서 이 사건 후방착석요구행위는 변호인의 변호권에 대한 제한을 정당화할 사유가 있다고 할 수 없다.

(다) 피의자신문과정이 위압적으로 진행되는 과정에서 발생할 수 있는 인권 침해의 요소를 방지하기 위하여 진술거부권의 고지, 증거능력의 배제와 같은 규정들이 마련되어 있다(형사소송법 제244조의3, 제309조). 그러나 진술거부권이 규정되어 있다고 하더라도, 피의자가 수사기관에서 신문을 받음에 있어서 진술거부권을 제대로 행사하기 위해서 뿐만 아니라 진술거부권을 행사하지 않고 적극적으로 진술하기 위해서는 변호인이 피의자의 후방에 착석할 것이 아니라 피의자의 옆에 앉아 조력할 필요가 있다. 그리고 증거능력의 배제는 피의자신문과정의 인권 침해에 대한 사후적이고 간접적인 구제수단에 불과하고, 공판단계에서 사후적으로 기능할 여지가 있을 뿐이다.

따라서 위와 같은 규정들이 마련되어 있다는 사정만으로 이 사건 후방착석요구행위의 위헌성이 치유된다고 볼 수도 없다.

(라) 이러한 사정을 종합하여 보면, 이 사건 후방착석요구행위는 피의자에 대한 변호인의 피의자신문참여에 관한 권리를 제한하는 행위로서 침해의 최소성 요건을 충족한다고 할 수 없다.

(3) 이 사건 후방착석요구행위로 인하여 변호인은 단순히 피의자신문에 입회할 수 있을 뿐, 피의자의 요청을 통한 또는 스스로의 판단에 따른 피의자에 대한 적극적인 조력활동을 하는 데 구체적으로 제한을 받게 되므로, 이 사건 후방착석요구행위로 얻어질 공익보다는 변호인의 피의자신문참여에 관한 권리 제한에 따른 불이익의 정도가 크다. 따라서 이 사건 후방착석요구행위는 법익의 균형성 요건도 충족한다고 할 수 없다.

다. 소결

그렇다면 이 사건 후방착석요구행위는 그 목적의 정당성과 수단의 적절성이 인정될 수 있는지 의문이며, 침해의 최소성 및 법익의 균형성 요건을 충족하지 못한다.

6. 일사부재리

▣ 헌법재판소법

제39조(일사부재리) 헌법재판소는 이미 심판을 거친 동일한 사건에 대하여는 다시 심판할 수 없다.

7. 변호사강제주의

▣ 헌법재판소법

제25조(대표자 · 대리인) ③ 각종 심판절차에서 당사자인 사인(私人)은 **변호사를 대리인으로 선임하지 아니하면** 심판청구를 하거나 심판 수행을 하지 못한다. 다만, 그가 변호사의 자격이 있는 경우에는 그러하지 아니하다.

Ⅲ. 헌법재판소법 제68조 제 2 항에 의한 헌법소원 적법요건

1. 위헌제청신청 기각결정

▣ 헌법재판소법

제68조(청구 사유) ② 제41조 제 1 항에 따른 법률의 위헌 여부 심판의 제청신청이 기각된 때에는 그 신청을 한 당사자는 헌법재판소에 헌법소원심판을 청구할 수 있다. 이 경우 그 당사자는 당해 사건의 소송절차에서 동일한 사유를 이유로 다시 위헌 여부 심판의 제청을 신청할 수 없다.

(1) 헌법재판소법 제68조 제 2 항은 '법률의 위헌 여부 심판의 제청신청이 기각된 때에는' 그 신청을 한 당사자가 헌법재판소에 헌법소원심판을 청구할 수 있다고 규정하고 있다. 따라서 이 규정에 따른 헌법소원심판청구의 대상은 형식적 의미의 법률과 형식적 의미의 법률은 아니지만 그와 동일한 효력을 가진 법규범으로[예컨대 조약(헌재 2001. 9. 27. 2000헌바20), 유신헌법에 근거한 대통령긴급조치(헌재 2013. 3. 21. 2010헌바132등), 관습법(헌재 2013. 2. 28. 2009헌바129; 헌재 2020. 10. 29. 2017 헌바208, 반대의견 있음) 등] 위헌법률심판의 대상과 같다.

(2) 헌법재판소법 제68조 제2항에 따른 헌법소원심판은 위헌법률심판제청신청을 하였다가 기각당한 당사자가 청구할 수 있는데, 헌법재판소법 제40조에 따라 준용되는 민사소송법에 의하면 보조참가인은 피참가인의 소송행위와 저촉되지 아니하는 한 소송에 관하여 공격·방어·이의·상소 기타 일체의 소송행위를 할 수 있으므로 제청신청을 하였다가 기각되면 헌법소원심판을 청구할 수 있다(헌재 2003. 5. 15. 2001헌바98).

(3) 행정처분의 주체인 행정청도 당해사건의 당사자나 보조참가인으로서 위헌 여부 심판의 제청신청을 할 수 있고, 그 신청이 기각되면 헌법재판소법 제68조 제2항에 따른 헌법소원을 제기할 수 있다(헌재 2008. 4. 24. 2004헌바44).[12] **헌법재판소법 제68조 제1항에 따른 헌법소원의 경우 기본권주체로서 일반사인만이 헌법소원심판을 청구할 수 있고, 국가기관이나 지방자치단체 또는 공법인의 경우에는 원칙적으로 청구인이 될 수 없는 것과 다르다.**

판례 행정소송의 피고나 그 보조참가인인 행정청이 헌법재판소법 제68조 제2항의 헌법소원심판을 청구할 수 있는지 여부(적극)

행정소송의 피고 또는 그 보조참가인인 행정청이 헌법재판소법 제68조 제2항의 헌법소원심판을 청구할 수 있는지 여부에 관하여 본다.

헌법재판소법 제68조 제1항의 헌법소원은 기본권의 주체가 될 수 있는 자만이 청구인이 될 수 있고, 국가나 국가기관 또는 지방자치단체나 공법인은 기본권의 주체가 아니라 국민의 기본권을 보호 내지 실현해야 할 책임과 의무를 지니고 있는 지위에 있을 뿐이어서 그 청구인적격이 인정되지 아니한다(헌재 1998. 3. 26. 96헌마345).

그러나 헌법재판소법 제68조 제2항에 의한 헌법소원심판은 구체적 규범통제의 헌법소원으

12) 공정거래위원회위원장은 민사소송의 보조참가인은 헌법재판소법 제41조 제1항의 위헌심판제청을 신청할 수 있는 '당사자'에 해당하지 않으므로 동법 제68조 제2항에 의한 위헌소원을 제기할 청구인 적격이 없어 이 사건 헌법소원은 부적법하다는 취지로 항변한다.

헌법재판소법 제68조 제2항은 "제41조 제1항의 규정에 의한 법률의 위헌여부심판의 제청신청이 기각된 때에는 그 신청을 한 '당사자'는 헌법재판소에 헌법소원심판을 청구할 수 있다"고 규정하고 있고, 동법 제41조 제1항은 "법률이 헌법에 위반되는 여부가 재판의 전제가 된 때에는 당해 사건을 담당하는 법원은 직권 또는 '당사자'의 신청에 의한 결정으로 헌법재판소에 위헌여부의 심판을 제청한다"고 규정하여 보조참가인이 위헌심판제청신청의 당사자라고 명시하고 있지는 않다. 그러나 **헌법재판소법 제40조에 의하여 준용되는 민사소송법에 의하면 보조참가인은 피참가인의 소송행위와 저촉되지 아니하는 한 소송에 관하여 공격·방어·이의·상소, 기타 일체의 소송행위를 할 수 있는 자(민사소송법 제76조 제1항 본문)이므로 헌법재판소법 소정의 위헌심판제청신청의 '당사자'에 해당한다고 할 것이고,** 이와 같이 해석하는 것이 구체적 규범통제형 위헌심사제의 입법취지 및 기능에도 부합한다고 할 것이다. 따라서 이 사건 청구인은 법 제68조 제2항의 헌법소원의 당사자 적격이 있다(헌재 2003. 5. 15. 2001헌바98 하도급거래공정화에관한법률 제14조 제1항 등 위헌소원).

로서, 구체적인 사건에 관하여 법률의 위헌 여부가 재판의 전제로 되었을 경우에 헌법재판소법 제41조 제 1 항의 규정에 의한 법률의 위헌여부심판의 제청을 신청하였다가 기각당한 당사자가 그 법률의 위헌 여부를 심판받기 위하여 청구하는 것이어서 헌법재판소법 제68조 제 1 항에 규정된 헌법소원과는 그 심판청구의 요건과 대상이 다르다(헌재 1994. 4. 28. 89헌마221). 헌법재판소법 제68조 제 2 항은 기본권의 침해가 있을 것을 그 요건으로 하고 있지 않을 뿐만 아니라 청구인적격에 관하여도 '법률의 위헌여부심판의 제청신청이 법원에 의하여 기각된 때에는 그 신청을 한 당사자'라고만 규정하고 있는바, 위 '당사자'는 행정소송을 포함한 모든 재판의 당사자를 의미하는 것으로 새겨야 할 것이고, 행정소송의 피고인 행정청만 위 '당사자'에서 제외하여야 할 합리적인 이유도 없다.

행정청이 행정처분 단계에서 당해 처분의 근거가 되는 법률이 위헌이라고 판단하여 그 적용을 거부하는 것은 권력분립의 원칙상 허용될 수 없지만, 행정처분에 대한 소송절차에서는 행정처분의 적법성·정당성뿐만 아니라 그 근거 법률의 헌법적합성까지도 심판대상으로 되는 것이므로, 행정처분에 불복하는 당사자뿐만 아니라 행정처분의 주체인 행정청도 헌법의 최고규범력에 따른 구체적 규범통제를 위하여 근거 법률의 위헌 여부에 대한 심판의 제청을 신청할 수 있고 헌법재판소법 제68조 제 2 항의 헌법소원을 제기할 수 있다고 봄이 상당하다.

청구인은 당해사건의 당사자가 아니라 보조참가인이지만, 헌법재판소법 제40조에 의하여 준용되는 행정소송법 제17조 및 민사소송법 제76조에 따라 피참가인의 소송행위와 저촉되지 아니하는 한 일체의 소송행위를 할 수 있으므로 헌법재판소법 소정의 위헌법률심판제청신청 및 헌법소원의 '당사자'에 해당된다(헌재 2003. 5. 15. 2001헌바98).

따라서 청구인은 헌법재판소법 제68조 제 2 항에 의한 이 사건 헌법소원심판을 청구할 수 있다고 할 것이다(헌재 2008. 4. 24. 2004헌바44 온천법 제 2 조 등 위헌소원).

2. 청구인

헌법재판소법 제68조 제 2 항에 의한 헌법소원심판의 청구는 당해사건의 당사자에 의한 적법한 위헌여부심판의 제청신청을 법원이 각하 또는 기각하였을 경우에 그 제청신청인이 직접 헌법재판소에 헌법소원의 형태로 심판을 청구할 수 있는 것이고, **위헌여부심판의 제청을 신청하지 아니한 당사자는 헌법재판소 제68조 제 2 항에 의한 헌법소원심판을 청구할 수 없다**고 할 것이다(헌재 1997. 8. 21. 93헌바51).

3 재판의 전제성

헌법재판소법 제68조 제 2 항에 따른 헌법소원심판은, 비록 그것이 당사자 개인에 의해 청구되고 헌법재판소법 제 5 절의 헌법소원심판 부분에 규정되어 있지만, 그 본질은 헌법소원이라기보다는 규범통제에 있으므로 위헌법률심판의 일종이다(헌재 1997. 7. 16. 96헌바36등). 따라서 이 조항에 따른 헌법소원심판을 청구하기 위해서는 **구체적인 사건에 적용될 법률의 위헌 여부가 '재판의 전제'가 되면 적법하고**, 그 외에 헌법재판소법 제68조 제1항에 따른 헌법소원에서 요구되는 법적 관련성 등의 제소요건을 갖출 것을 요하지 않는다(헌재 1997. 8. 21. 94헌바2).[13)]

4. 청구기간

▣ 헌법재판소법

제69조(청구기간) ② 제68조 제2항에 따른 헌법소원심판은 **위헌 여부 심판의 제청신청을 기각하는 결정을 통지받은 날부터 30일 이내**에 청구하여야 한다.

(1) 만약 헌법소원심판을 청구하려는 자가 국선대리인선임신청을 한 경우에는 그 신청이 있는 날을 기준으로 청구기간을 정하도록 하고 있으므로(헌법재판소법 70①), 국선대리인선임신청이 있는 경우에는 비록 헌법소원심판청구가 청구인이 제청신청기각결정을 통지받은 날부터 30일이 경과한 후에 이루어졌다고 하더라도 그 결정을 통지받은 날부터 30일 이내에 국선대리인선임신청을 하였다면 청구기간은 준수된 것이다(헌재 1994. 12. 29. 92헌바31등). 국선대리인선임신청이 기각된 경우에는 신청인이 선임신청을 한 날부터 기각통지를 받은 날까지의 기간은 법 제69조의 청구기간에 이를 산입하지 않는다(헌법재판소법 70④).

(2) 헌법소원심판이 비록 청구기간을 지나 청구된 것이라 하더라도 정당한 사유가 있는 경우에는 이를 허용하는 것이 헌법재판소법 제40조에 따라 준용되는 행정소송법 제20조 제2항 단서에 부합하는 해석이다.[14)]

---

13) 검찰총장 및 서울지방검찰청 검사장은, 헌법소원에 있어 기본권의 침해는 자신이·직접·현재 침해당한 경우라야 하고 고발인은 일반적으로 자기관련성이 없어 청구인적격이 없는바 이 사건의 경우 청구인은 고발인에 불과하므로 이 사건 헌법소원심판의 청구는 자기관련성의 요건을 결여하여 각하되어야 한다고 주장한다. 그러나 **헌법소원의 적법요건으로서의 자기관련성·현재성·직접성이란 헌법재판소법 제68조 제1항에 규정한 헌법소원에서 요구되는 요건이고, 이 사건과 같이 법 제68조 제2항에 규정한 이른바 규범통제형(위헌심사형) 헌법소원에 있어서 요구되는 것이 아니다**(이 법률조항의 규정에 따르면 '고소인' 뿐만 아니라 '고발인'도 재정신청을 할 수 있다)(헌재 1997. 8. 21. 94헌바2 형사소송법 제260조 제1항 위헌소원).

14) 헌법재판소, 헌법재판실무제요 개정3판, 425면.

5. 기 타

(1) 변호사강제주의(헌법재판소법 25③), 국선대리인(헌법재판소법 70), 일사부재리(헌법재판소법 39) 등은 헌법재판소법 제68조 제 1 항에 의한 헌법소원의 경우와 같다.

(2) 한편, 위헌법률심판절차와는 달리 헌법재판소법 제68조 제 2 항에 따른 헌법소원심판의 경우에는 당해사건에 대한 법원의 재판이 정지되지 않는다. 따라서 헌법재판소의 결정이 있기 전에 당해사건 재판이 확정될 수 있는데, 이러한 경우에도 위헌결정이 선고되면 당해사건 재판에서 패소한 청구인은 재심을 청구할 수 있다(헌법재판소법 75⑦).

Ⅳ. 위헌성을 판단하는 심사기준(과잉금지의 원칙)

1. 과잉금지의 원칙(비례의 원칙) 의의

과잉금지의 원칙이라는 것은 국가가 국민의 기본권을 제한하는 내용의 입법활동을 함에 있어서, 준수하여야 할 기본원칙 내지 입법활동의 한계를 의미하는 것으로서 국민의 기본권을 제한하려는 입법의 목적이 헌법 및 법률의 체제상 그 정당성이 인정되어야 하고(**목적의 정당성**), 그 목적의 달성을 위하여 그 방법(조세의 소급우선)이 효과적이고 적절하여야 하며(**방법의 적절성**), 입법권자가 선택한 기본권 제한(담보물권의 기능상실과 그것에서 비롯되는 사유재산권 침해)의 조치가 입법목적달성을 위하여 설사 적절하다 할지라도 보다 완화된 형태나 방법을 모색함으로써 기본권의 제한은 필요한 최소한도에 그치도록 하여야 하며(**피해의 최소성**), 그 입법에 의하여 보호하려는 공익과 침해되는 사익을 비교형량할 때 보호되는 공익이 더 커야 한다(**법익의 균형성**)는 헌법상의 원칙이다. 위와 같은 요건이 충족될 때 국가의 입법작용에 비로소 정당성이 인정되고 그에 따라 국민의 수인(受忍)의무가 생겨나는 것으로서, 이러한 요구는 오늘날 법치국가의 원리에서 당연히 추출되는 확고한 원칙으로서 부동의 위치를 점하고 있으며, 헌법 제37조 제 2 항에서도 이러한 취지의 규정을 두고 있는 것이다(헌재 1990. 9. 3. 89헌가95 국세기본법 제35조 제 1 항 제 3 호의 위헌심판).

2. 위헌에 해당하는 법률조항 또는 기본권 특정

(1) 과잉금지의 원칙을 기술할 때는 반드시 **어떤 법률조항 또는 기본권이 침해**가 문제가 되는지를 명확하게 밝혀야 한다.

(2) 예건대, 경찰청장이 2009. 6. 3. 경찰버스들로 서울특별시 서울광장을 둘러싸 통행을 제지한 행위(이 사건 통행제지행위)는 과잉금지원칙을 위반하여 청구인들의 **일반적 행동자유권**을 침해하였다. 또는 "이 사건 법률조항은 과잉금지의 원칙에 위반하여 **사생활의 비밀과 자유**를 침해하여 헌법에 위반됩니다."라고 침해되는 기본권을 명시해야 한다.

3. 행정법에서 '비례의 원칙'과 구별

헌법재판소는 과잉금지의 원칙과 비례의 원칙을 동일하게 사용하고 있다.[15] 그래서 행정처분의 취소소송에서 해당 처분이 '비례의 원칙'에 위반하여 재량권을 일탈·남용한 것이라서 위법하므로 그 처분이 취소되어야 한다고 주장하기도 한다. 이때는 기본권 침해의 심사기준인 과잉금지의 원칙 4가지 항목(입법목적의 정당성, 수단의 적합성, 침해의 최소성, 법익의 균형성)을 기재하면 안되고, 행정기본법 제10조의 비례의 원칙 내용으로 그 처분이 비례의 원칙을 위반하였는지 여부를 검토해야 한다.

▣ 행정기본법

제10조(비례의 원칙) 행정작용은 다음 각 호의 원칙에 따라야 한다.

1. 행정목적을 달성하는 데 유효하고 적절할 것
2. 행정목적을 달성하는 데 필요한 최소한도에 그칠 것
3. 행정작용으로 인한 국민의 이익 침해가 그 행정작용이 의도하는 공익보다 크지

15) 어떤 행위를 범죄로 규정하고 이를 어떻게 처벌할 것인가 하는 문제는 원칙적으로 입법자가 우리의 역사와 문화, 입법 당시의 시대적 상황과 국민 일반의 가치관 내지 법감정, 범죄의 실태와 죄질 및 보호법익 그리고 범죄예방효과 등을 종합적으로 고려하여 결정하여야 할 국가의 입법정책에 관한 사항으로서 광범위한 입법재량 내지 형성의 자유가 인정되어야 할 분야이다.

그러나 법정형의 설정이 입법정책에 속한 사항이라 하더라도 어느 범죄에 대한 법정형이 죄질의 경중 등에 비추어 지나치게 가혹한 것이어서 전체 형벌체계상 현저히 균형을 잃음으로써 **헌법 제37조 제2항의 비례의 원칙 내지 과잉입법금지원칙**에 반하는 등 입법재량권이 헌법규정이나 헌법상의 제원리에 반하여 자의적으로 행사된 것으로 평가되는 경우에는 이와 같은 법정형을 규정한 법률조항은 입법재량권을 남용하였거나 그 한계를 일탈한 것으로서 헌법에 반한다고 보아야 한다(헌법재판소 1995. 11. 30. 선고, 94헌가3 결정 참조).

아니할 것

4. 과잉금지의 원칙 기재례

(1) 인터넷게임 관련 본인인증제 위헌확인 사건

헌법재판소는 2015. 3. 26. 게임물 관련사업자에게 청소년의 회원가입 시 법정대리인의 동의를 확보하도록 하고 있는 게임산업법 제12조의3 제 1 항 제 2 호 및 게임산업법 시행령 제 8 조의3 제 4 항(이하 위 두 조항을 합하여 '동의확보 조항'이라 한다)이 청소년인 청구인의 일반적 행동의 자유를 침해하는지 여부에 대하여 법정의견은 합헌, 반대의견은 위헌이라고 판시한 바 있다.

헌재 2015. 3. 26. 2013헌마517 게임산업진흥에 관한 법률 제12조의3 제 1 항 제 1 호 등 위헌확인(인터넷게임 관련 본인인증제 위헌확인 사건)

라. 동의확보 조항에 관한 판단

(1) **심사기준**

청소년기는 20대 이후의 사회생활을 대비하고 전 생애에 걸쳐 필요한 지식과 소양을 습득하는 시기이고, 청소년은 미래의 국가발전을 위한 중요한 인적자원이다. 한편, 청소년은 자기 행동의 개인적 또는 사회적인 의미에 대한 판단능력과 그 결과에 대한 책임능력이 성인에 비하여 미숙한 존재이다. 따라서 청소년의 건전한 성장과 발달을 위하여 특별한 보호가 필요한바, 헌법도 제34조 제 4 항에서 국가에 대하여 청소년의 복지향상을 위한 정책을 실시할 의무를 부과하고 있다(헌재 2014. 4. 24. 2011헌마659등 참조). 동의확보 조항은 청소년의 인터넷게임 과몰입 및 중독 문제가 심각한 사회문제로 대두되고 있는 상황에서 더 이상 이를 청소년 개개인의 자율적인 통제에만 맡겨둘 수는 없다는 인식 하에 도입된 것으로 국가의 청소년 보호의무의 일환으로 마련된 제도라고 할 수 있으므로, 동의확보 조항이 과잉금지원칙에 위배되는지 여부를 심사함에 있어서는 이러한 사정을 함께 고려하여야 할 것이다.

(2) **목적의 정당성**

청소년은 자율적인 인격체로서 스스로 의사결정을 하고 자신의 삶의 방식을 정하여 나갈 결정권을 가지나, 아직 정신적으로 미성숙하고 사물에 대한 변별력이나 의지력이 미약하여, 의사 결정에 있어 부모나 친권자 등의 지도가 필요하다. 동의확보 조항은 법정대리인에게 인터넷게임의 접근·이용에 관하여 대화와 교육을 통한 협의를 충분히 거친 후에 청소년의 인터넷게임 이용 여부에 동의할 수 있는 기회를 부여하고, 이를 바탕으로 회원 가입 이후에도 청소년이 이용하는 게임의 종류나 이용시간을 적절하게 제한하고 게임산업법 제12조의3 제 1 항 제 3 호가 정하고 있는 선택적 셧다운 제도 등을 활용할 수 있도록 함으로써, 청소년의 인터넷게임 과몰입이나 중독을 예방하고자 하는 것인바, 이러한 입법목적에는 정당성이 인정된다.

(3) **수단의 적절성**

청소년 중 상당수가 스스로 인터넷게임 이용시간을 통제하는 것이 어렵다는 점을 인식하고 있으며, 조손가정이나 맞벌이 등 상대적으로 부모의 자녀지도 여력이 부족한 경우 인터넷게임 중독 위험성이 더 높은 것으로 나타나고 있는바, 이는 청소년들의 경우 친권자 등 법정대리인의 적절한 지도와 통제에 따라 인터넷게임 과몰입이나 중독 여부가 달라질 수 있음을 보여주는 것이다. 따라서 청소년의 인터넷게임 이용에 있어 법정대리인의 개입을 필수적으로 요구하고 있는 동의확보 조항은 청소년의 게임과몰입 및 중독 예방이라는 입법목적을 달성함에 있어 적절한 수단이다.

또한, 현재 대부분의 게임물 관련사업자들이 법정대리인 본인확인 절차를 진행한 후, 동의내용이 소개된 화면을 제시하고 동의 여부를 표시하도록 하는 방법을 가장 보편적으로 사용하고 있고, 이 과정에서 게임물 관련사업자들이 동의의 의사표시를 한 사람이 청소년과 어느 정도 나이차이가 나는 성년자라는 점만을 확인할 뿐, 가족관계증명서 등을 통해 법정대리인과 게임물을 이용하고자 하는 청소년 본인과의 관계를 엄격하게 입증할 것을 요구하지 않고 있는 것은 사실이다. 그러나 이러한 미흡한 절차로 인해 인터넷게임을 이용하고자 하는 청소년이 법정대리인이 아닌 사람으로부터 임의로 동의를 받을 수 있다고 할지라도, 이는 게임물 관련사업자들에게 실제 법정대리인인지를 확인할 수 있는 방법을 확보하도록 하여 해결해야 할 문제이지, 이를 이유로 동의확보 조항 자체를 입법목적 달성에 있어 부적절한 수단이라고 할 것은 아니다.

(4) **침해의 최소성**

(가) 맞벌이 가정, 청소년과 부모의 비동거 가정 등 친권자 등 법정대리인이 청소년의 인터넷게임 이용을 직접 확인하거나 통제하기 어려운 경우가 많이 있고, 인터넷게임의 이용이 인터넷컴퓨터게임시설과 같이 가정 이외의 곳에서 이루어지는 경우에는 부모의 관심만으로 이를 적절히 규제하기 어려운 것이 사실이다. 동의확보 조항은 이러한 현실을 고려하여 인터넷게임의 이용에 관한 친권자 등의 교육권이 효과적으로 보장될 수 있도록 그 이용 여부를 결정함에 있어 부모의 동의를 얻도록 요구하고 있을 뿐, 인터넷게임에 대한 청소년의 접근 자체를 원천적으로 차단하거나 봉쇄하지 아니한다. 오히려 동의확보 조항은 가정이라는 공간에

서 대화를 통해 자율적으로 청소년의 인터넷게임 이용 여부 및 이용시간을 함께 결정할 수 있는 기회를 부여하여 청소년의 인터넷게임 과몰입이나 중독 문제를 해결함에 있어 각 가정의 자율적인 노력이 우선시될 수 있도록 하는 것으로, 청소년의 자기결정권을 과도하게 제한하는 것이 아니다.

앞서 살펴본 바와 같이, 만 16세 미만의 청소년에게는 오전 0시부터 오전 6시까지 인터넷게임의 제공이 금지되고(청소년 보호법 제26조 제 1 항), 청소년의 인터넷컴퓨터 게임시설의 출입시간이 오전 9시부터 오후 10시까지로 제한되는 등(게임산업법 제28조 제 7 호, 게임산업법 시행령 제16조 제 2 호 가목), 청소년의 게임 이용에 대한 여러 가지 법적 규제들이 이루어지고 있기는 하나, 청소년들의 삶의 터전인 가정 내에서 자율적으로 이루어지는 생활습관이나 취미에 대한 교육의 중요성을 고려할 때 이러한 법률적 강제수단은 청소년과 법정대리인 사이의 대화를 통한 협의나 교육을 완전히 대체하는 수단이 될 수 없다.

(나) 만 18세라는 기준 역시 과도하다고 볼 수 없다. 초·중등교육법은 만 6세부터 만 8세 사이에 초등학교에 입학할 수 있다고 정하고 있어(초·중등교육법 제13조 제 1 항, 제 2 항), 정상적인 교육과정을 이수할 경우 만 18세 미만의 자는 통상적으로 고등학교에 재학 중이게 된다. 그런데 고등학교에 재학 중인 학생들은 아직 자율적인 통제력이 부족하여 친권자 등의 지도가 필요할 뿐만 아니라, 대부분 독립적인 경제능력이 없어 이들이 친권자 등 법정대리인의 동의 없이 회원가입을 하여 인터넷게임을 즐길 경우 유료 아이템 등의 구매 등과 관련하여 범죄에 노출될 우려도 높다. 청소년들이 인터넷게임 이용 여부 자체는 자율적으로 결정할 수 있도록 하면서, 인터넷게임을 즐기는 데 있어 필요한 유료아이템을 결제할 때에만 법정대리인의 동의를 얻도록 하는 방법을 통해 이러한 부작용을 방지할 수 있다는 주장도 있다. 그러나 일단 인터넷게임을 이용하기 시작하면 게임에서 이기거나 게임을 더 즐기기 위하여 유료 아이템 등을 구매하고자 하는 욕구가 생기는 것이 자연스러운 과정인데, 이러한 단계에서 청소년의 인터넷게임 이용 자체에 대해서 사전에 협의하거나 대화를 나눈 바가 없는 법정대리인의 동의를 얻도록 하는 것은 오히려 가정 내에서의 교육을 어렵게 할 수 있을 뿐만 아니라, 청소년들에게 타인의 명의를 도용한 아이템 구입과 같은 편법이나 범죄를 부추기는 결과를 야기할 수 있는바, 이러한 방안이 동의확보 조항에 대한 대안이 될 수는 없다.

(다) 동의확보 조항으로 인해 법정대리인이 사실상 본인인증을 하는 것이 강제된다고 할지라도 이는 법정대리인의 연령 등을 확인함으로써 청소년과 법정대리인 사이의 관계를 확인하기 위한 필요 최소한의 불가피한 조치이다. 또한, 게임산업법 시행령 제 8 조의3 제 4 항은 법정대리인이 정보통신망을 통해 동의 여부를 표시하도록 하거나, 서면, 전자우편, 전화 등의 방법을 통하여 동의를 할 수 있도록 하는 등 법정대리인이 처한 상황에 따라 적절한 방법을

선택할 수 있도록 여러 가지 방안을 제시하고 있을 뿐만 아니라, 정보통신망, 서면, 전자우편, 전화 등을 통하여 수집하는 정보의 범위를 원칙적으로 "동의 여부"로 한정함으로써, 법정대리인의 정보이용이나 수집에 관한 별도의 동의 없이는 그 외의 개인정보를 수집할 수 없도록 정하고 있다.

(라) 이처럼 친권자 등의 교육권을 보장함으로써 국가의 과도한 규제 이전에 청소년의 인터넷게임 이용에 대한 자율적 통제가 이루어질 수 있도록 하는 동의확보 조항에 비해 덜 침익적인 대체수단을 발견할 수 없고, 동의확보 조항이 법정대리인이 동의 확보를 위한 불편을 최소화할 수 있도록 동의의 방법을 다양화하고 있는 등 이로 인한 기본권의 제한을 최소화하기 위한 방안들을 마련하고 있는 이상, 위 조항은 침해의 최소성을 갖춘 것이다.

(5) 법익의 균형성

인터넷게임을 이용하고자 하는 청소년들이 사전에 인터넷게임 이용에 관하여 법정대리인과 상의하여 동의를 확보하여야 함으로써 제한되는 사익은 그 정도가 크지 않음에 비해, 자율적인 통제력이 미약한 청소년들을 적절하게 교육함으로써 청소년들이 인터넷게임에 과몰입되거나 중독되는 것을 방지함으로써 얻어지는 사회적 비용의 절감, 미래의 국가발전을 위한 중요한 인적자원인 청소년이 건전한 인격체로 성장함으로써 얻어지는 사회적 이익과 같은 공익은 매우 중대하다. 따라서 동의확보 조항은 법익의 균형성 역시 갖추었다.

6. 재판관 김창종, 재판관 조용호의 반대의견

우리는 심판대상조항들이 과잉금지원칙에 위반하여 청구인들의 일반적 행동자유권 및 개인정보자기결정권을 침해한다고 생각하므로, 다음과 같이 그 이유를 밝힌다.

다. 동의확보 조항에 대한 판단

(1) 입법목적의 정당성 및 수단의 적절성

(가) 청소년이 어떠한 종류의 인터넷게임을 얼마나 이용할지의 문제는 학교 밖의 교육영역이므로, 부모의 교육권이 국가의 교육권에 우선하고(헌재 2009. 10. 29. 2008헌마635 참조), 부모가 자녀의 인터넷게임 접근이나 이용에 대하여 어떠한 태도를 취할 것인지는 부모의 교육철학에 기반하여 부모와 자녀 간의 대화를 통해 해결하여야 할 문제이며, 그러한 자율적인 규제와 자정 기능에 앞서 국가가 먼저 개입할 문제가 결코 아니다(헌재 2014. 4. 24. 2011헌마659 등 반대의견 참조). 그럼에도 불구하고, 동의확보 조항에 따라 청소년이 게임물의 이용을 위하여 회원가입을 하는 경우 예외 없이 법정대리인의 동의를 받을 의무를 부과하는 것은 그 자체로 부모의 자녀교육권을 침해할 우려가 있으므로, 그 입법목적의 정당성에 의문이 있다.

(나) 나아가, 동의확보 조항은 기술적으로도 입법목적을 달성함에 있어 실효적인 수단이 될 수 없다. 동의확보 조항은 인터넷게임을 제공하는 게임물 관련사업자로 하여금 친권자 등 법정대리인의 동의를 받도록 하고 있을 뿐, 동의의 의사표시를 한 사람이 실제 법정대리인인지를 확인할 것을 요구하고 있지 않다. 이로 인해 인터넷게임을 이용하고자 하는 청소년과 일정 정도 나이 차이가 나는 성년자라면 누구나 청소년의 회원가입 시 동의를 할 수 있으며, 법정대리인의 동의를 얻지 못한 청소년들은 다른 성인으로부터 동의를 받아 충분히 회원가입을 할 수 있다. 이처럼 청소년과 동의의 의사를 표시한 법정대리인 사이의 관계를 확인하는 절차가 전제되지 않고, 가족관계증명서 등의 제출과 같이 과도한 개인정보의 제출을 요구하지 않고서는 이를 확인할 수 있는 적절한 방법을 마련할 수도 없는 이상, 동의확보 조항은 입법목적을 달성하기 위한 적절한 수단으로 기능할 수 없다.

(2) **침해의 최소성**

청소년이 성인에 비하여 상대적으로 사물에 대한 변별력이나 의지력이 미약하여, 인터넷게임 이용내용이나 이용시간과 관련하여 법정대리인의 개입이 강제될 필요성이 인정된다고 하더라도, 동의확보 조항은 청소년의 일반적 행동자유권을 제한하는 과도하고 이중적인 조치로서 침해의 최소성 원칙에 위반된다.

(가) 먼저, 청소년 보호법과 게임산업법은 만 16세 미만의 청소년에게 오전 0시부터 오전 6시까지 인터넷게임의 제공을 금지하고(청소년 보호법 제26조 제 1 항), 청소년의 인터넷컴퓨터게임시설의 출입시간을 오전 9시부터 오후 10시까지로 제한하는 등(게임산업법 제28조 제 7 호, 게임산업법 시행령 제16조 제 2 호 가목), 이미 청소년들이 게임에 과몰입하거나 중독되는 것을 방지하기 위한 여러 가지 규제들을 마련하고 있다. 위와 같은 규제에 더하여 게임사이트에 회원가입하는 단계에서부터 그것이 청소년이 이용 가능한 게임인지 여부를 묻지 않고 반드시 법정대리인의 동의를 얻도록 법으로 강제하여 청소년이 인터넷게임 이용 여부에 대한 결정조차 독자적으로 할 수 없도록 하는 것은, 청소년의 의지력과 판단능력을 지나치게 불신하는 이중적이고 과도한 조치이다.

(나) 동의확보 조항이 정하고 있는 동의로 나아가기 위해서는 먼저 법정대리인 본인이 연령 등의 확인을 위해 본인인증을 해야 하며, 이후 전자통신망, 서면, 전자우편, 전화 등의 방법을 통해 동의의 의사표시를 해야 한다. 이러한 절차를 위해서 법정대리인은 본인의 실명, 연령 등의 정보를 제공해야 함은 물론, 이메일주소, 휴대전화번호 등의 여러 가지 개인정보를 제공해야 한다. 그런데 최근 개인정보의 유출 및 이로 인한 피해가 증가하면서 정보통신서비스 제공자에게 개인정보를 제공하는 것 자체를 꺼리는 사람들이 많아지고 있다. 청소년의 인터넷게임 이용 자체에 대해서는 부정적인 교육관을 가지고 있지 아니한 법정대리인 역

시 개인정보의 제공을 꺼려 동의를 망설이게 될 수도 있으며, 이는 결국 청소년의 놀이할 자유에 대한 제약으로 이어질 수밖에 없다.

(다) 설령, 법정대리인의 동의를 확보하도록 하는 것 자체의 정당성이 인정된다고 하더라도, 만 18세 미만이라는 연령 기준은 지나치게 엄격한 것으로 보인다. 만 16세 이상 만 18세 미만의 사람들은 대부분 고등학교에 재학 중으로, 청소년기의 중요성, 인터넷게임 과몰입이나 중독이 학교생활, 학업, 교우관계 및 부모와의 관계 등에 미치는 영향 등에 대하여 정확하게 인지하고 있으며, 본인의 의지에 따라 충분히 인터넷게임 이용시간 등을 자율적으로 통제할 수 있는 사람들이다. 그럼에도 불구하고 국가가 후견적인 관점에서 만 16세 이상 만 18세 미만의 사람들에 대해서까지 일률적으로 법정대리인의 동의를 받도록 요구하는 것은, 청소년의 연령에 따른 판단능력의 차이를 무시하고 그들의 자율적인 결정권을 과도하게 제한하는 것이다.

(3) 법익의 균형성

이처럼 청소년의 인터넷게임 과몰입이나 중독을 방지하기 위해 법정대리인의 개입을 강제하는 것의 정당성이 인정되지 않고, 법정대리인의 동의를 확보하도록 하는 것을 위와 같은 목적을 달성하기 위한 실효성 있는 수단이라고 보기도 어려워 동의확보 조항으로 인하여 달성되는 공익은 그리 크지 않은 반면, 동의확보 조항으로 인해 청소년의 자기결정권을 포함한 일반적 행동자유권이 지나치게 제한되고 더 나아가 청소년의 인터넷게임 이용에 동의하고자 하는 법정대리인의 개인정보자기결정권까지 침해될 가능성이 있음을 감안한다면, 동의확보 조항은 법익의 균형성도 갖추고 있다고 보기 어렵다.

라. 결론

따라서 심판대상조항들은 과잉금지원칙에 위반하여 청구인들의 일반적 행동자유권 및 개인정보자기결정권을 침해하므로 헌법에 위반된다.

(2) 음주측정거부자에 대한 필요적 운전면허 취소규정 위헌성 여부

헌법재판소는 2007. 12. 27. 음주측정거부자에 대하여 필요적으로 운전면허를 취소하도록 규정한 구 도로교통법(2001. 1. 26. 법률 제6392호로 개정되고, 2005. 5. 31. 법률 제7545호로 전부 개정되기 전의 것) 제78조 제1항 단서 중 제8호 부분(이하 '이 사건 법률조항'이라 한다)이 직업의 자유 내지 일반적 행동의 자유를 침해하는지 여부(소극)에 대한 판단에서 아래와 같이 판시하고 있다.

헌재 2007. 12. 27. 2005헌바95 도로교통법 제78조 제 1 항 단서 제 8 호 위헌소원

(1) 직업의 자유 내지 일반적 행동의 자유 침해 여부

(가) 헌법재판소의 선례 결정

헌법재판소는 2004. 12. 16. 선고한 2003헌바87 사건(판례집 16-2하, 489)에서 이 사건 법률조항이 과잉금지의 원칙에 위배하여 직업선택의 자유와 행복추구권 등을 침해하였다고 볼 수 없다는 이유로 합헌 판단을 한 바 있다. 이 사건에서는 그 결론에 있어 위 선례와 달리 판단할 사정변경은 없으나 그 이유에 관하여 다음과 같이 다시 판단하기로 한다.

(나) 제한되는 기본권과 심사기준

이 사건 법률조항에 해당하는 사유가 발생하면 운전면허가 필요적으로 취소되는바, 이는 자동차 등의 운전을 필수불가결한 요건으로 하고 있는 일정한 직업군의 사람들에 대하여 종래에 유지하던 직업을 계속 유지하는 것을 불가능하게 하거나 장래를 향하여 그와 같은 직업을 선택하는 것을 불가능하게 하며 자동차 운행이 필요한 직업을 가진 사람들에 대하여 직업을 수행하는 방법에 제한을 가하게 되므로 이 사건 법률조항은 좁은 의미의 직업선택의 자유와 직업수행의 자유를 포함하는 직업의 자유를 제한하는 조항이라고 할 것이고, 한편 자동차 등의 운전을 직업으로 하지 않는 자에 대하여는 이 사건 법률조항으로 운전면허가 필요적으로 취소됨으로써 적법하게 자동차 등을 운전하지 못하게 되므로 이 사건 법률조항은 행복추구권의 보호영역 내에 포함된 일반적 행동의 자유를 제한하는 조항이라고 할 것이다(헌재 2005. 4. 28. 2004헌바65, 판례집 17-1, 528, 546; 헌재 2006. 5. 25. 2005헌바91, 판례집 18-1하 98, 105-106 참조). 이러한 기본권 제한이 정당화되기 위해서는 헌법 제37조 제 2 항의 과잉금지의 원칙이 지켜져야 하므로, 이 사건 법률조항이 과잉금지의 원칙에 반하는지 여부에 관하여 보기로 한다.

(다) 과잉금지의 원칙 위반 여부

1) 목적의 정당성

앞서 본 바와 같이 이 사건 법률조항은 음주측정거부자에 대한 운전면허를 필요적으로 취소하도록 규정함으로써 교통안전과 위험예방을 위하여 음주운전을 방지하고 국민의 생명과 신체 등을 보호하며 도로교통과 관련한 안전을 확보하고자 하는 데 궁극적인 목적이 있으므로, 그 입법목적의 정당성이 인정된다.

2) 방법의 적절성

나아가 위와 같이 공익상 중대한 위험을 초래하는 음주운전을 효과적으로 단속·억제하기

위하여는 음주측정거부자에 대한 제재가 불가피한 점 등에 비추어 음주측정거부에 대한 제재로서 운전면허를 취소하도록 한 것은 입법목적의 달성에 적절한 방법이라고 할 것이다.

3) 피해의 최소성

어떤 법률의 입법목적이 정당하고 그 목적을 달성하기 위해 선택한 수단이 어느 정도 적합하다고 하더라도 입법자가 임의적 규정으로 법의 목적을 실현할 수 있음에도 불구하고 구체적 사안의 개별성과 특수성을 고려할 수 있는 가능성을 일체 배제하는 필요적 규정으로 법의 목적을 실현하려 한다면 이는 비례원칙의 한 요소인 피해최소성 원칙에 위배된다고 할 것인바(헌재 2005. 11. 24. 2004헌가28, 판례집 17－2, 378, 388－399), 필요적 면허취소를 규정하고 있는 이 사건 법률조항이 피해최소성 원칙에 위반하는 것인지 보기로 한다.

운전면허 취소와 그 취소 후 면허결격기간 등 운전면허제도에 관한 외국의 입법례에서 보더라도, 교통질서의 확립을 관철하는 방법은 각각 나라마다 교통량, 교통사고발생률, 준법정신, 교통질서에 대한 시민의 의식수준이나 문화풍토 등에 따라 그 규정상 의무이행의 확보수단과 그 규제의 강도에 있어서 차이를 보이고 있는데, 우리 입법자는 음주측정거부자에 대하여 우리의 교통현실과 국민의 교통질서의식, 문화 등을 감안하여 그에 상응하는 행정적 제재수단으로 필요적 면허취소라는 수단을 선택한 것으로 볼 수 있고, 음주측정거부자에 대하여 어떠한 제재조치를 할 것인가의 문제는 교통량, 교통질서에 대한 시민의 준법의식, 음주운전자의 음주측정시 행태 등을 종합적으로 고려하여 입법자가 결정할 입법정책의 문제이다(헌재 2006. 5. 25. 2005헌바91, 판례집 18－1하 98, 107 참조).

도로교통법이 증가하는 교통사고에 대응하여 교통질서를 확립하고자 필요적 면허취소 규정을 두고 이를 계속 확대하는 과정에서 이 사건 법률조항이 신설된 것인데, 특히 음주운전을 방지하고 이를 규제하기 위하여 필수적으로 요청되는 음주측정을 관철하기 위한 행정적 제재수단으로서 필요적 면허취소 규정이 필요하다고 보이는 점, 만약 음주측정거부자에 대하여 임의적 면허취소를 규정하는 데 그친다면, 실무상 면허취소에 해당할 정도의 과도한 음주를 한 운전자일수록 면허취소의 위험이 수반되는 음주측정에 협조하기보다는 아예 음주측정에 불응하는 방법을 선택할 가능성이 높은데, 위와 같이 음주측정에 불응할 경우 면허취소에 해당하는지 여부조차 확인할 수 없게 되어 음주운전단속에 대한 실효성을 확보할 수 없게 될 뿐 아니라 음주운전을 방지함으로써 도로교통상의 안전과 위험방지를 기하려는 이 사건 법률조항의 행정목적을 달성할 수 없는 결과가 초래될 수 있는 점, 음주측정거부로 인한 행정적 제재가 중대하다는 측면을 감안하여, 실무상 경찰은 음주측정불응자에 대하여 음주측정불응에 따른 불이익을 10분 간격으로 3회 이상 명확히 고지하고 이러한 고지에도 불구하고 측정을 거부하는 때에 비로소 음주측정거부자로 형사입건하고 있으며, 법원에서는 음주측정 요구 당시 운전자의 외관·태도·운전 행태 등 객관적 사정을 종합적으로 고려하여 음주측정불응죄의 구성요건인 술에 취한 상태에 있다고 인정할 만한 상당한 이유가 있는지 여부를 엄격히 해석하는 방법으로 이 사건 법률조항에 의한 필요적 면허취소의 대상을 최소화함과 아울러 음주측정 여부에 대한 구체적·개별적 사정을 참작하려는 것으로 보이는 점, 그 밖에 이 사건 법률조항에 해당하여 운전면허가 취소되더라도 그 면허취소 후 결격기간이 법이 정한 운전면허결격기간 중 가장 단기간인 1년에 불과하여 다른 면허취소에 비하여 상대적으로 불이익이 가볍다고 보이는 점 등에 비추어 보면, 이 사건 법률조항이 음주측정거부자에 대하여 반드시 면허를 취소하도록 규정하고 있다고 하여 피해최소성의 원칙에 반한다고 볼 수는 없다.

4) 법익의 균형성

국민의 기본권을 제한하는 내용의 입법활동을 함에 있어서는 그 입법에 의하여 보호하려는 공익과 침해되는 사익을 비교 형량할 때 보호되는 공익이 더 커야 한다(헌재 1990. 9. 3. 89헌가95, 판례집 2, 245, 260 참조).

자동차 등의 운전은 언제나 국민의 생명·신체·재산에 중대한 침해를 가할 수 있는 위험성을 가지고 있으므로 그와 같은 위험이 현실화하는 것을 방지하기 위하여 사전·사후의 여러 가지 다양한 예방조치를 강구하여야 하는 것은 국가가 추구하여야 할 중대한 공익으로서 도로교통에서 일어나는 국민의 생명 또는 신체에 대한 위험과 장해를 방지·제거하기 위해서는 음주운전을 방지하고 이를 규제할 공익상 필요성이 매우 크다. 반면에 음주측정거부자가 운전면허를 필요적으로 취소당하여 입는 개인적인 불이익 내지 그로부터 파생되는 여타의 간접적 피해의 정도는 위에서 본 공익의 중대함에 결코 미치지 못한다. 또한 음주운전이 초래할 수 있는 잠재적인 사고 위험성의 심각도에 비추어 볼 때 음주운전행위 및 음주측정 거부행위의 심각한 위험성은 여러 가지 다른 이유에 의하여 현실로 발생하는 경미한 교통사고의 경우와는 비교할 수 없을 정도로 훨씬 더 크다.

위와 같은 사정에 비추어 보면 음주측정거부자가 운전면허를 필요적으로 취소당하여 입는 불이익의 정도는 이 사건 법률조항이 추구하고 있는 공익에 비하여 결코 과중하다고 볼 수 없으므로 법익균형성의 원칙에 반하지 않는다.

5) 소결론

따라서 이 사건 법률조항은 기본권 제한의 입법한계인 과잉금지의 원칙을 준수하였다고 할 것이므로, 직업의 자유를 본질적으로 침해하거나 일반적 행동의 자유를 침해한다고 볼 수 없다.

(3) 검사가 사형, 무기 또는 10년 이상의 징역형 의견진술이 있는 사건의 구속영장 효력 상실 여부

헌법재판소는 1992. 12. 24. "형사소송법(1954. 9. 23. 법률 제341호) 제331조 단서의 규정은 헌법에 위반된다."[16]라는 결정을 하면서 과잉금지의 원칙을 아래와 같이 판시하고 있다.

헌재 1992. 12. 24. 92헌가8 형사소송법 제331조 단서규정에 대한 위헌심판

라. 법 제331조 단서 규정과 과잉입법금지의 원칙

(1) 우리 헌법상의 과잉입법금지의 원칙에 대하여 살펴 본다.

국가작용 중 특히 입법작용에 있어서의 과잉입법금지의 원칙이라 함은 국가가 국민의 기본권을 제한하는 내용의 입법활동을 함에 있어서 준수하여야 할 기본원칙 내지 입법활동의 한계를 의미하는 것으로서, 국민의 기본권을 제한하려는 입법의 목적이 헌법 및 법률의 체제상 그 정당성이 인정되어야 하고(목적의 정당성), 그 목적의 달성을 위하여 그 방법이 효과적이고 적절하여야 하며(방법의 적정성), 입법권자가 선택한 기본권제한의 조치가 입법목적달성을 위하여 설사 적절하다 할지라도 보다 완화된 형태나 방법을 모색함으로써 기본권의 제한은 필요한 최소한도에 그치도록 하여야 하며(피해의 최소성), 그 입법에 의하여 보호하려는 공익과 침해되는 사익을 비교형량할 때 보호되는 공익이 더 커야 한다(법익의 균형성)는 법치국가의 원리에서 당연히 파생되는 헌법상의 기본원리의 하나인 비례의 원칙을 말하는 것이다. 이를 우리 헌법은 제37조 제 1 항에서 "국민의 자유와 권리는 헌법에 열거되지 아니한 이유로 경시되지 아니한다." 제 2 항에서 "국민의 모든 자유와 권리는 국가안전보장, 질서유지 또는 공공복리를 위하여 필요한 경우에 한하여 법률로써 제한할 수 있으며, 제한하는 경우에도 자유와 권리의 본질적인 내용을 침해할 수 없다."라고 선언하여 입법권의 한계로서 과잉입법금지의 원칙을 명문으로 인정하고 있으며 이에 대한 헌법위반여부의 판단은 헌법 제111조와 제107조에 의하여 헌법재판소에서 관장하도록 하고 있다.

(2) 법 제331조 단서규정이 형사소송법상 구속제도와 관련하여 과잉입법금지의 원칙에 위배되는지의 여부를 살펴 본다.

---

16) **형사소송법 제331조(무죄등 선고와 구속영장의 효력)** 무죄, 면소, 형의 면제, 형의 선고유예, 형의 집행유예, 공소기각 또는 벌금이나 과료를 과하는 판결이 선고된 때에는 구속영장은 효력을 잃는다. 단 검사로부터 사형, 무기 또는 10년 이상의 징역이나 금고의 형에 해당한다는 취지의 의견진술이 있는 사건에 대하여는 예외로 한다.

형사소송법상 구속이라 함은 수사절차 또는 공판절차에서 수사기관 또는 법원에 의하여 피의자 또는 피고인을 구인 또는 구금하는 대인적 강제처분의 하나를 말하며, 수사 또는 공판절차에서 피의자 또는 피고인을 구속하는 것은 공판정 등에의 출석을 보장하고, 도망 및 증거인멸로 인한 수사와 심리의 방해를 제거함으로써 실체적 진실발견을 위한 증거의 수집·보전을 가능하게 하며, 공판절차를 통하여 구체적으로 확정된 국가형벌권의 실현이라는 공익상의 목적을 확보하기 위한 불가피한 조치라는데 그 목적의 정당성을 두고 있다. 그러나 구속이라는 대인적 강제처분은 피의자나 피고인의 신체의 자유에 대한 중대한 제한으로서 구인 또는 구금된 피의자 또는 피고인 본인은 물론, 그 가족의 일반 사회생활에도 중대한 영향과 변화를 가져오게 할 뿐 아니라, 일반인에게는 범죄자의 인상을 심어 주어 그들의 명예를 손상하고 피구속자의 가족을 정신적·경제적인 곤궁에 처하게 하며, 공판절차에 있어서도 피고인 또는 피의자의 정당한 자기권리의 주장과 방어의 기회가 제한받게 되어 기본권보장에 상당한 장애가 되고 있다.

구속제도 자체가 국가형벌권의 실현이라는 정당한 목적을 가지고 있다고 하더라도 그에 관한 구체적인 입법권행사는 헌법상 보장된 국민의 기본권 중에 가장 중요한 신체의 자유를 제한하는 내용에 관한 것이므로 신체의 자유의 본질적인 내용을 침해하거나 침해의 정도가 과잉입법금지의 원칙 내지 비례의 원칙에 위반되는 것이어서는 아니된다는 합헌적인 범위내에서만 그 정당성을 인정받을 수 있다 할 것이다.

그렇다면 이 법 제331조 단서규정의 입법내용은 법 제331조 본문의 규정과 대비하여 볼 때, 앞서 살펴 본 바와 같이 일정한 조건 아래 피고인의 구속상태를 계속 유지하는 예외규정을 두고 있는 것이므로, 위 법률조항의 위헌성 여부는 결국 헌법 제37조 제 2 항의 일반적 법률유보조항에 따라 기본권제한입법의 한계로서 과잉입법금지의 원칙 내지 비례의 원칙에 위반되는지 여부에 따라 판단되어야 할 것이다.

형사소송법상 구속의 사유는 범죄의 혐의, 주거부정, 증거인멸의 염려, 도망 또는 도망의 염려 등으로 되어 있고(법 제70조, 제201조), 법원 또는 법관은 이와같은 구속의 사유가 존재함을 인정할 만한 자료가 있고(법 제201조 제 2 항) 구속이 상당하다고 인정될 경우(법 제201조 제 3 항)에 구속영장을 발부한다고 되어 있어 구속제도의 본래의 목적이 증거인멸 또는 주거부정 등으로 인한 도망을 예방함으로써 국가형벌권을 적정하게 실현하기 위한 것임을 알 수 있다.

그러므로 구속된 이후에 이러한 구속의 사유가 처음부터 존재하지 않는 사실이 밝혀지거나 그 후 구속의 사유가 소멸한 것으로 인정되는 경우에는 특별한 사정이 없는 한 원칙적으로 형사절차의 어느단계에서나 구속이 취소되어야 함은 당연함에도 불구하고 계속 구속하여 신체의 자유를 제한하는 것은 목적의 정당성이 없다고 볼 것이다.

더구나 법원의 실체적 종국재판에 의하여 무죄 등의 판결이 선고된 경우에는 구속의 사유가 없거나 소멸된 경우에 해당하는 경우임에도 불구하고 법 제331조 단서규정을 두고 있는 것은 구속제도의 본래의 목적에 비추어 합리적인 사유가 없는 한 목적의 정당성이 없는 과잉조치라고 아니할 수 없다.

(3) 그렇다면 법 제331조 단서규정이 헌법적인 근거가 될 수 있는 과잉입법 금지의 원칙 또는 비례의 원칙에 의하여 제시되는 기준에 따라 구속을 계속할 만한 또다른 **목적의 정당성, 방법의 적절성, 피해의 최소성, 법익의 균형성**을 갖추고 있는지 여부에 대하여 살펴 보기로 한다.

법 제331조 단서규정의 입법목적은 앞서 본 바와 같이 피고사건의 중대성과 오판의 가능성 때문에 검사의 구형에 따라 구속영장의 효력이 상실되지 않게 예외규정을 두고 있는 제도인 것으로 요약할 수 있는데, 먼저 그 "피고사건의 중대성"이라는 측면에서 보면 일반적으로 피고사건이 중대하므로 피고인을 구속하여 공판절차를 계속 진행하여야 형사재판을 효과적으로 확정시킬 수 있다는 구속제도의 본래의 목적에 따라 이해하면 이를 수긍할 점도 없지 아니하나, 검사로부터 10년 이상의 형의 구형이 있느냐 없느냐가 피고사건의 중대성을 추정할 수 있는 하나의 기준이 되는 것은 모르되 그것만을 가지고 구속을 계속해야 할 중대한 피고사건이라고 단정하고 입법으로 예외규정을 일률적으로 확정할 수 있는 성질의 것은 아니며 더구나 현대 소송법의 원리와 민주헌법의 기본원리에서 볼 때 결코 정당한 이유가 될 수 없는 것이라고 할 것이다. 검사의 구형은 대개 공소사실에 대한 법정형을 기준으로 하는 것이 상례이므로 그 사건 죄명의 중대성을 인정하는 기준이 될 수는 있지만 피고사건이 중대하므로 계속 구속하는 것이 정당하다고 하기 위하여는 구속의 사유인 범죄의 혐의가 인정되는 공소사실을 토대로 그 범죄사실의 중대성이 있느냐 없느냐가 인정되어야 할 것이므로 그 범죄사실 자체를 인정할 증거가 부족하거나 기타 범행사유나 죄질 등 정상을 참작하여 볼 때 법원의 종국판결에서 중대한 범죄라고 단정되지 아니하는 경우에는 구속을 계속해야 할 중대한 피고사건이라고 할 수 없고, 이 때에는 검사로부터 10년 이상의 구형이 있었다고 하더라도 법률상 피고인을 구속하여 공판절차를 계속 진행하여야 할 "피고사건의 중대성"이 있는 경우라고 할 수 없는 것이다. 더구나 검사가 공익의 대표자로서 국가의 소추기관이라고 할지라도 형사공판절차에 있어서는 대립당사자의 일방이며, 그에 따라 검사의 자의적인 구형이 이루어질 가능성을 전혀 배제할 수 없는데 검사의 구형만을 기준으로 피고사건의 중대성 유무를 인정하여 구속영장의 효력유무를 판가름하는 것은 객관적이고 적절한 소송법적 판단이라고 할 수 없는 것이며, 또 법원이 엄격한 증거조사와 사실심리를 거쳐 무죄 등의 판결을 선고하는 경우에는 피고사건이 중대하지 않다고 판단을 내린 것이라고 보아야 함에도 불구하고 검사의 10년 이상 구형이 있기만 하면 중대한 피고사건으로 간주되어 구속이 계속된다면 권력분립에 의한 사법권의 행사를 통하여 법치주의를 구현하려는 헌법의 기본원칙에 위배되는 것이라 아니할 수 없다.

다음은 중대한 피고사건임에도 불구하고 법원이 오판으로 무죄 등의 판결을 선고함으로써 중범자를 석방하여 도주하게 되면 상소심에서 파기되어 유죄확정이 되었을 때 원심의 오판을 시정 집행할 수 없는 경우가 되므로 국가의 형벌권행사가 불가능해지는 것을 예방하기 위하여 구속의 예외규정을 둔다는 이유에 대하여 살펴 본다.

앞서 본 바와 같이 법률상 피고사건의 중대성 여부는 결국 법원의 실체판단에 의하여 결정되는 것이지 검사의 구형의 높고 낮음에 의하여 결정되는 것이 아니므로, 중대한 피고사건에서의 오판의 가능성을 방지한다는 것은 소송법적인 독자적 의미가 없는 것이며, 법원의 재판에 오판의 가능성이 있다는 것은 장차 상소법원에 의하여 반드시 중대한 사건으로 인정된다는 것을 의미하는 것은 아니고 상소절차를 통하여 최종적인 판단이 어떻게 확정될지는 불확실하지만 장차 중대한 사건으로 확정되고 구속집행을 하지 않으며 안될 중대한 사유가 밝혀질 수 있다는 것인데, 법원에서 무죄 등의 판결을 선고하는 마당에 이러한 불확실한 가능성만을 이유로 피고인의 구속을 계속하는 것은 인신의 자유를 제한하는 구속제도가 헌법상 정당하게 운영되고 있는 경우라고 할 수 없을 것이다. 인신구속은 헌법상 구속 당시의 소명자료에 의하여 법률상 구속의 사유가 있는 경우에 한하여 법원 또는 법관이 발부한 구속영장에 의해서만 이루어지고, 그 후에 구속의 사유가 없거나 소멸된 때에는 형사절차의 어느 단계에서나 구속을 취소하여야 한다(법 제93조, 제209조). 구속의 사유의 존부에 관한 판단은 상하급심을 막론하고 오직 그 심급법원 또는 법관에 의하여 그때 그때 수집된 증거의 조사에 의하여 결정되어야 하는 것이고, 구속취소사유의 존부에 대한 판단 자체도 법원에 의하여 이루어지는 것이므로 검사로부터 10년 이상의 행의 구형이 있기만 하면 아무런 제한없이 판결확정시까지 구속취소의 법률효과를 차단하도록 하여 구속영장의 효력을 법원의 재판이 아닌 검사의 구형에 의하여 좌우되도록 하고 있는 법 제331조 단서의 규정은 비록 하급심의 오판의 가능성을 방지하려는 것이라 할지라도 그 입법목적과 인신구속방법을 비교 형량하여 볼 때 명백히 헌법 제12조 제 1 항 및 제 3 항이 규정하고 있는 적법절차의 원칙에 위배된다고 아니할 수 없으며, 헌법 제37조 제 2 항에서 금지하고 있는 과잉입법으로서 목적의 정당성 뿐 아니라 방법의 적절성, 피해의 최소성 및 법익의 균형성을 잃어 비례의 원칙에 반하는 위헌적인 것이라 아니할 수 없다.

그렇다면 법원의 무죄 등의 판결이 선고된 경우에는 일응 구속사유가 없음이 잠정적으로 나마 밝혀진 경우라고 보아 구속영장을 일단 실효시켜 석방하는 것이 당연하고, 그 후에 상소심에서 새로운 구속사유가 존재하는 것으로 밝혀진 경우에는 그때에 다시 피고인을 재구속하는 것이 구속으로 인한 신체의 자유의 침해를 최소화하고, 기본권 보장의 헌법상의 법익과 구속으로 신체의 자유를 제한함으로써 얻을 수 있는 법익의 균형을 도모하는 길이 될 것이기 때문에 법 제331조 단서규정은 그 입법내용을 어느 면으로 검토하여 보아도 구속으로 인한 피해의 최소성이나 법익의 균형성의 원칙에도 위배되는 것이어서 헌법 제37조 제 2 항의 과잉입법금지의 원칙 내지 비례의 원칙에 위반되는 위헌적인 법률규정이라 아니할 수 없다.

4

공법기록형 공법소송실무

음식점영업정지처분 취소청구

04

Contents

목 차

작 성 요 강

☐ 사건의 설명

1. 의뢰인 김경화는 2018. 2. 22. 서류를 가지고 법무법인 경희 변호사 박승소 사무소(서울시 서초구 서초중앙로 158 강호빌딩 1002호)를 방문하였다. 김경화는 그가 운영하던 일반음식점이 구청의 영업정지처분으로 영업을 할 수 없는 상황에 놓였는데, 그는 구청의 영업정지처분에 대하여 불복하고자 한다.
2. 박승소 변호사는 김경화가 가져온 서류를 검토하고 김경화와 상담한 결과, 김경화의 업소에 대한 영업정지처분이 위법하다는 결론을 내리고 가능한 모든 법적 절차를 취하기로 하고 김경화와 소송위임 계약을 체결하였다.
3. 박승소 변호사가 작성하였을 것으로 예상되는 서류를 설문에 따라 작성하도록 한다.

☐ 문 제 [1]

○ 박승소 변호사는 2018. 2. 19. 영업정지처분 통지서를 받은 김경화가 음식점을 계속적으로 영업을 할 수 있는 쟁송방법을 고려하고 있다. 변호사 입장에서 소장을 작성하되, 소장 내용 중 '이 사건 소의 적법성'에서는 ① 피고적격, ② 만약 김경화가 영업정지처분 통지를 받은 후 그 처분내용대로 영업을 1개월 정지하여 그 처분의 효력이 소멸한 경우임에도 그 처분을 다툴 소의 이익이 있는지 여부, ③ 제소기간을 작성하시오.

※ 현행법이 허용하는 쟁송형식에 한하며, 작성일은 2018. 3. 5.이고, 같은 날 접수하는 것으로 함

※ 참고자료에 있는 관계법령에 근거하여 작성하고, 이와 다른 내용의 현행 법령이 있다면 제시된 법령이 우선하는 것으로 할 것

※ 처분의 위법사유로는 사실관계와 현행법 및 기존 판례 입장에 비추어 볼 때 받아들여질 수 있는 주장만 할 것

강 남 구

수신자 서울특별시 강남구 학동로 20길 112 지하1층(업소 : 하얀풍차) 김경화 귀하
제 목 식품위생법 위반업소 처분사전통지(업소명 : 하얀풍차)

1. 서울강남경찰서 생활안전과-329(2018. 1. 22)호와 관련입니다.
2. 귀 업소는 아래와 같이 식품위생법을 위반하였기에 행정절차법 제21조 및 제22조의 규정에 의거 처분의 사전통지 및 의견제출의 기회를 부여하오니 기한 내에 참석하여 의견을 제출하시기 바랍니다.

가. 위반업소 처분내역

처분번호	업 종	업소명(신고번호)	업주명	소재지	위반내용	예 정 된 처분내용	의 견 제출기한
대외 184	일반 음식점	하얀풍차 (24389)	김경화	학동로 20길 112 지하 1층	일반음식점영업자가 유흥접객원으로 유흥접객행위를 하게 하거나 종업원의 이러한 행위를 조장, 묵인한 행위	영업정지 1월	2018년 2월 5일

나. 청문기한 : 2018. 2. 8.까지(매주 화, 목 14 : 00-17 : 00)
다. 청문장소 : 강남구청 2층 소회의실(청문실)
라. 청문시 준비물 : 신분증 및 의견서 기타 유리한 소명자료
마. 안내사항 : 청문기한 내 준비물을 지참하여 청문에 응하시기 바라며 정당한 사유없이 청문기일 내 출석치 않거나 의견서를 제출치 않을 경우 행정절차법 제35조에 의거 의견진술 및 증거제출의 기회를 포기한 것으로 간주하여 처리됩니다.

붙임. 1. 처분사전통지서(하얀풍차)
2. 의견제출서. 끝.

강 남 구 청 장 강남구청장인

[별지 제12호 서식]

처 분 사 전 통 지 서

담 당 자	김 갑 을
연 락 처	1231-2456

문서번호 보건위생과: 2018-12

시 행 일 2018. 1. 23.

수 신 강남구 학동로 20길 112 지하1층 (업소명 : 하얀풍차) 김경화 귀하

행정절차법 제21조 제 2 항의 규정에 의하여 우리기관이 하고자 하는 처분의 내용을 통지하오니 의견을 제출하여 주시기 바랍니다.

<table>
<tr><td>연 번</td><td>대외184</td><td>업 종</td><td>일반음식점</td><td>신고번호</td><td>24389</td></tr>
<tr><td colspan="2">1. 예정된 처분의 제목</td><td colspan="4">식품위생법 위반업소 행정처분</td></tr>
<tr><td rowspan="2">2. 당사자</td><td>성명 / 명칭</td><td colspan="4">김경화 / 상호 : 하얀풍차</td></tr>
<tr><td>주 소</td><td colspan="4">강남구 학동로 20길 112 지하1층</td></tr>
<tr><td colspan="2">3. 처분의 원인이 되는 사실</td><td colspan="4">일반음식점영업자가 유흥접객원으로 유흥접객행위를 하게 하거나 종업원의 이러한 행위를 조장, 묵인한 행위</td></tr>
<tr><td colspan="2">4. 처분하고자 하는 내용</td><td colspan="4">영업정지 1월</td></tr>
<tr><td colspan="2">5. 법 적 근 거</td><td colspan="4">식품위생법 제44조 위반, 제75조 적용</td></tr>
<tr><td colspan="2" rowspan="6">6. 의 견 제 출</td><td>기관명</td><td>강남구청</td><td>부서명</td><td>보건위생과</td></tr>
<tr><td>주 소</td><td colspan="3">강남구 학동로 426 (삼성동) 강남구청 2층 소회의실</td></tr>
<tr><td>기 한</td><td colspan="3">2018년 2월 4일</td></tr>
<tr><td>장 소</td><td colspan="3">보건위생과</td></tr>
<tr><td rowspan="2">주재자</td><td>소 속</td><td colspan="2">강남구청 지정 청문주재관</td></tr>
<tr><td>성 명</td><td colspan="2"></td></tr>
</table>

[청문시 유의사항]

1. 귀하는 청문일에 출석하여 의견을 진술하고 증거를 제출할 수 있으며, 참고인·감정인 등에 대하여 질문할 수 있습니다. 만일, 청문일에 출석하지 아니하는 경우에는 미리 의견서를 제출 할 수 있습니다.
2. 귀하께서 정당한 사유없이 청문일에 출석하지 아니하거나 별지 제11호 서식에 의한 의견서를 제출하지 아니한 경우에는 청문을 마칠 수 있습니다. 다만, 정당한 사유로 출석하지 못하거나 의견서를 제출하지 못한 경우에는 행정청에 그 사유를 소명하여야 합니다.
3. 귀하는 청문이 끝날 때까지 행정절차법 제37조의 규정에 의하여 당해 처분의 조사결과에 관한 문서 기타 당해 처분과 관련되는 문서의 열람 또는 복사를 요청할 수 있습니다.
4. 기타 궁금한 사항이 있으시면 청문실시기관으로 문의하시기 바랍니다.

강 남 구 청 장 강남구청장인

강 남 구

수신자 서울특별시 강남구 학동로 20길 112 지하1층 (업소 : 하얀풍차) 김경화 귀하
제 목 식품위생법 위반업소 (업소명 : 하얀풍차) 행정처분 알림

---

1. 귀하께서는 식품위생법을 위반하여 동법 제75조의 규정에 의하여 다음과 같이 행정처분하오니 앞으로는 이 사건과 같은 일이 일어나지 않도록 주의하여 주시기를 바랍니다.
2. 만약 이 처분에 불복이 있는 경우 처분이 있음을 안 날로부터 90일 이내에 행정소송 또는 행정심판을 청구할 수 있음을 알려드립니다.

□ 위반업소 처분내역

처분번호	업 종	업소명 (신고번호)	업주명	소재지	위반내용	처분내역	
						적용법규	처분내용
대외 184	일반 음식점	하얀풍차 (24389)	김경화	학동로 20길 112 지하1층	일반음식점영업자가 유흥접객원으로 유흥접객행위를 하게 하거나 종업원의 이러한 행위를 조장, 묵인한 행위	제75조	영업정지 1월 (2018. 3. 12.~ 2018. 4.10.)

붙임 : 행정처분명령서 (하얀풍차)

강 남 구 청 장 강남구 청장인

담당 김갑을 담당주사 현철우 과장 전결01/09 박경훈

시행 보건위생과-520 (2018. 2. 14.) 접수 ( )
우 234-567 / 서울시 강남구 학동로 426 (삼성동)
전화 3251-2415 전송 02)873-2474 / law3487@naver.com / 부분공개

행 정 처 분 명 령 서

담 당 자	김 갑 을
연 락 처	1234-5678

영업소의 소재지	학동로 20길 112 지하1층		
영업소의 명칭	하얀풍차		
영업자의 성명	김경화	주민등록번호	751205-2******
위 반 사 항	일반음식점영업자가 유흥접객원으로 유흥접객행위를 하게 하거나 종업원의 이러한 행위를 조장, 묵인한 행위		
행정처분 내역	영업정지 1월 (2018. 3. 12.~2018. 4. 10.)		
지시(안내)사항	○ 향후 1년 이내 동일 내용으로 다시 적발될 경우 가중 처벌됩니다. ○ 이 처분에 대하여 이의가 있으면 행정심판법 및 행정소송법에 의하여 처분이 있음을 안 날로부터 90일 이내, 행정심판의 청구는 서울특별시장 소속하에 있는 행정심판위원회에 할 수 있으며, 또는 행정소송의 제기는 관할 행정법원에 할 수 있음을 알려드립니다.		

귀 업소는 위 위반사항으로 적발되어 식품위생법 제75조에 의거 위와 같이 행정처분 합니다.

2018년 2월 14일

강 남 구 청 장 [강남구청장인]

서울중앙 지방검찰청	사건과장	2018. 1. 18. 수리	주임검사	부장검사	차장검사	검사장
		2018년 형제 4105 호				

서울강남경찰서

제 2018-169 호 2018. 1. 18.

수 신: 서울중앙지방검찰청장

제 목: **사 건 송 치**

다음 사건을 송치합니다.

피 의 자	지문원지작성번호	구속영장 청구번호	피의자 원표번호	통신사실 청구번호
불구속 김 경 화 (金 京 化) 여 **불구속** 임 정 임 (任 貞 姙) 여				

죄 명	식품위생법위반	
발각원인	현행범인	수리전산입력
접 수	2018년 1월 9일 (제519호)	
구 속	2018년 월 일 ( )	
석 방	2018년 월 일 ( )	
의 견	모두 기소	
증 거 품		
비 고		

서울강남경찰서

사법경찰관 총경 김 한 강 강남 경찰

의 견 서

1) **김 경 화** (金 京 化) 일반음식점 업주
주 민 번 호 : 7*****-2****** 여(010-****-****)
주 소 : 서울시 서초구 사임당로 90 청암아파트 112동 1002호
등록기준지 : 서울 서초구 잠원동 32-9번지
2) **임 정 임** (任 貞 姙) 일반음식점 종업원
주 민 번 호 : 730815-2****** 여(010-***-****)
주 소 : 서울 서초구 반포대로 9길 12
등록기준지 : 서울 서초구 반포동 21-7번지

1. **범죄경력자료 및 수사경력자료**
피의자 1)은,
해당사실 없고,
같은 2)는,

07. 01. 22 춘천지법	도로교통법(무면허운전) 교특법	벌금 250만원

1. **범죄사실**
누구든지 영리를 목적으로 일반음식점 내에서 손님으로 온 사람과 동석하여 술을 먹고 노래나 춤으로 손님의 유흥을 돋구는 접객행위를 하거나 알선을 하면 안되는 정을 알면서도,

피의자1) 김경화는,
2018. 1. 9. 22 : 00경 서울 강남구 학동로 20길 112 지하1층 소재 "하얀풍차"라는 일반음식점 내에서 손님으로 온 사건외 강상칠, 김갑열등 3명에게 맥주와 양주, 과일안주등 도합 450,000원 상당의 술을 판매하면서 종업원인 피의자 임정임을 동석시켜 술을 따르게 하고 노래를 하는 등으로 유흥을 돋우게 하고,

같은 2) 임정임은,
위 상피자 김경화가 운영하는 위 "하얀풍차"라는 일반음식점 내에서 종업원으로 고용되어 위와 같이 위반행위를 한 것이다.

위 피의자들의 행위를 식품위생법 제97조 제1항 제3호, 동법 제44조 제1항에 해당하는 범죄로 인정 수사한 결과,

피의자1) **김경희**, **피의자**2) **임정임은**,

평소 잘 알고 지내온 언니라고 부르는 피의자 임정임을 홀서빙하는 아가씨를 구하는 동안에만 근무해 달라고 부탁하여 이 사건 당일까지 근무하면서 성명불상의 다수의 손님들에게 술과 안주를 제공하는 등으로 매상을 올릴 수 있도록 한 것은 사실이지만, 함께 춤을 추는 등의 행위는 없었다고 변소하나,

피의자2) 임정임도 금일 손님으로 온 사건 외 강상칠, 김갑열 등 3명의 손님과 같이 술을 마시는 자리에 동석하고 있었던 것은 사실이라고 진술히고,

본건 손님인 강상칠의 진술조서, 김갑열의 자필진술서, 일반음식점 신고증, 각 피의자신문조서 등으로 보아 범죄 인정되어 **기소의견임**.

진술조서

성　　　명 : 강 상 칠
주민등록번호 : 65****-1******　　만 45세
직　　　업 : 부동산 중개사
주　　　거 : 서울 서초구 서운로 26길 한신아파트 102동 203호
등 록 기 준 지 : 전북 군산시 염신동 37
직 장 주 소 : 서울 서초구 서초동 23-1 한라빌딩 1층
연　락　처 : (자택전화) 796-8542　　(휴대전화) 010-3444-8933
　　　　　(직장전화) 568-3217　　(전자우편) 없음

위의 사람은 피의자 김경화에 대한 식품위생법위반 피의사건에 관하여 2018. 1. 9. 강남경찰서에 임의 출석하여 다음과 같이 진술하다.

1. **피의자와의 관계**
　아무런 관계가 없습니다.

1. **피의사실과의 관계**
　저는 피의사실과 관련하여 참고인 자격으로서 출석하였습니다.

이 때 사법경찰관은 진술인 강상칠을 상대로 다음과 같이 문답을 하다.

문　진술인은 2018년 1월 9일 하얀풍차라는 곳에 간 사실이 있는가요.
답　예. 있습니다.
문　하얀풍차에 들어간 시각은 언제인가요.
답　저녁 10시쯤 들어갔습니다.
문　하얀풍차에 들어가게 된 경위를 말하시오.
답　오랜만에 친구 김갑열, 한상운과 만나 저녁을 먹게 되었습니다. 저녁을 먹으면서 술을 조금 마셨는데, 그냥 헤어지는게 너무 아쉬워 2차로 하얀풍차에 들어가게 된 것입니다.
문　가게에 들어가 무엇을 주문하였나요.
답　조니워커 양주 1병과 맥주 몇 병, 과일 안주 등 45만원 정도를 시켰습니다.
문　종업원이 자리에 합석하게 된 경위는 어떠한가요.

답 저희가 비싼 양주를 주문하니까 가게 여종업원이 양주를 가지고 와서는 갑자기 자리에 앉아 자기도 한 잔만 달라고 하였습니다.

문 진술인이나 일행이 자리에 앉으라고 강요한 것은 아닌가요.

답 아닙니다. 저희가 자리에 앉으라고 강요한 사실은 없습니다. 저희가 비싼 양주도 시키고 돈도 있어 보이니까 잘 보이려고 옆에 앉았던 것 같습니다.

문 종업원도 같이 술을 마셨나요.

답 예. 계속 옆에 앉아서 저희와 농담도 하면서 몇 잔 같이 마셨습니다.

문 당시 가게 안에 손님이 몇 명이나 있었나요.

답 몇 명 있었던 것 같은데, 잘 기억이 나지 않습니다.

문 진술인은 그 전에도 하얀풍차에서 술을 마신 적이 있는가요.

답 예. 몇 번 간 적이 있습니다.

문 그렇다면 그 전에도 종업원과 술을 마신 사실이 있는가요.

답 제가 종업원을 부른 것도 아닌데, 종업원이 스스로 제 옆자리에 앉아 몇 번 같이 술을 마신 적이 있습니다.

문 이상의 진술은 모두 사실인가요.

답 예. 사실입니다.

문 더 할 말이 있는가요.

답 제가 종업원에게 술을 같이 먹자고 한 사실은 없습니다. 잘못이 없는 사람을 또 부르지 말았으면 좋겠습니다.

위의 조서를 진술자에게 열람하게 하였던바, 진술한 대로 오기나 증감·변경할 것이 전혀 없다고 말하므로 간인한 후 서명 무인하게 하다.

진술자 **강 상 칠** (무인)

2018. 1. 9.

강남경찰서

사법경찰관 경위 **김 갑 동** (인)

피의자신문조서
피 의 자 : 김경화 위의 사람에 대한 식품위생법위반 피의사건에 관하여 2018. 1. 10. 강남경찰서 수사과 경제팀 사무실에서 사법경찰관 경위 김갑동은 사법경찰리 경장 김을동을 참여하게 하고, 아래와 같이 피의자임에 틀림없음을 확인하다.

문 피의자의 성명, 주민등록번호, 직업, 주거, 등록기준지 등을 말하십시오.

답 **성명**은 김경화(金京化)

주민등록번호는 75****-2******

직업은 술집 사장

주거는 서울 서초구 사임당로 90 청암아파트 112-1002호

등록기준지는 서울 서초구 잠원동 32-9

직장주소는 서울 강남구 학동로 20길 112 지하1층

연락처는 **자택전화** 02-753-8763 **휴대전화** 010-5142-8763

직장전화 02-531-1024 **전자우편** (생략)

입니다.

사법 경찰관은 피의사건의 요지를 설명하고 사법경찰관의 신문에 대하여 형사소송법 제244조의3에 따라 진술을 거부할 수 있는 권리 및 변호인의 참여 등 조력을 받을 권리가 있음을 피의자에게 알려주고 이를 행사할 것인지 그 의사를 확인하다.

진술거부권 및 변호인 조력권 고지 등 확인

1. 귀하는 일체의 진술을 하지 아니하거나 개개의 질문에 대하여 진술을 하지 아니할 수 있습니다.
2. 귀하가 진술을 하지 아니하더라도 불이익을 받지 아니합니다.
3. 귀하가 진술을 거부할 권리를 포기하고 행한 진술은 법정에서 유죄의 증거로 사용될 수 있습니다.
4. 귀하가 신문을 받을 때에는 변호인을 참여하게 하는 등 변호인의 조력을 받을 수 있습니다.

문　피의자는 위와 같은 권리들이 있음을 고지받았는가요.
답　네.
문　피의자는 진술거부권을 행사할 것인가요.
답　아니오. 사실대로 진술하겠습니다.
문　피의자는 변호인의 조력을 받을 권리를 행사할 것인가요.
답　아니오.

이에 사법경찰관은 피의사실에 관하여 다음과 같이 피의자를 신문하다.

문　범죄전력이 있나요.
답　없습니다.
문　군대는 갔다 왔나요.
답　여자라서 상관없습니다.
문　학력은 어떠한가요.
답　고교 졸업입니다.
문　사회경력은 어떠한가요.
답　상업에 종사하였습니다.
문　가족관계는 어떠한가요.

답 미혼입니다.

문 재산이나 월수입은 어떠한가요.

답 빚이 약 1억원 정도 있고, 월 수입은 300만원 정도 됩니다.

문 정당이나 사회단체에 가입한 사실이 있나요.

답 없습니다.

문 피의자는 현재 무슨 일을 하고 있는가요.

답 2017년 10월 말부터 '하얀풍차'라는 술집을 운영하고 있습니다. 제가 가게를 내기 위하여 보증금 1억 5천만원을 지급했고, 월세는 400만원, 권리금 4천만원을 주고 인수했습니다.

문 '하얀풍차'의 종업원은 몇 명이나 되는가요.

답 주방에 2명, 홀에 2명 총 4명이 일하고 있습니다.

문 '하얀풍차'는 어떤 형태의 영업을 하는 곳인가요.

답 네. 주간에는 커피와 차, 식사류를 판매하고, 밤에는 주류를 팔고 있습니다.

문 피의자는 임정임을 알고 있나요.

답 예. 10년 전부터 친자매처럼 친하게 지내온 언니입니다.

문 임정임이 피의자의 가게에서 일을 한 사실이 있는가요.

답 예. 지난해 12월 초부터 저희 가게에서 일을 하였습니다.

문 임정임이 하얀풍차에서 무슨 일을 하였나요.

답 홀에서 서빙을 하였습니다. 손님들의 주문을 받아서 술과 음식을 날라다 준 것 뿐입니다.

문 피의자는 임정임으로 하여금 손님들과 함께 술을 마시거나 흥을 돋우도록 한 사실이 있는가요.

답 그런 사실은 전혀 없습니다.

문 피의자는 임정임이 2018. 1. 9. 밤에 손님들과 함께 술을 마시면서 동석하였던 사실을 알고 있는가요.

답 손님들이랑 함께 있었던 것은 맞지만, 손님이 억지로 오라고 해서 앉아 있었고, 그것도 단 몇 분에 불과하였다고 전해 들었습니다.

문 그 자리에 손님으로 있었던 강상칠은 자신들은 앉으라는 얘기도 하지 않았는데 임정임이 자기들 옆자리에 앉아 술을 한 잔 달라고 하였다는데 아닌가요.

답 강상칠이 무슨 이유인지는 모르겠지만, 거짓말을 하고 있는 것이 분명합니다. 언니가 그렇게 손님들과 같이 앉아 술을 마실 사람이 아닙니다. 그리고, 제가 손님 테이블에 앉으면 안 된다고 항상 주의를 주었기 때문에 임정임이 먼저 손님 테이블에 앉았다는 것은 믿기 어렵습니다.

문 임정임이 손님들과 함께 자리에 앉아있었던 사실은 인정하는가요.

답 예. 그것은 인정합니다. 하지만, 손님들이 억지로 자리에 앉힌 것이라고 합니다.

문 2018. 1. 9. 이 사건 당시 피의자도 가게에 있었나요.
답 아닙니다. 저는 개인적인 일로 다른 곳에 있었습니다.
문 임정임은 '하얀풍차'에서 일하기 전에는 무슨 일을 하였나요.
답 다른 유흥업소에서 일한 것으로 알고 있습니다.
문 피의자가 가게에 없는 사이에 임정임이 잠시 손님과 술을 마실 수도 있는 것 아닌가요.
답 그럴 수도 있지만 ….
문 피의자는 일반음식점에서 유흥접객원을 두고 영업을 하면 안되는 것을 알고 있지요.
답 예, 알고 있습니다. 하지만, 임정임은 유흥접객원이 아닙니다. 손님이 억지로 불러대니까 마지못하여 잠시 앉아 있다가 경찰관 눈에 띈 것이지요.
문 피의자는 이 사건에 대하여 더 할 말이 있는가요.
답 억울하지 않게 선처해 주세요. 남들한테 돈을 빌려서 어렵사리 마련한 가게인데, 반년도 못되어 문 닫으면 어떡하겠어요.

위의 조서를 진술자에게 열람하게 하였던바, 진술한 대로 오기나 증감·변경할 것이 전혀 없다고 하므로 간인한 후 서명 무인하게 하다.

진술자 **김 경 화** (무인)

2018. 1. 10.

강남경찰서

사법경찰관 경위 **김 갑 동** (인)
사법경찰리 경장 **김 을 동** (인)

수사과정확인서

구 분	내 용
1. 조사 장소의 도착 시각	2018. 1. 10. 10 : 05
2. 조사 시작 시각 및 종료 시각	□ 시작시각 : 2018. 1. 10. 10 : 10 □ 종료시각 : 2018. 1. 10. 11 : 15
3. 조서 열람 시작 시각 및 종료 시각	□ 시작시각 : 2018. 1. 10. 11 : 20 □ 종료시각 : 2018. 1. 10. 11 : 28
4. 그 밖에 조사과정 진행 경과 확인에 필요한 사항	없 음
5. 조사과정 기재사항에 대한 이의제기나 의견진술 여부 및 그 내용	없 음

2018. 1. 10.

사법경찰관 김갑동은 김경화를 조사한 후, 위와 같은 사항에 대해 김경화로부터 확인받음.

확 인 자 : **김 경 화** (인)

사법경찰관 : 경위 **김 갑 동** (인)

피의자신문조서

피 의 자 : 임정임

위의 사람에 대한 식품위생법위반 피의사건에 관하여 2018. 1. 10. 강남경찰서 수사과 경제팀 사무실에서 사법경찰관 경위 김갑동은 사법경찰리 경장 김을동을 참여하게 하고, 아래와 같이 피의자임에 틀림없음을 확인하다.

문 피의자의 성명, 주민등록번호, 직업, 주거, 등록기준지 등을 말하십시오.

답 **성명**은 임정임(任貞姙)

주민등록번호는 73****-2******

직업은 종업원

주거는 서울 서초구 반포대로 9길 12

등록기준지는 경기도 남양주시 별내면 화접리 122-1

직장주소는 서울 강남구 학동로 20길 112 지하1층

연락처는 **자택전화** 02-753-1085 **휴대전화** 010-749-2149

직장전화 02-531-1024 **전자우편** (생략)

입니다.

사법경찰관은 피의사건의 요지를 설명하고 사법경찰관의 신문에 대하여 형사소송법 제244조의3에 따라 진술을 거부할 수 있는 권리 및 변호인의 참여 등 조력을 받을 권리가 있음을 피의자에게 알려주고 이를 행사할 것인지 그 의사를 확인하다.

진술거부권 및 변호인 조력권 고지 등 확인

1. 귀하는 일체의 진술을 하지 아니하거나 개개의 질문에 대하여 진술을 하지 아니할 수 있습니다.
2. 귀하가 진술을 하지 아니하더라도 불이익을 받지 아니합니다.
3. 귀하가 진술을 거부할 권리를 포기하고 행한 진술은 법정에서 유죄의 증거로 사용될 수 있습니다.
4. 귀하가 신문을 받을 때에는 변호인을 참여하게 하는 등 변호인의 조력을 받을 수 있습니다.

문　피의자는 위와 같은 권리들이 있음을 고지받았는가요.
답　네.
문　피의자는 진술거부권을 행사할 것인가요.
답　아니오. 사실대로 진술하겠습니다.
문　피의자는 변호인의 조력을 받을 권리를 행사할 것인가요.
답　아니오.

이에 사법경찰관은 피의사실에 관하여 다음과 같이 피의자를 신문하다.

문　피의자는 현재 무슨 일을 하고 있는가요.
답　2017년 12월 10일부터 '하얀풍차'에서 서빙을 하고 있습니다.
문　피의자는 '하얀풍차'에서 일하기 전에는 무슨 일을 하였나요.
답　압구정동에 있는 '무지개'라는 유흥업소에서 일을 하였습니다.
문　피의자가 '하얀풍차'에서 일하게 된 경위는 어떤가요.
답　2017년 10월 말 경 김경화가 학동로 20길 112에 가게를 열었다는 소식을 듣고 친구들과 술 한 잔하려고 찾아간 적이 있습니다. 당시 '무지개'업소가 청소년을 종업원으로 고용한 일로 영업정지를 당해 문을 닫는 바람에 할 일이 없었기 때문에 경화에게 혹시 사람이 필요하면 저에게 연락해 달라고 부탁을 하였습니다. 그런데 며칠 뒤인 2017년 12월 초에 경화가 저에게 전화하여 서빙하던 아가씨가 아무 연락도 없이 나오지 않는다고 하여 그 다음날부터 제가 '하얀풍차'에 출근하게 된 것입니다.

문 '하얀풍차'에서는 무슨 일을 하였나요.

답 홀에서 서빙을 하였습니다.

문 피의자는 '하얀풍차'에 온 손님들과 함께 술을 마시거나 유흥을 돋우는 일을 하였나요.

답 아니오. 비록 제가 그 전에 유흥업소에서 일을 하기는 하였지만, 더 이상 그런 일이 하기 싫었고, '하얀풍차'는 유흥업소도 아니어서 손님들과 술을 마실 이유는 전혀 없습니다.

문 피의자는 강상칠을 아는가요.

답 예. 저희 가게 손님으로 왔던 사람입니다.

문 강상칠이 '하얀풍차'에 갔을 때 그 테이블에 같이 앉은 사실이 있는가요.

답 예. 있습니다. 하지만, 강상칠과 그 일행이 자꾸 제 손을 잡으면서 잠깐만 앉아서 같이 얘기하자고 하여 앉게 된 것입니다.

문 '하얀풍차'에 온 손님들은 주로 무엇을 주문하는가요.

답 주로 소주 아니면 맥주를 주문합니다.

문 강상칠 일행은 무엇을 주문하였나요.

답 양주와 맥주, 그리고 과일안주를 시켰던 것으로 기억합니다.

문 양주를 주문하는 손님이 많은가요.

답 양주를 주문하는 손님은 한 달에 한두 명 정도 있습니다.

문 피의자는 강상칠 일행이 비싼 양주를 주문하자 그 일행에게 잘 보이기 위해 옆에 앉아 같이 얘기하거나 술을 마신 것이 아닌가요.

답 전혀 아닙니다. 제가 그 가게 사장도 아닌데, 손님에게 잘 보일 이유가 뭐가 있겠습니까.

문 그렇다면 강상칠 일행 옆에 앉게 된 경위는 어떤가요.

답 그 날 밤 10시 무렵에 강상칠 일행 3명이 술에 취해 저희 가게로 들어왔습니다. 1차로 술을 많이 마시고 온 듯 하였습니다. 저는 테이블을 안내하고 주문을 받은 후 양주 등을 가져다 준 후 다른 손님들의 주문을 받고 있었습니다. 그런데 강상칠이 자꾸 저를 부르면서 와서 한잔 따르라고 하였습니다. 그러나, 저는 강상칠에게 저희 가게는 그런 곳이 아니라고 말하며 거절하였고, 곧 다른 테이블에서 주문을 받았습니다. 그 날은 경화가 다른 일로 가게에 나오지 않아 더 바빴습니다. 그런데도 강상칠이 자꾸만 부르면서 잠깐만 와서 앉으라고 언성을 높여 다른 손님들에게 피해를 줄까봐 마지못해 옆에 앉게 된 것입니다.

문 계속 진술하시오.

답 딱 5분만 앉아 있다가 일어서야겠다고 생각하고 있던 중에 때마침 경찰 두 분이 단속을 나왔다며 가게에 들어왔습니다. 그리고, 아주 기분나쁘게 저를 마치 술시중 드는 여자로 취급하면서 무슨 법을 위반하였다고 말하였습니다. 제가 경찰관들에게 손님들의 강요로 마지못해 그 자리에 앉아 있었던 것이라고 말했지만, 경찰관들은 막무가내였습니다. 제가 그 손님들에게 술을 따르거나 한 사실도 전혀 없는데 너무 억울합니다.

문 강상칠 일행과 같이 앉아 있었던 것은 사실이지요.

답 예. 경찰관들이 단속을 나왔을 때 같이 앉아 있었던 것은 사실입니다.

문 단속 당시에 그 자리에 술잔이 몇 개였나요.

답 술잔은 4개가 있었습니다.

문 강상칠 일행이 3명인데 술잔이 어떻게 4개가 되는가요.

답 그 손님들이 제 술도 따라 제 앞에 가져다 놓았습니다.

문 단속 당시에 손님들과 얘기하고 있었던 것은 사실인가요.

답 예. 그 손님들이 저에게 뭐라고 얘기했지만, 저는 일어날 생각만 하고 있어서 무슨 얘기를 했는지는 잘 기억이 나지 않습니다.

문 피의자는 일반음식점에서 유흥접객원을 두고 영업을 하면 안되는 것을 알고 있지요.

답 예, 알고 있습니다. 하지만, 저는 유흥접객원이 아닙니다.

문 피의자는 이 사건에 대하여 더 할 말이 있는가요.

답 **제가 전에 유흥업소에서 일했다는 사실만으로 제 말은 전혀 믿어주지 않는 것 같아 너무 억울합니다. 진실이 밝혀졌으면 좋겠습니다.**

위의 조서를 진술자에게 열람하게 하였던바, 진술한 대로 오기나 증감·변경할 것이 전혀 없다고 하므로 간인한 후 서명 무인하게 하다.

진술자 **임 정 임** (무인)

2018. 1. 10.

강남경찰서

사법경찰관 경위 **김 갑 동** (인)

사법경찰리 경장 **김 을 동** (인)

담당	과장

식품접객업 영업허가(신고)관리대장

업종	일반음식점	영업의 형태	경양식	허가(신고)번호	24389	허가(신고)년월일	2017/10/27

업소명	시작일자	종료일자		전화번호	010- ****-****
	2017/10/27	- -			

영업소재지	시작일자	종료일자	주소
	2017/10/27	- -	서울특별시 강남구 논현동 112-51 지하1층

영업자	시작일자	종료일자	성명	주민번호	법인명	법인번호	전화번호	주소
	2009/10/28	- -	김경희	75****-2******				서울시 서초구 서초동 청암아파트 112동 1002호
							) -	
							) -	

영업장주변	기타		등급	자율	도시계획	주거지역
종사자	여자	0	여자	0	계	0

행정처분사항	처분일자	위반사항	처분명및처분내용	처분변경일자	처분변경내용	취급자

서울강남경찰서

수신자 생활안전과장
제 목 행정처분의뢰

---

1. 아래 위반업소에 대하여 행정처분을 의뢰하오니 통보하여 주시기 바랍니다.
2. 피의자 인적사항
   김 경 화 (75****-25*****)
   서울 강남구 학동로 20길 112 지하1층
3. 위반업소 및 신고사항
   업소명 : 하얀풍차
   업 주 : 김 경 화 (75****-25*****)
   소재지 : 서울 강남구 학동로 20길 112 지하1층
4. 위반내용
   유흥주점 영업(일반음식점내 접대부고용)
5. 조치
   2018. 1. 18. 기소의견 송치
6. 취급자
   서울강남경찰서 수사과 경제팀 경위 김갑동(010-953-1082) 끝.

서울강남경찰서 강남경찰

수신자

★경위 **김갑동** 경위 **백두산** 경감 **한라산**

협조자

시행 수사과-4970 (2018. 01. 22.)
우 135-844 서울특별시 강남구 무동도길 59
전화 02-561-0342 전송

(별지 제 8 호 서식)

<table>
<tr><td colspan="3" align="center">의 견 제 출 서</td></tr>
<tr><td colspan="2">1. 예정된 처분의 제목</td><td>영업정지 1월</td></tr>
<tr><td rowspan="2">2. 당사자</td><td>성 명</td><td>김경화</td></tr>
<tr><td>주 소</td><td>서울특별시 강남구 학동로 20길 112 지하1층 (업소 : 하안풍차)</td></tr>
<tr><td colspan="2">3. 의 견</td><td>저는 유흥접대부를 쓴 적이 없어 억울합니다. 많은 돈을 빌려서 차린 가게를 문 닫는다는 것은 상상도 못할 일입니다.</td></tr>
<tr><td colspan="2">4. 기 타</td><td></td></tr>
<tr><td colspan="3">행정절차법 제27조 제 1 항(제31조 제 3 항)의 규정에 의하여 위와 같이 의견을 제출합니다.

2018년 1월 29일

의견제출인 주소 : 서울시 서초구 사임당로 90 청암아파트 112동 1002호

(전화:)

성명 김 경 화 (인)

강 남 구 청 장 귀하</td></tr>
<tr><td>비
고</td><td colspan="2">1. 기재란이 부족한 경우에는 별지를 사용하실 수 있습니다.
2. 증거자료 등을 첨부하실 수 있습니다.
3. 위 의견제출과 관련하여 문서를 받으신 경우에는 문서번호와 일자를 제 1 호에 함께 기재해 주시기 바랍니다.</td></tr>
</table>

청문(의견진술)조서

<table>
<tr><td>1. 제 목</td><td colspan="5">영업정지 1월에 관한 청문</td></tr>
<tr><td rowspan="2">2. 청문주재자</td><td>소 속</td><td colspan="4">변 호 사</td></tr>
<tr><td>성 명</td><td colspan="4">김 변 론</td></tr>
<tr><td rowspan="3">3. 당사자등
(대표자,대리인)</td><td>성 명</td><td>김 경 화</td><td>업소명</td><td>출석여부</td><td>불출석사유</td></tr>
<tr><td>주 소</td><td></td><td rowspan="2">하얀풍차</td><td rowspan="2">출석함</td><td rowspan="2"></td></tr>
<tr><td>핸드폰번호</td><td></td></tr>
<tr><td rowspan="2">4. 참석한
행정청직원</td><td>직 위</td><td colspan="4">행정주사보</td></tr>
<tr><td>성 명</td><td colspan="4">최 공 정</td></tr>
<tr><td>5. 청문의
일시 및 장소</td><td colspan="5">2018. 2. 8. 15 : 00</td></tr>
<tr><td rowspan="2">6. 청문공개</td><td>공개여부</td><td colspan="4"></td></tr>
<tr><td>이 유</td><td colspan="4"></td></tr>
<tr><td rowspan="2">7. 당사자등의
진술내용</td><td>요 지</td><td colspan="4">영업정지 처분을 당할 만한 잘못을 저지른 적이 없으므로 선처를 구한다는 취지의 진술을 하다.</td></tr>
<tr><td>제출된증거</td><td colspan="4"></td></tr>
<tr><td rowspan="2">8. 증거조사
(청문시)</td><td>요 지</td><td colspan="4"></td></tr>
<tr><td>제출된증거</td><td colspan="4"></td></tr>
<tr><td>9. 청문주재자
의견</td><td colspan="5">예정대로 처분</td></tr>
<tr><td>10. 기 타</td><td colspan="5"></td></tr>
<tr><td colspan="6">2018년 2월 8일
청문(의견진술)주재자 김 변 론 서명 또는 인</td></tr>
<tr><td>비 고</td><td colspan="5"></td></tr>
</table>

청 문 진 술 서

1. 귀하께서 운영하시는 업소명은 무엇인가요? 하얀풍차입니다.

2. 귀 업소의 영업주 성명과 주민등록번호는 어떻게 되시나요?
김경화(75****-2******)

3. 청문오신 분과 영업주가 같으신가요? ☑ 예 ☐ 아니요
※ 다른 경우에는 위임지임을 확인할 수 있는 서류( )

4. 귀 업소의 위반행위를 적발한 기관은 어디입니까?
☑ 경찰 ☐ 식품의약 안전청 등 정부기관 ☐ 서울시 ☐ 강남구보건소

5. 귀 업소는 어떠한 사유로 적출되었나요? (적발사유 모두 ☐하세요)
☐ 객실에 반주 노래시설 설치 ☐ 반주시설을 갖추고 노래허용
☐ 청소년에게 주류제공 ☑ 유흥접객원 고용 유흥접객행위
☐ 성매매 알선 ☐ 영업장 확장 등 면적변경 미신고
☐ 종업원 명부 미비치 ☐ 종업원 등 건강진단 미이행
☐ 신고된 상호와 업종혼돈표기 ☐ 유통기한 지난 조리품 판매목적 보관
☐ 영업정지기간중 영업 ☐ 위생불량등 기타( )

6. 위 적출사항에 대해 위반사실을 인정하시나요?
☐ 예 ☑ 아니오

7. 기타 청문(의견제출)에서 하시고 싶으신 말씀이 있다면 하십시오.
저는 경찰에서 말하는 유흥접객원을 쓴 적이 없습니다.

8. 귀 업소의 위반행위는 식품위생법에 위반되었기에 다음의 행정처분이 예상됨을 고지합니다.
☑ 영업정지처분 1월 ☐ 과징금 부과
☐ 시설개수명령, 시정명령 ☐ 과태료부과
☐ 영업소폐쇄 ☐ 기타( )

위 사항을 2018. 2. 8. (15 : 00) 강남구 청문변호사 앞에서 영업자가 자유로이 진술하였기 청문진술서를 작성하다.

피 청문자: 김 경 화 (서명 또는 날인)
청문변호사: 김 변 론 (서명 또는 날인)

진술조서(2회)

성　　　명 : 강 상 칠
주민등록번호 : 65****-1******　　만 45세
직　　　업 : 부동산 중개사
주　　　거 : 서울 서초구 서운로 26길 한신아파트 102동 203호
등 록 기 준 지 : 전북 군산시 염신동 37
직 장 주 소 : 서울 서초구 서초동 23-1 한라빌딩 1층
연 락 처 : (자택전화) 796-8542　　(휴대전화) 010-****-****
(직장전화) 568-3217　　(전자우편) 없음

위의 사람은 피의자 김경화에 대한 식품위생법위반 피의사건에 관하여 2018. 2. 19. 서울중앙지방검찰청에 임의 출석하여 다음과 같이 진술하다.

문　참고인이 경찰에서 진술한 내용은 모두 사실인가요.
답　예. 사실입니다.
문　참고인은 임정임을 아는가요.
답　예. '하얀풍차'에서 일하는 종업원으로 2018년 1월 9일에 저희 테이블에 같이 앉아 있던 사람입니다.
문　임정임이 참고인 일행의 테이블에 앉게 된 경위는 어떤가요.
답　전에도 말씀 드렸듯이, 저희가 비싼 양주와 맥주 등을 시키니까 저희에게 잘 보여서 매상을 올리려고 옆에 와 앉은 것 같습니다.
문　참고인이 임정임에게 앉으라고 강요한 사실은 없는가요.
답　예. 전혀 없습니다.
문　임정임은 참고인이 자신에게 와서 술 한잔 따르라며 자꾸 소리를 질러 어쩔 수 없이 앉게 되었다고 하는데 어떤가요.
답　제가 소리를 지른 사실은 없습니다.
문　당시 참고인이 소리를 크게 지르는 바람에 다른 손님에게도 피해가 갈 정도였다는데 어떤가요.
답　그런 기억은 없습니다.
문　그렇다면 다른 손님과 대질신문을 하여도 괜찮은가요.
답　(잠시 머뭇거리며)죄송합니다. 제가 거짓말을 하였습니다. 사실대로 진술하겠습니다.

문 임정임이 참고인 일행의 테이블에 앉게 된 경위는 어떤가요.

답 제가 오랜만에 친구들을 만나게 되어 저녁과 함께 술을 마신 후 금방 헤어지는 게 아쉬워 '하얀풍차'에 가게 되었습니다. 그리고, 양주 등을 주문하였는데 친구들에게 아가씨가 술을 한 잔 따라주면 좋겠다는 생각이 들어 임정임에게 와서 술 한 잔 따라보라고 시켰습니다.

문 임정임이 순순히 술을 따르던가요.

답 처음에는 와서 거절을 하고 갔는데, 제가 자꾸 부르면서 한 번만 와서 앉아보라고 하자 어쩔 수 없이 앉게 되었습니다.

문 임정임이 참고인 일행에게 술을 따리 주었나요.

답 아닙니다. 제가 먼저 임정임에게 술을 한 잔 주었는데, 그것도 테이블에 그냥 내려놓고 가만히 있었습니다. 저희에게 술을 따라 주지도 않았습니다.

문 임정임이 앉아 있던 시간은 얼마나 되었나요.

답 몇 분 안 되었습니다. 자리에 앉자마자 경찰관들이 들어왔습니다.

문 참고인은 왜 거짓말을 하였나요.

답 제가 종업원을 억지로 저희 테이블에 앉게 하고, 종업원에게 술을 따르라고 강요한 것 때문에 처벌받을까봐 두려워서 그랬습니다. 죄송합니다.

문 이상의 진술은 모두 사실인가요.

답 예. 사실입니다.

문 더 이상 할 말이 있는가요.

답 저 때문에 가게 사장과 종업원이 곤란하게 된 것 같아 죄송합니다.

위의 조서를 진술자에게 열람하게 하였던바, 진술한 대로 오기나 증감·변경할 것이 전혀 없다고 말하므로 간인한 후 서명 무인하게 하다.

진술자 **강 상 칠** (무인)

2018. 2. 19.

서 울 중 앙 지 방 검 찰 청

검 사 **정 영 화** (인)

검찰주사보 **강 상 륜** (인)

참 고 자 료(관 계 법 령)

▣ 식품위생법

제44조(영업자 등의 준수사항)

① 식품접객영업자 등 대통령령으로 정하는 영업자와 그 종업원은 영업의 위생관리와 질서유지, 국민의 보건위생 증진을 위하여 총리령으로 정하는 사항을 지켜야 한다.

③ 누구든지 영리를 목적으로 제36조 제 1 항 제 3 호의 식품접객업을 하는 장소(유흥종사자를 둘 수 있도록 대통령령으로 정하는 영업을 하는 장소는 제외한다)에서 손님과 함께 술을 마시거나 노래 또는 춤으로 손님의 유흥을 돋우는 접객행위(공연을 목적으로 하는 가수, 악사, 댄서, 무용수 등이 하는 행위는 제외한다)를 하거나 다른 사람에게 그 행위를 알선하여서는 아니 된다.

제75조(허가취소 등)

① 식품의약품안전처장 또는 특별자치도지사·시장·군수·구청장은 영업자가 다음 각 호의 어느 하나에 해당하는 경우에는 대통령령으로 정하는 바에 따라 영업허가 또는 등록을 취소하거나 6개월 이내의 기간을 정하여 그 영업의 전부 또는 일부를 정지하거나 영업소 폐쇄(제37조 제 4 항에 따라 신고한 영업만 해당한다. 이하 이 조에서 같다)를 명할 수 있다.

13. 제44조 제 1 항·제 2 항 및 제 4 항을 위반한 경우

제97조(벌칙)

① 다음 각 호의 어느 하나에 해당하는 자는 3년 이하의 징역 또는 3,000만원 이하의 벌금에 처한다.

3. 제44조 제 1 항에 따라 영업자가 지켜야 할 사항을 지키지 아니한 자. 다만, 총리령으로 정하는 경미한 사항을 위반한 자는 제외한다.

▣ 식품위생법 시행령

제21조(영업의 종류)

법 제36조 제 2 항에 따른 영업의 세부 종류와 그 범위는 다음 각 호와 같다.

8. 식품접객업

나. 일반음식점영업: 음식류를 조리·판매하는 영업으로서 식사와 함께 부수적으로 음주행위

가 허용되는 영업

다. 단란주점영업: 주로 주류를 조리·판매하는 영업으로서 손님이 노래를 부르는 행위가 허용되는 영업

라. 유흥주점영업: 주로 주류를 조리·판매하는 영업으로서 유흥종사자를 두거나 유흥시설을 설치할 수 있고 손님이 노래를 부르거나 춤을 추는 행위가 허용되는 영업

▣ 식품위생법 시행규칙

제57조(식품접객영업자 등의 준수사항 등)

법 제44조 제1항에 따라 식품접객영업자 등이 지켜야 할 준수사항은 별표 17과 같다.

제89조(행정처분의 기준)

법 제71조, 법 제72조, 법 제74조부터 법 제76조까지 및 법 제80조에 따른 행정처분의 기준은 별표 23과 같다.

[별표 17] 식품접객영업자 등의 준수사항(제57조 관련)

6. 식품접객업자(위탁급식영업자는 제외한다)의 준수사항

타. 허가를 받거나 신고한 영업 외의 다른 영업시설을 설치하거나 다음에 해당하는 영업행위를 하여서는 아니 된다.

1) 휴게음식점영업자·일반음식점영업자 또는 단란주점영업자가 유흥접객원을 고용하여 유흥접객행위를 하게 하거나 종업원의 이러한 행위를 조장하거나 묵인하는 행위

2) 휴게음식점영업자·일반음식점영업자가 음향 및 반주시설을 갖추고 손님이 노래를 부르도록 허용하는 행위. 다만, 연회석을 보유한 일반음식점에서 회갑연, 칠순연 등 가정의 의례로서 행하는 경우에는 그러하지 아니하다.

[별표 23] **행정처분의 기준**(제89조 관련)

Ⅱ. 개별기준

3. 식품접객업

영 제21조 제8호의 식품접객업을 말한다.

위반 사항	근거 법령	행정처분기준		
		1차 위반	2차 위반	3차 위반
10. 법 제44조 제1항을 위반한 경우 가. 식품접객업자의 준수사항의 위반으로서	법 제71조 및 법 제75조			

1) 별표 17 제6호 타목1)을 위반한 경우[1]		영업정지 1개월	영업정지 2개월	영업허가 취소 또는 영업소폐쇄
3) 별표 17 제6호 타목2)·거목 또는 서목을 위반한 경우		영업정지 1개월	영업정지 2개월	영업허가 취소 또는 영업소폐쇄

1) 휴게음식점영업자·일반음식점영업자 또는 단란주점영업자가 유흥접객원을 고용하여 유흥접객행위를 하게 하거나 종업원의 이러한 행위를 조장하거나 묵인하는 행위.

해답 1

소 장

원 고 김경화
서울 서초구 사임당로 90 청암아파트 112동 1002호

소송대리인 법무법인 경희
담당변호사 박승소
서울 서초구 서초중앙로 158 강호빌딩 1002호

피 고 서울특별시 강남구청장

영업정지처분취소 청구의 소

청 구 취 지

1. 피고가 2018. 2. 14. 원고에 대하여 한 영업정지처분을 취소한다.
2. 소송비용은 피고가 부담한다.

라는 판결을 구합니다.

청 구 원 인

1. 이 사건 처분의 경위

원고는 서울 강남구 학동로 20길 112 지하 1층에서 '하얀풍차'(이하 '이 사건 음식점'이라 한다)라는 상호로 일반음식점업을 운영하고 있으며, 피고는 2018. 2. 14. 원고에 대하여 유흥접객원을 고용하여 영업을 하였다는 사유로 영업정지 1월(기간 : 2018. 3. 12. ~ 같은 해 4. 10.)의 처분(이하 '이 사건 처분'이라 한다)을 한 행정청입니다.

2. 원고가 유흥접객원을 고용하여 유흥접객행위를 하였는지 여부

가. 원고의 이 사건 음식점 개업 및 임정임의 고용경위

(1) 원고는 2017. 10. 27.부터 이 사건 음식점 영업을 시작하였습니다. 이 사건 음식점은 주간에는 커피와 차, 다과, 오므라이스, 스테이크 등 식사를 판매하고, 저녁에는 소주, 맥주 등의 주류를 판매하기도 하였습니다.

(2) 이 사건 음식점은 주방에서 음식을 조리하는 2명의 종업원과 홀에서 음식을 배달하는 남녀 직원 1명씩을 두어 4명의 직원이 근무하고 있습니다. 그런데 이 사건 단속이 있기 며칠 전에 홀에서 음식을 나르는 일을 하던 여직원 1명이 갑자기 그만두었고, 그리하여 원고는 새로 직원을 구하게 되었습니다.

(3) 원고는 2017. 11. 말경 평소 언니라고 부르며 친하게 지내던 임정임에게 새로 직원을 구할 때까지 잠시 동안 이 사건 음식점에 나와서 일을 해 달라고 부탁하게 되었습니다. 그리하여 임정임은 2017. 12. 10.부터 이 사건 단속이 있었던 2018. 1. 9.경까지 매달 150만원의 급여를 받으면서 일을 하게 되었습니다.

나. 임정임이 손님의 좌석에 앉게 된 경위

(1) 임정임은 이 사건 음식점에서 손님으로부터 주문을 받아 그 손님 테이블에 음식을 제공하는 일을 하였습니다. 원고는 이 사건 음식점과 같은 종류의 영업을 여러 해 동안 해본 경험이 있고, 유흥접객원을 고용하여 손님들과 술을 마시거나 노래를 부르는 등의 유흥을 돋우어 매상을 올리는 방법의 영업행위는 법령에 위반되는 것이고, 그러한 행위로 한번 단속을 당하면 영업정지 등의 막대한 불이익처분을 받는 점을 알고 있었기 때문에 평소에도 식품위생법령을 위반하지 않고자 각별히 주의를 하여 왔습니다. 그 때문에 원고는 임정임이 이 사건 음식점에서 일하기 시작할 때부터 손님 테이블에 앉는 등의 행위로 단속 당할 우려가 있는 일체의 행위를 금하도록 교육을 하였으며, 실제로 이 사건 단속이 있기 전에는 손님들과 술을 마시는 일도 전혀 없었습니다.

(2) 그런데 이 사건 단속이 있었던 시간에 원고는 거래처에 볼 일이 있어 음식점에 나오지 못하게 되었습니다. 그 당시 임정임은 예전에 한두 번 들렀던 손님들에게 주문한 술과 안주를 배달하고 홀에 있게 되었습니다. 그런데 그 손님 중 한명

이 임정임에게 그들의 테이블로 와서 술을 한잔 따르라고 하였지만, 임정임은 그 요구에 응하지 않고 있었습니다. 그렇지만 술에 상당히 취한 상태인 그 손님(나중에 알기로는 강상칠이라고 함)이 여러 차례 임정임을 부르는 바람에 마지못하여 그 손님들의 테이블에 앉게 되었습니다. 바로 그 순간 강남경찰서 소속 경찰관들이 이 사건 음식점에 단속을 나와 임정임이 손님들과 같은 테이블에 앉아 있는 것을 목격하게 되었습니다.

(3) 원고는 이 사건 단속이 있은 후에 임정임으로부터 손님들 테이블에 앉아 있게 된 경위에 관하여 묻게 되었는데, 임정임은 그 날 감기 몸살 증세로 기침도 나오고 하여 원고가 출근을 하면 곧바로 집에 들어가 쉴 생각을 하고 있었다고 합니다. 그런데 손님 한 명이 술에 취하여 여러 차례 동석할 것을 요구하는 바람에 어쩔 수 없이 동석을 하고 있던 중에 경찰관에게 적발되게 되었다고 하였습니다.

다. 소 결

따라서 임정임이 이 사건 음식점에서 유흥접객행위를 한 사실이 없습니다. 그러므로 원고는 임정임을 유흥접객원으로 고용하여 유흥접객행위를 하도록 한 사실이 없으며, 임정임으로 하여금 유흥접객원으로서의 행위를 하도록 지시하거나 그러한 행위를 묵인한 사실도 없습니다.

3. 이 사건 소의 적법성

가. 피고적격

(1) 행정소송법 제13조 제1항은 '취소소송은 다른 법률에 특별한 규정이 없는 한 그 처분 등을 행한 행정청을 피고로 한다'고 규정하고 있습니다.

(2) 항고소송은 원칙적으로 소송의 대상인 행정처분 등을 외부적으로 그의 명의로 행한 행정청을 피고로 하여야 하는 것으로서, 그 행정처분을 하게 된 연유가 상급행정청이나 타행정청의 지시나 통보에 의한 것이라 하여 다르지 않고, 권한의 위임이나 위탁을 받아 수임행정청이 자신의 명의로 한 처분에 관하여도 마찬가지입니다(대법원 2013. 2. 28. 선고 2012두22904 판결).

(3) 따라서 서울특별시 강남구청장은 그의 명의로 원고에게 이 사건 처분을 하였으

므로 피고적격이 있습니다.

나. 소의 이익

(1) 행정소송법 제12조는 '취소소송은 처분등의 취소를 구할 법률상 이익이 있는 자가 제기할 수 있다. 처분등의 효과가 기간의 경과, 처분등의 집행 그 밖의 사유로 인하여 소멸된 뒤에도 그 처분등의 취소로 인하여 회복되는 법률상 이익이 있는 자의 경우에는 또한 같다'고 규정하고 있습니다.

(2) 판례는 제재적 행정처분이 그 처분에서 정한 제재기간의 경과로 인하여 그 효과가 소멸되었으나, 부령인 시행규칙 또는 지방자치단체의 규칙의 형식으로 정한 처분기준에서 제재적 행정처분을 받은 것을 가중사유나 전제요건으로 삼아 장래의 제재적 행정처분을 하도록 정하고 있는 경우, 선행처분인 제재적 행정처분을 받은 상대방이 그 처분에서 정한 제재기간이 경과하였다 하더라도 그 처분의 취소를 구할 법률상 이익이 있다고 합니다(대법원 2006. 6. 22. 선고 2003두1684 전원합의체 판결).

(3) 따라서 원고가 비록 피고의 이 사건 처분대로 영업을 1개월 정지하여 그 처분의 효력이 소멸되었다고 할지라도 이 사건 처분근거인 식품위생법 시행규칙의 처분기준에는 영업정지 1개월의 처분받은 것을 가중사유로 삼아 장래의 제재적 행정처분을 하도록 하고 있기 때문에 이미 소멸한 이 사건 처분의 취소를 구할 소의 이익을 인정할 수 있습니다.

다. 제소기간

(1) 행정소송법 제20조 제 1 항은 '취소소송은 처분 등이 있음을 안 날부터 90일 이내에 제기하여야 한다', 같은 조 제 2 항은 '처분 등이 있은 날부터 1년을 경과하면 이를 제기하지 못한다'고 규정하고 있습니다.

(2) 여기서 '처분 등이 있음을 안 날'이란 통지·공고 기타의 방법에 의하여 당해 처분이 있는 것을 현실적·구체적으로 안 날을 말하고, 추상적으로 알 수 있었던 날을 말하는 것은 아닙니다. 판례 역시 행정처분이 있는 것을 알았다는 뜻은 행정처분의 구체적 내용을 알았다는 취지가 아니고 어떤 종류의 행정처분이 있었다는 사실을 안 것으로 족하다(대법원 1964. 3. 31. 선고 63누158 판결)라고 합니다.

그리고 '처분이 있음을 안 날'이란 통지, 공고 기타의 방법에 의하여 당해 처분이 있었다는 사실을 현실적으로 안 날을 의미하고 구체적으로 그 행정처분의 위법 여부를 판단한 날을 가리키는 것은 아니다(대법원 1991. 6. 28. 선고 90누6521 판결)라고 판시하고 있습니다.

(3) 따라서 원고는 피고의 이 사건 처분을 2018. 2. 19. 통지를 받게 되어 처분사실을 알게 되었으며, 그로부터 90일 이내인 2018. 3. 5. 제기한 이 사건 소는 적법한 제소기간을 준수하였습니다.

4. 이 사건 처분의 근거

피고는 이 사건 처분의 근거로 일반음식점영업자인 원고가 유흥접객원 임정임을 고용하여 유흥접객행위를 하게 하거나 종업원의 이러한 행위를 조장·묵인하는 행위를 한 것은 식품위생법 제44조와 제75조 위반이라고 합니다.

※ 관계법령

○ 식품위생법 제44조(영업자 등의 준수사항)

① 식품접객영업자 등 대통령령으로 정하는 영업자와 그 종업원은 영업의 위생관리와 질서유지, 국민의 보건위생 증진을 위하여 보건복지가족부령으로 정하는 사항을 지켜야 한다.

○ 같은 법 시행령 제21조 제 8 호 : 식품접객업

나. 일반음식점영업: 음식류를 조리·판매하는 영업으로서 식사와 함께 부수적으로 음주행위가 허용되는 영업

○ 식품위생법 제75조(허가취소 등)

① 식품의약품안전청장 또는 특별자치도지사·시장·군수·구청장은 영업자가 다음 각 호의 어느 하나에 해당하는 경우에는 대통령령으로 정하는 바에 따라 영업허가를 취소하거나 6개월 이내의 기간을 정하여 그 영업의 전부 또는 일부를 정지하거나 영업소 폐쇄(제37조 제 4 항에 따라 신고한 영업만 해당한다. 이하 이 조에서 같다)를 명할 수 있다.

○ 같은 법 시행규칙 제89조(행정처분의 기준)

법 제71조, 법 제72조, 법 제74조부터 법 제76조까지 및 법 제80조에 따른 행정처분의 기준은 [별표 23]과 같다.

[별표 23] 행정처분의 기준(제89조 관련)

Ⅱ. 개별기준

3. 식품접객업

영 제21조 제 8 호의 식품접객업을 말한다.

위반 사항	근거 법령	행정처분기준		
		1차 위반	2차 위반	3차 위반
10. 법 제44조 제 1 항을 위반한 경우 가. 식품접객업자의 준수사항의 위반으로서	법 제71조 및 법 제75조			
1) 별표 17 제 6 호 타목1)을 위반한 경우		영업정지 1개월	영업정지 2개월	영업허가취소 또는 영업소폐쇄

5. 이 사건 처분의 위법성

가. 유흥접객원의 개념

“유흥종사자”란 손님과 함께 술을 마시거나 노래 또는 춤으로 손님의 유흥을 돋우는 부녀자인 유흥접객원을 말합니다(식품위생법 시행령 22①). 대법원은 식품위생법상의 “유흥종사자”에 대하여 「주로 주류를 조리, 판매하는 영업으로서, 유흥종사자 즉 손님과 함께 술을 마시거나 노래 또는 춤으로 손님의 유흥을 돋구는 부녀자(이를 위 시행령에서는 ‘유흥접객원’이라 한다)를 두는 것이 허용되는 유흥주점 영업을 하기 위하여는 관할 관청의 영업허가를 받도록 되어 있는바, 여기의 유흥종사자란 반드시 고용기간과 임금, 근로시간 등을 명시한 고용계약에 의하여 취업한 여자종업원에 한정된다고는 할 수 없지만, 적어도 하나의 직업으로 특정업소에서 손님과 함께 술을 마시거나 노래 또는 춤으로 손님의 유흥을 돋구어 주고 주인으로부터 보수를 받거나 손님으로부터 팁을 받는 부녀자를 가리키는 것으로 해석되고, 따라서 단순히 놀러오거나 손님으로 왔다가 다른 남자손님과 합석하여 술을 마신 부녀자는 이에 포함되지 아니한다」(대법원 2001. 12. 24. 선고 2001도5837 판결【식품위생법위반】)고 판시하고 있습니다.

나. 피고의 사실오인

(1) 그런데 임정임은 판례가 제시하는 유흥접객원의 요건에 해당되는 손님과 함께 술을 마시거나 노래 또는 춤으로 손님의 유흥을 돋구어 주고 주인으로부터 보수를 받거나 손님으로부터 팁을 받은 사실이 전혀 없습니다. 따라서 임정임은 식품위생법 시행령 소정의 유흥접객원이 아닙니다.

(2) 그러함에도 피고는 임정임이 이 사건 단속 당시 손님들의 좌석에 앉아 있었다는 사실만으로 원고가 유흥접객원을 고용하여 영업을 하도록 하였거나 이를 묵인하였을 것으로 인정하고 이 사건 처분을 하였지만, 이는 명백히 사실을 오인한 것에 해당됩니다.

(3) 임정임이 손님들의 좌석에 앉게 된 경위도 손님으로 왔던 강상칠이 술을 주문한 다음 임정임을 불러 자리에 앉도록 한 다음 억지로 술을 따르도록 강요하였습니다. 임정임은 그 당시 마지못하여 강상칠 일행의 좌석에 앉게 되었지만, 술을 따라 주는 행위를 한 사실도 없었습니다. 강상칠이 강남경찰서에서 이 사건으로 조사를 받으면서 처음에는 임정임이 유흥접객행위를 하였다고 거짓 진술을 한 것으로 들었습니다. 강남경찰서는 강상칠의 진술을 듣고 원고와 임정임을 식품위생법위반 혐의로 입건을 하고 검찰에 송치하였으며, 피고 역시 경찰 수사결과를 기초로 원고에 대하여 이 사건 처분을 하게 된 것입니다. 그렇지만 강상칠은 검찰조사 과정에서 그의 경찰에서의 진술을 번복하여 임정임이 유흥접객행위를 한 사실이 없다고 진술한 바 있습니다.

(4) 원고는 임정임을 유흥접객원으로 고용하여 영업을 하였다는 이유로 식품위생법위반으로 경찰서에서 조사를 받았고, 현재는 이 사건이 검찰에 송치되어 조사중이므로 실체적 진실이 규명되어 원고와 임정임에 대하여 무혐의 처분이 내려질 것으로 기대하고 있습니다. 그렇게 되면 피고의 원고에 대한 이 사건 처분도 마땅히 취소될 수밖에 없을 것입니다.

다. 피고의 비례원칙의 위반

(1) 행정처분은 행정목적의 달성과 그 실현수단 사이에 적절한 비례관계가 유지되어야 하는 비례원칙을 준수해야 합니다. 행정작용은 ① 행정목적을 달성하는 데 유효하고 적절할 것, ② 행정목적을 달성하는 데 필요한 최소한도에 그칠 것, ③ 행정작용으로 인한 국민의 이익 침해가 그 행정작용이 의도하는 공익보다 크지 아니할 것이라는 원칙을 따라야 합니다(행정기본법 제10조).

(2) 설령 임정임이 평소 아는 손님의 술자리에 잠시 함께 앉아 있었던 것이 식품위생법 시행령 또는 시행규칙에 위반한 것으로 인정된다고 하더라도, 이 사건 처분은 비례의 원칙에 반하여 지나치게 무겁습니다.

(3) 원고는 이 사건 음식점을 보증금 1억 5천만원, 월 차임 400만원, 권리금 4천만원을 주고 인수한 바 있으며, 개업을 위하여 새롭게 인테리어를 하는 등으로 막대한 비용이 들어갔습니다. 원고는 이러한 돈을 주변의 지인들과 금융기관 대출 등으로 어렵게 마련하게 되었습니다. 원고는 아직 미혼이며, 이 사건 음식점의 직원들도 영업이 정지되면 생업이 어려워질 상황에 놓여 있습니다.

(4) 원고는 이 사건 전에는 단 한번도 식품위생법위반 등으로 처벌받거나 영업정지를 당하는 등의 행정처분을 받은 사실도 없이 성실하게 생활하여 왔습니다.

(5) 피고의 원고에 대한 이 사건 처분과 같은 제재적 행정처분이 사회통념상 재량권의 범위를 일탈하였거나 남용하였는지 여부는 처분사유인 위반행위의 내용과 당해 처분행위에 의하여 달성하려는 공익목적 및 이에 따르는 제반 사정 등을 객관적으로 심리하여 공익 침해의 정도와 그 처분으로 인하여 개인이 입게 될 불이익을 비교·형량하여 판단하여야 한다(대법원 2007. 9. 20. 선고 2007두6946 판결【과징금부과처분취소】) 는 것이 대법원의 기본 입장입니다.

(6) 따라서 원고가 이 사건 음식점을 개업하기까지 소요된 비용과 이 사건 단속 당일 임정임이 우연히 알고 있던 손님의 강권에 의하여 자리에 잠시 동석하였던 경위, 그 동안 원고가 단 한 차례도 형사처벌을 받은 전력없이 성실하게 살아온 점, 요즘 같은 불황기에 특별한 위법행위 없이 어렵사리 영업을 해왔던 점, 영업정지를 당하면 신용 훼손은 물론 대출금 이자, 월세, 직원들 급여, 생활비 등의

막대한 금전적인 손해를 받게 된다는 점 등을 고려해 보면, 영업정지를 통하여 달성하려는 공익목적보다 원고가 입게 될 불이익이 현저하게 크다고 하지 않을 수 없습니다. 그러함에도 피고가 원고의 이러한 종합적인 사정을 참작하여 과징금 부과 등의 처분을 하지 않고 식품위생법 시행규칙에 따른 내부적 사무처리기준에 따라 기계적으로 영업정지 1월의 처분을 한 것은 비례의 원칙에 반하여 결국 재량권을 일탈·남용한 위법을 면할 수 없다 할 것입니다.

6. 결 론

그러므로 피고의 원고에 대한 이 사건 처분은 사실을 오해하였거나 비례의 원칙에 위반하는 재량권의 일탈·남용에 해당되는 위법한 처분이므로 취소되어야 합니다.

입 증 방 법

1. 갑 제1호증의 1	처분 사전통지	1부
2. 갑 제1호증의 2	처분사전통지서	1부
3. 갑 제2호증의 1	행정처분 알림	1부
4. 갑 제2호증의 2	행정처분명령서	1부
5. 갑 제3호증	식품접객업 영업허가(신고)관리대장	1부

첨 부 서 류

1. 위 입증방법	각 1부[2)]
1. 소장부본	1부
1. 소송위임장	1부

2018. 3. 5.

원고 소송대리인
법무법인 경희
담당변호사 박 승 소

서울행정법원 귀중

2) 일반적으로 소장·답변서·준비서면·서증을 제출할 때는 '상대방의 수만큼의 부본'을 원본과 함께 제출하여야 한다.

쟁 점 해 설

1. 처분의 경위

가. 원고는 2017. 10. 27. 일반음식점으로 영업신고를 한 후 서울 강남구 학동로 20길 112 지하1층에서 '하얀풍차'라는 상호로 영업을 하여 왔다.

나. 피고는, 원고가 2017. 11. 말경부터 2018. 1. 9. 23 : 00경까지 임정임(여, 37세)을 유흥접객원으로 고용하여 유흥접객행위를 하게 하거나, 임정임으로 하여금 이러한 행위를 하도록 조장하거나 묵인하였다는 이유로 2018. 2. 15. 원고에 대하여 영업정지 1월(2018. 3. 12. ~ 2018. 4. 10.)의 처분을 하였다.

2. 이 사건 소의 적법성

가. 원고적격

(1) 행정소송법 제12조

취소소송은 처분등의 취소를 구할 법률상 이익이 있는 자가 제기할 수 있다.

(2) 판 례

(가) 행정처분의 직접 상대방

행정소송은 행정청의 당해 처분이 취소됨으로 인하여 법률상 직접적이고 구체적인 이익을 얻게 되는 사람만이 제기할 이익이 있고, 사실상이나 간접적인 관계만을 가지는 데 지나지 않는 사람은 이를 제기할 이익이 없다(대법원 2003. 9. 23. 선고 2002두1267 판결【종합소득세환급경정청구거부처분취소】).

(나) 행정처분의 직접 상대방이 아닌 제3자

행정소송법 제12조에서 말하는 '법률상 이익'이란 당해 행정처분의 근거 법률에 의하여 보호되는 직접적이고 구체적인 이익을 말하고, 당해 행정처분과 관련하여 간접적이거나 사실적·경제적 이해관계를 가지는 데 불과한 경우는 여기에 포함되지 않으나, 행정처분의 직접 상대방이 아닌 제3자라고 하더라도 당해 행정처분으로 인하여 법률상 보호되는 이익을 침해당한 경우에는 취소소송을 제기하여 그 당부의 판단을 받을 자격이 있다(대법원 2010. 5. 13. 선고 2009두19168 판결【분양전환승인의취소】).

(다) 처분의 상대방이 될 수 없는 경우

헌법 제11조 제3항과구 상훈법(2011. 8. 4. 법률 제10985호로 개정되기 전의 것, 이하 같다) 제2조, 제33조, 제34조, 제39조의 규정 취지에 의하면, 서훈은 서훈대상자의 특별한 공적에 의하여 수여되는 고도의 일신전속적 성격을 가지는 것이다. 나아가 서훈은 단순히 서훈대상자 본인에 대한 수혜적 행위로서의 성격만을 가지는 것이 아니라, 국가에 뚜렷한 공적을 세운 사람에게 영예를 부여함으로써 국민 일반에 대하여 국가와 민족에 대한 자긍심을 높이고 국가적 가치를 통합·제시하는 행위의 성격도 있다. 서훈의 이러한 특수성으로 말미암아 상훈법은 일반적인 행정행위와 달리 사망한 사람에 대하여도 그의 공적을 영예의 대상으로 삼아 서훈을 수여할 수 있도록 규정하고 있다. 그러나 그러한 경우에도 서훈은 어디까지나 서훈대상자 본인의 공적과 영예를 기리기 위한 것이므로 비록 유족이라고 하더라도 제3자는 서훈수여 처분의 상대방이 될 수 없고, 구 상훈법 제33조, 제34조등에 따라 망인을 대신하여 단지 사실행위로서 훈장 등을 교부받거나 보관할 수 있는 지위에 있을 뿐이다. 이러한 서훈의 일신전속적 성격은 서훈취소의 경우에도 마찬가지이므로, 망인에게 수여된 서훈의 취소에서도 유족은 그 처분의 상대방이 되는 것이 아니다.

이와 같이 망인에 대한 서훈취소는 유족에 대한 것이 아니므로 유족에 대한 통지에 의해서만 성립하여 효력이 발생한다고 볼 수 없고, 그 결정이 처분권자의 의사에 따라 상당한 방법으로 대외적으로 표시됨으로써 행정행위로서 성립하여 효력이 발생한다고 봄이 타당하다(대법원 2014. 9. 26. 선고 2013두2518 판결【독립유공자서훈취소결정무효확인등】).

(3) 이 사건의 경우

(가) 원고는 영업의 자유를 가지므로 이 사건 처분의 취소를 구할 법률상 이익이 있다. 따라서 원고적격이 인정된다.

(나) 소장에는 당사자와 법정대리인을 적어야 한다(민사소송법 249). 행정소송의 당사자 표기는 대법원의 「재판서 양식에 관한 예규」에 따라 당사자 등의 성명과 주소를 기재한다. 종전에는 행정소송의 원고를 표기함에 있어 성명과 주민등록번

호를 기재하였으나, 대법원 2014. 8. 13 재판예규 제1477호로 개정된 「재판서 양식에 관한 예규」(재일 2003-12) 제9조 제1항에서 행정소송의 판결에서 주민등록번호의 기재를 원칙적으로 요구하지 않게 됨에 따라 소장에서도 그 기재를 생략하여도 될 것이다.

(다) 주소 등의 표시방법으로는 특별시, 광역시, 도는 "서울," "부산," "경기," "강원" 등으로 표시하고, 시는 도 표시를 하지 아니한다. 읍, 면에는 소속 시, 군을 기재한다. 번지에는 "번지"를 생략하고, 가지번호는 " - (하이픈)"로 표시한다(재판서 양식에 관한 예규 10).

나. 소의 이익(권리보호의 필요성)

(1) 행정소송법 제12조 후단

처분등의 효과가 기간의 경과, 처분등의 집행 그 밖의 사유로 인하여 소멸된 뒤에도 그 처분등의 취소로 인하여 회복되는 법률상 이익이 있는 자의 경우에는 또한 같다.

(2) 불리한 처분사실이 장래의 제재적 처분의 가중요건인 경우

(가) **가중요건이 '법적 구속력이 있는 법령'으로 규정된 경우**

행정처분에 그 효력기간이 정하여져 있는 경우 그 기간의 경과로 그 행정처분의 효력은 상실되는 것이므로 그 기간경과 후에는 그 처분이 외형상 잔존함으로 인하여 어떠한 법률상의 이익이 침해되고 있다고 볼 만한 별다른 사정이 없는 한 그 처분의 취소 또는 무효확인을 구할 법률상의 이익이 없다고 하겠으나, 위와 같은 행정처분의 전력이 장래에 불이익하게 취급되는 것으로 법에 규정되어 있어 법정의 가중요건으로 되어 있고, 이후 그 법정가중요건에 따라 새로운 제재적인 행정처분이 가해지고 있다면, 선행행정처분의 효력기간이 경과하였다 하더라도 선행행정처분의 잔존으로 인하여 법률상의 이익이 침해되고 있다고 볼 만한 특별한 사정이 있는 경우에 해당한다(대법원 2005. 3. 25. 선고 2004두14106 판결【의사면허자격정지처분취소】).

(나) **가중요건이 '부령형식의 행정규칙'으로 규정된 경우**

제재적 행정처분이 그 처분에서 정한 제재기간의 경과로 인하여 그 효과가 소멸되었으나, **부령인 시행규칙 또는 지방자치단체의 규칙(이하 이들을 '규칙'이라고 한다)의 형식으로 정한 처분기준**에서 제재적 행정처분(이하 '선행처분'이라고 한다)을 받은 것을 가중사유나 전제요건으로 삼아 장래의 제재적 행정처분(이하 '후행처분'이라고 한다)을 하도록 정

하고 있는 경우, 제재적 행정처분의 가중사유나 전제요건에 관한 규정이 법령이 아니라 규칙의 형식으로 되어 있다고 하더라도, 그러한 규칙이 법령에 근거를 두고 있는 이상 그 법적 성질이 대외적·일반적 구속력을 갖는 법규명령인지 여부와는 상관없이, 관할 행정청이나 담당공무원은 이를 준수할 의무가 있으므로 이들이 그 규칙에 정해진 바에 따라 행정작용을 할 것이 당연히 예견되고, 그 결과 행정작용의 상대방인 국민으로서는 그 규칙의 영향을 받을 수밖에 없다. 따라서 그러한 규칙이 정한 바에 따라 선행처분을 받은 상대방이 그 처분의 존재로 인하여 장래에 받을 불이익, 즉 후행처분의 위험은 구체적이고 현실적인 것이므로, 상대방에게는 선행처분의 취소소송을 통하여 그 불이익을 제거할 필요가 있다. 또한, 나중에 후행처분에 대한 취소소송에서 선행처분의 사실관계나 위법 등을 다툴 수 있는 여지가 남아 있다고 하더라도, 이러한 사정은 후행처분이 이루어지기 전에 이를 방지하기 위하여 직접 선행처분의 위법을 다투는 취소소송을 제기할 필요성을 부정할 이유가 되지 못한다. 그러한 쟁송방법을 막는 것은 여러 가지 불합리한 결과를 초래하여 권리구제의 실효성을 저해할 수 있기 때문이다. 오히려 앞서 본 바와 같이 행정청으로서는 선행처분이 적법함을 전제로 후행처분을 할 것이 당연히 예견되므로, 이러한 선행처분으로 인한 불이익을 선행처분 자체에 대한 소송에서 사전에 제거할 수 있도록 해 주는 것이 상대방의 법률상 지위에 대한 불안을 해소하는 데 가장 유효적절한 수단이 된다고 할 것이고, 또한 그 소송을 통하여 선행처분의 사실관계 및 위법 여부가 조속히 확정됨으로써 이와 관련된 장래의 행정작용의 적법성을 보장함과 동시에 국민생활의 안정을 도모할 수 있다. 이상의 여러 사정과 아울러, 국민의 재판청구권을 보장한 헌법 제27조 제 1 항의 취지와 행정처분으로 인한 권익침해를 효과적으로 구제하려는 행정소송법의 목적 등에 비추어 행정처분의 존재로 인하여 국민의 권익이 실제로 침해되고 있는 경우는 물론이고 권익침해의 구체적·현실적 위험이 있는 경우에도 이를 구제하는 소송이 허용되어야 한다는 요청을 고려하면, 규칙이 정한 바에 따라 선행처분을 가중사유 또는 전제요건으로 하는 후행처분을 받을 우려가 현실적으로 존재하는 경우에는, 선행처분을 받은 상대방은 비록 그 처분에서 정한 제재기간이 경과하였다 하더라도 그 처분의 취소소송을 통하여 그러한 불이익을 제거할 권리보호의 필요성이 충분히 인정된다고 할 것이므로, 선행처분의 취소를 구할 법률상 이익이 있다고 보아야 한다(대법원 2006. 6. 22. 선고 2003두1684 전원합의체 판결【영업정지처분취소】).

(3) 이 사건의 경우

(가) 원고는 피고의 처분대로 스스로 영업을 1개월 정지하여 피고의 처분은 소멸되었다.

(나) 원고에 대한 처분근거는 부령형식인 식품위생법 시행규칙에 규정되어 있고, 장래에 동일한 위반행위를 할 때는 이미 소멸한 처분이 가중적인 제재사유로 되어 있다.

(다) 따라서 원고는 이 사건 처분이 이미 소멸하였다고 할지라도 그 처분의 취소소송을 통하여 장래의 불이익을 제거할 권리보호의 필요성이 인정되므로 소멸한 처분의 취소를 구할 법률상 이익이 있다.

다. 피고적격

(1) 행정소송법 제13조

취소소송은 다른 법률에 특별한 규정이 없는 한 그 처분등을 행한 행정청을 피고로 한다. 다만, 처분등이 있은 뒤에 그 처분등에 관계되는 권한이 다른 행정청에 승계된 때에는 이를 승계한 행정청을 피고로 한다.

(2) 판　　례

(가) 행정처분의 취소 또는 무효확인을 구하는 행정소송은 원칙적으로 소송의 대상인 행정처분 등을 외부적으로 그의 명의로 행한 행정청을 피고로 하여야 한다(대법원 1995. 3. 14. 선고 94누9962 판결【담장설치신고서반려처분취소】).

(나) 경상북도지사의 위임에 의하여 대구시장이 한 식품접객업소 영업정지처분의 취소를 구하는 행정소송은 대구시장을 피고로 하여야 하고 대구시 동구청장은 피고적격이 없다(대법원 1981. 4. 14. 선고 80누608 판결【식품접객업소영업정지처분취소】).

(다) 행정처분의 취소 또는 무효확인을 구하는 행정소송은 다른 법률에 특별한 규정이 없는 한 소송의 대상인 행정처분 등을 외부적으로 그의 명의로 행한 행정청을 피고로 하여야 하는 것으로서 그 행정처분을 하게 된 연유가 상급행정청이나 타행정청의 지시나 통보에 의한 것이라 하여 다르지 않다고 할 것이며, 권한의 위임이나 위탁을 받아 수임행정청이 정당한 권한에 기하여 그 명의로 한 처분에 대하여는 말할 것도 없고, 내부위임이나 대리권을 수여받은 데 불과하여 원행정청 명의나 대리관계를 밝히지 아니하고는 그의 명의로 처분 등을 할 권한이 없는 행정청이 권한 없이 그의 명의로 한 처분에 대하여도 처분명의자인 행정청이 피고가 되어야 할 것이다(대법원 1995. 12. 22. 선고 95누14688 판결【농지조성비등부과처분취소】).

(라) 국무회의에서 건국훈장 독립장이 수여된 망인에 대한 서훈취소를 의결하고 대통령이 결재함으로써 서훈취소가 결정된 후 국가보훈처장이 망인의 유족 갑에게 '독립유공자 서훈취소결정 통보'를 하자 갑이 국가보훈처장을 상대로 서훈취소결정의 무효 확인 등의 소를 제기한 사안에서, 갑이 서훈취소 처분을 행한 행정청(대통령)이 아니라 국가보훈처장을 상대로 제기한 위 소는 피고를 잘못 지정한 경우에 해당하므로, 법원으로서는 석명권을 행사하여 정당한 피고로 경정하게 하여 소송을 진행해야 함에도 국가보훈처장이 서훈취소 처분을 한 것을 전제로 처분의 적법 여부를 판단한 원심판결에 법리오해 등의 잘못이 있다고 한 사례(대법원 2014. 9. 26. 선고 2013두2518 판결【독립유공자서훈취소결정무효확인등】).

(3) 피고의 경정

(가) 권한청의 변경으로 인한 피고경정

처분등이 있은 뒤에 그 처분등에 관계되는 권한이 다른 행정청에 승계된 때에는 이를 승계한 행정청을 피고로 한다(행정소송법 13① 단서). 제 1 항의 규정에 의한 행정청이 없게 된 때에는 그 처분등에 관한 사무가 귀속되는 국가 또는 공공단체를 피고로 한다(행정소송법 13②). 취소소송이 제기된 후에 제13조 제 1 항 단서 또는 제13조 제 2 항에 해당하는 사유가 생긴 때에는 법원은 당사자의 신청 또는 직권에 의하여 피고를 경정한다(행정소송법 14⑥).

(나) 잘못 지정한 피고의 경정

원고가 피고를 잘못 지정한 때에는 법원은 원고의 신청에 의하여 결정으로써 피고의 경정을 허가할 수 있다(행정소송법 14①). 잘못 지정된 피고를 경정할 때는 사실심에 계속중이어야 한다. 피고의 잘못 지정이 원고의 고의·과실이 없을 것을 요하지 아니한다. 그리고 신·구 피고의 동의를 얻어야 하는 것은 아니다.

제 1 항의 규정에 의한 결정이 있은 때에는 새로운 피고에 대한 소송은 처음에 소를 제기한 때에 제기된 것으로 본다(행정소송법 14④). 제 1 항의 규정에 의한 결정이 있은 때에는 종전의 피고에 대한 소송은 취하된 것으로 본다(행정소송법 14⑤).

(4) 이 사건의 경우

(가) 서울특별시 강남구청장은 그의 명의로 원고에게 이 사건 처분을 하였으므로 피고적격이 있다. 처분청인 '강남구청장' 앞에 '서울특별시'를 기재하여 그 소속을 밝혀야 한다.

(나) 당사자가 국가, 지방자치단체일 때에는 대표자의 자격과 성명만을 표시하고, 당사자나 대표자의 주소는 표시하지 않는 것이 일반적이나 송달의 편의를 위하여 당사자의 주소를 기재하기도 한다.

라. 제소기간

(1) 행정소송법 제20조

① 취소소송은 처분등이 있음을 안 날부터 90일 이내에 제기하여야 한다. 다만, 제18조 제 1 항 단서에 규정한 경우와 그 밖에 행정심판청구를 할 수 있는 경우 또는 행정청이 행정심판청구를 할 수 있다고 잘못 알린 경우에 행정심판청구가 있은 때의 기간은 재결서의 정본을 송달받은 날부터 기산한다.

② 취소소송은 처분등이 있은 날부터 1년(제 1 항 단서의 경우는 재결이 있은 날부터 1년)을 경과하면 이를 제기하지 못한다. 다만, 정당한 사유가 있는 때에는 그러하지 아니하다.

③ 제 1 항의 규정에 의한 기간은 불변기간으로 한다.

(2) 행정심판을 제기하지 않은 경우

(가) 처분이 있음을 안 경우

처분 등이 있음을 안 날로부터 90일 이내에 제기하여야 한다(행정소송법 20①).[3] ① 상대방이 있는 행정처분의 경우 특별한 규정이 없는 한 의사표시의 일반적 법리에 따라 그 행정처분이 상대방에게 고지되어야 효력이 발생한다(대법원 2012. 11. 15. 2011두31635). ② 제소기간의 기산점인 '처분 등이 있음을 안 날'이란 통지, 공고 기타의 방법에 의하여 당해 처분 등이 있었다는 사실을 현실적으로 안 날을 의미한다. 독점규제 및 공정거래에 관한 법률에서는 '처분의 통지를 받은 날'로 정의하고 있으며(독점규제 및 공정거래에 관한 법률 63①),[4] 국세기본법에서는 '처분이 있음을 안 날'을 '처분의 통지를 받은 때에는 그 받은 날'로 보다 명료하게 정의하고 있다(국세기본법 61①).[5]

상대방이 있는 행정처분의 경우에는 특별한 규정이 없는 한 의사표시의 일반적 법

---

3) 정형근, 행정법 제 4 판, 567면 이하.

4) 독점규제 및 공정거래에 관한 법률 제54조(소의 제기) ① 이 법에 의한 공정거래위원회의 처분에 대하여 불복의 소를 제기하고자 할 때에는 처분의 통지를 받은 날 또는 이의신청에 대한 재결서의 정본을 송달받은 날부터 30일 이내에 이를 제기하여야 한다.

5) 국세기본법 제61조(청구기간) ① 심사청구는 해당 처분이 있음을 안 날(**처분의 통지를 받은 때에는 그 받은 날**)부터 90일 이내에 제기하여야 한다.

리에 따라 행정처분이 상대방에게 고지되어야 효력이 발생하게 되므로, 행정처분이 상대방에게 고지되어 상대방이 이러한 사실을 인식함으로써 행정처분이 있다는 사실을 현실적으로 알았을 때 행정소송법 제20조 제 1 항이 정한 제소기간이 진행한다고 보아야 한다(대법원 2014. 9. 25. 2014두8254 고엽제후유증전환재심신체검사무변동처분취소).[6] ③ 행정절차법은 (특정인에 대한 처분을 함에 있어) 송달받을 자의 주소 등을 통상적인 방법으로 확인할 수 없는 경우, 송달이 불가능한 경우에는 송달받을 자가 알기 쉽도록 관보·공보·게시판·일간신문 중 하나 이상에 공고하고 인터넷에도 공고하도록 한다(행정절차법 14④). 이 경우 다른 법령 등에 특별한 규정이 있는 경우를 제외하고는 공고일로부터 14일이 지난 때에 그 효력이 발생한다(행정절차법 15③). 14일 경과로 송달의 효력(처분의 효력)은 발생하지만 처분 상대방이 그 날에 처분을 알았다고 의제되지는 않는다. 특정인에 대한 행정처분을 주소불명 등의 이유로 송달할 수 없어 관보 등에 공고한 경우에는 상대방이 그 처분이 있음을 현실적으로 안 날을 기준으로 제소기간을 산정한다(대법원 2006. 4. 28. 2005두14851).[7]

(나) 불특정 다수인에 대한 처분을 관보 등에 고시한 경우

불특정 다수인에 대한 처분은 송달의 방법으로 처분을 통지할 수 없고, 관보나 신문에 고시 또는 게시판에 공고하는 방법으로 의사를 표시하여 그 효력을 발생하게 한다. 이때는 고시 등이 있었음을 현실로 알았는지를 기준으로 제소기간을 기산할 수는 없고, 근거법규가 정한 처분의 효력발생일에 처분이 있음을 알았다고 보고 그 때부터 제소기간을 산정한다.[8] 근거법규에서 효력발생일을 특정하지 않는 경우에는 고시 등의

---

6) 지방보훈청장이 허혈성심장질환이 있는 甲에게 재심 서면판정 신체검사를 실시한 다음 종전과 동일하게 전(공)상군경 7급 국가유공자로 판정하는 '고엽제후유증전환재심신체검사 무변동처분'통보서를 송달하자 甲이 위 처분의 취소를 구한 사안에서, 위 처분이 甲에게 고지되어 처분이 있다는 사실을 현실적으로 알았을 때 행정소송법 제20조 제 1 항에서 정한 제소기간이 진행한다고 보아야 함에도, **甲이 통보서를 송달받기 전에 자신의 의무기록에 관한 정보공개를 청구하여 위 처분을 하는 내용의 통보서를 비롯한 일체의 서류를 교부받은 날부터 제소기간을 기산하여 위 소는 90일이 지난 후 제기한 것으로서 부적법하다고 본 원심판결에 법리를 오해한 위법**이 있다고 한 사례(대법원 2014. 9. 25. 2014두8254 고엽제후유증전환재심신체검사무변동처분취소).

7) 원심은, 피고가 2004. 3. 12. 원고의 주민등록사항을 직권으로 말소하는 이 사건 처분을 하고 이를 우편으로 원고에게 통지하였으나 수취인 미거주로 반송되자 위 처분내용을 공고한 이 사건에 있어서, **위 공고의 효력이 발생한 날에 원고가 그 처분이 있음을 알았다고 볼 수 없고**, 채택 증거에 의하여 **원고가 그 처분사실을 현실적으로 알았다고 인정되는 2004. 6. 28.에 그 처분사실을 알았다고 보아야 하므로**, 그로부터 90일이 경과되지 아니한 2004. 9. 21. 원고가 이 사건 소를 제기한 것은 적법하다고 판단하였는바, 원심의 위와 같은 판단은 앞서 본 법리에 따른 것으로서 정당하고, 거기에 상고이유로 주장하는 바와 같이 행정소송의 제소기간에 관한 법리를 오해하는 등의 위법이 있다고 할 수 없다(대법원 2006. 4. 28. 2005두14851 주민등록직권말소처분무효확인).

8) 국토계획 및 이용에 관한 법률 제31조(도시·군관리계획 결정의 효력) ① 도시·군관리계획 결정의 효력

공고 후 5일이 경과한 날에 처분이 있음을 알았다고 보고 제소기간을 기산한다(행정업무의 효율적 운영에 관한 규정 6③).

(3) 행정심판을 거친 경우

① 예외적으로 다른 법률에서 행정심판의 필요적 전치주의를 채택한 경우와, ② 그 밖에 행정심판청구를 할 수 있는 경우 또는 ③ 행정청이 행정심판청구를 할 수 있다고 잘못 알린 경우에, 행정심판청구가 있은 때의 제소기간은 재결서의 정본을 송달받은 날로부터 기산하여 90일 이내에 제기하여야 한다(행정소송법 20① 단서). 위 규정의 취지는 불가쟁력이 발생하지 않아 적법하게 불복청구를 할 수 있었던 처분 상대방에 대하여 행정청이 법령상 행정심판청구가 허용되지 않음에도 행정심판청구를 할 수 있다고 잘못 알린 경우에, 잘못된 안내를 신뢰하여 부적법한 행정심판을 거치느라 본래 제소기간 내에 취소소송을 제기하지 못한 자를 구제하려는 데에 있다(대법원 2012. 9. 27. 2011두27247 부당이득금부과처분취소).[9] 여기서 말하는 '행정심판'은 행정심판법에 따른 일반행정심판과 이에 대한 특례로서 다른 법률에서 사안의 전문성과 특수성을 살리기 위하여 특히 필요하여 일반행정심판을 갈음하는 특별한 행정불복절차를 정한 경우의 특별행정심판을 뜻한다(대법원 2014. 4. 24. 2013두10809).

(4) 처분이 있은 날부터 1년

(가) 취소소송은 처분이 있은 날로부터 1년(행정심판을 거쳐 제기하는 경우에는 재결이 있는 날로부터 1년)을 경과하면 이를 제기할 수 없다. 다만, 정당한 사유가 있는 경우에는 그러하지 아니하다(행정소송법 20②).

(나) 여기서 '처분이 있은 날'이란 상대방이 있는 행정처분의 경우는 특별한 규정이 없는 한 의사표시의 일반적 법리에 따라 그 행정처분이 상대방에게 고지되어 효력이 발생한 날을 말한다(대법원 1990. 7. 13. 90누2284). 단순히 행정기관 내부적으로 처분을 결정한 것만으로는 부족하고(이는 '행정행위의 부존재'이다), 외부에 표시되어 상대방 있는 처분의 경우에는 상대방에게 도달됨을 요한다. 복효적 행정

은 제32조 제4항에 따라 지형도면을 고시한 날부터 발생한다.

9) 이와 달리 **이미 제소기간이 지남으로써 불가쟁력이 발생하여 불복청구를 할 수 없었던 경우라면** 그 이후에 행정청이 행정심판청구를 할 수 있다고 잘못 알렸다고 하더라도 그 때문에 처분 상대방이 적법한 제소기간 내에 취소소송을 제기할 수 있는 기회를 상실하게 된 것은 아니므로 이러한 경우에 잘못된 안내에 따라 청구된 행정심판 재결서 정본을 송달받은 날부터 다시 취소소송의 제소기간이 기산되는 것은 아니다. 불가쟁력이 발생하여 더 이상 불복청구를 할 수 없는 처분에 대하여 행정청의 잘못된 안내가 있었다고 하여 처분 상대방의 불복청구 권리가 새로이 생겨나거나 부활한다고 볼 수는 없기 때문이다(대법원 2012. 9. 27. 2011두27247 부당이득금부과처분취소).

행위에서 제3자는 처분이 있음을 알지 못할 수 있다. 그때 제3자가 취소소송을 제기하려는 경우에는 1년 이내에 제기하여야 한다. 그러나 정당한 사유가 있을 때는 1년이 지난 후에도 제소할 수 있다. 따라서 처분의 직접 상대방이 아닌 제3자는 원칙적으로 제소기간의 제한을 받지 않는다고 할 수 있다.

(다) 그러나 제3자가 어떤 경위로든 행정처분이 있음을 알았거나 쉽게 알 수 있는 등으로 행정소송의 제기가 가능하였다고 볼 수 있는 사정이 있는 때는 그 때부터 90일 이내에 소를 제기하여야 한다.[10] 이때는 제소기간 1년의 정당한 사유가 있는지 여부는 문제되지 않는다. 따라서 90일 내에 제소하지 않으면 정당한 사유가 있더라도 적법한 제소로 판단될 수 없다.

(라) 그리고 '정당한 사유'란 당사자가 그 소송행위를 하기 위하여 일반적으로 하여야 할 주의를 다하였음에도 불구하고 그 기간을 준수할 수 없었던 사유를 말한다(대법원 2001. 5. 8. 2000두6916). 그러므로 정당한 사유는 불확정 개념으로서 행정심판법 제27조 제2항 소정의 "천재, 지변, 전쟁, 사변 그 밖에 불가항력"보다는 넓은 개념이다. 그리고 '안 날'로부터 90일과 '있은 날'로부터 1년은 서로 선택적인 것이 아니다. 그중 어느 하나의 기간이 도과되면 제소기간이 만료된다.

(5) 불변기간

제소기간 90일은 불변기간이다(행정소송법 20③). 불변기간은 '불변기간으로 한다'라고 정해놓고 있으며, 그 밖의 기간은 통상기간이다.[11] 법원은 직권으로 불변기간을 신축할 수 없다(민사소송법 172① 단서). 다만, 법원은 불변기간에 대하여 주소 또는 거소가

---

10) 행정처분의 상대방이 아닌 제3자는 일반적으로 처분이 있는 것을 바로 알 수 있는 처지에 있지 아니하므로 처분이 있은 날로부터 180일이 경과하더라도 특별한 사유가 없는 한 구 행정심판법(1995. 12. 6. 법률 제5000호로 개정되기 전의 것) 제18조 제3항 단서 소정의 정당한 사유가 있는 것으로 보아 심판청구가 가능하다고 할 것이나, **그 제3자가 어떤 경위로든 행정처분이 있음을 알았거나 쉽게 알 수 있는 등 행정심판법 제18조 제1항 소정의 심판청구기간 내에 심판청구가 가능하였다는 사정이 있는 경우에는 그 때로부터 60일 이내에 행정심판을 청구하여야 한다.**

기록에 의하면 소외 사천시장의 이 사건 원처분일은 1995. 1. 9.이고, **원처분에 대한 심판청구인 조○○ 스스로가 1995. 1. 23. 원처분이 있음을 알았다고 자인하고 있으며**(갑 제7호증), 조명규는 그 때로부터 60일이 훨씬 지났음이 역수상 명백한 1995. 6. 13.에 이르러 비로소 원처분의 취소를 구하는 행정심판을 제기하였으므로 이는 행정심판법 제18조 제1항 소정의 행정심판 청구기간을 도과한 것으로서 부적법하다고 할 것이고, 따라서 이를 간과하고 한 피고의 이 사건 재결은 그 자체에 고유한 위법이 있는 것이라고 할 것이다(대법원 1997. 9. 12. 96누14661 공장설립변경신고수리취소처분취소).

이는 행정심판의 청구에 관한 판례이지만, 제3자가 행정소송을 제기하려는 경우에도 처분을 어떤 경위로든 알았거나 쉽게 알 수 있는 등의 사정이 있는 경우에는 90일 이내에 제소하여야 한다.

11) 이시윤, 신민사소송법, 419면.

멀리 떨어진 곳에 있는 사람을 위하여 부가기간을 정할 수 있다(민사소송법 172②). 그리고 당사자가 책임질 수 없는 사유로 말미암아 불변기간을 지킬 수 없었던 경우에는 그 사유가 없어진 날부터 2주 이내에 게을리한 소송행위를 보완할 수 있다(민사소송법 173①). 행정심판법은 청구인이 천재지변, 전쟁, 사변, 그 밖의 불가항력으로 인하여 심판청구를 할 수 없었을 때에는 그 사유가 소멸한 날부터 14일 이내에 행정심판을 청구할 수 있다(제27조 제2항)고 명시하고 있다. 국외에서의 추완기간은 14일에서 30일로 한다(행정소송법 5). 불변기간의 경과 여부는 법원의 직권조사사항이다. 기간의 계산은 행정소송법에 특별한 규정이 없으므로 초일은 산입하지 않는다(행정소송법 8②, 민법 157).

(6) 제소기간에 대한 특칙

다른 법률에서 많은 특칙을 정하고 있다. 공익사업시행자, 토지소유자 또는 관계인은 토지수용위원회의 재결에 불복할 때에는 재결서를 받은 날부터 60일 이내에, 이의신청을 거쳤을 때에는 이의신청에 대한 재결서를 받은 날부터 30일 이내에 각각 행정소송을 제기할 수 있다(토지보상법 85①). 공정거래위원회의 처분에 대하여 불복의 소를 제기하고자 할 때에는 처분의 통지를 받은 날 또는 이의신청에 대한 재결서의 정본을 송달받은 날부터 30일 이내에 이를 제기하여야 한다(독점규제 및 공정거래에 관한 법률 54①).

(7) 이 사건의 경우

원고는, 피고의 2018. 2. 14.자 이 사건 처분(처분의 '시행일'이 처분일이다)을 같은 달 19. 통지를 받게 되어 처분사실을 알게 되었다. 원고는 2018. 2. 22. 변호사를 찾아가 불복절차를 상담하고 2018. 3. 5. 이 사건 소를 제기하였으므로 적법한 제소기간을 준수하였다.

그런데 원고의 이 사건 소를 제소기간의 마지막 날에 제소하는 것으로 상정할 수도 있다. 행정소송법에는 기간의 계산에 관한 특별한 규정이 없으므로, 초일을 산입하지 않는 민법의 규정(행정소송법 8②, 민법 157)에 따라 처분이 있음을 알게 된 날 다음 날부터 기산하여 90일이 되는 2018. 5. 21.에 제소(20일은 일요일이라 그 다음날이 마지막 날)하여야만 적법한 제소기간을 준수한 것이 된다.[12)]

3. 이 사건 처분의 근거

실무에서는 소장 기재와 같이 관계법령을 기재하지만, 변호사시험에서는 관계법령

12) 2월, 9일 + 3월, 31일 + 4월, 30일 + 5월, 20일 = 90일.

의 명칭과 조문을 기재하는 것으로 충분할 것이다(예; 식품위생법 제44조, 제75조, 같은 법 시행령 제21조 제 8 호, 같은 법 시행규칙 제89조 [별표 23]).

4. 이 사건 처분의 적법 여부

가. 원고의 주장

(1) 사실오인

종업원인 임정임을 유흥접객원으로 고용하여 유흥접객행위를 하도록 하거나, 그러한 행위를 하도록 조장하거나 묵인한 사실이 없다.

(2) 비례의 원칙위반

단 1회의 식품위생법위반을 이유로 영업정지 1월의 처분은 원고가 이 사건 업소를 운영하기 위하여 투자한 비용과 영업정지로 인한 손해를 고려할 때 원고에게 지나치게 가혹하다.

(3) 소　　결

따라서 피고의 원고에 대한 이 사건 처분은 사실오인 및 비례의 원칙에 위반하여 재량권의 일탈·남용한 것으로서 위법하여 취소되어야 한다.

나. 검　　토

(1) 재량행위의 취소

(가) **행정소송법 제27조**

행정청의 재량에 속하는 처분이라도 재량권의 한계를 넘거나 그 남용이 있는 때에는 법원은 이를 취소할 수 있다.

(나) **판　　례**

재량행위에 대한 법원의 사법심사는 당해 행위가 사실오인, 비례·평등의 원칙 위배, 당해 행위의 목적 위반이나 부정한 동기 등에 근거하여 이루어짐으로써 재량권의 일탈·남용이 있는지 여부만을 심사하게 되는 것이나, 법원의 심사결과 행정청의 재량행위가 사실오인 등에 근거한 것이라고 인정되는 경우에는 이는 재량권을 일탈·남용한 것으로서 위법하여 그 취소를 면치 못한다 할 것이다(대법원 2001. 7. 27. 선고 99두8589 판결【온천조성사업시행허가처분취소】).

(2) 사실오인의 점

(가) 피고는 2018. 1. 22. 강남경찰서장으로부터 원고가 이 사건 업소에서 임정임을 유흥접객원으로 고용하여 유흥접객행위를 하여 식품위생법을 위반하였다는 취지의 행정처분통보를 받았다.

(나) 그리하여 피고는 2018. 2. 14. 원고에 대하여 강남경찰서장의 수사결과에 따라 식품위생법 제75조, 같은 법 시행규칙 제89조, 별표 23 Ⅱ. 기준에 의하여 이 사건 처분을 하였다.[13)]

(다) 그러나 원고가 이 사건 업소에서 유흥접객행위를 하였다는 증거는 이 사건 당일 손님으로 왔던 강상칠의 경찰에서의 진술이 유일하다.

(라) 그런데 강상칠은 서울중앙지방검찰청에서 조사를 받으면서 경찰에서의 종전 진술을 번복하여 임정임은 그의 강권에 의하여 마지못하여 좌석에 앉아 있었을 뿐이고 술을 따르거나 마신 사실도 없다고 진술하고 있다.

(마) '유흥접객원'은 반드시 고용기간과 임금, 근로시간 등을 명시한 고용계약에 의하여 취업한 여자종업원에 한정된다고는 할 수 없지만, 적어도 하나의 직업으로 특정업소에서 손님과 함께 술을 마시거나 노래 또는 춤으로 손님의 유흥을 돋우어 주고 주인으로부터 보수를 받거나 손님으로부터 팁을 받는 부녀자를 가리킨다고 할 것(대법원 2009. 3. 12. 선고 2008도9647 판결【식품위생법위반】) 이므로, 임정임의 행위는 이 요건에 해당하지 않는다.

(바) 따라서 원고가 이 사건 업소에서 이 사건 당일에 피고가 이 사건 처분의 사유로 삼은 식품위생법위반 사실을 인정할 만한 증거가 없다.

(3) 비례의 원칙 위반의 점

(가) **이 사건 처분으로 인한 원고의 불이익**

원고는 예비적으로, 이 사건 처분은 단 1회의 법령위반에 대하여 지나치게 가혹하여 위반사실과 그 처분 사이에 균형을 잃었다고 한다.

원고는 이 사건 업소의 임대차보증금 1억 5천만원, 권리금 4천만원을 투자한 바 있

---

13) 영업정지 1개월은 30일을 기준으로 한다[식품위생법 시행규칙(시행 2011. 8. 19.) 별표 23 행정처분기준 제18호].

고, 내부 수리를 위하여 인테리어 비용 등이 들어갔으며, 월차임으로 매달 400만원과 임대차보증금 등을 마련하기 위한 금융기관 대출이자를 지급해야 하는 등의 경제적인 어려움이 있다고 한다.

㈏ 식품위생법 위반을 이유로 한 영업정지처분시 교량해야 할 제이익

식품위생법상의 영업정지사유가 발생하였다 하더라도 영업정지처분을 함에 있어서는 그 사유를 영업정지사유로 한 법취지를 검토하여 그에 의하여 달성하려는 식품위생법상의 공익목적과 영업정지처분에 의하여 개인이 입게 될 불이익을 비교 교량하여야 한다(대법원 1982. 9. 28. 선고 82누2 판결【영업정지처분취소·행정처분취소】).

㈐ 식품위생법 제75조 제1항에 의한 영업정지 등 행정처분의 적법 여부를 판단하는 기준

식품위생법에 의한 영업정지 등 행정처분의 적법 여부를 판단하는 기준에 관하여 판례는 행정처분으로 달성하려는 공익상의 필요와 그로 인하여 상대방이 받는 불이익을 비교·형량하여 판단한다. 식품위생법 제58조 제1항에 의한 영업정지 등 행정처분의 적법 여부는 법 시행규칙(2008. 6. 20. 보건복지가족부령 제22호로 개정되기 전의 것) 제53조 [별표 15]의 행정처분기준에 적합한 것인가의 여부에 따라 판단할 것이 아니라 법의 규정 및 그 취지에 적합한 것인가의 여부에 따라 판단하여야 하는 것이고, 행정처분으로 인하여 달성하려는 공익상의 필요와 이로 인하여 상대방이 받는 불이익을 비교·형량하여 그 처분으로 인하여 공익상 필요보다 상대방이 받게 되는 불이익 등이 막대한 경우에는 재량권의 한계를 일탈한 것으로서 위법하다(대법원 2010. 4. 8. 선고 2009두22997 판결【영업정지처분취소】).

㈑ 식품위생법 시행규칙 제89조 [별표 23]에 규정된 행정처분기준의 법적성격

식품위생법 시행규칙 제89조 [별표 23]에 규정된 행정처분의 기준의 형식은 부령으로 되어 있으나, 그 성질은 행정기관 내부의 사무처리준칙을 규정한 것에 불과하다. 이는 장관이 관계행정기관 및 직원에 대하여 직무권한행사의 지침을 정하여 주기 위하여 발한 행정명령의 성질을 가지는 것이고, 식품위생법 제75조 제1항의 규정에 의하여 보장된 재량권을 기속하는 것이라고 할 수 없고, 대외적으로 국민이나 법원을 기속하는 힘이 있는 것은 아니다(대법원 1993. 6. 29. 선고 93누5635 판결【대중음식점업영업정지처분취소】).

따라서 처분청이 위 기준에 따른 처분을 하였을지라도 법원은 행정기관 내부의 사무처리준칙인 재량준칙에 구속되지 않는다. 원고에 대한 이 사건 처분사유와 같이 1회 위반시에 반드시 1월의 영업정지처분을 하여야 하는 것은 아니므로, 그 처분이 무겁다고 판단할 수 있다.

(마) **판례는 취소되는 처분이 조세부과처분, 국유재산 사용료·변상금부과처분, 개발부담금 부과처분 등과 같은 기속행위일 때에는 일부취소를 인정하며, 영업정지처분, 징계처분, 과징금부과처분과 같은 재량처분일 때에는 일부취소판결**(변경판결)**을 부정한다**.

(a) 과세처분취소소송의 처분의 적법 여부는 과세액이 정당한 세액을 초과하느냐의 여부에 따라 판단되는 것으로서 당사자는 사실심 변론종결시까지 객관적인 조세채무액을 뒷받침하는 주장과 자료를 제출할 수 있고 이러한 자료에 의하여 적법하게 부과될 정당한 세액이 산출되는 때에는 그 정당한 세액을 초과하는 부분만 취소하여야 할 것이고 전부를 취소할 것이 아니다(대법원 2000. 6. 13. 선고 98두5811 판결【양도소득세부과처분취소】). 반면, 상속재산 일부에 대하여도 적법한 가액평가의 자료가 없어서 정당한 상속세액을 산출할 수 없는 경우에는 과세처분 전부를 취소할 수밖에 없다(대법원 1992. 7. 24. 선고 92누4840 판결【상속세등부과처분취소】).

(b) 행정청이 영업정지처분을 함에 있어서 그 정지기간을 어느 정도로 할 것인지는 행정청의 재량권에 속하는 사항인 것이며, 다만 그것이 공익의 원칙이나 평등의 원칙 또는 비례의 원칙 등에 위반하여 재량권의 한계를 벗어난 재량권 남용에 해당하는 경우에만 위법한 처분으로서 사법심사의 대상이 되는 것이나, 법원으로서는 영업정지처분이 재량권 남용이라고 판단될 때에는 위법한 처분으로서 그 처분의 취소를 명할 수 있을 뿐이고, 재량권의 한계 내에서 어느 정도가 적정한 영업정지 기간인지를 가리는 일은 사법심사의 범위를 벗어난다(대법원 1982. 9. 28. 선고 82누2 판결【영업정지처분취소·행정처분취소】).

(c) 자동차운수사업면허조건 등을 위반한 사업자에 대하여 행정청이 행정제재수단으로 사업 정지를 명할 것인지, 과징금을 부과할 것인지, 과징금을 부과키로 한다면 그 금액은 얼마로 할 것인지에 관하여 재량권이 부여되었다 할 것이므로 과징금부과처분이 법이 정한 한도액을 초과하여 위법할 경우 법원으로서는 그 전부를 취소할 수밖에 없고, 그 한도액을 초과한 부분이나 법원이 적정하다고 인정되는 부분을 초과한 부분만을 취소할 수 없다(금 1,000,000원을 부과한 당해 처분 중 금 100,000원을 초과하는 부분은 재량권 일탈·남용으로 위법하다며 그 일부분만을 취소한 원심판결을 파기한 사례)(대법원 1998. 4. 10. 선고 98두2270 판결【과징금부과처분취소】).

(4) 처분의 처분서에 기재할 처분사유의 기재 정도

(가) 행정청은 처분을 할 때에는 다음 각 호(① 신청 내용을 모두 그대로 인정하는 처분인 경우, ② 단순·반복적인 처분 또는 경미한 처분으로서 당사자가 그 이유를 명백히 알 수 있는 경우, ③ 긴급히 처분을 할 필요가 있는 경우)의 어느 하나에 해당하는 경우를 제외하고는 당사자에게 그 근거와 이유를 제시하여야 한다(행정절차법 23①). 행정청은 제 1 항 제 2 호 및 제 3 호의 경우에 처분 후 당사자가 요청하는 경우에는 그 근거와 이유를 제시하여야 한다(행정절차법 23②).

(나) 허가의 취소처분에는 그 근거가 되는 법령과 처분을 받은 자가 어떠한 위반사실에 대하여 당해 처분이 있었는지를 알 수 있을 정도의 위 법령에 해당하는 사실의 적시를 요한다고 할 것이고 이러한 사실의 적시를 흠결한 하자는 그 처분 후 적시되어도 이에 의하여 치유될 수는 없다(대법원 1984. 7. 10. 선고 82누551 판결【복합비료생산업허가취소처분취소】).

(다) 면허의 취소처분에는 그 근거가 되는 법령이나 취소권 유보의 부관 등을 명시하여야 함은 물론 처분을 받은 자가 어떠한 위반사실에 대하여 당해 처분이 있었는지를 알 수 있을 정도로 사실을 적시할 것을 요하며, 이와 같은 취소처분의 근거와 위반사실의 적시를 빠뜨린 하자는 피처분자가 처분 당시 그 취지를 알고 있었다거나 그후 알게 되었다 하여도 치유될 수 없다고 할 것인바, 세무서장인 피고가 주류도매업자인 원고에 대하여 한 이 사건 일반주류도매업면허취소통지에 "상기 주류도매장은 무면허 주류판매업자에게 주류를 판매하여 주세법 제11조 및 국세법사무처리규정 제26조에 의거 지정조건위반으로 주류판매면허를 취소합니다"라고만 되어 있어서 원고의 영업기간과 거래상대방 등에 비추어 원고가 어떠한 거래행위로 인하여 이 사건 처분을 받았는지 알 수 없게 되어 있다면 이 사건 면허취소처분은 위법하다(대법원 1990. 9. 11. 선고 90누1786 판결【일반주류도매업면허취소처분취소】).

(라) 이 사건 처분의 경우 피고는 일반음식점영업자인 원고가 유흥접객원으로 유흥접객행위를 하게 하거나 종업원의 이러한 행위를 조장, 묵인한 행위로 식품위생법 제75조를 위반하였다는 사실을 적시하여 이에 관한 하자는 없다.

(5) 소 결

(가) 이 사건은 원고가 유흥접객원을 고용하여 유흥접객행위를 하였다는 점에 관한 증거가 없는 사안이므로, 비례의 원칙에 위반되는지 여부에 관한 판단까지는 들어가지 않을 것으로 보인다.

(나) 다만, 원고의 소송대리인의 입장에서 원고가 식품위생법위반 사실이 없다는 입증도 해야 하지만, 그러한 입증이 성공하지 못할 경우를 대비하여 예비적인 주장으로 비례의 원칙도 주장할 필요가 있다.

5. 위법성 판단의 기준시

가. 처 분 시

항고소송에 있어서 행정처분의 위법 여부를 판단하는 기준 시점에 대하여 판결시가 아니라 처분시라고 하는 의미는 행정처분이 있을 때의 법령과 사실상태를 기준으로 하여 위법 여부를 판단할 것이며 처분 후 법령의 개폐나 사실상태의 변동에 영향을 받지 않는다는 뜻이고 처분 당시 존재하였던 자료나 행정청에 제출되었던 자료만으로 위법 여부를 판단한다는 의미는 아니므로, 처분 당시의 사실상태 등에 대한 입증은 사실심 변론종결 당시까지 할 수 있고, 법원은 행정처분 당시 행정청이 알고 있었던 자료뿐만 아니라 사실심 변론종결 당시까지 제출된 모든 자료를 종합하여 처분 당시 존재하였던 객관적 사실을 확정하고 그 사실에 기초하여 처분의 위법 여부를 판단할 수 있다(대법원 1993. 5. 27. 선고 92누19033 판결【개인택시운송사업면허제외처분취소】).

나. 위반행위시와 처분시에 법령의 변경이 있는 경우

(가) 법령이 변경된 경우 신 법령이 피적용자에게 유리하여 이를 적용하도록 하는 경과규정을 두는 등의 특별한 규정이 없는 한 헌법 제13조 등의 규정에 비추어 볼 때 그 변경 전에 발생한 사항에 대하여는 변경 후의 신 법령이 아니라 변경 전의 구 법령이 적용되어야 한다(대법원 2002. 12. 10. 선고 2001두3228 판결【과징금부과처분취소】).

(나) 법령이 변경된 경우 명문의 다른 규정이나 특별한 사정이 없는 한 그 변경 전에 발생한 사항에 대하여는 변경 후의 신 법령이 아니라 변경 전의 구 법령이 적용

되므로, 건설업자인 원고가 1973. 12. 31. 소외인에게 면허수첩을 대여한 것이 그 당시 시행된 건설업법 제38조 제 1 항 제 8 호 소정의 건설업면허 취소사유에 해당된다면 그 후 동법시행령 제3조 제 1 항이 개정되어 건설업면허 취소사유에 해당하지 아니하게 되었다 하더라도 건설부장관은 동 면허수첩 대여행위 당시 시행된 건설업법 제38조 제 1 항 제 8 호를 적용하여 원고의 건설업면허를 취소하여야 할 것이다(대법원 1982. 12. 28. 선고 82누1 판결【건설업면허취소처분취소】).

다. 이 사건의 경우

피고의 원고에 대한 이 사건 처분시점인 2018. 2. 14.에 시행중인 법령을 기준으로 위법여부를 판단하게 된다. 따라서 원고가 처분의 취소를 구하는 소를 제기하면서 기재하는 청구취지에도 처분서에 기재된 날짜(시행일) '2018. 2. 14.'에 행하여진 영업정지처분의 취소를 구한다고 하여야 한다. 처분의 취소를 구하는 청구취지에서 처분통지에 관한 '송달일'을 기재하는 것은 아니다.

6. 원고의 주장·입증책임

가. 행정소송법 제26조

법원은 필요하다고 인정할 때에는 직권으로 증거조사를 할 수 있고, 당사자가 주장하지 아니한 사실에 대하여도 판단할 수 있다.

나. 판　　례

㈎ 처분의 위법사유는 원고가, 처분의 적법사유는 처분청인 피고가 입증하여야 한다.

㈏ 민사소송법의 규정이 준용되는 행정소송에 있어서 입증책임은 원칙적으로 민사소송의 일반원칙에 따라 당사자간에 분배되고 항고소송의 경우에는 그 특성에 따라 당해 처분의 적법을 주장하는 피고에게 그 적법사유에 대한 입증책임이 있다 할 것인바 피고가 주장하는 당해 처분의 적법성이 합리적으로 수긍할 수 있는 일응의 입증이 있는 경우에는 그 처분은 정당하다 할 것이며 이와 상반되는 주장과 입증은 그 상대방인 원고에게 그 책임이 돌아간다고 할 것이다(대법원 1984. 7. 24. 선고 84누124 판결【법인세부과처분취소】).

다. 입증방법

(1) 기본이론

(가) 소장의 기재사항

(a) 소장에는 당사자와 법정대리인, 청구의 취지와 원인을 적어야 한다. 소장에는 준비서면에 관한 규정은 준용한다(민사소송법 249, 행정소송법 8②).

(b) 준비서면에는 ① 당사자의 성명·명칭 또는 상호와 주소, ② 대리인의 성명과 주소, ③ 사건의 표시, ④ 공격 또는 방어의 방법, ⑤ 상대방의 청구와 공격 또는 방어의 방법에 대한 진술, ⑥ 덧붙인 서류의 표시, ⑦ 작성한 날짜, ⑧ 법원의 표시에 관한 사항을 적고, 당사자 또는 대리인이 기명날인 또는 서명한다. 제 1 항 제 4 호(공격 또는 방어의 방법) 및 제 5 호(상대방의 청구와 공격 또는 방어의 방법에 대한 진술)의 사항에 대하여는 사실상 주장을 증명하기 위한 증거방법과 상대방의 증거방법에 대한 의견을 함께 적어야 한다(민사소송법 274②, ③).

(c) 소장의 청구원인에는 ① 청구를 뒷받침하는 구체적 사실, ② 피고가 주장할 것이 명백한 방어방법에 대한 구체적인 진술, ③ 입증이 필요한 사실에 대한 증거방법의 사항을 적어야 한다(민사소송규칙 62).

(d) 답변서 역시 준비서면에 관한 규정을 준용한다(민사소송법 256④). 따라서 답변서에 기재할 사항 역시 민사소송법 제274조 제 2 항이 적용된다.

(나) 문서를 제출하는 방식

서증을 제출하는 때에는 상대방의 수에 1을 더한 수의 사본을 함께 제출하여야 한다. 다만, 상당한 이유가 있는 때에는 법원은 기간을 정하여 사본을 제출하게 할 수 있다(민사소송규칙 105②).

(다) 서증 사본의 작성방법

(a) 서증 사본에는 다음 각호의 구분에 따른 부호와 서증의 제출순서에 따른 번호를 붙여야 한다(민사소송규칙 107②).

1. 원고가 제출하는 것은 “갑”
2. 피고가 제출하는 것은 “을”
3. 독립당사자참가인이 제출하는 것은 “병”

(b) 재판장은 같은 부호를 사용할 당사자가 여러 사람인 때에는 제 2 항의 부호 다음

에 “가” “나” “다” 등의 가지부호를 붙여서 사용하게 할 수 있다(민사소송규칙 107 ③). 예컨대 피고가 2명이면 피고 1이 제출하는 서증은 ‘을가 제○호증’으로, 피고 2가 제출하는 서증은 ‘을나 제○호증’으로 표시할 수 있다.

(2) 이 사건의 경우

(a) 원고는 서울중앙지방검찰청에서 원고와 임정임에 대한 식품위생법위반사건의 수사가 종결된 경우에는 그 수사기록에 대하여 재판부에 송부촉탁신청을 하여 증거로 제출하여야 한다.

(b) 강남경찰서장은 기소의견으로 검찰에 송치하였지만, 검찰에서는 강상칠의 진술 번복으로 원고와 임정임에 대한 혐의가 인정되지 않는다고 판단할 때는 무혐의 결정을 내릴 것으로 예상된다. 만약 그렇지 않고 기소를 한 경우에는 무죄판결을 받아야 한다.

(c) 기록에 있는 자료 중에서 당사자 본인에게 불리한 자료를 입증방법으로 표기하지 않아야 한다.

7. 청구취지 기재방법

가. 형성의 소에서의 청구취지

청구취지는 원고의 청구가 인용될 경우에 판결의 주문에 해당하는 것으로서 청구원인에 기한 청구의 결론부분이다. 취소소송은 형성의 소이므로 이행의 소에서와 같이 “… 하라”로 표시하여서는 아니된다.

나. 이행판결·형성판결을 구하는 소송

현행 행정소송법상 행정청으로 하여금 일정한 행정처분을 하도록 명하는 이행판결을 구하는 소송이나, 법원으로 하여금 행정청이 일정한 행정처분을 행한 것과 같은 효과가 있는 행정처분을 직접 행하도록 하는 형성판결을 구하는 소송은 허용되지 아니한다(대법원 1997. 9. 30. 선고 97누3200 판결【공동어업권면허면적조정신청서반려처분취소】).

다. 이 사건의 경우

원고가 법원에 이 사건 처분의 취소를 구하는 청구취지는 “피고가 2010. 2. 15. 원고에 대하여 한 영업정지처분을 취소한다”라고 하여야 하고, “영업정지처분을 취소하라”는 표시는 옳지 않다.

라. 청구취지의 특정 문제

"피고가 1997. 2. 20. 원고들에 대하여 한 위법건축물에 대한 행정대집행계고처분을 취소한다"는 이 사건 청구취지는 원고들에 대한 같은 날짜의 계고처분이 여러 개 존재하지 않는 한 충분히 특정된 청구취지로 보이고, 원심이 더 이상의 청구취지 특정을 촉구하지 아니한 채 청구를 기각하는 판결을 하였다고 하여 소장의 필요적 기재사항인 청구취지나 판결 주문이 특정되지 않았다고 할 수 없다(대법원 1998. 9. 8. 선고 97누20502 판결【계고처분취소】).

8. 행정심판전치주의

가. 행정심판전치주의의 적용대상인 행정소송

취소소송은 법령의 규정에 의하여 당해 처분에 대한 행정심판을 제기할 수 있는 경우에도 이를 거치지 아니하고 제기할 수 있다. 다만, 다른 법률에 당해 처분에 대한 행정심판의 재결을 거치지 아니하면 취소소송을 제기할 수 없다는 규정이 있는 때에는 그러하지 아니하다(행정소송법 18①).

나. 행정심판전치주의의 취지

행정청의 위법한 처분의 취소, 변경, 기타 공법상의 권리관계에 관한 소송인 행정소송에 있어서 실질적으로 초심적 기능을 하고 있는 행정심판전치주의는 행정행위의 특수성, 전문성 등에 비추어 처분행정청으로 하여금 스스로 재고, 시정할 수 있는 기회를 부여함에 그 뜻이 있는 것이다(대법원 1994. 11. 22. 선고 93누11050 판결【현역병입영처분취소】).

다. 예외적 행정심판전치주의

행정소송법 제18조 제 1 항 단서의 "다른 법률에 당해 처분에 대한 행정심판의 재결을 거치지 아니하면 취소소송을 제기할 수 없다는 규정"이 있는 법률로는 공무원의 인사사건 관련사건(국가공무원법 16, 지방공무원법 20의2, 군무원인사법 35의2, 교육공무원법 53), 조세관계사건(국세기본법 56, 관세법 120, 지방자치법 140),[14] [15] 전문기술성 관계사

14) [이의신청 및 심사청구를 거치지 아니하고서는 지방세 부과처분에 대하여 행정소송을 제기할 수 없도록 한 지방세법 제78조 제 2 항이, 행정심판에 사법절차를 준용하도록 한 헌법 제107조 제 3 항 및 재판청구

건(선박안전법 72, 특허법 186①, 실용신안법 31, 상표법 86②, 광업법 95), 도로교통법위반으로 인한 처분(도로교통법 142)[16] 그리고 각 개별법에서 원처분주의에 대한 예외로서 재결주의를 채택하고 있는 경우 등이다.

라. 이 사건의 경우

식품위생법위반으로 인한 처분은 행정심판을 거치지 아니하고 취소소송을 제기할 수 있다. 그러나 이 사건과 같은 사안에서는 행정심판청구를 하여도 인용될 가능성이 크므로, 시간의 단축과 비용부담의 경감을 위해서는 행정심판을 제기할 실익이 있다. 이와 같은 이유로 임의적 행정심판전치주의에 해당하는 사건도 행정심판을 제기하는 사례가 많다.

9. 관　　할

가. 행정소송법 제9조

① 취소소송의 제1심 관할법원은 피고의 소재지를 관할하는 행정법원으로 한다.

② 제1항에도 불구하고 ㉠ 중앙행정기관, 중앙행정기관의 부속기관과 합의제행정기관 또는 그 장, ㉡ 국가의 사무를 위임 또는 위탁받은 공공단체 또는 그 장에 해당하는 피고에 대하여 취소소송을 제기하는 경우에는 대법원소재지를 관할하는 행정법원에

권을 보장하는 헌법 제27조에 위반되는지 여부(적극)] 지방세 부과처분에 대한 이의신청 및 심사청구의 심의·의결기관인 지방세심의위원회는 그 구성과 운영에 있어서 심의·의결의 독립성과 공정성을 객관적으로 신뢰할 수 있는 토대를 충분히 갖추고 있다고 보기 어려운 점, 이의신청 및 심사청구의 심리절차에 사법절차적 요소가 매우 미흡하고 당사자의 절차적 권리보장의 본질적 요소가 결여되어 있다는 점에서 지방세법상의 이의신청·심사청구제도는 헌법 제107조 제3항에서 요구하는 "사법절차 준용"의 요청을 외면하고 있다고 할 것인데, 지방세법 제78조 제2항은 이러한 이의신청 및 심사청구라는 2중의 행정심판을 거치지 아니하고서는 행정소송을 제기하지 못하도록 하고 있으므로 위 헌법조항에 위반될 뿐만 아니라, 재판청구권을 보장하고 있는 헌법 제27조 제3항에도 위반된다 할 것이며, 나아가 필요적 행정심판전치주의의 예외사유를 규정한 행정소송법 제18조 제2항, 제3항에 해당하는 사유가 있어 행정심판제도의 본래의 취지를 살릴 수 없는 경우에까지 그러한 전심절차를 거치도록 강요한다는 점에서도 국민의 재판청구권을 침해한다 할 것이다(헌법재판소 2001. 6. 28. 선고 2000헌바30 결정【구지방세법제74조제1 항등위헌소원】).

15) 헌법재판소가 2001. 6. 28. 2000헌바30 결정으로 행정심판의 필요적 전치주의에 관하여 규정한 구 지방세법(1998. 12. 31. 법률 제5615호로 개정되기 전의 것) 제78조 제2항이 헌법에 위반된다고 선언함에 따라 동 규정은 효력을 상실하게 되었고, 위 규정을 제외한 같은 법 제72조 제1항, 제73조, 제74조 규정들에 의하면, 지방세법에 의한 처분에 대하여는 이의신청 및 심사청구를 할 수 있되 다만 심사청구를 하고자 할 때에는 이의신청을 거쳐 그에 대한 결정의 통지를 받은 날부터 소정의 기간 내에 심사청구를 하여야 한다고 되어 있을 뿐이어서, 행정소송법 제18조 제1항 본문에 따라 지방세법상의 이의신청 및 심사청구를 거치지 아니하고도 바로 지방세법에 의한 처분에 대한 취소소송을 제기할 수 있게 되었다(대법원 2003. 8. 22. 선고 2001두3525 판결【종합토지세부과처분취소】).

16) 도로교통법 제142조(행정소송과의 관계) 이 법에 의한 처분으로서 해당 처분에 대한 행정소송은 행정심판의 재결을 거치지 아니하면 이를 제기할 수 없다.

제기할 수 있다. <신설 2014. 5. 20.>

③ 토지의 수용 기타 부동산 또는 특정의 장소에 관계되는 처분등에 대한 취소소송은 그 부동산 또는 장소의 소재지를 관할하는 행정법원에 이를 제기할 수 있다.

나. 행정소송에 있어 토지관할의 성질

행정소송의 토지관할은 전속관할이 아니므로 당사자의 합의에 의한 합의관할이 가능하고, 관할의 합의는 제소 전은 물론이고 제소 후도 가능하다(부산고법 1998. 4. 20.자 98루2 결정【소송이송】).

다. 행정법원의 사물관할

행정법원은 행정소송법에서 정한 행정사건과 다른 법률에 의하여 행정법원의 권한에 속하는 사건을 제 1 심으로 심판한다(법원조직법 40조의4). 행정법원은 서울특별시를 관할구역으로 한다(각급 법원의 설치와 관할구역에 관한 법률 4).

라. 행정법원이 설치되지 않은 지역의 관할

행정법원이 설치되지 않은 지역에 있어서의 행정법원의 권한에 속하는 사건은 행정법원이 설치될 때까지 해당 지방법원본원이 관할한다(법률 제4765호 법원조직법 개정법률 부칙 2). 그러므로 행정법원이 설치된 서울을 제외하고는 피고의 소재지를 관할하는 지방법원 본원이 항고소송의 제 1 심 관할법원이 된다. 만약 처분청이 '경기도 평택시장'이라면, 그 관할법원은 '수원지방법원 평택지원'이 아니라 '수원지방법원'이 된다. 다만, 춘천지방법원 강릉지원에서는 행정사건을 심판하게 된다(각급 법원의 설치 및 관할구역에 관한 법률 4(7)).

마. 행정소송의 3심제에 대한 예외

행정소송은 3심제가 원칙이지만, 다른 법률에 특별한 규정이 있는 경우에는 그 예외를 인정할 수 있다(행정소송법 8①). 행정소송에 관하여 2심제 또는 단심제를 채택하고 있는 법률로는 ① 공직선거법 제222조 제 1 항의 대통령선거 및 국회의원선거에 있어서 선거의 효력에 관한 선거소송은 대법원, 동조 제 2 항의 지방의회의원 및 지방자치단체의 장의 선거소송은 대법원, 지역구시·도의원선거, 자치구·시·군의원선거 및 자치구·시·군의 장 선거소송은 고등법원, ② 지방자치법 제169조 제 2 항의 지방자치단체의 장의 자치사무에 관한 명령이나 처분의 취소 또는 정지에 대한 소는 대법원, 동법 제170조 제 3 항의 지방자치단체의 장에 대한 직무이행명령에 대한 소는 대법원, 동법 제172조의 지방의회의 의결에 대한 제소는 대법원, ③ 지방교육자치에 관한 법률에 따라 제기되는 기관소송은 대법원, ④ 형사소송법 제260조의 재정신청은 고등법원, ⑤ 해양사고의 조사 및 심판에 관한 법률 제74조의 중앙심판원의 재결에 대한 소송은 대법원, ⑥ 특허법 제186조의 심결 등에 대한 소는 특허법원, ⑦ 독점규제 및 공정거래에 관한 법률 제55조의 불복의 소는 서울고등법원, ⑧ 약관규제에 관한 법률 제30조의2의 불복의 소는 서울고등법원, ⑨ 표시·광고의 공정화에 관한 법률 제16조 제 1 항의 불복의 소는 서울고등법원 등이 있다.

바. 사건의 이송

㈎ 관할위반으로 인한 이송

행정소송에도 민사소송법 제34조 제 1 항 '관할위반에 따른 이송'이 준용되므로(행정소송법 8②), 법원은 소송의 전부 또는 일부에 대하여 관할권이 없다고 인정하는 경우에는 결정으로 이를 관할법원에 이송한다. 그런데 행정소송법 제 7 조는 사건의 이송요건으로 '민사소송법 제34조 제 1 항의 규정은 원고의 고의 또는 중대한 과실없이 행정소송이 심급을 달리하는 법원에 잘못 제기된 경우에도 적용한다'는 특별규정을 두고 있다. 이는 관할 위반의 소를 부적법하다고 하여 각하하는 것보다 관할 법원에 이송하는 것이 당사자의 권리구제나 소송경제의 측면에서 바람직하기 때문이다.

원고가 고의 또는 중대한 과실 없이 행정소송으로 제기하여야 할 사건을 민사소송으로 잘못 제기한 경우, 수소법원으로서는 만약 그 행정소송에 대한 관할도 동시에 가지고 있다면 이를 행정소송으로 심리·판단하여야 하고, 그 행정소송에 대한 관할을 가지고 있지 아니하다면 당해 소송이 이미 행정소송으로서의 전심절차 및 제소기간을 도과하였거나 행정소송의 대상이 되는 처분 등이 존재하지도 아니한 상태에 있는 등 행정소송으로서의 소송요건을 결하고 있음이 명백하여 행정소송으로 제기되었더라도 어차피 부적법하게 되는 경우가 아닌 이상 이를 부적법한 소라고 하여 각하할 것이 아니라 관할 법원에 이송하여야 한다(대법원 1997. 5. 30. 선고 95다28960 판결【석탄가격안정지원금의지급】).

항고소송으로 제기하였어야 할 소를 민사소송으로 제기하였다 하더라도 그 항소심 법원이 항고소송에 대한 관할을 동시에 가지고 있다면, 당사자 권리구제나 소송경제의 측면에서 항고소송에 대한 제 1 심 법원으로서 사건을 심리·판단하였어야 옳았을 것인데도 이에 나아가지 아니하고 곧바로 이 사건 소를 각하한 원심의 조치는 잘못이라고 하지 아니할 수 없다(대법원 1996. 2. 15. 선고 94다31235 전원합의체 판결【수분양권존재확인등】).

(나) **편의에 의한 이송**

행정소송에도 민사소송법 제35조 '손해나 지연을 피하기 위한 이송' 규정을 준용하여 심판의 편의를 위한 이송을 할 수 있다. '법원은 소송에 대하여 관할권이 있는 경우라도 현저한 손해 또는 지연을 피하기 위하여 필요하면 직권 또는 당사자의 신청에 따른 결정으로 소송의 전부 또는 일부를 다른 관할법원에 이송할 수 있다. 다만, 전속관할이 정하여진 소의 경우에는 그러하지 아니하다'(민사소송법 35).

사. 이 사건의 관할

피고는 서울특별시 강남구청장이므로 서울행정법원에 제소하여야 한다.

작 성 요 강

☐ 사건의 설명

1. 서울특별시 강남구청은 원고 김경화가 2018. 3. 5. 영업정지처분취소의 청구의 소를 제기한 소장을 수령한 후 법무법인 대양 소속 변호사 강현재를 찾아와 위 사건의 소송대리를 요청하여 소송위임계약을 체결하였다.
2. 강현재 변호사가 김경화의 소장을 검토한 다음 강남구청의 처분이 적법하다는 것을 전제로 하여 필요한 대응을 하기로 하였다.
3. 수험생은 강현재 변호사가 작성하였을 것으로 예상되는 서류를 설문에 따라 작성하도록 한다.

☐ 문 제 [2]

강현재 변호사는 김경화의 영업정지처분취소의 청구의 소에 대한 피고 소송대리인의 지위에서 가장 먼저 취할 수 있는 법적 대응방안을 고려하고 있는데, 이에 필요한 서면을 작성하시오.

※ 현행법이 허용하는 쟁송형식에 한하며, 작성일은 소송위임계약 체결일이 경과한 2018. 4. 9.이고, 같은 날 접수하는 것으로 함

※ 답안의 시작은 선택한 쟁송형식에 부합하는 '서면종류'를 기재하는 것으로 하고, 그 끝은 '서류를 제출할 기관'을 기재하는 것으로 함

※ 피고 소송대리인의 입장에서 답변서 작성 시점에서는 사건의 실체를 전부 파악할 수 없는 점을 고려하여 원고의 소장에 기재된 주장을 반박하는 내용으로 작성하도록 할 것

서 울 행 정 법 원

제1부

소송진행 안내문(일반행정사건)

사　　건 : 2018구합285

우리 재판부는 행정사건을 심리하는 전문법원으로서 신속·공정한 재판을 위하여 원고가 소장을 제출하면, 이후 답변서나 준비서면의 상호 교환을 통하여 법정 외에서 미리 사건의 쟁점을 정리하고, 그 다음 가급적 1~2회의 기일에 증인 등 필요한 증거조사를 일괄·집중적으로 시행함으로써 심리를 종결하려고 합니다. 그러므로 신속·공정한 재판을 위하여 다음의 안내에 따라 주시기 바랍니다.

1. 답변서 제출

가. 소장을 읽은 다음 **소장부본**을 받은 날로부터 30일 **이내**에 답변서와 소송수행자 지정서를 제출하여야 합니다(소송수행자는 되도록 3인 이내로 지정하여 주시고, 전담 수행자가 있으면 소송수행자 지정서에 이를 표시해 주십시오. 그리고 답변서를 비롯하여 향후 법원에 제출하는 서류에는 전화번호, 팩스번호, 이메일 주소 등과 같은 연락처를 기재하여 주시고, 만약 소송진행 중 주소나 연락처가 변경된 경우에는 지체 없이 법원에 신고해 주십시오).

나. 답변서를 작성, 제출함에 있어서는 아래의 각 사항을 유념하시기 바랍니다.

(1) 원고가 행정심판절차를 거치면서 전치기간을 도과하는 등 이 사건 소에 부적법한 하자가 있을 때에는 이를 지적하기 바랍니다.

(2) 행정처분의 적법성에 대한 주장·입증책임은 원칙적으로 행정청에 있으므로, 처분의 존재만 인정하고 나머지는 부인하는 등의 형식적인 답변은 피하고, ① 처분의 경위(처분일, 처분사유 등), ② 처분의 근거법령(법률, 시행령, 시행규칙 또는 조례, 지침, 법령이 개정된 경우에는 개정 전후의 법령을 정확히 구분, 기재), ③ 원고가 주장하는 처분의 위법성에 대한 답변, ④ 원고의 증거에 대한 의견 등을 구체적·개별적으로 주장하여야 합니다.

2. 주장과 입증

가. 개별적·구체적인 주장

준비서면에는 자신의 주장 요지와 이를 뒷받침할 만한 증거가 무엇인지를 적고, 상대방의 주장 및 증거자료에 대한 구체적 의견을 밝혀야 합니다.

나. 증거의 사전·일괄제출

필요한 증거는 다음 요령에 따라 법정에서 기일이 열리기 전에 미리 일괄하여 제출·신청하여야 합니다. 증인신청서 등 각종 증거신청서 양식은 대법원 홈페이지(www.scourt.go.kr)에서 다운받을 수 있습니다.

① 서증 : 아래 각 서류의 사본 및 이에 대한 설명서 제출(이미 원고가 제출하였던 서증이 중복 제출되지 않도록 유의하여 주시기 바랍니다).

(ㄱ) 기본적인 서증

㉠ 행정처분 통보서

㉡ 거부처분취소사건의 경우 원고의 신청서와 그 부속서류

㉢ 원고가 전치절차를 거쳤을 경우 그 결정서

㉣ 법령에서 행정처분의 사전절차를 규정하고 있는 경우, 그 사전절차에 관한 서류(예 : 심의위원회의 심의를 거치도록 하는 경우 심의관련서류 등)

(ㄴ) 기　　타

형사사건과 관련된 경우, 형사사건기록 중 처분의 적법성을 뒷받침할 수 있다고 판단되는 자료 등(필요한 경우에는 형사기록인증등본 등 문서송부촉탁신청절차를 밟아 소송절차가 지연되는 일이 없도록 하시기 바랍니다).

② **증인 신청 : 반드시 기일 전에** 증명할 사항 및 그 사항과 증인과의 관련성 등을 기재한 **증인** 신청서 제출(한편 증인신문사항은 질문은 짧고 대답은 충분하게 할 수 있도록 작성하여 주시고, 유도신문·중복신문·불필요한 신문·추측이나 의견을 묻는 신문·증인을 곤혹스럽게 하는 신문 등은 배제하여 주시기 바랍니다).

③ 검증·감정·사실조회·문서송부촉탁 신청 등 : 입증취지를 구체적으로 기재한 신청서 제출

다. 제출기한의 준수

준비서면의 제출이나 증거신청은 **반드시 법원에서 정한 기한 내에** 하여야 합니다. 만약 주장과 증거신청을 늦게 하여 소송을 지연시키는 것으로 인정되는 경우에는 각하되는 불이익을 받을 수 있습니다(행정소송법 제 8 조 제 2 항, 민사소송법 제149조 참조).

3. 기타 유의사항

답변서나 준비서면을 제출할 때에는 **상대방 수만큼**의 **부본**을 원본과 함께 제출하여야 합니다. 그리고 서증을 제출할 때에도 마찬가지입니다(만약 소송수행자가 준비서면 등을 법원에 제출하기에 앞서 그 부본을 상대방에게 송달한 경우라면, 그 수령 사실을 증명하는 영수인 등을 받아 법원에 제출하시기 바랍니다. 이 경우에는 상대방 수만큼의 부본과 사본을 제출할 필요가 없습니다).

재 판 장　판 사　　김 ○ ○

법원 소재지	서울 서초구 강남대로 193	담당 직원	재판실무관 강산희	전화 번호	3459-3148 3459-3146	FAX	3479-3350

해답 2

답 변 서

사 건 2018구합285 영업정지처분취소
원 고 김 경 화
피 고 서울특별시 강남구청장

위 사건에 관하여 피고 소송대리인은 다음과 같이 답변합니다.

청구취지에 대한 답변

1. 원고의 청구를 기각한다.
2. 소송비용은 원고가 부담한다.
라는 판결을 구합니다.

청구원인에 대한 답변

1. 다툼없는 사실

피고가 2018. 2. 14. 원고가 유흥접객원을 고용하여 영업을 하였다는 사유로 영업정지 1월의 처분을 한 사실은 다툼이 없습니다.

2. 이 사건 처분의 적법성

가. 사건의 경위

원고는 2018. 1. 9. 유흥접객원으로 근무하던 소외 임정임으로 하여금 원고 운영의 '하얀풍차'라는 경양식 음식점에 손님으로 온 강상칠 등에게 양주와 맥주 등의 술을 마시는 자리에 앉아 술을 따르게 하는 등 유흥을 돋구는 방법으로 영업을 하게 하여 식품위생법과 그 시행령 및 시행규칙을 위반한 사실로 영업정지 1월의 처분을 당하게 되었습니다.

나. 처분의 적법성 검토

원고는 이 사건 처분이 사실오인 및 비례원칙에 위반하는 재량권의 일탈·남용의 하자로 인하여 위법하므로 취소되어야 한다고 주장합니다.

(1) 사실오인의 주장에 대한 비판

(가) 원고는 이 사건 처분의 원인이 된 소외 임정임의 행위가 유흥접객원의 행위에 해당되지 않는다고 합니다. 그러나 경찰서에서의 소외 임정임의 피의자신문조서를 보면, 임정임은 손님의 요청에 의하여 동석하게 되었다고 합니다. 유흥접객행위는 손님의 요청에 의하든 유흥접객원의 자의에 의하든 불문하고 그 행위 자체를 금하고 있습니다.

(나) 임정임은 원고 운영의 하얀풍차에 오기 전에도 압구정동에 있는 '무지개'라는 술집에서 종업원으로 있었으며, 그 업소가 청소년을 종업원으로 고용하였다는 이유로 영업소폐쇄 처분을 당하여 놀고 있던 중에 원고 운영의 술집으로 옮겨 오게 되었던 점을 알 수 있습니다. 원고로서도 이러한 임정임의 직업을 사전에 알고 있던 상태에서 원고의 술집에서 일하도록 한 것은 결국 임정임으로 하여금 유흥접객원으로서의 역할을 기대하였으며, 이 사건 단속을 당하던 날에도 손님들과 동석하여 술을 마시고 있었던 점을 고려하면 임정임의 유흥접객원으로서의 지위를 충분히 인정할 수 있습니다.

(다) 뿐만 아니라 서울강남경찰서의 원고에 대한 피의자신문조서 및 손님이었던 강상칠의 진술조서 내용과 임정임의 피의자신문조서의 내용을 종합해 보면, 원고가 임정임을 고용하여 유흥접객원으로 일하는 것을 지시하였거나 묵인하여 왔음을 엿볼 수 있습니다.

(라) 비록 강상칠이 검찰 조사를 받는 과정에서 경찰에서의 진술을 번복하여 임정임이 자신의 강권에 의하여 마지못하여 앉게 되었다고 하여 원고와 임정임의 협의를 부인하는 취지의 진술을 하였을지라도 이는 신뢰할 수 없는 진술에 불과하

며, 그가 무슨 이유로 진술을 번복하게 되었는지 여부를 이 사건 법정에서 증인으로 신문하여 확인해 보아야 할 필요성이 있습니다.

(마) 강상칠은 이 사건 당일 그의 친구 김갑열, 한상운과 이 사건 장소에 들러 원고가 고용한 유흥접객원인 임정임이 착석한 가운데 술을 마셨습니다. 임정임이 강상칠 일행의 좌석에 앉아 술을 마신 경위에 대하여는 강상칠의 진술에만 의존할 것이 아니라 그의 동료들인 김갑열, 한상운을 증인으로 불러 확인해 볼 필요가 있습니다.

(바) 원고 주장처럼 소외 임정임이 유흥접객원의 지위에 있지 않으려면, 당시 술에 취한 손님들이 테이블에 앉아 자신에게 술을 강권하므로 그들의 비위를 맞춰주기 위해서 어쩔 수 없이 술을 받아 두었다거나, 평소 손님들과 어울려 술을 마시거나 그러한 일로 원고로부터 보수 외의 금원을 받거나 손님으로부터 팁을 받은 사실이 전혀 없다거나, 평소에도 테이블에서 손님들을 상대로 술시중을 들면서 손님들과 함께 술을 마신 적이 전혀 없고, 또 그런 방식으로 음식점을 운영하였다고 의심할 만한 다른 사정이 없는 경우와 같은 사정이 있어야만 될 것입니다. 그러나 앞서 언급한 바와 같이 임정임은 평소와 같이 손님들과 함께 앉아 술을 나눠 마시고 있었던 것으로 보이고, 그러한 임정임의 행위는 원고에게도 이익이 되는 행위에 해당되며, 원고는 단 한 번도 임정임의 그러한 영업방식을 저지하거나 주의를 주었다는 사실이 없는 점을 보더라도 원고에게 임정임의 그러한 행위를 종용하였거나 묵인하였다고 볼 수 있는 충분한 사정이 있는 것입니다.

(2) 비례원칙의 위반주장에 대한 비판

원고는 이 사건 음식점을 오픈하기 위하여 주변 지인들로부터 차용한 돈으로 임대차보증금 1억 5천만원, 월 차임 4백만원, 권리금 4천만원을 지급하고 음식점을 인수하여 영업을 시작한 지 불과 몇 달 만에 영업정지를 당하게 되면 생업에 막대한 타격을 받게 되므로, 피고의 처분으로 달성하려는 공익목적보다 원고가 받게 되는 손해가 중대하여 비례원칙에도 반한다고 주장합니다.

(가) 그렇지만 원고가 이 사건 음식점을 영원히 할 수 없는 것이 아닙니다. 다만, 1개월 동안 영업을 할 수 없게 될 뿐입니다. 영업정지를 당함으로 원고가 입게

되는 손해는 충분히 예상되는 바이지만, 이는 자신의 과오로 인한 것으로 식품위생법이 정하는 접객업소에서의 건전한 영업질서 확립으로 인한 공공의 이익 역시 무시하지 못할 정도로 막대하다 할 것이므로, 원고에게 한 이 사건 처분이 그 과오에 비하여 지나치게 무겁다고 할 수도 없어 비례원칙에도 부합한 것입니다.

(나) 피고가 원고에게 행한 이 사건 처분의 근거는 식품위생법 시행규칙 제89조 [별표 23]으로 식품위생법 제75조에 따른 행정처분의 기준을 따른 것입니다. 이 처분기준의 형식은 부령으로 되어 있으나 성질은 행정기관 내부의 사무처리준칙을 정한 것에 불과한 것으로, 보건복지부 장관이 관계 행정기관 및 직원에 대하여 직무권한 행사의 지침을 정하여 주기 위하여 발한 행정명령의 성질을 가지는 것이지만, 같은 법 제75조 제1항의 규정에 보장된 재량권을 기속하는 것이라고 할 수 없고 대외적으로 국민이나 법원을 기속하는 힘이 있는 것은 아니므로, 같은 법 제75조 제1항에 의한 처분의 적법 여부는 같은법 시행규칙에 적합한 것인가의 여부에 따라 판단할 것이 아니라 같은 법 규정 및 그 취지에 적합한 것인가의 여부에 따라 판단하여야 할 것(대법원 1994. 10. 14. 선고 94누4370 판결【대중음식점업영업정지처분취소】)이라는 것이 판례의 태도입니다. 피고는 식품위생법 시행규칙이 정하는 바에 따라 처분을 하였고, 이러한 처분기준은 원고를 비롯한 모든 영업자에게도 동일하게 적용하여 온 재량준칙에 해당하므로, 원고에게만 특히 불이익한 처분을 한 것이 아님을 분명히 밝혀 둡니다.

(다) 원고는 이 사건 처분의 영업정지 기간이 지나치게 장기간이라는 취지의 주장도 하는 것으로 보입니다. 그렇지만 위에서 살펴 본 원고의 위반행위와 같은 처분은 예외없이 영업정지 1월로 규정되어 있으며, 이는 피고 강남구청뿐만 아니라 다른 서울특별시 소속 자치구청은 물론 전국 대도시에서도 예외없이 적용되는 기준이라고 할 것이므로, 영업정지기간이 장기간이라는 취지의 주장도 이유가 없습니다.

다. 처분절차의 적법성

피고는 이 사건 처분에 앞서 원고에게 행정절차법 제21조 및 제22조 규정에 따른 처분의 사전통지 및 의견제출의 기회를 제공하였습니다. 또한 피고는 원고에게 청문의 기회를 주어 원고의 의견을 충분히 청취한 가운데 이 사건 처분을 하였으므로, 행정절차법이 정하는 처분절차에도 적합합니다.

3. 결 론

따라서 피고의 이 사건 처분은 적법하고, 원고의 청구는 이유가 없으므로 기각하여 주시기 바랍니다.

입 증 방 법

1. 을제1호증 경찰 작성의 진술조서(강상칠) 1부
2. 나머지는 소송진행 중 제출하겠습니다.

첨 부 서 류

1. 위 입증방법 1부
2. 답변서 부본 1부
3. 위임장, 담당변호사지정서 각 1부

2018. 4. 9.

피고 소송대리인
법무법인 대양
담당변호사 강 현 재

서 울 행 정 법 원 귀 중

소 송 위 임 장

원　　고: 김 경 화
피　　고: 강남구청장

위 당사자 사이의 서울행정법원 2018구합285 **영업정지처분취소** 사건에 관하여 서울특별시 서초구 서초동 법조빌딩 302호 『법무법인 대양』에게 피고의 소송대리를 위임하고 아래 권한을 수여함.

이 사건 소송을 수행하기 위한 일체의 소송행위
- 1심 소송종료시까지의 항소제기,
- 반소의 제기 및 응소,
- 원고와 협의하에 재판상의 화해와 조정,
- 목적물의 수령,
- 공탁, 공탁물의 납부,
- 담보권행사 최고신청, 이 신청에 대한 동의,
- 담보 취소결정 정본의 수령, 동 취소결정에 대한 항고권 포기 등,

위와 같은 권한을 부여하면서 위 소송을 위임합니다.

2018년 4월 5일

위 임 인: 서울특별시 강남구청장
주　　소: 서울특별시 강남구 학동로 426 (삼성동)　강남구청장인

담당변호사지정서

사 건 2018**구합**285 **영업정지처분취소**
원 고 **김 경 화**
피 고 **강남구청장**

위 사건에 관하여 『법무법인 대양』은 피고 소송대리인으로서 변호사법 제50조 제 1 항에 의거하여 그 업무를 담당할 변호사를 아래와 같이 지정합니다.

담당변호사: 강 현 재
홍 길 동
최 길 수

2018년 4월 9일

법 무 법 인 대 양

서울특별시 서초구 서초중앙로 158 법조빌딩 302호
(TEL: (02)453-1133(代) FAX: (02)521-4488)

代表辯護士 **최 재 판**

쟁 점 해 설

▣ 민사소송법

제256조(답변서의 제출의무)

① 피고가 원고의 청구를 다투는 경우에는 소장의 부본을 송달받은 날부터 30일 이내에 답변서를 제출하여야 한다. 다만, 피고가 공시송달의 방법에 따라 소장의 부본을 송달받은 경우에는 그러하지 아니하다.

② 법원은 소장의 부본을 송달할 때에 제1항의 취지를 피고에게 알려야 한다.

③ 법원은 답변서의 부본을 원고에게 송달하여야 한다.

④ 답변서에는 준비서면에 관한 규정을 준용한다.

▣ 행정소송규칙[시행 2023. 8. 31.] [대법원규칙 제3108호, 2023. 8. 31., 제정]

제8조(답변서의 제출)

① 피고가 원고의 청구를 다투는 경우에는 소장의 부본을 송달받은 날부터 30일 이내에 다음 각 호의 사항이 포함된 답변서를 제출하여야 한다.

1. 사건의 표시
2. 피고의 명칭과 주소 또는 소재지
3. 대리인의 이름과 주소 또는 소송수행자의 이름과 직위
4. 청구의 취지에 대한 답변
5. 처분등에 이른 경위와 그 사유
6. 관계 법령
7. 소장에 기재된 개개의 사실에 대한 인정 여부
8. 항변과 이를 뒷받침하는 구체적 사실
9. 제7호 및 제8호에 관한 피고의 증거방법과 원고의 증거방법에 대한 의견
10. 덧붙인 서류의 표시
11. 작성한 날짜
12. 법원의 표시

② 답변서에는 제 1 항 제 9 호에 따른 증거방법 중 증명이 필요한 사실에 관한 중요한 서증의 사본을 첨부하여야 한다.
③ 제 1 항 및 제 2 항의 규정에 어긋나는 답변서가 제출된 때에는 재판장은 법원사무관등으로 하여금 방식에 맞는 답변서의 제출을 촉구하게 할 수 있다.
④ 재판장은 필요한 경우 제 1 항 제 5 호 및 제 6 호의 사항을 각각 별지로 작성하여 따로 제출하도록 촉구할 수 있다.

작 성 요 강

□ 문 제 [3]

박승소 변호사는 영업정지처분취소청구의 소를 제기한 원고가 영업정지를 하지 않고 음식점을 계속적으로 운영할 수 있는 쟁송방법을 고려하고 있다. 원고 변호사 입장에서 작성할 수 있는 가장 유효, 적절한 권리구제방법을 선택하여 그 서면을 작성하시오.

※ 현행법이 허용하는 쟁송형식에 한하며, 작성일은 2018. 3. 8.이고 같은 날 접수하는 것으로 함

※ 답안의 시작은 선택한 쟁송형식에 부합하는 '서면종류'를 기재하는 것으로 하고, 그 끝은 '서류를 제출할 기관'을 기재하는 것으로 함

※ 처분의 위법사유로는 사실관계와 현행법 및 기존 판례 입장에 비추어 볼 때 받아들여질 수 있는 주장만 할 것

해답 3

집 행 정 지 신 청

신 청 인 김 경 화

피신청인 서울특별시 강남구청장

집행정지신청사건

신 청 취 지

피신청인이 2018. 2. 14. 신청인에 대하여 한 영업정지 1월(2018. 3. 12.~같은 해 4. 10.)의 처분은 이 법원 2018구합285호 사건 판결 선고일로부터 30일이 되는 날까지 정지한다. 라는 결정을 구합니다.

신 청 이 유

1. 당사자의 지위 및 처분사유

신청인은 서울 강남구 학동로 20길 112 지하 1층에서 '하얀풍차'라는 상호로 일반음식점 영업을 하고 있으며, 피신청인은 2018. 2. 14. 신청인에 대하여 영업정지 1월(기간: 2018. 3. 12.~같은 해 4. 10.)의 처분을 한 행정청입니다.

신청인은 2017. 10. 28.부터 이 사건 음식점에서 영업을 개시하였고 2017. 11. 말경 평소 언니라고 부르며 친하게 지내던 임정임에게 새로운 직원을 구할 때까지 도와달라고 부탁하였습니다. 임정임은 같은 해 12. 10.부터 신청인의 음식점에서 일을 하기 시작하였는데, 이 사건 단속 당일인 2018. 1. 9. 22 : 00경 임정임이 아는 지인과 그 일행이 술을 마시는 자리에 합석하게 되었습니다.

그리하여 피신청인은 신청인이 임정임으로 하여금 손님들의 좌석에 앉게 하여 술을 마시는 등의 행위가 '일반음식점영업자가 유흥접객원을 고용하여 유흥접객행위를 하게 하거나 종업원의 이러한 행위를 조장·묵인하는 행위'에 해당한다는 사유로 식품위생법 제44조, 제75조에 따라 이 사건 처분을 하기에 이르렀습니다.

2. 이 사건 처분의 위법성

신청인이 이미 이 사건 처분의 취소를 구하는 소장에 상세히 기재한 바와 같이, 피신청인의 이 사건 처분은 다음과 같은 이유로 재량권의 일탈·남용으로 위법하여 취소되어야 합니다.

가. 사실오인

임정임은 유흥접객원으로 일한 사실이 없습니다. 신청인은 새로 직원을 구하는 중에 언니처럼 따르며 잘 알고 지내던 임정임에게 잠시 손님들의 주문을 받아 음식 등을 제공하는 일을 맡아 달라고 부탁하였습니다. 또한 임정임은 이 사건 단속 당시 평소 알고 지내던 손님이 주문한 주류를 제공하고 잠깐 그 자리에 앉아 이야기를 나누고 있었을 뿐이고, 손님들의 유흥을 북돋워 주는 유흥접객원으로서의 행위를 한 사실이 없습니다. 다만, 임정임이 손님들 좌석에 앉아 있었던 것은 사실이지만, 이는 술에 상당히 취한 손님의 강권에 의하여 어쩔 수 없는 종업원으로서의 예의로 마지못하여 그렇게 한 것일 뿐입니다. 그럼에도 단속 경찰관은 임정임이 손님과 잠시 동석한 장면만을 주목하여 식품위생법위반 혐의로 입건을 하여 수사를 하고, 피신청인 구청장에게 처분통지까지 하는 바람에 신청인은 이 사건 처분을 당하게 되었습니다. 그러므로 피신청인의 이 사건 처분은 임정임이 유흥접객원으로서의 행위를 하였다는 사실에 기초한 것이지만, 앞서 본 바와 같이 임정임이 그러한 행위를 한 바 없으므로 이는 명백한 사실오인에 의한 것이라 하겠습니다.

나. 비례원칙 위반

신청인은 이사건 음식점을 보증금 1억 5천만원, 월차임 400만원으로 임대차계약을 하였으며, 권리금 4천만원을 주고 신청외인으로부터 인수하였습니다. 그리고 개업을 위하여 인테리어를 하고, 비품을 구입하는 등으로 많은 돈을 지출하였습니다. 신청인은 미혼인 상태에서 이 많은 돈을 주변의 지인들과 금융기관 대출금으로 마련하여 매달 그 이자만 해도 신청인의 이 사건 음식점 영업수입으로는 감당하기가 어려운 상태에 놓여 있습니다. 특별히 지난 해부터 몰아닥친 금융위기 여파로 매출이 급격하게 줄어서 직원들 급여 주기도 힘든 상황입니다. 또한 신청인이 부양하는 연로하신 부모님의 생활비 조달도 어려운 가운데 있습니다. 뿐만 아니라 이 사건 음식점 직원 4명도 가정이 있는 터라 이 사건 처분으로 영업이 중단되면, 그 가족의 생계 역시 위협받게 될 지경에 놓여 있습니다.

비록 임정임이 손님들의 좌석에 동석한 행위가 유흥접객원으로 인정할 수 있는 여지가 있을지라도 그곳에 있게 된 것이 손님들의 강권에 의하여 이쩔 수 없는 가운데 불가피하게 행하여진 일이며, 신청인이 이 사건 음식점을 개업하기까지 들어간 막대한 돈과 신청인이 그 동안 영업을 해오면서도 형사상으로 처벌받은 전과가 없을 뿐만 아니라 행정처분을 받은 사실도 없었던 점, 영업정지를 당하게 되면 신용훼손을 물론 막대한 금전적 손해를 입게 된다는 점을 고려하면, 영업정지를 통해 달성하려는 식품위생법 소정의 공익목적보다 원고가 입게 될 불이익 역시 현저히 크다고 하지 않을 수 없어 비례의 원칙에도 반하는 측면이 큽니다. 따라서 피신청인이 신청인의 이 같은 사정을 깊이 고려한다면 과징금의 부과로 공익 목적을 달성할 수 있음에도 그러한 조치를 고려하지 아니하고 관련 법령에 따라 기계적으로 영업정지 1월의 처분을 한 것은 재량권의 일탈·남용의 위법이 있다 하겠습니다.

3. 이 사건 처분의 집행정지 필요성

행정소송법 제23조의 집행정지결정을 하기 위하여 적극적으로 존재할 것이 요구되는 요건으로 ① 정지대상인 처분 등이 존재하여야 하고, ② 본안소송이 계속중이라야 하며, ③ 회복하기 어려운 손해발생의 우려가 있어야 하고, ④ 긴급한 필요가 있어야 합니다. 그리고 소극적 요건으로는 공공복리에 중대한 영향을 미칠 우려가 없어야 합니다.

가. 처분등의 존재

집행정지는 이미 존재한 처분등의 효력정지, 집행정지, 절차의 속행정지를 포함합니다. 피신청인은 신청인에게 2018. 3. 12.부터 같은 해 4. 10.까지로 하는 내용의 영업정지 1월의 처분을 하였습니다. 따라서 이 처분의 집행력을 박탈하여 영업정지처분의 내용을 실현하는 행위를 금지할 필요가 있습니다.

나. 본안소송이 적법하게 계속 중임

신청인은 2018. 3. 5. 이 법원 2018구합285호로 피신청인의 처분을 취소청구하는 소를 이 법원에 제기하여 현재 적법하게 계속 중입니다.

다. 본안청구가 이유 없음이 명백하지 않음

집행정지사건 자체에 의하여도 신청인의 본안 청구가 이유 없음이 명백하지 않아야 한다는 것도 효력정지나 집행정지의 요건에 포함됩니다(대법원 1999. 11. 26. 99부3 집행정지). 신청인이 제기한 본안청구는 피신청인이 사실오인과 비례의 원칙을 위반한 재량권의 일탈·남용에 해당하는 위법한 처분으로 취소될 가능성이 크기에 본안청구는 이유 있음이 명백합니다.

라. 그 밖의 요건

(1) 회복하기 어려운 손해발생의 우려

집행정지는 회복하기 어려운 손해를 예방하기 위하여 필요한 경우에 인정됩니다. 회복하기 어려운 손해는 사회통념상 금전배상이나 원상회복이 어렵다고 인정되는 손해를 가리킨다고 할 것입니다. 신청인이 이 사건 영업정지처분으로 장차 입게 될 손해는 영업정지기간인 1개월 동안의 영업상 매출에 그치는 것이 아닙니다. 신청인이 2017. 10. 말경 영업을 개시하여 이 사건 영업정지처분의 효력이 발생하는 2018. 3. 12.까지 겨우 4개월 정도 영업을 한 것에 불과하여 이 사건 음식점을 열기 위하여 투자한 돈과 그 이자를 충당하기도 어려운 상태였습니다. 그런 형편에서 1개월 동안 문을 닫게 되면, 월차임 400만원과 대출금 이자 및 직원들 급여, 신청인과 부모님의 생활비 등 말할 수 없는 손실을 보게 됩니다.

다행히 영업을 개시한 지 석 달여 지나자 주변에 좋은 소문이 나서 단골손님도 생기고, 매상도 차츰 오르기 시작하였는데, 금융위기로 인한 매출감소의 여파와 영업정지를 당한 업소라는 불명예스런 소문이 퍼지게 되면 손님들의 감소도 불 보듯 뻔하게 되어 영업정지 후에 다시 새롭게 영업을 하더라도 재기하기가 쉽지 않게 됩니다. 신청인의 이와 같은 여러 사정은 금전적 배상으로도 회복될 수 없는 중대한 손해라고 하지 않을 수 없습니다.

(2) 긴급한 필요의 존재

집행정지는 손해발생가능성이 절박하여 본안판결을 기다릴 만한 시간적 여유가 없는 경우에 허용됩니다. 신청인은 영업정지처분의 취소청구의 소를 제기한 바 있지만, 영업정지가 시작되는 2018. 3. 12.까지는 본안판결이 선고될 가능성이 없어 집행정지를 할 긴급한 필요도 있습니다.

또한 신청인에 대한 식품위생법위반 피의사건에 대한 수사가 진행 중에 있어 머지않아 무혐의 처분을 받게 될 가능성이 있으며, 그렇지 않고 기소가 될지라도 형사재판결과 무죄판결을 받는 등 신청인에게 유리한 결과를 받게 될 가능성도 배제할 수 없으므로, 이 사건 처분의 집행을 정지할 긴급한 필요성도 존재합니다.

(3) 공공복리에 중대한 영향을 미칠 우려가 없음

집행정지가 공공복리에 중대한 영향을 미칠 우려가 있고, 그것이 신청인이 입을 우려가 있는 손해를 희생시켜서라도 옹호할 만한 것이라고 인정되는 것인 때에는 집행정지는 할 수 없습니다. 그러나 신청인에 대한 이 사건 집행정지결정을 하더라도 오로지 그 효과는 신청인의 영업소에 국한될 뿐이라 식품위생법 관련 업무에 관한 공공복리에 중대한 영향을 미칠 우려가 전혀 없습니다.

4. 결 론

그러므로 신청인은 이와 같은 이유로 신청취지와 같은 결정을 구하기 위하여 이 신청에 이르게 되었습니다.

소 명 방 법

1. 소 갑 제 1 호증의 1	행정처분 알림	1부
2. 소 갑 제 1 호증의 2	행정처분명령서	1부
3. (업소)임대차계약서		1부
4. (직원들)탄원서		1부

첨 부 서 류

1. 위 소명방법	각 1부
2. 위임장	1부

2018. 3. 8.

신청인 소송대리인
법무법인 경희
담당변호사 박 승 소

서 울 행 정 법 원 귀 중

서 울 행 정 법 원

제 1 부

결 정

사 건	2018아○○○ 집행정지
신 청 인	김경화 대리인 법무법인 경희 담당변호사 박승소
피 신 청 인	서울특별시 강남구청장

주 문

피신청인이 2018. 2. 14. 신청인에 대하여 한 1월(2018. 3. 12.부터 2018. 4. 10.까지)의 영업정지처분은 2018. 3. 8.부터 신청인과 피신청인 사이의 이 법원 2018구합285 사건의 판결 선고시까지 그 집행을 정지한다.

신 청 취 지

주문과 같다.

이 유

이 사건 신청은 이유 있으므로 주문과 같이 결정한다.

2018. 3. 15.

재판장 판사 ○○○
판사 ○○○
판사 ○○○

정 본 입 니 다.

2018. 3. 15.

서 울 행 정 법 원

법원주사 최 법 주

결정에 불복할 경우에는 이 정본을 송달받은 날부터 7일 이내에 즉시항고를 할 수 있습니다.

쟁 점 해 설

Ⅰ. 행정심판법에 의한 가구제

1. 집행부정지의 원칙

가. 행정심판법 제30조

행정처분이 위법·부당하여 행정심판이 제기되어도 원칙적으로 처분의 효력이나 그 집행 또는 절차의 속행을 정지시키는 효력은 없다.

나. 개정 행정심판법의 가구제 확대

종전 행정심판법하에서 집행정지결정은 잠정적 조치임에도 행정심판위원회는 법원과 달리 청구내용 자체가 이유 있다고 인정되는 경우가 아니면 집행정지결정을 하지 않으려는 경향이 있어 행정소송으로 권리구제를 얻으려 하였다. 그리하여 2010. 1. 15. 개정되어 2010. 7. 26. 시행된 행정심판법은 집행정지의 요건을 완화하고 보다 직접적으로 가구제를 할 수 있는 임시처분제도를 신설하였다.[17)]

2. 집행정지의 요건 완화

가. 중대한 손해가 생기는 것을 예방할 필요성

위원회는 처분, 처분의 집행 또는 절차의 속행 때문에 중대한 손해가 생기는 것을 예방할 필요성이 긴급하다고 인정할 때에는 직권으로 또는 당사자의 신청에 의하여 처분의 효력, 처분의 집행 또는 절차의 속행의 전부 또는 일부의 정지(이하 "집행정지"라 한다)를 결정할 수 있다. 다만, 처분의 효력정지는 처분의 집행 또는 절차의 속행을 정지함으로써 그 목적을 달성할 수 있을 때에는 허용되지 아니한다(행정심판법 30②).

17) 정형근, "개정 행정심판법의 주요쟁점에 관한 검토," 행정법연구 제27호(2010. 8), p. 142 이하.

나. 종전의 '회복하기 어려운 손해를 예방하기 위하여 긴급한 필요'

(1) 종전의 행정심판법은 집행정지결정을 위해서는 처분이나 그 집행 또는 절차의 속행으로 인하여 생길 회복하기 어려운 손해를 예방하기 위하여 긴급한 필요가 있다고 인정되어야 했다(구 행정심판법 21②).

(2) 현행 행정소송법 제23조 제 2 항 역시 '회복하기 어려운 손해를 예방하기 위하여 긴급한 필요가 인정할 때'를 집행정지의 요건으로 하고 있다.

다. '회복하기 어려운 손해'의 의미

행정소송법 제23조 제 2 항에서 정하고 있는 집행정지 요건인 '회복하기 어려운 손해'란 특별한 사정이 없는 한 금전으로 보상할 수 없는 손해로서 이는 금전보상이 불능인 경우 내지는 금전보상으로는 사회관념상 행정처분을 받은 당사자가 참고 견딜 수 없거나 또는 참고 견디기가 현저히 곤란한 경우의 유형, 무형의 손해를 일컫는다 할 것이다(대법원 2010. 5. 14.자 2010무48 결정【집행정지】).

3. 임시처분제도의 신설

가. 행정심판법 제31조

행정심판위원회는 처분 또는 부작위가 위법·부당하다고 상당히 의심되는 경우로서 처분 또는 부작위 때문에 당사자가 받을 우려가 있는 중대한 불이익이나 당사자에게 생길 급박한 위험을 막기 위하여 임시지위를 정하여야 할 필요가 있는 경우에는 직권으로 또는 당사자의 신청에 의하여 임시처분을 결정할 수 있다(행정심판법 31①).

나. 임시처분의 대상

임시처분의 대상은 처분 또는 부작위이다. 그러므로 임시처분에는 거부처분은 물론 부작위도 포함된다. 이 점에서 집행정지결정에서 거부처분이나 부작위는 그 대상이 아니라고 하는 것과 차이가 있다.

다. 위법·부당한 처분이나 부작위

처분이나 부작위가 위법·부당하다고 상당히 의심되는 경우여야 한다. 처분이나 부작위가 행정심판의 제기와 심리단계에서 제출된 자료에 비추어 볼 때, 위법하거나 부당하다고 상당히 의심되는 경우를 말한다.

라. 중대한 불이익, 급박한 위험발생의 우려

(1) 당사자에게 중대한 불이익이나 급박한 위험이 생길 우려가 있어야 한다. '중대한 불이익' 또는 '급박한 위험'의 존재가 임시처분의 주요 요건에 해당된다. 심판청구인에게 임시의 지위가 인정되지 아니함으로 인하여 나중에 심판청구의 인용재결을 받더라도 그 손해가 회복되기 어렵거나 실익이 없는 경우를 말한다. 예컨대 강제퇴거명령을 받은 자가 출국된 후 퇴거명령처분의 취소재결을 받더라도 인용재결의 실익이 없게 된다.

(2) '중대한 불이익'은 사후에 금전적인 배상으로도 충분히 회복될 수 없는 기회의 상실과 같은 유형의 손해를 의미한다. 집행정지결정 대상인 '중대한 손해'와 임시처분에서의 '중대한 불이익'은 같은 개념으로 이해할 수 있다. 그러므로 집행정지와 임시처분의 요건에는 이 부분에서 중복되는 면도 있어 당사자가 집행정지를 신청할 것인지, 임시처분을 신청할 것인지 혼동할 수도 있다. 그 때 행정심판위원회는 당사자의 신청서에 문구에 구애되지 말고 청구인에게 보정을 명하거나 직권으로 보정하여야 할 것이다(행정심판법 32①). 그리고 '급박한 위험'은 처분이나 부작위로 야기된 생명·신체·재산의 위험으로부터 보호하기 위한 요건이다.

마. 임시지위를 정할 필요성

임시지위를 정하여야 할 필요가 있어야 한다. 중대한 불이익이나 급박한 위험을 피하기 위한 제반조치를 말한다. 예컨대 수익적 행정행위의 거부처분에 있어서 잠정적으로 임시의 행정행위를 하도록 행정청에게 명하거나, 침해적 행정행위가 확실히 행해질 것으로 예상되는 경우에는 당해 행정행위를 금지하는 것을 말한다. 한약사 국가시험에 응시한 청구인들이 한약관련과목의 이수가 부족하다는 이유로 원서접수가 반려된 사건에서, 그 반려처분의 효력정지를 명하면서 청구인들에게 응시기회를 부여한 사례가 있다.[18]

---

18) 서울행정법원 2000. 2. 18.자 2000아120 결정.

바. 공공복리에 중대한 영향이 없을 것

공공복리에 중대한 영향을 미칠 우려가 없어야 한다. 행정심판법 제30조 제 3 항이 준용되므로 임시처분으로 당사자의 임시지위를 정하는 것이 공공복리에 중대한 영향을 미칠 우려가 있을 때에는 허용되지 아니한다(행정심판법 31②).

사. 임시처분의 취소

행정심판위원회는 임시처분을 결정한 후에 임시처분이 공공복리에 중대한 영향을 미치거나 그 정지사유가 없어진 경우에는 직권으로 또는 당사자의 신청에 의하여 임시처분 결정을 취소할 수 있다(행정심판법 30④).

아. 임시처분의 보충성

임시처분은 집행정지로 목적을 달성할 수 있는 경우에는 허용되지 아니한다(행정심판법 31③).

Ⅱ. 행정소송법상의 집행정지

1. 행정소송법 제23조

취소소송이 제기된 경우에 처분 등이나 그 집행 또는 절차의 속행으로 인하여 발생하는 회복하기 어려운 손해를 예방하기 위하여 긴급한 필요가 있다고 인정할 때에는 법원은 직권 또는 당사자의 신청에 의하여 처분의 집행정지결정을 할 수 있다.

2. 집행정지의 법적 성격

집행정지는 처분 등의 효력이나 그 집행 또는 절차의 속행의 정지라고 하는 소극적 형성을 내용으로 하며, 오직 침해적 행정활동에 대한 보전처분으로서의 기능을 가진다.

행정처분의 효력이나 집행 혹은 절차속행 등의 정지를 구하는 신청은 행정소송법상 집행정지신청의 방법으로서만 가능할 뿐 민사소송법상 가처분의 방법으로는 허용될 수 없다(대법원 2009. 11. 2.자 2009마596 결정【가처분이의】).

3. 집행정지의 요건

가. 적극적 요건

(1) 정지대상인 처분 등의 존재

(가) 행정소송법 제23조 제2항

집행정지의 대상은 처분 등의 효력, 집행 또는 절차의 속행이다. 집행의 정지, 절차의 속행의 정지 등 다른 정지방법에 의하여 그 목적을 달성할 수 있는 경우에는 구태여 효력까지 정지시킬 필요는 없다 할 것이므로, 처분의 효력정지는 허용되지 않는다. 이 사건에서 집행정지 신청인은 영업정지 1월의 처분을 받았으므로 이 요건을 충족한다.

(나) 효력정지, 집행정지, 절차의 속행정지의 개념

'효력정지'란 처분의 효력이 존속하지 않는 상태에 놓는 것으로 별도의 집행정지가 필요 없이 의사표시만으로 완성되는 처분, 즉 영업의 취소나 공무원면직처분 등에 대하여 하는 집행정지를 말하고, '집행정지'란 처분의 집행력을 박탈하여 그 내용을 실현하는 행위를 금지하는 것으로 대집행이나 출국 강제집행 등에 할 수 있으며, '절차의 속행정지'란 처분이 유효함을 전제로 법률관계가 진전되어 다른 처분이 행하여지는 경우에 있어서 그 기초가 되는 처분의 효력을 박탈하여 절차의 속행, 법률관계의 진전을 금지하는 것으로서 체납처분의 속행정지가 그 예이다. 현재의 실무례에 있어서는 이를 구분하지 않고 "집행을 정지한다"는 문구를 사용하고 있다.[19]

(다) 적용범위

집행정지가 허용될 수 있는 본안소송은 취소소송과 무효등확인소송이며, 부작위위법확인소송은 제외된다.

(2) 거부처분의 효력정지를 구할 이익이 있는지 여부

(가) 판례는 부정

신청에 대한 거부처분의 효력을 정지하더라도 거부처분이 없었던 것과 같은 상태, 즉 거부처분이 있기 전의 신청시의 상태로 되돌아가는 데에 불과하고 행정청에게 신청에 따른 처분을 하여야 할 의무가 생기는 것이 아니므로, 거부처분의 효력정지는 그 거부처분으로 인하여 신청인에게 생길 손해를 방지하는 데 아무런 보탬이 되지 아니하여 그 효력정지를 구할 이익이 없다(대법원 1995. 6. 21.자 95두26 결정【점검필증교부거부처분효력정지】).

19) 법원행정처, 전정증보 법원실무제요(행정), p. 226.

㈏ 문 제 점

거부처분에 대한 효력정지를 인정하지 않는 것은 집행정지제도의 한계로 지적된다. 인·허가갱신신청 거부처분의 경우, 가구제가 없어 본안판결시까지는 종전의 영업을 중단하여야 하는 문제가 있다. 서울행정법원은 응시자격이 없다는 이유로 한약사 국가시험응시원서를 반려한 처분(거부처분)의 취소소송에서 집행정지결정을 한 바 있다. 본안에서 반려처분의 적법성이 부정될 개연성을 배제할 수 없는 데, 반려처분의 효력이 시험시행시까지 유지된다면 신청인들의 응시기회가 부당하게 박탈될 수 있으므로 반려처분의 효력을 정지한 것이다(서울행정법원 2000. 2. 18.자 2000아120 결정).

⑶ 본안소송의 계속

㈎ 본안소송의 제기와 계속 중

집행정지는, 민사소송법상의 가처분이 본안소송제기 전에 보전수단으로서 신청될 수 있는 것과는 달리, 본안소송이 법원에 계속되어 있을 것을 요건으로 한다.

이 사건은 서울행정법원 2010구합285호 영업정지처분취소청구의 소로 소송계속 중에 있다.

집행정지신청시에 본안소송이 제기되어 있지 않았더라도 집행정지결정시까지 본안소송이 제기되면 정지신청은 적법한 것으로 보아야 할 것이다.

㈏ 본안소송의 취하가 집행정지결정에 미치는 영향

행정처분의 집행정지는 행정처분집행 부정지의 원칙에 대한 예외로서 인정되는 일시적인 응급처분이라 할 것이므로 집행정지결정을 하려면 이에 대한 본안소송이 법원에 제기되어 계속중임을 요건으로 하는 것이므로 집행정지결정을 한 후에라도 본안소송이 취하되어 소송이 계속하지 아니한 것으로 되면 집행정지결정은 당연히 그 효력이 소멸되는 것이고 별도의 취소조치를 필요로 하는 것이 아니다(대법원 1975. 11. 11. 선고 75누97 판결【영업정지처분취소】).

⑷ 회복하기 어려운 손해발생의 우려

㈎ 행정소송법 제23조 제 2 항에 정하고 있는 행정처분 등의 집행정지 요건인 '회복하기 어려운 손해'라 함은 특별한 사정이 없는 한 금전으로 보상할 수 없는 손해로서 이는 금전보상이 불능인 경우 내지는 금전보상으로는 사회관념상 행정처분을 받은 당사자가 참고 견딜 수 없거나 또는 참고 견디기가 곤란한 경우의 유형,

무형의 손해를 일컫는다(대법원 2003. 4. 25.자 2003무2 결정【집행정지】).[20) 21)]

(나) 원고의 이 사건 처분으로 영업정지처분이 집행되면 이 사건 업소를 개업하기 위하여 투자한 금전적 손해와 함께 단골손님들에게 미치는 신뢰의 상실로 인한 불이익은 회복하기 어려운 손해의 범주에 해당될 수 있다. 최근 개정된 행정심판법에서 '회복하기 어려운 손해발생의 우려'를 '중대한 손해가 생기는 것을 예방할 필요성'으로 그 요건을 완화하였으므로, 행정소송법상의 위 요건도 완화하여 해석할 필요성이 있다.

(5) 긴급한 필요의 존재

(가) 손해발생가능성이 절박하여 본안판결을 기다릴 만한 시간적 여유가 없는 경우여야 한다. 신청인에 대한 식품위생법위반 피의사건에 대한 수사가 검찰에서 진행되고 있어 무혐의 처분을 받는 등 신청인에게 유리한 결과를 받게 될 가능성도 배제할 수 없으므로, 이 사건 처분의 집행을 정지할 긴급한 필요성도 존재한다.

(나) "처분으로 인하여 생길 회복하기 어려운 손해를 예방하기 위하여 긴급한 필요"가 있는지 여부는 당해 처분의 성질과 태양 및 내용, 처분상대방이 입는 손해의 성질·내용 및 정도, 원상회복·금전배상의 방법 및 난이, 본안청구의 승소가능성의 정도 등을 종합적으로 고려하여 구체적·개별적으로 판단하여야 한다(대법원 2008. 12. 29.자 2008무107 결정【집행정지】).

---

20) 판례상 회복하기 어렵다고 판시한 사례 : ① 과징금납부명령의 처분은 사업자의 자금사정이나 경영 전반에 미치는 파급효과가 매우 중대한 경우(대법원 2001. 10. 10.자 2001무29 결정【효력정지】), ② 토석채취허가취소처분의 효력이 정지되지 아니한 채 본안소송이 진행됨으로써 막대한 자본 등을 투자하고도 거래선으로부터의 납품계약해제, 신용실추 등으로 입게 될 손해(대법원 1994. 10. 11. 선고 94두35 판결【토석채취허가취소처분효력정지】), ③ 상고심에 계속중인 형사피고인을 안양교도소로부터 진주교도소로 이송함으로써 받은 손해(대법원 1992. 8. 7. 선고 92두30 판결【이송처분효력정지】), ④ 현역병입영처분으로 특례보충역으로 방위산업체에 종사하던 신청인이 입영하여 다시 현역병으로 복무하지 않을 수 없어 병역의무를 중복하여 이행하게 되는 경우(대법원 1992. 4. 29. 선고 92두7 판결【현역병입영처분집행정지】).

21) 회복하기 어려운 손해에 해당되지 않는다는 사례 : ① 건설업면허취소처분으로 회사가 이미 수주받아 시공 중인 공사들을 중단하고 그에 따른 손해배상책임까지 부담하게 되는 등 그 존립조차 위태로울 정도로 막대한 재산상 손실을 입게 됨은 물론 대외적인 신용 내지 명예도 실추된다는 사정(대법원 1995. 3. 30. 선고 94두57 판결【건설업면허취소처분효력정지】), ② 자동차운송사업면허 취소처분으로 운송사업자의 경영정상화 노력이 수포로 돌아가게 되고, 대외적인 신용의 하락 및 사업면허의 반납으로 보유하여 온 차량들을 헐값에 처분하거나 폐차할 수밖에 없어 근로자나 그 가족들의 생계까지 위협받게 되는 결과가 초래될 수 있는 경우(대법원 1994. 9. 24. 선고 94두42 판결【자동차운송사업면허취소처분효력정지】).

나. 소극적 요건

(1) 공공복리에 중대한 영향을 미칠 우려가 없을 때

(가) '공공복리에 중대한 영향을 미칠 우려가 없을 것'을 규정하고 있는 취지는, 집행정지 여부를 결정하는 경우 신청인의 손해뿐만 아니라 공공복리에 미칠 영향을 아울러 고려하여야 한다는데 있고, 따라서 공공복리에 미칠 영향이 중대한지의 여부는 절대적 기준에 의하여 판단할 것이 아니라, 신청인의 '회복하기 어려운 손해'와 '공공복리' 양자를 비교·교량하여, 전자를 희생하더라도 후자를 옹호하여야 할 필요가 있는지 여부에 따라 상대적·개별적으로 판단하여야 한다(대법원 2010. 5. 14.자 2010무48 결정【집행정지】).

(나) 집행정지의 장애사유로서의 '공공복리에 중대한 영향을 미칠 우려'라 함은 일반적·추상적인 공익에 대한 침해의 가능성이 아니라 당해 처분의 집행과 관련된 구체적·개별적인 공익에 중대한 해를 입힐 개연성을 말하는 것으로서, 이러한 집행정지의 소극적 요건에 대한 주장·소명책임은 행정청에게 있다(대법원 2004. 5. 17.자 2004무6 결정【집행정지】).

(다) 신청인에 대하여 이 사건 처분의 집행정지를 하더라도 공공복리에 중대한 영향을 미칠 우려는 없다.

(2) 신청인의 본안 청구가 이유 없음이 명백하지 않아야 한다는 것이 효력정지나 집행정지의 요건인지 여부(적극)

(가) 행정처분의 효력정지나 집행정지제도는 신청인이 본안 소송에서 승소판결을 받을 때까지 그 지위를 보호함과 동시에 후에 받을 승소판결을 무의미하게 하는 것을 방지하려는 것이어서 본안 소송에서 처분의 취소가능성이 없음에도 처분의 효력이나 집행의 정지를 인정한다는 것은 제도의 취지에 반하므로 효력정지나 집행정지사건 자체에 의하여도 신청인의 본안 청구가 이유 없음이 명백하지 않아야 한다는 것도 효력정지나 집행정지의 요건에 포함시켜야 한다(대법원 2008. 5. 6.자 2007무147 결정【집행정지】).

(나) 본안에서 원고가 승소할 수 있는 가능성을 전제로 한 권리보호수단이라는 점에 비추어 보면 집행정지사건 자체에 의하여도 신청인의 본안청구가 적법한 것이어야 한다는 것을 집행정지의 요건에 포함시켜야 한다(대법원 1999. 11. 26.자 99부3 결정【집행정지】).

(다) 신청인에 대한 이 사건 처분은 이 사건 업소의 손님 강상칠의 진술에 의존한 것으로 여겨지는데, 그가 검찰에서 임정임이 유흥접객원으로서의 행위를 한 사실이 없다고 진술하는 등으로 전후 일관되지 못한 진술로 그 신빙성이 의심되어 신청인이 식품위생법위반 혐의에 대하여 무혐의 결정을 받을 가능성이 크며, 그 결과 이 사건 처분 역시 본안에서 승소판결을 받을 가능성이 크다. 그러므로 신청인의 본안청구는 적법한 것이어야 한다는 요건을 충족하고 있다.

4. 집행정지의 절차

가. 당사자의 신청 또는 직권

당사자의 신청 또는 직권에 의하되 결정의 재판에 의한다(행정소송법 23②). 신청인은 그 신청의 이유에 대하여 소명하여야 한다(행정소송법 23④).

▣ 피신청인이 2024. 6. 25. B을 피신청인의 제8대 후반기 의장으로 선출한 결의의 효력을 울산지방법원 2024구합6640호 사건의 판결 선고일로부터 30일이 되는 날까지 정지한다.[22]

나. 직권에 의한 집행정지 사례

(1) 집행정지 판결의 주문[23]

1. 피고가 2008. 1. 2. 원고에 대하여 한 영업정지처분을 취소한다.
2. 소송비용은 피고가 부담한다.
3. 제 1 항 기재 처분은 이 판결 확정시까지 그 집행을 정지한다.

(2) 효력정지 판결의 주문[24]

1. 피고가 원고에 대하여 한 2005. 3. 17.자 일반게임장업등록 취소처분을 취소한다.
2. 소송비용은 각자의 부담으로 한다.
3. 제 1 항 기재 처분은 이 사건 판결 확정시까지 그 효력을 정지한다.

---

22) 울산지방법원 2024. 8. 9. 선고 2024아1094 결정【의장선출결의효력정지】.
23) 부산지법 2008. 9. 3. 선고 2008구단116 판결【영업정지처분취소】.
24) 수원지법 2007. 2. 9. 선고 2005구단4070 판결【일반게임장업등록취소처분취소】.

5. 집행정지의 효력

가. 형 성 력

구 행정소송법(1951. 8. 24. 법률 제213호) 제10조의 "처분의 집행정지"라 함은 본안판결이 있을 때까지 잠정적으로 행정처분이 없었던 것과 동일한 상태에 두는 것이다(대법원 1961. 11. 23. 선고 4294행상3 판결).

집행정지결정이 고지되면 별도의 절차가 없더라도 본안판결이 있을 때까지 잠정적으로 행정처분이 없었던 것과 동일한 상태로 된다. 즉, 소극적인 형성력이 발생한다.

나. 대인적 효력

집행정지결정의 효력은 판결의 효력에 준하여 당사자인 행정청과 그 밖의 관계 행정청을 기속한다(행정소송법 23⑥, 30①).

다. 시간적 효력

(1) 집행정지의 시기와 종기의 결정

집행정지의 기간에 관하여는 법원이 집행정지의 시기와 종기를 자유롭게 정할 수 있다. 종기에 대하여는 본안판결선고시, 확정시 또는 결정시로부터 7일간 등 임의로 정할 수 있다. 실무례는 정지결정을 한 후 본안에서 원고청구기각판결이 선고될 경우 신청인이 남상소할 우려가 있다 하여 본안판결선고시까지를 가장 많이 이용하였다.[25] 그러나 현재는 2023. 8. 31. 제정·시행된 「행정소송규칙」에 따라 종기를 정하게 된다.

집행정지결정에서 효력발생시기를 정하고 있는 경우에는 그 시기에 효력이 발생하나, 이를 정하고 있지 아니한 경우에는 결정이 고지된 때로부터 장래에 향하여 발생한다. 정지결정의 효력은 장래에 향하여 작용할 뿐이지 소급효를 갖지 않는다.

(2) 집행정지의 종기

집행정지의 근거 조항인 「행정소송법」 제23조는 집행정지 결정의 종기에 관하여는 별도의 규정을 두고 있지 않고 있다. 2023. 8. 31. 제정·시행된 「행정소송규칙」은 현재 각급 법원의 재판 실무례는 본안판결 선고일부터 30일까지로 정하는 경우가 많으므로, 이러한 실무례를 이 규칙에 반영함으로써 집행정지를 신청하는 당사자의 예측가능성을 높이고자 하였다.

25) 법원행정처, 전정증보 법원실무제요(행정), p.227.

법원이 법 제23조 제2항에 따른 집행정지를 결정하는 경우 그 종기는 본안판결 선고일부터 30일 이내의 범위에서 정한다. 다만, 법원은 당사자의 의사, 회복하기 어려운 손해의 내용 및 그 성질, 본안 청구의 승소가능성 등을 고려하여 달리 정할 수 있다(행정소송규칙 10).

(3) 본안계속 중에 처분의 집행 종료(상소심 계속 중에 영업정지처분의 집행이 종료된 경우)

본안에서 원고승소판결을 선고하면서도 직권에 의한 집행정지결정을 간과하여 상소심에 이심되어 상소심에서 본안에 대하여 심리할 당시에는 처분의 집행이 종료되어 버리거나, 영업정지처분에서 정지기간이 도과한 경우에, 과거에는 소의 이익이 없게 되어 결국 상소심은 본안에 대하여 판단할 수조차 없게 됨으로써 원고의 권리보호에 심각한 차질을 가져오는 경우로 이해되었다.

그렇지만 이미 영업정지처분이 집행되었을지라도 원고로서는 불리한 처분을 받았다는 사실이 장래에 동일한 위반사실로 처분을 받게 될 경우에는 가중요건으로 작용하게 된다. 이 사건 처분과 같이 식품위생법 시행규칙 제89조 [별표 23]은 위반횟수에 따라 가중된 처분을 받게 되므로, 집행이 종료된 처분이라도 그 취소를 구할 실익이 있다.

(4) 집행정지결정의 효력시한

집행정지결정의 효력은 결정 주문에서 정한 시기까지 존속하며, 그 시기의 도래와 동시에 효력이 당연히 소멸한다(대법원 2007. 11. 30.자 2006무14 결정【행정처분효력정지】).

행정소송법 제23조에 의한 집행정지결정의 효력은 결정주문에서 정한 시기까지 존속하며 그 시기의 도래와 동시에 효력이 당연히 소멸하는 것이므로, 일정기간 동안 영업을 정지할 것을 명한 행정청의 영업정지처분에 대하여 법원이 집행정지결정을 하면서 주문에서 당해 법원에 계속중인 본안소송의 판결선고시까지 처분의 효력을 정지한다고 선언하였을 경우에는 처분에서 정한 영업정지기간의 진행은 그 때까지 저지되는 것이고 본안소송의 판결선고에 의하여 당해 정지결정의 효력은 소멸하고 이와 동시에 당초의 영업정지처분의 효력이 당연히 부활되어 처분에서 정하였던 정지기간(정지결정 당시 이미 일부 진행되었다면 나머지 기간)은 이 때부터 다시 진행한다(대법원 1999. 2. 23. 선고 98두14471 판결【영업정지처분취소】).

6. 집행정지결정에 대한 불복

집행정지결정 또는 기각결정에 대하여는 즉시항고를 할 수 있다. 집행정지결정에 대한 즉시항고에는 결정의 집행을 정지하는 효력이 없다(행정소송법 23⑤).

7. 집행정지결정의 취소

가. 행정소송법 제24조

집행정지의 결정이 확정된 후 집행정지가 공공복리에 중대한 영향을 미치거나 그 정지사유가 없어진 때에는 당사자의 신청 또는 직권에 의하여 결정으로써 집행정지의 결정을 취소할 수 있다. 집행정지결정의 취소결정에 대하여도 즉시항고를 할 수 있다.

나. 집행정지결정 취소사유의 발생시기

집행정지 결정의 취소사유는 특별한 사정이 없는 한 집행정지 결정이 확정된 이후에 발생한 것이어야 한다(대법원 2005. 7. 15.자 2005무16 결정【집행정지취소】).

5

공법기록형 공법소송실무

퇴학처분 등 위헌확인

05

Contents

목　　차

2014년도 제 3 회 변호사시험 문제

시험과목	공 법(기록형)

응시자 준수사항

1. 시험 시작 전 문제지의 봉인을 손상하는 경우, 봉인을 손상하지 않더라도 문제지를 들추는 행위 등으로 문제 내용을 미리 보는 경우 그 답안은 영점으로 처리 됩니다.
2. 답안은 흑색 또는 청색 필기구(사인펜이나 연필 사용 금지) 중 한 가지 필기구만을 사용하여 답안 작성란(흰색 부분) 안에 기재하여야 합니다.
3. 답안지에 성명과 수험번호 등을 기재하지 않아 인적사항이 확인되지 않는 경우에는 영점으로 처리되는 등 불이익을 받게 됩니다. 특히 답안지를 바꾸어 다시 작성하는 경우, 성명 등의 기재를 빠뜨리지 않도록 유의하여야 합니다.
4. 답안지에는 문제내용을 쓸 필요가 없으며, 답안 이외의 사항을 기재하거나 밑줄 기타 어떠한 표시도 하여서는 안 됩니다. 답안을 정정할 경우에는 두 줄로 긋고 다시 써야 하며, 수정액 등은 사용할 수 없습니다.
5. 시험 종료 시각에 임박하여 답안지를 교체했더라도 시험 시간이 끝나면 그 즉시 새로 작성한 답안지를 회수합니다.
6. 시험 시간이 지난 후에는 답안지를 일절 작성할 수 없습니다. 이를 위반하여 시험 시간이 종료되었음에도 불구하고 계속 답안을 작성할 경우 그 답안은 영점으로 처리 됩니다.
7. 답안은 답안지 쪽수 번호 순으로 써야 합니다. 배부된 답안지는 백지 답안이라도 모두 제출하여야 하며, 답안지를 제출하지 아니한 경우 그 시간 시험과 나머지 시험에 응시할 수 없습니다.
8. 지정된 시간까지 지정된 시험실에 입실하지 않거나 시험관리관의 승인 없이 시험 시간 중에 시험실에서 퇴실한 경우, 그 시간 시험과 나머지 시간의 시험에 응시할 수 없습니다.
9. 시험 시간 중에는 어떠한 경우에도 문제지를 시험장 밖으로 가지고 갈 수 없고, 그 시험 시간이 끝난 후에는 문제지를 시험장 밖으로 가지고 갈 수 있습니다.

☐ 문　　제

1. 의뢰인의 아들 김동식을 위하여 김정의 변호사의 입장에서 헌법소원심판청구서를 주어진 양식에 따라 작성하시오. (80점)

2. 의뢰인의 아들 김동식을 위하여 김정의 변호사의 입장에서 대한중학교장의 각 처분의 취소를 구하는 소장의 '청구취지'와 '청구원인' 중 '3. 이 사건 처분의 위법성' 부분을 작성하시오. 다만, '3. 이 사건 처분의 위법성'에서는 처분의 근거가 된 법령의 위헌·위법성을 다투는 내용을 제외할 것. (20점)

☐ 작성요령 및 주의사항

1. 참고자료로 제시된 법령은 가상의 것으로, 이에 근거하여 작성할 것. 이와 다른 내용의 현행 법령이 있다면, 제시된 법령이 현행 법령에 우선하는 것으로 할 것.
2. 기록에 나타난 사실관계만을 기초로 하고, 그것이 사실임을 전제로 할 것.
3. 기록 내의 각종 서류에는 필요한 서명, 날인, 무인, 간인, 정정인이 있는 것으로 볼 것.
4. 송달이나 접수, 통지, 결재가 필요한 서류는 모두 적법한 절차를 거친 것으로 볼 것.
5. (생략)이나 ☐ 로 표시된 것은 모두 기재된 것으로 볼 것.
6. 헌법소원심판청구서의 작성일과 제출일은 2014. 1. 3.로 할 것.
7. 서술어는 경어를 사용할 것.

※ 답안의 첨부서류에는 적법요건에 관한 것만 기재하고, 서류명은 목차에 있는 것으로 할 것.

헌법소원심판청구서 양식

헌법소원심판청구서

청 구 인

청구취지

당해사건

위헌이라고 해석되는 법률조항

청구이유

Ⅰ. 쟁점의 정리
Ⅱ. 적법요건의 구비 여부
Ⅲ. 위헌이라고 해석되는 이유
Ⅳ. 결 론

첨부서류

20××. . .
청구인의 대리인 (인)

귀중

소장 양식

소　장

원　고
피　고

퇴학처분등 취소의 소

청구취지

청구원인

1. 이 사건 처분의 경위
2. 이 사건 소의 적법성
3. 이 사건 처분의 위법성
4. 결　론

입증방법

첨부서류

2013. 7. 15.

원고 [　　　　] (인)

서울행정법원 귀중

참고자료 1

학교폭력예방 및 대책에 관한 법률(발췌)

(2012. 12. 28. 법률 제12345호로 전부개정된 것)

제1조(목적)

이 법은 학교폭력의 예방과 대책에 필요한 사항을 규정함으로써 피해 학생의 보호, 가해학생의 선도·교육 및 피해학생과 가해학생 간의 분쟁조정을 통하여 학생의 인권을 보호하고 학생을 건전한 사회구성원으로 육성함을 목적으로 한다.

제2조(정의)

이 법에서 사용하는 용어의 정의는 다음 각 호와 같다.

1. "학교폭력"이란 학교 내외에서 학생을 대상으로 발생한 상해, 폭행, 강금, 협박, 약취·유인, 명예훼손·모욕, 공갈, 강요·강제적인 심부름 및 성폭력, 따돌림, 사이버 따돌림, 정보통신망을 이용한 음란·폭력 정보 등에 의하여 신체·정신 또는 재산상의 피해를 수반하는 행위를 말한다.
2. "학교"란 「초·중등교육법」 제2조에 따른 초등학교·중학교·고등학교·특수학교 및 각종학교와 같은 법 제61조에 따라 운영하는 학교를 말한다.
3. "가해학생"이란 가해자 중에서 학교폭력을 행사하거나 그 행위에 가담한 학생을 말한다.
4. "피해학생"이란 학교폭력으로 인하여 피해를 입은 학생을 말한다.

제3조(해석·적용의 주의의무)

이 법을 해석·적용함에 있어서 국민의 권리가 부당하게 침해되지 아니하도록 주의하여야 한다.

제5조(다른 법률과의 관계)

① 학교폭력의 규제, 피해학생의 보호 및 가해학생에 대한 조치와 그 절차에 대하여는 다른 법률의 규정에 우선하여 이 법을 적용한다.

② 제2조 제1호 중 성폭력은 다른 법률에 규정이 있는 경우에는 이 법을 적용하지 아니한다.

제12조(학교폭력대책자치위원회의 설치·기능)

① 학교폭력의 예방 및 대책에 관련된 사항을 심의하기 위하여 학교에 학교폭력대책자치위원회(이하 "자치위원회"라 한다)를 둔다.

② 자치위원회는 학교폭력의 예방 및 대책 등을 위하여 다음 각 호의 사항을 심의한다.
1. 학교폭력의 예방 및 대책수립을 위한 학교 체제 구축
2. 피해학생의 보호
3. 가해학생에 대한 선도 및 징계
4. 피해학생과 가해학생 간의 분쟁조정
5. 그 밖에 대통령령으로 정하는 사항

제13조(자치위원회의 구성·운영)
① 자치위원회는 위원장 1인을 포함하여 5인 이상 10인 이하의 위원으로 구성한다. (이하 생략)
② 자치위원회는 분기별 1회 이상 회의를 개최하고, 자치위원회의 위원장은 다음 각 호의 어느 하나에 해당하는 경우에 회의를 소집하여야 한다.
1. 자치위원회 재적위원 4분의 1 이상이 요청하는 경우
2. 학교의 장이 요청하는 경우
3. 피해학생 또는 그 보호자가 요청하는 경우
4. 학교폭력이 발생한 사실을 신고받거나 보고받은 경우
5. 가해학생이 협박 또는 보복한 사실을 신고받거나 보고받은 경우
6. 그 밖에 위원장이 필요하다고 인정하는 경우
③ 자치위원회는 회의의 일시, 장소, 출석위원, 토의내용 및 의결사항 등이 기록된 회의록을 작성·보존하여야 한다.

제17조(가해학생에 대한 조치)
① 자치위원회는 피해학생의 보호와 가해학생의 선도·교육을 위하여 가해학생에 대하여 다음 각 호의 어느 하나에 해당하는 조치(수개의 조치를 병과하는 경우를 포함한다)를 할 것을 학교의 장에게 요청하여야 한다.
1. 피해학생에 대한 서면사과
2. 피해학생 및 신고·고발 학생에 대한 접촉, 협박 및 보복행위 금지
3. 학교에서의 봉사
4. 사회봉사
5. 학내외 전문가에 의한 특별 교육이수 또는 심리치료
6. 출석정지
7. 학급교체
8. 전학

9. 퇴학처분

②~③ (생략)

④ 학교의 장은 가해학생에 대한 선도가 긴급하다고 인정할 경우 우선 제 1 항 제 1 호부터 제 3 호까지와 제 5 호 중 어느 하나의 조치를 할 수 있으며, 이 경우 자치위원회에 즉시 보고하여 추인을 받아야 한다.

⑤ 자치위원회는 제 1 항에 따른 조치를 요청하기 전에 가해학생 및 보호자에게 의견진술의 기회를 부여하는 등 적정한 절차를 거쳐야 한다.

⑥ 제 1 항에 따른 요청이 있는 때에는 학교의 장은 14일 이내에 해당 조치를 하여야 한다.

⑦ 제 4 항에 따른 조치에도 불구하고 가해학생이 이를 거부하거나 회피하는 때에는 학교의 장은 자치위원회의 심의를 거쳐 제 1 항 제 4 호, 제 6 호부터 제 9 호까지 중 어느 하나의 조치를 하여야 한다. 다만, 제 9 호의 퇴학처분은 다음 각 호의 어느 하나에 해당하는 자에 한하여 행하여야 한다.

1. 품행이 불량하여 개전의 가망이 없다고 인정되는 자
2. 정당한 이유 없이 수업일수의 3분의 1을 초과하여 출석하지 아니한 자

⑧ 학교의 장이 제 4 항, 제 6 항, 제 7 항의 조치를 할 때에는 그 근거와 이유를 제시하여 가해학생과 그 보호자에게 통지하여야 한다.

■ **학교폭력예방 및 대책에 관한 법률 (약칭: 학교폭력예방법)**[1)]

[시행 2021. 6. 23.] [법률 제17668호, 2020. 12. 22., 일부개정]

제17조의2(행정심판)

① 교육장이 제16조 제 1 항 및 제17조 제 1 항에 따라 내린 조치에 대하여 이의가 있는 피해학생 또는 그 보호자는 「행정심판법」에 따른 행정심판을 청구할 수 있다. <신설 2012. 3. 21., 2017. 11. 28., 2019. 8. 20.>

② 교육장이 제17조 제 1 항에 따라 내린 조치에 대하여 이의가 있는 가해학생 또는 그 보호자는 「행정심판법」에 따른 행정심판을 청구할 수 있다. <개정 2012. 3. 21., 2017. 11. 28., 2019. 8. 20.>

③ 제 1 항 및 제 2 항에 따른 행정심판청구에 필요한 사항은 「행정심판법」을 준용한다. <개정 2019. 8. 20.>

④ 삭제 <2019. 8. 20.>

⑤ 삭제 <2019. 8. 20.>

1) 제3회 변호사시험 시행 후에 신설된 조문이다.

⑥ 삭제 <2019. 8. 20.>

[본조신설 2012. 1. 26.] [제목개정 2019. 8. 20.]

제18조(분쟁조정)

① 심의위원회는 학교폭력과 관련하여 분쟁이 있는 경우에는 그 분쟁을 조정할 수 있다. <개정 2019. 8. 20.>

② 제1항에 따른 분쟁의 조정기간은 1개월을 넘지 못한다.

③ 학교폭력과 관련한 분쟁조정에는 다음 각 호의 사항을 포함한다. <개정 2019. 8. 20.>

1. 피해학생과 가해학생간 또는 그 보호자 간의 손해배상에 관련된 합의조정
2. 그 밖에 심의위원회가 필요하다고 인정하는 사항

④ 심의위원회는 분쟁조정을 위하여 필요하다고 인정하는 때에는 관계 기관의 협조를 얻어 학교폭력과 관련한 사항을 조사할 수 있다. <개정 2019. 8. 20.>

⑤ 심의위원회가 분쟁조정을 하고자 할 때에는 이를 피해학생·가해학생 및 그 보호자에게 통보하여야 한다. <개정 2019. 8. 20.>

⑥ 시·도교육청 관할 구역 안의 소속 교육지원청이 다른 학생 간에 분쟁이 있는 경우에는 교육감이 직접 분쟁을 조정한다. 이 경우 제2항부터 제5항까지의 규정을 준용한다. <개정 2019. 8. 20.>

⑦ 관할 구역을 달리하는 시·도교육청 소속 학교의 학생 간에 분쟁이 있는 경우에는 피해학생을 감독하는 교육감이 가해학생을 감독하는 교육감과의 협의를 거쳐 직접 분쟁을 조정한다. 이 경우 제2항부터 제5항까지의 규정을 준용한다. <개정 2019. 8. 20.>

참고자료 2

교육기본법

(2012. 3. 21. 법률 제12234호로 일부개정된 것)

제 1 조(목적)

이 법은 교육에 관한 국민의 권리·의무 및 국가·지방자치단체의 책임을 정하고 교육제도와 그 운영에 관한 기본적 사항을 규정함을 목적으로 한다.

제 2 조(교육이념)

교육은 홍익인간의 이념 아래 모든 국민으로 하여금 인격을 도야하고 자주적 생활능력과 민주시민으로서 필요한 자질을 갖추게 함으로써 인간다운 삶을 영위하게 하고 민주국가의 발전과 인류공영의 이상을 실현하는 데에 이바지하게 함을 목적으로 한다.

제 3 조(학습권)

모든 국민은 평생에 걸쳐 학습하고, 능력과 적성에 따라 교육 받을 권리를 가진다.

제 4 조(교육의 기회균등)

① 모든 국민은 성별, 종교, 신념, 인종, 사회적 신분, 경제적 지위 또는 신체적 조건 등을 이유로 교육에서 차별을 받지 아니한다.

② 국가와 지방자치단체는 학습자가 평등하게 교육을 받을 수 있도록 지역 간의 교원 수급 등 교육 여건 격차를 최소화하는 시책을 마련하여 시행하여야 한다.

제 5 조(교육의 자주성 등)

① 국가와 지방자치단체는 교육의 자주성과 전문성을 보장하여야 하며, 지역 설정에 맞는 교육을 실시하기 위한 시책을 수립·실시하여야 한다.

② 학교운영의 자율성은 존중되며, 교직원·학생·학부모 및 지역주민 등은 법령으로 정하는 바에 따라 학교운영에 참여할 수 있다.

제 6 조(교육의 중립성)

① 교육은 교육 본래의 목적에 따라 그 기능을 다하도록 운영되어야 하며, 정치적·파당적 또는 개인적 편견을 전파하기 위한 방편으로 이용되어서는 아니 된다.

② 국가와 지방자치단체가 설립한 학교에서는 특정한 종교를 위한 종교교육을 하여서는 아니 된다.

제 7 조(교육재정)

① 국가와 지방자치단체는 교육재정을 안정적으로 확보하기 위하여 필요한 시책을 수립·실시하여야 한다.

② 교육재정을 안정적으로 확보하기 위하여 지방교육재정교부금 등에 관하여 필요한 사항은 따로 법률로 정한다.

제 8 조(의무교육)

① 의무교육은 6년의 초등교육과 3년의 중등교육으로 한다.

② 모든 국민은 제 1 항에 따른 의무교육을 받을 권리를 가진다.

제 9 조(학교교육)

① 유아교육·초등교육·중등교육 및 고등교육을 하기 위하여 학교를 둔다.

② 학교는 공공성을 가지며, 학생의 교육 외에 학술 및 문화적 전통의 유지·발전과 주민의 평생교육을 위하여 노력하여야 한다.

③ 학교교육은 학생의 창의력 계발 및 인성 함양을 포함한 전인적 교육을 중시하여 이루어져야 한다.

④ 학교의 종류와 학교의 설립·경영 등 학교교육에 관한 기본적인 사항은 따로 법률로 정한다.

참고자료 3

초·중등교육법

(2012. 3. 21. 법률 제12235호로 일부개정된 것)

제 1 조(목적)

이 법은 「교육기본법」 제 9 조에 따라 초·중등교육에 관한 사항을 정함을 목적으로 한다.

제 2 조(학교의 종류)

초·중등교육을 실시하기 위하여 다음 각 호의 학교를 둔다.

1. 초등학교·공민학교
2. 중학교·고등공민학교
3. 고등학교·고등기술학교
4. 특수학교
5. 각종학교

기록내용 시작

<table>
<tr><td>수임번호
2013-431</td><td colspan="2">법률상담일지</td><td>2013. 7. 10.</td></tr>
<tr><td>의 뢰 인</td><td>김갑동</td><td>의뢰인 전화</td><td>010-4545-4545</td></tr>
<tr><td>의뢰인 주소</td><td>서울 서초구 잠원로 25</td><td>의뢰인 전송</td><td></td></tr>
<tr><td colspan="4">상 담 내 용</td></tr>
<tr><td colspan="4">1. 의뢰인의 아들 김동식은 서울 서초구 반포로 45에 있는 공립학교인 대한중학교 2학년 3반에 재학중이다. 대한중학교장은 2013. 6. 21. 김동식이 같은반 급우인 조민우를 학년 초부터 지금까지 지속적으로 괴롭혔다는 이유로 그의 보호자인 의뢰인과 그의 처 이순희를 학교로 불러 김동식과 함께 상담한 후, 김동식이 3일 이내에 조민우에게 서면으로 사과할 것을 명하고 김동식과 의뢰인 부부에게 그와 같은 내용으로 작성된 서면사과명령서를 교부하였다.
2. 이후 의뢰인은 김동식으로부터 조민우와 몇 차례 말싸움을 한 적은 있지만 그를 괴롭히거나 때린 사실이 전혀 없기 때문에 사과와 반성의 뜻이 담긴 서면사과문을 절대로 작성할 수 없다는 말을 들었고, 평소 김동식이 결석을 단 한 번도 하지 않을 정도로 착실하게 학교생활을 해왔기 때문에, 처인 이순희와 상의하여 교장의 서면사과명령에 따르지 않기로 결정하였다. 그리고 의뢰인 부부는 교장을 찾아가 서면사과명령에 따르지 않을 것임을 분명히 함과 동시에 서면사과명령이 조민우의 일방적 주장에 근거한 편파적인 조치라고 항의하였다.
3. 이러한 항의를 접한 대한중학교장은 학교폭력대책자치위원회 위원장에게 김동식이 자신의 가해사실을 전혀 인정하지 않을 뿐 아니라 피해학생인 조민우를 다시 괴롭힐 수도 있어 우선적인 긴급선도조치로서 서면사과명령을 발령하였다는 사실, 서면사과명령에도 불구하고 김동식 및 의뢰인 부부가 응하지 않은 사실, 그 이후에도 김동식이 반성하지 않고 수업시간에 면학 분위기를 저해하고 있다는 사실을 알리고, 위 서면사과명령의 추인과 김동식에 대한 추가적인 징계를 위하여 자치위원회의 소집을 요청하였다.
4. 이에 2013. 7. 3. 소집된 자치위원회는 대한중학교장의 보고를 받고, 김동식 및 의뢰인 부부의 변명을 들은 다음, 위 서면사과명령의 추인과 함께 김동식에 대한 퇴학처분을 의결하여 같은 날 대한중학교장에게 퇴학처분조치를 요청하였다.
5. 이러한 요청에 따라 대한중학교장은 김동식에게 퇴학을 명하는 처분을 하였고, 퇴학처분통지서를 교부받은 의뢰인은 상담을 위하여 본 법무법인 사무실을 방문하였다.
6. 의뢰인 희망사항: 의뢰인은 대한중학교장의 서면사과명령과 퇴학처분이 부당하므로 이를 취소하고, 김동식이 다시 학교에 다닐 수 있기를 희망한다.</td></tr>
<tr><td colspan="4">법무법인 진리(담당변호사 김정의)
전화 02-555-6789, 전송 02-555-6790, 전자우편 justicekim@truthlaw.com
서울 서초구 서초중앙로 200 진리빌딩 2층</td></tr>
</table>

<table>
<tr><td colspan="2">소송위임장</td></tr>
<tr><td>사 건</td><td>퇴학처분등 취소</td></tr>
<tr><td>원 고</td><td>김동식</td></tr>
<tr><td>피 고</td><td>대한중학교장</td></tr>
<tr><td colspan="2">위 사건에 관하여 다음 표시 수임인을 소송대리인으로 선임하고,
다음 표시에서 정한 권한을 수여합니다.</td></tr>
<tr><td>수 임 인</td><td>법무법인 진리
서울 서초구 서초중앙로 200 진리빌딩 2층
전화 02-555-6789
전송 02-555-6790</td></tr>
<tr><td>수권사항</td><td>1. 일체의 소송행위
1. 반소의 제기 및 응소, 상소의 제기, 동 취하
1. 소의 취하, 화해, 청구의 포기 및 인낙, 참가에 의한 탈퇴
1. 복대리인의 선임
1. 목적물의 수령
1. 공탁물의 납부, 공탁물 및 이자의 반환청구와 수령
1. 담보권의 행사 최고 신청, 담보 취소 신청, 동 신청에 대한 동의, 담보 취소결정 정본의 수령, 동 취소결정에 대한 항고권 포기
1. 강제집행신청, 대체집행신청, 가처분, 가압류 등 보전처분과 관련한 모든 소송 행위
1. 인지환급금의 수령에 관한 행위, 소송비용액확정결정신청 등
1. 등록사항별 증명서, 주민등록등·초본, 기타 첨부서류 발급에 관한 행위</td></tr>
<tr><td colspan="2">2013. 7. 10.</td></tr>
<tr><td>위임인</td><td></td></tr>
<tr><td colspan="2">서울행정법원 귀중</td></tr>
</table>

담 당 변 호 사 지 정 서

사　　건	퇴학처분등 취소
원　　고	김동식
피　　고	대한중학교장

위 사건에 관하여 당 법인은 원고의 소송대리인으로서 변호사법 제50조 제1항에 따라 그 업무를 담당할 변호사를 다음과 같이 지정합니다.

담당변호사	변호사 김정의

2013. 7. 10.

법무법인 진 리
대표변호사 송평화 (법무법인 진리 인)
서울 서초구 서초중앙로 200 진리빌딩 2층
전화 02-555-6789 전송 02-555-6790

서울행정법원 귀중

법무법인 진리 내부회의록

일 시: 2013. 7. 11. 14 : 00 ~ 15 : 00

장 소: 법무법인 진리 소회의실

참석자: 이기자 변호사(송무팀장), 김정의 변호사

이 변호사: 다음은 김동식 학생 사건과 관련하여 논의할까요? 의뢰인의 요구사항이 무엇이던가요?

김 변호사: 의뢰인의 아들이 같은 반 친구를 지속적으로 괴롭혔다는 이유로 학교장으로부터 서면사과명령을 받았고, 명령에 따르지 않겠다고 하자 퇴학처분을 당하였습니다. 그런데 의뢰인은 자신의 아들이 피해학생인 조민우와 몇 차례 말싸움을 한 적이 있긴 하지만 때리거나 괴롭힌 적은 없다고 합니다. 그리고 의뢰인이 같은 반의 다른 친구들에게도 물어보니 김동식이 피해학생을 때리거나 괴롭히는 등의 행위를 하는 것을 보지 못했다고 합니다.

이 변호사: 그래서 의뢰인을 위하여 어떤 구제절차를 생각하고 있나요?

김 변호사: 서울행정법원에 서면사과명령처분과 퇴학처분에 관한 행정소송을 제기하고자 합니다.

이 변호사: 당연히 그래야겠지요. 그런데, 혹시 서면사과명령과 퇴학처분의 사전통지절차에 관해서 문제가 없던가요?

김 변호사: 그렇지 않아도 그 부분에 대하여 검토를 해보았습니다. 「학교폭력 예방 및 대책에 관한 법률」 제 5 조 제 1 항에서는 가해학생에 대한 조치에 대하여 그 법률에서 정한 절차를 다른 법률에 우선하여 적용하게 되어 있습니다. 그리고 의뢰인에게 알아본 결과 사전통지절차에 관해서는 별다른 법적인 문제점을 찾지 못했습니다.

이 변호사: 그러면 사과명령처분과 퇴학처분의 근거가 되는 법률조항에 헌법적으로 문제가 되는 것은 없는지 검토해 보았나요?

김 변호사: 예. 검토해 보았는데, 헌법적인 쟁점이 많이 있는 것 같습니다. 그래서 저는 일단 위 처분들에 대한 행정소송을 제기하여 처분들이 위법하다고 다투면서 위 처분들의 근거가 되는 법률조항들에 대한 위헌제청을 신청할 생각입니다.

이 변호사: 행정법원이 위헌제청 신청을 받아들이지 않을 것을 대비해서 다른 구제수단이 있는지도 생각해 보시기 바랍니다. 쟁점이 많네요. 잘 검토해 주시기 바랍니다.

김 변호사: 네, 잘 알겠습니다.

이 변호사: 그럼, 이상으로 오늘 회의를 마치겠습니다. 끝.

서면사과명령서

인적사항	성 명	김동식 (金棟植) (1999. 4. 5.생)
	학년 / 반	2학년 3반
	보 호 자	김갑동, 이순희
	주 소	서울 서초구 잠원로 25

위 김동식 학생은 피해학생인 2학년 3반 조민우에게 3일 이내에 서면으로 사과할 것을 명합니다.

2013. 6. 21.

대한중학교장 [대한중학교장인]

〈 2013년도 제 3 회 〉

회 의 록

일　시: 2013. 7. 3. 15 : 00

장　소: 대한중학교 회의실

참석자: 위원장 이정현
위원 정지원, 박사랑, 주성만, 송윤서
대한중학교장 하정우, 가해학생 김동식 및 부모 김갑동·이순희

작성자: 간사 김영수

대한중학교 학교폭력대책자치위원회

위원장: 성원이 되었으므로 2013년도 제 3 회 대한중학교 학교폭력대책자치위원회를 개최합니다. 이번 회의는 학교장의 요청에 의하여 소집된 것입니다. 먼저 교장선생님의 보고가 있겠습니다.

학교장: 우선 보고에 앞서 학교에 불미스러운 일이 발생하여 여러 위원님들께 심려를 끼친 점 사과드립니다. 저희 학교 2학년 3반 담임선생님이 피해자 조민우 학생의 요청으로 상담을 하는 과정에서 같은 반의 급우인 김동식 학생으로부터 지속적으로 괴롭힘을 당했다는 사실을 알고 저에게 보고하였습니다. 그래서 제가 진상을 파악해본 결과 심각한 일이라고 판단되어 2013. 6. 21. 김동식 학생의 부보를 학교로 모셔서 상담을 하고 선도에 긴급한 조치로서 김동식 학생에게 3일 이내에 서면으로 사과할 것을 명하였습니다. 따라서 서면사과명령에 대하여 위원회의 추인을 받고자 이 사실을 보고합니다.

위원장: 보고 잘 들었습니다. 피해학생과 가해학생 모두를 상담하였나요?

학교장: 담임선생님께서 먼저 만나고 제가 추가로 상담하여 내용을 확인하였고, 피해학생과 가해학생의 진술서를 이 자리에 가져왔습니다.

위원장: 위원님들! 서면사과명령 추인 요청 건에 대해 이견 있으시면 말씀해주시기 바랍니다.

위원들 중 이견을 개진한 사람은 없고, 추인에 동의하다.

위원장: 그럼 김동식에 대한 서면사과명령이 추인되었음을 의결합니다. 다음 안건에 대하여 교장선생님께서 설명해주시기 바랍니다.

학교장: 앞에서 말씀드린 것처럼 김동식 학생에게 사면사과를 명하자 김동식 학생과 부모님이 함께 저를 찾아와서 왜 조민우 학생의 말만 믿고 편파적인 조치를 하느냐고 항의하면서 절대로 사과하지 않겠다고 했습니다. 그 이후 김동식 학생은 담임선생님 말씀도 잘 따르지 않고 수업시간에 일부러 딴청을 피우는 일이 많았다고 합니다. 그래서 담임선생님이 여러 차례 타일렀으나 이제 더 이상 타이르는 것만으로는 어렵겠다고 저에게 하소연하고 있습니다. 그러니 여러 위원님들께서 김동식 학생에게 취할 합당한 조치를 논의하여 주시기 바랍니다.

위원장: (회의장 밖에 대기 중이던 김동식 학생 및 그 부모인 김갑동과 이순희를 입장시키고) 교장선생님께서 김동식 학생에 대한 추가적인 조치를 요청하였습니다. 이에 대하여 김동식

학생과 부모님께서 하실 말씀이 있으면 차례로 말씀해주시기 바랍니다.

김갑동: 서면사과명령서를 받은 날 밤에 아들의 이야기를 들었습니다. 아들은 조민우와 솔직히 몇 차례 티격태격 말싸움을 한 적은 있지만 조민우의 말처럼 지속적으로 괴롭히거나 때린 적이 없다고 합니다. 제가 생각하기에도 아들은 절대 그럴 애가 아닙니다. 얼마 전 집에서 기르던 강아지가 심하게 아픈 적이 있었습니다. 그때 우리 애는 끙끙거리며 앓고 있는 강아지가 애처로워 울면서 밤새 그것을 품에 꼭 끌어안고 어쩔 줄을 몰라 했습니다. 한낱 미물에게도 연민과 동정에 사무치는 아이가 사람을 때리고 괴롭히다니요…. 그리고 우리 아들은 지금까지 단 한 번도 결석이나 지각을 하지 않을 정도로 착실한 아이입니다. 좋습니다. 설령 우리 애가 조민우 학생을 몇 대 때렸다고 칩시다. 아이들끼리의 가벼운 다툼 끝에 몇 대 때린 것을 가지고 어린 학생에게 징계를 한다니 너무 심한 것 아닙니까! 절대 수긍 못 합니다.

김동식: 저는 민우와 진짜 친한 친구라 생각했는데, 민우가 이렇게 나오니 정말 억울해요. 같이 다니면서 몇 번 말다툼을 한 적은 있지만, 제가 친구 민우를 왜 때리고 괴롭히겠어요? 저는 그런 적 절대 없어요. 정말 민우가 왜 그러는지 모르겠네요. 진짜 억울해요.

위원장: 위원님들! 김동식 학생과 부모님께 질문할 것이 있습니까?

위원들: 별다른 질문 없습니다.

위원장: (김동식과 김갑동, 이순희를 퇴실시키고) 위원님들! 김동식 학생에게 취할 조치를 논의하여 주시기 바랍니다.

위원 주성만: 가해학생 때문에 조민우 학생이 육체적 피해뿐만 아니라 정신적인 고통도 많이 받은 것 같습니다. 교장의 서면사과명령도 따르지 않고 학교 분위기도 말이 아니고요. 오늘 부모님이 하는 태도를 보십시오. 격리가 필요하다고 봅니다.

위원 박사랑: 그래도 어린 학생인데 선처하는 것이 좋다고 생각합니다.

위원장: (다른 의견 없음을 확인하고) 심의를 마치고 표결을 하도록 하겠습니다.

위원장: (투표용지를 확인하고) 퇴학 4표, 출석정지 1표가 나왔습니다. 개표 결과 법령상의 의결요건을 충족하였으므로 학교장에게 가해학생을 퇴학시키라고 요청하겠습니다. 여러분! 수고 많으셨습니다. 이상으로 2013학년도 제3회 대한중학교 학교폭력대책자치위원회를 마치겠습니다. 끝.

진 술 서

이　　름: 김동식

학년/반: 2학년 3반

저는 대한중학교 2학년 3반 김동식입니다. 조민우는 2학년 들어서 처음으로 알게 되었는데 같은 동네 살더라구요. 그래서 함께 학교에서 집으로 다녔어요. 그런데, 알고 보니 되게 바보같고 답답해요. 제가 갑자기 돈이 급해서 빌려달라고 하면 치사하게 빌려주지 않는 거예요. 그래서 두 번인가 싸운 적은 있어요. 그렇지만 때리지는 않았어요. 말로만 싸웠어요.

그게 전부예요. 민우가 선생님께 왜 그렇게 말했는지 모르겠어요. 억울해요.

2013년 5월 31일

김 동 식

진 술 서

이 름: 조민우

학년/반: 2학년 3반

저는 대한중학교 2학년 3반 조민우입니다. 같은 반 친구인 김동식으로부터 같은 반이 된 이후 줄곧 괴롭힘을 당하고 있어 그 사실에 대해 다음과 같이 말씀드립니다.

김동식과는 2학년 같은 반이 된 후 처음 알게 되었는데, 같은 동네에 사는 관계로 등하교를 하면서 자주 마주치게 되어 금방 친하게 지냈습니다. 3월쯤인가 수업을 마치고 함께 집으로 가는데, 김동식이 급히 돈이 필요하다고 하면서 내일 아침에 갚을 테니 2만 원을 빌려달라고 하여 마침 아침에 어머니로부터 받은 책값이 생각나 내일 아침까지는 꼭 달라고 하면서 2만 원을 빌려주었습니다. 그런데 다음 날 아침에 김동식이 돈을 갚지 않아 오후에 함께 집에 오면서 조심스럽게 돈을 달라고 하였지만, 김동식은 깜빡 잊었다고 하면서 내일은 꼭 갚겠다고 하였고, 그 후로도 하루하루 그렇게 변명을 하면서 돈을 갚지 않았습니다. 그래서 일주일쯤이 지나 더 이상은 안 되겠다고 생각한 나머지 김동식에게 어머니께 말씀드리겠다고 하였는데, 갑자기 주먹으로 얼굴과 가슴을 마구 때리면서 돈을 갚지 않은 것을 부모님이나 선생님께 알리면 오늘보다도 더 심하게 맞을 거라고 겁을 주었습니다.

그 후로부터 김동식은 학교를 오가면서 군것질을 할 때마다 저에게 돈을 내라고 하였고, 수업시간에 필요한 준비물도 꼭 자기 것까지 챙겨오라고 하면서 만약 가지고 오지 않으면 그 자리에서나 집으로 가는 길에 욕을 하면서 주먹이나 발로 때렸습니다. 생각해보니 3월 말부터 김동식에 관한 일로 담임선생님과 상담한 날까지 거의 매일 김동식으로부터 군것질 비용이나 학용품 값으로 돈을 빼앗겼거나 맞았습니다.

이 일로 담임선생님과 상담을 하기 전까지 많은 고민을 하였지만, 더 이상 참아서 해결될 일이 아니라고 생각해서 먼저 부모님과 상의한 후 어머니와 함께 담임선생님을 찾아가 상담을 하게 되었습니다.

지금까지 제가 한 말은 모두 거짓이 아님을 맹세합니다.

2013년 5월 31일

조 민 우

조 치 요 청 서

<table>
<tr><td rowspan="3">가해학생 인적사항</td><td>성 명</td><td>(한글) 김동식
(한자) 金棟植</td><td>생년월일</td><td>1999. 4. 5.</td></tr>
<tr><td>학년/반</td><td colspan="3">2학년 3반</td></tr>
<tr><td>주 소</td><td colspan="3">서울 서초구 잠원로 25</td></tr>
<tr><td rowspan="4">보 호 자</td><td>성 명</td><td>김갑동
이순희</td><td>학생과의 관계</td><td>아버지
어머니</td></tr>
<tr><td>주 소</td><td colspan="3">서울 서초구 잠원로 25</td></tr>
<tr><td rowspan="2">전 화 번 호</td><td>자 택</td><td colspan="2">02-5300-4545</td></tr>
<tr><td>휴대전화</td><td colspan="2">010-4545-4545</td></tr>
<tr><td>요청조치</td><td colspan="4">퇴 학</td></tr>
<tr><td>사 유</td><td colspan="4">품행 불량</td></tr>
</table>

위와 같이 학교폭력의 가해학생에 대한 조치를 요청합니다.

2013년 7월 3일

위원장 이 정 현 (이정현)

위 원 정 지 원 (정지원)

박 사 랑 (박사랑)

주 성 만 (주성만)

송 윤 서 (송윤서)

대한중학교 학교폭력대책자치위원회 위원장 [자치위원회 위원장 인]

대한중학교장 귀중

징계처분통지서

<table>
<tr><td rowspan="7">수
신
자</td><td rowspan="3">가해학생</td><td rowspan="2">성 명</td><td>김동식</td><td>소 속</td><td>2학년 3반</td></tr>
<tr><td>金棟植</td><td>생년월일</td><td>1999. 4. 5.</td></tr>
<tr><td>주 소</td><td colspan="3">서울 서초구 잠원로 25</td></tr>
<tr><td rowspan="4">보 호 자</td><td>성 명</td><td>김갑동
이순희</td><td>학생과의
관 계</td><td>아버지
어머니</td></tr>
<tr><td>주 소</td><td colspan="3">서울 서초구 잠원로 25</td></tr>
<tr><td rowspan="2">연락처</td><td colspan="3" rowspan="2">(자택) 02-5300-4545
(휴대전화) 010-4545-4545</td></tr>
<tr></tr>
</table>

위 학생에 대하여 학교폭력대책자치위원회의 요청에 따라 2013. 7. 5. 퇴학처분하였음을 통지합니다.

○ 덧붙임: 징계처분서 1통

2013년 7월 5일

대한중학교장 [대한중학교장인]

징 계 처 분 서

<table>
<tr><td rowspan="3">인적사항</td><td rowspan="2">성　　명</td><td>김동식</td><td>소　　속</td><td>2학년 3반</td></tr>
<tr><td>金棟植</td><td>생년월일</td><td>1999. 4. 5.</td></tr>
<tr><td>주　　소</td><td colspan="3">서울 서초구 잠원로 25</td></tr>
<tr><td rowspan="3">보 호 자</td><td>성　　명</td><td>김갑동
이순희</td><td>학생과의
관　　계</td><td>아버지
어머니</td></tr>
<tr><td>주　　소</td><td colspan="3">서울 서초구 잠원로 25</td></tr>
<tr><td>연 락 처</td><td colspan="3">(자택) 02-5300-4545
(휴대전화) 010-4545-4545</td></tr>
<tr><td>징계내역</td><td colspan="4">퇴 학</td></tr>
<tr><td>징계사유</td><td colspan="4">품행 불량</td></tr>
<tr><td colspan="5">위 학생에 대하여 위와 같이 처분함.

2013년 7월 5일

대한중학교장 [대한중학교장인]</td></tr>
</table>

수 령 증

대한중학교 2학년 3반 김동식에 대한 징계처분서와 징계처분 통지서 각각 2통을 정히 수령함.

2013. 7. 8.

수령자 보호자 김갑동 Kimkapdong
보호자 이순희 이순희
본 인 김동식 김동식

전달 확인자

소 속 대한중학교 행정실
성 명 이 배 달 (010-3456-****)

대한중학교장 귀하

서 울 행 정 법 원

변 론 조 서

2차

사 건	2013구합246 퇴학처분등 취소		
재 판 장	판사 이 명 판	기 일:	2013. 12. 5. 14 : 00
	판사 박 중 립	장 소:	제215호 법정
	판사 김 공 정	공개 여부:	공 개
법원주사보	이 사 무	고지된	
		다음 기일:	2014. 1. 9. 10 : 00

사건과 당사자들 호명

원 고 대리인 [ ] 출석

피 고 대리인 변호사 송영서 출석

증거관계 별지와 같음(원고증인 등)

변론속행

법원 주사보 이 사 무 (인)

재판장 판사 이 명 판 (인)

위헌법률심판제청신청

신 청 인 김 동 식
서울 서초구 잠원로 25
(이하 생략)

신 청 취 지

[ ] 의 위헌 여부에 대한 심판을 제청한다.

라는 결정을 구합니다.

신 청 이 유

(생략)

2013. 10. 31.

위 신청인의 대리인 [ ] (인)

서울행정법원 제1부 귀중

서 울 행 정 법 원

제 1 부

결 정

사 건 2013아135 위헌제정신청
신 청 인 김 동 식
서울 서초구 잠원로 25
(이하 생략)
당해사건 서울행정법원 2013구합246 퇴학처분등 취소

주 문

신청인의 위헌법률심판제청신청을 기각한다.

이 유

(생략)
그렇다면 이 사건 신청은 이유 없으므로 기각하기로 하여 주문과 같이 결정한다.

2013. 11. 28.

재판장 판사 이 명 판
판사 박 중 립
판사 김 공 정

주 민 등 록 표
(등 본)

이 등본은 세대별 주민등록표의 원본 내용과 틀림없음을 증명합니다.

2013년 12월 10일

서울특별시 서초구 잠원동장

세대주	김 갑 동	세대구성 사유 및 일자	전입세대구성 2012-2-20

번호	주 소 (통/반)	전입일 / 변동일 변 동 사 유
현주소 전입	서울특별시 서초구 잠원동 25 2012-2-20/2012-2-20	전입
현주소	서울특별시 서초구 잠원동 25	

번호	세대주 관계	성 명 주민등록번호	전입일/변동일	변 동 사 유
1	본인	김 갑 동 710803-1*****		
2	처	이 순 희 711215-2******		
3	자	김 동 식 990405-1******		
	= 이 하 여 백 =			

서기 2013년 12월 10일

수입 증지 350원 서울특별시

서울특별시 서초구 잠원동장 잠원동장의인

<table>
<tr><td colspan="2">대리인선임서</td></tr>
<tr><td>사 건</td><td>헌법소원심판청구</td></tr>
<tr><td>청 구 인</td><td>김동식</td></tr>
<tr><td>피청구인</td><td></td></tr>
<tr><td colspan="2">위 사건에 관하여 다음 표시 수임인을 대리인으로 선임하고,
다음 표시에서 정한 권한을 수여합니다.</td></tr>
<tr><td>수 임 인</td><td>법무법인 진리
서울 서초구 서초중앙로 200 진리빌딩 2층
전화 02-555-6789
전송 02-555-6790</td></tr>
<tr><td>수권사항</td><td>1. 일체의 소송행위
1. 반소의 제기 및 응소, 상소의 제기, 동 취하
1. 소의 취하, 화해, 청구의 포기 및 인낙, 참가에 의한 탈퇴
1. 복대리인의 선임
1. 목적물의 수령
1. 공탁물의 납부, 공탁물 및 이자의 반환청구와 수령
1. 담보권의 행사 최고 신청, 담보 취소 신청, 동 신청에 대한 동의, 담보 취소 결정 정본의 수령, 동 취소 결정에 대한 항고권 포기
1. 강제집행신청, 대체집행신청, 가처분, 가압류 등 보전처분과 관련한 모든 소송행위
1. 인지환급금의 수령에 관한 행위, 소송비용액확정결정신청 등
1. 등록사항별 증명서, 주민등록등·초본, 기타 첨부서류 발급에 관한 행위
1. 헌법소원심판청구와 관련된 모든 소송행위</td></tr>
<tr><td colspan="2">2013. 12. 10.</td></tr>
<tr><td>위임인</td><td></td></tr>
<tr><td colspan="2">헌법재판소 귀중</td></tr>
</table>

담 당 변 호 사 지 정 서

사 건	헌법소원심판청구
청 구 인	김동식
피청구인	

위 사건에 관하여 당 법인은 청구인의 대리인으로서 변호사법 제50조 제1항에 의하여 그 업무를 담당할 변호사를 다음과 같이 지정합니다.

담당변호사	변호사 김정의

2013. 12. 10.

법무법인 진 리
대표변호사 송평화 [법무법인 진 리]

서울 서초구 서초중앙로 200 진리빌딩 2층
전화 02-555-6789 전송 02-555-6790

헌법재판소 귀중

송달증명원

사 건	2013아135 위헌제청신청
신 청 인	김동식
피신청인	

위 사건에 관하여(판결, (결정), 명령, 화해조서, 인낙조서, 조정조서, 기타:)
에 대한 아래의 신청에 따른 제 증명을 발급하여 주시기 바랍니다.

2013. 12. 13.

신청인 소송대리인 [ ] (인)

신청할 제 증명 사항을 신청번호에 ○표하시고,
필요한 통수와 발급 대상자의 성명을 기재합니다.

신청 번호	발급 통수	신청의 종류	비 고
1		진행문부여	
(2)	1	송달증명	2013. 12. 6. 송달
3		확정증명	
4		승계증명	
5		재판서·조서의 정본·등본·초본	

서울행정법원 귀중

위 증명문서를 틀림없이 수령하였습니다.	2013. 12. 13.	수령인 [ ] (인)

기록이면표지

참고자료

달 력

■ 2013년 2월 ~ 2014년 1월

2013년 2월

일	월	화	수	목	금	토
					1	2
3	4	5	6	7	8	9
10	11	12	13	14	15	16
17	18	19	20	21	22	23
24	25	26	27	28		

2013년 3월

일	월	화	수	목	금	토
					1	2
3	4	5	6	7	8	9
10	11	12	13	14	15	16
17	18	19	20	21	22	23
24/31	25	26	27	28	29	30

2013년 4월

일	월	화	수	목	금	토
	1	2	3	4	5	6
7	8	9	10	11	12	13
14	15	16	17	18	19	20
21	22	23	24	25	26	27
28	29	30				

2013년 5월

일	월	화	수	목	금	토
			1	2	3	4
5	6	7	8	9	10	11
12	13	14	15	16	17	18
19	20	21	22	23	24	25
26	27	28	29	30	31	

2013년 6월

일	월	화	수	목	금	토
						1
2	3	4	5	6	7	8
9	10	11	12	13	14	15
16	17	18	19	20	21	22
23/30	24	25	26	27	28	29

2013년 7월

일	월	화	수	목	금	토
	1	2	3	4	5	6
7	8	9	10	11	12	13
14	15	16	17	18	19	20
21	22	23	24	25	26	27
28	29	30	31			

2013년 8월

일	월	화	수	목	금	토
				1	2	3
4	5	6	7	8	9	10
11	12	13	14	15	16	17
18	19	20	21	22	23	24
25	26	27	28	29	30	31

2013년 9월

일	월	화	수	목	금	토
1	2	3	4	5	6	7
8	9	10	11	12	13	14
15	16	17	18	19	20	21
22	23	24	25	26	27	28
29	30					

2013년 10월

일	월	화	수	목	금	토
		1	2	3	4	5
6	7	8	9	10	11	12
13	14	15	16	17	18	19
20	21	22	23	24	25	26
27	28	29	30	31		

2013년 11월

일	월	화	수	목	금	토
					1	2
3	4	5	6	7	8	9
10	11	12	13	14	15	16
17	18	19	20	21	22	23
24	25	26	27	28	29	30

2013년 12월

일	월	화	수	목	금	토
1	2	3	4	5	6	7
8	9	10	11	12	13	14
15	16	17	18	19	20	21
22	23	24	25	26	27	28
29	30	31				

2014년 1월

일	월	화	수	목	금	토
			1	2	3	4
5	6	7	8	9	10	11
12	13	14	15	16	17	18
19	20	21	22	23	24	25
26	27	28	29	30	31	

확 인: 법무부 법조인력과장

문제 1. 해답

헌 법 소 원 심 판 청 구 서

청 구 인 김 동 식
서울 서초구 잠원로 25
미성년자이므로 법정대리인 친권자 부 김갑동, 모 이순희

대리인 법무법인 진리
담당변호사 김정의
서울 서초구 서초중앙로 200 진리빌딩 2층
전화: 02-555-6789, 전송: 02-555-6790

청 구 취 지

"학교폭력예방 및 대책에 관한 법률(2012. 12. 28. 법률 제12345호로 전부개정된 것) 제17조 제4항 중 제1항 제1호 부분 및 제7항 본문 중 제9호 부분과 단서 제1호 부분은 헌법에 위반된다."라는 결정을 구합니다.

당 해 사 건

서울행정법원 2013구합246 퇴학처분등 취소

위헌이라고 해석되는 법률조항

학교폭력예방 및 대책에 관한 법률(2012. 12. 28. 법률 제12345호로 전부개정된 것) 제17조 제4항 중 제1항 제1호 부분 및 제7항 본문 중 제9호 부분과 단서 제1호 부분

청 구 이 유

Ⅰ. 사건의 개요

1. 청구인은 서울 서초구 반포로 45에 있는 대한중학교 2학년 3반에 재학중인 학생으로 2학년에 진급한 이후 같은 반 급우 조민우를 처음으로 알게 되어 하교를 함께 하곤 하였습니다. 그러던 중 청구인은 조민우에게 갑자기 필요한 돈을 빌려달라고 하였지만, 그는 이를 거절하였습니다. 청구인은 그 일로 두 번 정도 조민우와 말싸움을 한 사실은 있었지만, 그를 때리거나 한 적은 없었습니다.

2. 그런데 대한중학교장(이하 '학교장'이라 한다)은 2013. 6. 21. 청구인에게 조민우를 학년 초부터 지속적으로 괴롭혔다는 이유로 3일 이내에 서면으로 조민우에게 사과할 것을 명하는 취지의 '서면사과명령'을 하였습니다.

3. 학교장이 위와 같은 서면사과명령을 하게 된 경위는, 조민우가 담임선생님과 상담하는 과정에서 청구인에게 돈 2만원을 빌려 주었는데, 그 돈을 돌려 줄 것을 요구하자 청구인이 조민우를 주먹으로 얼굴 등을 폭행하는 등으로 괴롭혀 왔다고 허위의 사실을 고지하자, 담임선생님은 조민우의 말을 학교장에게 보고하였고, 학교장은 조민우 학생만을 다시 불러 사실관계를 확인한 후 청구인의 부모를 학교로 불러 선도에 긴급한 조치라면서 청구인에게 이 사건 서면사과명령을 한 것입니다.

4. 그 후 학교장은 2013. 7. 5. 청구인이 학교장의 서면사과명령을 이행하지 않을 뿐만 아니라 담임선생님의 말씀을 잘 따르지 않고 수업시간에 일부러 딴청을 피우는 일이 많다는 등의 '품행불량'을 이유로 이 사건 퇴학처분을 하였습니다.

Ⅱ. 쟁점의 정리

1. 청구인의 이 사건 심판청구는 헌법재판소법 제68조 제 2 항 '법률의 위헌여부 심

판의 제청신청이 기각된 때'에 해당하는 것이므로 위 규정이 정하는 적법요건을 구비하였는지 여부를 검토할 필요가 있습니다.

2. 이 사건 심판대상인 학교폭력예방 및 대책에 관한 법률(이하 '학폭법'이라 한다) 제17조 제4항 중 제1항 제1호 부분(이하 '사과명령조항'이라 한다)이 양심의 자유를 침해하는지 여부가 문제됩니다.

3. 아울러 '학폭법' 제7항 본문 중 제9호 부분과 단서 제1호 부분(이하 '퇴학처분조항'이라 한다)이 헌법 제31조 제2항의 의무교육조항에 위반되는지 여부와 청구인의 교육을 받을 권리 및 학부모의 자녀교육권을 침해하는지 여부와 함께 퇴학처분조항이 명확성의 원칙에 위반되는지 여부를 살펴보아야 합니다.

Ⅲ. 적법요건의 구비 여부

1. 의 의

청구인은 학교장의 이 사건 서면사과명령 및 퇴학처분의 취소를 구하는 소송을 서울행정법원에 제기한 후 처분의 근거법률조항들이 위헌이라는 이유로 위헌법률심판 제청신청을 하였으나 위 법원은 위 신청을 기각하였습니다. 따라서 청구인은 헌법재판소법 제68조 제2항에 따라 이 사건 심판청구를 하였으므로 그 적법요건을 검토할 필요가 있습니다.

2. 개별적 적법요건의 검토

가. 대상적격

법률이 헌법에 위반되는 여부가 재판의 전제가 된 경우에는 법원은 헌법재판소에 제청하여 그 심판에 의하여 재판하며(헌법 107①), 법률이 헌법에 위반되는지 여부가 재판의 전제가 된 경우에는 당해 사건을 담당하는 법원(군사법원을 포함한다)은 직권 또는 당사자의 신청에 의한 결정으로 헌법재판소에 위헌 여부 심판을 제청한다(헌법재판소법

41①)는 규정과, 법률의 위헌 여부 심판의 제청신청이 기각된 때에는 그 신청을 한 당사자는 헌법재판소에 헌법소원심판을 청구할 수 있다(헌법재판소법 68②)는 규정에 따라, 이 사건 심판대상은 재판의 전제가 되는 형식적 의미의 법률인 '학폭법'이므로 그 대상적격이 있습니다.

나. 위헌법률심판제청신청에 대한 법원의 기각결정

청구인은 2013. 10. 31. 서울행정법원에 위헌법률심판제청신청을 하였지만, 위 법원은 2013. 11. 28. 위 신청을 기각하는 결정을 하였습니다(서울행정법원 2013아135호).

다. 재판의 전제성

위헌법률심판제청이 적법하기 위해서는 법원에 계속 중인 구체적인 사건에 적용할 법률이 헌법에 위반되는지의 여부가 재판의 전제로 되어야 합니다.

(1) 재판의 '전제성'의 개념

재판의 전제성이라 함은 원칙적으로 ① 구체적인 사건이 법원에 계속 중이어야 하고, ② 위헌 여부가 문제되는 법률이 당해 소송사건의 재판에 적용되는 것이어야 하며, ③ 그 법률이 헌법에 위반되는지의 여부에 따라 당해 사건을 담당하는 법원이 다른 내용의 재판을 하게 되는 경우를 말합니다. 여기서 다른 내용의 재판을 하게 되는 경우라 함은 원칙적으로 법원이 심리 중인 당해 사건의 재판의 결론이나 주문에 어떤 영향을 주는 경우뿐만 아니라 문제된 법률의 위헌 여부가 비록 재판의 주문자체에는 아무런 영향을 주지 않는다고 하더라도 재판의 결론을 이끌어 내는 이유를 달리하는 데 관련되어 있거나 또는 재판의 내용과 효력에 관한 법률적 의미가 달라지는 경우도 포함된다고 할 것입니다(헌재 1992. 12. 24. 92헌가8).

(2) 사안의 경우

이 사건 심판대상 법률조항은 서울행정법원에 계속중인 2013구합246호 퇴학처분 등 취소소송에 적용되는 것으로 위 법률조항들이 위헌으로 결정되면 청구인에 대한 퇴학처분 등이 위헌인 법률에 근거한 처분이 되어 취소될 가능성이 있습니다. 따라서 재판의 결론이나 주문에 영향을 주는 경우로서 법원이 다른 내용의 재판을 하게 되는 경우에 해당되므로, 이 사건 심판청구는 재판의 전제성 요건을 갖추고 있습니다.

라. 청구기간의 준수

헌법재판소법 제68조 제2항의 헌법소원심판은 위헌여부심판의 제청신청을 기각하는 결정을 통지받은 날부터 30일 이내에 청구하여야 합니다(헌법재판소법 69②).

청구인은 2013. 12. 6. 서울행정법원 2013아135호 위헌법률심판 제청신청의 기각결정을 송달받고, 그로부터 30일 이내인 2014. 1. 3. 이 사건 심판청구를 하여 청구기간을 준수하였습니다.

마. 변호사 강제주의

각종 심판절차에서 당사자인 사인은 변호사를 대리인으로 선임하지 아니하면 심판청구를 하거나 심판 수행을 하지 못한다(헌법재판소법 25③)는 변호사 강제주의에 따라 법무법인 진리를 대리인으로 선임하여 이 사건 심판청구를 하였습니다.

3. 소 결

따라서 이 사건 심판청구는 헌법재판소법 제68조 제2항의 헌법소원의 적법요건을 모두 구비하여 적법합니다.

Ⅳ. 위헌이라고 해석되는 이유

1. 미성년자의 기본권 주체성

헌법 제10조는 '모든 국민'의 기본권을 보장하고 있습니다. 그러므로 대한민국 국적을 가진 모든 자연인은 기본권의 주체가 되며, 대한민국 국적을 가진 모든 국민이 헌법소원을 청구할 수 있습니다(헌재 1994. 12. 29. 93헌마120). 미성년자도 원칙적으로 기본권의 주체가 되고, 다만 기본권 행사에서 제한을 받는 경우는 있습니다. 따라서 1999년생으로 미성년자인 이 사건 청구인 역시 기본권 주체로서 교육을 받을 권리를 향유하고 있으므로, 청구인이 공립학교에 재학중인 강학상 특별행정법관계에 있을지라도 헌법소원 청구는 가능하기 때문에 민법 제909조에 따라 청구인의 친권자인 부모가 이 사건 심판청구에 이르게 되었습니다.

2. 사과명령조항의 위헌성

가. 사과명령조항으로 제한되는 기본권

(1) 사과명령조항인 학폭법 제17조 제4항 중 제1항 제1호 부분은 학교의 장은 가해학생에 대한 선도가 긴급하다고 인정할 경우 '피해학생에 대한 서면사과' 조치를 할 수 있도록 하고 있습니다. 따라서 사과명령조항이 청구인으로 하여금 양심에 반하는 서면사과를 강제하고 있는데 이로 인하여 제한되는 기본권에 관하여 살펴볼 필요가 있습니다.

(2) 헌법 제19조는 '모든 국민은 양심의 자유를 가진다'고 규정하여 양심의 자유를 기본권의 하나로 보장하고 있는바, 여기서 말하는 양심이란 세계관·인생관·주의·신조 등은 물론 이에 이르지 아니하여도 보다 널리 개인의 인격형성에 관계되는 내심에 있어서의 가치적·윤리적 판단도 포함됩니다. 그러므로 양심의 자유에는 널리 사물의 시시비비나 선악과 같은 윤리적 판단에 국가가 개입해서는 아니 되는 내심적 자유는 물론, 이와 같은 윤리적 판단을 국가권력에 의하여 외부에 표명하도록 강제 받지 아니할 자유까지 포괄한다고 할 것입니다. 헌법 제19조가 보호하고 있는 양심의 자유는 양심형성의 자유와 양심적 결정의 자유를 포함하는 내심적 자유 뿐만 아니라, 양심적 결정을 외부로 표현하고 실현할 수 있는 양심실현의 자유를 포함한다고 할 수 있습니다. 내심적 자유, 즉 양심형성의 자유와 양심적 결정의 자유는 내심에 머무르는 한 절대적 자유라고 할 수 있습니다(헌재 1991. 4. 1. 89헌마160).

(3) 사과명령조항은 학교폭력을 행한 사실이 없는 청구인에게 그 본심에 반하여 깊이 "사과한다"라고 표현케 하여 폭력을 자인하도록 하는 의미의 사죄의 의사표시를 강요하는 것에 해당됩니다.[2)] 이는 학교장의 긴급한 선도 조치라는 권력작용을 통하여 청구인의 신념에 반하여 자기의 행위가 비행이며 죄가 된다는 윤리

---

2) 이 기록형 문제의 [작성요령 및 주의사항]에는 "<u>2. 기록에 나타난 사실관계만을 기초로 하고, 그것이 사실임을 전제로 할 것.</u>"이라는 기술이 있다. 그런데 이 사건 사안에서 김동식은 말싸움을 한 적이 있지만 때리거나 괴롭힌 적이 없다고 하면서 징계처분의 원인이 되는 학교폭력 사실을 부인하고 있고, 피해를 입었다는 조민우는 돈을 빼앗기고 폭력을 당한 것이 사실이라며 청구인과 상반된 주장을 하고 있다. 따라서 이 기록에 있는 자료만으로는 과연 무엇이 사실인지 확정하기 어렵다. 그럼에도 변호사 김정의 입장(수험생 역시 같다)에서는 의뢰인의 주장이 사실임을 전제로 필요한 주장을 할 수밖에 없고, 실제로 이 헌법소원심판청구서와 소장은 김동식의 주장에 기초하여 작성된 것이다. 그렇기 때문에 '기록에 나타난 사실관계가 사실임을 전제'로 하라는 취지의 주의사항은 적절하지 않아 보인다.

적 판단을 형성하기를 강요하여 외부에 표시하기를 명령하는 한편, 청구인의 의사와 감정에 맞지 않는 사과를 강제시키는 행위입니다.

(4) 또한 사과하는 행위는 윤리적인 판단·감정 내지 의사의 발로인 것이므로 본질적으로 마음으로부터 우러나오는 자발적인 것이어야 하며 결코 외부로부터 강제 당하기에는 적합하지 않습니다. 따라서 청구인이 사과문을 서면으로 작성하는 과정에서 인격의 자유로운 발현을 위해 보호받아야 할 인격권이 무시되고 공권력에 의한 인격의 외형적 변형이 초래되어 인격형성에 분열이 수반될 수 있어 헌법이 보장하는 인간의 존엄과 가치 및 그를 바탕으로 하는 인격권에 큰 위해도 될 수 있습니다.

(5) 따라서 이 사건 심판대상인 사과명령조항이 청구인의 의사에 반한 사과행위를 강제함으로써 양심의 자유를 제한하게 되는데, 이러한 제한이 그 목적과 방법 등에 있어서 헌법 제37조 제 2 항에 의한 헌법적 한계를 벗어나서는 아니 되므로 이를 검토해 볼 필요가 있습니다.

나. 과잉금지의 원칙의 위반여부

(1) 목적의 정당성

사과명령은 학폭법 제 1 조의 규정대로 학교폭력의 예방과 대책을 위하여 피해학생의 보호, 가해학생의 선도·교육 및 피해학생과 가해학생 간의 분쟁조정을 통하여 학생의 인권을 보호하고 학생을 건전한 사회구성원으로 육성하기 위한 것이므로 그 입법목적의 정당성은 인정됩니다.

(2) 수단의 적합성

가해학생으로 하여금 피해학생에 대하여 말이 아닌 서면으로 사과를 하도록 하는 것은 학교폭력으로 피해학생이 입은 상처를 회복하고, 가해학생이 범한 지난 잘못을 반성하고 앞으로는 더 이상 폭력을 행사하지 않도록 다짐시켜 피해학생 뿐만 아니라 불특정 다수의 학생을 보호할 수 있다는 점에서 수단의 적합성을 긍정할 수도 있습니다.

그렇지만 가해학생이 서면으로 피해학생에게 학교폭력에 대하여 사과를 하면 피해학생은 그 서면을 보관하고 있으면서 향후 가해학생을 공격하는 자료가 될 수 있을 뿐만 아니라 서면사과로 만족하지 못하는 피해학생의 학부모는 그 서면으로 손해배상을 청구하는 자료로 악용할 수 있는 위험성이 있으며, 어린 학생간의 화해는 담임선생님이 참석한 가운데 미안하다는 취지의 말로써 하는 것이 오히려 자연스럽고 분쟁조정에 적합한 수단이라는 점에서 서면으로 사과를 명령하는 것은 수단의 적합성을 갖는다고 할 수 없습니다.

⑶ 침해의 최소성

학교폭력을 행사한 사실이 없다고 주장하는 청구인은 피해를 입었다고 주장하는 학생에게 사과를 할 의사가 전혀 없습니다. 그럼에도 사과의 뜻이 없는 청구인으로 하여금 강제적으로 잘못을 시인하고 그 용서를 구하라는 취지의 명령은 1999년생에 불과한 중학교 2학년인 청구인에게 굴욕감을 주는 가혹한 처분이라 할 수 있습니다. 서면사과명령의 근거규정인 학폭법 제17조 제 4 항은 '가해학생에 대한 선도가 긴급하다고 인정할 경우'를 그 요건으로 하고 있는데, 이 사건의 경우 선도의 긴급성도 존재하지 않습니다.

학폭법 제17조 제 1 항은 가해학생의 선도·교육조치에 필요한 처분의 경중이 다른 9개의 종류가 있기 때문에 서면사과명령이 청구인과 피해학생간의 분쟁조정에 유일한 수단은 아닙니다. 즉, 서면사과명령 외에도 ① 피해학생에 대한 접촉, 협박 및 보복행위의 금지(제 2 호), ② 학교에서의 봉사 및 사회봉사(제 3 호, 제 4 호), ③ 학교폭력 예방을 위한 특별교육 이수 또는 심리치료(제 5 호), ④ 출석정지(제 6 호), ⑤ 학급교체(제 7 호) 등의 여러 방법이 있습니다. 이렇게 청구인의 기본권을 보다 덜 제한하는 다른 수단이 충분히 존재함에도 굳이 청구인으로 하여금 양심표명을 강제하는 사과명령은 기본권 제한규범이 지켜야 할 침해의 최소성 요건을 위반하고 있습니다.

⑷ 법익의 균형성

학교폭력을 예방하여 피해학생을 보호하고, 가해학생을 선도·교육하여 피해학생과 가해학생 간의 분쟁조정을 할 수 있는 공익목적을 달성할 수 있는 다양한 수단이 존재하므로 가능한 법익침해가 적은 수단을 사용할 것이 요청됩니다. 그런데 폭력없는 교육환경과 학생지도라는 공익을 달성하는 과정에서 청구인에게 그 스스로가 감내할 수 없는 강제력을 가하는 것은 또 다른 학교폭력이라고 할 수 있습니다. 따라서 사과명령은 청구인의 헌법상 보호되는 기본권인 양심의 자유 및 인격권에 대한 매우 중대한 침해라 할 것이므로 법익균형성의 요건도 충족하지 못하고 있습니다.

다. 소 결

따라서 이 사건 사과명령조항은 기본권 제한 규범이 갖추어야 할 과잉금지의 원칙에 위반되어 헌법이 보장하는 양심의 자유 및 인격권을 침해하는 위헌규정에 해당됩니다.

3. 퇴학처분조항의 위헌성

가. 퇴학처분조항으로 제한되는 기본권

헌법 제31조 제2항은 '모든 국민은 그 보호하는 자녀에게 적어도 초등교육과 법률이 정하는 교육을 받게 할 의무를 진다'고 하며, 교육기본법 제8조 제1항은 '의무교육은 6년의 초등교육과 3년의 중등교육으로 한다'고 규정하고 있기 때문에 모든 국민은 의무교육을 받을 의무가 있습니다. 반면, 교육기본법 제8조 제2항은 '모든 국민은 의무교육을 받을 권리를 가진다'고 규정하여 의무교육을 받는 것이 단순한 의무가 아니라 권리라고 선언하고 있습니다.

따라서 퇴학처분조항이 헌법상의 의무교육조항(헌법 31②)에 위반되는지 여부와 청구인의 교육을 받을 권리 및 학부모의 자녀교육권을 침해하는지 여부가 문제됩니다.

나. 교육을 받을 권리 및 학부모의 자녀교육권의 침해 여부

(1) 퇴학처분조항의 법적 성격

(가) 헌법 제31조 제1항은 '모든 국민은 능력에 따라 균등하게 교육을 받을 권리를 가진다'고 규정하여 국민의 교육을 받을 권리(수학권, 修學權)를 보장하고 있습니다. 이 권리는 통상 국가에 의한 교육조건의 개선·정비와 교육기회의 균등한 보장을 적극적으로 요구할 수 있는 권리로 이해되고 있습니다. 수학권의 보장은 국민이 인간으로서 존엄과 가치를 가지며 행복을 추구하고(헌법 10 전문) 인간다운 생활을 영위하는데(헌법 34①) 필수적인 조건이자 대전제이기도 합니다(헌재 1992. 11. 12. 89헌마88).

(나) 특히 부모의 자녀에 대한 교육권은 비록 헌법에 명문으로 규정되어 있지 않지만 모든 인간이 누리는 불가침의 인권으로서, 혼인과 가족생활을 보장하는 헌법 제36조 제1항, 행복추구권을 보장하는 헌법 제10조 및 '국민의 자유와 권리는 헌법에 열거되지 아니한 이유로 경시되지 아니한다'고 규정하는 헌법 제37조 제1항에서 나오는 중요한 기본권인데, 이는 자녀의 행복이란 관점에서 자녀의 보호

와 인격발현을 위하여 부여되는 것입니다(헌재 2000. 4. 27. 98헌가16; 대법원 2007. 9. 20. 2005다25298).

(다) 따라서 퇴학처분조항으로 위와 같은 기본권의 제한이 정당화되려면 헌법 제37조 제 2 항에 따른 과잉금지의 원칙에 따른 심사를 받아야 합니다.

(2) 과잉금지의 원칙의 위반여부

(가) **목적의 정당성**

학폭법 제 1 조는 학교폭력의 예방과 대책으로 피해학생의 보호와 가해학생의 선도·교육 및 피해학생과 가해학생 간의 분쟁해결을 그 입법목적으로 하고 있습니다. 따라서 퇴학처분은 국가가 설립·경영하는 교육기관인 대한중학교의 교무를 통할하고 학생을 지도하는 지위에 있는 학교장이 교육목적 실현과 학교의 내부질서유지를 위하여 학칙 위반자인 청구인에게 징계권을 발동하여 학생으로서의 신분을 일방적으로 박탈하는 것이므로 그 목적의 정당성을 인정할 수 있습니다.

(나) **수단의 적합성**

학교장은 학교폭력이 발생하면 피해학생에 대한 빠른 조치를 통해 그 피해를 구제하고 더 이상 학교폭력으로부터 피해를 당하지 않도록 필요한 조치를 하여야 하지만, 그에 못지않게 가해학생이 더 이상 폭력행위를 저지르지 않도록 선도하고 교육하여 신속히 교육현장으로 복귀하도록 하는 것 역시 중요합니다. 따라서 학교폭력에 대한 바람직한 처리 방향은 피해학생을 보호하고 위로하며 가해학생에 대해서는 가해행위에 대한 책임을 지고 반성하게 하되, 피해학생과 가해학생이 화해하고 모두가 학교생활을 원만히 할 수 있도록 하는 것이어야 합니다. 학교폭력 문제에 있어 신속한 해결과 신중한 판단의 문제를 어떻게 조화시킬 것인가는 입법자가 여러 가지 사정을 참작하여 정할 사안이지만, 어느 한쪽을 일방적으로 희생시키는 입법은 헌법상 용인될 수 없습니다(헌재 2013. 10. 24. 2012헌마832). 비록 학생에 대한 징계권의 발동이나 징계의 양정은 징계권자의 교육적 재량에 맡겨져 있다 할지라도(대법원 1991. 11. 22. 91누2144), 양심의 자유 등을 침해하는 서면사과명령을 청구인이 거부하였다는 이유로 학생선도의 최후 수단에 해당하는 퇴학처분을 할 수 있도록 하는 것은 수단의 적합성에도 위반됩니다.

(다) **침해의 최소성**

학교장은 학교폭력이 발생했을 때 학교폭력을 둘러싼 갈등 상황을 조기에 종결하여 신속하게 피해를 구제하고, 빠른 시일 안에 정상적인 학교생활로 복귀할 수 있도록 피해학생과 가해학생에 대한 조치를 취해야 합니다. 그러나 학교폭력을 행사하였다고 지목된 청구인이 폭력을 행사한 사실이 없어 억울하다고 항변하고 있는 상황에서 내린 서면사과명령을 거부하였다는 이유로 학생신분을 박탈하는 퇴학처분을 할 수 있도록 하는 것은 피해학생과 가해학생을 배려하는 필요최소한의 수단이라 할 수 없습니다.

학폭법 제17조 제1항에는 ① 사회봉사(제4호), ② 출석정지(제6호) 등의 방법을 선택하여 청구인과 피해학생이 당분간 접촉하지 않도록 격리시킬 수 있는 수단이 존재합니다. 그럼에도 이와 같은 청구인의 기본권을 최소한으로 침해할 수 있는 여러 수단이 존재함에도 교육기회를 종국적으로 박탈하는 가장 무거운 퇴학처분을 할 수 있도록 하는 것은 침해의 최소성에도 위반되는 것이라 할 수 있습니다.

(라) **법익의 균형성**

퇴학처분조항은 피해학생의 보호, 가해학생의 선도·교육 및 피해학생과 가해학생 간의 분쟁조정을 통한 학교폭력의 예방 및 대책마련이라는 공익의 달성에 필요하지만, 퇴학처분조항으로 인하여 침해되는 헌법상 기본권인 교육을 받을 권리, 특히 국민 모두에게 주어진 의무교육을 받을 권리와 부모의 자녀교육권에 대한 중대한 침해를 고려할 때 법익의 균형성 요건도 충족하지 못하고 있습니다.

다. 의무교육조항의 위반여부

(1) 의무교육조항

'모든 국민은 그 보호하는 자녀에게 적어도 초등교육과 법률이 정하는 교육을 받게 할 의무를 진다'(헌법 31②)고 하며, '의무교육은 6년의 초등교육과 3년의 중등교육으로 한다. 모든 국민은 의무교육을 받을 권리를 가진다'(교육기본법 8①②)고 하여 모든 국민은 그 보호하는 자녀에게 교육을 받게 할 의무가 있으며, 또한 의무교육을 받을 권리가 있음을 밝히고 있습니다. 따라서 의무교육의 범위는 '초등교육과 법률이 정하는 교육'이며, 여기서 '법률이 정하는 교육'이란 '6년의 초등교육과 3년의 중등교육'을 의미합니다. 초·중등교육법 제2조는 초·중등교육을 실시하기 위하여 초등학교, 중학교, 고등학교 등을 두도록 하고 있습니다.

(2) 의무교육제도의 법적 성격

헌법재판소는 의무교육제도의 법적 성격에 관하여, '교육을 받을 권리는 우리헌법이 지향하는 문화국가·민주복지국가의 이념을 실현하는 방법의 기초이며, 다른 기본권의 기초가 되는 기본권이다. 교육을 받을 권리가 교육제도를 통하여 충분히 실현될 때에 비로소 모든 국민은 모든 영역에 있어서 각인의 기회를 균등히 하고 능력을 최고도로 발휘하게 되어 국민생활의 균등한 향상을 기할 수 있고, 인간으로서의 존엄과 가치를 가지며, 행복을 추구할 수 있기 때문이다. 국민의 교육을 받을 권리가 현실적으로 보장되기 위하여는 사회적·경제적 이유로 인한 차별을 받음이 없이 모든 사람에게 교육기관의 문호가 개방되어야 한다. 헌법은 이를 보장하기 위하여 국민에게는 그 보호하는 자녀를 초등교육과 법률이 정하는 교육에 취학시킬 의무를 부과하고 있으며 특히 오늘날 공교육제도를 수립하고 정비할 책임을 지고 있는 국가에 대하여는 의무교육의 무상실시와 시설확보의무를 부담시키고 있다'(헌재 1991. 2. 11. 90헌가27)라고 판시하고 있습니다.

(3) 이 사건의 경우

청구인은 중학교 2학년에 재학중인 학생으로 헌법과 교육기본법이 정하고 있는 의무교육과정 중에 있습니다. 헌법은 의무교육조항을 두어 인간이 교육을 통하여 인간으로서의 존엄과 가치를 가지며, 행복을 추구할 수 있는 기반을 갖도록 하고 있습니다. 그 때문에 의무교육을 무상으로 시행하도록 하여 부모의 경제력 여부에 따라 의무교육의 이수여부가 결정되지 않도록 하고 있습니다. 학력의 고하에 따라 취업과 임금과 승진여부가 결정되는 사회풍조하에서 청구인이 중학교도 졸업하지 못하도록 하는 것은 어린 나이에 범한 일시적인 비행의 결과로서는 지나치게 가혹하여 청구인이 장차 사회공동체의 일원으로 건전하게 살아갈 수 있을 것인지 의심을 품게 합니다. 따라서 의무교육과정 중에 있는 학생에게는 퇴학처분이 허용되어서는 아니 될 것이므로,[3] 학폭법이 학교폭력의 가해학생으로 지목된 청구인에게 퇴학처분을 할 수 있도록 규정하고 있는 것은 의무교육조항에 위배되는 위헌규정이라 할 수 있습니다.

라. 명확성의 원칙 위반여부

(1) 명확성의 원칙의 의의

헌법재판소는 '명확성의 원칙은 기본권을 제한하는 법규범의 내용은 명확하여야 한

3) 학교폭력예방 및 대책에 관한 법률[법률 제11948호, 2013. 7. 30., 일부개정] 제17조(가해학생에 대한 조치) ① 자치위원회는 피해학생의 보호와 가해학생의 선도·교육을 위하여 가해학생에 대하여 다음 각 호의 어느 하나에 해당하는 조치(수 개의 조치를 병과하는 경우를 포함한다)를 할 것을 학교의 장에게 요청하여야 하며, 각 조치별 적용 기준은 대통령령으로 정한다. 다만, 퇴학처분은 의무교육과정에 있는 가해학생에 대하여는 적용하지 아니한다. <개정 2009. 5. 8, 2012. 1. 26, 2012. 3. 21>

다는 헌법상의 원칙인바, 만일 법규범의 의미내용이 불확실하다면 법적 안정성과 예측가능성을 확보할 수 없고 법집행 당국의 자의적인 법해석과 집행을 가능하게 할 것이기 때문이다. 다만 법규범의 문언은 어느 정도 일반적·규범적 개념을 사용하지 않을 수 없기 때문에 기본적으로 최대한이 아닌 최소한의 명확성을 요구하는 것으로서, 법문언이 법관의 보충적인 가치판단을 통해서 그 의미내용을 확인할 수 있고, 그러한 보충적 해석이 해석자의 개인적인 취향에 따라 좌우될 가능성이 없다면 명확성의 원칙에 반한다고 할 수 없다'(헌재 2005. 12. 22. 2004헌바45)고 판시하고 있습니다.

(2) 퇴학처분조항이 명확성의 원칙에 위배되는지 여부

이 사건 심판대상조항인 학폭법 제17조 제7항 단서 제1호는 '품행이 불량하여 개전의 가망이 없다고 인정된 자'를 퇴학처분의 요건으로 규정하고 있습니다. 그러나 '품행이 불량'하다고 할 때, '품행'은 학생이 지녀야 할 본분과 태도와 같은 넓은 개념으로 이해될 수 있지만, 품행이 '불량'하다는 것은 학생이 어느 정도 일탈행위를 하였을 때를 불량하다고 볼 것인지에 관한 기준설정이 어려워 판단자의 주관에 따라 자의적인 해석을 할 수밖에 없습니다. 또한 '개전의 가망이 없다'는 부분도 폭력학생의 어떤 태도가 이에 해당된다고 볼 것인지 알 수 없습니다. 대개는 가해학생이 자신의 잘못을 반성한다는 취지의 말과 태도를 보일 때, 이를 개전의 가망이 있다고 판단할 수 있습니다. 그러나 청구인과 같은 중학교 2학년 학생은 담임선생님이나 학교장과 같은 권위자에 대한 반항심이 많은 사춘기 시절이라서 공부에만 전념하는 이른바 모범생과 달리 자신의 혐의에 대하여 다투면서 다소 불손한 태도를 취할 수도 있는데도, 이런 외형적인 모습에 대해서도 개전의 가망이 없다고 인정할 가능성이 큽니다. 특히 대한중학교 학교폭력대책자치위원회의 회의록을 보면, 청구인과 그의 친권자 김갑동이 피해학생으로 인정된 조민우를 괴롭힌 사실이 없다고 항변하고 있는데, 오히려 이러한 청구인의 부모의 태도를 좋지 않게 본 위원 주성만은 청구인을 격리시키자는 취지의 퇴학처분 의견을 제시하고 있는 것을 보더라도 퇴학처분의 요건을 자의적으로 해석·적용하고 있음을 알 수 있습니다.

(3) 이 사건의 경우

따라서 퇴학처분조항은 보통의 상식을 가진 일반인이라도 그 의미를 충분히 해석하여 알기 어렵습니다. 그리고 사후적으로 법관의 보충적인 가치판단을 통해서 그 의미내용을 확인하기 쉽지 않을 뿐만 아니라 그러한 보충적 해석이 해석자의 개인적인 성향에 따라 좌우될 가능성이 몹시 크기 때문에 퇴학처분조항은 명확성의 원칙에 반하여 위헌이라고 할 수 있습니다.

4. 소 결

따라서 사과명령조항은 양심의 자유 및 인격권을 침해하고, 퇴학처분조항은 교육을 받을 권리 및 학부모의 자녀교육권 그리고 의무교육조항 및 명확성의 원칙에 반하여 모두 위헌규정이라 하겠습니다.

Ⅴ. 결 론

청구인의 이 사건 심판청구는 적법요건을 모두 구비하였으며, 이 사건 서면사과명령조항 및 퇴학처분조항은 모두 위헌에 해당되므로 청구취지와 같은 결정을 하여 주시기를 바랍니다.

첨 부 서 류

1. 서면사과명령서	1부
1. 징계처분서	1부
1. 위헌제청신청기각결정문	1부
1. 주민능록표등본	1부
1. 대리인선임서	1부
1. 담당변호사지정서	1부

2014. 1. 3.

청구인의 대리인 법무법인 진리
담당변호사 **김 정 의** (인)

헌 법 재 판 소 귀 중

문제 2. 해답

청 구 취 지

1. 피고가 원고에 대하여 한
   가. 2013. 6. 21. 서면사과명령처분,
   나. 2013. 7. 5. 퇴학처분을
   모두 취소한다.4)

2. 소송비용은 피고가 부담한다.
   라는 판결을 구합니다.

청 구 원 인

3. 이 사건 처분의 위법성

가. 피고의 사실오인

(1) 피고는 원고가 같은 반 급우 조민우를 2학년 초부터 지속적으로 괴롭혔다는 이유로 원고에 대하여 이 사건 서면사과명령을 하였으며, 원고가 이를 거부하고 반성을 하지 않으면서 수업시간에 면학분위기를 저해하고 있다는 이유로 이 사건 퇴학처분을 하였습니다.

(2) 그러나 원고는 조민우를 2학년 들어서 처음으로 알게 된 후에 함께 귀가하면서 친하게 지내왔습니다. 원고는 어느 날 갑자기 돈이 필요해서 조민우에게 빌려달라고 요청하였는데, 조민우는 이를 거절한 바 있습니다. 원고와 조민우는 그 때문에 두 번 정도 말다툼을 한 적은 있었지만, 조민우가 진술서에서 기술한 바와 같이 지속적으로 그를 때리거나 겁을 주는 등으로 괴롭힌 사실은 전혀 없습니다.

---

4) '피고가 원고에 대하여 한 2013. 6. 21. 서면사과명령처분, 2013. 7. 5. 퇴학처분을 모두 취소한다'라고 할 수도 있다.

(3) 그럼에도 피고는 오로지 조민우의 2013. 5. 31.자 진술서와 담임선생님이 조민우와 상담하는 과정에서 듣게 된 사실만으로 원고가 조민우를 지속적으로 괴롭혀왔다고 인정한 후 긴급선도 조치라는 서면사과명령을 하였습니다.

(4) 원고와 조민우는 중학교 2학년 학생으로 만 14세에 불과합니다. 그런데 원고가 조민우를 때린 적이 없다고 작성한 진술서는 중학교 2학년 수준의 문장과 형식으로 원고가 스스로 지난 일을 기억하여 작성한 것으로 보이는데 반하여, 조민우의 진술서는 중학교 2학년 학생이 작성하였다고는 도저히 볼 수 없는 단어와 문장 및 그 형식으로 되어 있습니다. 이는 조민우가 원고에게 불이익한 제재를 가하기 위해서 법률전문가의 도움을 얻어 작성했거나 이미 작성된 문서를 그대로 베껴서 제출하였다고 의심할 수밖에 없기 때문에 그 내용의 진실성도 신뢰하기가 어렵습니다.

(5) 피고는 서면사과명령을 받은 원고가 그 부모님과 함께 학교를 방문하여 조민우 학생의 말만을 믿고 편파적인 조치를 하느냐고 서면사과명령에 불복하고 이의를 제기하였으므로, 과연 조민우의 말대로 원고가 폭력을 행사하는 등으로 조민우를 괴롭힌 사실이 있었는지 여부를 확인하기 위하여 2학년 3반 학생들을 상대로 두 학생의 평소의 성품과 다른 학우들과의 관계, 학업성적 및 조민우가 원고 때문에 고통당하고 있다는 하소연을 한 적이 있었는지 여부와 조민우의 부모님을 면담하여 사실여부를 확인하는 과정을 거쳐야 했음에도 전혀 이러한 노력을 한 적이 없습니다.

(6) 따라서 피고의 원고에 대한 이 사건 각 처분은 처분의 근거가 없는 가운데 행하여진 것이므로 위법함을 면할 수 없습니다.

나. 이유제시의무의 위반

(1) 이유제시의 법적 근거

학교폭력예방 및 대책에 관한 법률(이하 '학폭법'이라 한다) 제17조 제 8 항은 '학교의 장이 학폭법 제17조 제 4 항, 제 6 항, 제 7 항의 조치를 할 때에는 그 근거와 이유를 제시하여 가해학생과 그 보호자에게 통지하여야 한다'고 규정하고 있습니다. 따라서 피고는 원고에게 학폭법 제17조 제 4 항(피해학생에 대한 서면사과), 제 7 항(퇴학처분)의 조치를 하려는 경우에는 그 (처분)근거와 이유를 제시하여 원고와 그 보호자인 친권자에게 통지하여야 할 의무가 있습니다.

(2) 서면사과명령

피고의 원고에 대한 서면사과명령서에는 처분의 원인이 되는 사실관계에 관한 기재도 없고 처분근거법령과 그 이유도 제시되어 있지 않습니다.

(3) 퇴학처분

피고의 원고에 대한 퇴학처분에 관한 징계처분서에는 징계사유를 '품행 불량'으로만 추상적으로 기재하고 있을 뿐 처분근거법령과 그 이유가 제시되어 있지 않습니다.

다. 재량권의 일탈·남용(비례의 원칙 위반)

(1) 피고의 징계양정에서의 재량권과 그 한계

(가) 학폭법 제17조는 '가해학생에 대한 조치'로서 제 1 호 '피해학생에 대한 서면사과'에서부터 제 9 호 '퇴학처분'에 이르기까지 9가지 종류를 제시하여 학교의 장이 가해학생에 대한 가장 적당한 방법을 선택할 수 있는 재량을 부여하고 있습니다.

(나) 그러므로 피고는 피징계자인 원고의 평소의 소행, 학교생활과 성적, 과거 징계처분을 받은 전력, 가정형편 및 학부모의 원고에 대한 관심도, 피해학생과의 분쟁의 원인 및 그 학생의 의사 등 여러 교육적인 상황을 고려하여 가장 적합한 징계양정을 하여야 할 의무가 있습니다.

(다) 학생에 대한 징계권의 발동이나 징계의 양정이 징계권자의 교육적 재량에 맡겨져 있다 할지라도 법원이 심리한 결과 그 징계처분에 위법사유가 있다고 판단되는 경우에는 이를 취소할 수 있는 것이고, 징계처분이 교육적 재량행위라는 이유만으로 사법심사의 대상에서 당연히 제외되는 것은 아닙니다(대법원 1991. 11. 22. 91누2144).

(라) 따라서 피고의 원고에 대한 이 사건 각 처분이 여러 징계종류 중 원고에게 가혹한 조치를 선택한 것은 비례의 원칙을 위반한 재량행위의 한계를 벗어난 위법한 행위로서 취소되어야 합니다.

(2) 서면사과명령

(가) 학폭법 제17조 제 4 항은 학교의 장은 가해학생에 대한 선도가 긴급하다고 인정

할 경우 서면사과명령을 할 수 있다고 규정하고 있습니다.

(나) 피고는 원고가 가해사실을 부인하고 있어 보다 신중하게 과연 조민우의 주장처럼 폭행사실이 있었는지 여부를 확인하여야 함에도 이런 절차를 밟지 않고 오로지 조민우의 말만을 신뢰하고 학폭법 제17조 제4항에서 규정하는 가해학생에 대한 '선도의 긴급성' 요건이 충족되지 않았음에도 일단 원고가 조민우를 폭행하여 괴롭힌 가해학생으로 단정한 가운데 폭력사실을 시인하고 그 잘못을 인정하고 용시를 구하라는 취지의 서년사과명령을 하였습니다.

(다) 따라서 피고는 학교폭력의 예방과 피해학생의 보호라는 공익상의 필요를 달성하기 위해서라도 '선도의 긴급성' 요건이 결여된 상황에서는 원고에 대하여 '훈계나 경고'와 같은 원고의 경미한 비행에 비례될 수 있는 조치를 취해야 할 의무가 있습니다. 그런데 이와 달리 피고가 가해학생에 대한 조치를 하더라도 원고의 권리침해가 가장 적게 이루어지는 수단을 선택하여 행사하여야 한다는 비례의 원칙 중 최소침해의 원칙을 위반하여 내린 서면사과명령은 재량권을 일탈·남용한 위법한 처분으로 취소되어야 합니다.

(3) 퇴학처분

(가) 피고는 원고에 대하여 '품행 불량'이라는 사유로 퇴학처분을 하였습니다. 그러나 원고는 결석을 단 한 번도 하지 않을 정도로 착실하게 학교생활을 하여온 성실한 학생이며, 원고가 저지른 잘못은 조민우와 사소한 문제로 말다툼을 몇 번 하였을 뿐으로 사회에서 문제되는 학교폭력과도 상관없는 경미한 사안에 불과합니다.

(나) 원고는 이 사건 발생 전에는 다른 학우와의 관계도 원만하였을 뿐만 아니라 성실하게 학업에 전념하여 왔으며, 원고의 부모 역시 유일한 자녀인 원고에 대하여 관심과 사랑을 쏟으며 양육하여 왔습니다. 아울러 원고와 조민우와의 이 사건 경위가 어찌되었든 앞으로 원고를 잘 선도하여 학교에 물의를 일으키지 않도록 할 것을 다짐하고 있습니다.

(다) 만약 원고가 피고의 서면사과명령을 이행하였더라면 퇴학처분을 당하지 않고 이 사건은 종결되었을 것입니다. 그런데 피고는 적법한 요건을 구비하지 못한 가운데 내려진 서면사과명령을 거부하였다는 이유로 이보다 훨씬 중한 퇴학처분까지 하게 되었습니다. 따라서 원고가 서면사과명령을 거부한 것이 퇴학처분의 사유

로 삼은 '품행 불량'에 해당될 수는 없습니다.

(라) 그러므로 피고의 원고에 대한 퇴학처분은 급우 상호간의 경미한 다툼에 대하여 학생신분을 박탈하여 학교로부터 격리시키는 것이므로 적법한 징계양정에 관한 재량권을 일탈·남용한 위법한 처분으로 취소되어야 합니다.

라. 결 론

따라서 피고의 이 사건 처분은 사실오인으로 인하여 처분의 근거가 없는 가운데 행하여진 것이며, 처분의 이유제시를 하지 않은 하자가 있을 뿐만 아니라 비례의 원칙에 위반하는 재량권의 일탈·남용으로 위법하여 모두 취소되어야 합니다.

답안

관리번호	시험과목명 공법	기 록 형	시험관리관 확인	점 수	채점위원인

[문제 1]

헌 법 소 원 심 판 청 구 서

청 구 인 김 동 식
서울 서초구 잠원로 25
미성년자이므로 법정대리인 친권자 부 김갑동, 모 이순희

대리인 법무법인 진리
담당변호사 김정의
서울 서초구 서초중앙로 200 진리빌딩 2층
전화: 02-555-6789, 전송: 02-555-6790

청 구 취 지

"학교폭력예방 및 대책에 관한 법률(2012. 12. 28. 법률 제12345호로 전부개정된 것) 제17조 제4항 중 제1항 제1호 부분 및 제7항 본문 중 제9호 부분과 단서 제1호 부분은 헌법에 위반된다."라는 결정을 구합니다.

당 해 사 건

서울행정법원 2013구합246 퇴학처분등 취소

위헌이라고 해석되는 법률조항

학교폭력예방 및 대책에 관한 법률(2012. 12. 28. 법률 제12345호로 전부개정된 것) 제17조 제4항 중 제1항 제1호 부분 및 제7항 본문 중 제9호 부분과 단서 제1호 부분

청 구 이 유

Ⅰ. 쟁점의 정리

(1) 이 사건 심판청구는 헌법재판소법 제68조 제2항 '법률의 위헌여부 심판의 제청신청이 기각된 때'에 하는 것이므로 위 규정상의 적법요건을 구비하였는지,

(2) 이 사건 심판대상인 학교폭력예방 및 대책에 관한 법률(이하 '학폭법') 제17조 제4항 중 제1항 제1호 부분(이하 '사과명령조항')이 양심의 자유 등을 침해하는지,

(3) 학폭법 제7항 본문 중 제9호 부분과 단서 제1호 부분(이하 '퇴학처분조항')이 헌법 제31조 제2항의 의무교육조항에 위반되는지 여부와 청구인의 교육을 받을 권리 및 학부모의 자녀교육권을 침해하는지 여부와 함께 퇴학처분조항이 명확성의 원칙에 위반되는지 여부를 살펴보아야 합니다.

Ⅱ. 적법요건의 구비 여부

1. 의 의

청구인은 학교장의 이 사건 서면사과명령 및 퇴학처분의 취소를 구하는 소송 제기 후 처분의 근거법률조항이 위헌이라며 위헌법률심판제청신청을 하였으나 기각당했습니다. 따라서 헌법재판소법 제68조 제2항에 따른 심판청구 적법요건을 검토해야 합니다.

2. 개별적 적법요건의 검토

가. 대상적격

법률이 헌법에 위반되는 여부가 재판의 전제가 된 경우에는 법원은 헌법재판소에 위헌 여부 심판을 제청하며(헌법재판소법 41①), 법률의 위헌 여부 심판의 제청신청이 기각된 때에는 헌법재판소에 헌법소원심판을 청구할 수 있으므로(헌법재판소법 68②), 이 사건 심판대상은 재판의 전제가 되는 법률인 '학폭법'이므로 대상적격이 있습니다.

나. 위헌법률심판제청신청에 대한 법원의 기각결정

청구인은 2013. 10. 31. 서울행정법원에 위헌법률심판제청신청을 하였지만, 서울행정법원은 2013. 11. 28. 위 신청을 기각하는 결정을 하였습니다.

다. 재판의 전제성

(1) 재판의 '전제성'의 개념 - ① 구체적인 사건이 법원에 계속 중이어야 하고, ② 위헌 여부가 문제되는 법률이 당해 소송사건의 재판에 적용되는 것이어야 하며, ③ 그 법률이 헌법에 위반되는지의 여부에 따라 당해 사건을 담당하는 법원이 다른 내용의 재판을 하게 되는 경우를 말합니다. 여기서 '다른 내용의 재판을 하게 되는 경우'는 원칙적으로 법원이 심리 중인 당해 사건의 재판의 결론이나 주문에 어떤 영향을 주는 경우뿐만 아니라 재판의 결론을 이끌어 내는 이유를 달리하는 데 관련되어 있거나 또는 재판의 내용과 효력에 관한 법률적 의미가 달라지는 경우를 포함합니다.

(2) 사안의 경우 - 심판대상 법률조항은 서울행정법원에 계속중인 2013구합246호 퇴학처분 등 취소소송에 적용되는 것으로 위 법률조항들이 위헌으로 결정되면 청구인에

대한 퇴학처분 등이 위헌인 법률에 근거한 처분이 되어 취소될 가능성이 있습니다. 따라서 이 사건 심판청구는 재판의 전제성 요건을 갖추고 있습니다.

라. 청구기간의 준수

청구인은 2013. 12. 6. 서울행정법원 2013아135호 위헌법률심판제청신청의 기각결정을 송달받고, 그로부터 30일 이내인 2014. 1. 3. 이 사건 심판청구를 하여 청구기간을 준수하였습니다(헌법재판소법 69②).

마. 변호사 강제주의

법무법인 진리를 대리인으로 선정하여 이 사건 심판청구를 하였으므로 변호사 강제주의를 준수하였습니다(헌법재판소법 25③).

3. 소 결

따라서 이 사건 심판청구는 헌법재판소법 제68조 제2항의 헌법소원의 적법 요건을 모두 구비하여 적법합니다.

Ⅲ. 위헌이라고 해석되는 이유

1. 미성년자의 기본권 주체성

헌법 제10조는 '모든 국민'의 기본권을 보장하고 있으므로 대한민국 국적을 가진 모든 자연인은 기본권의 주체가 되며, 대한민국 국적을 가진 모든 국민은 헌법소원을 청구할 수 있습니다(헌재 결정). 따라서 1999년생 미성년자인 청구인도 기본권의 주체로서 민법상 친권자를 통하여 헌법소원을 청구할 수 있습니다.

2. 사과명령조항의 위헌성

가. 사과명령조항으로 제한되는 기본권

(1) 사과명령조항인 학폭법 제17조 제4항 중 제1항 제1호 부분은 학교의 장은 가해학생에 대한 선도가 긴급하다고 인정할 경우 '피해학생에 대한 서면사과' 조치를 할 수 있도록 규정하여, 청구인의 양심에 반하는 서면사과를 강제하고 있습니다.

(2) 헌법 제19조는 '모든 국민은 양심의 자유를 가진다'고 하여 양심의 자유를 보장하고 있습니다. 여기서의 양심이란 세계관·인생관·주의·신조 등은 물론 이에 이르지 아니하여도 보다 널리 개인의 인격형성에 관계되는 내심에 있어서의 가치적·윤리적 판단도 포함됩니다.

(3) 사과명령조항은 학교폭력을 행한 사실이 없는 청구인에게 그 본심에 반하여 깊이 "사과한다"라고 표현케 하여 폭력을 자인하도록 하는 의미의 사죄의 의사표시를 강요하는 것에 해당됩니다. 이는 학교장의 긴급한 선도조치라는 권력작용을 통하여 청구인의 신념에 반하여 자기의 행위가 비행이며 죄가 된다는 윤리적 판단을 형성하기를 강요하여 외부에 표시하기를 명령하는 한편, 청구인의 의사와 감정과 맞지 않는 사과를 강제시키는 행위입니다.

(4) 따라서 이 사건 심판대상인 사과명령조항이 청구인의 의사에 반한 사과행위를 강제함으로써 양심의 자유를 제한하게 되는데, 이러한 제한이 그 목적과 방법 등에 있어서 헌법 제37조 제 2 항에 의한 헌법적 한계를 벗어나는지 여부를 검토해야 합니다.

나. 과잉금지의 원칙의 위반여부

(1) 목적의 정당성 - 사과명령은 학폭법 제 1 조에 따른 학교폭력의 예방과 대책을 위하여 피해학생의 보호, 가해학생의 선도 · 교육 및 피해학생과 가해학생 간의 분쟁조정을 위한 입법목적의 정당성은 인정됩니다.

(2) 수단의 적합성 - 가해학생이 반성의 표현으로 피해학생에게 사과하여 상처를 회복케 하고 향후 폭력발생을 예방할 수 있는 수단의 적정성이 있지만, 강요된 사과는 서로간의 감정악화로 새로운 분쟁을 야기할 수 있는 문제도 있습니다.

(3) 침해의 최소성 - 사과의사가 없는 청구인에게 강제적으로 잘못을 시인하고 용서를 구하라는 것은 만 14세의 중학생에게 굴욕감을 주는 가혹한 처분입니다. 학폭법 제17조는 기본권을 덜 침해하는 여러 방법을 규정하고 있는데도 양심표명을 강제하는 사과명령은 침해의 최소성 요건에도 위반됩니다.

(4) 법익의 균형성 - 폭력없는 교육환경과 학생보호라는 공익을 달성하는 과정에서 긴급선도조치라는 명목으로 청구인이 감내할 수 없는 정신적 강제력을 가하여 양심의 자유 등을 침해하는 것은 법익의 균형성도 충족하지 못하였습니다.

다. 소 결

따라서 이 사건 사과명령조항은 기본권 제한 규범이 갖추어야 할 과잉금지의 원칙에 위반되어 헌법이 보장하는 양심의 자유 및 인격권을 침해하는 위헌규정에 해당됩니다.

관리번호	시험과목명 공법	기 록 형	시험관리관 확 인	채점위원인	5쪽

3. 퇴학처분조항의 위헌성

가. 퇴학처분조항으로 제한되는 기본권

모든 국민은 그 보호하는 자녀에게 적어도 초등교육과 법률이 정하는 교육을 받게 할 헌법상 의무가 있습니다(헌법 31②). 의무교육은 6년의 초등교육과 3년의 중등교육으로 하며, 모든 국민은 의무교육을 받을 권리를 가진다(교육기본법 8①②)고 하여 의무교육은 의무와 권리로서의 성격을 갖고 있습니다.

따라서 의무교육기간 중의 퇴학처분은 헌법상 의무교육조항 및 청구인의 교육을 받을 권리와 학부모의 자녀교육권의 침해 여부가 문제됩니다.

나. 교육을 받을 권리 및 학부모의 자녀교육권의 침해 여부

(1) 퇴학처분조항의 법적 성격

모든 국민은 능력에 따라 균등하게 교육을 받을 권리(헌법 31①)인 수학권이 있습니다. 수학권의 보장은 국민이 인간으로서 존엄과 가치를 가지며 행복을 추구하고 (헌법 10 전문) 인간다운 생활을 영위하는데(헌법 34①) 필수적인 조건이자 대전제이기도 합니다(헌재 결정).

특히 부모의 자녀에 대한 교육권은 비록 헌법에 명문으로 규정되어 있지 않지만 모든 인간이 누리는 불가침의 인권으로서, 혼인과 가족생활을 보장하는 헌법 제36조 제 1 항, 행복추구권을 보장하는 헌법 제10조 및 '국민의 자유와 권리는 헌법에 열거되지 아니한 이유로 경시되지 아니한다'고 규정하는 헌법 제37조 제 1 항에서 나오는 중요한 기본권인데, 이는 자녀의 행복이란 관점에서 자녀의 보호와 인격발현을 위하여 부여되는 것입니다(헌재 결정).

따라서 퇴학처분조항으로 위와 같은 기본권의 제한이 정당화되려면 헌법 제37조 제 2 항에 따른 과잉금지의 원칙에 따른 심사를 받아야 합니다.

(2) 과잉금지의 원칙의 위반여부

(가) 목적의 정당성 - 학폭법 제 1 조는 학교폭력의 예방과 대책으로 피해학생의 보호와 가해학생의 선도 · 교육 등을 입법목적으로 하고 있어 퇴학처분은 학교장이 징계권을 발동하여 학생의 신분을 박탈하는 것으로 그 목적의 정당성이 인정됩니다.

(나) 수단의 적합성 - 학생에 대한 징계권의 발동이나 징계의 양정은 징계권자의

교육적 재량에 맡겨져 있다 할지라도(판례), 양심의 자유 등을 침해하는 사과명령을 청구인이 거부하였다는 이유로 학생선도의 최후 수단에 해당하는 퇴학처분을 할 수 있도록 하는 것은 수단의 적합성에 위반됩니다.

(다) **침해의 최소성 -** 학폭법 제17조 제 1 항에는 사회봉사(제 4 호), 출석정지(제 6 호) 등의 방법을 선택하여 청구인과 피해학생이 당분간 접촉하지 않도록 격리시킬 수 있는 수단이 존재합니다. 그럼에도 청구인의 교육기회를 박탈하는 가장 무거운 퇴학처분을 할 수 있게 하는 것은 침해의 최소성에도 위반됩니다.

(라) **법익의 균형성 -** 퇴학처분으로 얻게 되는 학교폭력의 예방 및 대책마련 등의 법익보다 그로 인하여 침해되는 기본권인 의무교육을 받을 권리 및 부모의 자녀 교육권 등에 대한 중대한 침해를 고려할 때 법익의 균형성에도 위반됩니다.

다. 의무교육조항의 위반여부

(1) 헌법상 의무교육의 범위는 '초등교육과 법률이 정하는 교육'이며(헌법 31②), 여기서 '법률이 정하는 교육'이란 '6년의 초등교육과 3년의 중등교육'을 의미합니다(교육기본법 8①).

(2) 교육을 받을 권리는 모든 국민이 모든 영역에 있어서 각인의 기회를 균등히 하고 능력을 최고도로 발휘하게 되어 국민생활의 균등한 향상을 기할 수 있고, 인간으로서의 존엄과 가치를 가지며, 행복을 추구할 수 있게 합니다(헌재 결정).

(3) 따라서 의무교육과정 중에 있는 학생을 퇴학처분할 수 있도록 하는 것은 의무교육조항에 위배되는 위헌규정이라 할 수 있습니다.

라. 명확성의 원칙 위반여부

(1) 명확성의 원칙은 기본권을 제한하는 법규범의 내용은 명확하여야 한다는 헌법상의 원칙으로 법적 안정성과 예측가능성의 확보를 위하여 인정되고 있습니다.

(2) 심판대상조항인 학폭법 제17조 제 7 항 단서 제 1 호는 '품행이 불량하여 개전의 가망이 없다고 인정된 자'를 퇴학처분의 요건으로 규정하고 있습니다.

(3) 그러나 퇴학요건인 '품행 불량' 또는 '개전의 가망'은 보통의 일반인이 그 의미를 알 수 없고, 사후적으로 법관의 보충적인 가치판단을 통해서 의미내용을 확인하기 어려우며, 해석자의 성향에 따라 달라질 수 있어 명확성의 원칙에 위반됩니다.

4. 소 결

따라서 사과명령조항은 양심의 자유 및 인격권을, 퇴학처분조항은 교육을 받을 권리 및 학부모의 자녀교육권 그리고 의무교육조항 및 명확성의 원칙에 반하는 위헌규정입니다.

Ⅳ. 결 론

청구인의 이 사건 심판청구는 적법요건을 모두 구비하였으며, 이 사건 서면사과명령조항 및 퇴학처분조항은 모두 위헌에 해당되므로 청구취지와 같은 결정을 내려주시기 바랍니다.

첨 부 서 류

1. 서면사과명령서 1부
1. 징계처분서 1부
1. 위헌제청신청기각결정문 1부
1. 주민등록표등본 1부
1. 대리인선임서 · 담당변호사지정서 각 1부

2014. 1. 3.

청구인의 대리인 법무법인 진리

담당변호사 김 정 의 (인)

헌 법 재 판 소 귀 중

[문제 2]

청 구 취 지

1. 피고가 원고에 대하여 한 2013. 6. 21. 서면사과명령처분, 2013. 7. 5. 퇴학처분을 모두 취소한다.
2. 소송비용은 피고가 부담한다.

라는 판결을 구합니다.

청 구 원 인

3. 이 사건 처분의 위법성

가. 피고의 사실오인

원고는 조민우를 2학년 들어서 처음으로 알게 된 후 친하게 지내던 중 어느 날 갑자기 돈이 필요하여 조민우에게 빌려 줄 것을 부탁하였으나 그는 거절하였습니다.

원고는 그 일로 조민우와 두 차례 말다툼 한 적은 있었지만, 그를 때리거나 겁주는 등으로 괴롭힌 사실이 전혀 없습니다.

그럼에도 피고는 원고에게 조민우의 주장과 담임선생님이 조민우를 상담 중에 듣게 된 말을 기초로 원고와 그 부모님이 정확한 사실관계를 확인해 줄 것을 요청하였음에도 이를 묵살한 채 긴급선도조치라는 명목으로 서면사과명령을 하였습니다.

나. 이유제시의무의 위반

학교폭력예방 및 대책에 관한 법률(이하 '학폭법') 제17조 제 8 항은, 학교의 장이 학폭법 제17조 제 4 항(서면사과), 제 6 항, 제 7 항(퇴학처분)의 조치를 할 때에는 그 근거와 이유를 제시하여 가해학생과 그 보호자에게 통지하도록 규정하고 있습니다.

(1) 피고의 원고에 대한 서면사과명령서에는 처분의 원인이 되는 사실관계에 관한 기재도 없고 처분근거와 그 이유도 제시되어 있지 않습니다.

(2) 피고의 원고에 대한 퇴학처분에 관한 징계처분서에는 징계사유가 '품행 불량'으로만 기재되어 있을 뿐 처분근거와 그 이유가 제시되어 있지 않습니다.

다. 재량권의 일탈 · 남용(비례의 원칙 위반)

(1) 피고의 징계양정에서의 재량권

학폭법 제17조는 '가해학생에 대한 조치'로서 '피해학생에 대한 서면사과'에서부터 '퇴학처분'에 이르기까지 9가지 종류를 규정하여 학교장이 가해학생에 대한 가장 적당한 조치를 선택할 수 있는 재량을 부여하고 있습니다.

(2) 서면사과명령

학교장은 가해학생에 대한 선도가 긴급하다고 인정할 경우에 서면사과명령을 할 수 있습니다. 그러나 피고는 원고가 가해사실을 부인하는 등 '선도의 긴급성' 요건이 결여되었음에도 최소침해의 원칙에 반하는 위법한 사과명령을 하였습니다.

(3) 퇴학처분

피고는 원고에 대하여 '품행 불량'이라는 사유로 퇴학처분을 하였습니다. 그러나 원고는 개근을 하며 성실한 생활을 하였으며, 그 부모가 잘 양육할 것을 다짐하고 있음에도 경미한 잘못보다 훨씬 무거운 학생신분을 박탈하여 학교로부터 격리시키는 것은 재량권을 일탈 · 남용한 위법한 처분에 해당됩니다.

라. 결 론

따라서 피고의 이 사건 처분은 사실오인으로 인하여 처분의 근거가 없는 가운데 행하여진 것이며, 처분의 이유제시를 하지 않은 하자가 있을 뿐만 아니라 비례의 원칙에 위반하는 재량권의 일탈 · 남용으로 위법하여 모두 취소되어야 합니다.

6

공법기록형 공법소송실무

금지해제결정취소처분 취소 등 청구

06

Contents

목　　차

작 성 요 강

☐ 문 제 [1]

1. 행정소장의 작성

의뢰인 박갑동을 위하여 법무법인 동해의 담당변호사 입장에서 취소소송의 소장을 첨부된 양식에 따라 아래 사항을 준수하여 작성하시오.

가. 소장 양식의 "2. 이 사건 소의 적법성" 부분(④)에서는 대상적격 및 제소기간만을 기재할 것

나. 소장양식의 "3. 이 사건 처분의 위법성" 부분(⑤)에서는 기존 판례 및 학설의 입장에 비추어 설득력 있는 주장을 중심으로 작성하되, 근거법령의 위헌·위법성에 관하여는 기재하지 말 것

다. 소장의 작성일(제출일과 동일함, ⑦)은 다툴 수 있는 처분 모두에 대하여 허용되는 제소기간 내 최종일을 기재할 것

2. 위헌법률심판제청신청서의 작성

의뢰인 박갑동을 위하여 법무법인 동해의 담당변호사 입장에서 위헌법률 심판제청신청서를 첨부된 양식에 따라 아래 사항을 준수하여 작성하시오.

3. 헌법소원심판청구서의 작성

의뢰인 박갑동을 위하여 법무법인 동해의 담당변호사가 법원에 제출한 위헌법률심판제청신청이 기각된 경우를 가정하여 헌법소원심판청구서를 작성하시오.

※ 헌법소원심판청구서 제출일자는 위헌법률심판제청신청이 2017. 2. 15. 기각되었다고 가정한 다음 적법한 헌법소원심판청구기간 내로 기재할 것

□ 작성요령 및 주의사항

1. 참고법령은 가상의 것으로, 이에 근거하여 작성하며, 이와 다른 내용의 현행 법령이 있다면 제시된 법령이 현행 법령에 우선하는 것으로 할 것
2. 행정소장 작성시 '학교환경위생정화구역내 금지행위 및 시설해제결정'은 '금지해제결정'으로, '학교환경위생정화구역내 금지행위 및 시설해제 결정 취소처분'은 '금지해제 결정 취소처분'으로, '속초교육지원청 공무원휴양시설 건립기금'은 '건립기금'으로 약칭할 수 있음
3. 위헌법률심판제청신청서 작성 시 "신청이유" 부분에서 「성매매알선 등 행위의 처벌에 관한 법률」은 '성매매처벌법'으로, 「아동·청소년의 성보호에 관한 법률」은 '청소년성보호법'으로 약칭할 수 있음
4. 기록에 나타난 사실관계만을 기초로 하고, 그것이 사실임을 전제로 할 것
5. 기록 내의 각종 서류에 필요한 서명, 날인, 무인, 간인, 정정인, 직인 등은 모두 적법하게 갖추어진 것으로 볼 것
6. 송달이나 접수, 통지, 결재가 필요한 서류는 모두 적법한 절차를 거친 것으로 볼 것
7. "(생략)"으로 표시된 부분은 모두 기재된 것으로 볼 것
8. 서술어는 반드시 경어를 사용할 것(미준수 시 감점)

행정소장 양식

소 장

원 고

피 고

청구의 소

청구취지

청구원인

1. 이 사건 처분의 경위
2. 이 사건 소의 적법성
3. 이 사건 처분의 위법성
4. 결 론

입증방법

첨부서류

20○○. ○○. ○○.

소송대리인

귀중

위헌법률심판제청신청서 양식

위헌법률심판제청신청서

사　　건

피 고 인

신 청 인　피고인

신청취지

신청이유

Ⅰ. 쟁점의 정리

Ⅱ. 재판의 전제성

Ⅲ. 쟁점의 정리

Ⅳ. 결　　론

첨부서류

2017.

신청인의 대리인

귀중

기록내용 시작

수임번호 2016-111	법률상담일지		2016. 9. 19.
의 뢰 인	박갑동	의뢰인 전화	010-****-****(휴대전화)
의 뢰 인 주 소	속초시 영랑로2길 1, 3동 701호 (영랑동, 대관령아파트)	의뢰인 E-mail	pgd65@***.com

상 담 내 용

1. 의뢰인 박갑동은 희귀병 치료를 전문으로 하는 의사로서 강원도 속초시 영랑동에서 병원을 운영하고 있는데, 위 병원 인근에 대지를 소유하고 있다. 그 대지는 「학교보건법」에 따라 설정·고시된 학교환경위생정화구역 내에 위치하고 있다.

2. 의뢰인은 위 대지에 의료관광호텔인 외설악의료관광호텔을 신축하기 위하여 「관광진흥법」 제15조에 따른 사업계획승인을 받은 후, 필요한 서류를 첨부하여 관할 행정청에 학교환경위생정화구역내 금지행위 및 시설해제신청을 하였다. 관할 행정청은 2016. 7. 1. 학교환경위생정화위원회의 심의를 거쳐, 2016. 7. 4. 의뢰인에게 건립기금 납부 조건이 부가된 학교환경위생정화 구역내 금지행위 및 시설해제결정(이하 '금지해제결정')을 하였다.

3. 의뢰인이 2016. 8. 3.까지 건립기금을 납부하지 않자, 관할 행정청은 학교 환경위생정화위원회의 심의를 거쳐, 2016. 8. 17. 위 금지해제결정을 취소하였다. 관할 행정청은 금지해제결정을 취소함에 있어 의뢰인에게 의견을 제출할 수 있다는 뜻과 의견을 제출하지 아니한 경우의 처리방법 등을 미리 알리지 아니하였다.

4. 의뢰인은 금지해제결정을 받자 은행으로부터 막대한 자금을 대출받아 의료 관광호텔 신축을 위한 공사에 착수하였다. 그런데 호텔사업부지 위에 터파기 공사가 상당 부분 진척된 단계에서 금지해제결정이 취소되어 현재는 공사의 진행이 중단된 상태이다. 이로 인하여 의뢰인은 상당한 재정적 어려움을 겪고 있다.

5. 한편, 의뢰인은 건립기금 조건 부가와 관련된 문제집을 파악하기 위하여 속초시 학교환경위생정화위원회의 회의록(2016. 7. 1.자)을 공개해 줄 것을 관할 행정청에 청구하였으나, 관할 행정청은 2016. 9. 5. 비공개결정을 하였다.

6. 의뢰인의 희망사항

의뢰인은 취소소송을 통하여 건립기금을 납부하지 않으면서 의료관광호텔 사업을 계속 추진할 수 있기를 희망하고, 아울러 속초시 학교환경위생정화 위원회의 회의록 정보에 대한 비공개결정을 다투기를 희망함.

법무법인 동해(담당변호사 나근면)
전화 033-777-****, 팩스 033-777-****
속초시 중앙대로 50 법조빌딩 3층

법무법인 동해 내부회의록

일 시: 2016. 9. 22. 21:00 ~ 23:00
장 소: 법무법인 동해 소회의실
참석자: 김심수 변호사(송무팀장), 나근면 변호사

김 변호사: 지금부터 수임번호 2016-111호 의뢰인 박갑동 씨 사건에 관하여 승소전략을 강구하고자 합니다. 검토결과를 보고해주기 바랍니다.

나 변호사: 말씀드리겠습니다. 우선 의뢰인이 의료관광호텔사업을 계속 추진하려면 취소소송을 통하여 금지해제결정 취소처분의 효력을 소멸시키는 것이 중요합니다.

김 변호사: 더 자세히 논의해 봅시다. 외설악의료관광호텔이 건축되면 인근 학교 학생들의 학습환경에 나쁜 영향이 있는가요?

나 변호사: 해당시설은 의료관광호텔이고 내부에 유흥시설이 들어설 수 없어서, 영랑중학교의 면학분위기를 훼손하지 않으며 학생들의 학습 환경에 나쁜 영향을 미치지 않습니다. 의뢰인이 건립기금을 납부하지 않았기 때문에 금지해제결정을 취소한 것으로 생각됩니다.

김 변호사: 의뢰인이 관할 행정청에 미리 의견을 개진할 기회가 없었나요?

나 변호사: 의뢰인은 금지해제결정 취소처분에 대하여 미리 의견을 제출할 수 있는 기회를 제공받지 못하였습니다. 다만, 의뢰인은 2016. 8. 16. 담당공무원과의 전화 통화에서 "건립기금을 납부하지 않았으니 금지해제결정이 곧 취소될 수 있다."라는 말을 듣고 즉시 관할 행정청에 청문을 실시해 달라는 신청서를 제출하였으나, 관할 행정청은 「학교보건법」에 청문에 관한 규정이 없다는 이유로 받아들이지 않았습니다.

김 변호사: 의뢰인은 왜 건립기금을 납부하지 않은 것인가요?

나 변호사: 의뢰인은 관할 행정청이 법령에 근거도 없이 건립기금 납부 조건을 일방적으로 부가하는 것은 위법하다고 생각하여 이를 다투는 소송을 제기하려던 차에 금지해제결정 취소처분을 받은 것입니다.

김 변호사: 그렇군요. 그런데 금지해제결정 취소처분으로 금지해제결정과 그에 부가된 조건도 함께 소멸되기 때문에 그 부분을 더 이상 소송으로 다툴 수 없게 되는 것이 아닌가요?

나 변호사: 금지해제결정 취소처분에 대하여 오늘 관할 행정심판위원회로부터 집행정지결정을 받았으니 염려하지 않으셔도 됩니다.

김 변호사: 다행이군요. 금지해제결정에 부가된 조건에 문제가 있다는 이유로 그 결정 전체를 다투게 되면 오히려 의뢰인에게 불리하게 되는 점을 고려하기 바랍니다. 정보공개와 관련하여서는 의견이 없나요?

나 변호사: 정보 비공개결정의 경우, 일부패소의 위험을 감안하여 반드시 필요한 부분만 다투는 것이 좋겠습니다.

김 변호사: 좋습니다. 각 처분에 대하여 제소기간이 도과하지 않도록 주의바랍니다. 이상으로 회의를 마치겠습니다. 끝.

수임번호 2016－159	법률상담일지		2016. 11. 15.
의 뢰 인	박갑동	의뢰인 전화	010－****－****(휴대전화)
의 뢰 인 주 소	속초시 영랑로2길 1, 3동 701호 (영랑동, 대관령아파트)	의뢰인 E－mail	pgd65@***.com

상 담 내 용

1. 의뢰인 박갑동은 희귀병 치료를 전문으로 하는 의사로서 강원도 속초시 영랑동에서 병원을 운영하고 있는데, 의료관광호텔 신축 건으로 2016. 9. 19. 본 법무법인에 내방하여 법률상담을 받은 후 위 건과 관련된 소송행위를 본 법무법인에게 위임하였다.

2. 의뢰인은 2016. 8. 하순경 인터넷 채팅사이트를 통해 알게 된 정을순에게 현금 15만원을 주고 성교행위를 한 사실이 있는데, 이와 같이 성매매를 하였다는 사실로 2016. 11. 1. 기소되었고, 2016. 11. 14. 공소장 부본을 송달받았다. 이에 형사재판과 관련된 법적 문제를 알아보고 변호인의 조력을 받기 위해 금일 본 법무법인에 다시 내방하였다.

3. 의뢰인은 정을순에게 현금 15만원을 주고 성교행위를 1회 한 사실은 인정하나, 정을순이 먼저 의뢰인에게 돈을 주면 성관계를 하겠다는 제안을 하였으므로 자신이 오히려 피해자라고 생각하고 있다.

4. 의뢰인은 「성매매알선 등 행위의 처벌에 관한 법률」을 찾아보고, 위 법률이 돈을 받고 성을 파는 사람뿐만 아니라 돈을 주고 성을 사는 사람도 똑같이 처벌하도록 하고 있음을 알게 되었다. 의뢰인은 성매매를 처벌하려면 원인 제공자인 성판매 여성을 처벌하는 것만으로도 충분할 것으로 보이는데, 성관계를 강요하거나 여성의 성을 착취한 적도 없는 자신까지 형사처벌하도록 한 관계 법령이 자신의 권리를 불합리하게 침해한다고 생각하게 되었다.

5. 의뢰인의 희망사항
   의뢰인은 어떠한 강제력도 행사하지 않은 성매수자를 형사처벌하도록 한 관계 법령의 위헌성을 헌법소송을 통해 다투기를 희망함.

법무법인 동해(담당변호사 나근면)
전화 033－777－****, 팩스 033－777－****
속초시 중앙대로 50 법조빌딩 3층

법무법인 동해 내부회의록

일 시: 2016. 11. 16. 17:00 ~ 18:00

장 소: 법무법인 동해 회의실

참석자: 김삼수 변호사(송무팀장), 나근면 변호사

김 변호사: 수임번호 2016－159호 박갑동 씨의 형사사건에 관하여 논의하겠습니다. 의뢰인이 성매매 혐의로 공소제기되어 형사재판을 앞두고 있다고 들었는데요, 의뢰인을 위하여 어떤 소송전략을 구상하고 있나요?

나 변호사: 의뢰인이 경찰 및 검찰 수사과정에서 성매매 사실을 모두 인정하는 취지로 진술하였기 때문에 형사재판에서 무죄변론을 하기는 어려울 것 같습니다. 그런데 의뢰인은 어떠한 강제력도 행사하지 않은 성매수자의 성매매 자체를 금지하고, 이를 위반하면 징역형으로까지 처벌할 수 있도록 한 관계 법령이 부당하다고 생각하고 있습니다. 그래서 제1회 공판기일 이후에 관계 법령에 대해 위헌법률심판제청신청을 하려고 생각하고 있습니다.

김 변호사: 그렇군요. 의뢰인이 관계 법령의 위헌성을 주장하고 있으니 법원이 위헌법률심판제청신청을 받아들여 헌법재판소로부터 위헌 판단을 받을 수 있도록, 관계 법령으로 인해 침해되는 의뢰인의 기본권 등 위헌성에 대해 면밀히 검토하시기 바랍니다.

나 변호사: 네, 잘 알겠습니다.

김 변호사: 그리고 관계 법령을 살펴보다 보니 최근 사회문제로 되고 있는 스폰서 계약의 경우에도 성매매처벌법에 의해 처벌되는지 여부가 궁금해지더군요.

나 변호사: 관계법령에 비추어 보면, 성행위의 대가로 일정 기간 금품이나 재산상의 이익을 주기로 하는 내용의 소위 스폰서 계약의 경우 성매매처벌법으로는 처벌되지 않습니다.

김 변호사: 그렇군요. 성매매가 근절의 대상이 되어야 할 만큼 해로운 행위인지에 대해서는 많은 논의가 있는 것으로 알고 있는데, 이에 대해서도 나 변호사께서 잘 검토하여 주시기 바랍니다.

나 변호사: 네, 잘 알겠습니다.

김 변호사: 그럼, 이상으로 오늘 회의를 마치겠습니다. 끝.

소 송 위 임 장

사 건	(생략)
원 고	박갑동
피 고	(생략)
위 사건에 관하여 다음 표시 수임인을 소송대리인으로 선임하고, 다음 표시에서 정한 권한을 수여합니다.	
수 임 인	법무법인 동해 속초시 중앙대로 50 법조빌딩 3층 전화 033-777-**** 전송 033-777-****
수권사항	1. 일체의 소송행위 1. 반소의 제기 및 응소, 상소의 제기, 동 취하 1. 소의 취하, 화해, 청구의 포기 및 인낙, 참가에 의한 탈퇴 1. 강제집행신청, 대체집행신청, 가처분, 가압류 등 보전처분과 관련한 모든 소송행위 1. (생략)
2016. 9. 19.	
위임인	박갑동 (인)
(생략) 귀중	

담 당 변 호 사 지 정 서

사　건	(생략)
원　고	박갑동
피　고	(생략)

위 사건에 관하여 법무법인 동해는 원고의 소송대리인으로서 변호사법 제50조 제1항에 의하여 그 업무를 담당할 변호사를 다음과 같이 지정합니다.

담당변호사	변호사 나 근 면

2016. 9. 19.

법무법인 동해
대표변호사 김 영 현 법무법인 동 해

속초시 중앙대로 50 법조빌딩 3층
전화 033-777-**** 전송 033-777-****

(생략) 귀중

<table>
<tr><td colspan="2">변 호 인 선 임 신 고 서</td></tr>
<tr><td>사 건</td><td>(생략)</td></tr>
<tr><td>원 고</td><td>박갑동</td></tr>
<tr><td></td><td></td></tr>
<tr><td colspan="2">위 사건에 관하여 다음 표시 수임인을 소송대리인으로 선임하고,
다음 표시에서 정한 권한을 수여합니다.</td></tr>
<tr><td>수 임 인</td><td>법무법인 동해
속초시 중앙대로 50 법조빌딩 3층
전화 033－777－****
전송 033－777－****</td></tr>
<tr><td>수권사항</td><td>1. 일체의 소송행위
1. 위헌법률심판제청신청 등과 관련된 모든 소송행위
1. (생략)</td></tr>
<tr><td colspan="2">2016. 11. 15.</td></tr>
<tr><td>위임인</td><td>박갑동 (인)</td></tr>
<tr><td colspan="2">(생략) 귀중</td></tr>
</table>

담 당 변 호 사 지 정 서

사 건	(생략)
원 고	박갑동

위 사건에 관하여 법무법인 동해는 원고의 소송대리인으로서 변호사법 제50조 제1항에 의하여 그 업무를 담당할 변호사를 다음과 같이 지정합니다.

담당변호사	변호사 나 근 면

2016. 9. 19.

법무법인 동해
대표변호사 김 영 현 법무법인 동 해

속초시 중앙대로 50 법조빌딩 3층
전화 033-777-**** 전송 033-777-****

(생략) 귀중

강원도 속초교육지원청

수 신 박갑동
제 목 학교환경위생정화구역내 금지행위 및 시설해제신청에 대한 회신

---

1. 귀하의 2016. 6. 20.자 학교환경위생정화구역내 금지행위 및 시설해제신청 관련입니다.

2. 우리 청은 속초시 영랑로2길 3 외설악의료관광호텔에 대한 학교환경위생정화구역내 금지행위 및 시설해제신청에 대하여, 「학교보건법」 제5조 제1항, 제6조 제1항 제13호 등의 규정에 의하여 속초시 학교환경위생정화위원회의 심의를 거쳐 붙임과 같이 회신합니다.

붙임: 학교환경위생정화구역내 금지행위 및 시설해제신청 결과통보서 1부. 끝.

강 원 도 속 초 교 육 지 원 청
교 육 장

강원도속초
교육지원청
교육장인

기안 주무관 김소이 검토 사무관 박권 전결 운영관리과장 조상숙
시행 운영관리과-20161178 (2016.7.4.) 공개구분 (생략)
주소 (생략) 전화번호 (생략)

학교환경위생정화구역내 금지행위 및 시설해제신청 결과통보서

예정행위 및 시설	업종	의료관광호텔업	명칭(상호)	외설악의료관광호텔
	소재지	속초시 영랑로2길 3		
	위치	속초시 영랑로2길 3	면적(m^2)	7,500

학교환경위생정화구역해당 학교 및 거리	학교명	**영랑중학교**		
	출입문(M)	120		
	경계선(M)	120		

신청인	성명	**박갑동**	생년월일	1965. **. **.
	주소	속초시 영랑로2길 1, 3동 701호	전화번호	010-****-****

결과 및 해제조건	결 과	**해제[√],** 금지[ ]
		[근거] 예정행위 및 시설은 영랑중학교에 재학 중인 청소년기 학생들의 학습과 학교보건위생에 나쁜 영향을 주지 아니한다고 판단됨
	해제조건	**신청인은 2016. 8. 3.까지 강원도 속초교육지원청에 속초교육지원청공무원휴양시설 건립기금 10억원을 납부할 것**

신청결과에 이의가 있는 경우에는 「행정심판법」 제27조 및 「행정소송법」 제20조에 따라 처분이 있음을 안 날부터 90일 이내에 행정심판 또는 행정소송을 청구할 수 있음을 알려드립니다.

2016년 7월 4일

강원도 속초교육지원청 교육장 (인)

강원도속초교육지원청교육장인

<table>
<tr><td colspan="2">

우편송달보고서

증서 2016년 제402호 2016년 7월 4일 발송
</td></tr>
<tr><td colspan="2">송달서류 학교환경위생정화구역내 금지행위 및 시설해제신청에 대한 회신 1부
발송자 강원도 속초교육지원청 교육장
송달받을 자 박갑동 귀하
속초시 영랑로2길 1, 3동 701호(영랑동, 대관령아파트)</td></tr>
<tr><td colspan="2">영수인 박 갑 동 (서명)</td></tr>
<tr><td colspan="2">영수인 서명날인 불능</td></tr>
<tr><td>①</td><td>송달받을 자 본인에게 교부하였다.</td></tr>
<tr><td rowspan="4">2</td><td>송달받을 자가 부재 중이므로 사리를 잘 아는 다음 사람에게 교부하였다.</td></tr>
<tr><td>사무원</td></tr>
<tr><td>피용자</td></tr>
<tr><td>동거자</td></tr>
<tr><td rowspan="5">3</td><td>다음 사람이 정당한 사유 없이 송달받기를 거부하므로, 그 장소에 서류를 두었다.</td></tr>
<tr><td>송달받을 자</td></tr>
<tr><td>사무원</td></tr>
<tr><td>피용자</td></tr>
<tr><td>동거자</td></tr>
<tr><td colspan="2">송달연월일 2016. 7. 5. 10시 50분</td></tr>
<tr><td colspan="2">송달장소 속초시 영랑로길 1, 3동 701호 (영랑동, 대관령아파트)</td></tr>
<tr><td colspan="2">위와 같이 송달하였다.

2016. 7. 7.

우체국 집배원 고배달 (고배달)</td></tr>
</table>

강원도 속초교육지원청

수 신 박 갑 동

제 목 **학교환경위생정화구역내 금지해제결정 취소처분 통보**

1. 우리 청은 귀하가 신청한 학교환경위생정화구역내 금지행위 및 시설해제신청에 대하여 2016. 7. 4. 금지해제결정을 한 바 있습니다[관련공문: 운영관리과-20161178(2016. 7. 4.) 참조].

2. 우리 청은 속초시 학교환경위생정화위원회의 심의를 거쳐 다음의 사유로, 위 금지해제결정을 취소합니다.

가. 예정시설인 외설악의료관광호텔이 설치될 경우 관광객 증가로 인하여 교통량 및 유동인구가 증가하고 공사로 인한 소음·먼지가 발생하게 되며 관련 유흥시설의 증가로 영랑중학교의 면학분위기를 해치는 등 청소년기 학생들의 학습과 학교보건위생에 나쁜 영향을 주는 것으로 판단된다.

나. 금지해제결정을 받은 박갑동은 2016. 8. 3.까지 우리 청에 속초교육지원청 공무원휴양시설 건립기금 10억원을 납부하지 않았다.

(근거법령) 「학교보건법」 제6조 제1항 제13호 등

3. 우리 청의 처분에 이의가 있는 경우에는 「행정심판법」 제27조 및 「행정소송법」제20조에 따라 처분이 있음을 안 날부터 90일 이내에 행정심판 또는 행정소송을 청구할 수 있음을 알려드립니다.

강 원 도 속 초 교 육 지 원 청
교 육 장

강원도속초
교육지원청
교육장인

기안 주무관 김소이 검토 사무관 박권 전결 운영관리과장 조상숙
시행 운영관리과-20161234 (2016.8.17.) 공개구분 (생략)
주소 (생략) 전화번호 (생략)

우편송달보고서

<table>
<tr><td colspan="2">증서 2016년 제452호   2016년 8월 17일 발송</td></tr>
<tr><td colspan="2">송달서류 학교환경위생정화구역내 금지해제결정 취소처분 통보 1부
발송자 강원도 속초교육지원청 교육장
송달받을 자 박갑동 귀하
속초시 영랑로2길 1, 3동 701호(영랑동, 대관령아파트)</td></tr>
<tr><td colspan="2">영수인 박갑동 (서명)</td></tr>
<tr><td colspan="2">영수인 서명날인 불능</td></tr>
<tr><td>①</td><td>송달받을 자 본인에게 교부하였다.</td></tr>
<tr><td rowspan="4">2</td><td>송달받을 자가 부재 중이므로 사리를 잘 아는 다음 사람에게 교부하였다.</td></tr>
<tr><td>사무원</td></tr>
<tr><td>피용자</td></tr>
<tr><td>동거자</td></tr>
<tr><td rowspan="5">3</td><td>다음 사람이 정당한 사유 없이 송달받기를 거부하므로, 그 장소에 서류를 두었다.</td></tr>
<tr><td>송달받을 자</td></tr>
<tr><td>사무원</td></tr>
<tr><td>피용자</td></tr>
<tr><td>동거자</td></tr>
<tr><td colspan="2">송달연월일 2016. 8. 19. 11시 50분</td></tr>
<tr><td colspan="2">송달장소 속초시 영랑로길 1, 3동 701호 (영랑동, 대관령아파트)</td></tr>
<tr><td colspan="2">위와 같이 송달하였다.

2016. 8. 22.

우체국 집배원 고배달 (고배달)</td></tr>
</table>

강원도 속초교육지원청

수신자 박갑동

제 목 정보 ([ ]공개 [ ]부분 공개 [√]비공개) 결정 통지서

접수번호	(생략)	접수	2016.8.29.

청구내용	2016. 7. 1.자 속초시 학교환경위생정화위원회 회의록 중 1) 회의록에 기재된 빌언내용 2) 회의록에 기재된 발언내용에 대한 해당 발언자의 인적사항
비공개(전부) 내용 및 사유	1. 청구대상 회의록에 기재된 발언내용 중 중요한 사항은 이미 언론과 인터넷 등을 통하여 공개되어 있어 쉽게 검색이 가능하므로 정보공개의 이익이 없음 2. 청구대상 회의록에 기재된 발언내용은 '의사결정과정에 있는 사항' 또는 이에 준하는 사항에 해당하고, 위 회의록에 기재된 발언내용에 대한 해당 발언자의 인적사항에 관한 정보는 '개인에 관한 사항으로서 공개될 경우 사생활의 비밀 또는 자유를 침해할 우려가 있다고 인정되는 정보' 에 해당함 (근거법령) 「공공기관의 정보공개에 관한 법률」 제9조 제1항 제5호 및 제6호 등

1. 귀하의 정보공개 청구에 대한 결정내용을 「공공기관의 정보공개에 관한 법률」 제13조 제1항 및 제4항에 따라 위와 같이 통지합니다.
2. 정보공개와 관련한 공공기관의 비공개 결정 또는 부분 공개 결정에 대하여 이의가 있는 경우에는 「공공기관의 정보공개에 관한 법률」 제18조 및 같은 법 시행령 제18조에 따라 공공기관으로부터 공개 여부의 결정 통지를 받은 날부터 30일 이내에 해당 기관에 문서로 이의신청을 하실 수 있습니다.
3. 정보공개와 관련한 공공기관의 결정에 대하여 불복하는 경우에는 처분이 있음을 안 날부터 90일 이내에 행정심판 또는 행정소송을 제기할 수 있습니다.

강 원 도 속 초 교 육 지 원 청
교 육 장

강원도속초 교육지원청 교육장인

기안 주무관 김소이 검토 사무관 박권 전결 운영관리과장 조상숙

시행 운영관리과-20161345 (2016.9.5.)

주소 (생략) / 홈페이지 주소 (생략)

전화번호 (생략) / 전자우편 주소 (생략) / 공개

우편송달보고서

증서 2016년 제502호 2016년 9월 6일 발송

송달서류 정보 비공개결정 통지서 1부

발송자 강원도 속초 교육지원청 교육장

송달받을 자 박갑동 귀하

속초시 영랑로2길 1, 3동 701호(영랑동, 대관령아파트)

영수인	박갑동 (서명)
영수인	서명날인 불능
①	송달받을 자 본인에게 교부하였다.
2	송달받을 자가 부재 중이므로 사리를 잘 아는 다음 사람에게 교부하였다.
	사무원
	피용자
	동거자
3	다음 사람이 정당한 사유 없이 송달받기를 거부하므로, 그 장소에 서류를 두었다.
	송달받을 자
	사무원
	피용자
	동거자
송달연월일	2016. 9. 7. 09시 50분
송달장소	속초시 영랑로길 1, 3동 701호 (영랑동, 대관령아파트)

위와 같이 송달하였다.

2016. 9. 12.

우체국 집배원 고배달 (고배달)

춘천지방검찰청 속초지청

2016. 11. 1.

사건번호　2016년 형제161223호

수 신 자　춘천지방법원 속초지원　　　발 신 자

검　사　김동우 김동우 (인)

제목　**공소장**

아래와 같이 공소를 제기합니다.

Ⅰ. 피고인 관련사항

피 고 인　1. 박갑동 (65****－1******), 51세

직업　의사, 010－****－****

주거　속초시 영랑로2길 1, 3동 701호(영랑동, 대관령아파트)

등록기준지　서울 서초구 서초대로 500

죄　명　성매매알선등행위의처벌에관한법률위반(성매매)

적용법조　(생략)

구속여부　불구속

변 호 인　없음

1223 접수 No. 623 2016. 11. 1. 춘천지방법원 속초지원 형사접수실

피 고 인　2. 정을순(96****－2******), ○세

직업　무직, 010－****－****

주거　강릉시 경포대로13길 11(삼척동)

등록기준지　강릉시 경포대로 65

죄　명　성매매알선등행위의처벌에관한법률위반(성매매)

적용법조　(생략)

구속여부　불구속

변 호 인　법무법인 강릉(담당변호사 김철현)

Ⅱ. 공소사실

1. 피고인 박갑동

피고인 박갑동은 2016. 8. 26. 14:00경 속초시 (주소 생략)에 있는 금강호텔 705호에서 인터넷 채팅사이트 "하나클럽"을 통해 알게 된 정을순(여, ○세)에게 성매매 대금 명목으로 현금 15만원을 주고 1회 성교행위를 하여 성매매를 하였다.

2. 피고인 정을순

피고인 정을순은 위 제 1 항 기재 일시·장소에서 위와 같이 박갑동으로부터 15만원을 받고 1회 성교행위를 하여 성매매를 하였다.

Ⅲ. 첨부서류

1. 변호인선임서 1통 (생략)

춘 천 지 방 법 원
속 초 지 원

공 판 조 서

제1회

사 건	2016고단623	성매매알선등행위의처벌에관한법률위반(성매매)		
판 사	안덕중		기 일 :	2017. 1. 9. 10:00
			장 소 :	제405호 법정
			공개 여부 :	공개
법 원 사 무 관	박사무		고 지 된	
			다음기일 :	2017. 2. 6. 15:00
피 고 인	1. 박갑동 2. 정을순			각 출석
검 사	김가연			
변 호 인	법무법인 동해 담당변호사 나근면 (피고인 1을 위하여)			출석
	법무법인 강릉 담당변호사 김철현 (피고인 2를 위하여)			출석

판사

피고인들은 진술을 하지 아니하거나 각개의 물음에 대하여 진술을 거부할수 있고, 이익되는 사실을 진술할 수 있음을 고지

판사의 인정신문

성 명 : 1. 박갑동 2. 정을순
주민등록번호 : 각 공소장 기재와 같음
직 업 : 〃
주 거 : 〃
등록기준지 : 〃

판사

피고인들에 대하여
주소가 변경될 경우에는 이를 법원에 보고할 것을 명하고, 소재가 확인되지 않을 때에는 피고인들의 진술 없이 재판할 경우가 있음을 경고

검사

공소장에 의하여 공소사실, 죄명, 적용법조 낭독

피고인 박갑동

공소사실 모두 인정한다고 진술

피고인 정을순

공소사실 모두 인정한다고 진술

피고인 박갑동의 변호인 변호사 나근면

피고인 박갑동을 위하여 유리한 변론을 하고, 위헌법률심판제청신청을 위하여 변론 속행을 요청함 (변론기재는 생략)

피고인 정을순의 변호사 김철현

피고인 정을순을 위하여 유리한 변론을 함 (변론기재는 생략)

판사

증거조사를 하겠다고 고지

증거관계 별지와 같음 (검사, 변호인)

판사

각 증거조사 결과에 대하여 의견을 묻고 권리를 보호하는 데에 필요한 증거조사를 신청할 수 있음을 고지

소송관계인

별 의견 없다고 각각 진술

판사

변론 속행

2017. 1. 9.

법 원 사 무 관 박사무 ㊞

판 사 안덕중 ㊞

<table>
<tr><td colspan="6" align="center">진　　술　　서</td></tr>
<tr><td>성　명</td><td colspan="3">정을순　　(한자 : 丁乙順)</td><td>성　별</td><td>여</td></tr>
<tr><td>생년월일</td><td colspan="2">1996. 3. 15.</td><td>주민등록번호</td><td colspan="2">960315－2******</td></tr>
<tr><td>등 록
기준지</td><td colspan="5">강릉시 경포대로 65</td></tr>
<tr><td rowspan="2">주　거</td><td colspan="5">강릉시 경포대로13길 11(삼척동)</td></tr>
<tr><td>(　통　　반)</td><td>휴 대
전 화</td><td>010－****－****</td><td>직 장
전 화</td><td>없음</td></tr>
<tr><td>직　업</td><td>무직</td><td>직 장
소재지</td><td colspan="3"></td></tr>
<tr><td colspan="6">위의 사람은 성매매알선등행위의처벌에관한법률위반(성매매) 피의사건의 (피의자, 피해자, 목격자, 참고인) (으)로서 다음과 같이 임의로 자필 진술서를 작성 제출함</td></tr>
<tr><td colspan="6" align="center">진술거부권 고지 및 변호인 조력 등 확인 (생략)</td></tr>
<tr><td colspan="6">1. 저는 2016. 8. 26. 14:00경 속초시에 있는 금강호텔 705호에서 인터넷 채팅 사이트 “하나클럽”을 통해 알게 된 박갑동으로부터 15만원을 받고, 박갑동과 1회 성관계를 한 사실이 있습니다.
1. 쉽게 돈을 벌 수 있다는 생각에, 인터넷 채팅사이트를 통해 알게된 박갑동에게 제가 먼저 성매매를 제안하였습니다.
1. 과거에도 인터넷 채팅사이트를 통해 알게 된 남자들로부터 돈을 받고 성관계를 한 사실로 여러 번 단속된 적이 있습니다.
1. 잘못을 깊이 반성하오니 선처 바랍니다. 다시는 성매매를 하지 않겠습니다.

이상 진술 내용은 전부 사실이며, 이 진술서는 자필로 제가 직접 작성하였습니다.

2016. 8. 27.
진술인　　정을순　(인)</td></tr>
</table>

피 의 자 신 문 조 서

피의자 : 박 갑 동

위의 사람에 대한 성매매알선등행위의처벌에관한법률위반(성매매) 피의사건에 관하여 2016. 9. 6. 속초경찰서 수사과 사무실에서 사법경찰관 경위 유연해는 사법경찰리 경사 황동원을 참여하게 하고, 아래와 같이 피의자임에 틀림없음을 확인하다.

문 피의자의 성명, 주민등록번호, 직업, 주거, 등록기준지 등을 말하십시오.

답 성명은 박갑동(朴甲東)

주민등록번호, 직업, 주거, 등록기준지, 직장주소, 연락처는 각각(생략)

사법경찰관은 피의사건의 요지를 설명하고 사법경찰관의 신문에 대하여「형사소송법」제244조의3에 따라 진술을 거부할 수 있는 권리 및 변호인의 참여 등 조력을 받을 권리가 있음을 피의자에게 알려주고 이를 행사할 것인지 그 의사를 확인하다.

진술거부권 및 변호인 조력권 고지 등 확인

1. 귀하는 일체의 진술을 하지 아니하거나 개개의 질문에 대하여 진술을 하지 아니할 수 있습니다.
1. 귀하가 진술을 하지 아니하더라도 불이익을 받지 아니합니다.
1. 귀하가 진술을 거부할 권리를 포기하고 행한 진술은 법정에서 유죄의 증거로 사용될 수 있습니다.
1. 귀하가 신문을 받을 때에는 변호인을 참여하게 하는 등 변호인의 조력을 받을 수 있습니다.

문 피의자는 위와 같은 권리들이 있음을 고지받았는가요.

답 예, 고지를 받았습니다.

문 피의자는 진술거부권을 행사할 것인가요.

답 아닙니다.

문 피의자는 변호인의 조력을 받을 권리를 행사할 것인가요.
답 변호사 없이 조사를 받겠습니다.

이에 사법경찰관은 피의사실에 관하여 다음과 같이 피의자를 신문하다.

문 피의자는 형사처벌을 받은 적이 있나요.
답 그런 사실 없습니다.

(기타 병역관계, 학력, 사회경력, 가족관계, 재산이나 월수입, 건강상태 등의 질문과 답변에 대하여는 생략)

문 피의자는 정을순을 알고 있나요.
답 예. 제가 즐겨 찾는 인터넷 채팅사이트 "하나클럽"에서 채팅을 하다 알게 된 사람입니다.
문 피의자가 정을순과 인터넷 채팅을 처음 한 날짜를 구체적으로 기억하나요.
답 예. 실제로 정을순과 만나기 전날 밤이었으니, 2016. 8. 25. 23:00경으로 기억합니다.
문 피의자는 정을순과 실제로 만나 성교행위를 한 사실이 있나요.
답 예. 인터넷 채팅사이트에서 다음 날인 2016. 8. 26. 14:00경 속초시에 있는 금강 호텔 근처에서 만나기로 했습니다. 그 후 금강호텔 705호실에 투숙하여 1회 관계를 가졌습니다.
문 피의자는 정을순에게 성교행위의 대가로 돈을 준 사실이 있나요.
답 예. 채팅 도중 정을순이 저에게 돈을 주면 만나주겠다는 취지로 말을 하였고, 제가 15만원을 제안하고 다음 날 만났던 것입니다. 호텔에 투숙하기 전에 현금으로 15만원을 정을순에게 직접 건네주었습니다.
문 피의자와 정을순은 이날 처음 알게 된 사이인가요.
답 예. 그렇습니다.
문 피의자가 성매매를 한 사실을 인정하는가요.
답 예. 제가 정을순에게 돈을 주고 성관계를 한 사실 자체는 인정합니다. 그렇지만 정을순이 저에게 먼저 제의를 했고, 비록 돈을 조금 주기는 했지만 제가 정을순에게 어떠한 강제력을 행사한 바도 없습니다. 성인들끼리 합의하여 돈을 주고 성관계를 한 것이 범죄행위가 된다고는 생각지도 못했습니다.
문 이상의 진술에 대하여 이의나 의견이 있는가요.
답 없습니다.

위의 조서를 진술자에게 열람하게 하였던바, 진술한 대로 오기나 증감·변경할 것이 전혀 없다고 말하므로 간인한 후 서명·무인하게 하다.

진술자 박 갑 동 (무인)

2016. 9. 6.

속초경찰서
사법경찰관 경위 유 연 해 ㉑
사법결찰리 경사 황 동 원 ㉑

피 의 자 신 문 조 서

성　　　명 : 박갑동
주민등록번호 : (생략)

위의 사람에 대한 성매매알선등행위의처벌에관한법률위반(성매매) 피의사건에 관하여 2016. 10. 12. 춘천지방검찰청 속초지청 301호 검사실에서 검사 김동우는 검찰주사 전예리를 참여하게 한 후, 아래와 같이 피의자임에 틀림없음을 확인하다. 주민등록번호, 직업, 주거, 등록기준지, 직장주소, 연락처는 각각 (생략)

검사는 피의사실의 요지를 설명하고 검사의 신문에 대하여 「형사소송법」 제244조의3에 따라 진술을 거부할 수 있는 권리 및 변호인의 참여 등 조력을 받을 권리가 있음을 피의자에게 알려주고 이를 행사할 것인지 그 의사를 확인하다.

[진술거부권 및 변호인 조력권 고지하고 변호인 참여 없이 진술하기로 함(생략)]

이에 검사는 피의사실에 관하여 다음과 같이 피의자를 신문하다.

문　피의자는 형사처벌을 받은 적이 있나요.
답　그런 사실 없습니다.

(기타 병역관계, 학력, 사회경력, 가족관계, 재산이나 월수입, 건강상태 등의 질문과 답변에 대하여는 생략)

문　피의자는 정을순에게 현금 15만원을 주고 성교행위를 한 사실이 있는가요.
답　예. 2016. 8. 26. 24:00경 속초시에 있는 금강호텔 705호실에 들어가기 직전에 현금 15만원을 건내주고 1회 성교행위를 하였습니다.
문　어떻게 발각되어 경찰의 수사를 받게 되었나요.
답　그날 속초시에서 대대적으로 성매매 단속을 하는 날이었다고 합니다. 호텔에서 경찰관에게 적발이 되었는데, 정을순이 이미 여러 차례 적발된 적이 있어 저까지 바로 입건되었습니다.
문　피의자는 그날 정을순을 처음 만났나요.
답　예. 맞습니다. 그날 처음 본 사람입니다.

문 피의자가 성매매를 한 사실은 인정하나요.

답 예. 제가 정을순에게 돈을 주고 성관계를 한 것은 사실입니다. 그렇지만 그러한 제안 자체는 정을순이 저에게 먼저 하였고, 저는 합의하에 돈을 주고 성관계를 하는 것이 이렇게 죄가 되는지도 몰랐습니다. 만일 제가 성매매로 조사를 받는다는 사실이 알려지게 되면 그동안 의사로서 힘들게 쌓아 온 제 명성에 금이 가는 것뿐만 아니라, 환자들까지 저를 찾지 않을 것 같아 많이 두렵습니다. 돈을 벌 목적으로 저를 유혹한 정을순이 많이 원망스럽습니다. 원인을 제공한 성판매자를 나라에서 엄격하게 단속하여 저 같은 피해자가 더 이상 발생하지 않기를 바랍니다.

문 조서에 진술한 대로 기재되지 아니하였거나 사실과 다른 부분이 있는가요.

답 없습니다.

위의 조서를 진술자에게 열람하게 하였던바, 진술한 대로 오기나 증감·변경할 것이 전혀 없다고 말하므로 간인한 후 서명·무인하게 하다.

진술자 박 갑 동 (무인)

2016. 10. 12.

춘천지방검찰청 속초지청

검 사 김 동 우 ㊞

검찰주사 전 예 리 ㊞

참 고 법 령

「학교보건법」 (발췌)

제 1 조(목적) 이 법은 학교의 보건관리와 환경위생 정화에 필요한 사항을 규정하여 학생과 교직원의 건강을 보호·증진함을 목적으로 한다.

제 2 조(정의) 이 법에서 사용하는 용어의 뜻은 다음과 같다.

1. (생략)
2. "학교"란 「유아교육법」 제 2 조 제 2 호, 「초·중등교육법」 제 2 조 및 「고등교육법」 제 2 조에 따른 각 학교를 말한다.
3. (생략)

제 5 조(학교환경위생 정화구역의 설정) ① 학교의 보건·위생 및 학습 환경을 보호하기 위하여 교육감은 대통령령으로 정하는 바에 따라 학교환경위생 정화구역을 설정·고시하여야 한다. 이 경우 학교환경위생 정화구역은 학교 경계선이나 학교설립예정지 경계선으로부터 200미터를 넘을 수 없다.

②~④ (생략)

⑤ 제 1 항에 따른 교육감의 권한은 대통령령으로 정하는 바에 따라 교육장에게 위임할 수 있다.

제 6 조(학교환경위생 정화구역에서의 금지행위 등) ① 누구든지 학교환경위생 정화구역에서는 다음 각 호의 어느 하나에 해당하는 행위 및 시설을 하여서는 아니 된다. 다만, 대통령령으로 정하는 구역에서는 제 2 호, 제 3 호, 제 6 호, 제10호, 제12호부터 제18호까지와 제20호에 규정된 행위 및 시설 중 교육감이나 교육감이 위임한 자가 학교환경위생정화위원회의 심의를 거쳐 학습과 학교보건위생에 나쁜 영향을 주지 아니한다고 인정하는 행위 밀 시설은 제외한다.

1. 「대기환경보전법」, 「악취방지법」 및 「수질 및 수생태계 보전에 관한 법률」에 따른 배출허용기준 또는 「소음·진동관리법」에 따른 규제기준을 초과하여 학습과 학교보건위생에 지장을 주는 행위 및 시설
2. 총포화약류(銃砲火藥類)의 제조장 및 저장소, 고압가스·천연가스·액화석유가스 제조소 및 저장소
3. 삭제
4. 「영화 및 비디오물의 진흥에 관한 법률」 제 2 조 제11호의 제한상영관

5. 도축장, 화장장 또는 납골시설
6. 폐기물수집장소
7. 폐기물처리시설, 폐수종말처리시설, 축산폐수배출시설, 축산폐수처리시설 및 분뇨처리시설
8. 가축의 사체처리장 및 동물의 가죽을 가공·처리하는 시설
9. 감염병원, 감염병격리병사, 격리소
10. 감염병요양소, 진료소
11. 가축시장
12. 주로 주류를 판매하면서 손님이 노래를 부르는 행위가 허용되는 영업과 위와 같은 행위 외에 유흥종사자를 두거나 유흥시설을 설치할 수 있고 손님이 춤을 추는 행위가 허용되는 영업
13. 호텔, 여관, 여인숙
14. 당구장(「유아교육법」 제2조 제2호에 따른 유치원 및 「고등교육법」 제2조 각 호에 따른 학교의 학교환경위생 정화구역은 제외한다)
15. 사행행위장·경마장·경륜장 및 경정장(각 시설의 장외발매소를 포함한다)
16. 「게임산업진흥에 관한 법률」 제2조 제6호에 따른 게임제공업 및 같은 조 제7호에 따른 인터넷컴퓨터게임시설제공업(「유아교육법」 제2조 제2호에 따른 유치원 및 「고등교육법」 제2조 각 호에 따른 학교의 학교환경위생 정화구역은 제외한다)
17. 「게임산업진흥에 관한 법률」 제2조 제6호 다목에 따라 제공되는 게임물 시설 「고등교육법」 제2조 각 호에 따른 학교의 학교환경위생 정화구역은 제외한다)
18. 「게임산업진흥에 관한 법률」 제2조 제8호에 따른 복합유통게임제공업
19. 「청소년보호법」 제2조 제5호 가목 7)에 해당하는 업소와 같은 호 가목 8) 또는 9) 및 같은 호 나목 7)에 따라 여성가족부장관이 고시한 영업에 해당하는 업소
20. 그 밖에 제1호부터 제19호까지의 규정과 유사한 행위 및 시설과 미풍양속을 해치는 행위 및 시설로서 대통령령으로 정하는 행위 및 시설

② 제1항의 학교환경위생 정화위원회의 조직, 기능 및 운영에 관한 사항은 대통령령으로 정한다.

③ 특별시장·광역시장·특별자치시장·도지사·특별자치도지사 및 시장·군수·구청장(자치구의 구청장을 말한다. 이하 같다) 또는 관계 행정기관의 장은 제1항에 따른 행위와 시설을 방지하기 위하여 공사의 중지·제한, 영업의 정지, 허가(인가·등록·신고를 포함한다)의 거부·취소 등의 조치를 하여야 하며, 필요하면 시설 철거를 명할 수 있다.

「학교보건법 시행령」(발췌)

제1조(목적) 이 영은 「학교보건법」(이하 "법"이라 한다)에서 위임된 사항과 그 시행에 필요한 사항을 규정함을 목적으로 한다.

제3조(학교환경위생 정화구역) ① 법 제5조 제1항에 따라 시·도의 교육감(이하"교육감"이라 한다)이 학교환경위생 정화구역(이하 "정화구역"이라 한다)을 설정할 때에는 절대 정화구역과 상대정화구역으로 구분하여 설정하되, 절대정화구역은 학교출입문(학교설립예정지의 경우에는 설립될 학교의 출입문 설치 예정 위치를 말한다)으로부터 직선거리로 50미터까지인 지역으로 하고, 상대정화구역은 학교경계선 또는 학교설립예정지경계선으로부터 직선거리로 200미터까지인 지역 중 절대정화구역을 제외한 지역으로 한다.

②~③ (생략)

제5조(제한이 완화되는 구역) 법 제6조 제1항 각 호 외의 부분 단서에서 "대통령령으로 정하는 구역"이란 제3조 제1항에 따른 상대정화구역을 말한다.

제7조(학교환경위생정화위원회의 설치·운영) ① 학교환경위생정화업무에 관한 사항을 심의하기 위하여 교육감이 위임한 사람의 소속으로 학교환경위생정화위원회(이하 "정화위원회"라 한다)를 둔다.

② 정화위원회는 위원장과 부위원장 각 1명을 포함한 13명 이상 17명 이내의 위원으로 구성한다.

③ 위원장과 부위원장은 위원 중에서 호선하며, 위원장은 회의에 관한 사무를 총괄하고 정화위원회를 대표한다.

④ 위원장은 정화위원회의 회의를 소집하고, 그 의장이 된다.

⑤ 위원은 해당 교육감 또는 교육감이 위임한 자가 소속 직원, 관련기관의 공무원, 학부모 또는 지역사회의 관련 전문가 중에서 학식과 경험이 있는 사람을 임명하거나 위촉하되, 학교운영위원회 위원인 학부모가 위원 총수의 2분의 1 이상이 되어야 한다.

⑥ 정화위원회는 재적위원 과반수의 출석으로 개의하고, 출석위원 3분의 2 이상의 찬성으로 의결한다.

⑦ 위원장은 회의에 부치는 안건과 관련된 학교의 장을 정화위원회에 출석하게 하여 그 의견을 들을 수 있다.

⑧~⑩ (생략)

제32조(권한의 위임) ① 법 제5조 제1항에 따른 교육감의 정화구역 설정권한은 법 제5조 제5항에 따라 교육장에게 위임한다.

② (생략)

「관광진흥법」 (발췌)

제1조(목적) 이 법은 관광 여건을 조성하고 관광자원을 개발하며 관광사업을 육성하여 관광 진흥에 이바지하는 것을 목적으로 한다.

제3조(관광사업의 종류) ① 관광사업의 종류는 다음 각 호와 같다.

1. (생략)
2. 관광숙박업: 다음 각 목에서 규정하는 업
   가. 호텔업; 관광객의 숙박에 적합한 시설을 갖추어 이를 관광객에게 제공하거나 숙박에 딸리는 음식·운동·오락·휴양·공연 또는 연수에 적합한 시설 등을 함께 갖추어 이를 이용하게 하는 업
   나. 휴양 콘도미니엄업: (생략)

3.~7. (생략)

② 제1항 제1호부터 제4호까지, 제6호 및 제7호에 따른 관광사업은 대통령령으로 정하는 바에 따라 세분할 수 있다.

제4조(등록) ① 제3조 제1항 제1호부터 제4호까지의 규정에 따른 여행업, 관광숙박업, 관광객 이용시설업 및 국제회의업을 경영하려는 자는 특별자치도지사·시장·군수·구청장(자치구의 구청장을 말한다. 이하 같다)에게 등록하여야 한다.

② 삭제

③ 제1항에 따른 등록을 하려는 자는 대통령령으로 정하는 자본금·시설 및 설비 등을 갖추어야 한다.

④~⑤ (생략)

제15조(사업계획의 승인) ① 관광숙박업을 경영하려는 자는 제4조 제1항에 따른 등록을 하기 전에 그 사업에 대한 사업계획을 작성하여 특별자치도지사·시장·군수·구청장의 승인을 받아야 한다.

②~③ (생략)

「관광진흥법 시행령」(발췌)

제1조(목적) 이 영은 「관광진흥법」에서 위임된 사항과 그 시행에 필요한 사항을 규정함을 목적으로 한다.

제2조(관광사업의 종류) ① 「관광진흥법」(이하 "법"이라 한다) 제3조 제2항에 따라 관광사업의 종류를 다음과 같이 세분한다.

1. (생략)
2. 호텔업의 종류
   가. 관광호텔업: 관광객의 숙박에 적합한 시설을 갖추어 관광객에게 이용하게 하고 숙박에 딸린 음식·운동·오락·휴양·공연 또는 연수에 적합한 시설 등(이하 "부대시설"이라 한다)을 함께 갖추어 관광객에게 이용하게 하는 업(業)
   나.~바. (생략)
   사. 의료관광호텔업: 의료관광객의 숙박에 적합한 시설 및 취사도구를 갖추거나 숙박에 딸린 음식·운동 또는 휴양에 적합한 시설을 함께 갖추어 주로 외국인 관광객에게 이용하게 하는 업
3.~6. (생략)

② (생략)

제5조(등록기준) 법 제4조 제3항에 따른 관광사업의 등록기준은 별표 1과 같다.

[별표 1]

관광사업의 등록기준(제5조 관련)

1. (생략)
2. 호텔업
   가.~바. (생략)
   사. 의료관광호텔업
      (1) (생략)
      (2) 욕실이나 샤워시설을 갖춘 객실이 20실 이상일 것
      (3) 객실별 면적이 19제곱미터 이상일 것

(4) 「학교보건법」 제 6 조 제 1 항 제12호, 제15호, 제19호에 따른 영업이 이루어지는 시설을 부대시설로 두지 아니할 것
(5) 의료관광객의 출입이 편리한 체계를 갖추고 있을 것
(6) 외국어 구사인력 고용 등 외국인에게 서비스를 제공할 수 있는 체제를 갖추고 있을 것
(7) (생략)
(8) 대지 및 건물의 소유권 또는 사용권을 확보하고 있을 것
(9) (생략)

「관공서의 공휴일에 관한 규정」 (발췌)

제 1 조(목적) 이 영은 관공서의 공휴일에 관한 사항을 규정함을 목적으로 한다.

제 2 조(공휴일) 관공서의 공휴일은 다음과 같다. 다만, 재외공관의 공휴일은 우리나라의 국경일중 공휴일과 주재국의 공휴일로 한다.
1. 일요일
2. 국경일 중 3·1절, 광복절, 개천절 및 한글날
3. 1월 1일
4. 설날 전날, 설날, 설날 다음날 (음력 12월 말일, 1월 1일, 2일)
5. 삭제
6. 석가탄신일 (음력 4월 8일)
7. 5월 5일 (어린이날)
8. 6월 6일 (현충일)
9. 추석 전날, 추석, 추석 다음날 (음력 8월 14일, 15일, 16일)
10. 12월 25일 (기독탄신일)
10의1.~11. (생략)

「성매매알선 등 행위의 처벌에 관한 법률」(발췌)
[시행 2014.7.29.] [법률 제12458호, 2014.1.28. 개정]

제1조(목적) 이 법은 성매매, 성매매알선 등 행위 및 성매매 목적의 인신매매를 근절하고, 성매매피해자의 인권을 보호함을 목적으로 한다.

제2조(정의) 이 법에서 사용하는 용어의 뜻은 다음과 같다.

1. "성매매"란 불특정인을 상대로 하여 금품이나 그 밖의 재산상의 이익을 받거나 받을 것을 약속하고 성행위를 하거나 그 상대방이 되는 것을 말한다.
2. (생략)
3. (생략)
4. "성매매피해자"란 다음 각 목의 어느 하나에 해당하는 사람을 말한다.
   가. 위계, 위력, 그 밖에 이에 준하는 방법으로 성매매를 강요당한 사람
   나. 업무관계, 고용관계, 그 밖의 관계로 인하여 보호 또는 감독하는 사람에 의하여 「마약류관리에 관한 법률」 제2조에 따른 마약·향정신성의약품 또는 대마(이하 "마약등"이라 한다)에 중독되어 성매매를 한 사람
   다. 청소년, 사물을 변별하거나 의사를 결정할 능력이 없거나 미약한 사람 또는 대통령령으로 정하는 중대한 장애가 있는 사람으로서 성매매를 하도록 알선·유인된 사람
   라. 성매매 목적의 인신매매를 당한 사람

제5조(다른 법률과의 관계) 이 법에서 규정한 사항에 관하여 「아동·청소년의 성보호에 관한 법률」에 특별한 규정이 있는 경우에는 그 법에서 정하는 바에 따른다.

제6조(성매매피해자에 대한 처벌특례와 보호) ① 성매매피해자의 성매매는 처벌하지 아니한다.
② (생략)

제10조(성매매금지) 누구든지 대통령령이 정하는 성행위 중 어느 하나에 해당하는 성매매를 하여서는 아니 된다.

제26조(벌칙) ① 제10조를 위반하여 성매매를 한 사람은 1년 이하의 징역이나 300만원 이하의 벌금·구류 또는 과료에 처한다.
② (생략)

「성매매알선 등 행위의 처벌에 관한 법률 시행령」(발췌)
[시행 2014.7.29.] [대통령령 제21087호, 2014.1.28. 개정]

제1조(목적) 이 영은 「성매매알선 등 행위의 처벌에 관한 법률」(이하 "법" 이라 한다)에서 위임된 사항과 그 시행에 관하여 필요한 사항을 규정함을 목적으로 한다.

제19조(금지되는 성매매의 유형) 법 제10조에서 "대통령령이 정하는 성행위"라 함은 다음 각 호에 해당하는 행위를 말한다.

1. 성교행위
2. 구강, 항문 등 신체의 일부 또는 도구를 이용한 유사 성행위

「성매매알선 등 행위의 처벌에 관한 법률」 (발췌)
[시행 2016.8.29.] [법률 제23456호, 2015.12.28. 개정]

제1조(목적) 이 법은 성매매, 성매매알선 등 행위 및 성매매 목적의 인신매매를 근절하고, 성매매 피해자의 인권을 보호함을 목적으로 한다.

제2조(정의) ① 이 법에서 사용하는 용어의 뜻은 다음과 같다.

1. "성매매"란 불특정인을 상대로 금품이나 그 밖의 재산상의 이익을 수수(收受)하거나 수수하기로 약속하고 다음 각 목의 어느 하나에 해당하는 행위를 하거나 그 상대방이 되는 것을 말한다.

가. 성교행위

나. 구강, 항문등 신체의 일부 또는 도구를 이용한 유사 성교행위

2.~4. (생략)

② (생략)

제10조(성매매금지) 누구든지 성매매를 하여서는 아니 된다.

제21조(벌칙) ① 제10조를 위반하여 성매매를 한 사람은 1년 이하의 징역이나 300만원 이하의 벌금·구류 또는 과료(科料)에 처한다.

② (생략)

「성매매알선 등 행위의 처벌에 관한 법률 시행령」(발췌) [시행 2016.8.29.] [대통령령 제34087호, 2016.1.1. 개정]

제1조(목적) 이 영은 「성매매알선 등 행위에 관한 법률」에서 위임된 사항과 그 시행에 관하여 필요한 사항을 규정함을 목적으로 한다.

제19조(금지되는 성매매의 유형) 삭제

「각급 법원의 설치와 관할구역에 관한 법률」(발췌) [시행 2016.3.11.] [법률 제11151호, 2012.1.17. 일부개정]

제1조(목적) 이 법은 「법원조직법」 제3조 제3항에 따라 각급 법원의 설치와 관할 구역을 정함을 목적으로 한다.

제4조(관할구역) 가급 법원의 관할구역은 다음 각 호의 구분에 따라 정한다. (단서 생략)

1. 각 고등법원·지방법원과 그 지원의 관할구역: 별표 3
2. 특허법원의 관할구역: 별표 4
3. 각 가정법원과 그 지원의 관할구역: 별표 5
4. 행정법원의 관할구역: 별표 6
5. 각 시·군법원의 관할구역: 별표 7
6. 항소사건(抗訴事件) 또는 항고사건(抗告事件)을 심판하는 지방법원 본원 합의부 및 지방법원 지원 합의부의 관할구역: 별표 8
7. 행정사건을 심판하는 춘천지방법원 및 춘천지방법원 강릉지원의 관할구역: 별표 9
8. 회생법원의 관할구역: 별표 10

[별표 3] 고등법원·지방법원과 그 지원의 관할구역

고등법원	지방법원	지원	관할구역
서울	서울중앙		서울특별시 종로구·중구·강남구·서초구·관악구·동작구
	서울동부		서울특별시 성동구·광진구·광동구·송파구
	서울남부		서울특별시 영등포구·강서구·양천구·구로구·금천구
	서울북부		서울특별시 동대문구·중랑구·성북구·도봉구·강북구·노원구
	서울서부		서울특별시 서대문구·마포구·은평구·용산구
	의정부		의정부시·동두천시·양주시·연천군·포천시, 강원도 철원군. 다만, 소년보호사건은 앞의 시·군 외에 고양시·파주시·남양주시·구리시·가평군
		고 양	고양시·파주시
		남양주	남양주시·구리시·가평군
	인천		인천광역시
		부천	부천시·김포시
	수원		수원시·오산시·용인시·화성시. 다만, 소년보호사건은 앞의 시 외에 성남시·하남시·평택시·이천시·안산시·광명시·시흥시·안성시·광주시·안양시·과천시·의왕시·군포시·여주시 ·양평군
		성남	성남시·하남시·광주시
		여주	이천시·여주시·양평군
		평택	평택시·안성시
		안산	안산시·광명시·시흥시
		안양	안양시·과천시·의왕시·군포시
	춘천		춘천시·화천군·양구군·인제군·홍천군. 다만, 소년보호사건은 철원군을 제외한 강원도
		강릉	강릉시·동해시·삼척시
		원주	원주시·횡성군
		속초	속초시·양양군·고성군
		영원	태백시·영월군·정선군·평창군

[별표 6] 행정법원의 관할구역

고등법원	행정법원	관할구역
서울	서울	서울특별시

[별표 9] 행정사건을 심판하는 춘천지방법원 및 춘천지방법원 강릉지원의 관할구역

명 칭	관 할 구 역
춘천지방법원	춘천지방법원의 관할구역 중 강릉시·동해시·삼척시·속초시·양양군·고성군을 제외한 지역
춘천지방법원 강릉지원	강릉시·동해시·삼척시·속초시·양양군·고성군

[참고자료]

달 력

■ 2016년 1월 ~ 2017년 2월

2016년 1월

일	월	화	수	목	금	토
					1	2
3	4	5	6	7	8	9
10	11	12	13	14	15	16
17	18	19	20	21	22	23
24/31	25	26	27	28	29	30

2016년 2월

일	월	화	수	목	금	토
	1	2	3	4	5	6
7	8	9	10	11	12	13
14	15	16	17	18	19	20
21	22	23	24	25	26	27
28	29					

2016년 3월

일	월	화	수	목	금	토
		1	2	3	4	5
6	7	8	9	10	11	12
13	14	15	16	17	18	19
20	21	22	23	24	25	26
27	28	29	30	31		

2016년 4월

일	월	화	수	목	금	토
					1	2
3	4	5	6	7	8	9
10	11	12	13	14	15	16
17	18	19	20	21	22	23
24	25	26	27	28	29	30

2016년 5월

일	월	화	수	목	금	토
1	2	3	4	5	6	7
8	9	10	11	12	13	14
15	16	17	18	19	20	21
22	23	24	25	26	27	28
29	30	31				

2016년 6월

일	월	화	수	목	금	토
			1	2	3	4
5	6	7	8	9	10	11
12	13	14	15	16	17	18
19	20	21	22	23	24	25
26	27	28	29	30		

2016년 7월

일	월	화	수	목	금	토
					1	2
3	4	5	6	7	8	9
10	11	12	13	14	15	16
17	18	19	20	21	22	23
24/31	25	26	27	28	29	30

2016년 8월

일	월	화	수	목	금	토
	1	2	3	4	5	6
7	8	9	10	11	12	13
14	15	16	17	18	19	20
21	22	23	24	25	26	27
28	29	30	31			

2016년 9월

일	월	화	수	목	금	토
				1	2	3
4	5	6	7	8	9	10
11	12	13	14	15	16	17
18	19	20	21	22	23	24
25	26	27	28	29	30	

2016년 10월

일	월	화	수	목	금	토
						1
2	3	4	5	6	7	8
9	10	11	12	13	14	15
16	17	18	19	20	21	22
23/30	24/31	25	26	27	28	29

2016년 11월

일	월	화	수	목	금	토
		1	2	3	4	5
6	7	8	9	10	11	12
13	14	15	16	17	18	19
20	21	22	23	24	25	26
27	28	29	30			

2016년 12월

일	월	화	수	목	금	토
				1	2	3
4	5	6	7	8	9	10
11	12	13	14	15	16	17
18	19	20	21	22	23	24
25	26	27	28	29	30	31

2017년 1월

일	월	화	수	목	금	토
1	2	3	4	5	6	7
8	9	10	11	12	13	14
15	16	17	18	19	20	21
22	23	24	25	26	27	28
29	30	31				

2017년 2월

일	월	화	수	목	금	토
			1	2	3	4
5	6	7	8	9	10	11
12	13	14	15	16	17	18
19	20	21	22	23	24	25
26	27	28				

문제 1. 해답

소 장

원 고 박 갑 동

속초시 영랑로2길 1, 3동 701호(영랑동, 대관령아파트)

소송대리인 법무법인 동해

담당변호사 나 근 면

속초시 중앙대로 50 법조빌딩 3층

전화 033-777-**** 팩스 033-777-****

피 고 강원도 속초교육지원청 교육장

금지해제결정취소처분 취소 등 청구의 소

청 구 취 지

1. 피고가 원고에게 한
   가. 2016. 7. 4. 금지해제결정 중 "신청인은 2016. 8. 3.까지 강원도 속초교육지원청에 속초교육지원청공무원휴양시설 건립기금 10억원을 납부할 것" 부분,
   나. 2016. 8. 17. 금지해제결정취소처분,
   다. 2016. 9. 5. 정보비공개결정 중 회의록에 기재된 발언내용에 대한 해당 발언자의 인적사항을 제외한 나머지 부분을 모두 취소한다.

2. 소송비용은 피고가 부담한다.

라는 판결을 구합니다.

청 구 원 인

1. 이 사건 처분의 경위

가. 원고는 속초시 영랑동에서 병원을 운영하고 있는 의사로서, 위 병원 인근에 대지를 소유하고 있는 자입니다. 원고는 위 대지에 의료관광호텔인 외설악의료관광호텔을 신축하기 위하여 「관광진흥법」 제15조에 따른 사업계획승인을 받은 후 피고에게 학교환경위생정화구역내 금지행위 및 시설해제신청을 하였고, 피고는 2016. 7. 4. 속초시 학교환경위생정화위원회 심의를 거쳐 2016. 8. 3.까지 속초교육지원청 공무원 휴양시설 건립기금 10억원을 납부할 것을 조건(이하 '이 사건 조건'이라 함)으로 금지행위 및 시설해제결정처분(이하 '이 사건 금지해제결정'이라 함)을 하였습니다.

나. 그러나 피고는 2016. 8. 17. 원고에 대하여 외설악의료관광호텔이 설치될 경우 관광객 증가와 유흥시설 등의 증가로 영랑중학교의 면학분위기를 해쳐 청소년기학생들의 학습과 학교보건위생에 나쁜 영향을 줄 뿐만 아니라 원고가 2016. 8. 3.까지 위 건립기금 10억원을 납부하지 않았다는 이유로 금지해제결정을 취소하는 처분(이하 '이 사건 금지해제결정 취소처분'이라 함)을 하였습니다.

다. 한편, 원고가 2016. 8. 28. 피고에게 위 건립기금 조건 부가와 관련된 문제점을 파악하기 위하여 속초시 학교환경위생정화위원회의 회의록(2016. 7. 1.자)에 대한 정보공개신청을 하였으나, 피고는 2016. 9. 5. 원고에게 '회의록에 기재된 발언내용'은 이미 언론 등을 통하여 공개되어 쉽게 검색이 가능하여 정보공개의 이익이 없다는 이유로 비공개결정(이하 '이 사건 비공개결정'이라 함)을 하였습니다.

2. 이 사건 소의 적법성

가. 대상적격

(1) 취소소송의 대상적격

취소소송은 '처분 등'을 대상으로 하며, 여기서 "처분 등"이란 행정청이 행하는 구체적 사실에 관한 법집행으로서의 공권력의 행사 또는 그 거부와 그 밖에 이에 준하는 행정작용 및 행정심판에 대한 재결을 말합니다(행정소송법 제19조, 제2조 제1항 제1호).

(2) 이 사건 조건의 대상적격

(가) 이 사건 조건은 주된 행정행위인 금지해제결정처분에 건립기금 10억원을 특별히 납부할 의무를 부과하는 부관에 해당합니다. 부관은 행정행위의 효과의 발생 또는 소멸을 장래의 불확실한 사실에 의존시키는 '조건'과 행정행위의 주된 내용에 부수하여 상대방에게 의무를 부과하는 '부담' 등으로 나뉘는데, 이 사건 조건은 상대방에게 건립기금을 납부할 의무를 부과하는 부담에 해당합니다.

(나) 위법한 부관에 대하여 불복할 때 위법한 부관만을 독립하여 취소소송의 대상으로 할 수 있는지 문제됩니다(부관의 독립쟁송가능성). 판례는 부관 중 부담인 경우에는 주된 행정행위와 분리하여 독립적으로 취소소송을 제기할 수 있다고 하고, 그 밖의 부관은 부관부행정행위 전체를 대상으로 그 전체의 취소소송을 제기하여야 한다고 합니다. 부관은 행정행위의 일반적인 효력이나 효과를 제한하기 위하여 의사표시의 주된 내용에 부가되는 종된 의사표시이지 그 자체로서 직접 법적 효과를 발생하는 독립된 처분이 아니므로 현행 행정쟁송제도 아래서는 부관 그 자체를 독립된 쟁송의 대상으로 할 수 없는 것이 원칙이나, 행정행위의 부관 중에서도 행정행위에 부수하여 그 행정행위의 상대방에게 일정한 의무를 부과하는 행정청의 의사표시인 '부담'의 경우에는 다른 부관과는 달리 행정행위의 불가분적인 요소가 아니고, 그 존속이 본체인 행정행위의 존재를 전제로 하는 것일 뿐이므로 부담 그 자체로서 행정쟁송의 대상이 될 수 있습니다(대법원 1992. 1. 2. 선고 91누1264 판결).

(다) 이 사건 조건은 상대방에게 건립기금 납부의무를 부과하는 부담으로서, 독립하여 취소소송의 대상이 되고, 또한 주된 행정행위와는 별도로 이 사건 조건만의 취소도 가능합니다. 따라서 이 사건 조건은 대상적격이 인정됩니다.

(3) 이 사건 금지해제결정취소처분의 대상적격

이 사건 금지해제결정취소처분은 피고가 원고에게 하였던 수익적 처분인 이 사건 금지해제결정을 직권취소하는 것으로 철회의 성격을 갖고 있습니다. 이는 피고가 공권력 주체로서 우월적 지위에서 행한 구체적 사실에 관한 법집행으로서의 공권력의 행사에 해당하므로 취소소송의 대상적격이 인정됩니다.

⑷ 이 사건 비공개결정의 대상적격

㈎ 행정청의 거부행위가 취소소송의 대상이 되려면 ① 그 신청한 행위가 공권력의 행사 또는 이에 준하는 행정작용이어야 하고, ② 그 거부행위가 신청인의 법률관계에 어떤 변동을 일으키는 것이어야 하며, ③ 그 국민에게 그 행위발동을 요구할 법규상 또는 조리상의 신청권이 있어야 합니다(대법원 2007. 10. 11. 선고 2007두1316 판결).

㈏ ① 원고가 신청한 정보공개결정은 피고가 공권력 주체로서 우월적 지위에서 행하는 구체적 사실에 관한 법집행에 해당하므로 처분성이 인정되고, ② 이 사건 비공개결정으로 인하여 원고의 정보공개청구권이 제한되고, 비공개결정에 대하여 다투는 쟁송 과정에서 원활한 대응을 할 수 없게 되는 등 법적 지위의 불이익을 입게 되며, ③ 원고에게는 「공공기관의 정보공개에 관한 법률」(이하 '정보공개법'이라 함) 제5조 제1항, 제9조 제1항, 제10조 등에 의하여 정보공개청구권이 인정되므로, 이 사건 비공개결정은 취소소송의 대상이 되는 거부처분에 해당합니다.

나. 제소기간

⑴ 행정소송법 제20조 제1항은 '취소소송은 처분 등이 있음을 안 날부터 90일 이내에 제기하여야 한다', 같은 조 제2항은 '처분 등이 있은 날부터 1년을 경과하면 이를 제기하지 못한다'고 규정하고 있습니다.

⑵ 여기서 '처분 등이 있음을 안 날'이란 통지·공고 기타 방법에 의하여 당해 처분이 있는 것을 현실적·구체적으로 안 날을 말하고, 추상적으로 알 수 있었던 날을 말하는 것이 아닙니다. 판례 역시 행정처분이 있는 것을 알았다는 뜻은 행정처분의 구체적 내용을 알았다는 취지가 아니고, 어떤 종류의 행정처분이 있었다는 사실을 안 것으로 족하다고 합니다(대법원 1964. 3. 31. 선고 63누158). 그리고 '처분이 있음을 안 날'이란 통지·공고 기타의 방법에 의하여 당해 처분이 있었다는 사실을 현실적으로 안 날을 의미하고 구체적으로 그 행정처분의 위법 여부를 판단한 날을 가리키는 것은 아니라고 판시하고 있습니다(대법원 1991. 6. 28. 선고 90누6521 판결).

⑶ 원고는 2016. 7. 5. 이 사건 조건이 부가된 이 사건 금지해제결정처분을, 2016. 8. 19. 이 사건 금지해제결정취소처분을, 2016. 9. 7. 이 사건 비공개결정을 각 송달

받아 그 처분사실을 알게 되었고, 시간적으로 가장 앞선 이 사건 조건이 송달된 날로부터 90일 이내인 2016. 10. 4.(기간 말일인 2016. 10. 3.이 공휴일이므로 그 다음날) 이 사건 소를 제기하였으므로 제소기간을 준수하였습니다.

다. 소 결

원고적격, 피고적격, 소의 이익, 그 밖의 취소소송의 적법요건을 모두 갖추었으므로 이 사건 소 제기는 적법합니다.

3. 이 사건 처분의 위법성

가. 이 사건 납부조건의 위법성

(1) 부관의 가능성 및 한계

㈎ 법률에서 명시적으로 부관을 허용하는 명문의 규정이 있으면 주된 행정행위의 종류와 상관없이 부관을 붙일 수 있으나, 명문의 규정이 없는 경우에는 재량행위에만 부관을 붙일 수 있습니다. 따라서 기속행위에 대하여는 법령상 특별한 근거가 없는 한 부관을 붙일 수 없고, 만약 부관을 붙였다 하더라도 이는 무효입니다(대법원 1993. 7. 27. 92누13998).

㈏ 「학교보건법」 및 동 시행령의 관련 규정의 체계, 문언, 형식을 살펴보면 교육감이나 교육감이 위임한 자가 학교환경위생정화위원회의 심의를 거쳐 학습과 학교보건위생에 나쁜 영향을 주지 아니한다고 인정하는 행위 및 시설에 대하여는 금지해제결정을 할 수 있도록 규정하고 있으므로, 이 사건 금지해제결정은 재량행위에 해당합니다. 따라서 피고는 법령상 특별한 근거가 없더라도 부관을 붙일 수 있으므로 이 사건 조건을 부가한 것 자체는 위법하다고 볼 수 없습니다.

㈐ 그러나 재량행위에 있어서 법령상의 근거가 없다고 하더라도 부관을 붙일 수 있지만 그 한계가 존재합니다. 즉, 부관의 내용은 ① 법령에 위반되어서는 안되고, ② 주된 행정행위의 목적에 반하여서는 아니 되며, ③ 부당결부금지의 원칙에 반하지 않아야 하고, ④ 평등원칙·비례원칙 등 행정법의 일반원칙을 준수하여야 합니다.

(2) 부당결부금지의 원칙 위반 여부

㈎ 부당결부금지의 원칙이란 행정주체가 행정작용을 함에 있어서 이와 실질적인 관

련이 없는 상대방의 의무를 부과하거나 그 이행을 강제하여서는 아니 된다는 원칙을 말합니다. 이 원칙의 요건으로는 행정청의 행정작용이 상대방에게 부과하는 반대급부와 결부되어야 하고, 그 행정작용과 사인의 급부가 부당한 내적 관련(실체적 관련성)을 가져야 합니다. 여기서 '실체적 관련성'이란 행정행위와 반대급부 사이에 인과관계(원인적 관련성)가 있어야 하고, 반대급부가 행정목적 달성에 실질적으로 기여할 수 있어야 한다(목적적 관련성)는 것을 의미하며, 이 두 요건 중 하나를 결여하면 부당결부금지의 원칙에 위반됩니다.

㈏ 이 사건 조건은 속초교육지원청 공무원 휴양시설 건립기금 10억원을 납부하는 이행의무를 부과하는 것으로서 학습과 학교보건위생에 나쁜 영향을 주지 않는다고 인정되는 행위 및 시설에 대한 금지해제결정과는 아무런 인과관계가 인정되지 않습니다. 위 건립기금 납부의 반대급부가 학교의 보건관리와 환경위생 정화를 통해 학생과 교직원의 건강을 보호·증진하려는 관련법령의 입법 취지, 목적 달성에 전혀 기여하지 못한다는 점이 명백하므로 이 사건 조건은 부당결부금지의 원칙에 반합니다.

(3) 소　　결

이 사건 조건은 부당결부금지의 원칙에 반하여 위법한 부관이므로 취소되어야 합니다.

나. 이 사건 금지해제결정 취소처분의 위법성

(1) 절차상의 하자 — 의견제출기회의 결여[1)]

㈎ 행정청은 당사자에게 의무를 부과하거나 권익을 제한하는 처분을 하는 경우에는

---

1) **구 학교보건법상 학교환경위생정화구역에서의 금지행위 및 시설의 해제 여부에 관한 행정처분을 함에 있어 학교환경위생정화위원회의 심의를 거치도록 한 취지 및 그 심의절차를 누락한 행정처분이 위법한지 여부(적극)**
행정청이 구 학교보건법(2005. 12. 7. 법률 제7700호로 개정되기 전의 것) 소정의 학교환경위생정화구역 내에서 금지행위 및 시설의 해제 여부에 관한 행정처분을 함에 있어 학교환경위생정화위원회의 심의를 거치도록 한 취지는 그에 관한 전문가 내지 이해관계인의 의견과 주민의 의사를 행정청의 의사결정에 반영함으로써 공익에 가장 부합하는 민주적 의사를 도출하고 행정처분의 공정성과 투명성을 확보하려는 데 있고, 나아가 그 심의의 요구가 법률에 근거하고 있을 뿐 아니라 심의에 따른 의결내용도 단순히 절차의 형식에 관련된 사항에 그치지 않고 금지행위 및 시설의 해제 여부에 관한 행정처분에 영향을 미칠 수 있는 사항에 관한 것임을 종합해 보면, 금지행위 및 시설의 해제 여부에 관한 행정처분을 하면서 절차상 위와 같은 심의를 누락한 흠이 있다면 그와 같은 흠을 가리켜 위 행정처분의 효력에 아무런 영향을 주지 않는다거나 경미한 정도에 불과하다고 볼 수는 없으므로, 특별한 사정이 없는 한 이는 행정처분을 위법하게 하는 취소사유가 된다(대법원 2007. 3. 15. 선고 2006두15806 판결[학교환경위생정화구역내금지행위및시설해제신청거부처분취소]).

미리 처분의 제목, 처분의 원인되는 사실과 처분의 내용 및 법적 근거 등을 당사자등에게 통지하여야 합니다(행정절차법 제21조 제1항). 또한 행정청이 당사자에게 의무를 과하거나 권익을 제한하는 처분을 함에 있어서 청문이나 공청회를 개최하는 경우 외에는 당사자등에게 의견제출의 기회를 주어야 합니다(동법 제22조 제3항). 당사자 등은 처분 전에 그 처분의 관할 행정청에 서면이나 말로 또는 정보통신망을 이용하여 의견제출을 할 수 있습니다(동법 제27조 제1항).

(나) 행징청이 침해적 처분을 함에 있어서 당사자에게 위와 같은 사전통지를 하거나 의견 제출의 기회를 주지 아니하였다면 사전통지를 하지 않거나 의견 제출의 기회를 주지 아니하여도 되는 예외적인 경우에 해당하지 아니하는 한 그 처분은 위법하여 취소를 면할 수 없습니다(대법원 2000. 11. 14. 선고 99두5870 판결).

(다) 이 사건 금지해제결정 취소처분은 전형적인 침해적 처분에 해당하므로 피고는 이 사건 취소처분을 행함에 있어 행정절차법이 정하는 바에 따라 처분의 사전통지를 하거나 의견제출의 기회를 주어야 함에도 이를 전혀 행하지 아니하였습니다. 즉, 원고가 2016. 8. 16. 담당공무원과의 전화 통화에서 "건립기금을 납부하지 않았으니 금지해제결정이 곧 취소될 수 있다"라는 말을 듣고 즉시 관할 행정청에 청문을 실시해달라는 신청서를 제출하였으나, 피고는 「학교보건법」에 청문에 관한 규정이 없다는 이유로 이를 받아들이지 않았습니다.

(라) 이 사건 취소처분은 ① 공공의 안전 또는 복리를 위하여 긴급히 처분을 할 필요가 있는 경우, ② 법령 등에서 요구된 자격이 없거나 없어지게 되면 반드시 일정한 처분을 하여야 하는 경우에 그 자격이 없거나 없어지게 된 사실이 법원의 재판 등에 의하여 객관적으로 증명된 경우, ③ 해당 처분의 성질상 의견청취가 현저히 곤란하거나 명백히 불필요하다고 인정될 만한 상당한 이유가 있는 경우, ④ 당사자가 의견진술의 기회를 포기한다는 뜻을 명백히 표시한 경우(행정절차법 제21조 제4항, 제22조 제4항) 등 의견 제출의 기회를 주지 않아도 되는 행정절차법상 예외사유의 어디에도 해당하지 않으므로 이 사건 처분은 위법하여 취소를 면할 수 없습니다.

(2) 신뢰보호의 원칙 위반

(가) 신뢰보호의 원칙은 행정청의 어떤 언동의 정당성 또는 존속성에 대한 개인의 보

호가치 있는 신뢰를 보호하여 주는 원칙을 말합니다. 행정청의 행위에 대하여 신뢰보호의 원칙이 적용되기 위해서는 ① 행정청이 개인에 대하여 신뢰의 대상이 되는 공적인 견해표명을 하고, ② 행정청의 견해표명이 정당하다고 신뢰한 데에 대하여 그 개인에게 귀책사유가 없으며, ③ 그 개인이 그 견해표명을 신뢰하고 이에 어떠한 행위를 하였는데, ④ 행정청이 위 견해표명에 반하는 처분을 함으로써 그 견해표명을 신뢰한 개인의 이익이 침해되는 결과가 초래된 경우에는 행정청의 처분은 신뢰보호의 원칙에 반하는 행위로서 위법합니다(대법원 1997. 9. 12. 선고 96누18380).

(나) 피고는 2016. 7. 4. 원고에 대하여 이 사건 금지해제결정을 함으로써 원고에게 신뢰의 대상이 되는 공적인 견해를 표명하였습니다. 피고의 지위와 임무, 이 사건 금지해제결정을 하게 된 경위 등을 종합적으로 고려해 볼 때 원고가 이를 정당하다고 신뢰한 데에 대하여 원고에게는 아무런 귀책사유가 없습니다. 원고는 위 금지해제결정을 신뢰하고 은행으로부터 막대한 자금을 대출받아 의료관광호텔 신축을 위한 공사에 착수하였습니다. 그런데 피고가 위 금지해제결정을 취소하는 처분을 함으로써 금지해제결정을 신뢰한 원고에게 상당한 경제적 손해가 발생하였으므로 피고의 이 사건 금지해제결정 취소처분은 신뢰보호 원칙에 반하는 것입니다.

(3) 비례의 원칙 위반

(가) 비례의 원칙은 행정목적의 달성과 그 실현수단 사이에 적절한 비례관계가 유지되어야 한다는 것으로 과잉금지의 원칙이라고도 합니다. 비례의 원칙은 그 행정목적을 달성하기 위한 수단은 목적달성에 유효·적절하고 또한 가능한 한 최소 침해를 가져오는 것이어야 하며 아울러 그 수단의 도입으로 인한 침해가 의도하는 공익을 능가하여서는 아니 됩니다(대법원 1996. 11. 29. 선고 96누8567 판결).

(나) 행정청이 일단 행정처분을 한 경우에는 행정처분을 한 행정청이라도 법령에 규정이 있는 때, 행정처분에 하자가 있는 때, 행정처분의 존속이 공익에 위반되는 때, 또는 상대방의 동의가 있는 때 등의 특별한 사유가 있는 경우를 제외하고는 행정처분을 자의로 취소(철회의 의미를 포함한다)할 수 없습니다(대법원 2000. 2. 25. 선고 99두10520 판결). 특히 행정청은 수익적 행정행위를 취소함에 있어 그 처분을 취소하여야 할 공익상의 필요와 그 취소로 인하여 당사자가 입게 될 불이익

을 비교형량한 후 공익상의 필요가 당사자의 불이익을 정당화할 만큼 강한 경우에 한하여 취소할 수 있습니다(대법원 1973. 6. 26. 선고 72누232 판결).

(다) 원고가 신축하려는 외설악의료관광호텔은 의료관광호텔로서 내부에 유흥시설이 들어설 수 없어서 영랑중학교의 면학분위기를 훼손하지 않으며, 학생들의 학습 환경에 나쁜 영향을 미치지 않습니다. 만약 이 사건 금지해제결정이 취소된다면 이를 신뢰하고 은행으로부터 막대한 자금을 대출받아 공사에 착수한 원고에게는 막대한 재정적 손해가 발생하게 됩니다. 따라서 이 사건 금지해제결정을 취소(철회의 의미를 가집니다)하여야 할 공익상의 필요가 원고의 불이익을 정당화할 만큼 강하거나 중대하다는 점을 전혀 인정할 수 없습니다.

(라) 원고는 희귀병 치료를 전문으로 하는 의사로서 그동안 의료시설이 별로 없는 강원도 속초시에서 수십 년간 병원을 운영하며 주민의 보건·위생 증진을 위해 한평생 헌신하며 봉사해 왔습니다. 외설악의료관광호텔을 신축하여 더 많은 환자들에게 보다 효율적이고 안락한 의료서비스를 제공하려는 원고가 위에서 본 바와 같이 부당결부금지 원칙에 반하여 위법한 건립기금 납부조건을 이행하지 않았다는 이유로 이 사건 금지해제결정을 취소한 것은 너무나도 가혹하고 불합리한 결정이라 할 것입니다.

(마) 따라서 이 사건 처분은 비례의 원칙을 위반하는 재량권의 일탈·남용으로 위법하므로 취소되어야 합니다.

(4) 소 결

이 사건 금지해제결정 취소처분은 의견제출기회를 전혀 부여하지 않은 절차상의 하자로 위법하고, 신뢰보호원칙 및 비례의 원칙에 위반하는 재량권을 일탈·남용한 위법한 처분이므로 취소하여 주시기 바랍니다.

다. 이 사건 비공개결정의 위법성

(1) 피고는 이 사건 비공개결정을 함에 있어 ① 청구대상 회의록에 기재된 발언내용 중 중요한 사항은 이미 언론과 인터넷 등을 통하여 공개되어 있어 쉽게 검색이 가능하므로 정보공개의 이익이 없고, ② 청구대상 회의록에 기재된 발언내용은 '의사결정과정에 있는 사항' 또는 이에 준하는 사항에 해당하고, 위 회의록에 기

재된 발언내용에 대한 해당 발언자의 인적사항에 관한 정보는 '개인에 관한 사항으로서 공개될 경우 사생활의 비밀 또는 자유를 침해할 우려가 있다고 인정되는 정보'에 해당한다는 사유를 들어 비공개결정을 하였습니다.

(2) 그러나 국민의 정보공개청구권은 법률상 보호되는 구체적인 권리이므로, 공공기관에 대하여 정보의 공개를 청구하였다가 공개거부처분을 받은 청구인은 행정소송을 통하여 그 공개거부처분의 취소를 구할 법률상의 이익이 있고, 공개청구의 대상이 되는 정보가 이미 다른 사람에게 공개되어 널리 알려져 있다거나 인터넷 등을 통하여 공개되어 인터넷검색 등을 통하여 쉽게 알 수 있다는 사정만으로는 소의 이익이 없다거나 비공개결정이 정당화될 수 없습니다(대법원 2010. 12. 23. 선고 2008두13101 판결).

(3) 또한 공개청구한 정보가 비공개대상정보와 공개대상정보가 혼합되어 있는 경우로서, 공개청구의 취지에 어긋나지 아니하는 범위 안에서 두 부분을 분리할 수 있는 때에는 비공개대상정보를 제외하고 공개하여야 합니다(정보공개법 제14조, 대법원 2004. 12. 9. 선고 2003두12707 판결).

(4) 설령, 피고가 주장한 바와 같이 해당 발언자의 인적사항에 관한 정보가 정보공개법상 비공개사유에 해당한다고 하더라도 당해 정보의 공개방법 및 절차에 비추어 당해 정보에서 비공개대상 정보에 관련된 기술 등을 제외 내지 삭제하고 그 나머지 정보만을 공개하는 것이 가능하고 나머지 부분의 정보만으로도 공개의 가치가 있는 경우에 해당하므로 이를 제외한 나머지 정보는 공개하여야 마땅합니다.

(5) 따라서 이 사건 비공개결정 중 비공개사항에 해당하는 "회의록에 기재된 발언내용에 대한 해당 발언자의 인적사항"을 제외한 나머지 부분에 대한 비공개처분은 취소되어야 합니다.

4. 결 론

그러므로 피고의 원고에 대한 이 사건 각 처분은 부당결부금지의 원칙 위반, 행정절차법 위반, 신뢰보호의 원칙 위반, 비례의 원칙 위반, 정보공개법 위반 등의 법리오해의 위법이 있으므로 모두 취소되어야 합니다.

입 증 방 법

1. 갑 제1호증	금지행위 및 시설해제신청에 대한 결과통보서	1부
2. 갑 제2호증	금지해제결정 취소처분 통보서	1부
3. 갑 제3호증	정보비공개결정 통지서	1부

기타 입증자료는 재판 진행 중에 수시로 제출하겠습니다.

첨 부 서 류

1. 위 각 입증방법	각 1부
1. 송달료 납부서	1부
1. 소송위임장	1부

2016. 10. 4.

원고 소송대리인 법무법인 동해
담당변호사 나 근 면 (인)

춘천지방법원 강릉지원 귀중

문제 2.
해 답

위헌법률심판제청신청서

사 건 : 2016고단623 성매매알선등행위의처벌에관한법률위반(성매매)
피고인 : 1. 박갑동 2. 정을순
신청인 : 피고인 박갑동

위 사건에 관하여 피고인 박갑동의 변호인은 아래와 같이 위헌법률심판제청을 신청합니다.

신 청 취 지

구 성매매알선 등 행위의 처벌에 관한 법률(2014. 1. 28. 법률 제12458호로 개정된 것) 제10조 중 성매수자에 관한 부분, 제26조 제1항 중 성매수자에 관한 부분의 위헌 여부에 대한 심판을 제청한다.
라는 결정을 구합니다.

신 청 이 유

Ⅰ. 쟁점의 정리

1. 성매매알선 등 행위의 처벌에 관한 법률(이하 '성매매처벌법'이라 함) 제10조, 제26조가 형벌조항의 위임입법의 한계를 일탈하여 포괄위임금지의 원칙에 위반되는지 여부
2. 위 법률조항이 과잉금지의 원칙에 위반하여 신청인의 성적 자기결정권, 사생활의 비밀과 자유를 침해하는지 여부
3. 위 법률조항이 신청인의 평등권을 침해하는지 여부가 문제됩니다.

Ⅱ. 재판의 전제성

1. 재판의 전제성의 의의

법률에 대한 위헌제청이 적법하려면 ① 구체적인 사건이 법원에 계속되어 있었거나 계속 중이어야 하고, ② 위헌 여부가 문제되는 법률이 당해 소송사건의 재판에 적용되는 것이어야 하며, ③ 그 법률이 헌법에 위반되는지의 여부에 따라 당해 사건을 담당한 법원이 다른 내용의 재판을 하게 되는 경우이어야 합니다. 이 때 법원이 "다른 내용의 재판을 하게 되는 경우"라 함은 원칙적으로 법원이 심리중인 당해 사건의 재판의 결론이나 주문에 어떠한 영향을 주는 것뿐만이 아니라, 문제된 법률의 위헌 여부가 비록 재판의 주문 자체에는 아무런 영향을 주지 않는다고 하더라도 재판의 결론을 이끌어 내는 이유를 달리 하는 데 관련되어 있거나 또는 재판의 내용과 효력에 관한 법률적 의미가 전혀 달라지는 경우도 포함한다 할 것입니다(헌재 1993. 5. 13.자 92가10 결정).

2. 사안의 경우

① 당해 사건인 2016고단623 성매매알선등행위의처벌에관한법률위반(성매매) 사건이 현재 춘천지방법원 속초지원에 계속 중이고, ② 행위시법주의에 따라 신청인이 위 법률위반행위를 한 2016. 8. 26. 현재 시행 중이었던 구 성매매처벌법(2014. 1. 28. 법률 제12458호로 개정된 것)(이하 '이 사건 법률'이라 함)이 당해 사건의 재판에 적용되며, ③ 이 사건 법률에 대한 위헌 결정이 있게 되면 신청인은 당해 소송에서 무죄 판결을 받게 되어 재판의 결론 및 주문에 영향을 받게 됩니다. 따라서 위 법률의 위헌 여부는 당해 사건에서 재판의 전제성이 인정됩니다.

Ⅲ. 이 사건 조항의 위헌성

1. 죄형법정주의의 법률주의 위반

가. 법률에 의한 처벌법규의 위임과 그 한계

(1) 헌법 제75조는 "대통령은 법률에서 구체적으로 범위를 정하여 위임받은 사항과 법률을 집행하기 위하여 필요한 사항에 관하여 대통령령을 발할 수 있다"고 규

정하여 위임입법의 근거를 마련하는 한편, 대통령령으로 입법할 수 있는 사항을 법률에서 구체적으로 범위를 정하여 위임받은 사항으로 한정함으로써 위임입법의 범위와 한계를 제시하고 있습니다(헌재 2002. 6. 27.자 2000헌가10 결정).

(2) 이 때 '구체적으로 범위를 정하여'라 함은 법률에 이미 하위법령으로 규정될 내용 및 범위의 기본사항이 구체적이고 명확하게 규정되어 있어서 누구라도 당해 법률 그 자체로부터 하위법령에 규정될 내용의 대강을 예측할 수 있어야 한다는 것을 의미합니다. 이러한 예측가능성의 유무는 관련 법률조항 전체를 유기적·체계적으로 종합 판단하여야 하며, 각 대상법률의 성질에 다라 구체적·개별적으로 검토하여야 합니다.

(3) 헌법 제75조는 처벌법규에도 적용되는 것이지만 죄형법정주의의 원칙상 처벌의 대상이 되는 행위는 법률로써 규정하여야 한다는 법률주의를 준수하여야 하므로, 처벌법규를 위임할 때는 그 요건과 범위를 보다 엄격하게 제한적으로 적용되어야 합니다. 즉, 처벌법규의 위임은 특히 긴급한 필요가 있거나 미리 법률로써 자세히 정할 수 없는 부득이한 사정이 있는 경우에 한정되어야 하며, 이러한 경우일지라도 법률에서 범죄의 구성요건은 처벌대상행위가 어떠한 것일 것이라고 예측할 수 있을 정도로 구체적으로 정하고 형벌의 종류 및 그 상한과 폭을 명백히 규정하여야 합니다(헌재 2000. 7. 20. 99헌가15).

나. 사안의 경우

(1) 그런데 이 사건 법률 제10조는 '대통령령이 정하는 성행위'라고 하여 처벌대상행위자의 범위와 그 행위의 태양 등의 기준을 두지 않은 채 이를 모두 하위법령인 대통령령에 위임하고 있으며, 이 사건 법률 제26조는 제10조를 위반하여 성매매를 한 사람에게 1년 이하의 징역 또는 300만원 이하의 벌금·구류·과료에 처할 수 있음을 규정하고 있습니다.

(2) 이 사건 법률조항은 성매매금지조항 및 그 처벌조항으로서 국민의 성적 자기결정권, 사생활의 비밀과 자유 등 기본권을 제한할 소지가 있는 법규이므로 구체성과 명확성의 요구가 강화되어 그 위임의 요건과 범위가 급부행정법규의 경우보다 더 엄격하게 제한적으로 규정되어야 합니다. 그런데 이 사건 조항은 형벌의 종류와 그 상한은 규정하고 있지만, 금지되는 성행위의 주체 및 그 행위의 유형이나 횟수, 방법 등 대통령령으로 규정될 내용 및 범위의 기본사항을 구체적

이고 명확하게 규정하고 있지 않아 포괄위임금지의 원칙과 명확성의 원칙에도 위반하였습니다.

(3) 성매매, 성매매알선 등 행위 및 성매매 목적의 인신매매를 근절하고, 성매매피해자의 인권을 보호함에 있어서 금지하여야 할 성행위의 유형이 매우 다양하고 상황 변화에 따른 신속한 대응의 필요성 등으로 말미암아 하위법령에 위임할 필요성이 인정된다 하더라도, 최소한 어떠한 행위 유형이 금지될 것인지 그 대강만이라도 법률의 형식으로 이를 명확하게 규정하여야 할 것입니다. 그러나 이 사건 조항이나 성매매처벌법의 다른 조항들을 유기적·체계적으로 종합하여 보더라도 그 유형의 대강을 전혀 예상할 수 없으므로 이 사건 법률조항은 형벌조항의 위임입법의 한계를 일탈하여 헌법상 죄형법정주의의 법률주의의 원칙을 위반하였습니다.

2. 과잉금지의 원칙 위반 여부[2)]

가. 제한되는 기본권

이 사건 법률조항은 과잉금지의 원칙에 위반하여 성매수자의 성적 자기결정권 및 사생활의 비밀과 자유를 침해하여 헌법에 위반됩니다.

(1) 성적 자기결정권

헌법 제10조는 개인의 인격권과 행복추구권을 보장하고 있고, 인격권과 행복추구권은 개인의 자기운명결정권을 전제로 합니다. 이러한 자기운명결정권에는 성행위 여부 및 그 상대방을 결정할 수 있는 성적 자기결정권이 포함되어 있고, 경제적 대가를 매개로 하여 성행위 여부를 결정할 수 있는 것 또한 성적 자기결정권과 관련되어 있다 볼 것이므로 이 사건 법률조항은 개인의 성적 자기결정권을 제한합니다.

(2) 사생활의 비밀과 자유

또한 이 사건 법률조항은 개인의 성생활이라는 내밀한 사적 생활영역에서의 행위를

---

2) 헌재 2016. 3. 31. 2013헌가2 성매매알선 등 행위의 처벌에 관한 법률 제21조 제1항 위헌제청
【판시사항】
1. 성매매를 한 자를 형사처벌하도록 규정한 '성매매알선 등 행위의 처벌에 관한 법률'(2011. 5. 23. 법률 제10697호로 개정된 것) 제21조 제1항이 개인의 성적 자기결정권, 사생활의 비밀과 자유, 성판매자의 직업선택의 자유를 침해하는지 여부(소극)
2. 심판대상조항이 제청신청인의 평등권을 침해하는지 여부(소극)
해답 내용은 위 사건에 관한 '헌법재판관 조용호의 전부위헌의견'을 참고하여 작성하였다.

제한하고 있으므로 헌법 제17조가 보장하는 사생활의 비밀과 자유도 제한합니다.

나. 과잉금지원칙 위반 여부

(1) 목적의 정당성

성매매가 인간의 성을 물질로 취급하거나 도구화하여 비인간성, 폭력성, 착취성을 가지는 등 사회적 유해성이 인정되므로 성매매를 근절함으로써 건전한 성풍속 및 성도덕을 확립하고자 하는 입법목적은 정당합니다.

(2) 수단의 적합성

(가) 우리의 생활영역에서는 법률이 직접 규율할 부분도 있지만 도덕에 맡겨두어야 할 부분도 있는 것이고, 개인의 성생활과 같은 사생활 영역에 대하여는 그 권리와 자유의 성질상 최대한 개인의 자기결정권에 맡기는 것이 헌법정신에 부합합니다. 특히, 성인 간의 자발적 성매매는 본질적으로 개인의 사생활 중에서도 극히 내밀한 사사의 영역에 속하는 것이고, 제3자에 의한 알선 없이 개인 차원에서 이루어질 경우 그 자체로 타인에게 피해를 주거나 건전한 성풍속 및 성도덕에 해악을 미친다고 보기 어렵습니다. 위와 같이 성도덕에 맡겨 사회 스스로 질서를 잡아야 할 성생활의 영역에 국가가 개입하여 이를 형벌의 대상으로 삼는 것은 성적자기결정권 및 사생활의 비밀과 자유를 침해하는 것일 뿐 위 입법목적을 달성하는 데 유효적절한 수단이 될 수 없습니다.

(나) 특히, 이 사건 법률조항의 시행으로 인해 성매매가 전체적으로 감소하였다거나 예방의 효과가 있다는 자료는 전혀 없고, 오히려 음성적 형태의 성매매를 확산하는 부작용만 낳고 있으며, 성매매 집결지를 중심으로 한 전통적인 유형의 성매매뿐만 아니라 겸업형 성매매, 인터넷이나 스마트폰을 이용한 성매매, 해외원정 성매매, 신종·변종 성매매 등 다양한 유형의 성매매 시장이 활성화되어 심각한 사회문제가 되고 있지만 그 규모조차 제대로 파악되지 않고 있는 실정입니다. 그렇다면 성매매 근절을 목적으로 하는 이 사건 법률조항은 성매매 근절에 전혀 기여하고 있지 못하므로 그 실효성에 강한 의문이 있고, 이는 결국 수단의 적합성 요건에 위반되는 것입니다.

(3) 침해의 최소성

(가) 이 사건 법률조항은 아무런 강제력을 행사하지 않은 성매수자의 성매매 자체를

금지하고 있고, 이를 위반하면 징역형으로까지 처벌할 수 있도록 규정하고 있습니다. 성매매에 대한 규제가 필요하더라도, 이에 대한 최선의 해결책은 사회보장·사회복지정책의 확충을 통하여 성매매여성이 성매매로부터 벗어날 수 있도록 지원하는 방법으로 이루어져야 하는 것이지 형사처벌에 의한 것이어서는 아니됩니다. 성매매 유형이나 기간, 횟수, 상습성에 따른 단계적인 제재 수단을 마련한다든지, 성판매자를 형사 처벌하지 않고 일정구역 안에서만 성매매를 허용하는 등의 덜 제약적인 방법이 가능하므로, 이 사건 법률조항은 침해의 최소성 원칙에 위반됩니다.

(나) 성구매가 자신의 성적 욕구를 충족시킬 수 있는 사실상 유일한 방법인 사람들, 예컨대 지체장애인, 홀로 된 노인, 독거남(獨居男), 동성애자, 외모가 추(醜)한 사람, 불법체류자나 이주 노동자와 같은 '성적 소외자'들은 국가로부터 특별히 더 보호받아야 할 사람들이라고 할 수 있습니다. 이들은 다른 누구에게도 피해를 주지 않으면서 자발적으로 성을 판매하고자 하는 상대방의 도움을 받아 성적 만족을 얻는다고 하여 우리 사회의 건전한 성풍속 및 성도덕이 무너질 것이라고 볼 수는 없습니다. 그런데 이 사건 법률조항처럼 국가가 특정 내용의 도덕관념을 잣대로 그에 위반되는 성행위를 형사 처벌한다면, 그러한 도덕관념을 갖지 아니한 사람들의 성적 욕구는 억압될 수밖에 없고, 특히 그러한 도덕관념에 따른 성관계가 어렵거나 불가능한 사람들은 인간으로서 가장 기본적인 성적 욕구를 충족시킬 수 없는 상황으로 내몰릴 수도 있으므로, 성적 자기결정권 및 사생활의 비밀과 자유에 대하여 불필요하고 과도한 제한을 당하게 되어 침해의 최소성 원칙에 위반됩니다.

(4) 법익의 균형성

이 사건 법률조항의 입법목적의 정당성을 수긍한다 하더라도 그러한 공익은 지극히 추상적이거나 모호하여 개인의 주관적 도덕감정에 따라 달라질 수 있으며, 실제로 이 사건 법률조항이 그 공익적 기능을 다하고 있다고도 볼 수 없습니다. 반면, 이 사건 법률조항에 따른 형사처벌이 가져오는 사적 불이익은 매우 실질적이고 구체적이며 그 불이익의 정도가 크고, 이 사건 법률조항으로 인하여 인간의 기본적 욕구 충족과 행복 추구를 위해 반드시 필요한 성적 자기결정권 및 사생활의 비밀과 자유라는 헌법상 기본권의 박탈에 이를 정도로 중대한 기본권침해가 발생하고 있습니다. 결국 이 사건 법률조항은 법익의 균형성도 상실하였다고 할 것입니다.

(5) 소 결

이 사건 법률조항들은 수단의 적합성, 침해의 최소성, 법익의 균형성을 갖추지 못하여 과잉금지원칙에 위반하여 신청인의 성적 자기결정권 및 사생활의 비밀과 자유를 침해하므로 헌법에 위반됩니다.

3. 평등권 침해 여부

가. 평등권의 의의

헌법 제11조 제1항은 객관적 법원칙인 평등의 원칙과 개개인의 주관적 공권인 평등권을 규정하고 있습니다. 동 조항에서 규정하는 차별금지사유는 예시에 불과하고, 그 차별금지영역도 모든 영역으로 하고 있습니다. 여기에서 말하는 '법'이란 성문법, 불문법 등 모든 법규범을 의미하고, '법 앞의' 평등이란 법적용상의 평등뿐만 아니라 법 내용상의 평등까지 의미하며, '평등'은 절대적 평등이 아니라 합리적 이유가 있는 차별을 허용하는 상대적 평등을 의미합니다.

나. 비교집단의 존재

평등권 침해 여부를 심사하기 위해서는 우선 법적용에 관련하여 상호 배타적인 '두 개의 비교집단' 간의 '차별취급'이 있어야 합니다. 이 사건 법률조항은 계속적으로 위반행위를 하는 성판매자와 일시적·부정기적인 신청인과 같은 성매수자를 구별하지 않고 있습니다. 또한 불특정인을 상대로 한 일시적인 성매매자는 처벌하면서 특정인을 상대로 일정기간 금품이나 그 밖의 재산상의 이익을 수수하거나 수수하기로 약속하고 일정한 성행위를 하는 자는 처벌하지 않고 있기 때문에 위 두 비교집단 사이에 차별취급이 존재합니다.

다. 심사기준

평등권 침해 심사의 우선적 기준은 입법부의 입법형성의 자유를 존중한다는 의미에서 자의금지원칙에 따릅니다. 즉, 차별대우를 정당화하는 객관적이고 합리적인 이유가 존재한다면 차별대우는 자의적인 것이 아니게 됩니다. 다만, ① 헌법에서 특별히 평등을 요구하고 있거나, ② 차별적 취급으로 인하여 관련 기본권에 대한 중대한 제한을 초래하게 되는 경우에는 입법형성권이 축소되어 엄격한 심사척도인 비례의 원칙을 적용합니다. 이 사건 법률조항에 따른 차별대우가 본질적으로 같은 것을 자의적으로 다르게, 또는 본질적으로 다른 것을 자의적으로 같게 취급하고 있는지 여부를 판단하여야 할 것입니다.

라. 평등권의 침해

이 사건 법률조항은 돈을 벌 목적으로 불특정인을 상대로 계속적으로 성매매의 원인을 제공하여 건전한 성풍속을 해치는 성판매자를 처벌하는 것으로 충분합니다. 그런데 신청인과 같이 성관계를 강요하거나 성판매자의 성을 착취한 적도 없는 일시적으로 성판매자의 유혹에 넘어가게 된 성매수자까지 성판매자와 동일하게 처벌하는 것은 합리적 이유를 찾아 볼 수 없어 평능권을 침해하고 있습니다.

또한 성매매는 금품이나 그 밖의 재산상의 이익을 수수하거나 수수하기로 약속하고 일정한 성행위를 하는 경우로서 특정인을 상대로 하든 불특정인을 상대로 하든 본질적으로 차이가 없습니다. 그런데 축첩행위나 외국인 상대의 현지처 계약 또는 최근 사회문제로 되고 있는 스폰서 계약 등에 의한 성매수자는 처벌하지 않으면서 비교적 저렴하고 폐해가 적은 전통적인 성매매만을 처벌하고 사회적 망신을 주는 결과를 초래하는 것 역시 합리적 이유 없는 차별에 해당됩니다.

마. 소 결

결국 심판대상조항은 성판매자만을 처벌하여야 함에도 성매수자까지도 동일하게 처벌하므로 본질적으로 같은 것을 다르게 취급하는 것으로서 헌법상 평등권을 침해합니다.

Ⅳ. 결 론

따라서 이 사건 법률조항은 그 위헌 여부가 재판의 전제가 되고, 위헌으로 인정할 만한 상당한 이유가 있으므로, 피고인의 변호인은 헌법재판소에 위헌법률심판을 제청해 줄 것을 신청합니다.

2017. 1. 16.

신청인의 대리인 법무법인 동해
담당변호사 나 근 면 (인)

춘천지방법원 속초지원 귀중

문제 3. 해 답

헌법소원심판청구서

청구인 박 갑 동
속초시 영랑로2길 1, 3동 701호(영랑동, 대관령아파트)

대리인 법무법인 동해
담당변호사 나 근 면
속초시 중앙대로 50 법조빌딩 3층
전화 033 - 777 - **** 팩스 033 - 777 - ****

청 구 취 지

구 성매매알선 등 행위의 처벌에 관한 법률(2014. 1. 28. 법률 제12458호로 개정된 것) 제10조 중 성매수자에 관한 부분, 제26조 제 1 항 중 성매수자에 관한 부분은 헌법에 위반된다.
라는 결정을 구합니다.

당 해 사 건

춘천지방법원 강릉지원 2016고단623 성매매알선등행위의처벌에관한법률위반(성매매)

침해된 권리

헌법 제10조(성적 자기결정권), 제17조(사생활의 비밀과 자유), 제11조(평등권)

침해의 원인(위헌이라고 해석되는 법률조항)

구 성매매알선 등 행위의 처벌에 관한 법률(2014. 1. 28. 법률 제12458호로 개정된 것) 제10조 중 성매수자에 관한 부분, 제26조 제1항 중 성매수자에 관한 부분

청 구 이 유

1. 사건의 개요

가. 청구인은 2016. 8. 26. 14:00경 속초시에 있는 금강호텔 805호에서 인터넷 채팅 사이트 "하나클럽"을 통해 알게 된 정을순(여, ○세)에게 성매매 대금 명목으로 현금 15만원을 주고 1회 성교행위를 하여 성매매를 하였다는 범죄사실로 2016. 11. 1. 기소되어 춘천지방법원 속초지원 2016고단623 성매매알선등행위의처벌에관한법률위반(성매매) 소송 계속 중에 있습니다.

나. 청구인은 위 소송 계속 중 구 성매매알선 등 행위의 처벌에 관한 법률(2014. 1. 28. 법률 제12458호로 개정된 것, 이하 '이 사건 법률'이라 함) 제10조 중 성매수자에 관한 부분, 제26조 제1항 중 성매수자에 관한 부분(이하 '이 사건 법률조항'이라 함)이 형벌조항의 위임입법의 한계를 일탈하여 포괄위임금지의 원칙에 위반되고, 과잉금지의 원칙에 위반하여 청구인의 성적 자기결정권, 사생활의 비밀과 자유를 침해하며, 청구인의 평등권을 침해한다고 주장하면서 재판부에 이 사건 법률조항에 대한 위헌법률제청신청을 하였지만, 그 신청을 기각하는 결정을 받았습니다.

다. 따라서 청구인은 헌법재판소법 제68조 제2항에 의하여 이 사건 헌법소원심판을 청구하게 되었습니다.

2. 청구요건

가. 심판의 대상

이 사건 심판대상은 재판의 전제가 되는 형식적 의미의 법률인 '성매매처벌법'이므

로 그 대상적격이 인정됩니다.

나. 위헌법률심판제청신청에 대한 법원의 기각결정

청구인은 2017. 1. 16. 춘천지방법원 속초지원에 위헌법률심판제청신청을 하였지만, 위 법원은 2017. 2. 15. 위 신청을 기각하는 결정을 하였습니다(춘천지방법원 속초지원 2017아○○).

다. 재판의 전제성

⑴ 재판의 전제성의 의의

법률에 대한 위헌제청이 적법하려면 ① 구체적인 사건이 법원에 계속되어 있었거나 계속 중이어야 하고, ② 위헌 여부가 문제되는 법률이 당해 소송사건의 재판에 적용되는 것이어야 하며, ③ 그 법률이 헌법에 위반되는지의 여부에 따라 당해 사건을 담당한 법원이 다른 내용의 재판을 하게 되는 경우이어야 합니다. 이 때 법원이 "다른 내용의 재판을 하게 되는 경우"라 함은 원칙적으로 법원이 심리중인 당해 사건의 재판의 결론이나 주문에 어떠한 영향을 주는 것뿐만이 아니라, 문제된 법률의 위헌 여부가 비록 재판의 주문 자체에는 아무런 영향을 주지 않는다고 하더라도 재판의 결론을 이끌어 내는 이유를 달리 하는 데 관련되어 있거나 또는 재판의 내용과 효력에 관한 법률적 의미가 전혀 달라지는 경우도 포함한다 할 것입니다(헌재 1993. 5. 13.자 92가10 결정).

⑵ 사안의 경우

① 당해 사건인 2016고단623 성매매알선등행위의처벌에관한법률위반(성매매) 사건이 현재 춘천지방법원 속초지원에 계속 중이고 ② 행위시법주의에 따라 신청인이 위 법률위반행위를 한 2016. 8. 26. 현재 시행 중이었던 이 사건 법률이 당해 사건의 재판에 적용되며, ③ 이 사건 법률조항에 대한 위헌 결정이 있게 되면 신청인은 당해 소송에서 무죄 판결을 받게 되어 재판의 결론 및 주문에 영향을 받게 됩니다. 따라서 이 사건 심판청구는 재판의 전제성 요건을 갖추고 있습니다.

라. 청구기간의 준수

헌법재판소법 제68조 제 2 항의 헌법소원심판은 위헌여부심판의 제청신청을 기각하는 결정을 통지받은 날부터 30일 이내에 청구하여야 합니다(헌법재판소법 69②). 청구인은 2017. 2. 15. 위헌법률심판 제청신청의 기각결정을 그 무렵 송달받고, 그로부터 30일 이내인 2017. 3. 10. 이 사건 심판청구를 하여 청구기간을 준수하였습니다.

마. 소 결

따라서 이 사건 심판청구는 헌법재판소법 제68조 제 2 항의 헌법소원의 요건을 모두 구비하여 적법합니다.

Ⅲ. 이 사건 조항의 위헌성

1. 죄형법정주의의 법률주의 위반

가. 법률에 의한 처벌법규의 위임과 그 한계

(1) 헌법 제75조는 "대통령은 법률에서 구체적으로 범위를 정하여 위임받은 사항과 법률을 집행하기 위하여 필요한 사항에 관하여 대통령령을 발할 수 있다"고 규정하여 위임입법의 근거를 마련하는 한편, 대통령령으로 입법할 수 있는 사항을 법률에서 구체적으로 범위를 정하여 위임받은 사항으로 한정함으로써 위임입법의 범위와 한계를 제시하고 있습니다(헌재 2002. 6. 27.자 2000헌가10 결정).

(2) 이 때 '구체적으로 범위를 정하여'라 함은 법률에 이미 하위법령으로 규정될 내용 및 범위의 기본사항이 구체적이고 명확하게 규정되어 있어서 누구라도 당해 법률 그 자체로부터 하위법령에 규정될 내용의 대강을 예측할 수 있어야 한다는 것을 의미합니다. 이러한 예측가능성의 유무는 관련 법률조항 전체를 유기적·체계적으로 종합 판단하여야 하며, 각 대상법률의 성질에 다라 구체적·개별적으로 검토하여야 합니다.

(3) 헌법 제75조는 처벌법규에도 적용되는 것이지만 죄형법정주의의 원칙상 처벌의 대상이 되는 행위는 법률로써 규정하여야 한다는 법률주의를 준수하여야 하므로, 처벌법규를 위임할 때는 그 요건과 범위를 보다 엄격하게 제한적으로 적용되어야 합니다. 즉, 처벌법규의 위임은 특히 긴급한 필요가 있거나 미리 법률로써 자세히 정할 수 없는 부득이한 사정이 있는 경우에 한정되어야 하며, 이러한 경우일지라도 법률에서 범죄의 구성요건은 처벌대상행위가 어떠한 것일 것이라

고 예측할 수 있을 정도로 구체적으로 정하고 형벌의 종류 및 그 상한과 폭을 명백히 규정하여야 합니다(헌재 2000. 7. 20. 99헌가15).

나. 사안의 경우

(1) 그런데 이 사건 법률 제10조는 '대통령령이 정하는 성행위'라고 하여 처벌대상행위자의 범위와 그 행위의 태양등의 기준을 두지 않은 채 이를 모두 하위법령인 대통령령에 위임하고 있으며, 이 사건 법률 제26조는 제10조를 위반하여 성매매를 한 사람에게 1년 이하의 징역 또는 300만원 이하의 벌금·구류·과료에 처할 수 있음을 규정하고 있습니다.

(2) 이 사건 법률조항은 성매매금지조항 및 그 처벌조항으로서 국민의 성적 자기결정권, 사생활의 비밀과 자유 등 기본권을 제한할 소지가 있는 법규이므로 구체성과 명확성의 요구가 강화되어 그 위임의 요건과 범위가 급부행정법규의 경우보다 더 엄격하게 제한적으로 규정되어야 합니다. 그런데 이 사건 조항은 형벌의 종류와 그 상한은 규정하고 있지만, 금지되는 성행위의 주체 및 그 행위의 유형이나 횟수, 방법 등 대통령령으로 규정될 내용 및 범위의 기본사항을 구체적이고 명확하게 규정하고 있지 않아 포괄위임금지의 원칙과 명확성의 원칙에도 위반하였습니다.

(3) 성매매, 성매매알선 등 행위 및 성매매 목적의 인신매매를 근절하고, 성매매피해자의 인권을 보호함에 있어서 금지하여야 할 성행위의 유형이 매우 다양하고 상황 변화에 따른 신속한 대응의 필요성 등으로 말미암아 하위법령에 위임할 필요성이 인정된다 하더라도, 최소한 어떠한 행위 유형이 금지될 것인지 그 대강만이라도 법률의 형식으로 이를 명확하게 규정하여야 할 것입니다. 그러나 이 사건 조항이나 성매매처벌법의 다른 조항들을 유기적·체계적으로 종합하여 보더라도 그 유형의 대강을 전혀 예상할 수 없으므로 이 사건 법률조항은 형벌조항의 위임입법의 한계를 일탈하여 헌법상 죄형법정주의의 법률주의의 원칙을 위반하였습니다.

2. 과잉금지의 원칙 위반 여부[3)]

가. 제한되는 기본권

이 사건 법률조항은 과잉금지의 원칙에 위반하여 성매수자의 성적 자기결정권 및 사생활의 비밀과 자유를 침해하여 헌법에 위반됩니다.

(1) 성적 자기결정권

헌법 제10조는 개인의 인격권과 행복추구권을 보장하고 있고, 인격권과 행복추구권은 개인의 자기운명결정권을 전제로 합니다. 이러한 자기운명결정권에는 성행위 여부 및 그 상대방을 결정할 수 있는 성적 자기결정권이 포함되어 있고, 경제적 대가를 매개로 하여 성행위 여부를 결정할 수 있는 것 또한 성적 자기결정권과 관련되어 있다 볼 것이므로 이 사건 법률조항은 개인의 성적 자기결정권을 제한합니다.

(2) 사생활의 비밀과 자유

또한 이 사건 법률조항은 개인의 성생활이라는 내밀한 사적 생활영역에서의 행위를 제한하고 있으므로 헌법 제17조가 보장하는 사생활의 비밀과 자유도 제한합니다.

나. 과잉금지원칙 위반여부

(1) 목적의 정당성

성매매가 인간의 성을 물질로 취급하거나 도구화하여 비인간성, 폭력성, 착취성을 가지는 등 사회적 유해성이 인정되므로 성매매를 근절함으로써 건전한 성풍속 및 성도덕을 확립하고자 하는 입법목적은 정당합니다.

(2) 수단의 적합성

(가) 우리의 생활영역에서는 법률이 직접 규율할 부분도 있지만 도덕에 맡겨두어야 할 부분도 있는 것이고, 개인의 성생활과 같은 사생활 영역에 대하여는 그 권리와 자유의 성질상 최대한 개인의 자기결정권에 맡기는 것이 헌법정신에 부합합

---

3) 헌재 2016. 3. 31. 2013헌가2 성매매알선 등 행위의 처벌에 관한 법률 제21조 제1항 위헌제청
【판시사항】
1. 성매매를 한 자를 형사처벌 하도록 규정한 '성매매알선 등 행위의 처벌에 관한 법률'(2011. 5. 23. 법률 제10697호로 개정된 것) 제21조 제1항이 개인의 성적 자기결정권, 사생활의 비밀과 자유, 성판매자의 직업선택의 자유를 침해하는지 여부(소극)
2. 심판대상조항이 제청신청인의 평등권을 침해하는지 여부(소극)

해답 내용은 위 사건에 관한 '헌법재판관 조용호의 전부위헌의견'을 참고하여 작성하였다.

니다. 특히, 성인 간의 자발적 성매매는 본질적으로 개인의 사생활 중에서도 극히 내밀한 사사의 영역에 속하는 것이고, 제 3 자에 의한 알선 없이 개인 차원에서 이루어질 경우 그 자체로 타인에게 피해를 주거나 건전한 성풍속 및 성도덕에 해악을 미친다고 보기 어렵습니다. 위와 같이 성도덕에 맡겨 사회 스스로 질서를 잡아야 할 성생활의 영역에 국가가 개입하여 이를 형벌의 대상으로 삼는 것은 성적자기결정권 및 사생활의 비밀과 자유를 침해하는 것일 뿐 위 입법목적을 달성하는데 유효적절한 수단이 될 수 없습니다.

(나) 특히, 이 사건 법률조항의 시행으로 인해 성매매가 전체적으로 감소하였다거나 예방의 효과가 있다는 자료는 전혀 없고, 오히려 음성적 형태의 성매매를 확산하는 부작용만 낳고 있으며, 성매매 집결지를 중심으로 한 전통적인 유형의 성매매뿐만 아니라 겸업형 성매매, 인터넷이나 스마트폰을 이용한 성매매, 해외원정 성매매, 신종·변종 성매매 등 다양한 유형의 성매매 시장이 활성화되어 심각한 사회문제가 되고 있지만 그 규모조차 제대로 파악되지 않고 있는 실정입니다. 그렇다면 성매매 근절을 목적으로 하는 이 사건 법률조항은 성매매 근절에 전혀 기여하고 있지 못하므로 그 실효성에 강한 의문이 있고, 이는 결국 수단의 적합성 요건에 위반되는 것입니다.

(3) 침해의 최소성

(가) 이 사건 법률조항은 아무런 강제력을 행사하지 않은 성매수자의 성매매 자체를 금지하고 있고, 이를 위반하면 징역형으로까지 처벌할 수 있도록 규정하고 있습니다. 성매매에 대한 규제가 필요하더라도, 이에 대한 최선의 해결책은 사회보장·사회복지정책의 확충을 통하여 성매매여성이 성매매로부터 벗어날 수 있도록 지원하는 방법으로 이루어져야 하는 것이지 형사처벌에 의한 것이어서는 아니됩니다. 성매매 유형이나 기간, 횟수, 상습성에 따른 단계적인 제재 수단을 마련한다든지, 성판매자를 형사 처벌하지 않고 일정구역 안에서만 성매매를 허용하는 등의 덜 제약적인 방법이 가능하므로, 이 사건 법률조항은 침해의 최소성 원칙에 위반됩니다.

(나) 성구매가 자신의 성적 욕구를 충족시킬 수 있는 사실상 유일한 방법인 사람들, 예컨대 지체장애인, 홀로 된 노인, 독거남(獨居男), 동성애자, 외모가 추(醜)한 사람, 불법체류자나 이주 노동자와 같은 '성적 소외자'들은 국가로부터 특별히 더

보호받아야 할 사람들이라고 할 수 있습니다. 이들은 다른 누구에게도 피해를 주지 않으면서 자발적으로 성을 판매하고자 하는 상대방의 도움을 받아 성적 만족을 얻는다고 하여 우리 사회의 건전한 성풍속 및 성도덕이 무너질 것이라고 볼 수는 없습니다. 그런데 이 사건 법률조항처럼 국가가 특정 내용의 도덕관념을 잣대로 그에 위반되는 성행위를 형사 처벌한다면, 그러한 도덕관념을 갖지 아니한 사람들의 성적 욕구는 억압될 수밖에 없고, 특히 그러한 도덕관념에 따른 성관계가 어렵거나 불가능한 사람들은 인간으로서 가장 기본적인 성적 욕구를 충족시킬 수 없는 상황으로 내몰릴 수도 있으므로, 성적 자기결정권 및 사생활의 비밀과 자유에 대하여 불필요하고 과도한 제한을 당하게 되어 침해의 최소성 원칙에 위반됩니다.

(4) 법익의 균형성

이 사건 법률조항의 입법목적의 정당성을 수긍한다 하더라도 그러한 공익은 지극히 추상적이거나 모호하여 개인의 주관적 도덕감정에 따라 달라질 수 있으며, 실제로 이 사건 법률조항이 그 공익적 기능을 다하고 있다고도 볼 수 없습니다. 반면, 이 사건 법률조항에 따른 형사처벌이 가져오는 사적 불이익은 매우 실질적이고 구체적이며 그 불이익의 정도가 크고, 이 사건 법률조항으로 인하여 인간의 기본적 욕구 충족과 행복 추구를 위해 반드시 필요한 성적 자기결정권 및 사생활의 비밀과 자유라는 헌법상 기본권의 박탈에 이를 정도로 중대한 기본권침해가 발생하고 있습니다. 결국 이 사건 법률조항은 법익 균형성도 상실하였다고 할 것입니다.

(5) 소　　결

이 사건 법률조항들은 수단의 적합성, 침해의 최소성, 법익의 균형성을 갖추지 못하여 과잉금지원칙에 위반하여 신청인의 성적 자기결정권 및 사생활의 비밀과 자유를 침해하므로 헌법에 위반됩니다.

3. 평등권 침해 여부

가. 평등권의 의의

헌법 제11조 제 1 항은 객관적 법원칙인 평등의 원칙과 개개인의 주관적 공권인 평등권을 규정하고 있습니다. 동 조항에서 규정하는 차별금지사유는 예시에 불과하고, 그 차별금지영역도 모든 영역으로 하고 있습니다. 여기에서 말하는 '법'이란 성문법, 불문법 등 모든 법규범을 의미하고, '법 앞의' 평등이란 법적용상의 평등뿐만 아니라 법 내용상의 평등까지 의미하며, '평등'은 절대적 평등이 아니라 합리적 이유가 있는 차별을 허용하는 상대적 평등을 의미합니다.

나. 비교집단의 존재

평등권 침해여부를 심사하기 위해서는 우선 법적용에 관련하여 상호 배타적인 '두 개의 비교집단'간의 '차별취급'이 있어야 합니다. 이 사건 법률조항은 계속적으로 위반행위를 하는 성판매자와 일시적·부정기적인 신청인과 같은 성매수자를 구별하지 않고 있습니다. 또한 불특정인을 상대로 한 일시적인 성매매자는 처벌하면서 특정인을 상대로 일정기간 금품이나 그 밖의 재산상의 이익을 수수하거나 수수하기로 약속하고 일정한 성행위를 하는 자는 처벌하지 않고 있기 때문에 위 두 비교집단 사이에 차별취급이 존재합니다.

다. 심사기준

평등권 침해 심사의 우선적 기준은 입법부의 입법형성의 자유를 존중한다는 의미에서 자의금지원칙에 따릅니다. 즉, 차별대우를 정당화하는 객관적이고 합리적인 이유가 존재한다면 차별대우는 자의적인 것이 아니게 됩니다. 다만, ① 헌법에서 특별히 평등을 요구하고 있거나 ② 차별적 취급으로 인하여 관련 기본권에 대한 중대한 제한을 초래하게 되는 경우에는 입법형성권이 축소되어 엄격한 심사척도인 비례의 원칙을 적용합니다. 이 사건 법률조항에 따른 차별대우가 본질적으로 같은 것을 자의적으로 다르게, 또는 본질적으로 다른 것을 자의적으로 같게 취급하고 있는지 여부를 판단하여야 할 것입니다.

라. 평등권의 침해

이 사건 법률조항은 돈을 벌 목적으로 불특정인을 상대로 계속적으로 성매매의 원인을 제공하여 건전한 성풍속을 해치는 성판매자를 처벌하는 것으로 충분합니다. 그런데 신청인과 같이 성관계를 강요하거나 성판매자의 성을 착취한 적도 없는 일시적으로 성판매자의 유혹에 넘어가게 된 성매수자까지 성판매자와 동일하게 처벌하는 것은 합리적 이유를 찾아 볼 수 없어 평등권을 침해하고 있습니다.

또한 성매매는 금품이나 그 밖의 재산상의 이익을 수수하거나 수수하기로 약속하고 일정한 성행위를 하는 경우로서 특정인을 상대로 하든 불특정인을 상대로 하든 본질적으로 차이가 없습니다. 그런데 축첩행위나 외국인 상대의 현지처 계약 또는 최근 사회문제로 되고 있는 스폰서 계약 등에 의한 성매수자는 처벌하지 않으면서 비교적 저렴하고 폐해가 적은 전통적인 성매매만을 처벌하고 사회적 망신을 주는 결과를 초래하는 것 역시 합리적 이유 없는 차별에 해당됩니다.

마. 소 결

결국 심판대상조항은 성판매자만을 처벌하여야 함에도 성매수자까지도 동일하게 처벌하므로 본질적으로 같은 것을 다르게 취급하는 것으로서 헌법상 평등권을 침해합니다.

Ⅳ. 결 론

따라서 이 사건 법률조항은 헌법에 위반되므로 청구취지와 같은 결정을 내려주시기를 바랍니다.

첨 부 서 류

1. 춘천지방법원 강릉지원 2016아○○○○ 위헌법률심판제청 결정문 1부
2. 소송위임장 및 담당변호사 지정서 1부

2017. 3. 10.

청구인의 대리인 법무법인 동해
담당변호사 나 근 면 (인)

헌법재판소 귀중

7

공법기록형 공법소송실무

법학전문대학원 설치·운영에 관한 법률 등 위헌확인

07

Contents

목 차

작 성 요 강

□ 문 제

1. 교육과학기술부장관은 청구인의 이 사건 헌법소원심판청구 사건의 내용을 반박하는 서면을 작성하여 제출하려고 한다. 교육과학기술부장관의 대리인 지위에서 그 서면을 작성하시오.

□ 작성요령 및 주의사항

1. 참고자료로 제시된 법령에 근거하여 작성할 것. 이와 다른 내용의 현행 법령이 있다면, 제시된 법령이 현행 법령에 우선하는 것으로 할 것.
2. 기록에 나타난 사실관계만을 기초로 하고, 그것이 사실임을 전제로 할 것.
3. 기록 내의 각종 서류에는 필요한 서명, 날인, 무인, 간인, 정정인이 있는 것으로 볼 것.
4. 서면의 작성일과 제출일은 2011. 3. 25.로 할 것.

헌 법 소 원 심 판 청 구 서

청구인 장 갑 을
서울 광진구 중곡동 12-3

국선대리인 변호사 서 길 우
서울 서초구 서초동 20-5 번성빌딩 5층(우: 137-074)
전화: 555-3300, FAX: 555-3301

청 구 취 지

"법학전문대학원 설치·운영에 관한 법률(2007. 7. 27. 법률 제8544호로 제정된 것) 제8조 제1항, 제18조 제3항 및 변호사시험법(2009. 5. 28. 법률 제9747호로 제정된 것) 제5조 제1항 본문 및 부칙 제4조 제1항은 헌법에 위반된다."라는 결정을 구합니다.

침해된 기본권

헌법 제11조 평등권, 제15조 직업선택의 자유, 제22조 학문의 자유, 제25조 공무담임권, 제31조 제1항 교육을 받을 권리

침해의 원인

법학전문대학원 설치·운영에 관한 법률(2007. 7. 27. 법률 제8544호로 제정된 것) 제8조 제1항, 제18조 제3항 및 변호사시험법(2009. 5. 28. 법률 제9747호로 제정된 것) 제5조 제1항 본문 및 부칙 제4조 제1항

청 구 이 유

1. 사건의 개요

가. 청구인은 법과대학을 졸업한 후 일반대학원 법학과에 진학하여 2000. 2.경 행정법 석사학위를 취득하였으며, 2009년 현재는 사법시험을 준비하고 있습니다. 그리고 사법시험을 합격한 후에는 박사과정에 진학하여 행정법학을 연구하려는 계획을 가지고 있습니다.

나. 그런데 현재 시행중인 법학전문대학원 설치·운영에 관한 법률(2007. 7. 27. 법률 제8544호로 제정된 것, 이하 '법학전문대학원법'이라 합니다) 제 8 조 제 1 항, 같은 법 제18조 제 3 항 및 현재 시행 중인 변호사시험법(2009. 5. 28. 법률 제9747호로 제정된 것, 이하 '변호사시험법'이라 합니다) 제 5 조 제 1 항에 따라, 법학전문대학원을 인가 받은 25개 대학교는 2009년 3월부터 법학사 학위과정을 폐지함으로써 법학교육이 법학전문대학원 중심의 실무교육 위주로 전환이 되어 일반대학원은 사실상 형해화되었기 때문에 이미 석사과정을 마치고 머지않은 장래에 박사과정에 진학하여 학문으로서 법학교육을 이수하고자 하는 청구인이 제대로 된 박사과정을 이수하려면 외국대학으로 나갈 수밖에 없도록 선택을 강요당함으로써 우리 법공동체에 뿌리내리고 우리 사회현실을 반영한 법학을 연구하고자 하는 청구인의 학문의 자유가 침해될 것이 예상됩니다.

다. 또한 변호사시험법 부칙 제 4 조 제 1 항에서 사법시험을 2017년까지만 존치하도록 규정함에 따라, 전문법조인 양성을 위한 법학전문대학원제도와 현행 사법시험제도가 양립할 수 없는 제도가 아님에도 불구하고 대학에서 법학사 학위과정을 폐지하거나 전문직업 교육기관으로 활로를 모색하게 하여 대학원 박사과정에 진학하려는 청구인의 학문의 자유에 대한 본질적인 내용이 침해될 우려가 있습니다.

라. 그 때문에 청구인은 변호사시험 응시자격이 없어 해마다 합격하기 어려워져 가는 사법시험에 응시할 수밖에 없어 변호사시험 응시자격이 있는 자에 비하여 불합리한 차별을 받게 되어 결국 평등권의 침해도 예상됩니다.

2. 심판의 대상조항

▣ 법학전문대학원 설치·운영에 관한 법률(2007. 7. 27. 법률 제8544호로 제정된 것)

제8조(학사학위과정의 폐지)

① 법학전문대학원을 두는 대학은 법학에 관한 학사학위과정을 둘 수 없다.

제18조(학위과정 및 수업연한)

③ 제1항에 따른 학위과정을 이수한 사에 대하여는 대통령령으로 정하는 해당 학위를 수여한다.

▣ 변호사시험법(2009. 5. 28. 법률 제9747호로 제정된 것)

제5조(응시자격)

① 시험에 응시하려는 사람은 「법학전문대학원 설치·운영에 관한 법률」 제18조 제1항에 따른 법학전문대학원의 석사학위를 취득하여야 한다. (단서 생략)

부칙 제4조(사법시험과의 병행실시)

① 이 법에 따른 시험과 별도로 「사법시험법」에 따른 사법시험을 2017년까지 실시한다. 다만, 2017년에는 2016년에 실시한 제1차 시험에 합격한 사람 중 2016년에 제3차 시험까지 합격하지 못한 사람을 대상으로 제2차 시험 또는 제3차 시험을 실시한다.

3. 이 사건 헌법소원의 적법요건

가. 공권력행사의 존재

입법작용 역시 공권력행사의 일종이므로, 이 사건 법률조항들은 헌법소원의 대상이 됩니다.

나. 자기관련성, 직접성, 현재성

청구인은 이 사건 법률조항들에 따라 법학전문대학원을 인가 받은 25개 대학교 중 1개교에 진학하여 박사학위를 취득하려고 하나, 위 25개 대학교는 법학전문대학원 중심의 실무교육 위주로 전환되어 일반대학원은 사실상 형해화 될 가능성이 있기 때문에 이미 석사과정을 마치고 머지않은 장래에 박사과정에 진학하여 학문으로서 법학교육을 이수하고자 하는 청구인이 제대로 된 박사과정을 이수하려면 외국대학으로 나갈 수밖에 없도록 선택을 강요당함으로써 우리 법공동체에 뿌리내리고 우리 사회현실을 반영한 법학을 연구하고자 하는 청구인의 학문의 자유가 침해될 것이 예상되므로, 청구인에 대하여 자기관련성과 기본권 침해의 현재성, 직접성이 모두 인정됩니다.

다. 보 충 성

시행중인 법률의 위헌 여부를 다툴 수 있는 구제수단은 일반적으로 존재하지 아니하므로 이 사건 법률조항들은 보충성의 예외에 해당합니다.

라. 권리보호이익

이 사건 법률조항들에 대하여 위헌선언을 한다면 청구인은 법학전문대학원이 신설되기 전에 시행되던 대학원 박사학위과정을 이수할 수 있는 이익도 존재하므로 권리보호이익 역시 인정할 수 있습니다.

마. 청구기간

변호사시험법 부칙 제4조 제1항에 따라 청구인의 학문의 자유가 침해되는 것은 청구인이 대학원 박사과정에 진학할 때 비로소 현실적으로 일어나게 될 것이고, 현재로서는 그 침해가 확실히 예상되는 경우이므로 청구인의 기본권 침해가 아직 발생하지 않았더라도 청구기간은 준수되었다고 할 수 있습니다.[1]

4. 위헌이라고 해석되는 이유

가. 법학전문대학원법 제8조 제1항의 위헌성

(1) 법학전문대학원법 제8조 제1항에 따라 법학전문대학원을 두는 대학이 법학사학위과정을 폐지함에 따라 법학교육이 변호사를 양성하는 실무교육 중심으로 전환되어 그런 대학이 운영하는 일반대학원은 종전과 같은 심오한 학문을 연구하는 곳이 아니라 법학전문대학원의 부속기관으로 전락되어 진정한 학문을 하고자 하는 청구인은 물론 학문후속세대의 학문의 자유를 침해하는 기능을 하게

1) 헌법재판소는 '지방자치단체장의 임기제한규정에 의한 기본권 침해' 사건에서 '행정자치부장관은 이 사건 법률조항은 1994. 12. 20.경부터 시행되었으므로 이 사건 심판청구는 청구기간을 도과하여 부적법하다고 주장한다. 그러나 이 사건 법률조항은 이 사건 법률의 시행과 동시에 청구인들의 기본권을 침해하는 것이 아니다. 법률시행 후 청구인 자치단체장들이 3기 초과 연임을 하고자 하는 경우에 비로소 기본권 침해가 구체적으로 현실화되므로 청구기간을 도과하였다고 볼 수 없다'(헌재 2006. 2. 23. 2005헌마403)고 판시한 바 있습니다.

됩니다.

(2) 법학전문대학원법 제18조 제 3 항은 법학전문대학원의 석사학위과정을 이수한 자에 대하여 석사학위를 수여한다고 규정함에 따라 법학사학위가 없는 입학자(법학전문대학원법 제26조 제 2 호에 따라 비법학사학위자가 입학자의 3분의 1이상을 차지해야 함)가 법학지식에 대한 평가 없이 법조인이 될 수 있는 자질을 측정하기 위한 적성시험(leet)의 결과(같은 법 제23조 제 2 항)만으로도 3년의 수업연한(같은 법 제18조 제 2 항)을 채우면 법학식사학위를 취득할 수 있습니다. 이는 4년의 법학학사 학위과정과 2년의 법학석사 학위과정을 마치고서야 법학석사 학위를 받은 청구인과 비교하면, 3년의 단기학위과정과 6년의 학위과정이 본질적으로 다름에도 같게 취급한 결과가 되므로 청구인의 석사학위 취득이 오히려 역차별을 당한 결과가 되어 청구인의 평등권을 침해합니다.

나. 법학전문대학원법 제18조 제 3 항의 위헌성

(1) 법학전문대학원법 제18조 제 3 항은 법학전문대학원의 학위과정을 이수한 자에 대하여 대통령령으로 정하는 해당 학위를 수여하도록 규정하고 있습니다. 그러므로 법학전문대학원에서 법학지식의 평가 없이 법학석사과정에 입학한 자는 석사학위과정 3년을 이수한 비법학사 역시 석사학위를 취득할 수 있습니다. 이 같은 규정은 법학과를 졸업하고서 대학원 법학과에 진학하여 행정법 석사학위를 취득한 바 있는 청구인을 합리적 이유없이 차별취급하는 것으로서 평등권의 침해에 해당됩니다.

(2) 청구인은 4년의 법학교육을 이수하고 법학사 학위를 취득하였습니다. 그런데 법학지식에 대한 아무런 평가 없이 비법학사로 법학전문대학원에 입학하여 3년의 단기 법학과정을 마친 자는 곧바로 법학석사 학위를 취득하는 것은 4년제 법학사 학위과정을 마치고 학사학위를 받는 청구인을 비롯한 법과대학 졸업자들을 차별하는 것이라 할 수 있어 평등권의 침해라고 할 수 있습니다.

다. 변호사시험법 제 5 조 제 1 항 본문의 위헌성

(1) 변호사시험법 제 5 조 제 1 항 본문은 법학전문대학원의 석사학위를 취득한 자만이 변호사시험 응시자격을 인정하고 있습니다. 그런데 법학전문대학원을 마치려

면 고액의 학비와 생활비 및 기회비용 등의 상당한 금액이 있어야 합니다. 그러나 청구인은 이런 여건을 구비할 수 없어 결국 위 변호사시험법 조항은 청구인의 평등권, 직업선택의 자유, 공무담임권, 능력에 따라 교육을 받을 권리 등을 침해하고 있습니다.

(2) 우리나라 법체계상 법학교육을 반드시 대학원과정에 설치할 필연적인 이유가 없습니다. 우리나라는 대륙법 체계에 속하였음에도 다른 나라와 달리 이례적인 법조인 양성제도를 채택한 정책을 뒷받침하기 위하여 제정된 이 사건 법률조항으로 인하여 법조인이 되기 위해서 부담하지 않아도 될 많은 비용을 추가로 부담할 수밖에 없는 실정입니다.

(3) 이 같은 경제적 제약은 일반 국민이 법률가라는 직업을 선택하는데 커다란 장애가 되게 합니다. 이는 법규정상 '주관적 사유에 의한 제한'으로 보이지만, 경제력이 부족한 사람에게는 '객관적 사유에 의한 제한'과 같은 중대한 제한에 해당됩니다. 그리고 공무원인 법관이나 검사가 되려고 하면 반드시 법학전문대학원 석사학위를 취득한 다음 변호사시험을 합격해야 하는데, 이는 청구인과 같이 법학전문대학원을 다니지 아니한 자들의 공무담임권(헌법 제25조)을 침해하는 결과를 초래하고 있습니다. 또한 경제적 능력 여부에 따라 교육받을 기회도 박탈하고 있기 때문에 교육을 받을 권리(헌법 제31조 제 1 항)도 침해하고 있습니다.

라. 변호사시험법 부칙 제 4 조 제 1 항의 위헌성

(1) 청구인이 대학원 박사과정에 진학할 시점인 머지 않은 장래에도 제도상으로는 대학원 박사과정은 존치되고 있을 것입니다. 그러나 청구인이 박사과정에 진학할 시점을 기준으로 보더라도 제도상으로는 일반대학원 석사과정이나 박사과정이 유지되고 있다고 하더라도, 이미 학부에서 법학교육이 이뤄지지 않거나 직업전문교육만이 이루어지는 점을 감안하면 내용상으로는 지금처럼 대학원생들이 몇 년 간 법학교육을 받았다는 것을 전제로 할 때와 같은 깊이 있는 교육이나 연구활동이 이뤄질 수 없을 것으로 예상됩니다. 따라서 그런 대학원 과정은 현재와 같은 일반대학원 수준의 교육이 이뤄지는 것이라고는 할 수 없기 때문에 청구인의 학문의 자유가 침해되는 것은 충분히 예상할 수 있습니다.

(2) 이처럼 청구인의 학문의 자유가 침해되는 원인은 기존에 법과대학의 학사학위과

정을 둔 대학들이 법학전문대학원 설치인가를 받을 것인지, 그대로 법과대학을 유지할 것인지 선택할 수 있는 것처럼 보이지만 우리나라의 주요 법과대학 대부분이 법학전문대학원 설치인가를 신청하기 때문에 모든 법과대학은 인가신청을 할 수밖에 없었습니다. 그러나 원치 않게 설립인가를 받지 못한 대학에서 법과대학을 졸업한 자나 청구인처럼 법과대학을 이미 졸업한 자는 향후 사법시험이 폐지된 후에는 법학전문대학원에 입학하여 석사학위를 취득하여야 하는 장애가 있습니다.

(3) 청구인처럼 향후 법률가가 되기를 원하는 자들을 위하여 변호사시험과 사법시험이 병존한다면 법학전문대학원 설치인가를 신청하였지만 인가를 받지 못한 대학들도 법학사 학위과정을 충실하게 유지시킬 수 있습니다. 그럼에도 법학전문대학원제도와 사법시험제도가 병존할 수 있음에도 불구하고 변호사시험법 부칙 제4조 제1항은 사법시험을 2017년까지만 존치하도록 규정하고 있는 것은 가까운 장래에 헌법 제22조 학문의 자유가 침해될 것이 현재 시점에서도 충분하게 예상된다 하겠습니다.

5. 결 론

따라서 이 사건 심판대상 법률조항은 헌법에 위반되므로 청구취지와 같은 결정을 내려 주시기를 바랍니다.

첨 부 서 류

1. 보도자료 1부

2009. 12. 24.

청구인의 국선대리인
변호사 서 길 우

헌 법 재 판 소 귀 중

로스쿨 관련 보도자료

[1] 로스쿨 정원, 인가 등 로스쿨 도입 문제를 둘러싸고 법조계, 법학계의 첨예한 논란이 있는 가운데, 대한변호사협회(협회장 천기홍)는 '로스쿨 제도 도입에 관한 대한변협의 견해'를 확정·발표했다.

변협은 '로스쿨 제도 도입에 관한 대한변협의 견해'에서 "대학교육의 황폐화 및 법학교육의 부실화 문제 해결, 국가경쟁력 제고 등을 위해 로스쿨 제도를 도입한다고 하지만, 이들 문제는 법조계 선호 경향, 이공계 정책의 부재, 법률수요에 대한 양·질적 변화, 법률시장 개방의 정도 등 사회 전반적인 상황과 맞물려 있는 것으로, 미국식 로스쿨 제도의 도입만으로 해결되는 것은 결코 아니며, 막대한 비용만 낭비하게 되므로, 이는 고스란히 국민의 부담으로 전가된다"고 우려를 표하면서도 "로스쿨 제도 도입이 결정된 이상, 현 시점에서는 잘못된 진단과 처방에 기인한 제도 개혁이 가져올 국가적 손실을 예방하고, 개혁의 방향과 제도의 시행 목적을 올바로 하고, 적절한 대안을 제시하는 것이 필요한 때"라고 밝혔다.

지금까지 로스쿨 도입에 있어서 강력한 반대를 천명해 오던 변협은 18일 확정한 변협 의견을 통해, 10여 년 동안 사법개혁을 추진한 끝에 내린 국가의 결론을 존중하는 의미에서 로스쿨 도입을 기정 사실로 받아들이되, 성공적인 로스쿨 정착을 위해 로스쿨 정원, 인가 등에 있어서 물러설 수 없는 방안을 제시했다.[2)]

[2] 로스쿨이 도입되면 대법원 사법개혁위원회(사개위)가 목표로 한 양질의 법적 서비스 제공과 국제경쟁력을 갖춘 법조인 양성이 이뤄질 것인가. 그러나 현실은 알려진 것과는 달리 많은 문제점이 잠재돼 있다.[3)]

첫째, 가난한 자는 로스쿨에 입학하기 어렵다. 로스쿨은 많은 전임교수 확보와 법학전문도서관, 모의법정 등 물적 시설의 구축 및 유지에 막대한 비용이 든다.

둘째, 질 높은 교육을 기대하기 어렵다. 로스쿨 3년은 법률이론을 공부하기에도 부족하다. 실무까지 익힌다는 것은 무리다. 게다가 사법연수원까지 없애면 법과대학 4년의 이론교육과 사법연수원 2년의 실무교육을 합친 6년 교육을 로스쿨 3년 동안 마쳐야 한다. 이렇게 되면 로스쿨은 이론과 실무 어느 쪽도 제대로 익히지 못하는, 질 낮은 법조

2) 대한변협신문 2005. 5. 13.자.

3) 중앙일보 2005. 4. 11.자 시론.

인만 양산하는 교육기관으로 전락하게 된다.

셋째, 국제경쟁력 강화와는 거리가 멀다. 이론을 익히기에도 부족한 3년의 로스쿨에서 국제경쟁력을 갖춘 법조인은 기대하기 어렵다.

넷째, 변호사 수의 대량 증가는 국민의 법률 비용 부담 증가를 초래한다. 사법연수원 수료자(연간 1,000명)를 수용하기도 힘든 상태에서 변호사를 대량 배출한다면 법률시장은 과도한 공급상태가 된다. 공급의 확대는 결국 새로운 수요를 만들어내게 된다.

다섯째, 대학교육의 정상화도 기대하기 힘들다. 로스쿨이 시행된다면 학부 학생들은 로스쿨 입학을 위해 학문은 외면한 채 학점에만 매달리는 과도한 경쟁을 할 것이다. 필시 대학의 '로스쿨 학원화' 현상이 나타날 것이다.

[3] 법학전문대학원(로스쿨) 수업이 본격적으로 진행되면서 기존 법과대학 학부생들의 불만이 점차 고조되고 있다. 각종 교육시설과 편의시설이 로스쿨 중심으로 배정되고 교수들이 로스쿨강의에 집중하면서 학부생들의 교육여건이 악화되고 있기 때문이다.[4]

법대생들의 불만은 사소한 사물함 배정부터 강의개설에까지 다양하다. 서울 S대의 경우 법대생들이 이용하던 도서관열람실의 사물함을 일방적으로 로스쿨생들에게 배정해 잡음이 생겼다. 대학측이 350개의 사물함 중 150개를 로스쿨생들에게 배정하면서 학부생 1,000여명이 사물함 200개를 나눠쓰게 되자 갈등의 골이 깊어졌다.

서울지역의 또다른 대학은 법학관에 있는 300석 규모의 열람실 중 50개를 로스쿨생 지정석으로 바꾸면서 문제가 일어났다. 이 열람실은 원래 법대생들이 학교에서 자체적으로 시행해 오던 모의고사 성적순으로 지정받았던 곳이었다. 자리에서 밀려난 학부생들은 "로스쿨을 지원하려면 별도의 시설을 신설해 지원하는 것이 옳지 않느냐"며 분통을 터뜨렸다.

교수들이 로스쿨수업에 집중하면서 학부강의가 부실해지고 있다는 불만도 나오고 있다. 대구의 한 로스쿨은 올해 전공강의수를 지난해보다 10개 이상 줄었다. 주로 중국법, 언론관계법 등 실무과목들이 사라졌다. 수업이 줄다보니 수강신청도 힘들게 됐다. 이 대학 법대의 한 학생은 "강의수가 줄어들다보니 인기강의를 수강신청하는 것은 하늘의 별따기"라며 "그나마 신청에 성공한 강의는 서서 수업을 들어야 할 만큼 붐빈다"며 어려움을 호소했다.

4) 법률신문 2009. 4. 25.자.

국선대리인 선임신청서

사　　건　2009헌마754 국선대리인선임신청
신 청 인　(성 명) 장갑을
(주 소) 서울 광진구 중곡동 12-3
(전 화)

신청인은 변호사를 대리인으로 선임할 자력이 없으므로 아래와 같이 국선대리인의 선임을 신청합니다.

1. 무자력 내역(해당란에 V표 하십시오)
   - ☑ 월 평균수입이 150만원 미만인 자
   - ☐ 국민기초생활보장법에 의한 수급자
   - ☐ 국가유공자 등 예우 및 지원에 관한 법률에 의한 국가유공자와 그 유족 또는 가족
   - ☑ 위 각호에는 해당하지 아니하나, 청구인이나 그 가족의 경제능력 등 제반사정에 비추어 보아 변호사를 대리인으로 선임하는 것을 기대하기 어려운 경우

2. 소명자료(해당란에 V표 하고 소명자료를 신청서에 첨부하십시오. 해당란이 없는 경우에는 '기타'에 V표 하신 뒤 소명자료의 명칭을 기재하고 소명자료를 신청서에 첨부하십시오)
   - ☑ 봉급액확인서, 근로소득원천징수영수증 등
   - ☐ 수급자증명서(국민기초생활보장법시행규칙 제40조)
   - ☐ 국가유공자와 그 유족 또는 가족증명서
   - ☐ 기타(지방세 세목별 과세증명서 등); 수용증명서

3. 국선대리인 선정 희망지(해당란에 V표 하십시오)
   ☑ 서울 ☐ 부산 ☐ 대구 ☐ 인천 ☐ 광주 ☐ 대전 ☐ 울산 ☐ 전주 ☐ 의정부
   ☐ 수원 ☐ 춘천 ☐ 청주 ☐ 창원

4. 헌법소원심판청구사유(헌법재판소법 제71조에 규정된 침해된 권리, 침해의 원인이 되는 권력의 행사 또는 불행사, 청구이유 및 기타 필요한 사항을 간단 명료하게 별지에 기재하여 신청서에 첨부하십시오. 다만, 이 사건과 관련하여 이미 헌법소원심판청구를 한 경우에는 첨부하지 아니하여도 무방합니다.)

2009. 10. 1.

신청인 장 갑 을 (인)

헌법재판소 귀중

헌 법 재 판 소
제 2 지정재판부

결 정

사 건 2009헌마754 국선대리인선임신청
신 청 인 장갑을
서울 광진구 중곡동 12-3

주 문

신청인이 청구하고자 하는 헌법소원심판사건에 관하여 변호사 서길우를 신청인의 국선대리인으로 선정한다.

이 유

신청인의 국선대리인 선임신청은 헌법재판소법 제70조 제 1 항에서 정한 국선대리인 선임요건에 해당되므로 주문과 같이 결정한다.

2009. 10. 27.

재판장 재판관 ○○○ (인)
재판관 ○○○ (인)
재판관 ○○○ (인)

위 임 장

사 건	2009헌마754 법학전문대학원 설치·운영에 관한 법률 등 위헌확인
청 구 인	장갑을
이해관계인	교육과학기술부장관

위 사건에 관하여 이해관계인은 다음 수임인을 대리인으로 선임하고, 다음의 권한을 위임합니다.

-다 음-

수 임 인 : 변호사 강 현 교

주 소 : 서울 서초구 방배동 21-7 동운타워 3층

수권사항 :

(1) 위 사건에 관련된 일체의 소송행위 (2) 반소의 제기 및 응소 (3) 재판상의 화해 (4) 목적물의 수령 (5) 공탁, 공탁물의 납부, 공탁물 및 이사의 반환청구와 수령 (6) 복대리인의 선임 (7) 기타 재판상 필요한 행위

2011년 3월 17일

위 임 인: 교육과학기술부장관 [인]

헌법재판소 귀중

심 판 청 구 취 지 변 경(추가)서

사　　건　　2009헌마754 법학전문대학원 설치·운영에 관한 법률 등 위헌확인
청 구 인　　장갑을

위 사건에 관하여 청구인의 대리인은 심판청구취지를 아래와 같이 추가합니다.

변경(추가)한 청구취지

1. 변호사시험관리위원회가 2010. 12. 7. 변호사시험 합격정원(합격률)을 법학전문대학원 입학정원의 75%로 하기로 심의·의결한 것은 헌법에 위반된다.

침해된 기본권

헌법 제11조 평등권, 제15조 직업선택의 자유

침해의 원인

변호사시험 합격정원(합격률)을 법학전문대학원 입학정원의 75%로 정한 변호사시험관리위원회의 2010. 12. 7.자 심의·의결

청 구 이 유

1. 이 사건 의결의 위헌성

변호사시험관리위원회가 2010. 12. 7. 변호사시험 합격정원(합격률)을 법학전문대학

원 입학정원의 75%로 하기로 심의·의결한 것(이하 '이 사건 의결'이라 합니다)으로 인하여 법조인으로서 충분한 교육을 받지 못한 법학전문대학원 졸업예정자 약 1,500명이 변호사자격을 취득하게 됨에 따라 청구인의 직업의 자유 및 평등권이 침해된다고 할 수 있습니다.

(1) 직업선택의 자유 침해

(가) **목적의 정당성**

법학전문대학원을 설치함으로써 인력배분의 효율성, 질 높은 법학 교육의 담보, 양질의 법률서비스제공에 의한 사회적 비용의 절감, 법조직역에 대한 국민의 신뢰회복 요청 등에 대한 입법목적은 인정할 수 있습니다.

(나) **수단의 적합성**

현재의 법학교육과정상 수업 최소연한인 4년의 대학법학교육과 2년의 사법연수원 실무교육이 반으로 줄어들어 법학전문대학원 3년 과정으로 됨에 따라 수업시간의 절대부족으로 인하여 부실교육이 이뤄질 우려가 큽니다. 또한 높은 변호사시험의 합격률은 통과의례가 되어 법학전문대학원 졸업장이 결국 변호사자격증이 되면 국민들에게 제대로 된 법률서비스를 해줄 수 없게 됩니다. 그 결과 기존의 사법시험 출신의 법률가는 물론 모든 법률가 집단에 대한 국민들의 신뢰는 상실되어 갈 수밖에 없습니다. 따라서 법학전문대학원은 공익달성을 위한 정책수단으로서 적합성에 부합된다고 할 수 없습니다.

(다) **침해의 최소성**

변호사시험관리위원회는 변호사시험 합격정원(합격률)을 법학전문대학원 입학정원의 75%로 심의·의결한 바 있습니다. 이에 따라 약 1,500명 정도의 변호사가 변호사시험을 통해 법조인으로 충원됨에 따라 변호사시험 응시자격을 획득할 여건이 안 되는 청구인이 사법시험을 통해 법조인이 될 수 있는 가능성은 사법시험을 통한 법조인선발 정원이 줄어드는 만큼 줄어들 수밖에 없습니다. 따라서 위 위원회의 심의·의결은 사법시험을 통한 법조인선발 인원을 줄어들게 한 직접적인 원인을 제공하고 있다고 할 수 있어 청구인의 직업의 자유를 침해하는 원인이 된다는 점에서 침해의 최소성 요건에 위반하였다고 할 수 있습니다.

(라) **법익의 균형성**

법학전문대학원을 통한 법률가 양성을 위한 처음 의도한 공익목적의 달성이 어려울 뿐만 아니라 오히려 법과대학 교육 후 사법시험을 통한 신규 법률가 양성제도와 비교할 때 사법시험을 폐지하게 되어 청구인이 겪게 되는 불이익(사익)을 고려하면 법익의 균형도 기하지 못하고 있습니다.

(2) 평등권의 침해

이 사건 심의·의결은 신규 법률가의 대부분을 변호사시험을 통해 충원하는 결과를 가져오기 때문에 청구인과 같이 법조인으로서 직업의 자유를 누리고자 하면서 변호사시험 응시자격을 갖출 수 있는 사람들과 비교할 때, 변호사시험 응시자격을 갖출 여건이 되지 않아 사법시험에 응시할 수밖에 없는 청구인의 직업선택의 자유를 침해하게 되어 평등권 침해여부 심사에서 엄격한 심사를 할 수밖에 없습니다. 그러므로 법학선문대학원 설치를 통해 청구인의 직업의 자유를 제한하는 목적의 정당성에도 불구하고 정책수단의 적합성이나 합리성이 인정되지 않으며, 직업선택의 자유의 침해 정도는 위원회의 심의·의결에 따라 그 중대한 침해가 구체화되었고 그 공익목적달성을 위해 채택한 수단이 오히려 공익을 침해하는 결과를 가져오므로 법익의 균형성은 검토할 필요조차 없기 때문에, 이 사건 심의·의결은 청구인의 평등권도 침해하고 있습니다.

2011. 3. 7.

청구인의 국선대리인

변호사 서 길 우

헌법재판소 귀중

참 고 자 료(관 계 법 령)

▣ 법학전문대학원 설치·운영에 관한 법률[시행 2008. 2. 29.][법률 제8852호, 2008. 2. 29. 타법개정]

제2조(교육이념)

법학전문대학원의 교육이념은 국민의 다양한 기대와 요청에 부응하는 양질의 법률서비스를 제공하기 위하여 풍부한 교양, 인간 및 사회에 대한 깊은 이해와 자유·평등·정의를 지향하는 가치관을 바탕으로 건전한 직업윤리관과 복잡다기한 법적 분쟁을 전문적·효율적으로 해결할 수 있는 지식 및 능력을 갖춘 법조인의 양성에 있다.

제5조(설치인가 등)

① 법학전문대학원을 두고자 하는 대학의 설립·경영자는 제16조부터 제20조까지의 규정에 따른 교원·시설 및 교육과정 등 법학전문대학원의 설치기준을 갖추어야 한다.

② 공립 또는 사립대학의 설립·경영자가 법학전문대학원을 두고자 하는 경우에는 교육과학기술부장관의 인가를 받아야 한다. 인가받은 법학전문대학원을 폐지하거나 인가받은 사항 중 대통령령으로 정하는 중요 사항을 변경하는 때에도 또한 같다.

③ 교육과학기술부장관은 제2항에 따른 설치인가 및 폐지·변경인가를 하고자 하는 경우에는 미리 제10조에 따른 법학교육위원회(이하 "법학교육위원회"라 한다)의 심의를 거쳐야 한다.

④ 국가가 법학전문대학원을 두고자 하는 경우에는 법학교육위원회의 심의를 거쳐야 한다. 법학전문대학원을 폐지하거나 대통령령으로 정하는 중요 사항을 변경하는 때에도 또한 같다.

⑤ 제2항에 따른 설치인가 및 폐지·변경인가의 절차 등에 관하여 필요한 사항은 대통령령으로 정한다.

▣ 법학전문대학원 설치·운영에 관한 법률[시행 2007. 9. 28.] [법률 제8544호, 2007.7.27., 제정]

제8조(학사학위과정의 폐지)

① 법학전문대학원을 두는 대학은 법학에 관한 학사학위과정을 둘 수 없다.

②~③ 생략

제18조(학위과정 및 수업연한)

①~② 생략

③ 제1항에 따른 학위과정을 이수한 자에 대하여는 대통령령으로 정하는 해당 학위를 수여한다.
④~⑤ 생략

▣ 법학전문대학원 설치·운영에 관한 법률 시행령[시행 2007. 9. 28.] [대통령령 제20302호, 2007. 9. 28. 제정]

제11조(학위)

법 제18조 제1항에 따른 석사학위 및 박사학위는 전문학위로 한다. 다만, 박사학위의 경우 학칙이 정하는 바에 따라 학술학위를 수여할 수 있다.

▣ 변호사시험법(2009. 5. 28. 법률 제9747호로 제정된 것)

제1조(목적)

이 법은 변호사에게 필요한 직업윤리와 법률지식 등 법률사무를 수행할 수 있는 능력을 검정하기 위한 변호사시험에 관하여 규정함을 목적으로 한다.

제2조(변호사시험 시행의 기본원칙)

변호사시험(이하 "시험"이라 한다)은 「법학전문대학원 설치·운영에 관한 법률」에 따른 법학전문대학원(이하 "법학전문대학원"이라 한다)의 교육과정과 유기적으로 연계하여 시행되어야 한다.

제3조(시험실시기관)

시험은 법무부장관이 관장·실시한다.

제5조(응시자격)

① 시험에 응시하려는 사람은 「법학전문대학원 설치·운영에 관한 법률」 제18조 제1항에 따른 법학전문대학원의 석사학위를 취득하여야 한다. (단서 생략)
②~③ 생략

제10조(시험의 합격 결정)

① 시험의 합격은 법학전문대학원의 도입 취지를 충분히 고려하여 결정되어야 한다.
② 시험의 합격은 선택형 필기시험과 논술형 필기시험의 점수를 일정한 비율로 환산하여 합산한 총득점으로 결정한다. 다만, 각 과목 중 어느 하나라도 합격최저점수 이상을 취득하지 못한 경우에는 불합격으로 한다.
③ 법조윤리시험은 합격 여부만을 결정하고, 그 성적은 제2항의 총득점에 산입하지 아니한다.
④ 선택형 필기시험과 논술형 필기시험 간의 환산비율, 선택형 및 논술형 필기시험 내에서의 각 과목별 배점비율, 각 과목별 필기시험의 합격최저점수, 법조윤리시험의 합격에 필요한 점수, 성적의 세부산출방법, 그 밖에 시험의 합격 결정방법은 대통령령으로 정한다.

제11조(합격자 공고 및 합격증서 발급)

법무부장관은 합격자가 결정되면 즉시 이를 공고하고, 합격자에게 합격증서를 발급하여야 한다.

제14조(변호사시험 관리위원회의 설치 및 구성)

① 시험을 실시하기 위하여 법무부에 변호사시험 관리위원회(이하 "위원회"라 한다)를 둔다.

② 위원회는 위원장 1명과 부위원장 1명을 포함한 15명의 위원으로 구성하되, 위원장과 부위원장은 위원 중에서 법무부장관이 지명하는 사람으로 한다.

③ 위원은 다음 각 호의 사람으로 한다.

1. 법무부차관
2. 다음 각 목의 어느 하나에 해당하는 사람 중 법무부장관이 위촉하는 사람
   가. 법학교수(부교수 이상의 직위에 있는 사람을 말한다. 이하 같다) 5명
   나. 법원행정처장이 추천하는 10년 이상의 경력을 가진 판사 2명
   다. 10년 이상의 경력을 가진 검사 2명
   라. 대한변호사협회장이 추천하는 10년 이상의 경력을 가진 변호사 3명
   마. 그 밖에 학식과 덕망이 있는 사람 등 대통령령으로 정하는 사람 2명(법학을 가르치는 전임강사 이상의 직위에 있는 사람 및 변호사 자격을 가진 사람은 제외한다)

④ 위원의 임기는 2년으로 한다. 다만, 법학교수, 판사, 검사의 직위에 있는 사람임을 자격요건으로 하여 위원으로 위촉된 사람은 그 직위를 사임하는 경우에는 임기가 만료되기 전이라도 해촉된 것으로 본다.

⑤ 위원장은 위원회를 대표하고, 위원회의 업무를 총괄한다.

⑥ 위원장이 부득이한 사유로 직무를 수행할 수 없을 때에는 부위원장이 위원장의 직무를 대행한다.

제15조(위원회의 소관 사무)

위원회는 다음 각 호의 사항을 심의한다.

1. 시험문제의 출제 방향 및 기준에 관한 사항
2. 채점기준에 관한 사항
3. 시험합격자의 결정에 관한 사항
4. 시험방법 및 시험시행방법 등의 개선에 관한 사항
5. 그 밖에 시험에 관하여 법무부장관이 회의에 부치는 사항

부 칙

제 1 조(시행일)

이 법은 공포 후 3개월이 경과한 날부터 시행한다. 다만, 부칙 제 4 조 및 부칙 제 6 조는 공포한 날부터 시행하며, 부칙 제 2 조는 2017년 12월 31일부터 시행한다.

제 2 조(다른 법률의 폐지)

사법시험법은 폐지한다.

제 4 조(사법시험과의 병행실시)

① 이 법에 따른 시험과 별도로 「사법시험법」에 따른 사법시험을 2017년까지 실시한다. 다만, 2017년에는 2016년에 실시한 제 1 차 시험에 합격한 사람 중 2016년에 제 3 차 시험까지 합격하지 못한 사람을 대상으로 제 2 차 시험 또는 제 3 차 시험을 실시한다.

②~③ 생략

해 답

의 견 서

사 건 2009헌마754 법학전문대학원 설치·운영에 관한 법률 등 위헌확인
청 구 인 장 갑 을

위 사건에 관하여 교육과학기술부장관의 대리인은 다음과 같이 의견서를 제출합니다.

다 음

1. 청구인의 주장 요지

청구인은,

가. 법학전문대학원 설치·운영에 관한 법률(2007. 7. 27. 법률 제8544호로 제정된 것, 이하 '법학전문대학원법'이라 합니다) 제8조 제1항은 법학전문대학원을 두는 대학에 법학에 관한 학사학위과정을 둘 수 없게 함으로써 학부 차원의 법학교육을 전제로 하여 대학원 차원에서 심화된 법학연구를 하고자 하는 청구인의 학문의 자유를 침해한다.

나. 법학전문대학원법 제8조 제1항, 제18조 제3항은 학부 단계에서 법학을 전공하지도 않은 자도 3년의 법학전문대학원 과정을 이수하는 것만으로 법학석사 학위를 취득할 수 있게 하므로, 학부 단계에서 4년간 법학을 전공하고 법학사 학위를 받은 자 또는 법학사 학위 취득 후 다시 2년의 법학전공과정을 거쳐 법학석사 학위를 취득하게 된 자의 평등권을 침해한다.

다. 변호사시험법(2009. 5. 28. 법률 제9747호로 제정된 것, 이하 '변호사시험법'이라 합니다) 제5조 제1항 본문은 법학전문대학원을 졸업한 사람만이 변호사시험에 의한 시험에 응시할 수 있도록 규정하고 있는데, 경제력을 갖추지 못한 사람들은 비

싼 학비 때문에 법학전문대학원에 입학하기 어려우므로 경제적 약자의 평등권을 침해하고, 법학전문대학원을 졸업하지 못한 사람은 변호사 자격을 취득하지 못할 뿐만 아니라 판사 또는 검사로 활동할 수 없게 되므로 청구인의 직업선택의 자유 및 공무담임권을 침해한다.

라. 변호사시험법 부칙 제 4 조 제 1 항은 2017년까지만 사법시험을 시행하도록 하므로 사실상 주요 대학들로 하여금 법학전문대학원 설치인가를 신청할 수밖에 없게 강제하고, 이에 따라 주요 대학들이 법학에 관한 학사학위과정을 폐지하게 되므로, 학부 차원의 법학교육을 전제로 하여 대학원 차원에서 심화된 법학연구를 하고자 하는 청구인의 학문의 자유가 침해된다.

라는 것입니다.

2. 이 사건 심판청구의 적법성 검토

가. 법학전문대학원법 제 8 조 제 1 항(자기관련성 결여)

법학전문대학원법 제 8 조 제 1 항은 법학전문대학원을 두는 대학은 법학에 관한 학사학위과정을 둘 수 없도록 하는 내용으로, 그 직접 수범자는 '대학'입니다. 나아가 법학전문대학원을 두는지 여부와 관계없이 각 대학은 법학에 관한 학술 석·박사학위 과정을 둘 수 있고, 법학전문대학원 내에도 학술 박사학위 과정을 둘 수 있습니다(법학전문대학원법 시행령 제11조 단서). 따라서 청구인이 위 조항으로 인하여 법학에 관한 학술 박사학위과정에서 심화된 법학연구를 할 수 없게 되더라도, 이는 단순한 간접적·사실적 불이익에 불과합니다. 나아가 법학전문대학원 과정을 이수한 자에게 석사학위를 수여하게 되는 것은 법학전문대학원법 제18조 제 3 항 및 법학전문대학원법 시행령의 내용에 따른 결과일 뿐이어서, 법학전문대학원법 제 8 조 제 1 항에 의하여 청구인의 평등권이 침해될 여지도 없습니다. 따라서 이 부분 심판청구는 자기관련성을 결여하여 부적법합니다.

나. 법학전문대학원법 제18조 제 3 항(심판청구기간 도과)

법령 자체에 의하여 기본권이 침해되었다고 주장하는 이른바 법령소원에 있어서의 청구기간은, 그 법령의 시행과 동시에 기본권 침해를 당한 경우에는 그 법령이 시행된 사실을 안 날로부터 90일 이내, 그 법령이 시행된 날로부터 1년 이내로, 법령이 시행된 후에 비로소 그 법령에 해당하는 사유가 발생하여 기본권의 침해를 받게 된 경우에는 그 사유가 발생하였음을 안 날로부터 90일 이내, 그 사유가 발생한 날로부터 1년 이내로 각 해석된다 함이 헌법재판소의 확립된 판례입니다(헌재 2008. 5. 29. 2006헌마1402).

법학전문대학원법 제18조 제3항은 법학전문대학원의 학위과정을 이수한 자에 대하여 대통령령으로 정하는 해당학위를 수여하도록 하는 조항인바, 청구인은 위 조항으로 인하여 그 시행 이전에 이미 법학사 학위와 법학석사 학위를 취득한 자신의 평등권이 침해받는다고 주장하므로, 위 조항의 시행과 동시에 기본권 침해를 당한 경우에 해당합니다.

그런데 위 조항은 2007. 9. 28.에 시행되었고, 청구인은 2009. 10. 1. 국선대리인 선임신청을 하였으므로 국선대리인 선임신청시점을 기준으로 청구기간 준수여부를 보더라도(헌법재판소법 제70조 제1항 제2문) 그 시점이 위 조항이 시행된 날로부터 1년이 도과하였음이 역수상 명백합니다. 따라서 이 부분 심판청구는 청구기간을 도과하여 부적법합니다.

다. 변호사시험법 부칙 제4조 제1항(기본권 침해 가능성 없음)

청구인은 위 조항으로 인하여 사법시험이 폐지되기 때문에 각 대학들이 법학전문대학원을 설치할 수밖에 없게 되며, 그 결과 법학학사 학위과정에 진학하여 심화된 법학연구를 하고자 하는 자신의 학문의 자유가 침해된다고 주장합니다. 그러나 사법시험법을 폐지도록 규정하는 것은 변호사시험법 부칙 제1조, 제2조이고, 변호사시험법 부칙 제4조 제1항은 사법시험법 폐지에 따른 경과조치를 규정한 것에 불과합니다. 또한 사법시험법이 폐지됨으로 인하여 각 대학들이 법학전문대학원을 설치할 수밖에 없고 그 결과 청구인이 법학에 관한 학술 박사학위과정에서 심화된 법학연구를 할 수 없게 되더라도 이는 단순한 간접적·사실적 불이익에 불과합니다. 따라서 변호사시험법 부칙 제4조 제1항 본문에 의해 청구인의 기본권이 침해될 가능성이 없으므로 이 부분 심판청구는 부적법합니다.

라. 이 사건 의결(공권력 행사로 볼 수 없음)

변호사시험 관리위원회는 변호사시험을 실시하기 위하여 법무부에 설치된 합의체 행정기관으로(변호사시험법 제14조), 시험문제의 출제 방향 및 기준에 관한 사항, 채점기준에 관한 사항, 시험합격자의 결정에 관한 사항, 시험방법 및 시험시행 방법 등의 개선에 관한 사항, 그 밖에 시험에 관하여 법무부장관이 회의에 부치는 사항을 심의합니다

(변호사시험법 제15조).

한편, 변호사시험의 관장·실시권한은 법무부장관에게 있고(변호사시험법 제 3 조), 변호사시험의 합격은 법학전문대학원의 도입취지를 충분히 고려하여 결정하되(변호사시험법 제10조 제 1 항), 세부적인 시험 합격 결정방법은 대통령령 및 법무부령으로 정하도록 되어 있으며(변호사시험법 제10조 제 4 항, 변호사시험법 시행령 제 8 조 제 4 항), 법무부장관은 합격자가 결정되면 즉시 이를 공고하고 합격증서를 발급합니다(변호사시험법 제11조).

위와 같은 변호사시험법의 관계규정을 종합하여 보면, 변호사시험의 관장·실시권자인 법무부장관은 변호사시험 합격률 등 세부적인 시험 합격 결정방법에 관하여 법학전문대학원의 도입취지를 충분히 고려하여 결정할 폭넓은 재량을 가지고 있습니다. 변호사시험 관리위원회는 변호사시험에 관한 법무부장관의 의사결정을 보좌하기 위하여 법무부에 설치된 자문위원회로서, 일정한 심의사항에 관하여 의결절차를 거쳐 위원회의 의사를 표명하더라도 그것은 단순히 법무부장관에 대한 권고에 불과하여 그 자체로서는 법적 구속력이나 외부효과가 발생하지 않는 의견진술 정도의 의미를 가지는 데 지나지 않습니다. 따라서 이 사건 의결은 헌법소원의 대상이 되는 공권력 행사로 볼 수 없으므로 이 부분 심판청구는 부적법합니다.

마. 소 결

그렇다면 이 사건 심판청구 중 법학전문대학원법 제 8 조 제 1 항, 제18조 제 3 항, 변호사시험법 부칙 제 4 조 제 1 항, 이 사건 의결에 대한 심판청구는 모두 부적법합니다.

3. 본안에 관한 검토(변호사시험법 제 5 조 제 1 항 본문)

가. 제한되는 기본권

변호사시험법 제 5 조 제 1 항 본문(이하 '이 사건 법률조항'이라 합니다)은 법학전문대학원의 석사학위 취득자에게만 변호사시험 응시자격을 부여하고 있으므로 이로 인해 변호사시험에 응시하지 못하게 된 청구인은 직업선택의 자유 및 평등권을 제한받게 됩니다. 한편, 자격시험이자 공무원 임용시험으로서의 성격을 가지는 사법시험과는 달리(헌재 2001. 9. 27. 2000헌마159), 변호사시험은 '변호사에게 필요한 직업윤리와 법률지식 등 법률사무를 수행할 수 있는 능력을 검정하기 위한'(변호사시험법 제 1 조) 순수한 변호사 자격시험입니다. 따라서 다른 법령에서 변호사 자격을 판사·검사의 임용 조건으로 정하고 있더라도 이 사건 법률조항과 공무담임권과의 관련성은 간접적인 것에 불과하므로, 이 사건 법률조항으로 바로 청구인의 공무담임권이 제한되는 것은 아닙니다.

나. 이 사건 법률조항의 위헌 여부

(1) 직업선택의 자유 침해 여부

(가) 직업선택의 자유의 제한과 그 심사기준

(a) 헌법 제15조에 의한 직업선택의 자유는 자신이 원하는 직업을 자유롭게 선택하는 좁은 의미의 직업선택의 자유와 그가 선택한 직업을 자기가 원하는 방식으로 자유롭게 수행할 수 있는 직업수행의 자유를 포함하는 직업의 자유를 뜻합니다.

(b) 법학전문대학원의 석사학위를 취득하기 위해서는 그 입학시험을 비롯하여 학점 취득, 졸업 사정 전반을 통하여 법조인으로서의 능력이 인정되어야 하는 것이므로 이 사건 법률조항이 변호사 시험 응시 요건으로 법학전문대학원의 석사학위 취득을 요구하는 것은 기본권 주체의 능력과 자질에 대한 제한으로서 청구인의 직업선택의 자유를 제한하는 것입니다.

(c) 이러한 직업선택의 자유에 대한 제한은 헌법 제37조 제2항에서 도출되는 과잉금지의 원칙에 따라, 반드시 법률로써 하여야 할 뿐 아니라 국가안전보장·질서유지 또는 공공복리라는 공공의 목적을 달성하기 위하여 필요하고 적정한 수단·방법에 의하여서만 가능합니다(헌재 1989. 11. 20. 89헌가102). 그런데, 입법부가 일정한 전문분야에 관한 자격제도를 마련함에 있어서는 그 제도를 마련한 목적을 고려하여 정책적인 판단에 관한 자격제도를 마련함에 있어서는 그 제도를 마련한 목적을 고려하여 정책적인 판단에 따라 자격제도의 내용을 정함에 있어서 그 내용이 명백히 불합리하고 불공정하지 아니하는 한 원칙적으로 입법부에게 광범위한 형성의 자유가 인정됩니다(헌재 2007. 4. 26. 2003헌마947). 따라서 변호사라는 전문분야의 자격에 관한 이 사건 법률조항의 위헌성을 판단함에 있어서는 위와 같은 입법재량을 감안하여 헌법 제37조 제2항의 요구가 다소 완화된다고 할 것입니다(헌재 2009. 2. 26. 2008헌마370).

(d) 한편, 입법자가 공익상의 필요에 의하여 자격시험의 요건을 달리 정하는 등 자격제도를 변경함에 있어서는 기존 지원자들의 신뢰를 보호하는 것이 헌법상 법치국가 원리로부터 요청되고, 그들에 대한 신뢰보호가 충분히 이루어졌는지 여부도 과잉금지원칙의 위반 여부를 판단하는 기준의 하나가 됩니다(헌재 2002. 7.

18. 99헌마574).

㈏ **과잉금지의 원칙 위배 여부**

ⓐ 목적의 정당성

변호사시험법은 이 사건 법률조항에서 변호사시험 응시자격을 법학전문대학원 석사학위 취득자로 제한하는 것 외에도, 변호사시험이 법학전문대학원의 교육과정과 유기적으로 연계하여 시행되어야 하며(제2조), 변호사시험의 합격은 법학전문대학원의 도입취지를 충분히 고려하여 결정되어야 한다고 규정하고 있는바(제10조 제1항), 변호사시험 제도는 법학전문대학원 제도의 도입 취지와 불가분의 관계로 연계되어 있다고 할 것입니다.

따라서 이 사건 법률조항의 입법목적은, 양질의 법률서비스를 제공하기 위하여 다양한 학문적 배경을 가진 전문법조인을 법률이론과 실무교육을 통해 양성하고, 법학교육을 정상화하며, 과다한 응시생이 장기간 사법시험에 빠져 있음으로 인한 국가인력의 극심한 낭비와 비효율성을 막기 위한 취지에서 도입된 법학전문대학원 제도의 지향목표(헌재 2009. 2. 26. 2008헌마370)를 변호사시험 제도와의 연계를 통하여 효과적으로 달성하는 데 있으므로, 그 목적의 정당성이 인정됩니다.

ⓑ 수단의 적합성

아울러 법학전문대학원의 석사학위 취득자에게만 변호사시험 응시자격을 부여하는 것은 위와 같은 교육을 통한 법조인 양성이라는 입법목적의 달성에 적합한 수단이라 할 것입니다.

ⓒ 침해의 최소성

입법자에게는 전문직 자격제도에 관한 형성의 자유가 인정되고, 변호사시험에 있어서도 어떠한 제도를 선택할 것인지에 관하여 형성의 여지가 인정됩니다. 따라서 이 사건 법률조항에 있어서 침해의 최소성 판단은 가장 덜 제약적인 방법인지가 아니라, 완화된 기준으로 입법목적을 달성하기 위한 필요한 범위 내의 것인지를 심사하는 방법에 의하여야 할 것입니다.

이 사건 법률조항은 법학전문대학원 제도를 정착시키기 위해서는 법학전문대학원의 석사학위 취득자에게만 변호사시험에 응시할 기회를 부여할 필요가 있다는 판단에 근거한 것으로, 이러한 입법자의 판단은 합리적인 것입니다. 한편, 사법시험을 계속해서 변호사시험과 병행실시 하는 방법(이하 '사법시험 병행제도'라 합니다)과, 법과대학에서 학사학위를 취득한 자 또는 비인가 법학전문대학원을 졸업한 자 등 일정한 법학교육을 받은 자에게 시험에 응시할 수 있는 자격을 부여하고, 이에 합격한 자들에게 다시 변호사 시험 응시자격을 부여하는 방법(이하 '예비시험제도'라고 합니다)을 통해서 이 사건 법률조항의 입법목적을 보다 효과적으로 달성할 수 있음에도 이러한 제도를 채택하지 않은 것이 침해의 최소성 원칙에 반하는 것은 아닌지 의문이 있을 수 있습니다.

그러나, 사법시험 병행제도 하에서는 일정 수준의 외국어 구사능력(영어대체시험제도)을 갖추고 법학과목 35학점을 이수(법학과목이수제도)하기만 하면 사법시험에 응시하여, 변호사 자격을 취득할 수 있으며, '학점인정등에 관한 법률'에 따라 대학교 이외의 교육기관에서의 학습과정에서도 법학과목 학점을 취득할 수 있고, 독학사 제도 능에 의한 학점인정도 가능하기 때문에 법조인 선발·양성과정과 법과대학에서의 법학교육이 제도적으로 연계되어 있지 않아(헌재 2009. 2. 26. 2008헌마370), 이와 같은 제도로는 이 사건 법률조항의 입법목적을 달성하기 어렵다고 할 것입니다.

그리고 법학전문대학원 제도는 법조인의 전문성과 인문학적 소양을 강화하고 전반적인 대학교육의 정상화를 도모하기 위하여 다양한 전공지식을 학부 단계에서 습득하였음을 전제로 대학원 단계에서의 법학교육을 시행하는 것이기 때문에, 법학전문대학원의 과정을 거치지 않은 채 시험을 통하여 일정한 지식을 검증받게 하는 예비시험 제도만으로는 법학전문대학원의 도입 목적을 달성하는 것이 어렵습니다.

그리고 인가 법학전문대학원은 교육과정, 교육인력, 물적 시설의 측면에서 일정한 요건을 갖출 것을 요구하고 있으므로 그러한 요건을 갖추지 못한 법과대학 등에서의 교육과 예비시험 제도만으로는 법학전문대학원에서의 교육과 동일한 수준의 교육을 담보하기 어렵습니다.

한편, 법학전문대학원법은 법학전문대학원들로 하여금 경제적 여건이 열악한 계층을 대상으로 학생을 선발하는 전형인 특별전형제도(제23조 제1항) 및 장학금제도 및 학자금대출제도와 같은 학생에 대한 경제적 지원방안을 마련하도록 하여(제17조 제2항), 충분한 경제적 자력이 없는 사람들에게도 법학전문대학원 과정을 이수할 기회를 부여할 제도를 마련하고 있습니다.

나아가 입법자는 사법시험 준비자들의 신뢰를 보호하기 위하여, 최근의 사법시험 평균합격연령을 고려하여 법학전문대학원 제도의 도입이 확정된 2007년에 대학에 입학한 학생들이 만 28세가 되는 2017년까지는 사법시험을 변호사시험과 병행하여 실시하도록 하고 있습니다(변호사시험법 부칙 제3조 제1항).

기존 사법시험 준비자들로서는 법학전문대학원 제도의 도입이 확정된 2007년부터

10년 후이자, 이 사건 법률조항이 시행된 때부터 8년 후인 2017년까지는 사법시험에 응시하거나 법학전문대학원에 진학하는 등의 선택권을 행사할 수 있으며, 위 기간이 변화된 법적 상황에 적응하기에 부족한 시간이라고 단정하기도 어렵습니다. 따라서 이 사건 법률조항은 사법시험 준비자들의 신뢰이익을 침해하지 않는 범위에서 변호사 자격을 취득하고자 하는 자들의 직업선택의 자유를 제한하는 방법을 제한하는 방법을 택하였다고 할 것입니다.

위와 같은 내용을 종합하여 볼 때, 이 사건 법률조항은 침해의 최소성 원칙에 위배되지 아니합니다.

ⓓ 법익의 균형성

이 사건 법률조항으로 인하여 청구인이 받게 되는 불이익보다는, 법학전문대학원 제도를 전제로 한 변호사 시험 제도의 도입을 통하여 특정 대학에 치우치지 않고 다양하고 전문적인 전공 실력을 가진 우수한 법조인을 많이 양성함으로써 국민에 대한 법률서비스의 질을 향상시키고, 장기간 과다한 사법시험 응시로 인하여 국가의 인력이 낭비되는 폐해를 줄이고자 하는 이 사건 법률조항이 추구하는 공익이 더 크다고 할 것이어서 이 사건 법률조항은 법익의 균형성 원칙에도 위배되지 아니합니다.

㈐ 소　　결

따라서 이 사건 법률조항은 과잉금지의 원칙에 위배하여 청구인의 직업선택의 자유를 침해한다고 보기 어렵습니다.

⑵ 평등권 침해 여부

청구인은 이 사건 법률조항이 법학전문대학원에 진학할 경제적 능력이 있는 자들과 그렇지 못한 자들을 차별하고 있다고 주장합니다. 그러나 변호사시험법이나 법학전문대학원법은 법학전문대학원의 등록금과 수업료에 대하여 전혀 규정하는 바가 없고, 그 금액은 법학전문대학원을 설치한 대학이 개별적으로 정할 뿐입니다. 또 교재비·생활비 등의 부대비용과 기회비용 또한 법학전문대학원의 석사학위를 취득하는 데 소요되는 비용이라 할 것인데, 이는 개인의 선택과 경제적 여건 등에 따라서 달라질 수 있습니다.

그러므로 법학전문대학원의 석사학위라는 변호사시험 응시 자격의 취득에 있어서 경제력에 따른 사실상의 차별이 존재하는 것은 별론으로 하고, 경제력에 따른 규범적인 차별은 존재하지 아니하므로, 이 사건 법률조항은 청구인의 평등권을 침해하지 아니합니다.

4. 결 론

그러므로 이 사건 심판청구 중 '법학전문대학원의 설치·운영에 관한 법률' 제8조 제1항, 제18조 제3항, 변호사시험법 부칙 제4조 제1항, 변호사시험 관리위원회가 2010. 12. 7. 변호사시험 합격정원을 법학전문대학원 입학정원의 75%로 정한 심의·의결에 대한 부분은 모두 각하되어야 하며, 변호사시험법 제5조 제1항 본문에 대한 부분은 이를 기각하여 주시기를 바랍니다.

첨 부 서 류

위임장 1부

2011. 3. 25.

교육과학기술부장관 대리인
변호사 강 현 교

헌 법 재 판 소 귀 중

쟁 점 해 설

1. 헌법재판소법 제68조 제 1 항에 의한 이 사건 헌법소원의 적법요건[5)]

가. 청구권자

(1) 헌법재판소법 제68조 제 1 항에 의한 헌법소원심판의 청구인은 "공권력의 행사 또는 불행사로 인하여 헌법상 보장된 기본권을 침해받은 자"이다. 따라서, 기본권의 주체가 될 수 있는 자, 즉 기본권능력이 있는 자만이 헌법소원을 청구할 수 있는 청구인이 될 수 있다. 누가 헌법소원을 청구할 수 있느냐의 문제는 구체적 사안에서 관련된 기본권들의 인적 적용범위(보호영역)에 의하여 좌우된다.

(2) 대한민국 국적을 가진 모든 자연인은 기본권의 주체가 되며, 따라서 대한민국 국적을 가진 모든 국민이 헌법소원을 청구할 수 있다(헌재 1994. 12. 29. 93헌마120). 이 사건 헌법소원심판 청구인은 대한민국 국적을 가진 자연인이므로 기본권의 주체가 되고, 헌법소원을 청구할 수 있다.

나. 공권력의 행사 또는 불행사의 존재

(1) 헌법재판소법 제68조 제 1 항의 규정에 의하면 "공권력의 행사 또는 불행사로 인하여" 헌법상 보장된 기본권을 침해받은 자는 헌법소원심판을 청구할 수 있다. 법 제68조 제 1 항에 의하여 헌법소원의 대상이 되는 행위는 국가기관의 공권력 작용에 속하여야 한다. 여기서의 국가기관은 입법·행정·사법 등의 모든 기관을 포함하며(헌재 1990. 10. 15. 89헌마178), 간접적인 국가행정, 예를 들어 공법상의 사단·재단 등의 공법인, 국립대학교(서울대학교입시요강 사건. 헌재 1992. 10. 1. 92헌마68등)와 같은 영조물 등의 작용도 헌법소원의 대상이 된다.

5) 헌법재판소, 제 1 개정증보판 헌법재판실무제요, p. 228 이하 참조.

(2) 공권력의 불행사에 대한 헌법소원은 공권력의 주체에게 헌법에서 유래하는 작위의무가 특별히 구체적으로 규정되어 이에 의거하여 기본권의 주체가 공권력의 행사를 청구할 수 있음에도 공권력의 주체가 그 의무를 해태하는 경우에 허용되는 것이므로 작위의무가 없는 공권력의 불행사에 대한 헌법소원은 부적법하다(헌재 1994. 6. 30. 93헌마161).

(3) 이 사건 심판청구 중 "변호사시험 관리위원회가 2010. 12. 7. 변호사시험 합격정원을 법학전문대학원 입학정원의 75%로 정한 심의·의결(이하 '이 사건 의결'이라 한다)"에 관하여 보면, 변호사시험 관리위원회는 변호사시험에 관한 법무부장관의 의사결정을 보좌하기 위하여 법무부에 설치된 자문위원회로서, 일정한 심의사항에 관하여 의결절차를 거쳐 위원회의 의사를 표명하더라도 그것은 단순히 법무부장관에 대한 권고에 불과하여 그 자체로서는 법적 구속력이나 외부효과가 발생하지 않는 의견진술 정도의 의미를 가지는 데 지나지 않으므로, 이 사건 의결은 헌법소원의 대상이 되는 공권력 행사로 볼 수 없다.

다. 기본권침해 가능성

(1) 헌법재판소법 제68조 제1항 본문은 "공권력의 행사 또는 불행사로 인하여 헌법상 보장된 기본권을 침해받은 자는 … 헌법재판소에 헌법소원심판을 청구할 수 있다"고 규정하고 있는바, 이는 공권력의 행사 또는 불행사로 인하여 헌법상 보장된 자신의 기본권을 현재 직접적으로 침해당한 자만이 헌법소원심판을 청구할 수 있다는 뜻이므로, 공권력의 행사로 인하여 헌법소원을 청구하고자 하는 자의 법적 지위에 아무런 영향이 미치지 않는다면 애당초 기본권침해의 가능성이나 위험성이 없으므로 그 공권력의 행사를 대상으로 헌법소원을 청구하는 것은 허용되지 아니한다(헌재 1999. 5. 27. 97헌마368; 헌재 1999. 6. 24. 97헌마315).

(2) 이 사건 심판청구 중 변호사시험법 부칙 제4조 제1항에 관한 부분에 관하여 보면, 사법시험법을 폐지하도록 규정하는 것은 변호사시험법 부칙 제1조, 제2조이고, 변호사시험법 부칙 제4조 제1항은 사법시험법 폐지에 따른 경과조치를 규정한 것에 불과하고, 또한 사법시험법이 폐지됨으로 인하여 각 대학들이 법학전문대학원을 설치할 수밖에 없고 그 결과 청구인이 법학에 관한 학술 박사학위과정에서 심화된 법학연구를 할 수 없게 되더라도 이는 단순한 간접적·사

실적 불이익에 불과하므로, 변호사시험법 부칙 제 4 조 제 1 항 본문에 의하여 청구인의 기본권이 침해될 가능성이 없다.

라. 법적 관련성

(1) 헌법소원 청구인은 원칙적으로 자신의 기본권이, 현재 그리고 직접 침해당한 경우라야 헌법소원을 제기할 수 있다(자기관련성, 현재성, 직접성).

(2) 청구인은 공권력작용에 내하여 자신이 스스로 법적으로 관련되어야 한다. 원칙적으로 기본권을 침해당하고 있는 자만이 헌법소원을 제기할 수 있다고 할 것이고, 제 3 자는 특별한 사정이 없는 한 기본권침해에 직접 관련되었다고 볼 수 없다(헌재 1997. 3. 27. 94헌마277). 공권력작용이 단지 간접적, 사실적 또는 경제적인 이해관계로만 관련되어 있는 제 3 자, 나아가 반사적으로 불이익을 받은 자에게는 자기관련성이 인정되지 않는다(헌재 1993. 3. 11. 91헌마233; 헌재 1995. 5. 25. 94헌마100).

(3) 이 사건 심판청구 중 법학전문대학원법 제 8 조 제 1 항에 관한 부분은, 법학전문대학원법 제 8 조 제 1 항은 법학전문대학원을 두는 대학은 법학에 관한 학사학위과정을 둘 수 없도록 하는 내용으로, 그 직접 수범자는 '대학'이고, 청구인이 위 조항으로 인하여 법학에 관한 학술 박사학위과정에서 심화된 법학연구를 할 수 없게 되더라도, 이는 단순한 간접적·사실적 불이익에 불과하므로, 자기관련성을 결여하여 부적법하다.

마. 보 충 성

(1) 헌법소원은 다른 법률에 구제절차가 있는 경우에는 그 절차를 모두 거친 후에 심판청구를 하여야 한다(헌법재판소법 68①). 다만, 사전에 구제절차를 거칠 것을 기대하기 곤란한 경우이거나 법률상 구제절차가 없는 경우에는 곧바로 헌법소원을 제기할 수 있다.

(2) 법령 자체에 의한 직접적인 기본권침해가 문제될 때에는 그 법령 자체의 효력을 직접 다투는 것을 소송물로 하여 일반법원에 소송을 제기하는 길이 없어(대법원 1994. 4. 26.자 93부32 결정), 구제절차가 있는 경우가 아니므로 바로 헌법소원을 청구할 수 있다(헌재 1996. 10. 4. 94헌마68등).

(3) 또한 권리구제절차가 허용되는지 여부가 객관적으로 불확실하여 전심절차 이행의 기대가능성이 없을 때에는 보충성의 예외로 바로 헌법소원을 제기할 수 있으므로(헌재 1995. 12. 28. 91헌마80), 이 사건 의결의 경우 행정소송 등 다른 구제절차가 허용되는지 여부가 객관적으로 불확실하여 청구인에게 사전에 다른 권리구제절차를 거칠 것을 기대하기가 곤란하므로 보충성원칙의 예외가 인정된다.

바. 청구기간

(1) 헌법재판소법 제68조 제 1 항의 규정에 의한 헌법소원의 심판은 그 사유가 있음을 안 날부터 90일 이내에, 그 사유가 있은 날부터 1년 이내에 청구하여야 한다. 다만, 다른 법률에 의한 구제절차를 거친 헌법소원의 심판은 그 최종결정을 통지받은 날로부터 30일 이내에 청구하여야 한다(헌법재판소법 69①).

(2) 법령에 대한 헌법소원심판의 경우, 그 법률의 시행과 동시에 기본권의 침해를 받게 되는 경우에는 그 법률이 시행된 사실을 안 날부터 90일 이내에, 법률이 시행된 날부터 1년 이내에 헌법소원을 청구하여야 하고(헌재 1999. 4. 29. 96헌마352등), 법률이 시행된 뒤에 비로소 그 법률에 해당되는 사유가 발생하여 기본권의 침해를 받게 되는 경우에는 그 사유가 발생하였음을 안 날부터 90일 이내에(헌재 1996. 8. 29. 94헌마113), 그 사유가 발생한 날부터 1년 이내에(헌재 1998. 7. 16. 95헌바19등) 헌법소원을 청구하여야 한다.

(3) 이 사건 법률조항 중 법학전문대학원법 제18조 제 3 항은 2007. 9. 28.에 시행되었고, 청구인은 2009. 10. 1. 국선대리인 선임신청을 하였으므로, 국선대리인 선임신청시점을 기준으로 청구기간 준수여부를 보더라도(헌법재판소법 70① 제 2 문[6]) 그 시점이 위 조항이 시행된 날로부터 1년이 도과하였음이 역수상 명백하므로 이 부분 심판청구는 청구기간을 도과하여 부적법하다.

사. 권리보호이익

(1) 헌법소원제도는 국민의 기본권침해를 구제해 주는 제도이므로 그 제도의 목적상 권리보호의 이익이 있는 경우에 비로소 이를 제기할 수 있고, 권리보호의 이익

6) 헌법소원심판을 청구하려는 자가 변호사를 대리인으로 선임할 자력이 없는 경우에는 헌법재판소에 국선대리인을 선임하여 줄 것을 신청할 수 있다. 이 경우 제69조에 따른 청구기간은 국선대리인의 선임신청이 있는 날을 기준으로 정한다(헌법재판소법 제70조 제 1 항).

이 없는 헌법소원심판청구는 부적법하여 각하를 면할 수 없다(헌재 1997. 1. 16. 90헌마110).

(2) 이 사건 심판청구의 경우 기본권침해의 원인이 된 공권력의 행사가 취소되거나 새로운 공권력의 행사 등 사정변경으로 말미암아 기본권침해행위가 배제되어 청구인이 더 이상 기본권을 침해받고 있지 아니하게 된 경우 등에 해당하지 아니하므로 권리보호이익이 인정된다.

아. 변호사 강제주의

각종 심판절차에 있어서 당사자인 사인은 변호사를 대리인으로 선임하지 아니하면 심판청구를 하거나 심판수행을 하지 못한다(헌법재판소법 25③). 청구인은 국선대리인을 선임하였으므로 변호사 강제주의 요건을 충족하였다.

자. 소　　결

결국, 이 사건 심판청구 중 법학전문대학원법 제8조 제1항, 제18조 제3항, 변호사시험법 부칙 제4조 제1항, 이 사건 의결에 대한 심판청구는 부적법하다.

[참고자료]

법학전문대학원 설치·운영에 관한 법률 제 8 조 제 1 항 등 위헌확인

(헌법재판소 2012. 3. 29. 선고 2009헌마754 결정)

【판시사항】

1. 법학에 관한 학술 박사학위과정에 진학하고자 하는 청구인이 법학전문대학원을 두는 대학은 법학에 관한 학사학위과정을 둘 수 없도록 규정하는 '법학전문대학원의 설치·운영에 관한 법률'(2007. 7. 27. 법률 제8544호로 제정된 것, 이하 '법학전문대학원법'이라 한다) 제 8 조 제 1 항에 대한 자기관련성이 있는지 여부(소극)
2. 기본권 침해 사유가 발생한 날로부터 1년이 지난 후에 제기되어 청구기간이 도과된 청구로서 부적법하다고 한 사례
3. 사법시험법 폐지에 관한 경과조치를 규정한 변호사시험법(2009. 5. 28. 법률 제9747호로 제정된 것, 이하 '변호사시험법'이라 한다) 부칙 제 4 조 제 1 항에 의한 기본권 침해의 가능성이 있는지 여부(소극)
4. 변호사시험 관리위원회의 심의·의결이 헌법소원의 대상인 공권력의 행사인지 여부(소극)
5. 변호사시험법 제 5 조 제 1 항 본문이 과잉금지원칙을 위반하여 청구인의 직업선택의 자유를 침해하는지 여부(소극)
6. 변호사시험법 제 5 조 제 1 항 본문이 청구인의 평등권을 침해하는지 여부(소극)

【결정요지】

1. 법학전문대학원법 제 8 조 제 1 항은 법학전문대학원을 두는 대학은 법학에 관한 학사학위과정을 둘 수 없도록 하는 내용으로, 그 직접 수범자는 '대학'이다. 나아가 법학전문대학원을 두는지 여부와 관계없이 각 대학은 법학에 관한 학술 석·박사학위과정을 둘 수 있고, 법학전문대학원 내에도 학술 박사학위과정을 둘 수 있다. 따라서 법학사로서 장래 법학박사과정에 진학하고자 하는 자연인인 청구인이 위 조항으로 인하여 법학에 관한 학술 박사학위과정에서 심화된 법학연구를 할 수 없게 되더라도, 이는 단순한 간접적·사실적 불이익에 불과하여 자기관련성이 없다.
2. 법학전문대학원법 제18조 제 3 항은 법학전문대학원의 학위과정을 이수한 자에 대하여 대통령령으로 정하는 해당학위를 수여하도록 하는 조항인바, 청구인은 위 조항으로 인하여 그 시행 이전에 이미 법학사학위와 법학석사학위를 취득한 자신의 평등권이 침해받는다고 주장하므로, 위 조항의 시행과 동시에 기본권 침해를 당한 경우에 해당한다. 그런데 위 조항은 2007. 9. 28.

에 시행되었고, 청구인은 그로부터 1년이 도과한 2009. 10. 1. 국선대리인 선임신청을 하였으므로, 이 부분 심판청구는 청구기간을 도과하여 부적법하다.

3. 사법시험법을 폐지하도록 규정하는 것은 변호사시험법 부칙 제1조, 제2조이고, 변호사시험법 부칙 제4조 제1항은 사법시험법 폐지에 따른 경과조치를 규정한 것에 불과하며, 사법시험법이 폐지됨으로 인하여 각 대학들이 법학전문대학원을 설치할 수밖에 없고 그 결과 청구인이 법학에 관한 학술 박사학위과정에서 심화된 법학연구를 할 수 없게 되더라도, 이는 단순한 간접적·사실적 불이익에 불과하므로, 변호사시험법 부칙 제4조 제1항 본문에 의해 청구인의 기본권이 침해될 가능성이 없다.
4. 변호사시험 관리위원회는 변호사시험에 관한 법무부장관의 의사결정을 보좌하기 위하여 법무부에 설치된 자문위원회로서, 일정한 심의사항에 관하여 의결절차를 거쳐 위원회의 의사를 표명하더라도 그것은 단순히 법무부장관에 대한 권고에 불과하여 그 자체로서는 법적 구속력이나 외부효과가 발생하지 않는 의견진술 정도의 의미를 가지는 데 지나지 않으므로, 변호사시험 관리위원회의 의결은 헌법소원의 대상이 되는 공권력 행사로 볼 수 없다.
5. 변호사시험법 제5조 제1항 본문은, 양질의 법률서비스를 제공하기 위하여 다양한 학문적 배경을 가진 전문법조인을 법률이론과 실무교육을 통해 양성하고, 법학교육을 정상화하며, 과다한 응시생이 장기간 사법시험에 빠져 있음으로 인한 국가인력의 극심한 낭비와 비효율성을 막기 위한 취지에서 도입된 법학전문대학원 제도의 목적을 변호사 시험 제도와의 연계를 통하여 효과적으로 달성하기 위한 것이므로, 그 목적의 정당성과 수단의 적합성이 인정된다. 사법시험 병행제도 및 예비시험 제도는 위와 같은 입법목적을 달성하기에 부족한 것으로 보이는 반면, 법학전문대학원법은 특별전형제도, 장학금제도 등을 통해 경제적 자력이 없는 사람들에게도 법학전문대학원 과정을 이수할 기회를 부여하였고, 변호사시험법은 사법시험을 2017년까지 병행 실시하도록 하여 기존 사법시험 준비자들의 신뢰를 보호하였으므로, 위 법률조항은 침해의 최소성 원칙에도 위배되지 않는다. 또한, 위 법률조항으로 인하여 청구인이 받게 되는 불이익보다는 그것이 추구하는 공익이 더 크다고 할 것이므로 변호사시험법 제5조 제1항 본문은 과잉금지원칙을 위반하여 청구인의 직업선택의 자유를 침해한다고 보기 어렵다.
6. 법학전문대학원의 석사학위라는 변호사시험 응시자격의 취득에 있어서 경제력에 따른 사실상의 차별이 존재하는 것은 별론으로 하고, 경제력에 따른 규범적인 차별은 존재하지 아니하므로, 변호사시험법 제5조 제1항 본문은 청구인의 평등권을 침해하지 아니한다.

【주　　문】

이 사건 심판청구 중 '법학전문대학원의 설치·운영에 관한 법률' 제 8 조 제 1 항, 제18조 제 3 항, 변호사시험법 부칙 제 4 조 제 1 항, 변호사시험 관리위원회가 2010. 12. 7. 변호사시험 합격정원을 법학전문대학원 입학정원의 75%로 정한 심의·의결에 대한 부분은 이를 모두 각하하고, 변호사시험법 제 5 조 제 1 항 본문에 대한 부분은 이를 기각한다.

8

공법기록형 공법소송실무

자동차운전면허처분 취소청구

08

Contents

목　　차

작 성 요 강

□ 문 제

○ 법무조합 로앤로 변호사 박승소는 마동수가 음주운전을 하여 받은 불이익처분에 대하여 불복하기로 하는 내용의 수임계약을 체결하고, 마동수로부터 기록목차에 기재된 자료를 건네받고 그의 운전면허를 회복할 수 있는 방법을 고려하고 있다. 변호사 박승소 입장에서 작성할 수 있는 소장, 헌법소원심판청구서, 행정심판청구서, 이의신청서 중(집행정지신청은 제외) 가장 유효, 적절한 서면 한 가지를 선택하여 작성하시오.

○ ※ 현행법이 허용하는 쟁송형식에 한하며, 작성일은 2023. 2. 28.이고, 같은 날 접수하는 것으로 함

※ 답안의 시작은 선택한 쟁송형식에 부합하는 '서면종류'를 기재하는 것으로 하고, 그 끝은 '서류를 제출할 기관'을 기재하는 것으로 함

※ 처분의 위법사유로는 사실관계와 현행법 및 기존 판례 입장에 비추어 볼 때 받아들여질 수 있는 주장만 할 것

상 담 일 지

2023. 2. 22.

○ 의뢰인 마동수 사무실 내왕

○ 자신의 1종 대형 및 보통 운진면허가 취소되었다며 이를 회복할 수 있는 법적 조치를 취해달라고 요청

○ 2022. 10. 26. 의뢰인은 대구광역시경찰청에 탄원서를 제출한 바 있는데, 이에 대해서는 아직까지 행정청으로부터 어떠한 답변도 듣지 못하였고 서류 등을 받은 적도 없다고 함

법무조합 로앤로 LAW&LAW

대구광역시 수성구 동대구로 128(범어동 35-2) 법률빌딩 208호

대표전화 053)757-5001, FAX 053)757-5050

주취운전자정황진술보고서			적발보고서 No.	0108952
성명	마동수	주민등록번호	****** - *******	
적발 일시 장소	2022. 10. 7. 21 : 40경, 여수시 고소동 343 도로상	측정일시 장 소	2022. 10. 7. 22 : 00 여수경찰서 교통사고조사계	

측정 결과	0.15%	측정 전 조치	구강청정제등 섭취여부 및 조치	음주후 20분 경과 여부 및 조치
			해당사항 없음	20분 경과 및 물로 헹굼

음주 경위	음 주 동 기	술의 종류 및 음주량	운 전 동 기
	동창과 저녁식사	양주 5-6잔 및 맥주 2-3병	동생 집으로 가던 중

음주 운전 거리	출 발 지 점	적 발 지 점	적발시까지의 거리	목 적 지 점
	여수시 고소동 32 한려횟집	여수경찰서 앞	운전거리 약 200미터	고소동 28 하늘빌라

적발 당시 상황	언 행 상 태	보 행 상 태	운전자 혈색
	다소 말이 많음	거의 정상임	안면 약간 홍조

측정 및 날인 거부 사유	

임시운전증명서 발급여부		운전면허증 소지여부		
발급(유효기간)	미 발 급	소 지	미 소 지	분 실
	○	○		

면허취소·정지사유 고지〈**단순음주**〉	운전자 의견 진술
귀하는 혈중알콜농도 0.15%의 상태로 주취운전하였으므로 운전면허가 (취소·정지)됨을 알려드립니다.	운전을 못하면 생업에 지장이 크니까, 한번만 선처를 부탁드립니다.
작 성 자	운 전 자
여수경찰서 교통과 교통사고조사계 2022. 10. 7. **계 급 : 경 사** **성 명 : 정 수 정**	본인은 면허(취소·정지)대상자로서 위 기재내용이 사실과 같음을 확인하였으며, 측정결과에 인정하고 부당할 경우 혈액 채취할 수 있음을 고지 받았으나 원하지 않음을 서명합니다. 2022. 10. 7. 성 명 : 마 동 수 (무인)

전 라 남 도 경 찰 청 장 (여수경찰서장) 귀 하

주취운전자 적발보고서

No. 2022-0108952

주 취 운전측정	일 시	2022. 10. 7. 22 : 00	위 반 유 형	
	장 소	여수경찰서 교통사고조사계	■ 단순음주 □ 음주사고	
	방 법	■ 음주측정기(기기번호 : 026868) □ 채혈검사		
	결 과	혈중알콜농도 : 영점일오(0.15)%		

구분	항목	내용	항목	내용
주 취 운 전 자	주 소	대구 중구 공평로 123-45	전 화	123-4567
	성 명	마 동 수	주민등록번호	****** - *******
	차량번호	대구 37바4020	운전면허번호	대구 01-184231-81 [1종 대형] 대구 96-177582-28 [1종 보통]
참 고 인	주 소	전남 여수시 중앙동 28-1		
	성 명	고 길 동	전화번호	534-8765
단 속 자	소 속	여수경찰서 교통과 교통사고조사계		
	계 급	경사	성 명	정 수 정

위 기재 내용이 사실과 틀림없음을 확인하고 서명 무인함.

운전자 성 명 **마 동 수** (무인)

위와 같이 주취운전자를 적발하였기 보고합니다.

2022. 10. 7.

보고자 성명 **정 수 정** 인

여 수 경 찰 서 장 귀 하

담당	반장	계장	과장	서장	결재
(인)		전결		㊞	

진 술 서

본인은 운전면허 취소처분 대상자로서 다음과 같이 임의로 허위 없이 진술합니다.

<table>
<tr><td rowspan="3">취소대상자</td><td>주 소</td><td colspan="3">대구 중구 공평로 123-45</td><td>소속 또는 직업</td><td>보험모집인</td></tr>
<tr><td>성 명</td><td colspan="2">마 동 수</td><td colspan="2">주민등록번호</td><td>****** - *******</td></tr>
<tr><td>면허번호</td><td>대구 01-184231-81 [1종 대형]
대구 96-177582-28 [1종 보통]</td><td colspan="2">연락처
(전화)</td><td colspan="3">123-4567</td></tr>
<tr><td>취소사유고지</td><td colspan="6">2022. 10. 07. 21 : 40경 혈중알콜농도 영점일오 퍼센트(0.15%)의 술에 취한 상태에서 운전하여 운전면허가 취소됨을 고지함.</td></tr>
<tr><td rowspan="3">진술</td><td>일 시</td><td colspan="2">2022. 10. 07. 22 : 10경</td><td>장 소</td><td colspan="2">여수경찰서 교통사고조사계</td></tr>
<tr><td rowspan="2">내 용</td><td>면허증회수일</td><td colspan="4"></td></tr>
<tr><td colspan="5">고지 확인함</td></tr>
</table>

위 진술 내용이 틀림없음을 확인합니다.

2022. 10. 7.

진 술 자 : 마 동 수

입 회 자 :

소 속 : 여수경찰서 교통과 교통사고조사계 계 급 : 경사 성 명 : 정수정 (인)

여 수 경 찰 서 장 귀 하

수 사 경 력 자 료 조 회

★★★★★★★★★★★★★★★★★★★★★

단말기번호 : 0792

조회 대상 : 마동수 ******-*******

참 조 | 없음

| 성명 : 마동수 주민등록번호 : ******-******* 성별 : 남

인적사항 | 등록지 : 대구 중구 공평로 123-45

| 지문번호 : 46757-25947 일련번호 : 00758643

NO. 작성일 입건관서명 작성번호 | 송치번호 형제번호

죄 명 | 처분일 처분관서명 처분결과

해당사항 없음

상기와 같이 자료를 통보합니다.

조 회 용 도 : 범죄수사

조회의뢰자 : 경위 김 경 정

작 성 자 : **경장 최 경 은** (인)

작성년월일 : 2022. 10. 07.

여 수 경 찰 서 장 (직인)

★★★★★★★★ 실효된 형 악용 말고 범죄경력사실 누설 말자 ★★★★★★★★

차 적 조 회

2022. 10. 07.

차 량 번 호	대구 37바4020		
성 명	마 동 수	주 민 번 호	****** - *******
주 소	대구 중구 공평로 123-45		
관할 경찰서	대구중부경찰서	우 편 번 호	
차 량 명 칭	옵티마	등 록 일 자	2013/01/12
차 대 번 호	KNHUP7512YS825745	엔 진 번 호	J 3
년 식	2013	색 상	회색
승 차 정 원	5	적 재 중 량	

차 량 수 배		소유자 수배	
말 소 구 분		변경전 차량	

여수경찰서 장 성 문 (인)

피의자신문조서

피 의 자 : 마동수
위의 사람에 대한 도로교통법위반(음주운전) 피의사건에 관하여 2022. 10. 8. 전남 여수경찰서 교통사고조사계 사무실에서 사법경찰관 경위 정수정은 사법경찰리 경장 최정은을 참여하게 하고, 아래와 같이 피의자임에 틀림없음을 확인하다.

문 피의자의 성명, 주민등록번호, 직업, 주거, 등록기준지 등을 말하십시오.

답 **성명**은 마동수(馬東秀)

주민등록번호는 ******-*******

직업은 보험모집원

주거는 대구광역시 중구 공평로 123-45

등록기준지는 위와 같음

직장주소는 대구광역시 중구 공평로 21 현대빌리지 1203호

연락처는 **자택전화** 053-123-4567 **휴대전화** 010-****-****

직장전화 053-123-9876 **전자우편** (생략)

입니다.

사법경찰관은 피의사건의 요지를 설명하고 사법경찰관의 신문에 대하여 형사소송법 제244조의3에 따라 진술을 거부할 수 있는 권리 및 변호인의 참여 등 조력을 받을 권리가 있음을 피의자에게 알려주고 이를 행사할 것인지 그 의사를 확인하다.

진술거부권 및 변호인 조력권 고지 등 확인

1. 귀하는 일체의 진술을 하지 아니하거나 개개의 질문에 대하여 진술을 하지 아니할 수 있습니다.
2. 귀하가 진술을 하지 아니하더라도 불이익을 받지 아니합니다.
3. 귀하가 진술을 거부할 권리를 포기하고 행한 진술은 법정에서 유죄의 증거로 사용될 수 있습니다.
4. 귀하가 신문을 받을 때에는 변호인을 참여하게 하는 등 변호인의 조력을 받을 수 있습니다.

문 피의자는 위와 같은 권리들이 있음을 고지받았는가요.
답 네.
문 피의자는 진술거부권을 행사할 것인가요.
답 아니오. 사실대로 진술하겠습니다.
문 피의자는 변호인의 조력을 받을 권리를 행사할 것인가요.
답 아니오.

이에 사법경찰관은 피의사실에 관하여 다음과 같이 피의자를 신문하다.

문 피의자는 처벌받은 전력이 있나요.
답 없습니다.
문 학력은 어떠한가요.
답 서울에서 대학을 다녔는데, 회계학을 전공했습니다.
문 사회경력은 어떠한가요.
답 학교 졸업 후부터 현재의 직장에서 근무하여 왔습니다.
문 가족관계는 어떠한가요.
답 처, 아들, 딸 그리고 연로하신 부모님을 모시고 있습니다.

문 재산이나 월수입은 어떠한가요.

답 2억 상당의 아파트 한 채가 있고, 월 수입은 400만원 정도 됩니다.

문 정당이나 사회단체에 가입한 사실이 있나요.

답 없습니다.

문 종교는 있는가요.

답 없습니다.

문 건강상태는 어떠한가요.

답 좋습니다.

문 음주운전으로 적발된 사실이 있는가요.

답 예, 있습니다.

문 그 일시 및 장소는요.

답 2022. 10. 7. 21 : 40경 여수시 고소동 32 소재 한려횟집 앞에서부터 여수시 고소동 343 소재 여수경찰서 앞 도로까지 약 200m 정도입니다.

문 운전하였던 차량의 소유관계는 어떠한가요.

답 제 소유로 옵티마 대구 37바4020 승용차입니다.

문 어떻게 적발되었나요.

답 경찰서 앞에서 음주단속중인 경찰관에게 적발되었습니다.

문 최종 음주후 측정시까지 경과한 시간은 얼마나 되는가요.

답 약 20~30분 가량 지났을 것입니다.

문 측정 전에 구강청정제를 사용한 사실이 있는가요.

답 없습니다.

문 음주측정 전에 구강을 헹구었나요.

답 그렇습니다. 물로 입을 헹구었습니다.

문 술은 어디에서 누구와 마셨는가요.

답 대학 동창 고길동과 한려횟집에서 마셨습니다.

문 마신 술의 종류와 양은 얼마나 되는가요.

답 처음에는 맥주 두 세병 마신 후에 양주 한병 시켜서 5-6잔 정도 마셨습니다.

문 평소 주량은 얼마나 되는가요.

답 자주 마실 기회는 없지만, 마실 때는 보통 소주 1병 정도입니다.

문 음주운전을 하게 된 경위는 어떠한가요.

답 처음에는 근처에 있는 모텔에서 자고 다음 날 대구 가려던 참이었는데, 여수시 중앙동에 거주하는 동생 마동희 집에서 자고 가려고 친구 고길동을 태우고 차를 운전하게 되었습니다.

문 음주측정을 하였는가요.

답 예, 하였습니다.

문 측정일시와 장소, 혈중알콜농도는 어떠하였나요.

답 음주운전 적발을 당하였던 2022. 10. 7. 밤 9시 40분경입니다. 어젯밤 10시경 교통사고조사계 사무실에서 다시 측정하였는데, 0.15%로 나왔습니다.

문 측정결과를 직접 확인하였나요.

답 네, 물로 입을 헹구고 측정을 하였고, 0.15%인 것을 직접 보았습니다.

문 음주측정수치에 이의가 있는가요.

답 없습니다.

문 과거에도 음주운전으로 적발된 사실이 있는가요.

답 이번이 처음입니다.

문 이번 음주운전으로 인하여 받게 될 운전면허취소 등의 법률상 불이익에 대하여 설명을 들었나요.

답 의견진술 기회를 주어 충분히 말하였고, 음주운전으로 인한 형사상, 행정상 제재에 대하여도 설명들었습니다.

문 본 건에 대하여 유리한 증거나 다른 진술할 사항이 있는가요.

답 **대학 친구를 오랜만에 만나 저녁 먹으면서 한잔 한 것이었는데, 잘못되었습니다. 한번만 선처를 바랍니다.**

위의 조서를 진술자에게 열람하게 하였던바, 진술한 대로 오기나 증감 · 변경할 것이 전혀 없다고 하므로 간인한 후 서명 무인하게 하다.

진술자 **마 동 수** (인)

2022. 10. 8.

여수경찰서

사법경찰관 경위 **정 수 정** (인)

사법경찰리 경장 **최 정 은** (인)

진 술 서

저는 마동수의 대학 동창 고길동입니다. 지난 밤에 마동수는 저와 만나 저녁식사를 하면서 술을 마시게 되었습니다. 오랜만에 만난 것이라 다소 과음을 하였습니다. 밤 9시 반경에 식당을 나와 거리에서 10분쯤 대화를 하게 되었습니다. 술에 취한 마동수는 근처에 있는 모텔에 들어가 잠을 자고, 다음날 대구로 올라갈 거라고 하였습니다.

그런데 저는 그 술집에서 저희 집과 마동수의 동생 집이 그리 멀지 않은 곳이라서, 술먹고 모텔 같은데서 자지 말고 동생 집에서 자고 가라고 하였습니다. 제 말을 들은 마동수가 동생 집으로 가려고 운전하고 가던 중에 경찰관에게 적발되었습니다.

음주측정 결과 면허가 취소될 정도가 되었다는 말을 경찰관에게 들은 것 같습니다. 괜히 제가 운전하도록 하여 면허까지 취소될 지경이라고 하니 친구에게 미안합니다. 저라도 술을 마시고 운전하려던 것을 말렸어야 하는데, 괜히 동승해 가려다가 친구에게 큰 어려움을 당하게 한 것 같습니다. 죄송합니다. 부디 선처를 부탁합니다.

2022. 10. 8.

고 길 동 드림 (高吉東印)

접수
No. 155
2022. 10. 08.
전남여수경찰서
민원접수실

전남 여수경찰서장 귀 중

가	족

가 족 관 계 증 명 서

등록기준지	여수시 중앙동 28 하늘빌라 102호

구분	성 명	출생연월일	주민등록번호	성별	본
본인	마동희(馬東熙)	19**년 07월 17일	******-*******	남	長興

가족사항

구분	성 명	출생연월일	주민등록번호	성별	본
부	마산운				
모	박란희				
배우자	최소희(崔素姬)	19**년 05월 09일	******-*******	여	醴泉
자녀	마태욱(馬泰旭)	19**년 11월 19일	******-*******	남	長興

위 가족관계증명서는 가족관계등록부의 기록사항과 틀림없음을 증명합니다.

2022년 10월 8일

전라남도 여수시장 홍인수

발급시각 : 14시 03분
발급담당자 : 김영규
☏ : 061-***-****
신청자 : 최소희

전 라 남 도 여 수 시 장 (직인)

'경찰이 새롭게 달라지겠습니다'

전남여수경찰서

수신자 대구광역시경찰청장
제　목 법규위반사실통고

---

1. 아래 자에 대하여 도로교통법위반(음주운전)으로 인한 자동차운전면허처분을 의뢰하오니 통보하여 주시기 바랍니다.
2. 피의자 인적사항
   마동수(******-*******)
   대구 중구 공평로 123-45
3. 위반사항
   음주만취운전(혈중알콜농도 0.1% 이상)

4. 위반일시, 장소
   2022. 10. 7. 여수시 고소동 32에서 여수경찰서까지 200미터 음주운전
5. 조치
   면허취소 의뢰
6. 취급자
   전남 여수경찰서 교통과 경사 정수정(011-****-****)
7. 첨부 : 마동수 자동차운전면허증　끝.

전남여수경찰서장 [전남여수경찰서장인]

수신자 대구광역시경찰청장

★경사 정수정　　경위 김경찰　　경감 최곤오

시행 교통과-6380 (2022. 10. 15.)
59738) 여수시 하멜로 2 경찰민원콜센터 182
전화　　　　　　전송

1종대형

사진

자동차운전면허증(Driver's License)

대구 01-184231-81

성　　명 : 마동수
******-*******

주　　소 : 대구 중구 공평로
123-45

면 허 증　2001.04.18
갱신기간 : ~2011.04.17

2001.04.18 대구지방경찰장

년 월 일	기재사항 변경	확인 인

- 적성검사를 기간 내에 받지 아니하면 범칙금이 부과되며, 1년이 지나면 운전면허가 취소됩니다.(※ 1종 경우)
- 갱신기간 내에 면허증을 갱신하지 아니하면 과태료가 부과되며, 1년이 지나면 110일 면허정지 처분 후 운전면허가 취소됩니다.(※ 2종 경우)
- 운전면허시험관리단 : http://www.dla.go.kr ☎1577-1120

보내는 사람

전남 여수경찰서장

59738) 여수시 하멜로 2 경찰민원콜센터 182

경찰청우체국
요금후납

행 정 우 편

받는 사람

마 동 수 귀하

대구 중구 공평로 123-45

제 1110-2003-42348 호 [1차]

자동차운전면허(■ 정지· □ 취소) 결정통지서

①성 명	마 동 수	②주민등록번호	****** - *******
③주 소	대구 중구 공평로 123-45		
④면허번호	대구 01-184231-81 [1종 대형], 대구 96-177582-28 [1종 보통]		
⑤차량번호	대구 37바4020		
⑥행정처분 결정내용	■ 정지기간	100일	
	□ 취소일자		
⑦사 유	도로교통법 제93조 제 1 항 제 1 호 음주만취운전(혈중알콜농도 0.1% 이상)		

도로교통법 제93조 규정에 의하여 위와 같이 행정처분(정지)이 결정되어 같은 법 시행규칙 제93조의 규정에 의하여 통지하오니, 같은 법 제95조의 규정에 의하여 2022. 10. 7.까지 전라남도경찰청 여수경찰서 교통(면허)계에 출석하여 운전면허증을 반납하시기 바랍니다.

(이미 반납한 사람은 제외) 안내전화: 1566-0112 담당자: 정수정

2022 년 10 월 15 일

전남여수경찰서장 전남여수경찰서장인

※ 알려드립니다.

1. 운전면허 행정처분에 대하여 이의가 있는 사람은 행정처분이 있음을 안 날로부터 90일 안에 행정심판을 청구할 수 있으며, 행정소송은 행정심판의 재결을 거치지 아니하면 제기할 수 없습니다.
2. 운전면허 취소의 처분을 받은 사람이 다시 운전면허를 받고자 할 경우에는 도로교통공단에서 실시하는 특별한 교통안전교육(6시간)을 의무적으로 받아야 합니다.

보내는 사람

대구 중구 공평로 123-45

마 동 수 올림

우체국

요금후납

받는 사람 주소: 59738) 여수시 하멜로 2 경찰민원콜센터 182

여수경찰서장 (교통과) 귀중

송 달 확 인 행 정 우 편

2022년 689 호

1. 송달받은 문서제목
   - 자동차운전면허(■ 정지 · □ 취소) 결정통지서 (2022. 10. 15.자)

주 소 대구 중구 공평로 123-45

수령자 성명(회사명) 마동수 (인)

송달확인일 2022년 10월 17일

2022 년 10 월 17일

전남여수경찰서장 귀중

접 수	2022.10.19. 11:20
소 관 부 서	교통사고조사계
담 당	경사 정 수 정 ㊞
업무 연락처	061-0112-3344

운전면허 (■ 취소)
처 분 사 전 통 지 서

주　　소 : 대구 중구 공평로 123-45

성　　명 : 마 동 수

출석요구일 : 2022년　10월　20일

귀하가 아래와 같이 운전면허 취소대상이 된 사실에 대하여 확인하고자 하오니 2022년 10월 20일까지 대구광역시경찰청(교통관리계)로 운전면허 정지·취소처분 사전통지서, 운전면허증 및 도장을 지참하시고 출석해 주시기 바랍니다.

☞ 확인내용 : ■ 운전면허 취소

※ 일·공휴일은 휴무입니다.

2022년 10월 16일

대구광역시경찰청장 대구광역시경찰청장인

☞ 통지서 수령일자 : 2022년 10월 17일　　수령자 : 마 동 수　　(인)
☞ 통지경찰관 : 대구광역시경찰청　　계급 : 경사　　성명 : 박 교 통　　(인)

☎ 안내전화 : 053-739-1125

전 남 여 수 경 찰 서

59738) 여수시 하멜로 2 경찰민원콜센터 182

제　　목 : 면허정지결정통지서 발송사유 보고
수　　신 : 여수경찰서장
참　　조 : 교통과장

마동수(******-*******)가 음주만취상태에서 운전한 사실이 적발되어 운전면허취소처분 대상자로 전산에 입력하던 중에 운전면허정지 대상자로 잘못 분류·입력하게 된 결과 마동수에게 여수경찰서장 명의로 자동차운전면허정지통지서가 발송·도달된 사실을 보고합니다.

2022. 10. 18.

교통과 전산담당 순경 **이 성 식** (인)

담당	반장	계장	과장	서장	결재
(인)	(인)	(인)	전결	印	

운전면허취소처분결정서

<table>
<tr><td rowspan="5">운전자인적사항</td><td>성 명</td><td colspan="2">마동수</td><td>주민등록번호</td><td>******-*******</td></tr>
<tr><td>주 소</td><td colspan="4">대구 중구 공평로 123-45</td></tr>
<tr><td rowspan="2">면허종별 및 번호</td><td>종 별</td><td colspan="3">1종 대형, 1종 보통</td></tr>
<tr><td>번 호</td><td colspan="3">대구 01-184231-81 [1종 대형]
대구 96-177582-28 [1종 보통]</td></tr>
<tr><td>소속 또는 직업</td><td colspan="4">보험모집인</td></tr>
<tr><td colspan="2" rowspan="2">처 분 내 용</td><td colspan="4">적용법조 도로교통법 제93조 제 1 항</td></tr>
<tr><td colspan="4">취소처분 2022년 11월 07일</td></tr>
<tr><td colspan="2">위 반 내 용</td><td colspan="4">위 사람은 2022년 10월 07일 21 : 40경 여수시 고소동 343 노상에서 혈중알콜농도 0.15%의 주취 상태로 대구 37바4020호 차량을 운전한 자임</td></tr>
</table>

취소번호 : 2022-4378

위와 같이 운전면허의 취소처분을 결정함

2022 년 10월 18일

대구광역시경찰청장 대구광역시경찰청장인

제 1010-2009-000761 호

보내는 사람

(42183) 대구광역시 수성구 무학로 227

대구광역시경찰청장 **교통(면허)계**

행 정 우 편

받는 사람

대구 중구 공평로 123-45

마 동 수 귀하

제 1110 - 4378 호[1차]

자동차운전면허(□ 정지·■ 취소) 결정통지서

①성 명	마동수	②주민등록번호	****** - *******
③주 소	대구 중구 공평로 123-45		
④면허번호	대구 01-184231-81 [1종 대형], 대구 96-177582-28 [1종 보통]		
⑤차량번호	대구 37바4020		
⑥행정처분 결정내용	□ 정지기간		
	■ 취소일자	2022. 11. 7. (결격기간 2022. 11. 7. ~ 2024. 11. 6. 까지)	
⑦사 유	도로교통법 제93조 제 1 항 제 1 호 음주만취운전(혈중알콜농도 0.1% 이상)		

도로교통법 제93조 규정에 의하여 위와 같이 행정처분(취소)이 결정되어 동법 시행규칙 제93조의 규정에 의하여 통지하오니, 동법 제95조의 규정에 의하여 2022. 10. 19. 까지 대구지방경찰청(경찰서) 교통(면허)계에 출석하여 운전면허증을 반납하시기 바랍니다.

(이미 반납한 사람은 제외) 안내전화: 053-739-1125.6.7.8 담당자: 박 교 통

2022년 10월 18일

대구광역시경찰청장 [대구광역시경찰청장인]

※ 알려드립니다.

1. 운전면허 행정처분에 대하여 이의가 있는 사람은 행정처분이 있음을 안 날로부터 90일 안에 행정심판을 청구할 수 있으며, 행정소송은 행정심판의 재결을 거치지 아니하면 제기할 수 없습니다.
2. 운전면허 취소의 처분을 받은 사람이 다시 운전면허를 받고자 할 경우에는 도로교통공단에서 실시하는 특별한 교통안전교육(6시간)을 의무적으로 받아야 합니다.

탄 원 서

저는 음주운전으로 운전면허를 취소당한 마동수입니다. 지방에 내려가 있을 때, 아내가 23일날 면허취소통지서가 왔다고 전화하였습니다. 앞으로 2년간 운전을 할 수 없다고 하니 앞이 캄캄합니다.

저에게는 부양가족이 있습니다. 직장생활을 하는데 자동차 없이는 영업이 어렵습니다. 술 먹고 핸들 잡으면 면허취소 된다는 것이야 모르는 사람이 있겠습니까? 면허취소에 불만이 있으면 불복하라고 하는데, 입이 열 개라도 무슨 불만을 하겠습니까. 그렇지만 저의 어려운 사정을 감안하셔서 면허취소가 되지 않도록 해주시기를 부탁드립니다. 물론 그것이 어렵다면 제가 승용차를 음주운전하다가 걸렸으니까 승용차 운전면허만 금지시켜 주시기 바랍니다. 대형면허라도 사용할 수 있도록 해주시기를 부탁드립니다. 이럴 때를 대비하여서 면허를 두 개씩 취득해 두었습니다. 실수는 한번 했는데 면허는 두 개 취소시키는 것은, 마치 한번 잘못에 회초리 두 대를 때리는 것과 같습니다. 둘 다 취소하는 것은 아무래도 지나친 처사로 보입니다. 제가 잘못한 것은 맞지만, 이 말은 꼭 하고 싶어서 펜을 들었습니다. 아무튼 한번만 선처해 줄 길이 없는가 싶어 답답한 마음에 글을 올립니다. 요즘은 경기가 어려워 정말 힘듭니다. 부디 선처해 주십시오. 저의 직장의 재직증명서와 가족들에 관한 가족관계증명서를 제출합니다. 혹시라도 저의 글에 무례함이 있다면 널리 용서해 주시기 바랍니다. 수고하십시오.

2022. 10. 25.

마 동 수 올림 (馬東秀印)

대구광역시 중구 공평로 123-45 (010-3578-4321)

2335 접수 No. 12345 2022. 10. 26. 대구광역시경찰청 민원실

대구광역시경찰청장 귀중

제 2022-421 호

재 직 증 명 서

본　　적 : 대구 중구 공평로 123-45
현 주 소 : 위와 같음
재직기간 : 2013년 1월 3일 ~ 2022년 10월 25일 (현재)
직　　위 : 보험설계사
성　　명 : 마 동 수
생년월일 : 1966년 3월 18일
용　　도 : 경찰서 제출용

상기와 같이 증명합니다.

2022년 10월 25일

주식회사 동방생명
대표이사 **한 국 인**　(주)동방생명대표이사의인

가 족

가 족 관 계 증 명 서

등록기준지	대구 중구 공평로 123-45

구분	성 명	출생연월일	주민등록번호	성별	본
본인	마동수(馬東秀)	19**년 03월 18일	******-*******	남	長興

가족사항

구분	성 명	출생연월일	주민등록번호	성별	본
부	마산운	1930년 8월 14일		남	
모	박란희	1932년 11월 9일		여	
배우자	김혜숙(金惠淑)	19**년 03월 15일	******-*******	여	羅州
자녀	마태운(馬泰運)	19**년 04월 20일	******-*******	남	長興
자녀	마현이(馬賢梨)	20**년 10월 22일	******-*******	여	長興

위 가족관계증명서는 가족관계등록부의 기록사항과 틀림없음을 증명합니다.

2022년 10월 25일

대구광역시 중구청장 최수현

발급시각 : 14시 30분
발급담당자 : 김현영
☎ : **-***-****
신청자 : 김혜숙

대 구 중 구 청 장 (직인)

진 술 서

성 명 : 정수정(******-*******)
주 소 : 전남 여수시 여서동 30
연락처 : 010-***-****

저는 여수경찰서 교통과 교통사고조사계 소속 정수정 경사입니다. 지난 2022. 10. 7. 21:40경 여수시 고소동 343 도로상에서 음주운전 단속을 하던 중 마동수가 운전하던 차량을 단속하게 되었습니다. 당시 음주측정결과 마동수는 혈중알콜농도 0.1%가 넘는 수치가 나왔으며, 저는 마동수에게 0.1%가 넘었으므로 운전면허가 취소된다는 사실을 구두로 알려주었습니다. 이에 마동수는 불과 몇 미터만 운전한 것이니 선처해 달라고 부탁하였지만, 곧 자신의 잘못을 깨닫고 이의가 없다고 하였습니다.

2022. 10. 18.

정 수 정 드림 (인)

광주지방법원 순천지원 귀 중

광 주 지 방 법 원 순 천 지 원

약 식 명 령

사 건 2022고약4321 도로교통법위반(음주운전)
(2022형제9876)

피 고 인 마 동 수(******-*******), 보험모집인
주거 및 주거등록지 대구 중구 공평로 123-45

주 형 과 피고인을 벌금 2,000,000(이백만)원에 처한다.
부수처분 위 벌금을 납입하지 아니하는 경우 금 50,000(오만)원을 1일로 환산한 기간 노역장에 유치한다.
피고인에게 위 벌금에 상당한 금액의 가납을 명한다.

범죄사실 별지기재와 같다(단 피의자는 피고인으로 한다).

적용법령 도로교통법 제148조의2 제 1 호, 제44조 제 1 항, 형법 제70조, 제69조 제 2 항, 형법 제57조, 형사소송법 제334조 제 1 항

검사 또는 피고인은 이 명령등본을 송달받은 날로부터 7일 이내에 정식재판을 청구할 수 있습니다.

2022. 11. 30.

판 사 **김 명 판** (인)

범 죄 사 실

피의자는 대구 37바4020호 옵티마 승용자동차를 운전한 자인바,

2022. 10. 7. 21 : 40경 여수시 고소동 32 한려횟집 앞 노상에서 혈중알콜농도 0.15%의 주취 상태로 위 차량을 운전하여 같은 동 343 여수경찰서 앞 노상까지 약 200미터 가량을 운행한 것이다.

참 고 자 료(관 계 법 령)

▣ 행정심판법

제27조(심판청구의 기간)

① 행정심판은 처분이 있음을 알게 된 날부터 90일 이내에 청구하여야 한다.

▣ 행정소송법

제18조(행정심판과의 관계)

① 취소소송은 법령의 규정에 의하여 당해 처분에 대한 행정심판을 제기할 수 있는 경우에도 이를 거치지 아니하고 제기할 수 있다. 다만, 다른 법률에 당해 처분에 대한 행정심판의 재결을 거치지 아니하면 취소소송을 제기할 수 없다는 규정이 있는 때에는 그러하지 아니하다.

② 제 1 항 단서의 경우에도 다음 각호의 1에 해당하는 사유가 있는 때에는 행정심판의 재결을 거치지 아니하고 취소소송을 제기할 수 있다.

1. 행정심판청구가 있은 날로부터 60일이 지나도 재결이 없는 때
2. 처분의 집행 또는 절차의 속행으로 생길 중대한 손해를 예방하여야 할 긴급한 필요가 있는 때
3. 법령의 규정에 의한 행정심판기관이 의결 또는 재결을 하지 못할 사유가 있는 때
4. 그 밖의 정당한 사유가 있는 때

③ 제 1 항 단서의 경우에 다음 각호의 1에 해당하는 사유가 있는 때에는 행정심판을 제기함이 없이 취소소송을 제기할 수 있다.

1. 동종사건에 관하여 이미 행정심판의 기각재결이 있은 때
2. 서로 내용상 관련되는 처분 또는 같은 목적을 위하여 단계적으로 진행되는 처분중 어느 하나가 이미 행정심판의 재결을 거친 때
3. 행정청이 사실심의 변론종결후 소송의 대상인 처분을 변경하여 당해 변경된 처분에 관하여 소를 제기하는 때
4. 처분을 행한 행정청이 행정심판을 거칠 필요가 없다고 잘못 알린 때

④ 제 2 항 및 제 3 항의 규정에 의한 사유는 이를 소명하여야 한다.

제20조(제소기간)

① 취소소송은 처분등이 있음을 안 날부터 90일 이내에 제기하여야 한다. 다만, 제18조 제 1 항

단서에 규정한 경우와 그 밖에 행정심판청구를 할 수 있는 경우 또는 행정청이 행정심판청구를 할 수 있다고 잘못 알린 경우에 행정심판청구가 있은 때의 기간은 재결서의 정본을 송달받은 날부터 기산한다.

② 취소소송은 처분등이 있은 날부터 1년(제 1 항 단서의 경우는 재결이 있은 날부터 1년)을 경과하면 이를 제기하지 못한다. 다만, 정당한 사유가 있는 때에는 그러하지 아니하다.

③ 제 1 항의 규정에 의한 기간은 불변기간으로 한다.

▣ 도로교통법

제44조(술에 취한 상태에서의 운전 금지)

① 누구든지 술에 취한 상태에서 자동차등(「건설기계관리법」 제26조 제 1 항 단서에 따른 건설기계 외의 건설기계를 포함한다. 이하 이 조, 제45조, 제47조, 제93조 제 1 항 제 1 호부터 제 4 호까지 및 제148조의2에서 같다), 노면전차 또는 자전거를 운전하여서는 아니 된다. <개정 2018. 3. 27.>

② 경찰공무원은 교통의 안전과 위험방지를 위하여 필요하다고 인정하거나 제 1 항을 위반하여 술에 취한 상태에서 자동차등, 노면전차 또는 자전거를 운전하였다고 인정할 만한 상당한 이유가 있는 경우에는 운전자가 술에 취하였는지를 호흡조사로 측정할 수 있다. 이 경우 운전자는 경찰공무원의 측정에 응하여야 한다. <개정 2014. 12. 30., 2018. 3. 27.>

③ 제 2 항에 따른 측정 결과에 불복하는 운전자에 대하여는 그 운전자의 동의를 받아 혈액 채취 등의 방법으로 다시 측정할 수 있다.

④ 제 1 항에 따라 운전이 금지되는 술에 취한 상태의 기준은 운전자의 혈중알코올농도가 0.03 퍼센트 이상인 경우로 한다. <개정 2018. 12. 24.>

⑤ 제 2 항 및 제3항에 따른 측정의 방법, 절차 등 필요한 사항은 행정안전부령으로 정한다. <신설 2023. 1. 3.>

제80조(운전면허)

① 자동차등을 운전하려는 사람은 시·도경찰청장으로부터 운전면허를 받아야 한다. 다만, 제 2 조 제19호 나목의 원동기를 단 차 중 「교통약자의 이동편의 증진법」 제 2 조 제 1 호에 따른 교통약자가 최고속도 시속 20킬로미터 이하로만 운행될 수 있는 차를 운전하는 경우에는 그러하지 아니하다. <개정 2020. 6. 9., 2020. 12. 22., 2021. 1. 12.>

② 시·도경찰청장은 운전을 할 수 있는 차의 종류를 기준으로 다음 각 호와 같이 운전면허의 범위를 구분하고 관리하여야 한다. 이 경우 운전면허의 범위에 따라 운전할 수 있는 차의 종류는 행정안전부령으로 정한다. <개정 2013. 3. 23., 2014. 11. 19., 2016. 1. 27., 2017. 7. 26., 2020. 12. 22.>

1. 제1종 운전면허
   가. 대형면허
   나. 보통면허
   다. 소형면허
   라. 특수면허
      1) 대형견인차면허
      2) 소형견인차면허
      3) 구난차면허
2. 제2종 운전면허
   가. 보통면허
   나. 소형면허
   다. 원동기장치자전거면허
3. 연습운전면허
   가. 제1종 보통연습면허
   나. 제2종 보통연습면허

③ 시·도경찰청장은 운전면허를 받을 사람의 신체 상태 또는 운전 능력에 따라 행정안전부령으로 정하는 바에 따라 운전할 수 있는 자동차등의 구조를 한정하는 등 운전면허에 필요한 조건을 붙일 수 있다. <개정 2013. 3. 23., 2014. 11. 19., 2017. 7. 26., 2020. 6. 9., 2020. 12. 22., 2021. 1. 12.>

④ 시·도경찰청장은 제87조 및 제88조에 따라 적성검사를 받은 사람의 신체 상태 또는 운전 능력에 따라 제 3 항에 따른 조건을 새로 붙이거나 바꿀 수 있다. <개정 2020. 12. 22.>

[전문개정 2011. 6. 8.]

제93조(운전면허의 취소·정지)

① 시·도경찰청장은 운전면허(연습운전면허는 제외한다. 이하 이 조에서 같다)를 받은 사람이 다음 각 호의 어느 하나에 해당하면 행정안전부령으로 정하는 기준에 따라 운전면허(운전자가 받은 모든 범위의 운전면허를 포함한다. 이하 이 조에서 같다)를 취소하거나 1년 이내의 범위에서 운전면허의 효력을 정지시킬 수 있다. 다만, 제 2 호, 제 3 호, 제 7 호, 제 8 호, 제 8 호의2, 제 9 호(정기 적성검사 기간이 지난 경우는 제외한다), 제14호, 제16호, 제17호, 제20호의 규정에 해당하는 경우에는 운전면허를 취소하여야 하고(제 8 호의2에 해당하는 경우 취소하여야 하는 운전면허의 범위는 운전자가 거짓이나 그 밖의 부정한 수단으로 받은 그 운전면허로 한정한다), 제18호의 규정에 해당하는 경우에는 정당한 사유가 없으면 관계 행정기관의 장의 요청에 따라 운전면허를 취소하거나 1년 이내의 범위에서 정지하여야 한다. <개정 2013. 3. 23., 2014. 11. 19., 2014. 12. 30., 2015. 8. 11., 2016. 1. 27., 2017. 7. 26., 2018. 3. 27., 2018. 12. 24., 2020. 6. 9., 2020. 12.

22., 2021. 1. 12.>

1. 제44조 제 1 항을 위반하여 술에 취한 상태에서 자동차등을 운전한 경우

제142조(행정소송과의 관계)

이 법에 따른 처분으로서 해당 처분에 대한 행정소송은 행정심판의 재결(裁決)을 거치지 아니하면 제기할 수 없다.

제148조의2(벌칙)

① 제44조 제 1 항 또는 제 2 항을 위반(자동차등 또는 노면전차를 운전한 경우로 한정한다. 다만, 개인형 이동장치를 운전한 경우는 제외한다. 이하 이 조에서 같다)하여 벌금 이상의 형을 선고받고 그 형이 확정된 날부터 10년 내에 다시 같은 조 제1항 또는 제2항을 위반한 사람(형이 실효된 사람도 포함한다)은 다음 각 호의 구분에 따라 처벌한다. <개정 2023. 1. 3.>

1. 제44조 제 2 항을 위반한 사람은 1년 이상 6년 이하의 징역이나 500만원 이상 3천만원 이하의 벌금에 처한다.
2. 제44조 제 1 항을 위반한 사람 중 혈중알코올농도가 0.2퍼센트 이상인 사람은 2년 이상 6년 이하의 징역이나 1천만원 이상 3천만원 이하의 벌금에 처한다.
3. 제44조 제 1 항을 위반한 사람 중 혈중알코올농도가 0.03퍼센트 이상 0.2퍼센트 미만인 사람은 1년 이상 5년 이하의 징역이나 500만원 이상 2천만원 이하의 벌금에 처한다.

▣ 도로교통법 시행규칙

제93조(운전면허의 정지·취소처분 절차)

① 시·도경찰청장 또는 경찰서장이 법 제93조에 따라 운전면허의 취소 또는 정지처분을 하려는 때에는 다음 각 호의 구분에 따른 사전통지서를 그 대상자에게 발송 또는 발급하여야 한다. 다만, 그 대상자의 주소 등을 통상적인 방법으로 확인할 수 없거나 발송이 불가능한 경우에는 운전면허대장에 기재된 그 대상자의 주소지를 관할하는 경찰관서의 게시판에 14일간 이를 공고함으로써 통지를 대신할 수 있다. <개정 2010. 12. 31., 2020. 2. 28., 2020. 12. 31.>

1. 법 제93조 제 1 항(같은 항 제20호는 제외한다)부터 제 3 항까지에 해당하는 경우: 별지 제81호서식의 운전면허 정지·취소처분 사전통지서
2. 법 제93조 제 1 항 제20호에 해당하는 경우: 별지 제81호의2 서식의 운전면허 취소처분 사전통지서

■ 도로교통법 시행규칙 [별표 18] 〈개정 2021. 12. 31.〉

운전할 수 있는 차의 종류(제53조 관련)

<table>
<tr><th colspan="3">운전면허</th><th rowspan="2">운전할 수 있는 차량</th></tr>
<tr><th>종별</th><th colspan="2">구분</th></tr>
<tr><td rowspan="6">제 1 종</td><td colspan="2">대형면허</td><td>1. 승용자동차
2. 승합자동차
3. 화물자동차
4. 삭제 <2018. 4. 25.>
5. 건설기계
가. 덤프트럭, 아스팔트살포기, 노상안정기
나. 콘크리트믹서트럭, 콘크리트펌프, 천공기(트럭 적재식)
다. 콘크리트믹서트레일러, 아스팔트콘크리트재생기
라. 도로보수트럭, 3톤 미만의 지게차
6. 특수자동차[대형견인차, 소형견인차 및 구난차(이하 “구난차등”이라 한다)는 제외한다]
7. 원동기장치자전거</td></tr>
<tr><td colspan="2">보통면허</td><td>1. 승용자동차
2. 승차정원 15명 이하의 승합자동차
3. 삭제 <2018. 4. 25.>
4. 적재중량 12톤 미만의 화물자동차
5. 건설기계(도로를 운행하는 3톤 미만의 지게차로 한정한다)
6. 총중량 10톤 미만의 특수자동차(구난차등은 제외한다)
7. 원동기장치자전거</td></tr>
<tr><td colspan="2">소형면허</td><td>1. 3륜화물자동차
2. 3륜승용자동차
3. 원동기장치자전거</td></tr>
<tr><td rowspan="3">특수면허</td><td>대형견인차</td><td>1. 견인형 특수자동차
2. 제2종 보통면허로 운전할 수 있는 차량</td></tr>
<tr><td>소형견인차</td><td>1. 총중량 3.5톤 이하의 견인형 특수자동차
2. 제2종 보통면허로 운전할 수 있는 차량</td></tr>
<tr><td>구난차</td><td>1. 구난형 특수자동차
2. 제2종보통면허로 운전할 수 있는 차량</td></tr>
</table>

<table>
<tr><td rowspan="3">제 2 종</td><td>보통면허</td><td>1. 승용자동차
2. 승차정원 10명 이하의 승합자동차
3. 적재중량 4톤 이하의 화물자동차
4. 총중량 3.5톤 이하의 특수자동차(구난차등은 제외한다)
5. 원동기장치자전거</td></tr>
<tr><td>소형면허</td><td>1. 이륜자동차(운반차를 포함한다)
2. 원동기장치자전거</td></tr>
<tr><td>원동기장치
자전거면허</td><td>원동기장치자전거</td></tr>
<tr><td rowspan="2">연습
면허</td><td>제 1 종
보통</td><td>1. 승용자동차
2. 승차정원 15명 이하의 승합자동차
3. 적재중량 12톤 미만의 화물자동차</td></tr>
<tr><td>제 2 종
보통</td><td>1. 승용자동차
2. 승차정원 10명 이하의 승합자동차
3. 적재중량 4톤 이하의 화물자동차</td></tr>
</table>

■ 도로교통법 시행규칙 [별표 28] 〈개정 2022. 10. 20.〉

운전면허 취소·정지처분 기준(제91조 제1항 관련)

2. 취소처분 개별기준

일련번호	위반사항	적용법조 (도로교통법)	내 용
1	교통사고를 일으키고 구호조치를 하지 아니한 때	제93조	○교통사고로 사람을 죽게 하거나 다치게 하고, 구호조치를 하지 아니한 때
2	술에 취한 상태에서 운전한 때	제93조	○술에 취한 상태의 기준(혈중알콜농도 0.03퍼센트 이상)을 넘어서 운전을 하다가 교통사고로 사람을 죽게 하거나 다치게 한 때 ○술에 만취한 상태(혈중알콜농도 0.08퍼센트 이상)에서 운전한 때 ○2회 이상 술에 취한 상태의 기준을 넘어 운전하거나 술에 취한 상태의 측정에 불응한 사람이 다시 술에 취한 상태(혈중알콜농도 0.03퍼센트 이상)에서 운전한 때

해 답

소 장

원 고 마동수
대구 중구 공평로 123-45

소송대리인 법무조합 로앤로
담당변호사 박승소
대구 수성구 동대구로 128 법률빌딩 208호
Tel 053)757-5001, FAX 053)757-5050

피 고 대구광역시경찰청장

자동차운전면허취소처분취소 청구의 소

청 구 취 지

1. 피고가 2022. 10. 18. 원고에 대하여 한 제 1 종 대형 자동차운전면허(대구 01-184231-81) 및 제 1종 보통 자동차운전면허(대구 96-177582-28)취소처분을 모두 취소한다.
2. 소송비용은 피고가 부담한다.

라는 판결을 구합니다.

청 구 원 인

1. 처분의 경위

원고는 1996년 피고로부터 제 1 종 보통 자동차운전면허(대구 96-177582-28) 및 2001년 피고로부터 제 1 종 대형 자동차운전면허(대구 01-184231-81)를 취득한 후 자동차를 운전하여 왔습니다.

피고는 2022. 10. 18. 원고가 같은 달 7. 21 : 40경 음주운전을 하였다는 이유로 원고의 위 자동차운전면허를 모두 취소한 처분청입니다.

2. 행정심판전치 요건의 경료

가. 원고의 탄원서는 행정심판청구서에 해당됨

⑴ 원고는 2022. 10. 23. 이 사건 처분사실을 알게 되었으며, 같은 달 26. 피고에게 이 사건 처분의 취소를 청구하는 취지의 탄원서를 제출한 바 있는데, 이는 행정심판법이 정하는 행정심판청구에 해당합니다. 따라서 원고는 도로교통법 제142조가 정하는 바에 따른 행정심판 전치요건을 충족하였습니다(갑 제 4 호증의1 탄원서 참고).

⑵ 그런데 원고의 탄원서를 도로교통법 제94조의 이의신청으로 해석할 여지도 있습니다. 그러나 이의신청 제도와 행정심판법에 의한 행정심판 제도는 모두 행정처분의 취소·변경을 구하는 제도로서 서면에 의하여 제기하여야 하고, 또 이의신청 또는 행정심판청구에 대하여 처분청 스스로 이유가 있다고 인정할 경우 당해 처분을 취소·변경할 수 있으며, 그 서면의 기재 내용이나 제출기관이 동일·유사하기 때문에 전문적 법률지식을 갖고 있지 못한 사람에게는 양자를 구별하기 쉽지 아니하고, 또 이의신청에 대한 심사 결과를 기다리는 동안 행정심판청구기간이 도과될 수도 있는 점, 행정심판전치주의는 국민의 신속한 권리구제를 저해하는 측면도 있으므로 법률이 규정한 경우에만 허용하여야 할 것이지 행정청의 내부규정으로 법률이 규정한 외에 별도의 행정심판 절차를 마련한다면 국민의 신속한 재판을 받을 권리를 침해할 우려가 있고, 신청서를 별도로 작성·제출함으로 인하여 이중의 부담을 초래하며, 널리 알려지지 아니한 제도의 설정으로 오히려 국민이 적법한 심판청구를 함에 있어 혼란만 초래하므로 행정청이 비록 국민의 권리구제를 목적으로 하더라도 임의로 행정심판에 유사한 제도를 설정할 수는 없다고 해석되는 점 등에 비추어, 운전면허취소처분에 대한 이의신청은 행정소송의 전치요건인 행정심판청구에 해당하는 것으로 보는 것이 옳다 할 것입니다(대구고법 1997. 4. 3. 선고 96구6449 판결【자동차운전면허취소처분취소】).

나. 불비된 사항이 있거나 취지가 불명확한 행정심판청구서의 처리방법

(1) 원고가 피고에게 제출한 행정심판청구서인 탄원서에는 청구취지를 명료하게 특정하고 있지 않지만, 그 내용의 취지는 이 사건 처분의 취소를 구하는 것으로 해석하는데 무리가 없습니다.

(2) 기존 판례도 이를 뒷받침하고 있습니다. 행정심판법 제19조, 제23조의 규정 취지와 행정심판제도의 목적에 비추어 보면, 행정심판청구는 엄격한 형식을 요하지 않는 서면행위로 해석되므로, 위법·부당한 행정처분으로 인하여 권리나 이익을 침해당한 자로부터 그 처분의 취소나 변경을 구하는 서면이 제출되었을 때에는 그 표제와 제출기관의 여하를 불문하고 이를 행정소송법 제18조 소정의 행정심판청구로 보아야 하며, 심판청구인은 일반적으로 전문적 법률지식을 갖지 못하여 제출된 서면의 취지가 불명확한 경우가 적지 않을 것이나, 이러한 경우 행정청으로서는 그 서면을 가능한 한 제출자에게 이익이 되도록 해석하고 처리하여야 합니다(대법원 2007. 6. 1. 선고 2005두11500 판결【공장설립허가및제조시설설치승인처분취소】).

3. 원고가 음주운전을 하게 된 경위

가. 원고는 2022. 10. 7. 거주지인 대구광역시에서 대학 동창 고길동을 만나려고 전남 여수에 내려가게 되었습니다. 원고는 오랜만에 만난 고길동과 그 날 저녁 한려횟집에서 식사를 하면서 맥주와 양주를 마시게 되었습니다.

나. 원고는 그 날 밤 21 : 30경 비교적 일찍 식당을 나와 근처에 있는 모텔에서 자고 다음날 일찍 대구로 올라오려고 하였습니다. 그런데 고길동이 그곳에서 그리 멀지 않은 장소에 있는 원고의 남동생 마동희 집에서 잠을 자고 가라고 권유하였습니다.

다. 그리하여 원고는 21 : 40경 여수시 고소동 32 소재 한려횟집 앞 노상에서부터 원고 소유의 대구 37바4020호 승용차에 고길동을 태우고 여수시 중앙동 28 소재 원고의 동생 마동희의 집을 향하여 200미터를 운전하게 되었습니다. 그런데 원고가 여수시 고소동 343 소재 여수경찰서 앞에 이르렀을 때, 음주단속 중인 경찰관 정수정에게 적발되어 음주측정 결과 혈중알콜농도 0.15%로 나타났습니다.

4. 피고의 이 사건 처분의 위법성

가. 전남 여수경찰서장의 면허정지처분

(1) 원고는 이 사건 당일 음주측정 결과 면허취소 사유에 해당하는 혈중알콜농도가 나타나자, 그 즉시 여수경찰서 교통과 교통사고조사계로 가서 음주경위 등에 관한 조사를 받게 되었습니다.

(2) 원고는 그곳에서 경사 정수정으로부터 운전면허가 취소될 것이라는 사실을 고지받고 소지 중인 운전면허증을 반납하게 되었습니다.

(3) 그 후 여수경찰서장은 2022. 10. 15. 도로교통법 제93조 제 1 항 제 1 호에 근거하여 청구취지 기재 원고의 운전면허에 대하여 시기와 종기가 특정되지 아니한 100일간의 운전면허정지결정통지서를 원고에게 보내왔습니다.

(4) 원고는 같은 달 17. 위 운전면허정지결정통지서를 송달받고, 위 통지서를 수령하였다는 취지의 송달확인 행정우편을 여수경찰서장에게 보낸 바 있습니다.

(5) 따라서 원고의 위 음주운전으로 인한 도로교통법이 정하는 제재처분은 여수경찰서장의 자동차운전면허정지처분으로 종료되었습니다.

나. 피고의 이 사건 운전면허취소처분

(1) 그런데 피고는 같은 달 18. 원고에게 이 사건 음주운전사실로 도로교통법 제93조 제 1 항 제 1 호에 근거하여 원고의 청구취지 기재 운전면허를 2022. 11. 7.부터 2024. 11. 6.까지 2년간 취소한다는 내용의 결정통지서를 보내왔습니다.

(2) 원고는 피고의 이 사건 처분을 통지받기 3일 전에 이미 여수경찰서장으로부터 면허정지처분을 받았는데, 왜 동일한 음주운전 사실로 두 번이나 불이익 처분을 하는 것에 의문이 들어 피고에게 이 사건 처분을 하게 된 이유를 묻게 되었습니다. 그러자 여수경찰서장의 원고에 대한 면허정지처분은 여수경찰서 교통과 전산담당 순경 이성식이 원고를 면허취소대상자로 전산에 입력하던 중 면허정지대상자로 잘못 입력한 과실로 운전면허정지결정 통지서가 발송된 착오에 의한 것이므로, 피고의 처분통지가 도로교통법령에 적법한 처분이라고 하였습니다.

다. 피고의 이 사건 처분의 법적 성질

(1) 피고의 원고에 대한 이 사건 처분은 여수경찰서장이 원고에게 행하였던 선행처분인 운전면허정지처분을 직권으로 취소하고(철회의 의미도 포함됨) 훨씬 불이익한 후행처분인 면허취소처분을 행한 것에 해당됩니다.

(2) 피고로서는 선행처분의 존재사실도 알지 못한 상태에서 이 사건 처분을 한 것으로 보이고, 피고는 종전의 선행처분을 취소한다는 인식도 없이 이 사건 처분이 원고에 대한 원(최초)처분으로 인식한 가운데 행하였을 것으로 여겨집니다. 그렇지만 피고의 이 사건 처분은 여수경찰서장의 선행처분을 취소한 것으로 볼 수 있습니다.

(3) 강학상 처분청의 상급기관인 감독기관이 처분청의 처분을 직권으로 취소할 수 있느냐 여부에 관하여 견해가 대립되고 있습니다. 취소권은 감독권에 포함되는 것이므로 명문의 규정이 없더라도 직접 취소할 수 있다는 적극설과, 감독청은 명문의 규정이 없는 한 직접 취소할 수 없고 처분청에 대하여 취소를 명할 수 있음에 그친다는 소극설로 대립되어 있습니다.

(4) 판례는 법령에 명문으로 감독청의 취소권을 긍정하고 있는 경우에 감독기관의 직권취소를 긍정한 사례가 있는데, 전국공무원노동조합의 총파업에 참가한 구청 소속 공무원들에 대한 구청장의 승진임용 처분을 광역시장이 취소한 것이 적법하다고 한 바 있습니다(대법원 2007. 3. 22. 선고 2005추62 전원합의체 판결【승진임용직권취소처분취소청구】).

(5) 아무튼 도로교통법 제93조에 의하여 지방경찰청장인 피고가 음주운전을 한 원고에게 이 사건 처분을 할 수 있는 권한이 있는 것은 사실입니다. 그러나 여수경찰서장이 원고에게 이미 처분을 하였으므로, 피고가 그 처분을 직권으로 취소할 수 있기 위해서는 피고는 적법한 직권취소권자에 해당되어야 하며, 아울러 직권취소의 요건을 충족하여야 합니다.

라. 피고의 운전면허정지처분에 대한 직권취소 또는 철회의 위법

(1) 행정청이 일단 행정처분을 한 경우에는 행정처분을 한 행정청이라도 법령에 규

정이 있는 때, 행정처분에 하자가 있을 때, 행정처분의 존속이 공익에 위반되는 때, 또는 상대방의 동의가 있는 때 등의 특별한 사유가 있는 경우를 제외하고는 행정처분을 자의로 취소(철회의 의미를 포함한다) 할 수 없습니다(대법원 1990. 2. 23. 선고 89누7061 판결【비관리청하천공사시행허가내용변경처분취소】).

(2) 선행처분인 여수경찰서장의 면허정지처분은 비록 그와 같은 처분이 도로교통법 시행규칙 제91조 제 1 항 [별표 28]에서 정한 행정처분기준에 위배하여 이루어진 것이라 하더라도, 즉 착오에 의하여 이루어진 것이더라도, 그와 같은 사실만으로 곧바로 당해 처분이 위법하게 되는 것은 아닙니다.

(3) 그 뿐만 아니라 원고로서는 그 면허정지처분을 송달받아 그 효력을 발생함으로써 그 처분의 존속에 대한 신뢰가 이미 형성되었습니다.

(4) 또한 그와 같은 처분의 존속이 현저히 공익에 반한다고는 보이지 아니하므로, 동일한 사유에 관하여 보다 무거운 면허취소처분을 하기 위하여 이미 행하여진 가벼운 면허정지처분을 취소하는 것은 선행처분에 대한 당사자의 신뢰 및 법적 안정성을 크게 저해하는 것이 되어 허용될 수 없다 할 것입니다.

(5) 여수경찰서장이 착오로 운전면허정지처분을 하였을지라도 그 자체만으로는 면허정지처분을 위법하게 만들지는 않습니다. 착오에 의하여 법령해석이나 사실인정을 잘못한 결과, 행정행위가 객관적으로 위법하게 된 경우에도 상대방의 신뢰보호의 견지에서 취소가 제한된다는 것이 보편적인 법리입니다.

(6) 따라서 피고의 처분은 선행처분에 대한 원고의 신뢰와 법적 안정성을 크게 저해하는 것이 되어 허용될 수 없다 할 것이므로, 결국 음주운전행위에 대한 도로교통법 시행규칙 제91조 [별표 28]의 처분기준에 해당한다는 이유만으로 중한 운전면허취소처분을 한 것은 결국 재량권을 남용하였거나 일탈한 처분으로 위법하여 취소를 면할 수 없습니다.

(7) 그러므로 피고가 과연 여수경찰서장의 상급 감독기관의 지위에서 운전면허정지처분을 취소할 수 있는 지위에 있더라도, 직권취소의 요건을 충족하지 못한 가운데 이루어진 이 사건 처분은 위법을 면할 수 없습니다.

5. 이 사건 처분으로 인한 원고의 불이익 등 정상관계

가. 원고는 2003. 1. 3.부터 현재까지 주식회사 동방생명에서 보험설계사로 근무하고 있습니다. 원고는 주로 보험모집과 기존의 고객들에 대한 상담 등을 위하여 주로 외근을 하는 형태로 그 업무를 행하여 왔습니다. 이 때문에 원고는 이 사건 승용차를 운전하여 왔기 때문에 운전이 생계수단으로서의 중요한 비중을 차지하고 있습니다.

나. 원고는 부양가족이 많습니다. 원고의 아버지는 현재 80세이며, 어머니는 78세인데, 원고의 집에서 함께 살면서 원고의 수입으로 생활하여 왔습니다(갑 제 2 호증 가족관계증명서 참고). 원고는 부모님 부양을 부담스러워 하는 요즘의 세태와 달리 비록 넓지 않는 집에서도 함께 살아 왔습니다. 원고의 많지 않은 수입(보험설계사라는 직업의 특성상 수입이 일정하지 않습니다)으로 정기적으로 부모님께 용돈을 드리며, 노후를 편하게 보낼 수 있도록 노력하는 효자입니다. 뿐만 아니라 원고는 아들과 딸 두 자녀를 양육하고 있습니다. 원고는 자녀들의 학원비 등의 교육비를 매달 정기적으로 지출해야 하는 부담을 지고 있습니다. 따라서 원고가 이 사건 처분으로 운전을 할 수 없게 된다면 현실적으로 직장생활을 계속 할 수 없을 것이므로, 부모님의 부양과 자녀들의 양육에도 막대한 타격을 받게 될 어려운 상황에 놓이게 될 것입니다.

다. 원고는 1996년 제 1 종 보통 운전면허를, 2001년 제 1 종 대형 운전면허를 취득한 이래 계속 운전에 종사하여 왔습니다. 원고는 그럼에도 이 사건 처분을 당하기까지 단 한 번도 음주운전을 하거나 접촉사고를 내는 경미한 교통사고도 야기하지 않고 준법운전을 하여 왔습니다. 또한 형사상 처벌을 받은 전과도 전혀 없이 성실한 사회인으로 올바르게 살아왔습니다(수사경력자료조회 참고).

6. 결 론

그러므로 피고의 원고에 대한 이 사건 처분은 위법한 처분이므로 모두 취소되어야 합니다.

입 증 방 법

1. 갑 제 1 호증	진술서(고길동)	1부
1. 갑 제 2 호증	가족관계증명서(마동희)	1부
1. 갑 제 3 호증의1	자동차운전면허정지 결정통지서	1부
1. 갑 제 3 호증의2	자동차운전면허취소 결정통지서	1부
1. 갑 제 4 호증의1	탄원서(마동수)	1부
1. 갑 제 4 호증의2	재직증명서	1부
1. 갑 제 4 호증의3	가족관계증명서	1부

첨 부 서 류

1. 위 입증방법	각 1부
1. 소송위임장	1부
1. 소장부본	1부

2023. 2. 28.

원고 소송대리인
법무조합 로앤로
담당변호사 박 승 소

대 구 지 방 법 원 귀 중

쟁 점 해 설

1. 처분의 경위

가. 제 1 종 보통면허 및 제 1 종 대형면허를 취득한 원고는 2022. 10. 7. 21 : 40경 여수시 고소동 32에 있는 한려횟집 앞길에서 술에 취한 상태로 승용차를 운전하다가 여수경찰서 소속 경찰관에게 적발되어 음주측정을 한 결과 혈중알콜농도가 0.15%로 나타났다.

나. 여수경찰서 담당경찰관은 같은 날 원고에게 운전면허가 취소됨을 고지하고 의견진술의 기회를 준 후, 같은 달 15. 원고의 법규위반내용을 적시하고 회수한 원고의 운전면허증을 첨부하여 운전면허취소권자인 피고에게 원고에 대한 운전면허취소의 행정처분을 의뢰하였다.

다. 한편 여수경찰서 교통사고 조사계 순경 이성식은 전산입력 착오로 원고를 운전면허정지 대상자로 분류한 나머지, 여수경찰서장이 같은 달 15. 도로교통법, 같은 법 시행령, 같은 법 시행규칙에 따라 원고에게 시기와 종기를 따로 정하지 아니하고 정지기간이 100일로 된 자동차운전면허정지통지서를 발송하였다.

라. 여수경찰서장으로부터 원고에 대한 위의 법규위반 사실 통지를 받은 피고는 같은 달 18. 여수경찰서장의 처분과는 별도로 같은 그 법규위반 사실에 대하여 원고의 각 자동차운전면허를 같은 달 7. 자로 모두 취소하는 내용의 이 사건 자동차운전면허취소통지서를 발송하였고, 그 통지서는 같은 달 23. 원고에게 도달하였다.

2. 당 사 자

가. 원고적격

원고는 혈중알콜농도 0.15% 술에 취한 상태로 승용차를 운전하다가 운전면허취소사유에 해당한다는 이유로 이 사건 처분을 받았으므로 그 취소를 구할 원고적격이 있다.

나. 피고적격

(1) 여수경찰서장인지 여부

(가) 여수경찰서장은 2022. 10. 15. 원고에게 시기와 종기를 따로 정하지 아니하고 정지기간이 100일로 된 자동차운전면허정지처분을 하였다.

(나) 시·도경찰청장은 술에 취한 상태에서 자동차등의 운전을 한 때에는 운전면허를 취소하거나 정지시킬 수 있다(도로교통법 93①). 그러므로 경찰서장은 원고에게 자동차운전면허정지처분을 할 권한이 없다.

(다) 원고는 혈중알콜농도 0.15% 술에 취한 상태로 운전을 하였으므로 운전면허취소 사유에 해당하는데 운전면허정지처분을 받은 것은 대단히 가벼운 처분에 해당한다. 따라서 원고는 특별한 사정이 없는 한 면허정지처분에 대하여 불복할 이유가 없을 것이므로, 여수경찰서장의 피고적격 여부는 문제되지 않는다.

(2) 대구광역시경찰청장

도로교통법 제93조 제 1 항은 시·도경찰청장이 면허취소 또는 정지를 할 수 있는 자로 규정하고 있으며, 이 사건 처분을 대구광역시경찰청장이 하였으므로 피고적격도 있다.

3. 이 사건 처분의 적법 여부

가. 원고의 주장

(1) 운전면허정지처분의 효력발생

원고의 음주운전으로 인한 처분은 여수경찰서장의 운전면허정지처분이 적법하다. 여수경찰서장이 운전면허정지기간의 시기와 종기를 정하지는 아니하였지만 정지기간을 100일간으로 기재한 자동차운진면허징지통지서를 원고에게 발송하여 원고가 이를 수령하였으므로, 운전면허정지처분으로서의 효력이 발생되었다고 볼 것이다.

(2) 피고의 운전면허정지처분에 대한 직권취소 또는 철회의 요건결여

피고의 원고에 대한 이 사건 처분은 여수경찰서장이 원고에게 행하였던 선행처분인 운전면허정지처분을 직권으로 취소하고(철회의 의미도 포함됨) 훨씬 불이익한 후행처분인 면허취소처분을 행한 것에 해당되는데, 피고는 직권취소 또는 철회의 요건을 구비하지 못하였다.

(3) 소 결

따라서 피고의 원고에 대한 이 사건 처분은 선행처분인 운전면허정지처분에 대한 원고의 신뢰와 법적 안정성을 크게 해치는 것으로서 위법하여 취소되어야 한다.

나. 검 토

(1) 운전면허취소권자

㈎ 운전면허취소 또는 정지권자는 시·도경찰청장이다(도로교통법 93①).

㈏ 구 도로교통법[법률 제4243호, 1990. 11. 2. 일부개정]에서는 "시·도지사"의 권한으로 하였으나, 현재 도로교통법은 "시·도경찰청장"으로 하고 있다.

㈐ 이 사건 처분은 적법한 처분권자인 대구광역시경찰청장이 하였다.

(2) 이 사건 처분에 앞서 행하여진 면허정지처분

여수경찰서장은 2022. 10. 15. 도로교통법 제93조 제1항 제1호에 근거하여 원고의 운전면허에 대하여 100일간의 운전면허정지처분을 하여 원고에게 도달되었다.

(3) 특정한 상대방이 있는 행정처분의 효력발생시기

㈎ 특정한 상대방이 있는 행정처분은 그 상대자에게 고지되어야 효력을 발생할 구

행정소송법(1955. 7. 5. 법률 제363호) 제 5 조 제 2 항, 소원법(폐) 제 3 조에 처분이 있는 날이라 함은 상대방이 있는 행정처분에 있어서는 위와 같이 고지로서 효력을 발생한 날을 의미한다 할 것이고, 또 고지의 방식은 반드시 송달에만 의하는 것이 아니고 경우에 따라서는 공고의 방식에 의할 수도 있다(대법원 1962. 5. 3. 선고 4294민상1391 판결【소유권이전등기무효확인등】).

(나) 상대방있는 행정처분에 있어서는 행정처분이 상대방에게 도달되어야만 효력이 발생하는 것이므로, 행정청이 행정처분을 함에 있어 상대방에게 통지하지 아니하고 행정청의 게시판에 그 내용을 공고한 것만으로는 적법한 통지가 있었다고 할 수 없으므로 위 행정처분은 효력을 발생할 수 없다(서울고법 1983. 5. 9. 선고 82구67 판결【도서출판등록취소처분취소청구사건】).

(4) 면허정지처분의 효력발생

여수경찰서장의 원고에 대한 이 사건 면허정지처분은 원고에게 도달되어 그 효력이 발생하였다. 따라서 피고는 운전면허정지처분의 불가변력으로 인하여 이를 취소, 철회할 수 없다. 결국 원고의 음주운전으로 인한 도로교통법의 제재처분은 위 자동차운전면허정지처분으로 종료되었다.

(5) 판례상 직권취소(철회 포함)의 개념과 요건

(가) 취소와 철회의 개념

행정행위의 취소는 일단 유효하게 성립한 행정행위를 그 행위에 위법 또는 부당한 하자가 있음을 이유로 소급하여 그 효력을 소멸시키는 별도의 행정처분이고, 행정행위의 철회는 적법요건을 구비하여 완전히 효력을 발하고 있는 행정행위를 사후적으로 그 행위의 효력의 전부 또는 일부를 장래에 향해 소멸시키는 행정처분이므로, 행정행위의 취소사유는 행정행위의 성립 당시에 존재하였던 하자를 말하고, 철회사유는 행정행위가 성립된 이후에 새로이 발생한 것으로서 행정행위의 효력을 존속시킬 수 없는 사유를 말한다(대법원 2006. 5. 11. 선고 2003다37969 판결【채무부존재확인】).

(나) 직권취소의 요건

행정청이 일단 행정처분을 한 경우에는 행정처분을 한 행정청이라도 법령에 규정이 있는 때, 행정처분에 하자가 있는 때, 행정처분의 존속이 공익에 위반되는 때, 또는 상대방의 동의가 있는 때 등의 특별한 사유가 있는 경우를 제외하고는 행정처분을 자의로 취소(철회의 의미를 포함한다) 할 수 없다(대법원 1990. 2. 23. 선고 89누7061 판결【비관리청하천

공사시행허가내용변경처분취소】). 따라서 피고의 이 사건 처분이 직권취소의 요건을 충족하였는지 검토할 필요가 있다.

(a) 피고가 운전면허정지처분의 취소를 할 수 있는 법령의 규정이 있는지 여부

도로교통법과 그 시행령 및 시행규칙에는 피고가 그 선행처분인 면허정지처분을 취소할 수 있는 근거규정은 없다. 행정행위를 한 처분청은 그 행위에 하자가 있는 경우에는 별도의 법적 근거가 없더라도 스스로 이를 취소할 수 있지만(대법원 2006. 5. 25. 선고 2003두4669 판결【공장등록취소처분취소】), 피고는 여수경찰서장의 감독청의 지위에 있다고 할지라도 명문규정이 없는 한 처분청의 처분을 취소할 수는 없다고 본다.

(b) 행정처분에 하자가 있는지 여부

도로교통법 제93조는 시·도경찰청장이 음주운전자의 운전면허를 취소하도록 하고 있다. 그런데 원고의 음주운전에 대한 도로교통법상의 처분권자가 아닌 경찰서장이 면허취소처분이 아닌 면허정지처분을 하게 되어 행정처분의 하자 중 주체와 내용의 하자를 야기하였다. 그렇지만 처분청인 여수경찰서장이 원고에 대한 처분을 취소한 사실이 없다. 또한 면허정지처분이 원고에게 도달되어 위 처분에 대한 원고의 신뢰와 법적 안정성을 보호할 필요가 생겼다.

(c) 행정처분의 존속이 공익에 위반되는 때

오늘날 자동차가 급증하고 자동차운전면허도 대량으로 발급되어 교통상황이 날로 혼잡하여 감에 따라 교통법규를 엄격히 지켜야 할 필요성은 더욱 커지고, 음주운전으로 인한 교통사고 역시 빈번하고 그 결과가 참혹한 경우가 많아 음주운전을 엄격하게 단속하여야 할 필요가 절실하다는 점에 비추어 볼 때 자동차운전면허취소처분으로 교통사고를 야기하지 않은 음주운전자가 입게 되는 불이익보다는 공익목적의 실현이라는 필요가 더욱 크다(대법원 1997. 11. 14. 선고 97누13214 판결【자동차운전면허취소처분취소】).

이 같은 관점에서 면허취소 사유에 해당하는 음주운전자인 원고에게 면허정지처분을 하는 것은 음주운전을 강력히 단속하여야 할 필요성 등을 고려할 때, 공익적인 측면을 우선 고려하였다고 볼 수 없다. 그렇지만 처분청의 착오에 의하여 법령해석이나 사실인정을 잘못한 결과, 행정행위가 객관적으로 위법하게 된 경우에도 상대방의 신뢰보호의 견지에서 취소가 제한된다는 것이 보편적인 법리이다. 따라서 원고에 대한 면허정지처분의 취소는 위와 같은 취소권 행사의 제한의 법리에 따라 허용되지 아니한다. 뿐만 아니라 원고의 음주운전에 대하여 불이익처분인 100일간의 면허정지처분이 행하여졌으므로 그 처분의 존속이 현저히 공익에 반한다고 볼 수도 없다.

(d) 상대방의 동의가 있는 때

원고는 피고의 이 사건 처분에 동의한 사실이 없다.

(다) 소 결

원고의 음주운전이라는 동일한 사유에 관하여 보다 무거운 피고의 이 사건 처분을 하기 위하여 이미 행하여진 가벼운 면허정지처분을 취소하는 것은 선행처분에 대한 당사자의 신뢰 및 법적 안정성을 크게 저해하는 것이 되어 허용될 수 없다 할 것이다.

4. 필요적 행정심판전치주의

가. 도로교통법 제142조(행정소송과의 관계)

이 법에 따른 처분으로서 해당 처분에 대한 행정소송은 행정심판의 재결(裁決)을 거치지 아니하면 제기할 수 없다.

나. 연 혁

자동차운전면허취소에 대하여 행정소송을 제기함에 있어서 행정심판의 재결을 거쳐야 하는지 여부에 관하여, 법률은 그 동안 필요적 전치주의를 택하였다가 1998. 3. 1. 개정 행정소송법이 시행되면서 임의적 전치주의로 변경되었고, 1999. 1. 29. 도로교통법 제101조의3(현행 제142조) 규정이 신설됨으로써 다시 필요적 전치주의로 변경되었다.

다. 원고의 피고에 대한 탄원서의 법적 성격

(1) 행정심판의 전치요건 충족

원고는 2022. 10. 26. 피고에 대하여 이 사건 처분의 취소를 구하는 취지의 탄원서를 제출하여 접수시켰다. 원고는 위 탄원서에서 이 사건 처분의 전부 취소를 구할 뿐만 아니라 예비적으로 제 1 종 대형운전면허의 취소를 구하고 있다. 따라서 원고의 위 탄원서는 도로교통법 제142조가 규정하는 행정심판 전치요건을 충족한 것이다.

라. 불비된 사항이 있거나 취지가 불명확한 행정심판청구서의 처리방법

(1) 판례의 기본원칙

행정심판법 제19조, 제23조의 규정 취지와 행정심판제도의 목적에 비추어 보면, 행정심판청구는 엄격한 형식을 요하지 않는 서면행위로 해석되므로, 위법·부당한 행정처분으로 인하여 권리나 이익을 침해당한 자로부터 그 처분의 취소나 변경을 구하는 서면이 제출되었을 때에는 그 표제와 제출기관의 여하를 불문하고 이를 행정소송법 제18조 소정의 행정심판청구로 보아야 하며, 심판청구인은 일반적으로 전문적 법률지식을 갖지 못하여 제출된 서면의 취지가 불명확한 경우가 적지 않을 것이나, 이러한 경우 행정청으로서는 그 서면을 가능한 한 제출자에게 이익이 되도록 해석하고 처리하여야 한다(대법원 1995. 9. 5. 선고 94누16250 판결, 2000. 6. 9. 선고 98두2621 판결, 대법원 2007. 6. 1. 선고 2005두11500 판결 참조).

(2) 진정서 등을 행정심판으로 해석한 판례

원고들이 2003. 5. 21. 피고에게 이 사건 승인처분의 취소를 요구하는 문서를 제출한 바 있으니, 늦어도 이 무렵 원고들은 이 사건 승인처분이 있었음을 알았다고 할 것인데 이 사건 소는 그로부터 90일이 경과된 후 제기된 것이므로 제소기간을 도과한 부적법한 소라는 피고의 본안전 항변에 대하여, 그 채용 증거를 종합하여 판시와 같은 사실을 인정한 다음, 위 문서는, 그 제목이 '남동레미콘(주) 공장설립허가에 대한 광주시의 허가취소요청'으로 되어 있고, 피청구인인 처분청과 청구인들의 이름, 주소 및 서명이 되어 있으며, 심판청구의 대상이 되는 행정처분의 내용과 심판청구의 취지 및 이유, 처분이 있은 것을 안 날을 알 수 있을 정도의 내용이 기재되어 있고, 위 문서에 기재되어 있지 않은 재결청, 처분을 한 행정청의 고지 유무 등의 내용과 날인 등의 불비한 점은 추후 보정이 가능한 것이므로 위 문서는 이 사건 승인처분에 대한 행정심판청구로 보아야 하는데, 이에 대한 **재결절차가 이루어지지 않은 이상, 이 사건 소의 제소기간은 아직 도과되지 않았다**고 하여 피고의 위와 같은 본안전 항변을 배척하였다. 앞서 본 법리와 기록에 비추어 살펴보면, 원심의 위와 같은 판단은 옳고, 거기에 상고이유 주장과 같은 행정심판청구에 관한 법리오해 등의 위법이 없다(대법원 2007. 6. 1. 선고 2005두11500 판결【공장설립허가및제조시설설치승인처분취소】).

마. 이 사건의 경우

(1) 원고는 이 사건 처분을 알게 된 후 피고에게 이 사건 처분의 취소를 청구하는 취지의 탄원서를 제출한 것은 행정소송의 전치요건인 행정심판청구서로서 원고는 적법한 행정심판청구를 한 것으로 보아야 할 것이다. 따라서 이 사건에서는 원고의 탄원서의 법적 성격에 대하여 이해하고, 그에 필요한 권리구제수단을 강구하여야 한다.

⑵ 다만, 원고 대리인의 입장에서는 원고 본인이 제출한 탄원서가 장차 행정심판청구서로 인정받을지 여부가 논란이 있을 수 있다는 점에서, 행정심판 제기기간이 도과하지 않았다면 명확하게 행정심판청구를 하는 것이 바람직하다. 그러므로 불비된 사항이 있거나 취지가 불명확한 행정심판청구서의 검토 실익은 행정소송의 제소기간이 도과된 상태에서 원고 본인이 제출한 진정서 등을 행정심판청구서로 주장하여 적법한 제소요건을 충족하는 데 있다.

⑶ 물론 행정소송의 제소기간이 도과하면, 제소기간의 규정을 준용하지 않고 있는 무효확인소송을 제기할 수는 있다(행정소송법 38①). 그러나 하자 있는 행정처분이 당연무효가 되기 위하여는 그 하자가 법규의 중요한 부분을 위반한 중대한 것으로서 객관적으로 명백한 것이어야 하며, 하자가 중대하고 명백한 것인지 여부를 판별함에 있어서는 그 법규의 목적, 의미, 기능 등을 목적론적으로 고찰함과동시에 구체적 사안 자체의 특수성에 관하여도 합리적으로 고찰함을 요한다(대법원 1995. 7. 11. 선고 94누4615 전원합의체 판결【건설업영업정지처분무효확인】). 반면, 취소사유는 행정처분에 하자가 있을지라도 그 하자가 중대·명백하지 않는 경우 및 하자가 중대하기는 하나 명백하지 않는 경우에 취소의 대상이 된다는 점에서, 이 사건 처분을 무효확인의 소로 제기하는 것은 취소청구의 소에서 보다는 입증의 어려움이 예상된다.

5. 제소기간

가. 행정심판의 제기

원고는 2022. 10. 23. 이 사건 처분이 있음을 알았으며, 2022. 10. 26. 피고에게 탄원서 형식으로 행정심판청구를 하였으나 현재까지 재결이 없다. 이는 처분청인 피고가 탄원서를 행정심판청구로 이해하였다면, 그 탄원서를 소관 행정심판위원회에 송부하여 행정심판재결이 이루어지도록 하였을 터이지만, 그런 인식이 없어 행정심판법이 정하는 절차를 밟지 않았기 때문으로 여겨진다.

나. 행정소송법 제18조

⑴ 행정소송법 제18조 제 2 항 제 1 호는 필요적 행정심판전치주의 사건에서 “행정심

판청구가 있은 날로부터 60일이 지나도 재결이 없는 때"는 행정심판의 재결을 거치지 않고 취소소송을 제기할 수 있다고 한다.

(2) 60일을 경과하여도 재결이 없는 때에는 행정심판 청구인은 ① 곧바로 행정소송을 제기할 수 있으나, ② 재결을 기다려서 제기할 수도 있다. ②의 경우에는 당해 사건은 재결을 거친 사건이므로, 행정소송의 제기기간은 재결서의 정본을 송달받은 날로부터 90일이다(행정소송법 20① 단서).

(3) 그러면 60일이 경과하여도 재결이 없기 때문에 행정소송을 제기하는 경우에 그 제소기간은 어떻게 되는지 의문이다. 60일 경과후부터 행정소송의 제소기간을 산정해야 한다는 견해도 있을 수 있다. 그렇지만 아직 적법한 재결이 없어 원고로서는 제소기간의 제한을 받지 아니한다 할 것이고, 판례 역시 이러한 입장으로 보인다(대법원 1997. 2. 11. 선고 96누14067 판결【이주자택지지정】).

다. 적법한 제소

그러므로 원고가 2023. 2. 28. 제소한 이 사건 소는 적법한 기간에 제소되었다.

6. 관 할

피고는 대구광역시경찰청장이므로 대구지방법원에 제소하여야 한다.

7. 관련쟁점 — 직권취소의 직권취소

가. 문 제 점

행정행위를 취소하면 취소의 대상이 된 행정행위는 효력을 상실하게 되는데, 취소처분이 위법할 경우에 당해 취소처분을 취소함으로써 본래의 행정행위를 원상회복시킬 수 있는가 하는 것이 문제된다.

나. 판 례

(1) 부담적 행정행위의 취소의 취소

행정행위(과세처분)의 취소처분의 위법이 중대하고 명백하여 당연무효이거나, 그 취소처분에 대하여 소원 또는 행정소송으로 다툴 수 있는 명문규정이 있는 경우는 별론, 행정행위의 취소처분의 취소에 의하여 이미 효력을 상실한 행정행위를 소생시킬 수 없고, 그러기 위하여는 원행정행위와 동일내용의 행정행위를 다시 행할 수밖에 없다(대법원 1979. 5. 8. 선고 77누61 판결【물품세과세부활처분취소】). 부담적 행정행위의 취소의 취소에 대하여서는 취소의 취소를 통해 부담적 행정행위를 소생시킬 수 없다고 한 것이다.

(2) 수익적 행정행위의 취소의 취소

(가) 수익적 행정행위의 취소의 취소에 대해선 원칙적으로 가능하나, 예외적으로 수익적 행정행위의 취소의 취소 전에 이해관계 있는 제3자가 생긴 경우에는 불가하다고 판시한 바 있다(대법원 1967. 10. 23. 선고 67누126 판결【광업권취소처분및광업권출원불허가처분취소】).

(나) 구 광업법(73. 2. 7. 법률 제2492호) 제36조 제1호에 의한 광업권설정의 선출원이 있는 경우에 다시 그 취소처분을 취소함은 위법이다(67누126 판결).

(다) 행정처분이 취소되면 그 소급효에 의하여 처음부터 그 처분이 없었던 것과 같은 효과를 발생하게 되는바, 행정청이 의료법인의 이사에 대한 이사취임승인취소처분(제1처분)을 직권으로 취소(제2처분)한 경우에는 그로 인하여 이사가 소급하여 이사로서의 지위를 회복하게 되고, 그 결과 위 제1처분과 제2처분 사이에 법원에 의하여 선임결정된 임시이사들의 지위는 법원의 해임결정이 없더라도 당연히 소멸된다(대법원 1997. 1. 21. 선고 96누3401 판결【법인임원취임승인신청거부처분취소등】).

다. 소 결

직권취소의 경우의 취소권제한의 법리는 취소의 대상행위에 대해 성립한 이해관계를 기초로 하는 것이므로, 이러한 논의는 취소(철회)를 재차 직권취소하려는 경우에도 굳이 구별할 필요가 있다고 보이지 않는다. 즉, 처분의 취소(철회)시에 원처분행위에 대해 성립한 신뢰보호 등의 이해관계는 취소처분(철회처분)을 재차 취소하는 경우에도 동일하게 파악할 필요가 있다고 보인다. 판례의 태도도 이러한 입장으로 이해할 수 있다.

[관련판례]

대법원 2000. 2. 25. 선고 99두10520 판결【자동차운전면허취소처분취소】

【판시사항】

[1] 행정청이 행정처분을 한 후 자의로 그 행정처분을 취소할 수 있는지 여부(한정 소극)

[2] 운전면허 취소사유에 해당하는 음주운전을 적발한 경찰관의 소속 경찰서장이 사무착오로 위반자에게 운전면허정지처분을 한 상태에서 위반자의 주소지 관할 지방경찰청장이 위반자에게 운전면허취소처분을 한 것은 선행처분에 대한 당사자의 신뢰 및 법적 안정성을 저해하는 것으로서 허용될 수 없다고 한 사례

【판결요지】

[1] 행정청이 일단 행정처분을 한 경우에는 행정처분을 한 행정청이라도 법령에 규정이 있는 때, 행정처분에 하자가 있는 때, 행정처분의 존속이 공익에 위반되는 때, 또는 상대방의 동의가 있는 때 등의 특별한 사유가 있는 경우를 제외하고는 행정처분을 자의로 취소(철회의 의미를 포함한다)할 수 없다.

[2] 운전면허 취소사유에 해당하는 음주운전을 적발한 경찰관의 소속 경찰서장이 사무착오로 위반자에게 운전면허정지처분을 한 상태에서 위반자의 주소지 관할 지방경찰청장이 위반자에게 운전면허취소처분을 한 것은 선행처분에 대한 당사자의 신뢰 및 법적 안정성을 저해하는 것으로서 허용될 수 없다고 한 사례.

【참조조문】

[1] 행정소송법 제 1 조[행정처분일반] / [2] 도로교통법 제41조, 제78조 제 1 항 제 8 호, 도로교통법시행령 제31조, 도로교통법시행규칙 제53조 제 1 항 [별표 16] 3. 정지처분 개별기준 제 1 호, 행정소송법 제 1 조[행정처분일반]

【참조판례】

[1] 대법원 1990. 2. 23. 선고 89누7061 판결(공1990, 782)

【전　　문】

【원고, 피상고인】 원고

【피고, 상고인】 대구광역시 지방경찰청장

【원심판결】 대구고법 1999. 9. 10. 선고 99누692 판결

【주 문】

상고를 기각한다. 상고비용을 피고의 부담으로 한다.

【이 유】

상고이유를 판단한다.

원심은, 제 1 종 보통면허 및 제 1 종 대형면허를 취득한 원고가 1998. 6. 7. 21 : 40경 여수시 소호동에 있는 요트장 앞길에서 술에 취한 상태로 승용차를 운전하다가 여수경찰서 소속 경찰관에게 적발되어 음주측정을 한 결과 혈중알콜농도가 0.15%로 나타난 사실, 이에 여수경찰서 담당경찰관은 같은 날 원고에게 운전면허가 취소됨을 고지하고 의견진술의 기회를 준 후, 같은 달 15일 원고의 법규위반내용을 적시하고 회수한 원고의 운전면허증을 첨부하여 운전면허취소권자인 피고에게 원고에 대한 운전면허취소의 행정처분을 의뢰한 사실, 한편 여수경찰서 교통사고 조사계 순경 소외 1은 전산입력 착오로 원고를 운전면허정지 대상자로 분류한 나머지, 여수경찰서장이 같은 달 15일 도로교통법 제78조 제 1 항 제 8 호, 제41조, 그 시행령 제31조, 그 시행규칙 제53조 제 1 항 [별표 16]의 "3. 정지처분 개별기준" 제 1 호에 따라 원고에게 시기와 종기를 따로 정하지 아니하고 정지기간이 100일로 된 자동차운전면허정지통지서를 발송한 사실, 여수경찰서장으로부터 원고에 대한 위의 법규위반 사실 통지를 받은 피고는 같은 달 18일 여수경찰서장의 처분과는 별도로 같은 그 법규위반 사실에 대하여 원고의 각 자동차운전면허를 같은 달 7일자로 모두 취소하는 내용의 이 사건 자동차운전면허취소통지서를 발송하였고, 그 통지서는 같은 달 23일 원고에게 도달한 사실을 인정하였다.

원심은 나아가, 여수경찰서장이 운전면허정지기간의 시기와 종기를 정하지는 아니하였지만 정지기간을 100일간으로 기재한 자동차운전면허정지통지서를 원고에게 발송하여 원고가 이를 수령하였다면, 이는 운전면허정지처분으로서의 효력이 발생되었다고 볼 것이고 피고로서는 그 운전면허정지처분의 불가변력으로 인하여 이를 취소, 철회할 수 없다고 설시한 다음, 특별한 사유 없이 동일한 사건에 대하여 단순한 업무상의 착오를 이유로 선행처분에 반하여 한 이 사건 운전면허취소처분은 위법하다고 판단하였다.

행정청이 일단 행정처분을 한 경우에는 행정처분을 한 행정청이라도 법령에 규정이 있는 때, 행정처분에 하자가 있는 때, 행정처분의 존속이 공익에 위반되는 때, 또는 상대방의 동의가 있는 때 등의 특별한 사유가 있는 경우를 제외하고는 행정처분을 자의로 취소(철회의 의미를 포함한다. 아래에서도 같다)할 수 없다고 할 것인바(대법원 1990. 2. 23. 선고 89누7061 판결 참조), 선행처분인 여수경찰서장의 면허정지처분은 비록 그와 같은 처분이 도로교통법시행규칙 제53조 제 1 항 [별표 16]에서 정한 행정처분기준에 위배하여 이루어진 것이라 하더라도 그와 같은 사실만으로 곧바로 당해 처분이 위법하게 되는 것은 아닐 뿐더러, 원고로서는 그 면허정지처분이 효력을 발생함으로써 그 처분의 존속에 대한 신뢰가 이미 형성되었다 할 것이고 또한 그와 같은 처분의 존속이 현저히 공익에 반한다고는 보이지 아니하므로, 동일한 사유에 관하여 보다 무거운 면허취소처분을 하기 위하여 이미 행하여진 가벼운 면허정지처분을 취소하는 것은 선행처분에 대한 당사자의 신뢰 및 법적 안정성을 크게 저해하는 것이 되어 허용될 수 없다 할 것이다.

원심이 그 이유는 다소 다르나 선행처분인 여수경찰서장의 운전면허정지처분의 취소가 허용되지 않는다고 보아 그 후에 이루어진 이 사건 운전면허취소처분은 동일한 사유에 관한 이중처분으로서 위법하다고 본 결론에 있어서는 정당하다.

원심판결에 불가변력, 신뢰보호의 원칙, 재량권일탈·남용 등에 관한 법리오해 등의 위법이 있다는 상고이유의 주장을 모두 받아들이지 아니한다.

그러므로 상고를 기각하고, 상고비용을 피고의 부담으로 하기로 관여 대법관들의 의견이 일치되어 주문에 쓴 바와 같이 판결한다.

대법관 김형선(재판장) 이용훈 조무제(주심) 이용우

9

공법기록형 공법소송실무

수용자 발송서신 무봉함 제출제도 위헌확인

09

Contents

목 차

작 성 요 강

□ 문 제 [1]

변호사 이변론은 홍길동이 헌법재판소에 제출한 헌법소원심판청구사건의 국선대리인으로 선정되었다. 기록에 있는 자료를 참고하여 변호사 이변론의 입장에서 헌법소원심판청구서를 작성하시오.

※ 헌법소원심판청구서의 작성일 및 제출일자는 헌법소송법상 적법한 제출일자로 표기한다.

※ 답안의 시작은 선택한 쟁송형식에 부합하는 '서면종류'를 기재하는 것으로 하고, 그 끝은 '서류를 제출할 기관'을 기재하는 것으로 한다.

※ 기록상의 사실관계를 전제로 하여 법령 및 판례 입장에 따라 기술한다.

※ 기록에는 오자와 탈자가 있을 수 있음을 유념한다.

※ 이 사건 헌법소원에 관한 헌법재판소결정은 2012. 2. 23.에 있었음을 참고한다.

□ 문 제 [2]

이 사건 헌법소원심판청구에 대한 법무부의 입장에서 청구인과 청구인의 대리인이 주장하는 내용을 반박하는 의견서를 법무부장관 명의로 작성하시오(작성일과 제출일은 2009. 10. 15.로 할 것).

헌법소원심판청구서

청구인 : 홍 길 동
주　소 : 경기도 의정부시 고산동 813(송산로 1111-76) 의정부교도소

청 구 취 지

형의 집행 및 수용자 처우에 관한 법률 제43조 제3항·동법 시행령 제65조 제1항은 헌법 제26조에 위반된다.라는 결정을 구합니다.

침해된 권리

헌법 제26조(청원권)

침 해 원 인

1. 형집행법 제117조 제1항에서 제6항에 의하면 수용자가 법무부 장관에게 청원서를 작성하여 제출할 때는 청원서를 봉한 후 소장에게 제출하여야 한다.라고 규정되어 있습니다.

2. 법무부는 청구인에 대한 질의회신에서 형집행법 제117조(청원법) 제2항의 적용을 받는 법무부에 대한 청원 이외의 관계 다른 국가기관에 대한 청원서는 형의집행 및 수용자 처우에 관한 법률 제43조(서신수수)·동법 시행령 제65조 제1항에 따라 청원서를 법무부가 아닌 국민권익위원회, 국가인권위원회 등에 보내기 위해서는 반드시 봉하지 않은 상태로 제출하여야 하며, 이를 위반할 때에는 관계법령에 위반하여 위법하다고 합니다.

3. 그러나 헌법이 국민에게 보장하는 헌법 제26조(청원법)가 법무부에만 적용을 받고 다른 국가기관에 청원서를 제출하는 것은 형집행법 제43조(서신수수)·동법 시행령 제65조 제1항에 해당한다는 것은 헌법에 위반되고 국민의 권리구제 및 인권을 침해하는 행위라고 할 수 있습니다.

4. 법무부의 의견에 의하면 형집행법 제117조도, 동법 제43조(서신수수)·동법 시행령 제65조 제 1 항에 준용하여야 할 것입니다.

5. 청구인은 2007. 1. 1.경 구속되기 전부터 허리디스크로 병원에 입원 중에 있던 중 구속되어 그 후 오늘날까지 약물을 복용하여 왔지만, 지병인 허리디스크가 더욱 악화되어 요추뼈가 외부로 돌출되어 거동하기도 힘들고 수용생활도 힘이 들어 청구인의 자비부담으로 외부의사(전문의)에게 정밀검사와 진찰을 받아 적절한 치료를 받고자 이곳 의정부교도소 보건 의료과장에게 3 차례에 걸쳐 아픔과 고통을 호소하며 본인의 자비로 외부의사(전문의)에게 진료를 받을 수 있도록 허가해 줄 것을 요청하였습니다. 그렇지만 저 한 사람을 허락해 주면 다른 수용자들도 다 해주어야 한다는 이유로 외부의사(전문의)의 진료를 받도록 하는 요청을 거부하였습니다.

6. 청원인은 위와 같은 사정을 청원하기 위하여 국민권익위원회, 국가인권위원회에 청원서를 제출을 하고자 하였지만, 교도소와 법무부는 형집행법 제43조(서신수수)·동법 시행령 제65조 제 1 항 규정을 들어 법무부 외의 국가기관에 청원서를 봉한 후 제출하는 것은 법령에 위반된 행위라 하여, 헌법 제18조·제26조와 형집행법 제43조·동법 시행령 제65조 제 1 항에 대한 법률적인 심판이 필요하다고 생각되어 이 사건 헌법소원에 이르게 되었습니다.

첨 부 서 류

가. 질의서
나. 법제처, 법무부 민원회신

2009. 6. 17.

청구인 **홍 길 동**

헌법재판소 귀중

질 의 서

존경하는 법제처장님 귀하
안녕하십니까? 먼저 귀 법제처의 발전을 기원합니다.
저는 현재 의정부교도소에 수용 중에 있는 홍길동이라 합니다.
법률해석에 관한 문의사항이 있어 귀 법제처에 민원을 제기하게 되었습니다.

헌법 제26조는, "① 모든 국민은 법률이 정하는 바에 의하여 국가기관에 문서로 청원할 권리를 가진다. ② 국가는 청원에 대하여 심사할 의무를 진다"고 규정하고 있습니다.
청원법 제7조(청원서의 제출)는, "① 청원서는 청원사항을 관장하는 기관에 제출하여야 한다. ② 청원서를 접수한 기관은 청원사항이 그 기관이 관장하는 사항이 아니라고 인정되는 때에는 그 청원사항을 관장하는 기관에 청원서를 이송하고 이를 청원인에게 통지하여야 한다"라고 규정하고 있습니다.
형의 집행 및 수용자의 처우에 관한 법률 제117조(청원)는, 수용자가 법무부장관 이외의 국가기관에 청원서를 작성 제출할 때는 청원서를 봉한 후에 소장에게 제출하여야 한다고 규정되어 있는데, 수용자가 법무부장관이 아닌 청원법에 따라 다른 국가기관, 예컨대 국가인권위원회나 국민권익위원회 등에 청원서를 제출하고자 할 때는, 수용기관에서 열람할 수 없도록 청원서를 봉한 후에 청원서를 제출하는 것이 위와 같은 법률에 위반되는 것입니까?
수용자의 입장에서는 법무부가 아닌 다른 기관에 청원서를 제출하려는 경우에 교도소와 같은 수용기관에서 청원서를 미리 열람할 수 있다면 수용자의 인권침해를 야기할 수 있고 불이익을 받을 가능성도 크다고 할 것입니다. 위 질의에 대한 답변을 부탁드립니다.

2009년 6월 1일

민원인 홍 길 동 (인)

법제처장 귀중

법치행정의 튼튼한 디딤돌, 액티브 법제처

법 제 처

수신자 홍길동 귀하 (경기도 의정부시 고산동 813(송산로 1111-76))
(경유)
제 목 민원 이송 알림(홍길동)

---

1. 귀하의 평안을 기원합니다.
2. 귀하께서 제출하신 민원은 수용자가 「청원법」에 따라 국가기관에 청원서를 제출하고자 할 때, 다른 국가기관에 보내는 청원서의 경우, 「형의 집행 및 수용자의 처우에 관한 법률」에 따라 발신 전에 열람되어지는 것의 부당함을 호소하고 계신 것으로 파악되는바, 관계기관인 법무부로 귀하의 민원을 이송하였음을 알려드립니다. 끝.

법 제 처 장 [법제처장]

행정주사 ○○○ 행정사무관 ○○○ 운영지원과장 ○○○
협조자
시행 운영지원과-1841 (2009. 06. 04.) 접수
우 110-760 서울특별시 종로구 세종로 55 법제처 운영지원과 / http://www.moleg.go.kr
전화 02-2100-2522 전송 02-2100-2781 / thecore@moleg.go.kr / 부분공개(6)

"국민이 행복한 선진 법치국가"

법 무 부

수신자 홍길동 귀하
(경유)
제 목 민원회신(홍길동)

홍길동님 안녕하십니까?

1. 귀하께서 법제처에 제출한 후 우리부로 이첩된 민원(2009. 6. 4. 접수)에 대한 회신입니다.

2. 귀하의 민원 요지는 「형집행법」상 법무부장관에게 제출하는 청원서는 봉함을 하여 제출토록 되어 있는데 법무부가 아닌 다른 국가기관에 청원을 할 경우 수용기관에서 열람하지 못하도록 봉함하여 제출하면 청원법에 위반되는지 여부와 수용자가 다른 국가기관에 청원서를 제출할 경우 수용기관에서 그 청원서를 열람하면 권리구제 및 인권침해에 불이익을 받을 것이 현저하므로 위 사항에 대해 법률적인 해석을 부탁한다는 취지로 이해됩니다.

3. 민원요지에 대해 관계법령을 살펴보면, 민원인께서 언급한 바와 같이 「형집행법」 제117조(청원) 제2항에 '제1항에 따라 청원하려는 수용자는 청원서를 작성하여 봉한 후 소장에게 제출하여야 한다'라고 명시되어 있고 또한 같은 법 제43조(서신수수) 제3항에는 '소장은 수용자가 주고받는 서신에 법령에 따라 금지된 물품이 들어있는지 확인할 수 있다'고 규정하고 있으며, 동법 시행령 제65조 제1항에는 '수용자가 보내려는 서신을 봉함하지 않은 상태로 교정시설에 제출하여야 한다'라고 명시돼 있습니다. 그리고 「형집행법」 제117조(청원) 제2항의 적용을 받는 법무부에 대한 청원 이외의 관계기관에 대한 청원은 일반 서신에 해당한다고 할 수 있습니다. 따라서 수용자 신분인 민원인께서는 위 「형집행법」 제43조(서신수수) 제3항과 「형집행법 시행령」 제65조 제1항에 따라 다른 기관으로 서신을 보내기 위해서는 반드시 봉하지 않은 상태로 제출하여야 하며, 이를 위반했을 경우에는 관계법령을 위반하여 위법하다고 해석해야 할 것이고, 이에 근거하여 수용기관에서 수용자가 다른 기관으로 보내는 청원서를 열람하였다고

하더라도 이는 정당한 법집행으로 볼 수 있는바, 권리구제 및 인권침해에 불이익을 주지 않는 것으로 해석함이 옳을 것으로 판단됩니다.

4. 귀하의 건강과 행운이 함께 하시길 기원합니다.

감사합니다. 끝.

법 무 부 장 관 법무부장관인

책임관 ○○○ 교정관 ○○○
협조자
시행 의료과-403 (2009. 06. 08.) 접수
우 427-720 경기 과천시 중앙동 1번지 5동 / http://www.moj.go.kr
전화 02-2100-3616 전송 02-507-9892 / drkdrk@moj.go.kr / 비공개(6)

의 정 부 교 도 소

수신자 내부결재(교도소장)
(경유)
제 목 수용자(홍길동)의 외부의사진료 요청 거부조치에 관한 보고

1. 수용자 홍길동은 2007. 1. 1.경 구속되어 징역 3년의 형을 선고받고 우리 교도소에 복역 중 다시 사기죄로 징역 8월을 선고받은 자로서 구속 전에 허리디스크로 입원 중이었던 관계로 수용생활의 어려움을 하소연하며 3차례에 걸쳐서 보건의료과장에게 교도소 밖에 있는 병원의 의사에게 정밀검사와 치료를 받을 수 있도록 해 줄 것을 요청하였습니다.

2. 그러나 홍길동에게 외부의사진료를 허용한다면 다른 수용자들 역시 모두 외부의사의 진료를 받겠다고 요청할 경우 이를 허용하여야 하는 문제가 있어 홍길동의 요청을 거절하게 되었습니다.

3. 홍길동은 이러한 사정을 법무부장관 이외의 국가기관인 국가인권위원회, 국민권익위원회 등에 수용자로 하여금 외부의사진료를 받지 못하도록 하는 조치의 위법·부당성을 다투는 내용의 청원서를 제출하겠다면서, 형의 집행 및 수용자의 처우에 관한 법률 시행령 제65조 제1항 "수용자는 보내려는 서신을 봉함하지 않은 상태로 교정시설에 제출하여야 한다"는 규정에 따라 청원서를 봉함하지 못하도록 한다면 이는 헌법과 법률에 위반된 것이라면서 헌법소원을 제출하겠다는 뜻을 보이고 있습니다.

4. 따라서 우리 교도소에서는 홍길동의 외부의사진료 요청을 위와 같은 사유로 거부하게 되었음을 보고합니다.

교사(교정직렬) ○○○ 교위 ○○○ 과장 ○○○
협조자
시행 총무과-4880 (2009. 06. 01.) 접수 3313 (2009.061.01.)
우 480-700 경기도 의정부시 고산동 813(송산로 1111-76) 의정부교도소
전화 031-842-7601 전송 031-842-7600 / 비공개(6)

원본대조필

진 단 서

연번호 2009-117 　　　　　　　　　　　　　　　　　주민등록번호 6*****-1******

<table>
<tr><td>1. 주소</td><td colspan="8">서울시 동대문구 이문동 121번지 3호</td></tr>
<tr><td>2. 성명</td><td>홍길동</td><td>성별</td><td>(남)·여</td><td>생년
월일</td><td>6*****-1******</td><td>연령</td><td>만 세</td><td>분류번호</td></tr>
<tr><td>3. 병명
◆임상적
◇최종</td><td colspan="7">제 5요추 -1천추간 척추분리증
요추간판팽윤 제 2-3, 3-4, 4-5요추간</td><td rowspan="2"></td></tr>
<tr><td>4. 증상</td><td colspan="7">다리에 힘이 풀리고, 마비증상이 약간 옴</td></tr>
<tr><td>5. 발병일</td><td colspan="4">2006. 12. 13.
본원초진일 2006. 12. 20.</td><td>진단일</td><td colspan="3"></td></tr>
<tr><td>6. 향후
치료
의견</td><td colspan="8">향후 무리한 운동 삼가, 수술적 치료 요망</td></tr>
<tr><td>6. 비고</td><td colspan="5"></td><td colspan="2">7. 용도</td><td>국가기관 제출용</td></tr>
</table>

위와 같이 진단함. 　　　　　　　　　　　　발행일 : 서기 2006년 12월 20일

의 료 기 관 　　동 의 병 원
주 　　 소 　　서울특별시 종로구 관철동 12-2
전화 및 팩스 　Tel: 02)321-0018

동 의 병 원

면허번호 제12345호 　　　　의사 성명 **김명의** 　　(인)

(참고) 1. 본인 확인은 진단의사가 주민등록증과 대조(미성년자일 때는 기타 본인을 특정할 수 있는 방법으로 대체할 수 있다) 확인하고 날인한다.
2. 병명은 임상적(인푸렛숀)과 최종진단명을 택일 ◇표에 ◆표로 표한다.
3. 병명과 국제질병 분류번호를 함께 기입한다.

헌 법 재 판 소

제3 지정재판부

수신자 의정부교도소장(수용자 : 홍길동)
(경유)

제 목 보정명령

사 건	2009헌마333 형의 집행 및 수용자 처우에 관한 법률 제43조 제3항 등 위헌확인
청구인	홍 길 동

청구인은 이 명령이 송달된 날부터 20일 안에 다음 사항을 보정하시기 바랍니다.

보정할 사항

1. 헌법재판소법 제25조 제3항에 따라 변호사를 대리인으로 선임하고, 그 대리인 명의로 헌법재판소법 제71조 제1항의 사항을 기재한 헌법소원심판청구서를 작성하여 제출할 것.
2. 이 사건과 관련하여 청구인이 법제처에 제출한 민원서류를 제출하기 바람.

붙임 : 1. 대리인선임에 관한 안내문 1부.
2. 국선대리인선임신청서 1부. 끝.

재판장 재판관 ○○○ (인)

법원서기관 ○○○ 재판관 ○○○ 재판관 ○○○
협조자
시행 심판사무-5811 (2009.07.10.) 접수
우 110-250 서울 종로구 가회로 15(재동 83) / http://www.ccourt.go.kr
전화 02)708-3475 전송 02)708-3472,3596 / yun9753@ccuourt.go.kr / 비공개

대리인선임에 관한 안내

1. 각종 심판절차에 있어서 당사자인 사인(私人)은 변호사를 대리인으로 선임하지 아니하면 심판청구를 하거나 심판수행을 하지 못하기 때문에, 헌법소원심판을 청구함에 있어서 청구인이 변호사의 자격이 있는 경우를 제외하고는 반드시 변호사를 대리인으로 선임하여야 합니다. (헌법재판소법 제25조 제 3 항)

2. 다만, 변호사를 대리인으로 선임할 자력이 없는 경우에는 소정의 무자력 소명자료를 첨부하여 붙임서식에 따라 국선대리인선임신청을 할 수 있으며, 이 경우 헌법재판소에서는 신청인의 무자력 여부, 헌법소원심판사건의 부적법 또는 권리남용 여부, 공익해당 여부 등을 판단하여 국선대리인 선임여부를 결정하게 됩니다. (헌법재판소법 제70조)

3. 변호사를 대리인으로 선임하였더라도 다음 각호의 1에 해당하는 경우 헌법소원심판청구가 각하될 수도 있음을 양지하시기 바랍니다. (헌법재판소법 제72조 제 3 항)
   가. 다른 법률에 의한 구제절차가 있는 경우 그 절차를 모두 거치지 않았거나 법원의 재판에 대하여 헌법소원심판을 청구한 경우
   나. 헌법재판소법 제69조의 규정에 의한 청구기간 경과 후에 헌법소원심판을 청구한 경우
   다. 기타 헌법소원심판의 청구가 부적법하고 그 흠결을 보정할 수 없는 경우

4. 기타 자세한 사항은 헌법재판소 심판사무1과(☏708-3480)로 문의하시기 바랍니다.

<붙임> 국선대리인 선임신청서 1부. 끝.

국선대리인 선임신청서

사　건 : 2009헌마333 국선대리인선임신청

신청인 (성 명) 홍길동

(주 소) 경기도 의정부시 고산동 813(송산로 1111-76) 의정부교도소

(전 화)

신청인은 변호사를 대리인으로 선임할 자력이 없으므로 아래와 같이 국선대리인의 선임을 신청합니다.

1. 무자력 내역(해당란에 V표 하십시오)

■ 월 평균수입이 150만원 미만인 자

□ 국민기초생활보장법에 의한 수급자

□ 국가유공자 등 예우 및 지원에 관한 법률에 의한 국가유공자와 그 유족 또는 가족

☑ 위 각호에는 해당하지 아니하나, 청구인이나 그 가족의 경제능력 등 제반사정에 비추어 보아 변호사를 대리인으로 선임하는 것을 기대하기 어려운 경우

2. 소명자료(해당란에 V표 하고 소명자료를 신청서에 첨부하십시오. 해당란이 없는 경우에는 '기타'에 V표 하신 뒤 소명자료의 명칭을 기재하고 소명자료를 신청서에 첨부하십시오)

□ 봉급액확인서, 근로소득원천징수영수증 등

□ 수급자증명서(국민기초생활보장법시행규칙 제40조)

□ 국가유공자와 그 유족 또는 가족증명서

■ 기타(지방세 세목별 과세증명서 등); 수용증명서

3. 국선대리인 선정 희망지(해당란에 V표 하십시오)

□ 서울 □ 부산 □ 대구 □ 인천 □ 광주 □ 대전 □ 울산 □ 전주 ■ 의정부

□ 수원 □ 춘천 □ 청주 □ 창원

4. 헌법소원심판청구사유(헌법재판소법 제71조에 규정된 침해된 권리, 침해의 원인이 되는 권력의 행사 또는 불행사, 청구이유 및 기타 필요한 사항을 간단 명료하게 별지에 기재하여 신청서에 첨부하십시오. 다만, 이 사건과 관련하여 이미 헌법소원심판청구를 한 경우에는 첨부하지 아니하여도 무방합니다)

2009. 7. 16.

신청인 홍 길 동 (인)

헌법재판소 귀중

헌 법 재 판 소

제 3 지정재판부

결 정

사 건 2009헌사333 국선대리인선임신청

신청인 홍 길 동

경기도 의정부시 고산동 813(송산로 1111-76) 의정부교도소

주 문

신청인이 청구하고자 하는 헌법소원심판사건에 관하여 변호사 이변론을 신청인의 국선대리인으로 선정한다.

이 유

신청인의 국선대리인 선임신청은 헌법재판소법 제70조 제 1 항에서 정한 국선대리인 선임요건에 해당되므로 주문과 같이 결정한다.

2009. 8. 3.

재판장 재판관 ○○○ (인)

재판관 ○○○ (인)

재판관 ○○○ (인)

의 정 부 교 도 소

수신자 홍길동 귀하
(경유)
제 목 형기종료확인

---

1. 귀하에 요청에 의한 형기종료 사항은 아래와 같습니다.

– 아 래 –

성 명	주민등록번호	주 소	비 고
홍길동	6*****-1******	서울시 동대문구 이문동 121번지 3호	2010. 10. 20. 형기종료

의 정 부 교 도 소 장 의정부 교도소장

교사(교정직렬) ○○○ 교위 ○○○ 과장 ○○○
협조자
시행 총무과-4880 (2011. 11. 22.) 접수 3313 (2011. 11. 22.)
우 480-700 경기도 의정부시 고산동 813(송산로 1111-76) 의정부교도소
전화 031-842-7601 전송 031-842-7600 / 비공개(6)

참 고 자 료(관 계 법 령)

▣ 형의 집행 및 수용자의 처우에 관한 법률(2007. 12. 21. 법률 제8728호로 개정된 것)

제43조(서신수수)

① 수용자는 다른 사람과 서신을 주고받을 수 있다. 다만, 다음 각 호의 어느 하나에 해당하는 사유가 있으면 그러하지 아니하다.

1. 형사소송법이나 그 밖의 법률에 따른 서신의 수수금지 및 압수의 결정이 있는 때
2. 수형자의 교화 또는 건전한 사회복귀를 해칠 우려가 있는 때
3. 시설의 안전 또는 질서를 해칠 우려가 있는 때

② 제1항 본문에도 불구하고 같은 교정시설의 수용자 간에 서신을 주고받으려면 소장의 허가를 받아야 한다.

③ 소장은 수용자가 주고받는 서신에 법령에 따라 금지된 물품이 들어 있는지 확인할 수 있다.

④ 수용자가 주고받는 서신의 내용은 검열받지 아니한다. 다만, 다음 각 호의 어느 하나에 해당하는 사유가 있으면 그러하지 아니하다.

1. 서신의 상대방이 누구인지 확인할 수 없는 때
2. 형사소송법이나 그 밖의 법률에 따른 서신검열의 결정이 있는 때
3. 제1항 제2호 또는 제3호에 해당하는 내용이나 형사 법령에 저촉되는 내용이 기재되어 있다고 의심할 만한 상당한 이유가 있는 때
4. 대통령령으로 정하는 수용자 간의 서신인 때

⑤ 소장은 제3항 또는 제4항 단서에 따라 확인 또는 검열한 결과 수용자의 서신에 법령으로 금지된 물품이 들어 있거나 서신의 내용이 다음 각 호의 어느 하나에 해당하면 발신 또는 수신을 금지할 수 있다.

1. 암호·기호 등 이해할 수 없는 특수문자로 작성되어 있는 때
2. 범죄의 증거를 인멸할 우려가 있는 때
3. 형사 법령에 저촉되는 내용이 기재되어 있는 때
4. 수용자의 처우 또는 교정시설의 운영에 관하여 명백한 거짓사실을 포함하고 있는 때
5. 사생활의 비밀 또는 자유를 침해할 우려가 있는 때
6. 수형자의 교화 또는 건전한 사회복귀를 해칠 우려가 있는 때

7. 시설의 안전 또는 질서를 해칠 우려가 있는 때

⑧ 서신발송의 횟수, 서신 내용물의 확인방법 및 서신 내용의 검열절차 등에 관하여 필요한 사항은 대통령령으로 정한다.

제92조(금지물품)

수용자는 다음 각 호의 물품을 소지하여서는 아니 된다.

1. 마약·총기·도검·폭발물·흉기·독극물, 그 밖에 범죄의 도구로 이용될 우려가 있는 물품
2. 주류·담배·화기·현금·수표, 그 밖에 시설의 안전 또는 질서를 해칠 우려가 있는 물품
3. 음란물, 사행행위에 사용되는 물품, 그 밖에 수형자의 교화 또는 건전한 사회복귀를 해칠 우려가 있는 물품

제104조(마약류사범 등의 관리)

① 소장은 마약류사범·조직폭력사범 등 법무부령으로 정하는 수용자에 대하여는 시설의 안전과 질서유지를 위하여 필요한 범위에서 다른 수용자와의 접촉을 차단하거나 계호를 엄중히 하는 등 법무부령으로 정하는 바에 따라 다른 수용자와 달리 관리할 수 있다.

▣ 형의 집행 및 수용자의 처우에 관한 법률 시행령(2008. 10. 29. 대통령령 제21095호로 개정된 것)

제65조(서신내용물의 확인)

① 수용자는 보내려는 서신을 봉함하지 않은 상태로 교정시설에 제출하여야 한다.

해답 1

헌법소원심판청구서

사 건 2009헌마333 형의 집행 및 수용자의 처우에 관한 법률 시행령 제65조 제 1 항 위헌확인

청 구 인 홍길동
의정부시 고산동 813(송산로 1111-76) 의정부교도소
국선대리인 변호사 이변론

청 구 취 지

'형의 집행 및 수용자의 처우에 관한 법률 시행령'(2008. 10. 29. 대통령령 제21095호로 개정된 것) 제65조 제 1 항은 헌법에 위반된다.라는 결정을 구합니다.

침해된 권리

1. 헌법 제18조 통신비밀의 자유

침해의 원인

'형의 집행 및 수용자의 처우에 관한 법률 시행령'(2008. 10. 29. 대통령령 제21095호로 개정된 것) 제65조 제 1 항

청 구 이 유

1. 사건의 개요

(1) 청구인은 2007. 1. 1.경 구속되어 징역 3년의 형을 선고받고 의정부교도소에 복역 중 다시 사기죄로 징역 8월을 선고받고 현재 위 교도소에서 복역 중에 있습니다.

(2) 청구인은 구속되기 전에 허리디스크로 입원 중이었던 관계로 수용생활에 큰 어려움이 있어 여러 차례에 걸쳐 위 교도소 보건의료과장에게 교도소 밖에 있는 병원의 의사에게 정밀검사와 치료를 자비부담으로 받을 수 있게 해 달라고 요청하였습니다.

(3) 그러나 위 교도소장은 청구인에게 교도소 밖의 의사진료를 허용한다면 다른 수용자들이 외부의사의 진료를 받겠다고 요청할 경우 이를 허용해야 한다는 선례를 만들게 된다면서 이를 거절하여 청구인은 제대로 된 치료를 받을 수 없게 되었습니다.

(4) 청구인은 국민권익위원회 등의 국가기관에 청구인으로 하여금 외부의사의 진료를 받지 못하도록 하는 위 교도소장의 처분이 위법·부당함을 다투고자 청원서를 작성·봉함하여 제출하려고 하였으나, 교도소장은 법무부장관에 대한 청원서를 제외한 다른 서신은 봉함하여 제출할 수 없다고 하였습니다.

(5) 그러자 청구인은 2009. 6. 1.경 법제처에 '형의 집행 및 수용자의 처우에 관한 법률' 제43조 제3항과 같은 법 시행령 제65조 제1항에 의하여 국가기관에 대한 청원서를 봉함하지 않은 상태로 교정시설에 제출해야 하는지 여부와 관련한 법령해석 질의를 하였습니다.

(6) 청구인은 2009. 6. 8. 법제처에서 위 질의서를 이송받은 법무부장관으로부터 법무부장관에 대한 청원서 이외의 서신은 위 법령조항들에 의거하여 봉함하지 않은 상태로 제출하여야 한다는 회신을 수령한 후 위 법령조항이 헌법상 통신비밀에 관한 자유라는 기본권을 침해하고 있음을 밝히기 위하여 이 사건 청구에 이르게 되었습니다.

2. 청구의 적법성

가. 기본권 침해 직접성

형의 집행 및 수용자의 처우에 관한 법률 시행령(2008. 10. 29. 대통령령 제21095호로 개정된 것) 제65조 제1항(이하 '이 사건 시행령조항'이라 한다)은 "수용자는 보내려는 서신을 봉함하지 않은 상태로 교정시설에 제출하여야 한다"고 규정하고 있습니다. 이 규정에 의해서 수용자는 교도소장 등의 다른 집행행위가 없더라도 서신을 봉함하지 않은 상태로 제출할 의무를 부과받게 되므로, 이 사건 시행령조항은 수용자의 기본권을 직접적으로 제한하고 있습니다.

나. 기본권 침해의 현재성, 자기관련성

청구인은 현재 의정부교도소에 복역 중에 있는데, 이 사건 시행령조항으로 인하여 청원권을 행사함에 있어 통신비밀의 자유를 침해받고 있습니다.

다. 보 충 성

이 사건 시행령조항과 같은 법령 자체에 대한 헌법소원심판청구의 경우에 법령 자체에 의한 직접적인 기본권 침해여부가 문제되었을 경우 그 법령의 효력을 직접 다투는 것을 소송물로 하여 일반 법원에 구제를 구할 수 있는 절차는 존재하지 아니하므로, 이 경우에는 다른 구제절차를 거칠 것 없이 바로 헌법소원심판을 청구할 수 있습니다(헌법재판소 1990. 10. 15. 선고 89헌마178 결정【법무사법시행규칙에대한헌법소원】). 따라서 이 사건 시행령조항의 위헌·위법무효를 다투는 문제는 다른 어떤 구제절차가 존재하지 아니하는 경우에 해당하므로, 이 사건 헌법소원심판청구는 보충성의 원칙에 반하지 아니하는 적법한 소원심판청구라 할 것입니다.

라. 권리보호의 이익

(1) 청구인은 이 사건 헌법소원심판결정이 내려질 무렵에는 형기만료로 2010. 10. 20. 형집행이 종료될 예정이라서 청구인의 침해된 기본권 구제와 관련하여 권리보호의 이익이 문제될 수 있습니다.

(2) 그러나 헌법소원제도는 주관적인 권리구제뿐만 아니라 객관적인 헌법질서 보장의 기능도 겸하고 있으므로, 설사 주관적인 권리보호의 이익이 없는 경우라고

하더라도 동종의 기본권 침해가 반복될 위험이 있거나 헌법질서의 유지·수호를 위하여 헌법적 해명이 중대한 의미를 지니고 있을 때에는 예외적으로 심판청구의 이익이 인정되는 것으로 보는 것이 헌법재판소의 확립된 판례입니다(헌법재판소 1992. 1. 28. 선고 91헌마111 결정【변호인의조력을받을권리에대한헌법소원】등).

(3) 그런데 청구인의 경우 이미 형집행이 종료되어 더 이상 이 사건 시행령조항에 의한 기본권 제한을 받지는 아니할지라도, 이 사건 시행령조항이 존재하는 한 청구인의 경우와 같은 유형의 기본권 제한이 앞으로도 반복될 위험이 있고, 수용자의 서신 무봉함 제출 제도의 헌법적 타당성 여부는 헌법질서의 수호·유지를 위해 그 헌법적 해명이 필요한 중요한 사안이라고 할 것이므로, 심판청구의 이익을 인정하여야 할 것입니다.

마. 청구기간의 준수

(1) 법령에 대한 헌법소원은 법령의 시행과 동시에 기본권의 침해를 받게 되는 경우에는 그 법령이 시행된 사실을 안 날로부터 90일 이내에, 법령이 시행된 날로부터 1년 이내에 청구하여야 하고, 법령이 시행된 뒤에 비로소 그 법령에 해당되는 사유가 발생하여 기본권의 침해를 받게 되는 경우에는 그 사유가 발생하였음을 안 날로부터 90일 이내에, 그 사유가 발생한 날로부터 1년 이내에 청구하여야 합니다(헌법재판소법 69①).

(2) 청구인이 헌법재판소에 국선대리인을 선임하여 줄 것을 신청한 경우에는 그 청구기간은 국선대리인의 선임신청이 있는 날을 기준으로 정하며(헌법재판소법 70①), 선정된 국선대리인은 선정된 날로부터 60일 이내에 심판청구서를 제출하여야 합니다(헌법재판소법 70⑤).

(3) 청구인은 2009. 6. 1.경 이 사건 시행령조항에 의한 기본권의 침해사실을 알고 법제처에 법령해석에 관한 질의를 하였고, 법제처로부터 이송을 받은 법무부장관은 같은 달 8.경 이 사건 시행령조항이 적법하다는 질의회신을 하였으며, 같은 달 17.경 청구인 명의로 헌법소원심판청구서를 제출한 후 같은 해 7. 16. 국선대리인 선임신청을 한 바 있어 적법한 청구기간을 준수하였으며, 청구인의 국선대리인은 대리인 선정된 날부터 60일 이내에 이 심판청구서를 제출하는 것이므로 청구기간을 모두 준수하였습니다.

3. 이 사건 시행령조항의 위헌성

가. 헌법 제18조 통신비밀의 자유 침해

(1) 헌법 제18조는 "모든 국민은 통신의 비밀을 침해받지 아니한다"고 규정하여 통신의 비밀을 침해받지 아니할 권리 즉, 통신비밀의 자유를 국민의 기본권으로 보장하고 있습니다. 따라서 통신의 중요한 수단인 서신의 당사자나 내용은 본인의 의사에 빈하여 공개되어서는 아니 됩니다.

(2) 이 사건 시행령조항은 수용자로 하여금 보내려는 서신을 봉함하지 않은 상태로 교정시설에 제출하도록 하고 있습니다. 이 경우 그 서신이 교도관들에 의해서 검열을 당하거나 읽혀질 위험에 놓이게 되므로, 수용자는 청원권 행사를 위한 서신을 포함한 각종 서신의 발송을 주저하게 되므로, 결국 수용자의 통신비밀의 자유에 대한 제한을 가져오게 됩니다.

(3) 교정시설에 수용 중인 수용자의 경우도 통신비밀의 자유의 주체가 됩니다. 교정시설의 질서를 유지하고 수용자의 교정·교화를 위하여 이를 제한하는 것이 가능하다고 하더라도 그러한 제한은 필요 이상의 과잉제한이 되어서는 아니 되는 과잉금지의 원칙을 준수하여야 하는데, 이 사건 시행령조항은 다음과 같은 점에서 위 원칙을 위반한 위헌조항에 해당됩니다.

나. 과잉금지 원칙의 위반

㈎ 목적의 정당성

이 사건 시행령조항은 마약·독극물·흉기 등 범죄에 이용될 우려가 있는 물건, 담배·현금·수표 등 교정시설의 안전 또는 질서를 해칠 우려가 있는 물건 및 음란물 등 수용자의 교화 또는 건전한 사회복귀를 해칠 우려가 있는 물건 등을 수용자가 주고받는 것을 금지하여 교정시설의 안전과 질서유지, 수용자의 교화 및 사회복귀를 원활하게 하기 위한 것이므로 입법목적은 정당합니다.

㈏ 수단의 적절성

수용자가 외부에 보내려는 서신을 봉함하지 않은 상태로 제출하게 하는 것은 위와 같은 입법목적을 달성할 수 있는 적절한 수단이 될 수 있어 이 사건 시행령조항은 기본권 제한에 대한 수단의 적절성이 인정됩니다.

(다) 침해의 최소성

이 사건 시행령조항은 수용자가 보내려는 서신을 봉함하지 않은 상태로 교정시설에 제출하도록 강제하고 있습니다. 그런데 서신에 대해 봉함하지 않은 상태로 제출하도록 하는 경우 교정당국은 서신에 대해 편리하게 보안검색을 할 수 있지만, 그 과정에서 교도소의 직원은 쉽사리 서신의 내용을 파악할 수 있습니다. 자신의 서신이 원하지 않는 사람에게 읽힐 수 있다고 여겨지면 자신의 생각이나 의견, 감정을 자유롭게 표현하거나 거리낌 없이 정보를 교환할 수 없게 될 것입니다. 이는 결국 수용자로서는 서신에 자신의 생각이나 의견, 감정을 표현하기를 자제하거나 서신교환 자체를 포기할 수 있어 이는 사실상 서신내용을 검열하는 것과 마찬가지의 효과를 가져올 가능성이 큽니다. 수용자인 청구인은 외부의사진료를 거부하는 교도소의 조치가 위법·부당하다는 자신의 서신내용이 교도소 측에 의해 아무런 제한 없이 노출, 파악될 수 있다는 가능성만으로도 통신비밀의 자유에 대한 위축을 받게 됩니다.

그런데 이 사건 시행령조항에 따른 방법이 아니라 보다 덜 기본권 침해적인 방법으로도 이 사건 시행령조항이 달성하고자 하는 목적은 충분히 달성될 수 있습니다. 예컨대, 교도관이 수용자의 면전에서 서신에 금지물품이 들어 있는지를 확인하고 수용자로 하여금 서신을 봉함하게 할 수도 있습니다.

이 사건 시행령조항은, 형의 집행 및 수용자의 처우에 관한 법률 제84조 제3항이 미결수용자와 변호인간의 서신검열을 원칙적으로 금지하고 있음에도 불구하고 미결수용자가 변호인에게 보내려는 서신조차도 봉함하지 않은 상태로 제출하도록 하는 여지를 줌으로써 수용자가 보내려는 모든 서신을 사실상 검열 가능한 상태에 놓이도록 하고 있습니다. 따라서 이 사건 시행령조항은 기본권 제한 규범이 지켜야 할 침해의 최소성 요건을 위반하고 있습니다.

(라) 법익의 균형성

이 사건 무봉함 서신제출 제도를 통해 달성하고자 하는 교정시설의 안전과 질서유지라는 목적은 보다 덜 침해적인 수단으로도 얼마든지 달성이 가능합니다. 이 사건 시행령조항으로 인해 밖으로 보내려는 서신을 봉함 상태로 제출하도록 하는 경우 그 내용물을 확인하는 데 소요되는 인력과 재정을 감안하더라도 수용자가 보내려는 서신을 봉함하지 않은 상태로 제출하도록 함으로 인하여 수용자가 입게 되는 통신비밀의 자유에 대한 침해는 매우 중대하다 할 것이므로, 이 사건 시행령조항은 법익의 균형성 요건도 충족하지 못하고 있습니다.

다. 소 결

따라서 이 사건 시행령조항은 기본권 제한 규범이 갖추어야 할 과잉금지의 원칙에 위배되어 헌법이 보장하는 수용자의 통신비밀의 자유를 침해하는 위헌규정에 해당됩니다.

4. 결 론

그렇다면, 이 사건 시행령조항은 헌법 제18조 통신비밀의 자유라는 기본권을 침해하는 위헌규정에 해당되므로 위헌결정을 내려주시기를 바랍니다.

첨 부 서 류

1. 법제처·법무부 민원회신	각 1부
2. 수용증명서	1부
3. 국선대리인 선임결정서	1부

2009. 10. 1.

청구인의 국선대리인
변호사 **이 변 론** (인)

헌 법 재 판 소 귀 중

해답 2

의 견 서

사 건 2009헌마333 형의 집행 및 수용자 처우에 관한 법률 제65조 제1항 위헌확인

청구인 홍길동(대리인 변호사 이변론)

위 헌법소원심판 청구사건에 관하여 아래와 같은 법무부장관의 의견서를 제출합니다.

Ⅰ. 청구인의 주장요지

(1) 청구인은 징역형을 선고받고 의정부교도소에 복역 중 구속 되기 전에 허리디스크로 입원하였던 관계로 수용생활에 어려움이 있어 교도소장에게 교도소 밖에 있는 병원의 의사에게 정밀검사와 치료를 자비부담으로 받을 수 있게 해 달라고 요청하였지만 이를 거절당하였습니다.

(2) 청구인은 국민권익위원회 등의 국가기관에 외부의사의 진료를 받지 못하도록 하는 교도소장의 처분이 위법·부당함을 다투고자 청원서를 작성·봉함하여 제출하려고 하였으나 교도소장은 '형의 집행 및 수용자의 처우에 관한 법률 시행령' 제65조 제1항(이하 '이 사건 시행령조항'이라 함)에 따라서 법무부장관에 대한 청원서를 제외한 다른 서신은 봉함하여 제출할 수 없다고 하였습니다.

(3) 그러자 청구인은 '형의 집행 및 수용자의 처우에 관한 법률 시행령' 제65조 제1항은 헌법 제18조 통신비밀의 자유라는 기본권을 침해하였다고 주장하고 있습니다.

Ⅱ. 이 사건 법률조항에 대한 심판청구의 적법요건 검토

1. 헌법소원심판청구에 관한 법률의 규정

헌법소원심판청구는 '공권력의 행사 또는 불행사로 인하여 헌법상 보장된 기본권의 침해를 받은 자'가 소정의 청구기간 내에 청구하여야 하고, '그러한 경우에도 다른 법률에 구제절차가 있는 경우에는 그 절차를 모두 거친 후'에야 청구할 수 있습니다(헌법재판소법 제68조 제1항, 제69조 제1항). '기본권의 침해를 받은 자'라 함은 '공권력의 행사 또는 불행사로 인하여 자기의 기본권을 현재 그리고 직접적으로 침해받은 자'를 의미합니다.

따라서 헌법소원심판청구가 적법하기 위해서는 공권력의 행사 또는 불행사, 기본권 침해성, 법적 관련성(자기관련성, 현재성, 직접성), 보충성, 권리보호의 이익, 청구기간 준수 등의 요건을 갖추어야 합니다.

2. 기본권 침해의 직접성

법령에 대한 헌법소원에 있어 기본권 침해의 직접성이란 구체적 집행행위를 기다리지 아니하고 법률 그 자체에 의하여 자유의 제한, 의무의 부과, 권리 또는 법적 지위의 박탈이 생기는 경우를 뜻하므로 구체적인 집행행위를 통하여 비로소 기본권 침해의 법률효과가 발생하는 경우에는 직접성의 요건이 결여되는 부적법한 것으로 됩니다.

이러한 직접성의 요건은 법령에 대한 헌법소원심판에서 특히 중요한 의미를 가지게 되는데, 법령에 대한 헌법소원에 있어서 '기본권 침해의 직접성'을 요구하는 이유는, 법령은 일반적으로 구체적인 집행행위를 매개로 하여 비로소 기본권을 침해하게 되므로 기본권의 침해를 받은 개인은 먼저 일반쟁송의 방법으로 집행행위를 대상으로 하여 기본권 침해에 대한 구제절차를 밟는 것이 헌법소원의 성격상 요청되기 때문입니다.

3. 사안의 경우(직접성 요건의 결여)

그런데 청구인이 이 사건 헌법소원심판의 심판대상으로 주장하고 있는 이 사건 시행령조항과 관련규정을 살펴보면, 형의 집행 및 수용자의 처우에 관한 법률 제43조 제3

항은 “소장은 수용자가 주고받는 서신에 법령에 따라 금지된 물품이 들어있는지 확인할 수 있다”고 규정하고 있으므로 교도소장은 필요하다고 인정하는 경우 서신에 금지된 물품이 들어있는지 구체적인 확인조치를 취할 수 있고, 이 사건 시행령조항 제65조 제1항은 “수용자는 보내려는 서신을 봉함하지 않은 상태로 교정시설에 제출하여야 한다”고 규정하고 있으므로 교도소장은 수용자가 위 규정에 위반하여 봉함된 채로 서신을 제출하는 경우 금지물품 포함 여부 확인 등을 위하여 발송거부처분을 할 수 있습니다.

따라서 물품확인조치나 발송거부라는 구체적인 집행행위가 있을 때 비로소 통신의 자유 등의 기본권 침해의 법률효과가 발생하고 교도소장의 구체적인 물품확인조치, 서신거부처분이라는 집행행위를 통하지 아니하고 이 사건 법률조항에 의해 직접 청구인의 기본권이 침해당하고 있다고 볼 수 없으므로 기본권 침해의 직접성이 결여되어 청구인의 이 사건 청구는 부적법하다고 할 것입니다.

Ⅲ. 이 사건 시행령조항의 위헌여부에 대한 의견

1. 수형자의 기본권 제한과 그 한계

가. 수형자의 기본권 제한

징역·금고 등 자유형을 선고받아 그 형이 확정된 자와 벌금을 완납하지 아니하여 노역장 유치명령을 받은 수형자는 그 집행을 위하여 교도소에 구금되고 이에 따라 수형자는 격리된 시설에서 강제적인 공동생활을 하게 되며 헌법이 보장하는 신체의 자유 등 기본권에 대한 제한은 불가피합니다. 다만, 기본권의 제한은 헌법 제37조 제2항에서 규정한 국가안전보장, 질서유지 또는 공공복리를 위하여 필요한 경우에 한하여 법률로써 제한할 수 있으며, 제한하는 경우에도 자유와 권리의 본질적인 내용을 침해할 수 없다는 한계를 가집니다.

따라서, 수형자의 자유와 권리에 대한 제한은 구금의 목적인 도망·증거 인멸의 방지와 시설 내의 규율 및 안전 유지를 위한 필요최소한의 합리적인 범위를 벗어나서는 안 되고, 이러한 기본권의 제한은 헌법 제37조 제2항에 따라 구체적인 자유·권리의 내용과 성질, 그 제한의 태양과 정도 등을 교량하여 한계를 설정하게 됩니다.

나. 입법정책의 문제

수형자를 구금하는 목적은 자유형의 집행이고, 자유형의 내용은 수형자를 일정한 장소에 구금하여 사회로부터 격리시켜 그 자유를 박탈함과 동시에 그의 교화·갱생을 도모함에 있습니다. 그러므로 자유형의 본질상 수형자에게는 외부와의 자유로운 교통·통신에 대한 제한 등이 수반됩니다. 그런데 수형자의 사회적 위험성이나 사회방위의 관점에서는 사회로부터의 격리가 불가피하나, 때로는 수형자의 교화·갱생을 위하여 일정한 범위 내에서 서신 수발의 자유를 허용하는 것이 보다 더 유익할 수도 있습니다. 따라서 수형자의 통신의 자유 등 기본권을 구체적으로 어느 정도 인정할 것인가의 기준은 기본적으로 입법권자의 입법정책에 맡겨져 있다고 할 것입니다.

2. 수형자의 기본권 제한 관련 헌법재판소 결정례

헌법재판소는 수용자의 서신수발에 교도관의 검열을 요하는 행형법(1995. 1. 5. 법률 제4936호로 개정된 것) 제18조 제3항에 대한 헌법소원 사건에서 수형자에 대한 서신검열은 구금 목적의 달성, 시설의 규율과 안전유지를 위한 필요최소한의 제한으로서 정당성·합리성을 갖춘 재량의 범위 내의 조치라고 판시한 바 있습니다.

수형자를 구금하는 목적은 자유형의 집행이고, 자유형의 본질상 수형자에게는 외부와의 자유로운 교통·통신에 대한 제한이 수반된다. 따라서 수형자에게 통신의 자유를 구체적으로 어느 정도 인정할 것인가의 기준은 기본적으로 입법권자의 입법정책에 맡겨져 있다. 수형자의 교화갱생을 위하여 서신수발의 자유를 허용하는 것이 필요하다고 하더라도, 구금시설은 다수의 수형자를 집단으로 관리하는 시설로서 규율과 질서유지가 필요하므로 수형자의 서신수발의 자유에는 내재적 한계가 있고, 구금의 목적을 달성하기 위하여 수형자의 서신에 대한 검열은 불가피하다. 현행법령과 제도 하에서 수형자가 수발하는 서신에 대한 검열로 인하여 수형자의 통신의 비밀이 일부 제한되는 것은 국가안전보장·질서유지 또는 공공복리라는 정당한 목적을 위하여 부득이 할 뿐만 아니라 유효적절한 방법에 의한 최소한의 제한이며 통신의 자유의 본질적 내용을 침해하는 것이 아니다.

또한 헌법재판소는 수용자가 국가기관에 서신을 발송할 경우 교도소장의 허가를 받도록 하는 행형법 시행령(1997. 12. 31. 대통령령 제15572호로 개정되고, 2000. 3. 28. 대통령령 제16759호로 개정되기 전의 것) 제62조 등에 대한 위헌소헌 사건에서 수용자의 서신에 대한 검열은 국가안전 보장·질서 유지 또는 공공복리라는 정당한 목적을 위하여 부득이 할 뿐만 아니라 유효적절한 방법에 의한 최소한의 제한이며, 통신비밀의 자유의 본질적 내용을 침해하는 것이 아니어서 헌법에 위반된다고 할 수 없다고 판시하였습니다.

교도소 수용자로 하여금 제한 없이 서신을 발송할 수 있게 한다면, 서신 교환의 방법으로 마약이나 범죄에 이용될 물건을 반입할 수 있고 외부 범죄세력과 연결하여 탈주를 기도하거나 수용자끼리 연락하여 범죄행위를 준비하는 등 수용질서를 어지럽힐 우려가 많으므로 이들의 도주를 예방하고 교도소 내의 규율과 질서를 유지하여 구금의 목적을 달성하기 위해서는 서신에 대한 검열이 불가피하며, 만약 국가기관과 사인에 대한 서신을 따로 분리하여 사신에 대한 서신의 경우에만 겸열을 실시하고, 국가기관에 대한 서신의 경우에는 검열을 하지 않는다면 사인에게 보낼 서신을 국가기관의 명의를 빌려 검열 없이 보낼 수 있게 됨으로써 검열을 거치지 않고 사인에게 서신을 발송하는 탈법수단으로 이용할 수 있게 되므로 수용자의 서신에 대한 검열은 국가안전 보장·질서유지 또는 공공복리라는 정당한 목적을 위하여 부득이 할 뿐만 아니라 유효적절한 방법에 의한 최소한의 제한이며, 통신비밀의 자유의 본질적 내용을 침해하는 것이 아니어서 헌법에 위반된다고 할 수 없다.

3. 이사건 법률조항의 합헌성

가. 통신비밀의 자유 침해 여부

(1) 청구인이 위헌이라는 주장하는 이 사건 시행령조항 제65조 제1항에 수용자는 보내려는 서신을 봉함하지 않은 상태로 교정시설에 제출하여야 한다고 규정되어 있지만, 그 목적은 동조 제2항에 명시되어 있듯이 서신에 금지물품이 들어 있는지를 확인하기 위함이고 서신 내용의 검열을 위함이 아닙니다. 특히 수용자가 보내는 서신을 봉함하지 않은 상태로 교정시설에 제출하게 한 취지는 서신에 금지물품의 존재를 확인한 후 이를 봉인하여 발송하기 위한 것입니다. 행형법 제43조 제4항 제3호, 동조 제1항 제2호, 제3호에 의하면 서신 수수가 수형자의 교화 또는 건전한 사회복귀를 해칠 우려가 있는 때, 시설의 안전 또는 질서를 해칠 우려가 있는 때에는 서신 수수가 금지되므로 금지물품의 존재를 확인하여 시설의 안전 또는 질서를 해할 우려가 있는지를 판단하기 위하여 서신을 봉함하지 않은 채로 제출하게 한 것에 불과할 뿐 서신 내용의 검열을 위한 것이

아닙니다.

(2) 청구인은 금지물품 확인 절차가 실질적으로 서신 내용의 검열로 운영될 수 있다고 주장하고 있는바, 금지물품 확인 절차는 검열이라고 할 수 없으며, 가사 금지물품 확인 절차를 실질적인 검열로 본다고 하더라도 이는 수형자의 구금 목적을 위한 필요 최소한의 제한입니다. 헌법 제18조에서 "모든 국민은 통신의 비밀을 침해받지 아니한다"라고 규정하여 통신의 자유를 국민의 기본권으로 보장하고 있어 서신의 검열은 원칙적으로 금지됩니다. 그러나 수형자 구금의 목적은 수형자를 사회로부터 격리시켜 그 자유를 박탈함과 동시에 그의 교화·갱생을 도모함에 있고, 구금시설은 다수의 수형자를 집단으로 관리하는 시설로서 규율과 질서 유지가 필요하므로 이를 위해 수형자의 교화·개선에 해로운 물질이나 서신의 수발을 허용하여서는 안됩니다. 수형자는 수사 및 재판과정에서 관련된 고소·고발인, 경찰·검찰 및 법원의 공무원, 피해자, 증인, 감정인 등에 대하여 원망과 분노를 가질 수 있으므로 만일 수형자로 하여금 이들에게 서신을 제한 없이 발송할 수 있게 한다면 출소 후의 보복 협박, 교도소 내에 있는 동안 뒷바라지 강요 등 일반 국민들에게 해악을 끼치는 등의 부작용이 생길 수 있습니다. 또 서신 교환의 방법으로 마약이나 범죄에 이용될 물건이 반입될 수도 있고, 외부 범죄세력과 연결하여 탈주를 기도하거나 수형자끼리 연락하여 범죄행위를 준비하는 등 수용질서를 어지럽힐 우려가 많으므로 수형자의 도주를 예방하고 교도소 내의 규율과 질서를 유지하여 구금의 목적을 달성하기 위해서는 수형자의 서신에 대한 검열은 불가피합니다. 행형법 제43조 제1항은 수형자의 서신 수발의 자유를 원칙적으로 보장하고 있고, 동조 제3항은 수용자가 주고받는 서신에 법령에 따라 금지된 물품이 들어있는지 확인하는 절차만 규정하고 동조 제6항은 서신을 발송하거나 교부하는 경우에는 신속히 하여야 한다고 규정하고 있으므로, 수형자가 수발하는 서신에 대한 검열로 인하여 수형자의 통신의 비밀이 일부 제한되는 것은 국가 안전보장·질서유지 또는 공공복리라는 정당한 목적을 위하여 부득이 할 뿐만 아니라 유효적절한 방법에 의한 최소한의 제한이며 통신의 자유의 본질적 내용을 침해하는 것이라고 볼 수는 없습니다.

(3) 특히 수용자의 경우 교화, 갱생이라는 행형의 목적 달성을 위해서 일반인들에

비해 보다 많은 자유가 제한되는 것은 사실이지만, 서신검열은 단지 누구에게 언제 서신을 보낸다는 확인 정도를 위해서 존재하는 제도가 아니라 수용자가 발송하는 서신에 대해 발송 전 그 내용을 일일이 살펴 수용질서 유지에 저해되거나 새로운 범죄를 일으킬 가능성이 있는 것에 대해서는 미리 그 발송을 차단함으로써 수용자가 재차 범죄를 저지르는 것을 사전에 방지하고 수용자를 적절하게 교화하는 제도입니다. 그런데 만약 청구인의 주장처럼 국가기관과 사인에 대한 서신을 따로 분리하여 사인에 대한 서신의 경우에만 검열을 실시하고, 국가기관에 대한 서신의 경우에는 검열을 하지 않는다면 사인에게 보낼 서신을 국가기관의 명의를 빌려 검열 없이 보낼 수 있게 됨으로써 검열을 거치지 않고 사인에게 발송하는 탈법수단으로 이용될 수 있습니다. 따라서 수용자가 국가기관에 발송하는 서신에 대하여 검열을 하는 것의 필요성은 여전히 크다고 할 것입니다.

나. 청원권 침해 여부

(1) 헌법 제26조는 “모든 국민은 법률이 정하는 바에 의하여 국가기관에 문서로 청원할 권리를 가진다. 국가는 청원에 대하여 심사할 의무를 진다”고 하여 청원권을 기본권으로 보장하고 있습니다. 그런데 헌법상 보장된 청원권은 공권력과의 관계에서 일어나는 여러 가지 이해관계, 의견, 희망 등에 관하여 적법한 청원을 한 모든 국민에게, 국가기관이 청원을 수리할 뿐만 아니라, 이를 심사하여 청원자에게 그 처리 결과를 통지할 것을 요구할 수 있는 권리로서 청원권의 구체적 내용은 입법 활동에 의하여 형성되며 입법형성에는 폭넓은 재량권이 있습니다. 따라서 입법자는 수용 목적 달성을 저해하지 않는 범위 내에서 교도소 수용자에게 청원권을 보장하는 합리적인 수단을 선택할 수 있습니다.

(2) 모든 국민은 청원권을 가지고 있으므로 교도소 수용자라 하더라도 원칙적으로는 자유롭게 청원할 권리가 보장됩니다. 그러나 위에서 본 바와 같이 수용자 구금의 목적은 수용자를 일정한 장소에 구금하고 사회로부터 격리시켜 그 자유를 박탈함과 동시에 그의 교화·갱생을 도모함에 있고, 구금시설은 다수의 수용자를 집단으로 관리하는 시설이므로 규율과 질서 유지가 필요합니다. 따라서 국가기관에 대한 청원의 경우 이에 대한 아무런 제한 없이 청원할 수 있도록 한다면 이를 이용하여 검열 없이 외부에 서신을 발송하는 탈법수단으로 이용할 우려가

있습니다.

(3) 행형법 제117조 제3항은 소장은 청원서를 개봉하여서는 아니된다고 규정하고 있어 원칙적으로 청원서 내용에 대한 검열을 하지 않고 있으며, 제118조는 수용자는 청원, 진정, 그 밖의 권리구제를 위한 행위를 하였다는 이유로 불이익한 처우를 받지 아니함을 천명하고 있습니다. 이 사건 시행령조항 제65조 제1항에서 수용자가 보내려는 서신을 봉함하지 않은 상태로 교정시설에 제출하게 함은 동조 제2항에서 알 수 있듯이 금지물품이 들어있는지 확인하기 위함이고 서신 내용에 대한 검열이 아님은 이미 살펴본 바와 같습니다. 가사 이를 실질적인 서신 내용에 대한 검열로 본다 하더라도 검열을 거친 후에는 발송을 보장하고 있고, 이 경우 일일이 검열을 받아야 하므로 검열이 행해지는 동안 발송이 지연될 우려가 있을 수 있으나, 이는 구금시설의 안전 및 질서 유지라는 목적을 달성하기 위하여 불가피하다 할 것입니다.

(4) 더구나 행형법 제117조는 교도행정에 관하여 지휘, 감독권을 가진 법무부 장관에게 청원하는 경우는 검열을 금지하고 있는데, 수용자가 법무부장관에게 청원하는 청원서는 이를 봉한 채로 교도소장에게 제출하여 개봉 없이 법무부 장관에게 발송(제117조 제3항)하도록 하고 있습니다. 이는 교도소 내의 부당한 처우에 관해서는 법무부 장관에게 직접 청원할 수 있는 길을 열어 놓아 교도소 내의 수용자에 대한 부당한 행위의 발생을 막기 위한 것입니다.

(5) 결론적으로 국가기관에 대한 청원 내용이 담긴 교도소 수용자의 서신에 대해 검열하는 것은 헌법 제37조 제2항이 규정하고 있는 질서유지 등의 목적달성을 위한 필요·최소한의 제한으로 청원권의 본질적인 내용을 침해하는 것이라고 할 수 없습니다.

Ⅳ. 결　론

따라서 청구인의 이 사건 시행령조항에 대한 헌법소원은 직접성의 결여로 부적법하므로 각하되어야 합니다. 설령 본안판단에 들어간다 할지라도 교도소장이 수용자의 서신에 금지 물품이 있는지 확인할 수 있고 발송 서신을 봉함하지 않은 채 교정시설에 제출하게 하는 행위는 구금의 목적인 도망·증거인멸의 방지와 시설 내의 규율 및 안전 유지를 위해 필수 불가결한 것으로 청구인의 통신비밀의 자유, 청원권 등의 기본권을 침해하지 않으므로 청구인의 이 사건 심판청구를 기각하여 주시기 바랍니다.

2009. 10. 15.

법무부장관 ○ ○ ○

헌법재판소 귀중

쟁 점 해 설

1. 당 사 자

가. 청 구 인

(1) 공권력의 행사 또는 불행사로 인하여 헌법상 보장된 기본권을 침해받은 자이다(헌법재판소법 68①). 이 사건 청구인은 교도소에 수용된 수용자로서 국민권익위원회 등의 국가기관에 제출하려는 청원서를 봉함하지 않은 채 제출해야 한다는 이 사건 시행령조항으로 인하여 통신비밀의 자유를 침해받았으므로 청구인적격이 있다.

(2) 각종 심판절차에 있어서 당사자인 사인은 변호사를 대리인으로 선임하지 아니하면 심판청구를 하거나 심판수행을 하지 못한다(헌법재판소법 25③). 청구인은 변호사강제주의에 따라 국선변호사를 선임하여 이 사건 심판청구를 하였다.

나. 피청구인

(1) 헌법재판소법 제71조는 청구서의 기재사항의 하나로 "침해의 원인이 되는 공권력의 행사 또는 불행사"를 규정할 뿐, 피청구인의 기재여부를 명시하지 않고 있어 반드시 피청구인을 기재해야 하는 것은 아니다.

(2) 헌법재판소심판규칙 제68조 제 1 항은 헌법소원심판청구서에 피청구인을 기재하도록 하고 있다. '다만, 법령에 대한 헌법소원의 경우에는 그러하지 아니하다'고 규정하여 이 사건 시행령조항의 위헌여부를 다투는 헌법소원에서는 피청구인을 기재할 필요가 없다.

(3) 탄핵심판, 정당해산심판, 권한쟁의심판의 경우 피청구인(피청구기관)이 존재하므로, 피청구인을 기재하여야 한다. 헌법재판소는 청구서의 필수 기재사항이 누락되거나 명확하지 아니한 경우에 적당한 기간을 정하여 이를 보정하도록 명할 수

있으며, 보정기간까지 보정하지 아니한 경우에는 심판청구를 각하할 수 있다(헌법재판소심판규칙 70).

2. 이 사건 심판청구의 적법성여부

가. 기본권 침해 직접성

수용자인 청구인은 이 사건 시행령조항에 의해서 교도소장 등의 다른 집행행위가 없더라도 서신을 봉함하지 않은 상태로 제출할 의무를 부과받게 되어 기본권을 직접적으로 제한받고 있다.

나. 기본권 침해의 현재성, 자기관련성

청구인은 교도소에 복역 중에 있고, 현재 청원권을 행사함에 있어 통신비밀의 자유를 침해받고 있다.

다. 보 충 성

(1) 헌법소원은 다른 법률에 구제절차가 있는 경우에는 그 절차를 모두 거친 후에 심판청구를 하여야 한다(헌법재판소법 68① 단서). 이 같은 보충성의 원칙도 ① 사전에 구제절차를 거칠 것을 기대하기가 곤란한 경우, ② 법률상 구제절차가 없는 경우에는 그 예외가 인정된다.

(2) 이 사건 시행령조항의 위헌·위법무효를 다투는 구제절차가 존재하지 아니하므로, 헌법소원심판청구에 있어서 보충성의 원칙에 반하지 아니한다.

라. 권리보호의 이익

(1) 헌법소원은 국민의 기본권 침해를 구제해 주는 제도이므로, 그 제도의 목적상 권리보호의 이익이 있는 경우에 비로소 제기할 수 있으며, 권리보호의 이익이 없는 헌법소원심판청구는 부적법하여 각하된다.

(2) 청구인은 형기만료로 2010. 10. 20. 형집행이 종료될 예정이라서 침해된 기본권 구제와 관련한 권리보호의 이익이 문제된다.

(3) 헌법소원제도는 주관적인 권리구제뿐만 아니라 객관적인 헌법질서 보장의 기능

도 겸하고 있으므로, 설사 주관적인 권리보호의 이익이 없는 경우라고 하더라도 동종의 기본권 침해가 반복될 위험이 있거나 헌법질서의 유지·수호를 위하여 헌법적 해명이 중대한 의미를 지니고 있을 때에는 예외적으로 심판청구의 이익이 인정되는 것으로 보고 있다(헌법재판소 1992. 1. 28. 선고 91헌마111 결정【변호인의조력을받을권리에대한헌법소원】등).

(4) 헌법소원의 본질은 개인의 주관적 권리구제뿐만 아니라 객관적인 헌법질서의 보장도 겸하고 있는 것인데, 미결수용자의 서신에 대한 검열이나 지연발송 및 지연교부행위는 헌법상 보장된 통신의 자유나 비밀을 침해받지 아니할 권리 및 변호인의 조력을 받을 권리와의 관계에서 해명되어야 할 중요한 문제이고, 또 검열행위는 행형법의 규정에 따라 앞으로도 계속될 것으로 보이므로, 이러한 침해행위가 이미 종료되었다 하더라도, 이 사건 심판청구는 헌법질서의 수호·유지를 위하여 긴요한 사항으로서 그 해명이 중대한 의미를 지니고 있고 동종행위의 반복위험성도 있어서 심판청구의 이익이 있다(헌법재판소 1995. 7. 21. 선고 92헌마144 결정【서신검열등위헌확인】).

(5) 이 사건 시행령조항이 존재하는 한 청구인이 침해받은 것과 같은 유형의 기본권 제한이 앞으로도 반복될 위험이 있고, 수용자의 서신 무봉함 제출 제도의 헌법적 타당성여부는 헌법질서의 수호·유지를 위해 그 헌법적 해명이 필요한 중요한 사안이라고 할 수 있어 심판청구의 이익이 인정된다.

마. 청구기간의 준수

청구인은 기본권 침해사실을 안 날로부터 90일 이내에 국선대리인의 선임신청을 하였으며(헌법재판소법 70①), 선정된 국선대리인은 선정된 날로부터 60일 이내인 2009. 10. 1. 심판청구서를 제출하여 심판청구기간을 준수하였다(헌법재판소법 70⑤).

3. 이 사건 시행령조항의 위헌성

헌법 제18조 통신비밀의 자유 침해

이 사건 시행령조항은 수용자로 하여금 보내려는 서신을 봉함하지 않은 상태로 교정시설에 제출하도록 하고 있어 그 서신이 교도관들에 의해서 검열을 당하거나 읽혀질 위험에 놓이게 되므로, 수용자의 통신비밀의 자유에 대한 침해를 가져오게 된다.

(가) **목적의 정당성**

이 사건 시행령조항은 수용자의 교화 또는 건전한 사회복귀를 해칠 우려가 있는 물건 등을 수용자가 주고받는 것을 금지하여 교정시설의 안전과 질서유지, 수용자의 교화 및 사회복귀를 원활하게 하기 위한 것이므로 입법목적은 정당하다.

(나) **수단의 적절성**

수용자가 외부에 보내려는 서신을 봉함하지 않은 상태로 제출하게 하는 것은 입법목적을 달성할 수 있는 적절한 수단이 될 수 있다.

(다) **침해의 최소성**

이 사건 시행령조항은 수용자가 보내려는 서신을 봉함하지 않은 상태로 교정시설에 제출하도록 강제하고 있다. 이 사건 시행령조항에 따른 방법이 아니라 보다 덜 기본권 침해적인 방법으로도 이 사건 시행령조항이 달성하고자 하는 목적은 충분히 달성될 수 있다. 따라서 이 사건 시행령조항은 침해의 최소성 요건을 위반하고 있다.

(라) **법익의 균형성**

서신을 봉함 상태로 제출하도록 하는 경우 그 내용물을 확인하는 데 소요되는 인력 및 재정과 수용자가 보내려는 서신을 봉함하지 않은 상태로 제출하도록 함으로 인하여 수용자가 입게 되는 통신비밀의 자유에 대한 침해는 더욱 중대하여 법익의 균형성 요건도 충족하지 못하고 있다.

4. 결　　론

따라서 이 사건 시행령조항은 과잉금지의 원칙에 위배되어 통신비밀의 자유를 침해하는 위헌규정에 해당된다.

5. 이 사건 시행령조항의 개정

2013. 2. 5. 대통령령 제24348호에 의하여 2012. 2. 23. 헌법재판소에 위헌결정된 이 사건 시행령 제65조를 개정하여 수용자가 서신을 보내려는 경우 해당 서신을 봉함하여

교정시설에 제출하도록 하였다. 다만, 소장은 다음 각 호의 어느 하나에 해당하는 경우로서 법 제43조 제3항에 따른 금지물품의 확인을 위하여 필요한 경우에는 서신을 봉함하지 않은 상태로 제출하게 할 수 있다.

1. 법 제104조 제1항에 따른 마약류사범·조직폭력사범 등 법무부령으로 정하는 수용자가 변호인 외의 자에게 서신을 보내려는 경우
2. 수용자가 같은 교정시설에 수용 중인 다른 수용자에게 서신을 보내려는 경우
3. 규율위반으로 조사 중이거나 징벌집행 중인 수용자가 다른 수용자에게 서신을 보내려는 경우

[참고자료]

형의 집행 및 수용자의 처우에 관한 법률 제43조 제3항 등 위헌확인

(헌법재판소 2012. 2. 23. 선고 2009헌마333 결정)

【판시사항】

가. 교도소장으로 하여금 수용자가 주고받는 서신에 금지 물품이 들어 있는지를 확인할 수 있도록 규정하고 있는 '형의 집행 및 수용자의 처우에 관한 법률'(2007. 12. 21. 법률 제8728호로 개정된 것) 제43조 제3항(이하 '이 사건 법률조항'이라 한다)이 청구인의 기본권을 직접 침해하는지 여부(소극)

나. 수용자가 밖으로 내보내는 모든 서신을 봉함하지 않은 상태로 교정시설에 제출하도록 규정하고 있는 '형의 집행 및 수용자의 처우에 관한 법률 시행령'(2008. 10. 29. 대통령령 21095호로 개정된 것) 제65조 제1항(이하 '이 사건 시행령조항'이라 한다)이 청구인의 통신 비밀의 자유를 침해하는지 여부(적극)

【결정요지】

가. 이 사건 법률조항은 수용자의 서신에 금지물품이 들어 있는지 여부에 대한 확인을 교도소장의 재량에 맡기고 있으므로 교도소장의 금지물품 확인이라는 구체적인 집행행위를 매개로 하여 수용자인 청구인의 권리에 영향을 미치게 되는바, 위 법률조항이 청구인의 기본권을 직접 침해한다고 할 수 없다.

나. 이 사건 시행령조항은 교정시설의 안전과 질서유지, 수용자의 교화 및 사회복귀를 원활하게 하기 위해 수용자가 밖으로 내보내는 서신을 봉함하지 않은 상태로 제출하도록 한 것이나, 이와 같은 목적은 교도관이 수용자의 면전에서 서신에 금지물품이 들어 있는지를 확인하고 수용자로 하여금 서신을 봉함하게 하는 방법, 봉함된 상태로 제출된 서신을 X-ray 검색기 등으로 확인한 후 의심이 있는 경우에만 개봉하여 확인하는 방법, 서신에 대한 검열이 허용되는 경우에만 무봉함 상태로 제출하도록 하는 방법 등으로도 얼마든지 달성할 수 있다고 할 것인바, 위 시행령조항이 수용자가 보내려는 모든 서신에 대해 무봉함 상태의 제출을 강제함으로써 수용자의 발송 서신 모두를 사실상 검열 가능한 상태에 놓이도록 하는 것은 기본권 제한의 최소 침해성 요건을 위반하여 수용자인 청구인의 통신비밀의 자유를 침해하는 것이다.

【심판대상조문】

형의 집행 및 수용자의 처우에 관한 법률(2007. 12. 21. 법률 제8728호로 개정된 것) 제43조 제 3 항

형의 집행 및 수용자의 처우에 관한 법률 시행령(2008. 10. 29. 대통령령 제21095호로 개정된 것) 제65조 제 1 항

【당 사 자】

청 구 인 ○○○

국선대리인 변호사 ○○○

【주 문】

1. '형의 집행 및 수용자의 처우에 관한 법률'(2007. 12. 21. 법률 제8728호로 개정된 것) 제43조 제 3 항에 대한 심판청구를 각하한다.
2. '형의 집행 및 수용자의 처우에 관한 법률 시행령'(2008. 10. 29. 대통령령 제21095호로 개정된 것) 제65조 제 1 항은 헌법에 위반된다.

10

공법기록형 공법소송실무

국가유공자등록거부처분 취소청구

10

Contents
목 차

작 성 요 강

□ 문 제

○ 변호사 강현성은 국가보훈처 법률자문변호사이다. 홍길동은 군에 입대하여 훈련 중에 발병한 질병으로 의병제대를 한 후 보훈처에 국가유공자 등록신청을 하였지만 그 신청이 거부되자 그 처분의 취소를 구하는 소를 제기하였다(2010가합 32156 사건).

○ 강현성 변호사는 2011. 12. 20. 위 사건을 수임하고 홍길동의 청구가 패소되도록 하기 위하여 자료를 검토하고 있다.

○ 강현성 변호사의 입장에서 법원에 최초로 제출할 서면의 종류를 선택하여 원고의 소장내용을 반박하는 서면을 작성하시오.

소 장

원 고 홍 길 동
서울시 동대문구 휘경동 123-45

피 고 국가보훈처장

국가유공자 요건 비해당 처분 취소등 청구의 소

청 구 취 지

1. 피고가 2011. 9. 9. 원고에 대하여 한 국가유공자 요건 비해당 처분을 취소한다.
2. 피고는 원고에게 돈 50,000,000원 및 이 사건 소장부본 송달일부터 완제일까지 연 20% 비율에 의한 돈을 지급하라.
3. 소송비용은 피고가 부담한다.

라는 판결을 구합니다.

청 구 원 인

1. 국가유공자 요건 비해당 처분 취소청구

가. 이 사건 처분의 경위

(1) 원고는 2010. 2. 15. 육군에 입대하여 신병교육훈련을 마치고, 같은 해 5. 13. 제3포병대대 제12중대에 배속되어 통신병으로 복무하여 왔습니다.

(2) 원고는 자대 배치 후인 2010. 5. 중순경 위 대대 연병장에서 태권도 심사를 위하여 연습을 하다가 좌측 골반에 통증을 느꼈으나 괜찮을 것으로 생각하고 생활하게 되었습니다. 원고는 같은 해 5. 16. 연대 동화교육에 참가하여 프로그램에 따라 훈련을 하던 중 좌측 골반에 통증이 심해져 포병연대 의무실로 후송되어 진료 후 약물치료를 하여왔으나 증세가 호전되지 않아, 같은 해 5. 23. 대대 의무실을 경유하여 서울병원 정형외과에서 골반인대염으로 진단을 받고 약물치료를 하여 왔으나 증상이 악화되어, 같은 해 7. 3. 한서병원에서 촬영한 MRI 판독 결과 '좌측 대퇴골두의 피로골절, 좌측 대퇴골두의 무혈성 괴사'(이하 '이 사건 질환'이라 한다)의 진단을 받고 입원 치료를 받다가 2011. 4. 12. 의병전역하였습니다.

(3) 원고는 2011. 6. 3. 피고에게 군복무 중 발병한 이 사건 질환을 원인으로 하여 국가유공자 등록을 신청하였는데, 피고는 2011. 9. 9. 원고에게 골괴사가 발생하는 원인은 외상이나, 술, 스테로이드, 원인 없이 오는 경우 등 다양하고, 외상성이라면 경부골절이 선행되어야 하는 점 및 경부 피로 골절도 극히 드문 경우로 객관적인 입증자료가 없다는 이유로 국가유공자 요건 비해당 처분(이하 '이 사건 처분'이라 한다)을 하였습니다.

나. 이 사건 처분의 위법성

(1) 원고는 군에 입대하기 전까지 이 사건 질환을 앓은 사실이 없습니다. 건강보험공단 서울지역본부장 발행의 원고에 대한 '건강보험 요양급여내역'에서도 이를 확인할 수 있습니다. 피고 역시 원고의 이 사건 국가유공자등록신청에 따른 심의과정에서 원고가 입대 전 원고의 대퇴부와 관련한 급여내역이 없음을 확인한 바 있습니다.

(2) 원고의 이 사건 질환인 대퇴골두의 피로골절(스트레스골절)은 갑자기 운동량을 너무 늘리거나 강도를 너무 세게 하고, 또 운동을 너무 빨리 할 경우 뼈가 이를 감당하지 못해 주로 나타나는 질환으로, 특이한 외상 병력이 없더라도 강도 높은 운동을 하는 운동선수나, 신병 훈련소에 입소하여 보행, 행군이나 구보 등 강도 높은 훈련을 받게 되는 군인들에게서 쉽게 발병·악화되는 질환입니다.

(3) 원고는 2010. 2. 15. 군에 입대하여 신병 훈련소 등에서 제식훈련과 체력훈련 등의 군사훈련과 주특기 교육을 마치고 같은 해 5. 13. 자대를 배치받았으며, 그 직후 태권도 심사를 준비하기 위하여 훈련을 하던 중에 최초로 골반 부위의 통증

을 호소하였고, 이후 군생활의 특성상 계속되는 보행과 행군, 구보 등으로 인하여 그 증상이 더욱 악화되었습니다.

(4) 위와 같이 원고의 좌측 대퇴골두의 피로 골절은 원고가 군에 입대하여 받아 온 군사훈련과 체력훈련 등의 군생활 과정에서 발병되었고, 이후 계속되는 훈련 등으로 인해 그 증상이 갈수록 악화되어 군생활과 질병과의 인과관계도 인정할 수 있습니다.

(5) 또한 대퇴 골두 피로골절은 늦게 진단될수록 불완전 골절의 뼈의 전위와 각형성으로 인해 완전 골절로 바뀔 가능성이 크며, 대퇴 경부의 해부학적 중요성 때문에 골절의 조기진단 및 적절한 치료가 병행되지 않을 경우 무혈성 괴사, 부정유합, 불유합 등이 발생하여 영구적인 심신장애로 이어질 수 있습니다.

(6) 결국 원고는 군 입대 전까지 대퇴골에 질환을 앓은 사실이 없고, 군복무 중에 먼저 피로골절의 질환을 앓게 되었고, 피로골절의 증상이 악화될 경우 무혈성 괴사가 발생할 개연성이 높은 점으로 볼 때, 원고의 무혈성 괴사와 공무 사이의 상당인과관계가 충분히 인정됩니다. 그럼에도 피고는 원고의 공무와 이 사건 질환이 발병되었음을 인정할 만한 객관적인 입증자료가 없다는 이유로 이 사건 처분을 하였습니다.

다. 소 결

따라서 피고의 이 사건 처분은 재량권을 일탈하거나 남용한 위법한 처분이므로 취소되어야 합니다.

2. 손해배상청구

가. 손해배상청구권의 발생

(1) 원고는 국가유공자 등록신청사유와 같이, 군에 입대하여 포병대대에 배속되어 통신병으로 복무하던 중에 2010. 5. 중순경 부대 연병장에서 태권도 심사를 위하여 동료 군인들과 함께 연습을 하다가 좌측 골반에 이상이 생겨 통증을 겪게 되었지만 괜찮을 것으로 생각하고 복무에 전념하게 되었습니다.

⑵ 원고는 그 후에도 계속되는 각종 교육훈련에 참가하여 훈련을 하던 중 좌측 골반에 통증이 심해져 약물치료를 하여왔으나 증세가 호전되지 않아, 민간인 병원 등지에서 진료를 받고 입원치료까지 받았으나 증상이 악화되어, 결국 2011. 4. 12. 의병전역하기에 이르렀습니다.

⑶ 따라서 피고는 원고가 군 복무중의 직무집행과 관련하여 공상을 입게 되어 발생한 손해를 배상할 의무가 있습니다.

나. 손해배상의 범위

원고의 이 사건 손해배상액은 향후 신체감정결과에 따라 구체적인 청구금액을 확장하기로 하되, 일실수입과 치료비 및 위자료 명목으로 일단 청구취지 금액인 50,000,000원을 청구합니다.

3. 결　　론

따라서 피고의 원고에 대한 이 사건 국가유공자 요건 비해당 처분은 재량권을 일탈하거나 남용한 위법한 처분으로 취소되어야 하며, 피고는 원고가 군 복무중 발생한 질병으로 인하여 입은 손해를 배상할 의무도 있습니다.

입 증 방 법

1. 갑 제1호증	등록신청서	1부
1. 갑 제2호증	심의의결서	1부
1. 갑 제3호증	유공자요건 사실확인서	1부
1. 갑 제4호증	병상일지	1부
1. 갑 제5호증	진단서	1부
1. 갑 제6호증	공무상병인증서	1부
1. 갑 제7호증	공상확인신청서	1부
1. 갑 제8호증	건강보험 요양급여내역	1부
1. 갑 제9호증	병적증명서	1부
1. 갑 제10호증	사실확인서	1부

첨 부 서 류

1. 위 입증방법	각 1통
1. 소송위임장	1통
1. 소장부본	1통
1. 납부서	1통

2011. 12. 13.

원고 홍 길 동 (洪吉東印)

서울중앙지방법원 귀중

[별지 제2호 서식] 〈개정 2007. 9. 17〉 (앞 면)

등 록 신 청 서	처 리 기 간
	• 20일(전공사상당시의 소속기관 및 보훈심사위원회의 심의기간과 상이자의 신체검사소요기간을 제외한다) • 14일(무공·보국수훈자 및 4·19혁명 공로자에 한한다)

국가유공자 또는 지원대상자						
성 명	홍길동	주민등록번호	870111-1234567		군 별(소 속)	육군 1사단
입 대 일(임 용 일)	2010. 02. 15	계 급(직 급)	일병		군 번	09-74003712
전공사상 포상훈격	□ 전상 ■ 공상 □ 전사 □ 순직 □ 상이 □ 사망 □ 포상(훈격 :)		전공사상·포상일	2010 8.01	전 역 일(퇴직일)	2011 04. 12.

신청인				
국가유공자등과의 관계	본 인	성 명	홍길동	주민등록번호 870111-1234567
주 소	서울시 동대문구 휘경동 123-45 (전 화 : 02-6545-7890) (핸드폰 : 010-1234-5678)		상 별	

유족 및 가족사항					
국가유공자등과의관계	성 명	주민등록번호	학 력	직 업	월 소 득
본인	홍길동	870111-1234567	대휴	무직	
부	홍선우	641223-1456789	대졸	공무원	
모	강현주	670211-2456789	대졸	주부	

재산상태								
부동산			기타부동산			월평균소득액(천원)		
종 류	면적(m^2)	평가액(천원)	종 류	규 모(단 위)	평가액(천원)			

(뒤 쪽)

『국가유공자 등 예우 및 지원에 관한 법률』 제6조 제1항, 동법 시행령 제8조 제1항 및 동법 시행규칙 제3조·제7조 제1항에 따라 국가유공자 등의 등록을 신청합니다.

2011년 06월 03일

신청인 홍길동(서명 또는 인)

서울지방보훈청장
보훈지청장 귀하

<table>
<tr><td rowspan="2">접수</td><td>연 월 일</td><td>번 호</td><td rowspan="2">결재</td><td>담 당</td><td>주 무</td><td>과 장</td><td>(지)청장</td></tr>
<tr><td>2011. 06. 03.</td><td>2011060
34567</td><td>김후윤</td><td>최강우</td><td>전결</td><td>채재하</td></tr>
</table>

<table>
<tr><td rowspan="3">재 확 인
신체검사</td><td>신청사유</td><td colspan="6"></td></tr>
<tr><td rowspan="2">최 종
신체검사
결 과</td><td>일 자</td><td></td><td rowspan="2">(지)청장
소 견</td><td>승 인</td><td>불 승 인</td></tr>
<tr><td>심사위원
소 견</td><td></td><td>사 유</td><td></td></tr>
</table>

<table>
<tr><td rowspan="2" colspan="2">구 비 서 류</td><td>수수료</td></tr>
<tr><td>없 음</td></tr>
<tr><td>신청인 제출서류</td><td colspan="2">담당공무원 확인사항</td></tr>
<tr><td>1. 공통제출서류 : 사진(3센티미터×4센티미터) 1매
2. 개별제출서류
가. 무공수훈자·보국수훈자 또는 4·19혁명공로자: 무공훈장증·보국훈장증 또는 건국포장증 사본 1통
나. 4·19혁명부상자 및 4·19혁명사망자의 유족: 4·19 혁명 당시 혁명참가자가 소속하였던 단체 또는 학교의 장이 발행한 4·19혁명참가확인서와 4·19혁명으로 인하여 사망하였거나 상이를 있었음을 입증할 수 있는 서류</td><td colspan="2">1. 가족관계 기록사항에 관한 증명서
2. 주민등록표 등본
3. 무공수훈자·보국수훈자 또는 4·19 혁명공로자 중사 본제출이 불가능한 경우에는 행정자치부장관이 발행하는 상훈수여증명서(1통).
※ 다만, 신청인이 확인에 동의하지 아니하는 경우에는 해당 서류를 제출하여야 합니다(제2호의 경우에는 무공훈장증·보훈훈장증 또는 건국포장증 사본).</td></tr>
</table>

본인은 이 신청에 따른 업무처리와 관련하여 「전자정부법」 제21조 제1항에 따른 행정정보의 공동이용을 통하여 담당 공무원이 위의 담당공무원 확인사항을 확인하는 것에 동의합니다.

신청인 홍길동 (서명 또는 인)

심 의 의 결 서

회의차수	2011년 제234차		
의결번호	제 34567 호	의결일자	2011. 09. 01.
의 제	전공사상군경 심의에 관한 건		
부의사항	홍길동 (870111-1234567)에 대한 심의.		
의결주문	**위 자를 국가유공자 등 예우 및 지원에 관한 법률 제4조 제1항 제6호의 요건에 해당하지 아니하는 자로 한다.**		

이유

1. 신청인의 진술
   2010. 5월 중순경 연병장에서 구보 중 좌측 골반에 통증을 호소하여 군 병원에서 치료를 받았다고 함.
2. 관련자료
   가. 병적기록표 : 2010. 2. 15. 육군 입대, 2011. 4. 12 의병 전역
   나. 병상일지(2010. 8. 1, 공상)
     1) 외래환자 진료기록지 : 2010. 5. 20. 내원/ 태권도 운동하면서 양측 골반에 통증이 발생하고 구보 후 증상이 악화되어 내원함.
     2) 진단서(서울병원, 2010. 7. 21. 발행) : (의증)좌측 대퇴골두의 무혈성 괴사, 좌측 대퇴골두 피로골절
     3) 2 달전부터 태권도 하면서 골반 통증이 있었으며 점차 구보하면서 증상이 심해져 약물치료 후 좋아졌으나 재발하여 2010. 6. 3. MRI 촬영 결과 '(의증)좌측 대퇴골두 무혈성 괴사, 좌측 대퇴골두 피로골절' 진단하에 입원하여 2010. 11. 21. 민간병원(경성 의료원)에서 회전절골술을 실시하고 의병전역 상신함.
   - 진단방사선 보고서(2010. 6. 3. MRI) : (의증)좌측 대퇴골두 스트레스 골절, 소량의 관절 삼출
     4) 공부상병 인증서(2010. 8. 1, 공상) : 2010. 5월 중순경 태권도 연습 중 좌측 골반에 통증을 느낌. 2010. 7. 3 MRI 촬영 결과 '좌측 대퇴골두 무혈성 괴사, 좌측 대퇴골두 피로골절' 진단
     5) 의무조사 보고서 : 공상 의결
   다. 진단서(한서병원, 2010. 7. 24.발행) : 좌측 대퇴골두 연골하 피로골절
   라. 진단서(경성 의료원, 2010. 12. 8. 발행)
     - 최종진단 : 좌측 대퇴골두 골괴사증(술후상태)
     - 치료의견 : 2010. 11. 21. 골조직 검사 및 변형 전골술 실시함.
   마. 건강보험 요양급여내역(1999. 9. ~ 2011. 6.) : 입대전 대퇴부 관련 급여내역 없음.
3. 현상(신청)병명 : 좌측 골반 이상
4. 위 각항의 내용과 관련자료를 종합하여 판단해 보건대,
   가. 신청인은 병상일지상 입대 3개월경(2010. 5월 중순) 태권도 연습하면서 골반 통증이 발현되어, 입대 4개월경('09. 7. 3.) MRI 촬영 결과 '좌측 대퇴골두 무혈성 괴사, 좌측 대퇴골두 피로골절' 진단하에 입대 9개월경('09. 11. 21.) 민간병원에서 골 조직 검사 결과 '좌측 대퇴골두 골괴사증' 진단하에 변형 골절술을 실시하고 의병전역한 기록은 확인되나,
   나. 비상임 전문위원의 의학자문 소견 상 대퇴골두 피로골절에 의한 골 괴사증이 연관되어서 나타났다면 골괴사증의 합병증이며, 골괴사가 발생하는 원인은 외상이나, 술, 스테로이드, 원인 없이 오는 경우 등 다양하고, 외상성이라면 경부골절이 선행되어야 하는 점 및 경부 피로골절도 극히 드문 경우로 객관적인 입증자료가 없어 위 3항의 상병을 공무수행 중 상이로 인정하지 아니하며, 이는 국가유공자 등 예우 및 지원에 관한 법률의 규정에 의한 국가유공자요건에 해당하니 아니함.

붙임	신청서류 1건

위와 같이 의결하였음을 통보합니다.

2011. 09. 02.

보 훈 심 사 위 원 회

서울지방보훈청장 귀하

함께하는 보훈정신 함께여는 밝은미래

서울지방보훈청

수신자 홍길동(서울시 동대문구 휘경동 123-45)
(경유)
제 목 국가유공자 요건 비해당 처분 통보

1. 귀하와 귀하의 가정에 행운이 가득하시길 기원합니다.
2. 귀하께서 서울지방보훈청에 국가유공자가 되고자 등록신청 하신 사항은 국가 유공자등 예우 및 지원에 관한 법률 및 동법 시행령 규정에 따라, 소속하였던 기관장으로부터 통보된 국가유공자등 요건관련사실 확인서와 관련자료를 근거로 보훈심사위원회의 심의를 거쳐 붙임과 같은 이유로 공무 관련 상이가 아니라고 판정되었기에 동 사항을 확인하여 동 법률 제4조 제1항 적용 비해당자로 처분 통보합니다.
3. 만약 위 처분(결정)사항에 불복하는 경우에는, 이 처분이 있음을 안 날로부터 90일 이내에 서울지방보훈청장에게 행정심판청구서(서면 또는 온라인<http://simpan.go.kr>)를 제출하여 행정심판을 청구할 수 있으며, 행정심판을 거치지 아니하고 행정소송을 제기하실 경우에도 처분이 있음을 안 날로부터 90일 이내에 처분청을 피고로 지정하여 서울행정법원에 소를 제기하실 수 있습니다. 단, 행정소송을 제기한 후 본 처분의 위법성 내지 부당함을 입증하지 못하여 귀하께서 패소할 경우, 소송비용 등은 본인이 부담해야 함을 알려드리오니 참고하시기 바랍니다.
4. 기타 궁금하신 사항은 서울지방보훈청 보상과로 문의하여 주시기 바랍니다.

붙 임 : 비해당사유서 1부. 끝.

서울지방보훈청장 **서울지방 보훈청장**

보상과 실무관 김동우 보상과 팀장 우현의 보상과 과장 박수영

협조자

시행 보상과 - 4567 (2011. 09. 09.) 접수
우 150-874 서울 영등포구 방송길 13
전화 02-1577-0606 전송 02-678-3322

비 해 당 사 유

홍길동 (870111-1234567)

1. 신청인의 진술

2010. 5월 중순경 연병장에서 구보 중 좌측 골반에 통증을 호소하여 군 병원에서 치료를 받았다고 함.

2. 관련자료

가. 병적기록표 : 2010. 2. 15. 육군 입대, 2011. 4. 12. 의병 전역

나. 병상일지(2010. 8. 1. 공상)

1) 외래환자 진료기록지 : 2010. 5. 20. 내원/태권도 운동하면서 양측 골반에 통증이 발생하고 구보 후 증상이 악화되어 내원함.

2) 진단서(서울병원, 2010. 7. 21. 발행) : (의증)좌측 대퇴골두의 무혈성 괴사, 좌측 대퇴골두 피로골절

3) 2달전부터 태권도하면서 골반 통증이 있었으며 점차 구보하면서 증상이 심해져 약물치료 후 좋아졌으나 재발하여 2010. 6. 3. MRI 촬영 결과 '(의증)좌측 대퇴골두 무혈성 괴사, 좌측 대퇴골두 피로골절' 진단하에 입원하여 2010. 11. 21. 민간병원(경성 의료원)에서 회전절골술을 실시하고 의병전역 상신함.

- 진단방사선 보고서(2010. 6. 3. MRI) : (의증)좌측 대퇴골두 스트레스 골절, 소량의 관절 삼출

4) 공부상병 인증서(2010. 8. 1. 공상) : 2010. 5월 중순경 태권도 연습 중 좌측 골반에 통증을 느낌. 2010. 7. 3. MRI 촬영 결과 '좌측대퇴골두 무혈성 괴사, 좌측 대퇴골두 피로골절' 진단

5) 의무조사 보고서 : 공상 의결

다. 진단서(한서병원, 2010. 7. 24. 발행) : 좌측 대퇴골두 연골하 피로골절

라. 진단서(경성 의료원, 2010. 12. 8. 발행)

- 최종진단 : 좌측 대퇴골두 골괴사증(술후상태)
- 치료의견 : 2010. 11. 21. 골조직 검사 및 변형 전골술 실시함.

마. 건강보험 요양급여내역(1999. 9. ~ 2011. 6.) : 입대전 대퇴부 관련 급여내역 없음.

3. 현상(신청)병명 : 좌측 골반 이상

4. 위 각항의 내용과 관련자료를 종합하여 판단해 보건대,

가. 신청인은 병상일지상 입대 3개월경(2010. 5월 중순) 태권도 연습하면서 골반 통증이 발현되어, 입대 4개월경('09. 7. 3.) MRI 촬영 결과 '좌측 대퇴골두 무혈성 괴사, 좌측 대퇴골두 피로골절' 진단하에 입대 9개월경('09. 11. 21.) 민간병원에서 골 조직 검사 결과 '좌측 대퇴골두 골괴사증' 진단하에 변형 골절술을 실시하고 의병전역한 기록은 확인되나,

나. 비상임 전문위원의 의학자문 소견상 대퇴골두 피로골절에 의한 골괴사증이 연관되어서 나타났다면 골괴사증의 합병증이며, 골괴사가 발생하는 원인은 외상이나, 술, 스테로이드, 원인 없이 오는 경우 등 다양하고, 외상성이라면 경부골절이 선행되어야 하는 점 및 경부 피로골절도 극히 드문 경우로 객관적인 입증자료가 없어 위 3항의 상병을 공무수행 중 상이로 인정하지 아니하며, 이는 국가유공자 등 예우 및 지원에 관한 법률의 규정에 의한 국가유공자요건에 해당하지 아니함.

우 편 송 달 통 지 서

○. **송달서류 : 국가유공자요건비해당처분통보**

○. **발 송 자 :** 서울지방보훈청장
보상과 김공연

○. **송달받을 사람 :** 홍길동

서울시 동대문구 휘경동 123-45

배달 못한 사유			
구분/회수	1회	2회	3회
1. 수취인부재			
2. 폐문 부재			
3. 수취인불명			
4. 주소 불명			
5. 이사 불명			
6. 기 타			
배달날짜			
집배원 확인			
사유기재			

송달 방법			영수인 성명, 서명 또는 날인	
1	본인에게 주었다.		**홍길동** (인)	
2	본인을 만나지 못하여 ① 내지 ③사람에게 주었다.	① 본인 영업소, 사무소의 사무원 또는 피용자		
		② 본인주소, 거소의 동거인		
		③ 본인 근무장소의 사용자, 종업원등		
3	① 내지 ③사람이 수령을 거부하므로 그 장소에 서류를 두었다.	① 송달받을 본인		
		② 본인 영업소, 사무소의 사무원 또는 피용자		
		③ 본인주소, 거소의 동거인		
송달한 날짜		2011. 9. 14.		
송달 장소		서울시 동대문구 휘경동 123-45		
접수인란		위와 같이 송달하였습니다. 2011년 9월 14일 우편집배원 **민 배 달** (인) 서울지방보훈청 귀중		

국가유공자 요건 관련 사실 확인서(2)

제 09-678호　　　　　　　　　　　　　　　　　　　　　　　　(군경상이자용)

성 명	홍길동	계급	일병	군번	09-74003712	주민등록번호	870111-1234567
주 소	서울시 동대문구 휘경동 123-45					전화번호	010-1234-5678
상이당시소속	1사단					입대일자	2010. 2. 15.
상이연월일	2010. 5. 20.					상이장소	부대 내
상 이 원 인	훈련 중 상이						
원 상 병 명	대퇴골두 무혈성 괴사						
현 상 병 명	좌측 골반 이상						

상이경위(6하 원칙에 의거 자세히 기술, 부족하면 별지 첨부) :

· 본인진술 : 태권도 심사 연습중 좌측 골반에 통증을 느꼈으며, 이 후 증상 악화되어 군병원에서 입원, 치료받았음.

· 확　　인 :

[복무기록] ◦ 입대일자 : 2010. 2. 15.

◦ 전역일자 : 2011. 4. 12.

[병상일지] ◦ 서울병원

◦ 상 이 처 : 대퇴골두 무혈성 괴사

◦ 상이구분 : 공상

전역·퇴직시 소　속	서울병원	전역·퇴직 근　거		제 2 국민역, 병88호		전역·퇴직 일　자	'09. 4. 12
확인자	소속	육군본부	계급	중령	직위	인사처장	성 명	강 우 총

국가유공자 예우 등에 관한 법률 시행령 제 9 조 제 4 항의 규정에 의하여 위의 사실을 확인합니다.

2011년 5월 15일

육 군 참 모 총 장 [육군참모총장]

국가보훈처장 귀하

병 상 일 지

원소속	1사단 2포병연대 제3포병대대	군 번	09-74003712	계 급	일병
성 명	홍길동	주민번호	870111-1234567	친권자/관계	홍선우/아버지(부)
주 소	서울시 동대문구 휘경동 123-45			전화	02-6545-7890

전공상 구분	부상공상

병원명	등록번호	진료과명	진단명	재원기간	조치	원무과장
서울병원	201067890321	정형외과	대퇴골두 무혈성 괴사 (AVN of femoral head)	2009-07-21 ~ 2011-03-31	전역 의병	

각종상황 (퇴원/ 의무조사/ 사망등)	[전역 의병] 전역명령호수 : 육본인사명령(병)제88호('09. 3. 6.)에 의거 전역일자 : 2011년 4월 12일

"본 의무 기록은 전자 매체로도 보관중임을 확인함."

서 울 병 원 장

진 단 서

등록번호 : 201067890321

<table>
<tr><td>연번호</td><td colspan="5">2010-4567</td><td>주민번호</td><td>870111-1234567</td></tr>
<tr><td>소 속</td><td colspan="5">1사단 2포병연대 제3포병대대</td><td>군 번</td><td>09-74003712</td></tr>
<tr><td>계 급</td><td>일병</td><td>성 명</td><td>홍길동</td><td>성 별</td><td>남</td><td>생년월일</td><td>1987년 1월 11일 (21 세)</td></tr>
<tr><td>진 단 명</td><td colspan="5">대퇴골두 무혈성괴사</td><td>한국표준질병
시인분류 코드</td><td>M25.505</td></tr>
<tr><td>발병연월일</td><td colspan="5">미상</td><td>진단연월일</td><td>QR_FstDate</td></tr>
<tr><td>현재까지의
치료 경과</td><td colspan="7"></td></tr>
<tr><td>향후치료의견
(상해시
상해정도
치료기간)</td><td colspan="7">상기 병명으로 입원치료 요함.</td></tr>
<tr><td>비 고</td><td colspan="5"></td><td>용 도</td><td></td></tr>
</table>

위와 같이 진단함

발 행 일: 2010. 07. 21.
전문의 번호:
면 허 번 호: 456789

계급 : 중령 군번 : 03-105678 성명: 곽 윤 서

부 대 명: 서울병원 관 인

공무상병(傷病) 인증서

계 급	이병	군 번	09-74003712	성 명	홍길동
병과또는 주특기	32-3	직 책	통신병	원 소 속	포3대대
생년월일	87. 01. 11.	주민등록 번 호	870111-1234567	입 대 연 월 일	2010년 2월 15일
현 주 소	서울시 동대문구 휘경동 123-45				
발병일시	2010. 5월 중순경		발병장소	영내	
병 명	1. 좌측 대퇴 골두의 무혈성 괴사 2. 좌측 대퇴 골두의 피로 골절		전 공 상 구 분	□전상 ■영내 □비전공상 국방부 훈령 전공상 분류 기준표 기준번호(2-11)	

발생원인 및 경위(6하 원칙에 의거)

상기인은 2010년 2월 15일 입대하여 동년 5월 3일 제3포병대대로 전입하여 12중대 통신병으로 근무하던 자로서 동년 5월 중순 경 대대 연병장에서 태권도 대대 심사를 위해 연습을 하던 중 좌측 골반에 통증을 느꼈으나 괜찮겠지라는 생각으로 대수롭지 않게 여겨 중대 생활을 계속 해오다가 동년 5월 16일에 연대 동화교육(불사조-4기)에 참가하여 프로그램에 따라 훈련을 하던 중 좌측 골반의 통증이 심해져 포병연대 의무실에서 군의관 진료 후 약을 처방받아 복용 하였으나 증상이 호전되지 않아 동년 5월 20일 대대 의무실을 경유하여 서울병원 정형외과 진료실서 골반 인대염으로 진단받아 약을 처방받고 복용하였으나 증상이 악화되어 동년 7월 3일 서울병원 MRI 촬영, 동년 7월 10일(월) MRI 판독 결과 상기 병명으로 판정되어 입원 조치 함.

목격자 및 지휘관	포3대대 12중대장 대위 강상후 (인)

위와 같이 확인함

2010년 7월 21일

부대명 : 육 군 제 3214 부 대 장

군인용

접수번호 : 제 호	□ 사망		
접수일자 :	**전·(공)**	■ 상이 **확인신청서**	안내사항

성 명	홍길동	계 급	일병	군 번	09-74003712	주민등록 번 호	870111-1234567
주 소	서울시 동대문구 휘경동 123-45					전 화	02-6545-7890 010-1234-5678

입대연월일	2010.02.15.	입 내 부 내	1사단	입대장소	육군신병교육대
사망(상이) 연월일	2010.05.20.	사망(상이)당시 소속 및 직책	1사단 이병	사망(상이) 장소	연병장
사망(상이) 연월일	**태권도 훈련과 무장구보 훈련 중**				
상이부위	1. 좌측 대퇴 골두의 무혈성 괴사 2. 좌측 대퇴 골두의 피로 골절			최초진단 연 월 일	
치료병원	1. 서울병원 2. 한서병원 등			사망(상이) 구 분	
전역연월일	2011.04.12.	전역당시소속	육군통합병원	전역구분 및 역종	제2국민역
전상 또는 공상으로 확인된 자로서 전·공상을 다시 확인신청하는 경우		최초확인신청 연 월 일		최종신체검사 연 월 일	

상이자본인 진술기록(사망확인시는 신청인 기록)

* 상이(사망)당시 임무상황 및 발생원인이나 사유, 기타 참고사항을 6하원칙에 의거 상세히 기록

· 2010년 2월 25일 입대하여 5월 3일 포병대대로 전입하여 12중대 통신병으로 근무했고 동년 5월 중순경 대대 연병장에서 태권도 대대 심사를 위해 훈련 하던 중 좌측 골반에 통증을 느낌. 동년 5월 15일 연대동화교육(불사조-4기)에 참가하여 프로그램에 따라 훈련을 하던 중 통증이 심해져서 진료를 받았습니다.

· 본인은 2010년 02월 15일 군입대할 때까지 지역의료보험 가입자였으며, 군입대 당시 한번도 병 원에 들러 이 사건 질병이나 유사한 질병으로 진단이나 치료약을 먹어본 사실이 없습니다.

* 진술기록란 부족시 별지 첨부 진술인 : **홍 길 동** (인)

신청인	성명	홍길동	주민등록번호	870111-1234567	사망(상이)자와의 관계	본인
	주소	서울시 동대문구 휘경동 123-45			전화	02-6545-7890 010-1234-5678

위와 같이 전공사망(상이) 확인을 신청합니다.

2011년 05월 19일

신청인 : **홍길동** (인)

(육군) 참 모 총 장 귀 하

구 비 서 류	1. 가족관계등록사항에 관한증명서(사유란기재) 1부(사망확인신청에 한함) 2. 진단서 1부(1962년이전 전역자에 한하여 해당전문의 진단서)	수수료
		없음

건강보험 요양급여내역

○ 인적사항	성명	홍길동	주민등록번호	870111-1234567
○ 발급목적	국가보훈처 제출용(국가유공자 등록신청 관련)			
○ 급여기간	1995.01. - 2011.06.03.			

순번	급여개시일	요양기관명		전화번호
	상병명	입내원일수	공단부담금(원)	본인부담금(원)
1	2000.02.23.	강운영내과의원		02-1234-5678
	복통	1	12,740	4,890
2	2001.03.07.	해나라약국		02-4323-8765
		1	6,780	1,780
3	2004.10.30.	안과의원		02-5432-8901
	결막염	1	7,501	4,000
4	2010.5.23.	서울병원		02-3456-7890
	골반인대염	1	43,673	3,562
5	2010.6.12.	한서병원		
	뼈의 특발성 무균성 괴사증 - 골반 부위 및 허벅지	1	2,678,901	567,890
6	2010.11.20.	경성의료원		02-8765-1234
	무균성 괴사증 -골반 부위 및 허벅지	1	62,876	47,543
7				
8				

국민건강보험공단 서울지역본부 (직인생략)

2011. 06. 03.

담당자: 최 현 영 (☎ 02)1236-8899)

병 적 증 명 서

인적사항	(1)성명	홍길동	(2)주민등록번호	870111-1234567
	(3)주소	서울시 동대문구 휘경동 123-45		

군복무를 마치지 아니한 사람	징병검사	(4)연월일	(5)신체등위	(6)병역처분 (역종)	(7)처분 사유
	(8)입영예정일		(9)입영부대		
	(10)모든병역사항				

군복무를 마친 사람	(11)군별	(12)계급	(13)군번	(14)역종
	육군	일병	09-74003712	제2국민역
	(15)병과(주특기)	(16)입영(임관) 연월일	(17)전역연월일	(18)전역구분 (사유)
	32-3	2010/02/15	2011/04/12	의병

병역법 시행규칙 제8조의 규정에 의하여 위와 같이 병적을 증명합니다.

2011년 6월 30일

서울지방병무청장 [직인]

국 군 통 합 병 원

수신자 홍길동 귀하
(경유)

제 목 사실확인서

1. 확인 사항

가. 군입대 전 해당 질병의 발병가능성이 낮다고 판단되는 의학적 근거

▶ 입대 이전에 동 질병으로 진료 받은 기록이 없으며, 입대 이후에도 입원 치료전 충분한 외래 진료의 병력이 없었던 환자로, 입대 전/후 발병 가능성에 대하여는 명확히 알 수 없다고 생각됨.

하지만 환자가 입대 이전에 고관절 통증등 대퇴골두 무혈성 괴사를 의심할만한 증상이 나타나지 않은 점, 그리고 비교적 환자의 병기(病期)가 초기인 점, 그리고 자기 공명영상 소견상 골두에 골수 부종의 병변이 관찰되는 것들로 진료 전 최근에 발생하였을 가능성이 높다고 생각됨.

나. 발병 이후 군복무로 인해 해당 질병 악화 가능성에 관한 판단

▶ 대퇴골두 무혈성 괴사증은 질병 자체의 진행에 대한 자연 경과가 불확실하게 알려진 상태로 병의 진행 정도를 구체적으로 설명하기는 힘듦.

통상적으로 빠르게 진행하는 경우 20%정도에서 1년대 대퇴골두 붕괴가 발생할 수 있다고 하나 홍길동 환자의 경우 아직 대퇴골두 붕괴의 소견을 보이지 않고 있고 가장 흔히 사용되는 Ficat & Alert 분류에 따라 stage 2로 자연 경과 보다 빠른 것인지 아닌 것인지 정확히 판단하기는 힘듦.

또한 만약 기존의 질환이 있었다면 반복된 체중부하로 인해 병변 부위에 충격이 가해질 가능성은 충분히 있다고 생각됨.

참고로 무혈성 괴사가 아니더라도 대퇴골두, 대퇴골, 경골 등 하지에 훈련으로 인한 피로 골절이 군인에게서 나타나는 것으로 판단하건데 통상적인 훈련이 병변부위에 충격을 가할 가능성은 충분히 있다고 생각됨. 끝.

국 군 통 합 병 원 장 **국군통합 병원장인**

시행 원무과-10969 (2011. 12. 19.)

참 고 자 료(관 계 법 령)

▣ 국가유공자 등 예우 및 지원에 관한 법률[법률 제9462호, 2009. 2. 6, 일부개정]

제 4 조(적용 대상 국가유공자 〈개정 2008. 3. 28〉)

① 다음 각 호의 어느 하나에 해당하는 국가유공자와 그 유족 등(다른 법률에서 이 법에 규정된 예우 등을 받도록 규정된 자를 포함한다)은 이 법에 따른 예우를 받는다. <개정 2008. 3. 28, 2009. 2. 6>

6. 공상군경(公傷軍警): 군인이나 경찰공무원으로서 교육훈련 또는 직무수행 중 상이(공무상의 질병을 포함한다)를 입고 전역하거나 퇴직한 자로서 그 상이정도가 국가보훈처장이 실시하는 신체검사에서 제 6 조의4에 따른 상이등급에 해당하는 신체의 장애를 입은 것으로 판정된 자

제 6 조(등록 및 결정)

① 국가유공자, 그 유족 또는 가족, 제73조의2에 해당하는 자가 되려는 자는 대통령령으로 정하는 바에 따라 국가보훈처장에게 등록을 신청하여야 한다.

② 국가보훈처장은 제 1 항에 따른 등록신청을 받으면 대통령령으로 정하는 바에 따라 제 4 조, 제 5 조 또는 제73조의2에 따른 요건을 확인한 후 국가유공자, 그 유족 또는 가족, 제73조의2에 해당하는 자로 결정한다. 이 경우 제 4 조 제 1 항 제 3 호부터 제 6 호까지, 제13호 및 제14호의 국가유공자 또는 제73조의2에 해당하는 자가 되기 위하여 등록을 신청하는 경우에는 그 소속하였던 기관의 장이 대통령령으로 정하는 바에 따라 그 요건과 관련된 사실을 확인하여 국가보훈처장에게 통보하여야 한다. <개정 2009. 2. 6>

③ 국가보훈처장은 제 2 항 전단에 따라 국가유공자, 그 유족 또는 가족, 제73조의2에 해당하는 자로 결정할 때에는 제82조에 따른 보훈심사위원회(이하 "보훈심사위원회"라 한다)의 심의·의결을 거쳐야 한다. 다만, 국가유공자 등의 요건이 객관적인 사실에 의하여 확인된 경우로서 대통령령으로 정하는 경우에는 보훈심사위원회의 심의·의결을 거치지 아니할 수 있다.

④ 제 1 항부터 제 3 항까지의 규정은 다른 법률에서 이 법의 예우 등을 받도록 규정된 자에 대하여도 적용한다.

[전문개정 2008. 3. 28]

제 9 조(보상받을 권리의 발생시기 및 소멸시기 등)

① 이 법에 따라 보상을 받을 권리는 제 6 조 제 1 항에 따른 등록신청을 한 날이 속하는 달부터 발생한다. 다만, 제 7 조 제 2 항에 따른 보상을 받지 못하던 자가 그 생활 정도의 변동으로 보상을 받을 수 있는 자로 된 경우에는 그 보상신청을 한 날이 속하는 달부터 보상을 받을 권리가 발생한다.

② 국가유공자, 그 유족 또는 가족, 제73조의2에 해당하는 자가 제 6 조의2 제 1 항 제 1 호부터 제 3 호까지, 제79조 제 1 항 및 제 2 항의 어느 하나에 해당하게 되면 그 해당되는 사유가 발생한 날이 속하는 달의 다음 달부터 이 법에 따라 보상을 받을 권리가 소멸된다. 이 경우 국가유공자 및 제73조의2에 해당하는 자 본인이 제 6 조의2 제 1 항 제 2 호 또는 제 6 호에 해당하게 되는 경우에는 그 가족이 보상을 받을 권리도 함께 소멸된다.

③ 국가유공자, 그 유족 또는 가족, 제73조의2에 해당하는 자가 다음 각 호의 어느 하나에 해당하면 이 법에 따라 보상을 받을 권리가 발생하였던 날로 소급하여 그 권리가 소멸된다. 이 경우 국가유공자 또는 제73조의2에 해당하는 자 본인이 보상을 받을 권리가 소멸된 경우에는 그의 유족 또는 가족이 보상을 받을 권리도 함께 소멸된다.

1. 거짓이나 그 밖의 부정한 방법으로 등록결정을 받은 사실이 밝혀진 경우
2. 제 6 조 제 2 항 후단에 따라 소속하였던 기관의 장이 통보한 국가유공자 등의 요건 관련 사실에 중대한 흠결이 있어 국가유공자 등의 등록요건에 해당되지 아니하는 것으로 밝혀진 경우

④ 국가보훈처장은 제 3 항 각 호의 어느 하나에 해당하는지를 판정할 때에는 그와 관련된 사실을 조사·확인하여 보훈심사위원회의 심의·의결을 거쳐야 한다.

⑤ 제 6 조 제 2 항 후단에 따른 소속하였던 기관의 장은 제 3 항 각 호의 어느 하나에 해당하는 사실을 알게 되면 지체 없이 그 내용을 국가보훈처장에게 통보하여야 한다.

[전문개정 2008. 3. 28]

제82조(보훈심사위원회의 설치)

① 이 법에 따른 보상 등에 관련된 다음 각 호의 사항을 심의·의결하기 위하여 국가보훈처장 소속으로 보훈심사위원회(이하 "위원회"라 한다)를 둔다.

1. 「국가보훈기본법」 제 3 조 제 2 호에 따른 국가보훈 대상자 중 위원회의 심의·의결을 거치도록 규정된 자의 등록대상 요건의 인정 여부

해 답

답 변 서

사 건 2010가합32156 국가유공자요건비해당처분취소등
원 고 홍 길 동
피 고 국가보훈처장

위 사건에 관하여 피고 소송대리인은 다음과 같이 답변합니다.

청구취지에 대한 답변

1. 원고의 소를 모두 각하한다.
2. 소송비용은 원고가 부담한다.
라는 판결을 구합니다.

청구원인에 대한 답변

1. 본안전 항변

가. 제소기간의 도과

(1) 피고는 2011. 9. 9. 원고에 대하여 이 사건 처분을 하였으며, 원고는 2011. 9. 14. 처분통지서를 수령하여 이 사건 처분사실을 알게 되었습니다.

(2) 그런데 원고는 이 사건 처분이 있음을 안 날로부터 90일을 경과한 2011. 12. 16.에 제소하였습니다. 따라서 원고의 이 사건 소는 제소기간을 도과한 부적법한 소로 각하되어야 합니다.

나. 피고적격의 결여

(1) 국가유공자 요건 비해당 처분취소 청구

원고에 대한 이 사건 처분은 서울지방보훈청장이 하였습니다. 그러므로 원고는 이 사건 피고를 서울지방보훈청장으로 하여야 함에도 국가보훈처장을 상대로 제소하였습니다. 따라서 원고의 이 사건 소는 당사자적격을 오해하여 제소한 것으로 부적법하여 각하되어야 합니다.

(2) 손해배상청구

원고의 손해배상청구는 국가를 상대로 하는 국가배상청구에 해당됩니다. 그렇다면 원고는 국가보훈처장이 아닌 대한민국을 상대로 제소하여야 하는데, 이 역시 당사자적격을 오해한 것으로 부적법 각하되어야 합니다.

다. 관할위반

서울지방보훈청장이 행한 이 사건 처분의 취소를 구하기 위하여 제기한 소는 행정소송에 해당하여 피고의 소재지를 관할하는 서울행정법원에 제소하여야 합니다. 그런데 원고가 서울중앙지방법원에 제소한 이 사건 소는 관할권이 없는 법원에 제소한 것이므로 부적법합니다.

2. 손해배상청구에 대하여

(1) 국가배상법 제2조 제1항 단서는 헌법 제29조 제2항에 근거를 둔 규정으로서, 군인, 군무원 등 위 법률 규정에 열거된 자가 전투·훈련 기타 직무집행과 관련하는 등으로 공상을 입은 데 대하여 재해보상금, 유족연금, 상이연금 등 별도의 보상제도가 마련되어 있는 경우에는 2중배상의 금지를 위하여 이들의 국가에 대한 국가배상법 또는 민법상의 손해배상청구권 자체를 절대적으로 배제하고 있는 규정이므로 이들이 직접 국가에 대하여 손해배상청구권을 행사할 수 없습니다(대법원 1996. 12. 20. 선고 96다42178 판결【손해배상(기)】).

(2) 원고의 이 사건 손해배상청구가 적법하기 위해서는 원고가 국가보훈처장이 실시하는 신체검사에서 대통령령이 정하는 상이등급에 해당하는 신체의 장애를 입지

않은 것으로 판명되고 또한 군인연금법상의 재해보상 등을 받을 수 있는 장애등급에도 해당하지 않는 것으로 판명된 자에 해당되어야 합니다. 원고가 이 경우에 해당될 때 비로소 국가배상법 제2조 제1항 단서의 적용을 받지 않고 국가배상을 청구할 수 있습니다.

(3) 그런데 원고는 군복무 중 공상을 입었다는 사유로 국가유공자 등록신청을 하였고, 서울지방보훈청장의 국가유공자 요건 비해당처분에 불복하여 그 처분을 다투고 있습니다. 만약 원고의 청구가 인용될 경우에는 국가유공자에 해당되어 법률이 정하는 소정의 보상을 받게 됩니다. 물론 원고의 상이의 정도가 경미한 경우에는 보상을 받을 수 없겠지만, 원고가 주장하는 상이의 정도에 비추어 보면 보상을 받을 수 있을 것으로 예상됩니다. 일찍이 판례는 국가유공자등 예우 및 지원에 관한 법률의 보상규정은 국가배상법 제2조 제1항 단서 소정의 다른 법령의 규정에 해당한다(대법원 1993. 5. 14. 선고 92다33145 판결【손해배상(기)】) 고 판시한 바 있습니다.

(4) 따라서 원고의 국가유공자 요건 비해당 처분청구가 인용되면 법률이 정하는 보상을 받게 되므로 원고가 직무집행과 관련하여 입은 공상에 대한 이 사건 손해배상청구는 이유 없으므로 기각되어야 합니다.

3. 원고의 공무와 질병과의 인과관계 존재여부

원고는 군 입대 전에 이 사건 질병을 앓은 사실이 없으므로 입대 전에 질병의 발병가능성이 낮고, 군 복무로 인한 통상적인 훈련이 병변 부위에 충격을 가할 가능성이 충분하여 해당 질병이 자연적인 진행경과보다 빠르게 진행되었을 것이라는 국군통합병원장 작성의 사실확인서를 그 증거로 제출하면서 이 사건 청구의 유력한 주장의 근거로 삼고 있습니다.

그렇지만 그러한 사실확인서는 원고가 개인적으로 발급받은 것으로써 이 자료만으로는 원고 주장사실을 인정할 수 없고, 원고의 직무와 질병과의 인과관계 여부 등에 대하여는 이 법원에서 감정을 거쳐서 보다 정확하고 신중하게 결정되어야 할 사항에 해당됩니다.

4. 결 론

따라서 원고의 이 사건 청구는 모두 부적법하여 각하되어야 하고, 그렇지 않을지라도 이 사건 처분은 적법하므로 기각되어야 합니다.

입 증 방 법

1. 을 제1호증	국가유공자 요건 비해당 처분 통보	1부
1. 을 제2호증	우편송달통지서	1부

첨 부 서 류

1. 위 입증방법	각 1부
1. 소송위임장	1부

2011. 12. 26.

피고 소송대리인
변호사 강 현 성

서울중앙지방법원 귀중

쟁 점 해 설

1. 처분의 경위

가. 원고는 육군에 입대하여 복무 중 발생한 대퇴골두 무혈성 괴사 질환으로 의병 전역하였다.

나. 원고는 피고에게 군복무 중 발병한 이 사건 질환을 원인으로 하여 국가유공자 등록을 신청하였으나 피고는 객관적인 입증자료가 없다는 이유로 국가유공자 요건 비해당 처분을 하였다.

2. 당 사 자

가. 원고적격

원고는 군인으로 교육훈련 및 직무수행 중 상이를 입고 전역한 자로 「국가유공자 등 예우 및 지원에 관한 법률」상의 공상군경(公傷軍警)의 요건에 해당된다고 청구할 권리가 있어 원고적격이 있다.

나. 피고적격

국가유공자가 되려는 경우에는 등록신청서를 그의 주소지를 관할하는 지방보훈청장 또는 보훈지청장에게 신청하여야 한다(국가유공자 등 예우 및 지원에 관한 법률시행령 8①). 원고의 주소지를 관할하는 서울지방보훈청장이 그의 명의로 이 사건 처분을 하였으므로 피고적격이 있으므로, 국가보훈처장으로 지정된 피고는 서울지방보훈청장으로 경정되어야 한다(행정소송법 14①).

다. 피고의 지정이 잘못된 경우 법원의 조치

행정소송법 소정의 당사자소송에 있어서 원고가 피고를 잘못 지정한 때에는 법원은 원고의 신청에 의하여 결정으로서 피고의 경정을 허가할 수 있는 것이므로(행정소송법 44①, 14), 원고가 피고를 잘못 지정한 것으로 보이는 경우 법원으로서는 마땅히 석명권을 행사하여 원고로 하여금 정당한 피고로 경정하게 하여 소송을 진행케 하여야 할 것이지, 그러한 조치를 취하지 아니한 채 피고의 지정이 잘못되었다는 이유로 막바로 소를 각하할 것은 아니다(대법원 1985. 11. 12. 선고 85누621 판결【등록신청거부처분취소】, 대법원 2004. 7. 8. 선고 2002두7852 판결【주민세부과처분취소】등 참조).

그럼에도 불구하고, 원심은 이를 간과하고 위와 같은 조치를 취하지 아니한 채 피고의 지정이 잘못되어 확인의 이익이 없다는 이유만으로 이 사건 소를 각하하고 말았으니, 이러한 원심의 판단에는 개정 특조법 제2조 소정의 손실보상청구권의 법적 성질 및 그 소송절차, 행정소송법상 피고의 경정 등에 관한 법리를 오해한 위법이 있다고 할 것이다(대법원 2006. 11. 9. 선고 2006다23503 판결【소유권확인】).

라. 피고경정의 기회를 제공하였음에도 경정하지 아니한 경우

'저작권심의조정위원회 위원장'을 피고로 저작권 등록처분의 무효확인을 구하는 소는 피고적격이 없는 자를 상대로 한 부적법한 것이고, 피고적격에 관하여 석명에 응할 기회를 충분히 제공하였음에도 피고경정을 하지 않은 사정에 비추어, 부적법하여 각하되어야 한다고 한 사례(대법원 2009. 7. 9. 선고 2007두16608 판결【저작권등록무효확인】).

3. 이 사건 처분의 적법여부

가. 원고의 주장

(1) 국가유공자 요건 비해당 처분

원고는 군 입대 전까지 이 사건 상병이나 대퇴골에 질환을 앓은 사실이 없는데, 계속되는 군사훈련과 체력훈련으로 인하여 대퇴골이 악화되어 이 사건 상병이 발병하게 되었으므로, 이 사건 상병과 원고의 군복무 사이에는 상당인과관계가 인정되기 때문에 피고의 이 사건 처분은 위법하다.

(2) 손해배상청구

원고는 군복무 중 이 사건 질병에 걸렸으므로 국가유공자로 등록되지 못하면, 일실 수입과 치료비 등의 손해배상을 해야 한다.

나. 군인 등의 국가배상청구

헌법 제29조는 「군인·군무원·경찰공무원 기타 법률이 정하는 자가 전투·훈련 등 직무집행과 관련하여 받은 손해에 대하여는 법률이 정하는 보상 외에 국가 또는 공공단체에 공무원의 직무상 불법행위로 인한 배상은 청구할 수 없다」고 규정하고 있다.

국가배상법은 「군인·군무원·경찰공무원 또는 향토예비군대원이 전투·훈련 등 직무 집행과 관련하여 전사·순직하거나 공상을 입은 경우에 본인이나 그 유족이 다른 법령에 따라 재해보상금·유족연금·상이연금 등의 보상을 지급받을 수 있을 때에는 이 법 및 「민법」에 따른 손해배상을 청구할 수 없다」(국가배상법 2① 단서)고 한다.

다. 이 사건의 경우

원고는 군인으로 훈련 등 직무집행과 관련하여 공상을 입은 경우에 해당된다. 그러므로 원고가 국가유공자등 예우 및 지원에 관한 법률이 정하는 바에 따른 상이연금 등의 보상을 지급받으면 국가배상청구를 할 수 없게 된다.

(1) 국가유공자 요건심사 및 결정

(가) 국가유공자에 해당하는 자가 되려는 자는 대통령령으로 정하는 바에 따라 국가보훈처장에게 등록을 신청하여야 한다(국가유공자등 예우 및 지원에 관한 법률 6①).

(나) 원고는 국방부장관의 국가유공자 요건사실확인서를 제출하여 이 사건 등록신청을 하였다.

(다) 국가보훈처장은 제 1 항에 따른 등록신청을 받으면 대통령령으로 정하는 바에 따라 제 4 조, 제 5 조 또는 제73조의2에 따른 요건을 확인한 후 국가유공자, 그 유족 또는 가족, 제73조의2에 해당하는 자로 결정한다(국가유공자등 예우 및 지원에 관한 법률 6②).[1)]

---

1) 보훈심사위원회는 제 8 조 제 1 항에 따른 등록신청과 제 9 조 제 6 항에 따른 회부가 있으면 국가유공자 또는 지원대상자의 요건에 해당하는지에 대하여 심의·의결하여야 한다(국가유공자등 예우 및 지원에 관한 법률 시행령 10①).

(2) 상이등급의 구분과 판정

(가) **법률의 규정**

제6조의3 제1항에 따른 신체검사 대상자의 상이등급은 그 상이정도에 따라 1급·2급·3급·4급·5급·6급 및 7급으로 구분하여 판정한다(국가유공자등 예우 및 지원에 관한 법률 6조의4①).

(나) **국가유공자등 예우 및 지원에 관한 법률 제4조 제1항 제6호에 정한 '교육훈련 또는 직무수행 중 상이'가 되기 위한 인과관계의 내용**

(a) 국가유공자등 예우 및 지원에 관한 법률 제4조 제1항 제6호(공상군경)에서 말하는 '교육훈련 또는 직무수행 중 상이(공무상의 질병을 포함한다)'란 군인 또는 경찰공무원이 교육훈련 또는 직무수행 중 부상하거나 질병에 걸리는 것을 뜻한다. 그러므로 위 규정이 정한 상이가 되기 위하여는 교육훈련 또는 직무수행과 그 부상·질병 사이에 상당인과관계가 있어야 하고, 그 직무수행 등과 부상 등 사이의 인과관계에 관하여는 이를 주장하는 측에서 증명을 하여야 한다. 그러나 그 인과관계는 반드시 의학적·자연과학적으로 명백히 증명하여야 하는 것은 아니고 제반 사정을 고려할 때 교육훈련 또는 직무수행과 그 부상·질병 사이에 상당인과관계가 있다고 추단되는 경우에도 그 증명이 되었다고 보아야 하고, 또한 평소에 정상적인 근무가 가능한 기초질병이나 기존질병이 훈련 또는 직무의 과중 등이 원인이 되어 자연적인 진행속도 이상으로 급격하게 악화된 때에도 그 증명이 된 경우에 포함되는 것이며, 교육훈련 또는 직무수행과 그 부상·질병과의 인과관계의 유무는 보통의 평균인이 아니라 당해 군인 등의 건강과 신체조건을 기준으로 판단하여야 한다(대법원 2009. 10. 29. 선고 2009두9079 판결【국가유공자등록거부처분취소】).

(b) 그 직무수행 등과 부상 등 사이의 인과관계에 관하여는 이를 주장하는 측에서 입증을 하여야 한다(대법원 2003. 9. 23. 선고 2003두5617 판결【국가유공자등록거부처분취소】).

(c) 교육훈련·직무수행과 부상·질병 사이의 상당인과관계의 유무는 보통 평균인이 아니라 당해 군인 등의 건강과 신체조건을 기준으로 판단하여야 한다(대법원 2008. 8. 11. 선고 2006두14469 판결【국가유공자등록거부처분취소】).

(3) 소 결

(가) 원고는 군 입대 전 이 사건 상병이나 대퇴골 부위에 여타 질환을 앓는 등의 기왕병력이 전혀 없었다. 그런데 입대 후로부터 약 5개월이 지나 신병교육훈련을 마치고 나서 좌측 골반에 통증을 느껴 진료받은 결과 이 사건 상병을 진단받았다.

(나) 원고는 2010. 7. 21. 이 사건 상병 외에도 대퇴골두의 질환 중 하나인 '좌측 대퇴골두의 피로골절'로 진단받았는데, 2008. 7. 24.경 원고를 진료한 병원 의사는 위 증상의 발병 원인이 군 복무에 따른 갑작스런 운동량 증가인 것으로 판단하였고, 다른 원인으로 볼 만한 사정이 없었다고 진단하였다.

(다) 이 사건 상병의 원인과 발생 과정은 의학적으로도 아직까지 명확히 밝혀져 있지 않다. 따라서 원고가 제출한 사실확인서 기재와 같이 법원 감정결과가 나온다면 이 사건 상병은 원고의 군 복무로 인하여 발생하였거나 자연적인 진행경과 이상으로 악화되었다고 볼 여지가 있으므로, 이 사건 상병과 원고의 군복무 사이에는 상당인과관계가 인정될 수 있다.

(라) 그렇다면 피고의 원고에 대한 이 사건 처분은 취소되어야 하고, 손해배상청구는 이유 없어 기각되어야 한다.

4. 국가유공자 등록신청 시효기간

국가유공자 예우등에 관한 법률[법률 제4457호, 1991. 12. 27, 일부개정] 제77조 제 1 항에 의하면 보상금은 그 지급사유가 발생한 날로부터 3년간 이를 행사하지 아니할 때에는 시효로 인하여 소멸된다.[2)]

그 후 2000. 12. 30. 개정 국가유공자등 예우 및 지원에 관한 법률[시행 2001. 1. 1] [법률 제6339호]은 제77조 시효규정을 삭제한 바 있다.

2) 이 법률 부칙 제13조(시효에 관한 경과조치) 이 법 시행 전에 종전의 군사원호보상급여금법·국가유공자등특별원호법에 의하여 지급사유가 발생한 연금·제수당 기타 급여금 및 퇴직급여금에 대한 시효는 제77조의 규정에 불구하고 종전의 규정에 의한다.

5. 제소기간

이 사건 처분은 2011. 9. 9. 있었으며, 원고는 이 처분통지서를 같은 달 14. 송달받았으므로, 처분이 있음은 안 날로부터 90일을 도과하여 2011. 12. 16.에 제소한 이 사건 소는 특별한 사정이 없는 한 부적법하다.[3)]

6. 관 할

피고는 서울지방보훈청장이므로 서울행정법원에 제소하여야 한다.

3) 행정소송법 제20조 제1항 "취소소송은 처분 등이 있음을 안 날부터 90일 이내에 제기하여야 한다"고 하므로 처분을 안 날로부터 90일을 정확하게 산정해 보아야 한다.

[참고자료]

서 울 행 정 법 원

판 결

사 건 2009구합○○○○ 국가유공자요건비해당처분취소
원 고 ○○○(8******-1******)
주소
소송대리인 변호사 ○○○

피 고 ○○지방보훈청장
소송수행자 ○○○

변론종결 2010. 12. 2.
판결선고 2010. 12. 16.

주 문

1. 피고가 2009. 9. 9. 원고에 대하여 한 국가유공자요건비해당처분을 취소한다.
2. 소송비용은 피고가 부담한다.

청 구 취 지

주문과 같다.

이 유

1. 처분의 경위

가. 원고는 2008. 2. 25. ○○○ 제○사단에 입대하였고, 신병교육훈련을 마친 후 같은 해 5. 13.부터 제○포병연대 제○포병대대 제○중대에서 복무하다가 2009. 3. 31. 의병전역하였다.

나. 원고가 군복무로 인하여 대퇴골두 무혈성 괴사(이하 '이 사건 상병'이라 한다)가 발병하였다고 주장하며 2009. 5. 6. 피고에게 국가유공자 등록신청을 하였으나, 피고는 같은 해 8. 24. '대퇴골두 피로골절에 의한 골괴사증이 연관되어서 나타났다면 골괴사증의 합병증이고, 골괴사가 발생하는 원인은 외상이나, 술, 스테로이드, 원인 없이 오는 경우 등 다양하고, 외상성이라면 경부골절이 선행되어야 하는 점 및 경부 피로골절도 극히 드문 경우로 객관적인 입증자료가 없다'는 이유로 원고의 위 신청을 거부하는 처분(이하 '이 사건 처분'이라 한다)을 하였다.
[인정근거] 다툼 없는 사실, 갑 제1, 6호증의 각 기재, 변론 전체의 취지

2. 이 사건 처분의 적법 여부

가. 원고의 주장

원고는 군 입대 전까지 이 사건 상병이나 대퇴골에 질환을 앓은 사실이 없는데, 계속되는 군사훈련과 체력훈련으로 인하여 대퇴골이 악화되어 이 사건 상병이 발병하게 된 것으로, 이 사건 상병과 원고의 군복무 사이에는 상당인과관계가 인정된다 할 것인바, 이와 달리 본 피고의 이 사건 처분은 위법하다.

나. 인정사실

(1) 이 사건 상병의 진단

원고는 2008. 5. 16. 좌측 골반에 통증을 느껴 포병연대 의무실로 후송되어 진료를 받고 약물치료를 하였으나, 증세가 호전되지 않자 같은 달 23. 대대 의무실을 경유하여 치료를 받았고, 같은 해 7. 21. ○○병원에서 '좌측 대퇴골두의 무혈성 괴사(의증), 좌측 대퇴골두의 피로골절'로 진단받았다가 최종적으로 같은 해 12. 16. 이 사건 상병인 '대퇴

골두 무혈성 괴사'로 진단받았다.

(2) 이 사건 상병에 관한 의학 정보

(가) 이 사건 상병은 대퇴골두[4]로 가는 혈류가 차단되어 뼈 조직이 죽는 질환으로, 괴사된 뼈에 압력이 지속적으로 가해져 괴사 부위가 골절되면서 통증이 시작되고, 이어서 괴사 부위가 무너져 내리면서 고관절 자체의 손상이 나타난다.

(나) 이 사건 상병의 원인과 발생 과정이 정확히 밝혀져 있지는 않으나 위험인자로는 과다한 음주, 부신피질 호르몬(스테로이드)의 사용, 신장 질환, 정신성 홍반성낭창(루프스) 등과 같은 결체 조직병, 신장이나 심장과 같은 장기 이식을 받은 경우, 잠수병, 통풍, 방사선 조사, 후천성 면역결핍증 등이 있다.

(다) 외상에 의해서도 발생할 수 있는데, 대퇴 경부 골절이나 고관절 탈구에 자주 합병되고, 이 두 가지 외상에서는 대퇴골두로 혈액을 공급하는 혈관이 손상되기 때문에 발병하는 것이며 단순 타박상 등과 같은 기타의 외상으로는 잘 발생하지 않는다.

(라) 현재 가장 정확한 검사방법은 자기공명영상(MRI)인데, 단순 방사선사진상에 변화가 보이기 훨씬 이전에도 이상 소견을 볼 수 있고, 괴사의 위치와 크기를 정확하게 평가할 수 있어 조기 발견과 예후 예측, 치료방법의 결정 등에 유용하다.

(3) 이 법원의 ○○○○병원장에 대한 사실조회 결과

(가) 이 사건 상병의 병기 중 1기는 일반 촬영상 정상 소견인 경우, 2기는 대퇴골두내 경화 및 낭종 형성 있으나 연골하 골절 소견이 없는 경우, 3기는 연골하 골절로 인한 대퇴골두 함몰 소견이 보이는 경우, 4기는 병변이 비구까지 확장되어 고관절의 파괴가 일어난 경우인데, 단순 방사선 검사 및 자기공명영상 검사 결과에 비추어, 원고의 병기는 2기에 해당한다.

(나) 원고는 입대 전 기왕 병력으로 치료받은 기록이 없고, 이 사건 상병을 의심할만한 증상이 없었던 점, 비교적 원고의 병기가 초기인 점, 자기공명영상 소견상 골두에 골수 부종의 병변이 관찰되는 점으로 보아 진료 전 최근에 발생하였을 가능성이 높다.

---

4) 골반뼈와 맞닿아 있는 넓적다리뼈의 위쪽 끝부분.

(다) 이 사건 상병의 약 20% 정도는 1년 이내, 75% 정도는 3년 이내에 대퇴 골두 붕괴가 발생할 수 있다고 하나, 2008. 5. 23. 및 같은 해 6. 3. ○○병원 진료시 원고에게 대퇴경부 골절이나 그 외 대퇴골두 외상 소견이 관찰되지 않았다.

(라) 이 사건 상병이 아니더라도 대퇴골두, 대퇴골, 경골 등 하지에 훈련으로 인한 피로골절이 군인에게서 자주 나타나는 점에 비추어 통상적인 훈련이 병변부위에 충격을 가할 가능성은 충분히 있다.

(4) 원고의 건강상태

(가) 1999. 9.부터 입대시까지의 건강보험 요양급여 내역상, 원고가 대퇴부와 관련하여 치료를 받은 기록은 없다.

(나) 원고는 담배를 피우지 않고, 음주는 입대 전 1달에 2, 3번 정도 하였다.
[인정근거] 다툼 없는 사실, 갑 제3호증, 갑 제5호증의 1 내지 5의 각 기재, 이 법원의 사실조회 결과, 변론 전체의 취지

다. 판 단

국가유공자 등 예우 및 지원에 관한 법률 제4조 제1항 제6호(공상군경)에서 말하는 '교육훈련 또는 직무수행 중 상이(공무상의 질병을 포함한다)'란, 군인 또는 경찰공무원이 교육훈련 또는 직무수행 중 부상하거나 질병에 걸리는 것을 뜻하므로, 위 규정이 정한 상이가 되기 위해서는 교육훈련 또는 직무수행과 그 부상·질병 사이에 상당인과관계가 있어야 한다. 상당인과관계를 판정함에 있어서는 교육훈련 또는 직무수행이 직접원인이 되어 부상 또는 질병을 일으킨 경우는 물론, 기존의 질병이 교육훈련이나 직무수행으로 인한 과로나 무리 등이 겹쳐서 재발 또는 악화된 경우에도 인과관계가 있다고 보아야 하고, 그 인과관계는 반드시 의학적·자연과학적으로 명백히 입증하여야만 하는 것이 아니라 제반사정을 고려하여 교육훈련 또는 직무수행과 부상·질병 사이에 상당인과관계가 있다고 추단할 수 있으면 그 입증이 있다고 보아야 한다(대법원 2008. 8. 11. 선고 2006두14469 판결 등 참조).

살피건대, 앞서 본 증거들과 이 법원의 ○○○○○ 병원장에 대한 사실조회결과에 변론 전체의 취지를 더하여 인정되는 다음과 같은 사정, 즉 ① 단순 방사선 검사 및 자기공명영상 검사 결과에 의할 때 원고의 병기는 2기로 판단되었고, 통상적으로 이 사건

상병이 발생한 경우에는 약 20% 정도는 1년 이내, 75% 정도는 3년 이내에 대퇴골두 붕괴가 발생할 수 있다고 보고되고 있으며, 원고의 경우 아직 대퇴골두 붕괴의 조짐은 관찰되지 않은 사정에 비추어 볼 때 비교적 발병 초기 단계로 볼 수 있는 점, ② 원고는 군 입대 전 이 사건 상병이나 대퇴골 부위에 여타 질환을 앓는 등의 기왕 병력이 전혀 없었고, 대학생으로서 특별히 대퇴골에 무리를 줄 만한 활동이나 업무를 하였던 것으로는 보이지 않는데, 입대 후로부터 약 5개월이 지나 ○○○ 신병교육훈련을 마치고 나서 좌측 골반에 통증을 느껴 진료받은 결과 이 사건 상병을 진단받은 점, ③ 원고는 2008. 7. 21. 이 사건 상병 외에도 대퇴골두의 질환 중 하나인 '좌측 대퇴골두의 피로골절'로 진단받았는데, 2008. 7. 24.경 원고를 진료한 ○○○○○병원 의사는 위 증상의 발병 원인이 군 복무에 따른 갑작스런 운동량 증가인 것으로 판단하였고, 다른 원인으로 볼 만한 사정이 없었다고 진단한 점, ④ 이 사건 상병의 원인과 발생 과정은 의학적으로도 아직까지 명확히 밝혀져 있지 않은 바, 원고로 하여금 이 사건 상병의 발생 인과관계를 정확히 입증하도록 요구하는 것은 다소 무리인 점 등의 제반사정 및 앞서 본 인정사실에 비추어 볼 때, 이 사건 상병은 원고의 군 복무로 인하여 발생하였거나 자연적인 진행경과 이상으로 악화되었다고 볼 것이므로, 이 사건 상병과 원고의 군복무 사이에는 상당인과관계가 인정된다 할 것이다.

3. 결 론

그렇다면, 이 사건 처분의 취소를 구하는 원고의 이 사건 청구는 이유 있으므로 이를 인용하기로 하여 주문과 같이 판결한다.

재판장 판사 ○○○
판사 ○○○
판사 ○○○

11

공법기록형 공법소송실무

건물용도변경신고수리취소처분 취소청구

11

Contents

목 차

작 성 요 강

□ 문 제

○ 변호사 이항고는 의뢰인 김갑순이 일반음식점을 운영하던 중 그 건물을 장례식장으로 용도변경신고를 한 다음에 장례식장으로 변경하는 공사를 진행하고 있었는데, 행정청으로부터 용도변경신고수리 취소와 공사중지처분 통지를 받았다는 사건을 수임하게 되었다. 이항고 변호사의 입장에서 김갑순이 위 처분에 불복하는 내용의 서면을 작성하시오.

○ ※ 현행법이 허용하는 행정쟁송 형식에 한하며, 작성일은 2010. 1. 21.이고 같은 날 접수하는 것으로 함

※ 답안의 시작은 선택한 쟁송형식에 부합하는 '서면종류'를 기재하는 것으로 하고, 그 끝은 '서류를 제출할 기관'을 기재하는 것으로 함

※ 처분의 위법사유로는 사실관계와 현행법 및 기존 판례 입장에 비추어 볼 때 받아들여질 수 있는 주장만 할 것

상 담 일 지

○ 의뢰인 김갑순 사무실 내왕

○ 의뢰인은 종전에 식당으로 운영하던 건물을 그 용도를 변경하여 장례식장으로 운영하고자 행징청에 필요한 법정 절차를 마치고 공사중이었는데, 행정청이 갑자기 건물용도변경신고수리를 취소하고, 진행중인 공사도 중지하라는 명령을 하였다고 함

○ 의뢰인은 이미 위 공사를 위하여 많은 돈을 투자한 상태이므로 다른 용도의 건물로 전용하여 사용할 수도 없는 상태라고 함

○ 의뢰인은 고흥읍장의 처분통지서를 받고서도 법을 통하지 않고 고흥읍장에게 사정이야기를 잘하여 원만히 해결하여 공사를 계속 진행해 보려다가 시간을 많이 보내게 되었다고 함

○ 의뢰인은 당초 예정대로 장례식장을 운영할 수 있도록 법적 조치를 취해주기를 바라고 있음

변호사 이항고 법률사무소
광주광역시 동구 지산동 789 법률빌딩 502호
TEL 062) 555-1234(대) : FAX 062) 555-4321

"풍요롭고 살맛나는 새 고흥 건설"

고 흥 읍

수신자 김 갑 순 귀하(고흥읍 동성리 123-4)

제 목 용도변경신고

1. 민원 제540호(2009. 07. 22)와 관련입니다.

2. 귀하께서 출원하신 고흥읍 동성리 123-4 번지상 제 2 종 근린생활용도의 용도변경 신고서에 대하여는 건축법 제19조 제 2 항의 규정에 의하여 용도변경신고처리하오니,

3. 무단증축, 사전입주, 무단용도변경 등 관계규정에 위배되어 건축법 제79조의 규정에 의한 불이익 처분을 받는 일이 없도록 하시기 바랍니다.

붙 임 용도변경신고필증 1부. 끝.

고 흥 읍 장 [고흥 읍장]

지방건축주사보 강우연 건설담당 김공탁 고흥읍장 민상환

협조자

시행 고흥읍 - 5929 (2009. 7. 25.) 접 수 - (2009. 7.)
우 584-800 전남 고흥군 고흥읍 남계리 837-3번지 / http://goheung.go.kr
전화 (061)8630-5687 전송 (061)8730-5795 / 개인전자우편 chan3302@naver.com/공개

건축·대수선·용도변경신고필증

귀하께서 제출하신 건축물의 건축·대수선·용도변경신고서에 따라 건축·대수선·용도변경신고필증을 건축법 시행규칙 제12조 및 제12조의2 규정에 의하여 교부합니다.

건 축 구 분	용도변경	신 고 일 자	2009년 07월 22일
		설계변경일자	
신 고 번 호	2009-고흥읍-용도변경신고-2		
건 축 주	김갑순	주민등록번호	590307-2******
대 지 위 치	전라남도 고흥군 고흥읍 동성리 123-4 1필지		
대지면적(㎡)	1,774.00		
건 축 물 명 칭	김갑순의 건축물	주용도	의료시설(장례식장)
건물면적(㎡)	345.34	건폐율(%)	19.47
연 면 적(㎡)	643.48	용적률(%)	36.27
가설건축물존치기간			

등고유번호	등명칭및번호	연면적(㎡)	등고유번호	등명칭번호	연면적(㎡)
1	가동	643.48			

* 건축물의 용도/규모는 전체 건축물의 개요입니다.

2009년 07월 25일

고 흥 읍 장 (인)

"풍요롭고 살맛나는 새 고흥 건설"

고 흥 읍

수신자 김 갑 순 귀하(고흥읍 동성리 123-4)

제 목 용도변경신고수리 취소통보

고흥읍-5929(2009. 7. 25.)호로 용도변경신고수리한 고흥읍 동성리 123-4번지의 1필지(당초 주용도 : 일반음식점 및 사무실, 금회 용도변경신고수리 주용도 : 장례식장) 김갑순의 건축물에 대하여 다음 사유로 용도변경신고수리 취소를 통보합니다.

□ 용도변경신고수리 취소사유

○ 건축법 시행령 제3조의2 및 별표 1의 용도분류상 의료시설로 관계법령에는 적합하나 주민들이 혐오하는 시설임.

○ 마을 입구에 위치하고 있어 주변 환경을 저해할 뿐만 아니라, 주민들의 집단반발로 민원야기.

○ 각종 대형행사를 대비하여 위 건물 건너편 부지에 주차광장(2008년 162대)을 설치하여 운영하고 있으며, 전면에 장례식장 설치시 고흥 관광이미지 훼손. 끝.

고 흥 읍 장 [고흥읍장]

지방건축주사보 강우연 건설담당 김공탁 고흥읍장 민상환

협조자

시행 고흥읍 - 6119 (2009. 7. 29.) 접수 - (2009. 7.)
우 584-800 전남 고흥군 고흥읍 남계리 837-3번지 / http://goheung.go.kr
전화 (061)8630-5687 전송 (061)8730-5795 / 개인전자우편 chan3302@naver.com / 공개

우 편 송 달 통 지 서

○. **송달서류** 용도변경신고수리 취소통보
(2009. 07. 29)

○. **발송자** 고흥읍장

○. **송달받을 사람** 고흥읍 동성리 123-4
김갑순

배달 못한 사유			
구분/회수	1회	2회	3회
1. 수취인부재			
2. 폐문 부재			
3. 수취인불명			
4. 주소 불명			
5. 이사 불명			
6. 기 타			
배달날짜			
집배원 확인			
사유기재			

송달 방법			영수인 성명, 서명 또는 날인	
1	본인에게 주었다.		김갑순 (인)	
2	본인을 만나지 못하여 ① 내지 ③사람에게 주었다.	① 본인 영업소, 사무소의 사무원 또는 피용자		
		② 본인주소, 거소의 동거인		
		③ 본인 근무장소의 사용자, 종업원등		
3	① 내지 ③사람이 수령을 거부하므로 그 장소에 서류를 두었다.	① 송달받을 본인		
		② 본인 영업소, 사무소의 사무원 또는 피용자		
		③ 본인주소, 거소의 동거인		
송달한 날짜		2009. 08. 03.		
송달 장소		고흥읍 동성리 123-4		
접수인란		위와 같이 송달하였습니다. 2009년 8월 3일 우편집배원 강 집 배 (인) 고 흥 읍 장 귀 중		

"풍요롭고 살맛나는 새 고흥 건설"

고 흥 읍

수신자 김 갑 순 귀하(고흥읍 동성리 123-4)

제 목 용도변경신고수리 취소 건축물 공사중지 통보[1)]

1. 종합민원처리과-8660(2009. 8. 2)호와 관련입니다.

2. 2009. 7. 29. 용도변경신고수리 취소 처리한 고흥읍 동성리 123-4번지의 1필지상 귀하 소유의 제 2 종 근린생활시설(일반음식점, 사무실, 창고)용도의 건축물에 대하여 건축법 제79조 규정에 의거 건축공사중지 통보하오니 조속 이행하시기 바랍니다.

3. 만일 공사중지 명령을 거부하고 계속 공사를 진행할 시 동법 제79조 제 2 항의 규정에 의거 시정명령을 받고 이행하지 아니한 건축물에 대하여는 다른 법령에 따른 영업이나 그 밖의 행위를 허가하지 아니하도록 요청 및 사직당국에 고발등 조치됨을 알려드리오니 재산상 불이익 처분을 받는 일이 없으시길 바랍니다.

4. 만약 이 처분에 불복이 있는 경우 처분이 있음을 안 날로부터 180일 이내에 행정소송 또는 행정심판을 청구할 수 있음을 알려드립니다. 끝.

고 흥 읍 장 [고흥읍장]

지방건축주사보 강우연 건설담당 김공탁 고흥읍장 민상환

협조자

시행 고흥읍 - 6228 (2009. 8. 4.) 접수 - (2009. 7.)
우 584-800 전남 고흥군 고흥읍 남계리 837-3번지 / http://goheung.go.kr
전화 (061)8630-5687 전송 (061)8730-5795 / 개인전자우편 chan3302@naver.com / 공개

---

1) 현재는 장례식장이 건축법상 '산업 등의 시설군'으로 분류되어 신고대상이 아닌 허가대상으로 분류되어 있다(건축법 19②④(2)).

우 편 송 달 통 지 서

○. **송달서류** 건축물 공사중지 통보
(2009. 08. 04)

○. **발송자** 고흥읍장

○. **송달받을 사람** 고흥읍 동성리 123-4
김갑순

배달 못한 사유			
구분/회수	1회	2회	3회
1. 수취인부재			
2. 폐문 부재			
3. 수취인불명			
4. 주소 불명			
5. 이사 불명			
6. 기 타			
배달날짜			
집배원 확인			
사유기재			

송달 방법			영수인 성명, 서명 또는 날인	
1	본인에게 주었다.		김갑순 (인)	
2	본인을 만나지 못하여 ① 내지 ③사람에게 주었다.	① 본인 영업소, 사무소의 사무원 또는 피용자		
		② 본인주소, 거소의 동거인		
		③ 본인 근무장소의 사용자, 종업원등		
3	① 내지 ③사람이 수령을 거부하므로 그 장소에 서류를 두었다.	① 송달받을 본인		
		② 본인 영업소, 사무소의 사무원 또는 피용자		
		③ 본인주소, 거소의 동거인		
송달한 날짜		2009. 08. 08.		
송달 장소		고흥읍 동성리 123-4		
접수인란		위와 같이 송달하였습니다. 2009년 8월 8일 우편집배원 강 집 배 (인) 고흥읍장 귀중		

이 의 신 청 서

안녕하십니까?

저는 고흥읍장으로부터 용도변경신고수리취소와 공사중지통지를 받은 김갑순의 친구입니다. 김갑순은 고흥읍 동성리 123-4번지 1필지 제2종근린생활시설 용도 건축물에 대한 장례식장 용도변경 신고가 수리된 후에 (주)등정건설과 기존의 식당건물(청자회관)을 장례식장으로 용도를 변경하기로 하면서 공사금액은 148,400,000원, 공사기간은 2009. 8. 10.까지로 하기로 하여 현재까지 종전의 식당용도로 사용하던 건물 구조를 변경하는 등으로 수천만원 상당의 공사비를 지급하게 되는 진척을 보이고 있는 것으로 알고 있습니다.

그런데 고흥읍장은 주변 마을주민들 몇 사람이 공사에 반대한다는 민원이 발생하였다는 이유로 당초 처분을 취소하였다고 들었습니다. 그리고 고흥읍장은 김갑순이 외부 돌공사를 하였다는 이유로 현재 그 가족들이 거주하고 있는 건물에 대하여 단전, 단수를 하고, 고의적으로 노후 수도관 입구 전체를 파 놓는 바람에 다른 곳에서 물을 공급 받아야 하는데 차량출입조차 하지 못하도록 막고 있습니다.

현재 기존의 식당건물은 없어진 상태에 있는데, 공사를 중지하도록 하는 것은 친구에게 큰 재산상의 손해를 발생시키는 것이므로 고흥읍장으로 하여금 재고할 수 있도록 조치하여 주시기를 바랍니다.

주민들 중에는 김갑순이 건축중인 장례식장이 어서 빨리 완공되어 쾌적한 환경에서 장례식을 치를 수 있기를 바란다는 의견을 제시하는 분들도 많이 있다는 점도 고려하여 주시기를 바랍니다. 김갑순이 지금까지 진행해온 공사관련 서류도 함께 보내드립니다.

첨부서류 : 공사계약서 1부
공사내역서 1부
거래명세표 1부
탄원서 1부

2009. 8. 5.

배 나 라 올림

고 흥 군 수 귀 중

공 사 계 약 서

(주)등정(이하 "갑")과 고흥 청자회관(이하 "을")간에 다음과 같이 공사계약을 체결하고, 공사계약서 2부를 장성하여 "갑"과 "을"은 1부씩 보관한다.

1. 공 사 명 : 고흥 청자회관 용도변경 공사

2. 공사장소 : 전남 고흥읍 동성리 123-4번지

3. 공사면적 : 약 643㎡

4. 공사기간 : 착공 2009년 07월 24일
완공 2009년 08월 10일

5. 공사금액 : 一金 일억사천팔백사십만원정

6. 공사금 지급 : (4) 회

7. 공사금액 결재방법
   1) 계약금 : 2009년 07월 22일 一金 삼천만원정 (₩30,000,000)
   2) 선급금 : 2009년 07월 25일 一金 사천오백만원정 (₩45,000,000)
   3) 중도금 : 2009년 08월 03일 一金 삼천만원정 (₩30,000,000)
   4) 잔 금 : 2009년 08월 15일 一金 사천삼백사십만원정 (₩43,400,000)

8. 계약조건

제 1 조

* 하자 보수 책임기간은 공사 완공일로부터 6개월까지 한다.(단, 사용상의 부주의 제외)

제 2 조

* "갑"은 "을"의 공사를 시공함에 있어서 별첨된 견적서 및 설계도면과 시방서에 의거 성실하게

시공해야 한다.

제 3 조

* "갑"은 본 공사 진행중 또는 완료후 "을"의 요구에 의하여 시설변경의 필요가 있을시 "갑"은 이에 응해야 하며 "을"은 변경사항에 해당하는 금액을 계산하여야 한다.

제 4 조

* 설계변경 및 사양, 물량 변경시 추후 정산조건
* 외부간판 및 SIGN는 견적에서 제외
* 가구 및 집기는 견적에서 제외
* A/C기기 및 설치는 견적에서 제외

2009년 7월 21일

갑: (주) 등정건설 대표이사 황 사 형 (인)
광주광역시 동구 지산동 32-1번지

을: 고흥 청자회관 대표 김 갑 순 (인)
전남 고흥읍 동성리 123-4

공 사 내 역 서

품 명	규 격	단위	수 량	총 액		비 고
				단 가	금 액	
1. 가설및철거공사	640㎡이하일식				8,521,600	
2. 바닥공사					9,808,500	
3. 벽체공사					45,825,900	
4. 천정공사					14,371,000	
5. 전기공사					11,270,000	
6. 설비및덕트공사					16,262,500	
7. 외관공사					9,460,000	
8. 도장공사					8,180,500	
순수 공사비					123,700,000	
공 과 잡 비					12,370,000	
회 사 이 윤					12,370,000	

<table>
<tr><td>권</td><td>호</td><td colspan="5">거 래 명 세 표 (공급받는자용)</td></tr>
<tr><td colspan="2" rowspan="2">2009년 7월 28일</td><td>등 록
번 호</td><td colspan="4">408-05-85590</td></tr>
<tr><td>상 호</td><td>밝음조명</td><td>성
명</td><td colspan="2">김 군 영</td></tr>
<tr><td colspan="2">청자회관 (김갑순님) 귀하</td><td>사업장
소재지</td><td colspan="4">광주광역시 동구 대인동 987</td></tr>
<tr><td colspan="2">아래와 같이 계산합니다.</td><td>업 태</td><td>도·소매</td><td>종
목</td><td colspan="2">조명기구 전기재료</td></tr>
<tr><td colspan="7">합계
금액 원정(₩12,015,000)</td></tr>
</table>

월일	품 목	규 격	수 량	단 가	공급가액	세 액
	D/U		400	13,000	5,200,000	
	십자등		20	45,000	900,000	
	판넬(D/C)		1	3,000,000	3,000,000	
	케이블	22*4C	60	6,500	390,000	
		14*4C	30	4,000	120,000	
		8*4C	50	3,500	175,000	
		5.5*4C	100	2,100	210,000	
	H:VE.5		500	700	350,000	
	환풍기	300	20	35,000	700,000	
	공용접용	400	10	50,000	500,000	
	배선기구	1식			470,000	
계						

전 잔 금		합 계	12,015,000

입 금		잔 금		인수자	

2009년 7月 24日

고흥 청자회관 식당 귀하

아래와 같이 청구합니다.

사업자 등록번호 : 443-02-65432
상호 : 운학목재 성명 : 이 훈 영
사업장소재지 : 광주 북구 일곡동 358-3
업태 : 도, 소매 종목 : 건설자재

월	일	품목	규격	수량(EA)	(才)	단가	공급가액	비 고
7	24	목재	9*10*10	190	단	17,000		
			9*10*15	120	단	19,000	2,280,000	
		합판	4*8*02	200		8,500	1,700,000	
			4*8*04	95	(중)	15,000	1,425,000	
		석고	3*6*9.5	960		3,000	2,880,000	
		MDF	4*8*18.0	150		21,000	3,150,000	
			4*8*9.0	70		12,000	840,000	
			4*8*12.0	55		15,000	825,000	
			4*8*6.0	210		9,000	1,890,000	
		왁구	40*2100*900	6		55,000	330,000	
			40*2100*1000	3		60,000	180,000	
		문짝	2040*940	2		120,000	240,000	
			2040*840	5		120,000	600,000	
			2040*/40	3		120,000	360,000	
						합계	19,930,000	

탄 원 서

탄원인들은 김갑순씨가 운영하던 식당 청자회관을 장례식장으로 건물용도를 변경하는 공사를 하고 있는 것으로 알고 있습니다. 저희 주민들은 위 장례식장이 속히 공사를 마무리하여 정상적으로 영업을 할 수 있게 되기를 바랍니다.

현재 관내에는 장례식장 1개소에 불과하여 상을 당할 경우에는 장례식장의 선택과 장소적인 문제도 발생하여 새로운 장례식장이 있으면 여러 가지로 편리할 것으로 기대하고 있습니다.

최근 장례문화는 전통적으로 행하여 왔던 방식에서 전문적인 서비스를 제공할 수 있는 형태로 변화되고 있는 점을 고려할 때, 우리 지역에 새로운 시설을 갖춘 장례식장이 하나쯤 더 있는 것이 주민들에게 선택의 폭도 넓힐 수 있고 비용의 절감도 가져올 수 있을 것으로 기대하고 있습니다.

첨부 : 주민들 탄원서 서명원부

2009. 8. 28.

고흥읍 동문리 21-3 지형완 (인)
고흥읍 서문리 45-6 강후산 (인)
고흥읍 남문리 67 남태순 (인)
고흥읍 북문리 89-10 동마운 (인)

고 흥 군 수 귀 하

일반건축물대장(갑)

고유번호	1. 543025025-1-1015789							장번호	1 -1
대지위치	전라남도 고흥군 고흥읍 동성리			지번	123-41	명칭 및 번호		특이사항	
대지면적	1,774㎡	연면적	643.48㎡	지역	자연녹지	지구		구역	
건축면적	345.45㎡	용적률산정용 연면적	643.48㎡	주구조	철근콘크리트조	주용도	제2종 근린생활시설	층수	지하 층/지상 2층
※ 건폐율	19.47%	※ 용적률	36.27%	높이	8.2m	지붕	슬래브	부속건축물	0동 0㎡

건축물 현황					소유자 현황			
구분	층별	구조	용도	면적(㎡)	성명(명칭) 주민등록번호 (부동산등기용등록번호)	주소	소유권 지분	변동일자 변동원인
주 1	지하 1층	철근콘크리트조	일반음식점/창고	313.86	이현수	전라남도 고흥군 고흥읍 동성리 123-41		1994.12.03.
주 1	2층	철근콘크리트조	사무실/창고	329.62	670929-2******			소유자등록
		-이하여백-			이현수	전라남도 고흥군 고흥읍 동성리 123-4		1994.12.27.
					530929-2******			소유권보존
					김갑순	전라남도 고흥군 고흥읍 동성리 347-3		2000.12.28.
					590307-2******			소유권이전
					김갑순	전라남도 고흥군 고흥읍 동성리 347-3		2002.11.19.
					590307-2******			주소경정
						-이하여백-		

※ 항목은 총괄표제부가 있는 경우에는 기재하지 아니합니다.

고유번호	2. 4677025025-1-10150 001								장 번 호	2 -1
구 분	**성명 또는 명칭**	면허(등록)번호		주 차 장			승강기	승용 대	허 가 일 시	1994. 09.09.
건 축 주	이점숙	600929-2******	옥내	자주식	대	㎡		비상용 대		
설 계 자	남윤홍	******		기계식	대	㎡	오수정화시설	형 식		
공사감리자	남윤홍		옥외	자주식	대	㎡		임호프방식		
공사시공자	이점숙			기계식	대	㎡		용 량 150인용	관 련 지 번	

변 동 사 항				관 련 지 번
변 동 일 자	변동내용 및 원인	변동일자	변동내용 및 원인	동성리1017-1
1994. 12. 23. 1995. 04. 22. 2002. 08. 02. 2004. 02. 24. 2004. 10. 15. 2004. 12. 06.	토지합병으로지번정정, 변경 ; 동소 1015-1 번지 건축물용도정정, 당초: 근린생활시설(일반음식점) 변경: 근린생활시설 건축물대장의기재및관리등에관한규칙 부칙 제3조에 의거 신 대장으로 이기처리필 2002. 8. 20. 2층사무실(252.94㎡), 1층창고(12.28㎡)증축 사용승인되이기재정리 및 소재지번 1015-1에서 1015-1, 1017-1로 지번변경기재정리필. 고흥읍 - 1021(2004. 02. 23.)호로 일부 말소신청되어 대장정리필. 고흥읍 - 6575(2004. 10. 15.)호와 관련 증축(1층 76.68㎡)되어 대장정리필. 고흥읍 - 7678(2004. 12. 06.)호와 관련 증축(2층창고 - 76.68㎡)되어 대장정리필. - 이하 여백-			기 타 기 재 사 항

고 흥 읍

수신자 수신자 참조
제 목 『장례식장』 설치관련 실무대책협의회 개최

1. 관내 고흥읍 동성리 123-4 번지 1필지 김갑순의 제 2 종 근린생활시설(現 청자회관)용도 건축물에 대한 『장례식장』 용도로의 변경에 대하여 신고 수리를 취소한 바 있으나, 이에 건축주가 불응 계속적으로 공사를 시행하고 있어,
2. 장례식장이 우주센터 입구에 설치됨으로써 고흥군의 관광 활성화에 손해를 끼칠뿐만 아니라 주민 소득증대에도 막대한 장애가 되는등 개인의 사익보다 공익적 손실이 훨씬 크다고 판단되는 사항이기에 아래와 같이 관련 실무대책 협의회를 개최코자 하오니 바쁘시더라도 부디 참석하여 주시기 바랍니다.

\- 아 래 -

가. 개최일시 : 2009. 9. 5. (월) 15 : 00
나. 참석대상 : 부군수 등 9명(군의원 홍길동, 고흥읍장, 건설과장, 도시과장, 종합민원처리과장, 장례식장 업주, ○○마을 이장)
다. 개최장소 : 부군수실
라. 대책안건 : ○○마을 입구 장례식장 설치관련 추진 대책협의 사항

붙임 : ○○마을 입구 장례식장 설치관련 추진현황 1부. 끝.

고 흥 군 수 고흥 군수

수신자 : 군의원 홍길동, 고흥읍장, 건설과장, 도시과장, 환경보호과장, 장례식장 시공자, 고흥읍 ○○마을 이장

지방건축주사보 최여운 주택담당 박영화 종합민원처리과장 강희순 부군수 전결

협조자 환경보호과장 건설과장 도시과장

시행 종합민원처리과 - 9940 (2009. 9. 5.) 접 수 (2009. . .)
우 584-800 전남 고흥군 고흥읍 옥하리 200번지 / www.goheung.go.kr
전화 (061)4567-1234 전송 (061)6789-5432 / 개인전자우편 kyun@goheung.go.kr

"풍요롭고 살맛나는 새 고흥 건설"

고 흥 군

수신자 배 나 라 귀하(고흥읍 서문리 31-5)

제 목 용도변경신고수리 취소 관련 이의서에 대한 회신

1. 귀 댁의 무궁한 건승을 기원합니다.

2. 귀하께서 우리군에 제출하신 이의서 내용을 검토한 바, 고흥읍 동성리 123-4번지 1필지 제 2 종 근린생활 시설 용도 건축물에 대한 『장례식장』 용도의 용도변경 신고수리 취소 통보는 사유 재산권 침해로서 취소 통보의 "취소"를 요구하는 사안으로 사료됩니다.

3. 이와 관련하여 아래와 같이 회신하오니 군정에 적극 협조하여 주시기 바랍니다.
   가. 용도변경 신고수리 취소 부지의 주변에 고흥군에서 설치한 대규모 주차장의 토지 이용 실태 및 주변 생활환경에도 악영향을 주며,
   나. 장례식장으로의 건축물 용도변경 수리로 인하여 얻을 수 있는 개인의 사익보다는 우주센터 입구에 장례식장이 설치됨으로써 고흥군의 관광 활성화에 손해를 끼칠뿐 아니라 주민소득 증대에도 막대한 장애가 되는등 공익적 손실이 훨씬 크다고 판단되므로 용도변경 수리 취소 처분이 부당하다고 할 수 없음을 알려드립니다. 끝.

고 흥 군 수 [고흥군수]

지방건축주사보 강우연 주택담당 종합민원처리과장 강태현 부군수 김영명

협조자 감사담당 **홍기우**

시행 종합민원처리과 - 8234 (2009. 8. 9.) 접수 - (2009. 8.)
우 584-800 전남 고흥군 고흥읍 옥하리 200번지/http://goheung.go.kr
전화 (061)2345-5687 전송 (061)6789-5795/개인전자우편 chan789@naver.com/공개

실무대책협의회 결과보고서

□ 수신: 고흥군수

□ 협의일시 : 2009년 9월 5일 (월) 15 : 00

□ 협의장소 : 부군수실

□ 참석인원 : 부군수 등 11인(명단별첨)

- 군 실무관계자 5명, 군의원 1명, 건축주 2명, 인근 마을주민 대표 3명

□ 협의안건 : 『장례식장』 설치관련 추진 대책

□ 협의대상 : 고흥읍 동성리 123-4번지 1필지 제2종 근린생활시설(現 청자회관) 용도 건축물에 대한 장례식장 용도변경 신고수리 취소 건

- 연면적 : 643.48㎡(지상2층), 용도지역 : 자연녹지

□ 협의결과

○ 군의 입장

○ 고흥의 관문이자 우주센터 입구의 장례식장 설치는 우리 군 관광활성화에 손해를 끼칠 뿐만 아니라 관광고흥 이미지 실추와 주민 소득증대에도 막대한 장애가 되는 등 ○○마을 주민의 반대만이 아닌 고흥 군민 전체의 반대의견이 절대적이므로,

○ 장례식장이 아닌 다른 업종으로의 용도변경 추진시 적극적인 지원을 검토하겠음

- 신고수리취소에 따른 용도변경 공사비의 보상 가능여부 법률적 자문 의뢰코져함

○ 인근마을의 입장

○ 장례식장이 현재 의료시설에 속하여 혐오시설이 아니라고 하나, 마을입구의 장례식장 설치는 마을의 지역적 정서와 조화되지 않으며 장례식장 설치로 인한 쓰레기 불법 유출, 불법주차, 소음등 이로 인한 부작용이 인접한 ○○마을에 피해를 줄 수 있기 때문에 절대적으로 장례식장 설치는 반대함

○ 건축주의 입장

○ 인접한 ○○마을 주민 및 군민의 반대 의견은 100% 절대적이 아닌 것으로 판단함

○ 장례식장이 아닌 다른 업종으로의 용도변경은 투자된 건축비 등과 공사기성고에 비추어 다

른 용도의 전용도 현재는 불가능하다고 보나 시간적인 여유를 가지고서 검토하겠음

붙임 : 1. 회의록 1부,
2. 회의전경 사진 1부. 끝.

지방건축주사보 최여운 주택담당 박영화 종합민원처리과장 강희순 부군수 전결

협조자 환경보호과장 건설과장 도시과장

시행 종합민원처리과 - 9940 (2009. 9. 5.) 접수 (2009. . .)
우 584-800 전남 고흥군 고흥읍 옥하리 200번지 / www.goheung.go.kr
전화 (061)4567-1234 전송 (061)6789-5432 / 개인전자우편 kyun@goheung.go.kr

진 정 서

제 목 : 장례식장 설치반대

초우·현명 마을 입구에 청자회관을 장례식장으로 용도 변경하는 것을 결사 반대 하므로 첨부 서류와 같이 주민들 260명의 연서로 진정하오니 반드시 철회할 것을 원합니다. 그리고 진행중인 장례식장 건축공사도 중지시켜 주시기를 바랍니다.

2009. 7. 19.

대표 초우마을 이장 **지만화** (인)
현명마을 이장 **공태화** (인)

첨부 : 장례예식장 설치 반대인 서명부

고 흥 군 수 귀 하

부 근 약 도

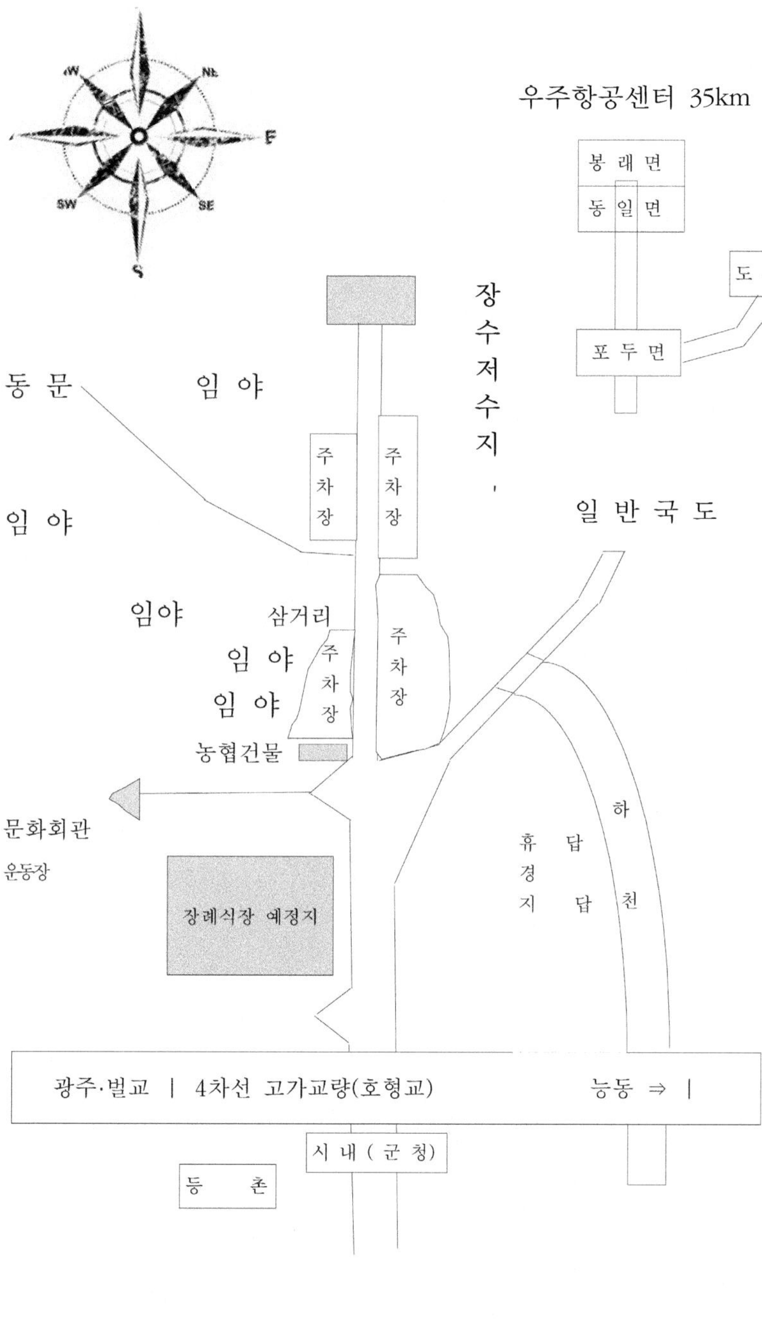

우주항공센터 35km
봉 래 면
동 일 면
도 화 면
포 두 면
장수저수지
동 문
임 야
임 야
임야
삼거리
임 야
임 야
주차장
주차장
주차장
주차장
일 반 국 도
농협건물
문화회관
운동장
장례식장 예정지
휴경지
답
답
하천
광주·벌교 | 4차선 고가교량(호형교)
능동 ⇒ |
시 내 (군 청)
등 촌

참 고 자 료(관 계 법 령)

▣ 건축법[법률 제9384호, 2009. 1. 30, 타법개정]

제19조(용도변경)

① 건축물의 용도변경은 변경하려는 용도의 건축기준에 맞게 하여야 한다.

② 제22조에 따라 사용승인을 받은 건축물의 용도를 변경하려는 자는 다음 각 호의 구분에 따라 국토해양부령으로 정하는 바에 따라 특별자치도지사 또는 시장·군수·구청장의 허가를 받거나 신고를 하여야 한다.

1. 허가 대상: 제4항 각 호의 어느 하나에 해당하는 시설군에 속하는 건축물의 용도를 상위군(제4항 각 호의 번호가 용도변경하려는 건축물이 속하는 시설군보다 작은 시설군을 말한다)에 해당하는 용도로 변경하는 경우
2. 신고 대상: 제4항 각 호의 어느 하나에 해당하는 시설군에 속하는 건축물의 용도를 하위군(제4항 각 호의 번호가 용도변경하려는 건축물이 속하는 시설군보다 큰 시설군을 말한다)에 해당하는 용도로 변경하는 경우

③ 제4항에 따른 시설군 중 같은 시설군 안에서 용도를 변경하려는 자는 국토해양부령으로 정하는 바에 따라 특별자치도지사 또는 시장·군수·구청장에게 건축물대장 기재내용의 변경을 신청하여야 한다. 다만, 대통령령으로 정하는 변경의 경우에는 그러하지 아니하다.

④ 시설군은 다음 각 호와 같고 각 시설군에 속하는 건축물의 세부 용도는 대통령령으로 정한다.

1. 자동차 관련 시설군
2. 산업 등의 시설군
3. 전기통신시설군
4. 문화 및 집회시설군
5. 영업시설군
6. 교육 및 복지시설군
7. 근린생활시설군
8. 주거업무시설군
9. 그 밖의 시설군

⑤ 제2항에 따른 허가나 신고 대상인 경우로서 용도변경하려는 부분의 바닥면적의 합계가 100

제곱미터 이상인 경우의 사용승인에 관하여는 제22조를 준용한다.

⑥ 제2항에 따른 허가 대상인 경우로서 용도변경하려는 부분의 바닥면적의 합계가 500제곱미터 이상인 용도변경(대통령령으로 정하는 경우는 제외한다)의 설계에 관하여는 제23조를 준용한다.

제79조(위반 건축물 등에 대한 조치 등)

① 허가권자는 대지나 건축물이 이 법 또는 이 법에 따른 명령이나 처분에 위반되면 이 법에 따른 허가 또는 승인을 취소하거나 그 건축물의 건축주·공사시공자·현장관리인·소유자·관리자 또는 점유자(이하 "건축주등"이라 한다)에게 공사의 중지를 명하거나 상당한 기간을 정하여 그 건축물의 철거·개축·증축·수선·용도변경·사용금지·사용제한, 그 밖에 필요한 조치를 명할 수 있다.

제82조(권한의 위임과 위탁)

① 국토해양부장관은 이 법에 따른 권한의 일부를 대통령령으로 정하는 바에 따라 시·도지사에게 위임할 수 있다.

② 시·도지사는 이 법에 따른 권한의 일부를 대통령령으로 정하는 바에 따라 시장(행정시의 시장을 포함하며, 이하 이 조에서 같다)·군수·구청장에게 위임할 수 있다.

③ 시장·군수·구청장은 이 법에 따른 권한의 일부를 대통령령으로 정하는 바에 따라 구청장(자치구가 아닌 구의 구청장을 말한다)·동장·읍장 또는 면장에게 위임할 수 있다.

④ 국토해양부장관은 제31조 제1항과 제32조 제1항에 따라 건축허가 업무 등을 효율적으로 처리하기 위하여 구축하는 전자정보처리 시스템의 운영을 대통령령으로 정하는 기관 또는 단체에 위탁할 수 있다.

■ **건축법 시행령**[대통령령 제21629호, 2009. 7. 16. 타법개정]

제3조의2(대수선의 범위)

법 제2조 제1항 제9호에서 "대통령령으로 정하는 것"이란 다음 각 호의 어느 하나에 해당하는 것으로서 증축·개축 또는 재축에 해당하지 아니하는 것을 말한다. <개정 2010. 2. 18>

1. 내력벽을 증설 또는 해체하거나 그 벽면적을 30제곱미터 이상 수선 또는 변경하는 것
2. 기둥을 증설 또는 해체하거나 세 개 이상 수선 또는 변경하는 것
3. 보를 증설 또는 해체하거나 세 개 이상 수선 또는 변경하는 것
4. 지붕틀(한옥의 경우에는 지붕틀의 범위에서 서까래는 제외한다)을 증설 또는 해체하거나 세 개 이상 수선 또는 변경하는 것
5. 방화벽 또는 방화구획을 위한 바닥 또는 벽을 증설 또는 해체하거나 수선 또는 변경하는 것
6. 주계단·피난계단 또는 특별피난계단을 증설 또는 해체하거나 수선 또는 변경하는 것

7. 미관지구에서 건축물의 외부형태(담장을 포함한다)를 변경하는 것
8. 다가구주택의 가구 간 경계벽 또는 다세대주택의 세대 간 경계벽을 증설 또는 해체하거나 수선 또는 변경하는 것 [전문개정 2008. 10. 29]

第14조(용도변경)

① 삭제 <2006. 5. 8>

② 삭제 <2006. 5. 8>

③ 국토해양부장관은 법 제19조 제1항에 따른 용도변경을 할 때 적용되는 건축기준을 고시할 수 있다. 이 경우 다른 행정기관의 권한에 속하는 건축기준에 대하여는 미리 관계 행정기관의 장과 협의하여야 한다. <개정 2008. 10 .29>

④ 법 제19조 제3항 단서에서 "대통령령으로 정하는 변경"이란 다음 각 호의 어느 하나에 해당하는 건축물 상호 간의 용도변경을 말한다. <개정 2009. 6. 30, 2009. 7. 16>

1. 별표 1의 같은 호에 속하는 건축물 상호 간의 용도변경
2. 「국토의 계획 및 이용에 관한 법률」이나 그 밖의 관계 법령에서 정하는 용도제한에 적합한 범위에서 제1종 근린생활시설과 제2종 근린생활시설 상호 간의 용도변경. 다만, 제1종 근린생활시설을 별표 1 제4호 차목·타목 또는 파목의 용도로 변경하는 경우는 제외한다.

⑤ 법 제19조 제4항 각 호의 시설군에 속하는 건축물의 용도는 다음 각 호와 같다. <개정 2008. 10. 29>

6. 교육 및 복지시설군
   가. 의료시설
   나. 교육연구시설
   다. 노유자시설(老幼者施設)
   라. 수련시설
9. 그 밖의 시설군
   가. 동물 및 식물 관련 시설
   나. 장례식장

第17조(건축물의 사용승인)

① 삭제 <2006. 5. 8>

② 건축주는 법 제22조 제3항 제2호에 따라 사용승인서를 받기 전에 공사가 완료된 부분에 대한 임시사용의 승인을 받으려는 경우에는 국토해양부령으로 정하는 바에 따라 임시사용승인신청서를 허가권자에게 제출(전자문서에 의한 제출을 포함한다)하여야 한다. <개정 2008. 10. 29>

③ 허가권자는 제2항의 신청서를 접수한 경우에는 공사가 완료된 부분이 법 제22조 제3항제2호에 따른 기준에 적합한 경우에만 임시사용을 승인할 수 있으며, 식수 등 조경에 필요한 조치를 하기에 부적합한 시기에 건축공사가 완료된 건축물은 허가권자가 지정하는 시기까지 식수(植樹) 등 조경에 필요한 조치를 할 것을 조건으로 임시사용을 승인할 수 있다. <개정 2008. 10. 29>

④ 임시사용승인의 기간은 2년 이내로 한다. 다만, 허가권자는 대형 건축물 또는 암반공사 등으로 인하여 공사기간이 긴 건축물에 대하여는 그 기간을 연장할 수 있다. <개정 2008. 10. 29>

⑤ 법 제22조 제6항 후단에서 "대통령령으로 정하는 주요 공사의 시공자"란 다음 각 호의 어느 하나에 해당하는 자를 말한다. <개정 2008. 10. 29>

1. 「건설산업기본법」 제9조에 따라 종합공사를 시공하는 업종을 등록한 자로서 발주자로부터 건설공사를 도급받은 건설업자
2. 「전기공사업법」·「소방시설공사업법」 또는 「정보통신공사업법」에 따라 공사를 수행하는 시공자

▣ **건축법 시행규칙**[국토해양부령 제83호, 2008. 12. 31, 타법개정]

제12조의2(용도변경)

① 법 제19조 제2항에 따라 용도변경의 허가를 받으려는 자는 별지 제1호의3서식의 건축·대수선·용도변경허가신청서에, 용도변경의 신고를 하려는 자는 별지 제6호서식의 건축·대수선·용도변경신고서에 다음 각 호의 서류를 첨부하여 시장·군수·구청장에게 제출(전자문서로 제출하는 것을 포함한다)하여야 한다. <개정 2006. 5. 12, 2007. 12. 13, 2008. 12. 11>

1. 용도를 변경하고자 하는 층의 변경 전·후의 평면도
2. 용도변경에 따라 변경되는 내화·방화·피난 또는 건축설비에 관한 사항을 표시한 도서

② 시장·군수·구청장은 제1항에 따른 건축·대수선·용도변경허가신청서를 받은 경우에는 법 제12조 제1항 및 영 제10조 제1항에 따른 관계 법령에 적합한지를 확인한 후 별지 제2호서식의 건축·대수선·용도변경허가서를 용도변경의 허가를 신청한 자에게 발급하여야 한다. <신설 2006. 5. 12, 2008. 12. 11>

③ 시장·군수·구청장은 제1항의 규정에 의한 건축·대수선·용도변경신고서를 받은 때에는 그 기재내용을 확인한 후 별지 제7호서식의 건축·대수선·용도변경신고필증을 신고인에게 교부하여야 한다. <개정 2006. 5. 12>

④ 제8조 제2항은 제2항 및 제3항에 따라 건축·대수선·용도변경허가서 또는 건축·대수선·용도변경신고필증을 교부하는 경우에 준용한다. <개정 2006. 5. 12>

해 답

행정심판청구서[2)]

청 구 인 김갑순(590307-2******)
전남 고흥읍 동성리 123-4

대 리 인 변호사 이항고
광주 동구 지산동 789 법률빌딩 502호
TEL 062) 555-1234(대), FAX 062) 555-4321

피청구인 전라남도 고흥군 고흥읍장

소관 행정심판위원회 전라남도 행정심판위원회

청구 대상인 처분 내용 및 날짜

피청구인이 청구인에게 한,
① 2009. 7. 29.자 용도변경신고수리취소 처분 및
② 2009. 8. 4.자 용도변경신고수리 취소 건축물 공사중지 처분

처분이 있음을 안 날 ① 용도변경신고수리취소 처분 2009. 8. 3.
② 용도변경신고수리취소 건축물공사중지처분 2009. 8. 8.

청구 취지와 청구 이유 별지에 적은 내용과 같음

처분청의 고지 유무 ① 용도변경신고수리취소 처분은 불고지
② 용도변경신고수리취소 건축물공사중지처분은 오고지

증거서류 별첨

근거 법조문 「행정심판법」 제19조, 같은 법 시행령 제20조

---

2) 이 청구서 서식은 행정심판법 제19조 제2항을 따른 것이고, 현재 실무에서는 다음 페이지의 서식을 많이 사용하고 있다.

행정심판법 시행규칙 [별지 제30호서식] 〈개정 2012. 9. 20〉

행정심판청구서[3)]

접수번호	접수일	

청구인	성명 김갑순
	주소 전남 고흥군 고흥읍 동성리 123-4
	주민등록번호(외국인등록번호) 590307-2******
	전화번호
[ ] 대표자	성명 변호사 이항고
[ ] 관리인	주소 광주 동구 지산동 789 법률빌딩 502호
[ ] 선정대표자	주민등록번호(외국인등록번호)
[■] 대리인	전화번호 062) 555-1234
피청구인	전남 고흥군 고흥읍장
소관 행정심판위원회	[ ] 중앙행정심판위원회 [■] 전라남도행정심판위원회 [ ] 기타

처분 내용 또는 부작위 내용	피청구인이 청구인에게 2009.7 . 29. 한 용도변경신고수리취소처분, 2009. 8. 4. 한 용도변경신고수리취소 건축물공사중지처분
처분이 있음을 안 날	용도변경신고수리취소처분 2009. 8. 3. 용도변경신고수리취소 건축물공사중지처분 2009. 8. 8.
청구 취지 및 청구 이유	별지로 작성
처분청의 불복절차 고지 유무	불고지/잘못고지
처분청의 불복절차 고지 내용	
증거 서류	별첨

「행정심판법」 제28조 및 같은 법 시행령 제20조에 따라 위와 같이 행정심판을 청구합니다.

2010년 1월 21일

청구인 **김 갑 순** (서명 또는 인)

전라남도행정심판위원회 귀중

첨부서류	1. 대표자, 관리인, 선정대표자 또는 대리인의 자격을 소명하는 서류(대표자, 관리인, 선정대표자 또는 대리인을 선임하는 경우에만 제출합니다.) 2. 주장을 뒷받침하는 증거서류나 증거물	수수료 없음

처리 절차						
청구서 작성	➜	접수	➜	재결	➜	송달
청구인		○○행정심판위원회		○○행정심판위원회		

210mm×297mm[백상지 80g/㎡]

3) 현재는 2012. 9. 20. 개정된 이 서식에 의하고 있는데, 이 서식에 따라 이 사건 청구서를 작성해 보았다.

청 구 취 지

1. 피청구인이 청구인에게,

① 2009. 7. 29. 한 용도변경신고수리취소 처분

② 2009. 8. 4. 한 용도변경신고수리취소 건축물 공사중지 처분을

각 취소한다.

라는 재결을 구합니다.

청 구 이 유

1. 피청구인의 이 사건 처분 경위

가. 청구인의 용도변경신고

청구인 소유인 전남 고흥군 고흥읍 동성리 123-4 필지 지상에 건축된 1·2층 철근 콘크리트조 건물은 1994. 12. 3.에 준공된 건물로서(이하 '이 사건 건물'이라 한다), 청구인은 2000. 12. 28.부터 제 2 종 근린생활시설인 일반음식점등으로 사용하여 왔습니다. 청구인은 한정식과 도시락제조업의 허가를 받고 위 건물에서 영업을 하여 오다가 이번에 위 건물의 용도를 변경하여 장례예식장으로 사용하기 위하여 2009. 7. 22. 용도변경신고를 하였습니다.

피청구인은 같은 달 25. 건축법 제19조 제 2 항에 의하여 용도변경신고수리를 하고, 같은 법 시행규칙 제12조 및 제12조의2의 규정에 의하여 용도변경신고필증을 교부하였습니다. 그리하여 청구인은 이 사건 건물의 용도를 장례식장으로 변경하기 위하여 1개월 전부터 한정식 음식점 영업을 하지 않고, 건물의 설계변경 및 필요한 자재 등을 구입한 다음 2009. 7. 25.부터 공사에 착공하였습니다.

나. 피청구인의 용도변경신고수리취소 및 건축물공사중지처분

그런데 피청구인은 같은 달 29. 이 사건 용도변경신고수리에 관하여 관계법령에는 적합하나, 인근 마을 입구에 위치하고 있어 주변 환경을 저해할 뿐만 아니라 주민들의 집단 반발로 민원이 야기되고, 각종 대형행사를 대비하여 이 사건 건물 건너편 부지에 주차광장을 설치하여 운영하고 있으며, 전면에 장례예식장 설치시 고흥 관광이미지가

훼손된다는 이유로 이 사건 용도변경신고수리 취소처분을 하고, 이어 같은 해 8. 4. 용도변경신고수리취소 건축물공사중지처분(이하 '이 사건 각 처분'이라 한다)을 하였습니다.

2. 이 사건 각 처분의 근거

▣ 건축법[시행 2009. 3. 1] [법률 제9384호, 2009. 1. 30, 타법개정]
제19조(용도변경), 제79조(위반 건축물 등에 대한 조치 등), 제82조(권한의 위임과 위탁)

▣ 건축법 시행령[대통령령 제21629호, 2009. 7. 16. 타법개정]
제3조의2(대수선의 범위), 제14조(용도변경), 제17조(건축물의 사용승인)

▣ 건축법 시행규칙[시행 2009. 1. 1] [국토해양부령 제83호, 2008. 12. 31, 타법개정]
제12조의2(용도변경)

3. 이 사건 각 처분의 위법성

가. 행정절차법상의 사전통지 또는 의견제출의 기회부여 결여

피청구인의 이 사건 각 처분은 전형적인 침해적 행정에 해당합니다. 따라서 이 사건 각 처분을 행하려는 피청구인으로서는 행정절차법이 정하는 바에 따라 처분의 사전통지를 하거나 의견제출의 기회를 주어야 함에도 이를 행하지 아니하였습니다. 따라서 이 사건 각 처분은 사전통지를 하지 않거나 의견제출의 기회를 주지 아니하여도 되는 예외적인 경우에 해당하지 아니하므로, 이 사건 각 처분은 위법하여 취소를 면할 수 없습니다.

나. 이 사건 각 처분 사유와 그 비판

(1) 용도변경신고수리 취소사유

피청구인은 청구인의 이 사건 장례식장 건물은 ① 주민들이 혐오하는 시설이며, ② 마을 입구에 위치하고 있어 주변 환경을 저해하고, ③ 주민들의 집단반발로 민원을 야기하고 있으며, ④ 각종 대형행사를 대비하여 이 사건 건물 건너편 부지에 주차장을 설치하여 운영하고 있는데, 그 전면에 장례식장을 설치하는 경우에 관광이미지가 훼손된다는 것입니다.

⑵ 건축물공사중지처분 사유

피청구인은 건축물공사중지처분에 대하여는 그 사유를 특정하지 아니한 채 건축법 제79조의 규정에 의거한다고 하고 있을 뿐입니다.

⑶ 처분사유의 비판

㈎ **장례식장이 혐오시설에 해당하는지 여부**

먼저, 대법원은 장례식장을 혐오시설 내지 기피시설로 볼 수 없다고 한 바 있습니다. 구 도시계획법상의 자연녹지에 위치한 토지 위에 장례예식장을 신축하는 내용의 건축허가 신청을 한 경우, 장례예식장은 고인의 죽음을 애도하고 사후명복을 기원하는 시설로서 혐오시설 내지 기피시설로 볼 수 없는 점 등을 고려할 때, 장례예식장에 대한 부정적인 정서와 그로 인한 공공시설의 이용기피등과 같은 막연한 우려나 가능성만으로 이 사건 건물의 신축이 현저히 공공복리에 반한다고 볼 수 없다는 이유로 위 건축허가 신청을 반려한 처분은 위법하다고 판시하고 있습니다(대법원 2004. 6. 24. 선고 2002두3263 판결【건축허가신청반려처분취소】 참조).

청구인의 이 사건 건물은 주변 인근 마을과는 약 800미터 정도 떨어져 있어, 위 마을에서는 이 사건 건물이 보이지 않고, 건물주변에는 별다른 건물도 축조되어 있지 않으며, 그 주변에는 임야와 논으로 구분되어 있기 때문에 마을의 쾌적한 환경이나 안온한 생활을 해칠 우려가 없고, 그리고 이 사건 건물은 2층 철근콘크리트조 건물로서 10여년 전부터 신축되어 있는 건물이었기 때문에 주변의 경관 등과 같은 환경을 크게 손상시킬 우려도 없습니다.

㈏ **관광이미지가 훼손되는지 여부**

피청구인은 이 사건 건물은 고흥의 관문에 위치하고 있어 고흥군에서 대대적으로 홍보하고 있는 관광명소로서의 이미지를 훼손할 우려가 있다고 합니다. 그러나 이 사건 장소는 고흥군 우주항공센터로 가는 길목에 위치하고 있는 것은 사실이지만, 우주항공센터와는 35km 전방에 위치하고 있어 그곳을 찾는 관광객들이 차량으로 스쳐 지나가는 정도에 그칠 뿐이므로 지역의 관광이미지에 나쁜 영향을 미칠 수 없습니다. 또한 이 사건 건물은 고흥읍 소재지에 있는 것이 아니라 인적이 드문 변두리에 위치하고 있어 주민들에게도 부정적인 영향을 주지 않습니다.

㈐ 집단민원 발생이 처분의 취소사유가 되는지 여부

대법원은 민원이 발생하였다는 점만으로는 장례식장건축허가를 취소할 사유가 될 수 없다고 판시하고 있습니다. 장례식장을 건축하는 것이 인근 토지나 주변 건축물의 이용현황에 비추어 현저히 부적합한 용도의 건축물을 건축하는 경우에 해당하는 것으로 볼 수 없음에도, 건축허가신청을 불허할 사유가 되지 않는 인근 주민들의 민원이 있다는 사정만으로 건축허가신청을 반려한 처분은 법령의 근거 없이 이루어진 것으로 위법하다(대법원 2002. 7. 26. 선고 2000두9762 판결【건축허가신청반려처분취소】)고 판시하고 있습니다.

주민들의 민원은 청구인이 이 사건 건물을 장례식장으로 변경하는 것 자체를 반대하는 것이므로, 청구인이 장례식장으로의 용도변경을 포기하지 않고서는 그 민원을 해결할 길도 없습니다. 또한 민원이 발생하였다는 이유만으로 이 사건 건물의 용도변경을 금지하는 것은 청구인의 재산권 행사에 중대한 제한을 가하는 것입니다.

㈑ 이 사건 각 처분을 행할 공익상의 필요가 있는지 여부

피청구인의 이 사건 각 처분은 용도변경신고수리처분이라는 수익적 행정처분을 취소하는 경우에 해당됩니다. 따라서 피청구인이 청구인에 대한 수익적 행정처분을 취소 또는 철회하거나 중지시키는 경우에는 이미 부여된 청구인의 기득권을 침해하는 것이 되므로, 비록 취소 등의 사유가 있다고 하더라도 그 취소권 등의 행사는 기득권의 침해를 정당화할 만한 중대한 공익상의 필요 또는 제3자의 이익보호의 필요가 있는 때에 한하여 상대방이 받는 불이익과 비교·교량하여 결정하여야 하고, 그 처분으로 인하여 공익상의 필요보다 상대방이 받게 되는 불이익 등이 막대한 경우에는 재량권의 한계를 일탈한 것으로서 그 자체가 위법(대법원 2004. 7. 22. 선고 2003두7606 판결【형질변경허가반려처분취소】)하게 됩니다.

그런데 청구인은 현재까지 내부시설 개조 및 건물외벽공사 등으로 수천만원의 공사비가 투자되었으며, 그 동안의 종전부터 행하여온 음식점 영업을 중단함으로 인한 영업수익의 감소 등의 불이익과 용도변경을 위하여 공사를 진행한 결과 현재로서는 다른 용도의 건물로 변경할 수도 없는 상황임을 고려해 볼 때, 이 사건 각 처분을 행할 공익상의 필요도 존재하지 않습니다.

특히 피청구인의 이 사건 각 처분은 주변 마을 주민들의 집단민원 발생에 큰 영향을 받은 것이라고 볼 수 있는 바, 그러한 사유만으로 이 사건 각 처분을 행할 만한 공익성도 인정할 수 없다할 것입니다.

4. 심판청구기간의 준수

가. 용도변경신고수리취소 처분(불고지)

피청구인은 2009. 7. 29. 처분을 하면서 행정심판 청구기간을 알리지 아니하였으므로, 불고지의 효과로 처분이 있었던 날로부터 180일 이내에 행정심판을 제기할 수 있습니다(행정심판법 27⑥, ③).

나. 건축물 공사중지 처분(잘못된 고지)

피청구인은 2009. 8. 4. 처분을 하면서 "처분에 불복이 있는 경우 처분이 있음을 안 날로부터 180일 이내에 행정소송 또는 행정심판을 청구할 수 있음을 알려드립니다"라고 하여 행정심판법 또는 행정소송법에 규정된 기간보다 긴 기간으로 잘못 알렸습니다. 따라서 건축물 공사중지 처분은 잘못된 고지의 효과로 그 잘못 알린 기간에 심판청구가 있으면 적법한 기간 내에 청구된 것으로 본다(행정심판법 27⑤, ①)고 규정하고 있으므로, 잘못 알린 내용대로 심판청구처분이 있음을 안 날로부터 180일 이내에 행정심판을 제기할 수 있습니다.

다. 소　　결

따라서 이 사건 용도변경신고수리취소 처분은 처분이 있었던 날로부터 180일 이내에 행정심판을 제기할 수 있고, 이 사건 건축물 공사중지 처분은 처분이 있음을 안 날로부터 180일 이내에 행정심판을 제기할 수 있으므로, 청구인이 2010. 1. 21. 제기한 이 사건 심판청구는 적법한 제기기간을 준수하였습니다.

5. 결　　론

따라서 피청구인이 청구인에 대하여 한 이 사건 각 처분은 각각 재량권을 일탈하거나 남용한 위법한 처분이라 아니할 수 없으므로 마땅히 취소되어야 합니다.

입 증 방 법

1. 갑 제 1 호증	용도변경신고	1부
1. 갑 제 2 호증	용도변경신고필증	1부
1. 갑 제 3 호증	용도변경신고수리취소통보	1부
1. 갑 제 4 호증	건축물 공사중지 통보	1부
1. 갑 제 5 호증의1	이의신청서	1부
1. 갑 제 5 호증의2	공사계약서	1부
1. 갑 제 5 호증의3	공사내역서	1부
1. 갑 제 5 호증의4	거래명세표	1부
1. 갑 제 5 호증의5	탄원서	1부
1. 갑 제 6 호증	건축물관리대장	1부

첨 부 서 류

1. 위 입증방법 각 1부
1. 청구서 부본 1부

2010. 1. 21.

청구인 대리인
변호사 이 항 고

전라남도 행정심판위원회 귀중

쟁 점 해 설

1. 처분의 경위

가. 청구인은 2009. 7. 22. 일반음식점으로 사용중인 이 사건 건물을 장례식장으로 사용하기 위하여 피청구인에게 용도변경신고를 하였으며, 피청구인은 같은 달 25. 용도변경신고수리를 하였다.

나. 피청구인은 같은 달 29. 청구인의 장례식장 위치가 인근 마을 입구에 위치하고 있어 주변 환경을 저해하고 주민들의 집단민원이 야기되고 있으며, 그 지역 입구에 위치한 장례식장으로 관광이미지가 훼손된다는 이유로 이 사건 용도변경신고수리취소처분을, 같은 해 8. 4. 건축물 공사중지처분을 하였다.

2. 당 사 자

가. 청구인적격

(1) 행정심판법 제13조

① 취소심판은 처분의 취소 또는 변경을 구할 법률상 이익이 있는 자가 청구할 수 있다. 처분의 효과가 기간의 경과, 처분의 집행, 그 밖의 사유로 소멸된 뒤에도 그 처분의 취소로 회복되는 법률상 이익이 있는 자의 경우에도 또한 같다.

② 무효등확인심판은 처분의 효력 유무 또는 존재 여부의 확인을 구할 법률상 이익이 있는 자가 청구할 수 있다.

③ 의무이행심판은 처분을 신청한 자로서 행정청의 거부처분 또는 부작위에 대하여 일정한 처분을 구할 법률상 이익이 있는 자가 청구할 수 있다.

(2) 판　　례

(가) 청구인적격이 없는 자의 명의로 제기된 행정심판청구에 대하여 행정청이나 재결청

에게 행정심판청구인을 청구인적격이 있는 자로 변경할 것을 요구하는 보정을 명할 의무가 없고, 행정심판절차에서 임의적인 청구인의 변경은 원칙적으로 허용되지 아니한다(대법원 1999. 10. 8. 선고 98두10073 판결【국가유공자유족등록거부처분취소】).

(나) 이른바 복효적 행정행위, 특히 제3자효를 수반하는 행정행위에 대한 행정심판청구에 있어서 그 청구를 인용하는 내용의 재결로 인하여 비로소 권리 이익을 침해받게 되는 자, 가령 제3자가 행정심판청구인인 경우의 행정처분의 상대방은 재결의 당사자가 아니라고 하더라도 재결청을 상대로 그 인용재결의 취소를 구하는 소를 제기할 수 있고, 이 경우 그 행정심판청구에 참가할 것을 고지받고도 그 심판절차에 참가하지 아니하였다 하여 이와 달리 볼 것은 아니다(서울고법 1996. 6. 19. 선고 95구24052 판결【체육시설업사업계획승인취소처분취소】).

(3) 이 사건의 경우

청구인은 이 사건 처분의 직접 상대방으로 당해 처분이 취소됨으로 인하여 법률상 직접적이고 구체적인 이익이 상실되는 지위에 있어 청구인적격을 갖는다.

나. 피청구인적격

(1) 행정심판법 제17조

행정심판은 처분을 한 행정청(의무이행심판의 경우에는 청구인의 신청을 받은 행정청)을 피청구인으로 하여 청구하여야 한다. 다만, 심판청구의 대상과 관계되는 권한이 다른 행정청에 승계된 경우에는 권한을 승계한 행정청을 피청구인으로 하여야 한다.

(2) 판 례

행정심판법 제13조 제2항(현행 17②)이 예컨대 본안은 이유 있는 사안으로 보여지나 청구인이 피청구인을 잘못 지정하여 그대로 두면 각하됨으로써 청구인의 권리가 침해될 우려가 있는 경우 등에는 직권에 의한 경정결정을 할 수 있도록 하고, 예컨대 본안이 이유 없는 사안으로 보여져 직권에 의한 경정결정을 하더라도 청구가 기각됨으로써 번거로운 절차만 반복될 것으로 예상되는 사안 등에는 경정결정을 하지 아니할 수도 있도록 하는 등 직권에 의한 피청구인의 경정결정을 위원회의 임의에 맡겨 두고 있으므로 피청구인에 관한 점은 위 법 제23조 제1항 소정의 보정을 명할 사항이 아니고, 또 위 법 제17조 제2항은 행정심판청구의 경유절차를 알리지 아니하였거나 잘못 알린 행정청에게 행정심판청구 사건의 권한 있는 행정청에의 송부의무를 규정하고 있을 뿐 행정심판 재결청에 부여된 의무는 아니므로 재결청이 권한 있는 행정청에 송부하거나 피청구인을 직권에 의하여 경정하지 아니하고 행정심판청구를 각하하였다 하여 그 재결 절차에 위법이 있다 할 수 없다(대법원 1992. 2. 28. 선고 91누6979 판결【유족확인신청거부처분무효확인등재결처분취소】).

(3) 이 사건의 경우

고흥군 고흥읍장 명의로 이 사건 처분이 행하여졌으므로, 고흥읍장이 피청구인적격을 가진다.

3. 이 사건 처분의 적법여부

가. 청구인의 주장

(1) 피청구인의 이 사건 각 처분은 청구인에게 사전통지 및 의견제출 기회를 부여하지 아니하고 일방적으로 이루어졌으므로 절차적으로 위법하다.

(2) 건축법에 규정되어 있지 아니한 사유를 근거로 불이익한 처분을 하였으므로 실체적으로도 위법하다.

나. 검 토

(1) 행정절차법상의 사전통지 또는 의견제출의 기회부여 결여

피청구인은 이 사건 각 처분을 하기 전에 청구인에게 행정절차법상의 사전통지를 하지 않거나 의견제출의 기회를 주지 아니하였다. 따라서 이 사건 각 처분이 사전통지 및 의견제출 기회부여의 절차를 거치지 않아도 되는 행정절차법 제22조 제4항, 제21조 제4항 제3호의 예외사유에 해당한다고 볼 수 없어 결국 이 사건 각 처분은 위법하다 할 것이다.

(2) 건축법에 규정되어 있지 아니한 사유를 근거로 한 불이익 처분

피청구인은 용도변경신고수리취소사유로 들고 있는 ① 이 사건 건물이 혐오시설이다. ② 주민들의 집단반발로 민원야기. ③ 지역의 관광이미지 훼손 등은 건축법상 취소사유에 해당하는지 문제된다.

(가) 판 례

판례는 법령의 근거없이 인근주민들의 집단민원이 있다는 사유만으로 불이익한 처

분을 하는 것은 위법하다고 한다.

(a) 장례식장을 건축하는 것이 구 건축법(1999. 2. 8. 법률 제5895호로 개정되기 전의 것) 제8조 제4항, 같은법 시행령(1999. 4. 30. 대통령령 제16284호로 개정되기 전의 것) 제8조 제6항 제3호 소정의 인근 토지나 주변 건축물의 이용현황에 비추어 현저히 부적합한 용도의 건축물을 건축하는 경우에 해당하는 것으로 볼 수 없음에도, 건축허가신청을 불허할 사유가 되지 않는 인근 주민들의 민원이 있다는 사정만으로 건축허가신청을 반려한 처분은 법령의 근거 없이 이루어진 것으로 위법하다고 판단한 원심판결을 수긍한 사례(대법원 2002. 7. 26. 선고 2000두9762 판결【건축허가신청반려처분취소】).

(b) 구 도시계획법상의 자연녹지지역에 위치한 토지 위에 장례식장을 신축하는 내용의 건축허가 신청을 한 경우, 장례식장에 대한 부정적인 정서와 그로 인한 공공시설의 이용 기피 등과 같은 막연한 우려나 가능성만으로 장례식장의 신축이 현저히 공공복리에 반한다고 볼 수 없다는 이유로 위 건축허가신청을 반려한 처분은 위법하다고 판단한 원심판결을 수긍한 사례(대법원 2004. 6. 24. 선고 2002두3263 판결【건축허가신청반려처분취소】).

(c) 공사중지명령은 엄격한 법적 근거를 요하는 기속행위에 속한다 할 것인데, 이웃 주민들의 집단민원이 있을 경우 다세대주택 건축허가를 취소할 수 있다거나 공사중지명령을 할 수 있다는 근거법규가 없고, 주택건설촉진법이 단독주택에 대하여는 그것이 비록 같은 법 제33조 제1항에 의한 사업계획승인을 받아 건립된 일단의 단독주택 중 하나라 하더라도 공동주택 소유자의 철거 및 재건축을 제한하는 같은 법 제38조 제2항과 같은 제한을 하고 있지 아니 하므로, 위와 같은 단독주택 하나를 헐고 다세대주택을 건축하는 공사에 대하여 이웃 주민들의 집단적인 건축반대민원이 있다는 것과 같은 법의 취지에 반한다는 것을 이유로 한 공사중지명령은 법령상의 근거 없이 행하여진 위법한 처분이다(대법원 1991. 10. 11. 선고 91누7835 판결【공사중지처분취소】).

(나) **이 사건의 경우**

이 사건 각 처분사유는 법령에 근거가 없는 것으로 위법하다.

4. 임의적 행정심판전치의 실익

가. 심판전치 여부 자유

행정심판법은 원칙적으로 행정심판을 거칠 것인지 여부는 처분을 받은 자의 선택에 맡기고 있다(행정소송법 18①). 처분을 받은 자는 곧바로 행정소송을 제기할 수도 있고, 행정심판과 행정소송을 동시에 제기할 수도 있으며, 행정심판을 청구한 다음에 행정소송을 제기할 수도 있다. 다만, 다른 법률에 당해 처분에 대한 행정심판의 재결을 거치도록 한 경우에는 필요적으로 행정심판을 거쳐야 한다(행정소송법 18①). 그러므로 원고는 당해 처분이 과연 행정심판을 반드시 거쳐야 하는지 여부를 제소 전에 반드시 처분 법률을 통하여 확인하여야 한다. 어떤 처분이 필요적 행정심판전치주의에 해당하는지 여부를 원고가 확인하여야 하기 때문에 결과적으로 재판청구권을 제약하는 요소로 작용하고 있다는 비판도 있다.

나. 행정심판의 장점

행정심판에서는 처분의 위법뿐만 아니라 부당을 주장할 수도 있고, 절차가 단순하여 신속한 재결이 가능하다는 장점이 있으므로, 심판청구가 인용될 가능성이 큰 사건은 행정심판청구를 하는 것이 좋다.

다. 이 사건의 경우

청구인의 이 사건 각 처분은 필요적 행정심판전치를 요하는 것이 아니지만, 심판청구의 인용가능성이 크고, 신속한 재결로 중단된 공사를 재개할 수 있는 실익이 있다. 특히 청구인이 이 사건 각 처분이 있음을 안 날로부터 90일을 도과하여 행정소송을 제기할 수 없기 때문에, 불고지·오고지의 효과로서 행정심판을 제기하는 것이 불복할 수 있는 적절한 수단이라고 할 수 있다.

5. 행정심판 제기기간

가. 원 칙

행정심판은 처분이 있음을 알게 된 날부터 90일 이내에 청구하여야 한다(행정심판법 27①).

나. 예외(불고지 및 잘못된 고지의 효과)

(1) 고지제도에 관한 기본이론

㈎ **직권에 의한 고지**

ⓐ 고지의 대상

① 처분이다. 「처분」은 행정심판법에 의한 심판청구의 대상이 되는 처분에 한하지 않고, 행정심판법 이외의 다른 법령에 의한 심판청구의 대상이 되는 처분 등을 포함한다(행정절차 26; 다만 행정절차법 3②은 적용 예외를 인정하고 있다).[4] 다른 법령에 의한 심판청구 등에는 이의신청(국세기본 66, 주민등록 21, 산림 60, 사방사업 12, 보조금의 예산 및 관리 37, 광업 90, 에너지이용합리화 100, 공익사업을 위한 토지등의취득 및 보상 83, 국토의 계획 및 이용 120, 국민기초생활보장 38, 자동차관리 28, 문화재보호 116). 심사청구(국세기본 55, 노인복지 50, 공무원연금 80 등), 심판청구(국세기본 67), 재검사신청(선박안전 72) 등이 있다.

② 고지는 처분을 「서면으로 하는 경우」에 행하여야 한다. 실제로는 중요한 처분은 서면으로 행하여지므로 거의 모든 경우에 고지를 하여야 한다.

ⓑ 고지의 내용

① 행정심판을 제기할 수 있는지의 여부

처분에 해당하여 행정심판을 제기할 필요가 있는 경우에는 고지를 하여야 한다. 행정심판법에 의한 행정심판의 대상이 되는 것뿐만 아니라 다른 법률에 의한 불복대상이 되는 경우에도 고지하여야 한다.

② 심판청구절차

심판청구절차 중에서는 주로 심판청구서를 제출하여야 할 기관이 문제된다. 심판청구서는 행정심판위원회 또는 피청구인인 행정청에 제출하여야 하므로, 이들 기관의 명칭을 고지하여야 할 것이다.

③ 청구기간

일반적으로는 행정심판청구 기간인 「처분이 있음을 안 날로부터 90일」만을 고지하면 된다고 할 것이다.

---

4) 우리 판례 중에는 국세기본법 제55조에 규정하는 처분에 대하여 「국세기본법 제56조 제1항은 "제55조에 규정하는 처분에 대하여는 행정심판법의 규정을 적용하지 아니한다"고 규정하고 있으므로, 국세청장이 같은 법 제55조에 규정하는 처분인, 조세범처벌절차법 제16조에 의한 보상금을 교부하지 않기로 하는 처분을 함에 있어서, 행정심판법 제42조 제1항에 따라 그 상대방에게 행정불복의 방법을 고지할 의무는 없다고 할 것이고 국세기본법 제60조나 같은 법시행령 제48조에 의하더라도 국세청장이 위 처분을 함에 있어 상대방에게 불복방법을 통지할 의무가 있는 것으로 해석되지 아니한다」(대법원 1992. 3. 31. 선고 91누6016 판결【탈세보상금불지급처분취소】)라고 판시한 예가 있다.

㈏ **청구에 의한 고지**

(a) 고지를 청구할 수 있는 자

당해 처분에 대한 이해관계인이다. 당해 처분으로 인하여 직접 자기의 법적 이익이 침해되었다고 주장하는 제 3 자가 이해관계인에 해당한다.

(b) 고지를 청구할 수 있는 대상

모든 처분이다. 행정심판의 대상이 되는 처분인지의 여부, 서면에 의한 것인지의 여부를 불문한다.

(c) 고지의 내용

고지의 내용은 ① 행정심판의 대상이 되는 처분인지의 여부와, ② 대상이 되는 경우에는 위원회 및 청구기간을 알려주어야 한다(행정심판법 58②). 행정심판을 제기할 수 없는 처분인 경우에는 그 뜻을 알려주면 된다.

(d) 고지의 방법

서면이나 구술로 알려 주면 될 것이다. 청구인으로부터 서면으로 알려줄 것을 요구받은 때에는 서면으로 알려주어야 한다(행정심판법 58②).

㈐ **불 고 지**

(a) 제출기관

고지를 하지 아니하여 심판청구인이 심판청구서를 소정의 행정기관 이외의 행정기관에 제출한 때에는 당해 행정기관은 심판청구서를 지체 없이 정당한 권한 있는 행정청에 이송하고 그 사실을 청구인에게 통지하여야 한다(행정심판법 23②, ③). 이 경우에는 심판청구기간을 계산함에 있어서는 최초의 행정기관에 심판청구서가 제출된 때에 심판청구가 제기된 것으로 본다.

(b) 청구기간

심판청구기간을 고지하지 아니한 때에는 심판청구기간은 당해 처분이 있었던 날로부터 180일이 된다(행정심판법 27⑥, ③).

㈑ **잘못된 고지**

(a) 제출기관

제출기관을 잘못 고지하여 청구인이 그 고지에 따라 심판청구서를 다른 행정기관에 잘못 제출한 때의 효과도 위에서 본 불고지의 경우와 같다(행정심판법 23②).

(b) 청구기간

행정청이 소정의 심판청구기간보다 길게 고지한 때에는 그 고지된 청구기간 내에 심판청구가 있으면 설령 소정의 청구기간을 경과한 후에 제기된 것이라도 적법한 심판청구가 있은 것으로 의제된다(행정심판법 27⑤).

다. 이 사건의 경우

(1) 용도변경신고수리취소 처분(불고지)

피청구인은 2009. 7. 29. 처분을 하면서 행정심판 청구기간을 알리지 아니하였다.

(2) 건축물 공사중지 처분(잘못된 고지)

피청구인은 2009. 8. 4. 처분을 하면서 "처분에 불복이 있는 경우 처분이 있음을 안 날로부터 180일 이내에 행정소송 또는 행정심판을 청구할 수 있음을 알려드립니다"라고 하여 행정심판법 또는 행정소송법에 규정된 기간보다 긴 기간으로 잘못 알렸다.

(3) 소　결

(가) 용도변경신고수리취소 처분은 불고지의 효과로 처분이 있었던 날로부터 180일 이내에 행정심판을 제기할 수 있다.

(나) 건축물 공사중지 처분은 잘못된 고지의 효과로 처분이 있음을 안 날로부터 180일 이내에 행정심판을 제기할 수 있다.

(다) 따라서 용도변경신고수리취소 처분은 처분이 있었던 날로부터 180일 이내에, 건축물 공사중지 처분은 잘못된 고지내용처럼 처분이 있음을 안 날로부터 180일 이내에 각각 행정심판을 제기할 수 있다. 그러므로 청구인이 2010. 1. 21. 제기한 이 사건 심판청구는 적법한 제기기간을 준수하였다.

(라) 청구인은 이 사건 각 처분이 있음을 안 날로부터 90일을 경과하여 처분의 취소소송을 곧바로 제기할 수는 없다. 그러나 행정심판청구를 한 후에는 처분취소청구의 소를 제기할 수 있다(행정소송법 20①).

(마) 제소기간의 제한을 받지 아니하는 이 사건 각 처분의 무효확인행정심판 또는 무효확인소송의 제기를 고려할 수도 있겠지만, 처분의 무효를 입증하는 것은 쉽지 않다.

라. 재결 후의 행정소송 제기기간

다만 행정심판을 청구한 경우에는「재결서 정본을 송달받은 날로부터」90일 이내에 행정소송을 제기하여야 한다(행정소송법 20①). 처분이 있는 후 곧바로 행정소송을 제기하는 경우에는 처분등이 있음을 안 날로부터 90일 이내에 제기하는 것과 차이가 있다.

6. 행정심판청구의 방식

가. 행정심판법 제28조

① 심판청구는 서면으로 하여야 한다.

② 처분에 대한 심판청구의 경우에는 심판청구서에 다음 각 호의 사항이 포함되어야 한다.

1. 청구인의 이름과 주소 또는 사무소(주소 또는 사무소 외의 장소에서 송달받기를 원하면 송달장소를 추가로 적어야 한다)
2. 피청구인과 위원회
3. 심판청구의 대상이 되는 처분의 내용
4. 처분이 있음을 알게 된 날
5. 심판청구의 취지와 이유
6. 피청구인의 행정심판 고지 유무와 그 내용

③ 부작위에 대한 심판청구의 경우에는 제 2 항 제 1 호·제 2 호·제 5 호의 사항과 그 부작위의 전제가 되는 신청의 내용과 날짜를 적어야 한다.

④ 청구인이 법인이거나 제14조에 따른 청구인 능력이 있는 법인이 아닌 사단 또는 재단이거나 행정심판이 선정대표자나 대리인에 의하여 청구되는 것일 때에는 제 2 항 또는 제 3 항의 사항과 함께 그 대표자·관리인·선정대표자 또는 대리인의 이름과 주소를 적어야 한다.

⑤ 심판청구서에는 청구인·대표자·관리인·선정대표자 또는 대리인이 서명하거나 날인하여야 한다.

나. 판　　례

(1) 원　　칙

행정심판청구는 엄격한 형식을 요하지 아니하는 서면행위이므로 행정청의 위법·부당한 처분으로 인하여 권리나 이익을 침해당한 사람이 당해 행정청에 그 처분의 취소나 변경을 구하는 취지의 서면을 제출하였다면 서면의 표제나 형식 여하에 불구하고 행정심판청구로 봄이 옳다(대법원 1999. 6. 22. 선고 99두2772 판결【변상금부과처분취소】).

(2) 불비된 사항이 있거나 취지가 불명확한 행정심판청구서의 처리방법

행정심판법 제19조, 제23조의 규정 취지와 행정심판제도의 목적에 비추어 보면 행정소송의 전치요건인 행정심판청구는 엄격한 형식을 요하지 아니하는 서면행위로 해석되므로, 위법 부당한 행정처분으로 인하여 권리나 이익을 침해당한 자로부터 그 처분의 취소나 변경을 구하는 서면이 제출되었을 때에는 그 표제와 제출기관의 여하를 불문하고 이를 행정소송법 제18조 소정의 행정심판청구로 보고, 불비된 사항이 보정가능한 때에는 보정을 명하고 보정이 불가능하거나 보정명령에 따르지 아니한 때에 비로소 부적법 각하를 하여야 할 것이며, 더욱이 심판청구인은 일반적으로 전문적 법률지식을 갖고 있지 못하여 제출된 서면의 취지가 불명확한 경우도 적지 않으나, 이러한 경우에도 행정청으로서는 그 서면을 가능한 한 제출자의 이익이 되도록 해석하고 처리하여야 한다.

비록 제목이 '진정서'로 되어 있고, 재결청의 표시, 심판청구의 취지 및 이유, 처분을 한 행정청의 고지의 유무 및 그 내용 등 행정심판법 제19조 제2항 소정의 사항들을 구분하여 기재하고 있지 아니하여 행정심판청구서로서의 형식을 다 갖추고 있다고 볼 수는 없으나, 피청구인인 처분청과 청구인의 이름과 주소가 기재되어 있고, 청구인의 기명이 되어 있으며, 문서의 기재 내용에 의하여 심판청구의 대상이 되는 행정처분의 내용과 심판청구의 취지 및 이유, 처분이 있은 것을 안 날을 알 수 있는 경우, 위 문서에 기재되어 있지 않은 재결청, 처분을 한 행정청의 고지의 유무 등의 내용과 날인 등의 불비한 점은 보정이 가능하므로 위 문서를 행정처분에 대한 행정심판청구로 보는 것이 옳다고 한 사례(대법원 2000. 6. 9. 선고 98두2621 판결【건축불허가처분취소】).

다. 이 사건의 경우

청구인의 이 사건 심판청구서의 첫 표제는 행정심판법 제28조 제2항의 각 사항이 기재된 서면이며, 둘째 표제는 실무에서 주로 사용하는 서식이다.

이 사건 각 처분이 있은 후 청구인의 친구(배나라)가 2009. 8. 5. 이의신청서를 제출하였는데, 만약 이 문서를 청구인이 제출하였다면 행정심판청구서로 해석할 수도 있다.

그리고 청구인의 배우자 명의로 제출되었다면 청구인의 대리인이 제출한 것으로 해석할 수 있다(행정심판법 18①(1)). 이의신청서에 첨부되지 아니한 대리권 수여사실 자료

는 나중에 보정할 수 있기 때문이다.

7. 행정심판청구서의 제출

가. 행정심판법 제23조

① 행정심판을 청구하려는 자는 제28조에 따라 심판청구서를 작성하여 피청구인이나 위원회에 제출하여야 한다. 이 경우 피청구인의 수만큼 심판청구서 부본을 함께 제출하여야 한다.

② 행정청이 제58조에 따른 고지를 하지 아니하거나 잘못 고지하여 청구인이 심판청구서를 다른 행정기관에 제출한 경우에는 그 행정기관은 그 심판청구서를 지체 없이 정당한 권한이 있는 피청구인에게 보내야 한다.

③ 제 2 항에 따라 심판청구서를 보낸 행정기관은 지체 없이 그 사실을 청구인에게 알려야 한다.

④ 제27조에 따른 심판청구 기간을 계산할 때에는 제 1 항에 따른 피청구인이나 위원회 또는 제 2 항에 따른 행정기관에 심판청구서가 제출되었을 때에 행정심판이 청구된 것으로 본다.

나. 행정심판기관의 의의

행정심판기관은 행정심판의 청구를 받아 심리·재결할 수 있는 권한을 가진 행정기관으로, 구체적으로는 행정심판위원회를 말한다. 행정심판위원회는 복수의 위원으로 구성되어 위원들의 합의로 의사를 결정한다는 점에서 합의제기관이고, 국가의사를 행정심판위원회 스스로 결정하고 외부에 표시하는 권한을 갖는다는 점에서 행정청의 지위를 갖고 있다. 2010. 1. 15. 개정 행정심판법은 심판절차의 공정성을 확보하고자 행정심판위원회 위원의 결격사유를 신설하고(행정심판법 9④), 행정심판위원회 결정에 대한 이의신청제도(행정심판법 16⑧, 17⑥, 20⑥, 29⑦)를 도입하였다.[5)]

다. 행정심판위원회의 종류와 소관범위

개정 행정심판법은 행정심판위원회를 직근상급행정기관 소속으로 두도록 한 종래의 규정을 삭제하고, 행정기관별로 행정심판위원회의 설치에 관한 구체적인 규정을 두

---

5) 정형근, "개정 행정심판법의 주요쟁점에 관한 검토," p. 138.

고 있다. 이는 새로운 제도의 신설이라기보다는 기존의 행정심판위원회의 소관 범위를 조정한 것에 해당된다.

라. 이 사건의 경우

청구인은 행정심판법 제23조 제 1 항에 따라 이 사건 처분청인 「고흥읍장」 또는 「전라남도 행정심판위원회」에 심판청구서를 제출하여야 한다. 따라서 청구인은 고흥읍장을 관할하는 전라남도 행정심판위원회에 심판청구서를 제출하였다.

[참고자료]

<table>
<tr><td colspan="4">전 라 남 도 행 정 심 판 위 원 회
재 결</td></tr>
<tr><td>① 사 건</td><td colspan="3">전남행심 ○○○○-○○
용도변경신고수리취소 및 건축물공사중지처분 취소청구</td></tr>
<tr><td rowspan="2">청 구 인</td><td>② 성 명</td><td colspan="2">○○○</td></tr>
<tr><td>③ 주 소</td><td colspan="2">전남 고흥군 고흥읍 ○○리 ○○○-○번지</td></tr>
<tr><td>④ 피청구인</td><td>고흥군 고흥읍장</td><td>⑤ 참 가 인</td><td></td></tr>
<tr><td>⑥ 주 문</td><td colspan="3">피청구인이 청구인에게 한 2009. 7. 29. 용도변경신고수리 취소처분 및 2009. 8. 4. 건축물공사중지처분은 이를 취소한다.</td></tr>
<tr><td>⑦ 청구취지</td><td colspan="3">주문과 같다.</td></tr>
<tr><td>⑧ 이 유</td><td colspan="3">별지 기재와 같음</td></tr>
<tr><td>⑨ 근거법조</td><td colspan="3">행정심판법 제31조 제 2 항 및 제35조</td></tr>
<tr><td colspan="4">위 사건에 관하여 전라남도행정심판위원회의 의결내용에 따라 주문과 같이 재결한다.

2010. 5. 10.

전 라 남 도 행 정 심 판 위 원 회</td></tr>
</table>

[저자 약력]

정 형 근(鄭亨根)

경희대 법대·동 대학원(법학박사, 행정법)
제34회 사법시험 합격(사법연수원 24기)
변호사
경희대학교 법과대학 교수
경희대학교 법학전문대학원 교수
변호사시험 출제위원(공법)
사법시험·입법고시 출제위원(행정법)
서울특별시 등 9급, 7급 공무원시험 출제위원
법조윤리시험 출제위원
중앙행정심판위원회 위원
법무부 변호사제도개선위원회 위원
서울북부지방검찰청 정보공개심의회 위원
법조윤리협의회 자문위원
국민권익위원회 청탁금지법·이해충돌방지법 자문위원
서울지방변호사회 분쟁조정위원회 위원
대한변호사협회 법학전문대학원평가위원회 특별위원
경희대학교 법학전문대학원장·법무대학원장·법과대학장
경희대학교·연세대학교 객원교수
서강대학교, 한국외국어대학교 겸임교수
법무법인 더스마트 변호사

주요 저서

법조윤리강의, 도서출판 정독(2026, 제15판)
법조윤리강의 문제편, 도서출판 정독(2026, 제15판)
행정법, 도서출판 정독(2026, 제14판)
공법기록형 공법소송실무, 도서출판 정독(2026, 제11판)
기출 공법기록형, 도서출판 정독(2025년판)
변호사법주석, 도서출판 정독(2022, 제2판)
행정법입문, 피앤씨미디어(2019, 제3판)
이익충돌에 관한 법적 연구, 박영사(공저, 2018, 초판)
도로하자소송, 피앤씨미디어(2016, 초판)
공법선택형강의, 박영사(2013, 초판)
실전답안 행정법연습, 동방문화사(2012, 초판)

제11판
공법기록형 공법소송실무

제6판발행 2019년 11월 30일
제7판발행 2022년 1월 10일
제8판발행 2023년 1월 5일
제9판발행 2024년 1월 5일
제10판발행 2025년 1월 15일
제11판발행 2026년 1월 15일

지은이 정형근
펴낸이 김중용

편 집 심성보 · 김인숙

펴낸곳 도서출판 정독
경기도 고양시 일산서구 하이파크로 113, 102-204
등록 제406-2014-000093호
전 화 031)924-7203 팩 스 031)935-0345
홈페이지 www.jeongdok.co.kr 이메일 admin@jeongdok.co.kr
ISBN 979-11-6858-428-0 93360

정 가 33,000원